1921-2021
厦门大学
XIAMEN UNIVERSITY

厦门大学百年校庆系列出版物

校史资料汇编与学生名录系列

厦门大学校史资料选编

（1992—2017）

第八册（2013—2014）

主编：石慧霞　连　念

厦门大学出版社
XIAMEN UNIVERSITY PRESS
国家一级出版社
全国百佳图书出版单位

《厦门大学校史资料选编（1992—2017）》编纂组

组　长：石慧霞　连　念

成　员(以姓氏笔画为序)：

毛春红　石慧霞　刘珊珊　吴爱华　连　念　张璐阳

林秀莲　曾晓秋　蔡秋才　薛小勤　魏　昊

执行编辑：

1992—1994 年：曾晓秋　连　念　张璐阳　吴爱华

1995—1997 年：张璐阳　连　念　吴爱华

1998—1999 年：毛春红　魏　昊　连　念　张璐阳　吴爱华

2000—2002 年：吴爱华　连　念　张璐阳　魏　昊

2003—2004 年：蔡秋才　连　念　张璐阳　吴爱华　魏　昊

2005 年：薛小勤　连　念　张璐阳　吴爱华　魏　昊

2006—2008 年：毛春红　连　念　张璐阳　吴爱华　魏　昊　林秀莲　董健岚

2009—2010 年：薛小勤　连　念　张璐阳　吴爱华　魏　昊

2011 年：蔡秋才　连　念　张璐阳　吴爱华　魏　昊

2012 年：连　念　吴爱华　张璐阳　魏　昊

2013—2015 年：刘珊珊　连　念　张璐阳　吴爱华　魏　昊

2016—2017 年：连　念　吴爱华　张璐阳　魏　昊

总　序

厦门大学　党委书记　张　彦
　　　　　校　　长　张　荣

2021年4月6日，厦门大学百年华诞。百载风雨，十秩辉煌，这是厦门大学发展的里程碑，继往开来的新起点。全校师生员工和海内外校友满怀深情地期盼这一荣耀时刻的到来。

为迎接百年校庆，学校在三年前就启动了“百年校庆系列出版工程”的筹备工作，专门成立“厦门大学百年校庆系列出版物编委会”，加强领导，统一部署。各院系、部门通力合作，众多专家学者和相关单位的工作人员全身心地参与到这项工作之中。同志们满怀高度的责任感和紧迫感，以“提升质量，确保进度，打造精品”为目标，争分夺秒，全力以赴，使这项出版工程得以快速顺利地进行。在这个重要的历史时刻，总结厦大百年奋斗历史，阐扬百年厦大“四种精神”，抒写厦大为伟大祖国所做出的突出贡献，激发厦大人的自豪感和使命感，无疑是献给百岁厦大最好的生日礼物。

“百年校庆系列出版工程”包括组织编撰百年校史、百年组织机构史、百年院系史、百年精神文化、百年学术论著选刊、校史资料与学生名录……有多个系列近150种图书将与广大读者见面。从图书规模、涉及领域、参编人员等角度看，此项出版工程极为浩大。这些出版物的问世，将为学校留下大量珍贵的历史资料，为学校深入开展校史教育提供丰富生动的素材，也将为弘扬厦门大学“自强不息，止于至善”校训精神注入时代的新鲜血液，帮助人们透过“中国最美大学校园”的山海空间和历史回响，更加清晰地理解厦门大学在中国发展进程中发挥的独特作用、扮演的重要角色，领略“南方之强”的文化与精神魅力。

百年校庆系列出版物将多方呈现百年厦大的精彩历史画卷。这些凝聚全校师生员工心血的出版物，让我们感受到厦大人弦歌不辍的精神风貌。图文并茂的《厦门大学百年校史》，穿越历史长廊，带领我们聆听厦大不平凡百年岁月的历史足音。《为吾国放一异彩——厦门大学与伟大祖国》浓墨重彩地记述厦门大学与全国34个省级行政区以及福建省九市一区一县血浓于水的校地情缘，从中可以读出厦门大学在中华民族伟大复兴征程中留下的深深烙印。参与面最广的“厦门大学百年院系史系列”、《厦门大学百年组织机构史》，共有30多个学院和直属单位参与编写，通过对厦门大学各学院和组织机构发展脉络、演变轨迹的细致梳理，深入介绍厦门大学的党建工作、学科建设、人才培养、组织管理、社会服务等方面的发展历程，展示办学成就，彰显办学特色。《厦门大学校史资料选编（1992—2017）》和《南强之星——厦门大学学生名录（2010—2019）》，连同已经出版的同类史料，将较完整、翔实地展现学校发展轨迹，记录下每位厦大学子的荣耀。“厦门大学百年精神文化系列”涵盖人物传记和校园风采两大主题，其中《陈嘉庚传》在搜集大量史料的基础上，以时代精神和崭新视角，生动展现了校主陈嘉庚先生的丰功伟绩。此次推出《林文庆传》《萨本栋传》《汪德耀传》《王亚南传》四部厦门大学老校长传记，是对他们为厦大发展所做出的突出贡献的深切缅怀。厦大校友、红军会计制度创始人、中国共产党金融事业奠基人之一高捷成的传记《我的祖父高捷成》，则是首次全面地介绍这位为中国人民解放事业做出杰出贡献的烈士的事迹。新版《陈景润传》，把这位“最美奋斗者”、“感动中国人物”、令厦大人骄傲的杰出校友、世界著名数学家不平凡的人生再次展现在我们眼前。抒写校园风采的《厦门大学百年建筑》、《厦门大学餐饮百年》、《建南大舞台》、《芙蓉园里尽芳菲》、《我的厦大老师》(百年华诞纪念专辑)、《创新创业厦大人2》、《志愿之光》、《让建南钟声传响大山深处》、《我的厦大范儿》以及潘维廉的《我在厦大三十年》等，都从不同的角度，引领我们去品读厦门大学的真正内涵，感受厦门大学浓郁的人文精神和科学精神。

此次出版的“厦门大学百年学术论著选刊”，由专家学者精选，重刊一批厦大已故著名学者在校工作期间完成的、具有重要价值的学术论著(包括讲义、未刊印的论著稿本等)，目的在于反映和宣传厦门大学百年来的学术成就和贡献，挖掘百年来厦门大学丰厚的历史积淀和传统资源，展示厦门大学的学术底蕴，重建“厦大学派”，为学校“双一流”建设提供学术传统的支撑。学校将把这项工作列入长期规划，在百年校庆时出版第一辑共40种，今后还将陆续出版。

“自强！自强！学海何洋洋！”100年前，陈嘉庚先生于民族危难之际，抱着“教育为立国之本，兴学乃国民天职”的信念，创办了厦门大学这所中国历史上第一所由华侨独资建设的大学。100年来，厦大人秉承“研究高深学术，养成专门人才，阐扬世界文化”的办学宗旨，在实现中华民族伟大复兴的征程上书写自己的精彩篇章。我们相信，当百年校庆的欢庆浪潮归于平静时，这些出版物将会是一串串熠熠生辉的耀眼珍珠，成为记录厦门大学百年奋斗之旅的永恒坐标，成为流淌在人们心中的美好记忆，并将不断激励我们不忘初心继承传统，牢记使命乘风破浪，向着中国特色世界一流大学目标奋勇前行！

张彦 张荣

2020年12月

编纂说明

一、为回顾厦门大学发展历史，总结办学经验，继承发扬优良传统，更好利用档案史料，1987—1996年，厦门大学先后编纂出版《厦大校史资料》9辑，收录1921—1991年间的校史资料。2021年，厦门大学迎来百年华诞，根据百年校庆系列出版物编委会工作安排，档案馆承担《厦门大学校史资料选编(1992—2017)》丛书(以下简称丛书)的编纂工作。

二、丛书收录校史资料起止时间：1992年1月1日至2017年12月31日。

三、丛书主要内容包括厦门大学党委书记、校长的重要讲话稿，上级机关、领导贺信、贺电，学校党建、思想政治、教学、科研、管理与服务工作等方面的规章、制度、办法等，党代会、工会、教代会等重要会议的重要报告，全校性的工作规划、计划、总结，重大工作的实施方案，重要专题报告等。所选文献主要来源于厦门大学档案馆馆藏档案，包括《厦门大学报》部分文章。

四、丛书按照年度—主题的编排体例。收录校史资料以年度为序，各年度内容分特载、专文、党建与思想政治工作、教学与科研工作、管理与服务工作五大主题。由于各年度选录校史资料数存在差异，丛书根据年度材料多寡适当分册编排。

五、丛书是档案文献出版物，因收录时间跨度较长，其间一些文献的行文用语、称谓、时间、标点符号、层次序号、行文格式等与最新公文、图书出版标准存在不一致，为反映历史原貌，收录文献一般按原文照录原则处理；文献中明显的漏字、错别字等，则直接改正；有些文献根据图书出版规范重新拟写了标题。

六、丛书对部分涉及人名、个人电话号码、邮箱等个人隐私或其他不宜公开的内容做了删节。

七、丛书因保密、书稿篇幅限制等原因，所收录校史资料不尽齐全；丛书收录的规章、制度、办法等是档案文件的，其执行范围、时效等解释权归文件形成部门。

八、丛书于2019年5月立项：百年校庆系列出版物编委会审定丛书编纂原则；邓朝晖副校长就编纂原则、编排体例、审稿、出版等都给予悉心指导；编纂组成员多次开会研究落实编纂原则、编排体例，分工合作通读十余万份馆藏档案资料，认真挑选出2000多份史料，按档案文献编纂出版要求进行文稿录入和编辑加工；文件形成部门对其部门入选文件进行会稿确认；校保密办就史料出版进行保密审查；学校办公室积极参与“专文”部分的选编工作。在此，谨对各级领导的关心指导，对相关职能部门的大力支持，对出版社的细致审校，一并致以最衷心的感谢。

九、因编者水平有限，丛书疏漏、不当之处在所难免，敬请读者批评指正。

《厦门大学校史资料选编(1992—2017)》编纂组

2021年2月

目　录

2013 年

特　载

专　文

党建与思想政治工作

教学与科研工作

管理与服务工作

2014年

特 载

专 文

党建与思想政治工作

教学与科研工作

管理与服务工作

2013年

·特　载·

2013 年新年献词

（2013 年 1 月 5 日）

校党委书记　杨振斌　校长　朱崇实

亲爱的老师们、同学们，海内外的校友们、朋友们：

一元复始，万象更新。在这辞旧迎新的美好时刻，我们谨代表校党委、校行政向全校师生员工和海内外校友，向关心和支持厦门大学事业发展的社会各界朋友，致以诚挚的问候和美好的祝福！祝愿大家在新的一年里身体健康、工作顺利、阖家幸福、万事如意！

2012 年是我国发展史上极不平凡的一年。党的十八大胜利召开，这是我们党历史上承前启后、继往开来、团结奋进的大会。十八大报告勾画了在新的历史条件下全面建成小康社会、加快推进社会主义现代化建设、夺取中国特色社会主义新胜利的宏伟蓝图，是我们党团结带领全国各族人民沿着中国特色社会主义道路继续前进、为全面建成小康社会而奋斗的政治宣言和行动纲领。报告提出要努力办好人民满意的教育，坚持教育优先发展，着力提高教育质量，培养学生社会责任感、创新精神、实践能力，这一切都为高等教育走内涵式发展道路、提高人才培养质量指明了方向。过去的一年，在党中央的坚强领导下，伟大的中国人民续写了新篇章、开创了新辉煌。

过去的一年，厦门大学的发展也取得了新的成绩。我们深入开展创先争优及总结表彰活动，建立健全创先争优长效机制，深入开展学习宣传贯彻党的十八大精神主题教育活动，党建和思想政治工作又上新台阶。我们成功举办庆祝建校 91 周年活动，进一步展示了成就，凝聚了人心，争取了支持。我校在第八届“挑战杯”中国大学生创业计划竞赛中分获金、银、铜奖；新增 1 篇全国百优博士学位论文，在创新型人才培养道路上迈出新步伐。我校又有数篇高水平原创性学术论文发表在《科学》《自然》等刊物上，1 项研究成果入选 2012 年度中国高等学校十大科技进展，在今年英国自然出版集团发布的《自然出版指数2011—中国》报告中，我校名列中国十大科研机构第 6 位；积极推进能源材料化学、细胞生物学、海洋碳汇与未来地球等协同创新中心建设，出台了《厦门大学哲学社会科学繁荣计划(2011—2021 年)》，科研创新能力得到进一步提升。我们大力拓展与地方政府、大型企业的战略合作，加强科技成果转化和决策咨询服务，厦门大学国家大学科技园南太武园区奠基开工，在社会服务方面做出新贡献。我们新组建了南海研究院，参与组建了厦门南方海洋研究中心，推动新兴交叉学科和应用学科更快发展。新建 1 所孔子学院，入选首批 12 所“孔子学院专职教师储备学校”，向世界播撒更多传播中国文化的种子。学校翔安校区正式投入使用，首批 8 个学院、研究院顺利入驻，极大拓展了办学空间，改善了办学条件，在学校发展史上具有里程碑意义。我们继续帮助家庭经济困难学生,提高教职工生活待遇,努力解决住房问题,不断改善民生,加强校园管理……在大家的共同努力下,我们圆满完成了学校“十二五”规划第二年的各项任务。

过去一年取得的成绩将激励着我们更加努力地做好新一年的各项工作。2013 年,我们将迎来学校第十次党代会。我们要坚持科学发展观,深入贯彻落实教育规划纲要,以更加饱满的热情、更加昂扬的斗志、更加务实的作风,抢抓机遇,埋头苦干,进一步实施“十二五”规划和“2011 计划”,集中精力提高教育质量,把世界知名高水平研究型大学建设推进到一个新的阶段。

老师们、同学们、同志们、朋友们,2013 年我们将送走吉祥腾飞的龙年,迎来充满希望的蛇年。新年的钟声将伴随我们踏上新的征程,让我们携起手来,同舟共济,攻坚克难,在新的一年里收获更多的成果,取得更大的进步,共同创造我们厦门大学更加美好的未来!

——本文摘录自《厦门大学报》,2013 年 1 月 5 日第 1014 期

解放思想　改革创新　坚定自信　奋勇争先
为全面建成世界知名高水平研究型大学而奋斗

——在中国共产党厦门大学第十次代表大会上的报告

（2013年6月18日）

校党委书记　杨振斌

各位代表、同志们：

现在，我代表中共厦门大学第九届委员会向大会做报告，请予审议。

中国共产党厦门大学第十次代表大会，是在全校上下深入学习贯彻党的十八大精神，谋划新发展、寻求新跨越的关键时期召开的一次重要会议。大会的主题是：高举中国特色社会主义伟大旗帜，以邓小平理论、“三个代表”重要思想、科学发展观为指导，深入贯彻落实党的十八大精神，团结动员全校党员和师生员工，解放思想，改革创新，坚定自信，奋勇争先，为全面建成世界知名高水平研究型大学而奋斗。

一、第九次党代会以来的主要工作

第九次党代会以来，校党委深入学习贯彻党的十七大精神和中央关于科技、人才、教育等工作的重大决策部署，转变发展观念，创新发展模式，推动科学发展，促进校园和谐，圆满完成了校第九次党代会确定的目标任务，学校各项事业迈上了新台阶。

（一）人才培养质量不断提高。我们坚持把培养高素质创新型人才作为根本任务，大力实施本科人才培养质量工程，扎实推进研究生培养机制改革，学生综合素质和创新能力不断提升。入选教育部基础学科拔尖学生培养试验计划、卓越法律人才培养计划、卓越医生教育培养计划，形成拔尖创新人才培养的有效机制。获第六届高等教育国家级教学成果奖3项。学生在国内外各类学科竞赛中屡创佳绩，在全国“挑战杯”大学生课外学术科技作品竞赛中首次获得优胜杯。研究生发表论文总数15500多篇，4篇博士学位论文入选全国百篇优秀博士学位论文，45名博士生获教育部“博士研究生学术新人奖”，研究生已经成为科研创新的生力军。我校毕业生已成为最具竞争力、最受社会欢迎的大学生群体之一。

（二）自主创新能力显著增强。我们坚持“顶天立地”，瞄准国际学术前沿，围绕国家和区域发展的重大战略需求，构建大平台、组织大团队、承接大项目，科研经费年均递增21.6%，科研总体实力和水平显著提升。在《科学》和《自然》期刊上以第一作者单位发表的论文数居全国高校第九位，论文总被引次数居全国高校第四位；新增2个国家级实验室、19个省部级创新平台基地；自然科学研究成果1项获国家技术发明二等奖，1项入选中国科学十大进展，2项入选中国高校十大科技进展，1项获中国专利奖金奖。国家社会科学基金项目立项数保持在全国高校前十位，2013年居全国高校第六位；635项人文社科研究成果获省部级以上奖励，获教育部高等学校人文社科优秀成果奖总数位居全国高校前列。

（三）社会服务工作全面拓展。我们坚持主动融入、主动贴近、主动服务，积极拓展战略合作，服务社会发展的水平和实效不断提升。制订并实施服务福建、服务厦门、服务漳州等行动计划，构建创新平台，加强项目对接，建立创新联盟，努力为福建调整经济结构、转变发展方式做出贡献。深化与国家有关部委、大型企业、地方政府等的战略合作，疫苗研制、新一代煤化工等产学研成果已经或正在实现产业化。充分发挥智囊团、思想库作用，围绕宏观经济政策、两岸和平发展、能源发展战略、南海权益等重大理论和现实问题,为中央和各级党委政府提供了高质量决策咨询服务。抓好高层次继续教育,为构建学习型社会提供优质服务。

(四)学科主流特色进一步凸显。我们坚持"保证重点、兼顾一般",凝练学科方向,加强重点建设,强化主流特色,学科综合优势日益显现。积极探索学部制改革和学科分类管理,组建了人文与艺术学部、社会科学学部、自然科学学部、工程与技术学部、医学与生命科学学部、地球科学与技术学部。进一步优化学科布局,大力发展新能源、新材料、生物医药、环境生态和新一代信息技术等新兴交叉学科,努力培育新的学科增长点。依托"211 工程"和"985 工程",加大资金资源投入,持续推进重点学科建设,16 个一级学科在第三轮全国学科评估中进入前十位,入选数居全国高校第十五位;8 个学科进入 ESI 世界前 1%,入选数并列全国高校第十四位。

(五)人才队伍建设成效显著。我们坚持培引并重,深入实施"高层次创造性人才计划",大力推动"学科带头人+创新团队"建设,努力汇聚和造就高水平师资队伍。新聘教师 723 人,其中 94%具有博士学位。选派 430 名中青年教师、党政管理干部和辅导员到境外高水平大学研修。新增 2 名中科院院士、6 名双聘院士;新增 5 名"973 计划"项目首席科学家、16 名国家杰出青年科学基金获得者、11 名国家社会科学基金重大项目首席专家、10 名教育部重大课题攻关项目首席专家。新增 2 个国家自然科学基金委创新研究群体、5 个教育部创新团队、3 个高等学校创新引智基地。

(六)对外交流合作深入推进。我们坚持把开放办学作为提升办学水平的重要途径,与一批世界名校、名企和研究机构建立密切的合作关系,对外交流与合作的水平、层次和实效显著提升。与国(境)外高校新签、续签校际合作协议 105 项,与 29 所世界排名前 200 名的高校开展教师互访、学生交流、科学研究等实质性合作。对外交流合作深度、广度进一步拓展,师生出国、出境交流人数大幅增长,留学生教育规模不断扩大,层次不断提高。启动汉语国际推广南方基地建设,与 12 个国家的知名大学共建 15 所孔子学院。大力实施"走出去"战略,积极筹建马来西亚分校。

(七)办学条件得到明显改善。我们坚持量力而行、尽力而为,多方争取办学资金资源,不断提高条件支撑和保障能力。新增办学用地 3600 多亩,翔安校区完成一期工程建筑面积 60 多万平方米,已有 8 个学院整建制入驻;思明校区新建、扩建教学科研用房面积 4 万多平方米;漳州校区功能调整逐步推进,校区发展战略调整基本完成。年度综合财务收入从 13 亿元增加到 33 亿元;固定资产总值从 27.1 亿元增加到 40.8 亿元,其中仪器设备总值从 8.7 亿元增加到 16.8 亿元;图书馆藏书从 456 万册增加到 762 万册,校园信息化建设取得新进展,管理服务水平和保障能力进一步提升。节约型校园和绿色校园建设成效显著。

(八)民生保障得到有效落实。我们坚持脚踏实地为师生办实事、解难事、做好事,学校第九次党代会和学习实践科学发展观活动期间做出的民生承诺得到切实兑现。校级累计投入 6.56 亿元用于提高教职工工资待遇,目前教职工工资收入基本达到厦门市事业单位同类同职务人员水平。争取并安排保障性商品房 879 套,新建西北村、漳州校区南部教职工住宅 603 套,发放住房货币化补贴 4.3 亿元,教职工住房条件得到明显改善。推行教职工"大病互助"、学生免费米饭等惠民举措,完善学生资助体系,累计发放各类奖贷助学金 8.7 亿元。加强就业指导服务,帮助家庭经济特别困难的毕业生全部实现就业。

(九)党的建设得到切实加强。我们坚持党要管党、从严治党的方针,以改革创新精神对学校党的建设、基层组织建设、领导干部作风建设等做出全面部署,出台相关文件、完善工作制度,党建工作科学化水平不断提升。认真抓好党的十七大、十八大精神的学习和贯彻,推进学习型党组织和领导班子思想政治建设。深入开展学习实践科学发展观活动,全校党员干部和师生员工进一步提高了思想认识,明确了发展思路,解决了一系列制约科学发展的突出问题,推动科学发展的能力不断增强。深入开展创先争优活动,党组织的战斗堡垒作用和党员的先锋模范作用得到较好发挥。抓好干部教育培养培训和多岗位锻炼,干部队伍能力素质不断提升。扎实推进党风廉政建设和反腐败工作,党风廉政建设责任体系得到巩固,惩治和预防腐败体系建设有力推进,在全国高校中率先开展校内巡视工作,取得显著成效。加强对统一战线工作的领导,健全各民主党派、无党派人士发挥作用的有效机制,指导帮助各民主党派、统战团体加强自身建设。积极推进校院两级教代会建设,支持工会、共青团、妇委会、学生会、校友总会等创造性开展工作。积极发挥离退休老同志在学校建设中的重要作用。推进平安校园建设,健全工作机制,加强校园管理,切实维护校园安全稳定。第九次党代会以来,学校共发展党员14953人,共有83个基层党组织和533名党员个人受到校级以上党组织的表彰。

(十)思想政治工作取得新成效。我们坚持育人为本、德育为先,推进中国特色社会主义理论体系进教材、进课堂、进头脑,把社会主义核心价值体系教育融入思想政治教育全过程。加强师德师风建设,深入开展教风、学风和学术诚信建设。完善思想政治理论课建设领导体制和工作机制,大学生思想政治教育得到切实加强。扎实开展"和谐校园,青春先行"活动和"爱国、敬业、成才、奉献"等主题教育活动,不断推进社会实践和志愿服务活动,实践育人和文化育人成效显著。实施"青年马克思主义者培养工程"。加强宣传工作和思想阵地建设,积极探索网络思想政治教育的新方法、新途径。辅导员队伍规范化、专业化水平进一步提升。以"感恩、责任、奉献"为主题,成功举办90周年校庆,师生员工爱校、强校的责任感和使命感进一步增强。

在总结成绩的同时,我们也要清醒地看到,学校发展和我们工作中还存在不少困难和问题:对创建一流大学的前瞻性、系统性、战略性研究还不够深入,一些干部和教师思想观念仍显保守,自信不足,缺乏争创一流的拼劲和闯劲;学科优势和特色有待进一步强化,核心竞争力有待进一步增强,学科交叉融合和协同创新的体制机制有待进一步改革;高层次领军人才和创新团队数量偏少,优秀年轻后备人才不足;一些关系师生员工切身利益的重大问题还需要下大力气解决;办学资金资源总体不足与优化配置、有效利用的矛盾依然突出,管理服务效能有待进一步提高;一些基层党组织的凝聚力、战斗力不强,少数党员先锋模范作用还不够明显;思想政治工作的针对性和实效性有待进一步提高;等等。对此,我们必须高度重视,采取切实有效的措施认真加以解决。

总体来说,第九次党代会以来的五年,是我校党的建设切实加强、办学质量不断提高、综合实力大为增强的五年;是办学条件不断优化、民生保障不断改善的五年;是学校社会影响和国际声誉日益提升的五年。这些成绩的取得,是中央以及教育部、福建省委省政府正确领导的结果,是厦门市委市政府鼎力支持的结果,是社会各界、广大校友和海内外朋友关心帮助的结果,是在历届校党委、行政开拓进取的基础上,全校党员和广大师生员工共同努力的结果。在此,我谨代表中共厦门大学第九届委员会,向所有为厦门大学改革发展做出贡献的同志们、朋友们,表示衷心的感谢并致以崇高的敬意!

二、今后发展的目标与愿景

实现中华民族的伟大复兴是每一个中国人的共同理想与追求。习近平总书记强调,中国要努力实现国家富强、民族振兴、人民幸福的伟大中国梦。高等教育作为科技第一生产力和人才第一资源的重要结合点,在实现伟大中国梦的进程中具有十分重要的地位和作用。

一所大学的命运与民族和国家的命运总是紧密相连的。九十二年前,校主陈嘉庚先生胸怀"教育救国"的理想和建设"世界之大学"的宏愿,倾资创办厦门大学。九十多年来,厦门大学始终与祖国同呼吸、共命运,为国家富强、民族振兴和社会进步做出了重要的贡献。特别是改革开放以来,伴随着国家经济社会的快速发展和综合国力的不断提升,厦门大学各项事业也实现了跨越发展,整体办学实力和水平与世界一流大学的差距逐步缩小,一批学科已基本达到世界先进水平,这一切,都为我们开创新局面、迈上新台阶奠定了坚实的基础。

时代的潮流浩浩荡荡,中华民族正处在实现两个"百年目标"、实现伟大中国梦的历史进程中。新形势、新任务既为我校发展提供了十分难得的机遇,也提出了新的更高的要求。我们必须承前启后、继往开来,再接再厉、乘势而上,肩负起新的历史使命,担当起时代赋予的重任。综合分析学校的历史和现状、基础和条件、整体实力和发展趋势,今后五年乃至更长的一段时期,学校发展的战略总目标是:在建校一百年时全面建成世界知名高水平研究型大学,力争在新中国成立一百年时跻身世界一流大学行列!

建设世界一流大学,是我们服务国家发展战略、实现中华民族伟大复兴的崇高使命;是我们传承“自强不息,止于至善”校训精神、建设“南方之强”的共同追求;是我们凝聚各方力量,开创改革发展新局面的动力源泉。我们有基础、有条件、有信心,也有责任朝着世界一流大学的新目标奋勇前进。

建设世界一流大学是长期而艰苦的奋斗过程,需要数代人锲而不舍地付出艰辛的努力。为此,我们必须遵循高等教育发展规律,加强顶层设计,做好战略部署,分步实施推进,经过三个阶段的努力,力争到本世纪中叶跻身世界一流大学行列。

第一阶段是经过 8 年左右的努力,到 2021 年建校百年之际,人才培养、科学研究、社会服务、文化传承与创新的整体水平全面提升,形成一批学术竞争力进入世界前列的高水平学科,产出一批代表国际先进水平的重大标志性科研成果,各学科领域都有一批能够参与国际竞争与合作的专家学者,全面建成世界知名高水平研究型大学,为建设世界一流大学奠定坚实基础。

第二阶段是再经过 15 年左右的努力,到 2035 年前后,服务国家发展的能力更加突出,国际学术地位显著提升,更多优势学科达到或接近世界一流水平,各学科领域都有一批世界级的专家学者,主要办学指标和整体实力接近世界一流大学。

第三阶段是再经过 15 年左右的努力,到本世纪中叶新中国成立百年之际,办学声誉和办学水平获得国际公认,主要办学指标和整体实力跻身世界一流大学行列。

根据这样的目标愿景、战略部署和阶段性任务,今后五年,是我们全面建成世界知名高水平研究型大学的关键阶段。我们必须按照建设世界一流大学的总体构想,进一步解放思想、改革创新,进一步坚定自信、奋勇争先,努力走出一条“中国特色、世界一流”的发展之路。

三、以解放思想引领发展

思想是行动的先导,解放思想是推动事业发展的前提。长期的实践证明,我们思路的每一次深化、工作的每一次突破、发展的每一次提速,无一不是解放思想的结果。实现新目标、推动新发展,最根本的一条仍然是要坚持不断解放思想、更新观念。加快发展永不停步,解放思想永无止境。

(一)树立“好中求快、又好又快”的发展意识。发展是硬道理,是解决所有问题的关键。“好中求快、又好又快”,本质要求就是实现科学发展、跨越发展,就是在科学发展观的统领下,立足学校实际,在注重质量和效益的基础上求得发展的速度。这就要求我们不断深化对世界一流大学建设规律的认识,准确把握学校所处的历史方位,坚持世界一流、中国特色、厦大风格相统一,坚持推动内涵发展、突出办学特色与提高办学质量相统一,坚持好字当头、好中求快,凝心聚力、心无旁骛,不动摇、不懈怠、不折腾,不断开创又好又快发展的新局面。

(二)树立“不进则退、小进亦退”的忧患意识。当前,全球高校千帆竞发、百舸争流,你追我赶、竞相发展,竞争激烈、形势逼人。事业发展如逆水行舟,不进则退、小进亦退。要实现每个阶段、每一步骤的目标,我们都要有坐不住的危机感、等不起的紧迫感、慢不得的责任感,坚决克服小进即喜、小富即安、小成即满的思想观念,清醒地看到自身的差距,居安思危、居弱图强,努力营造思想大解放、创业干大事的浓厚氛围。

(三)树立“先行先试、敢闯敢拼”的创新意识。大学的发展和社会发展进步一样,并不总是做匀速运动。在特定的发展阶段,在特定的历史条件下,抓住难得的历史机遇,实现超常规跨越发展,是符合社会需要和历史发展规律的,也是能够做到的,这在世界高等教育发展史上不乏先例。我们要敢于突破因循守旧的框框,突破“惯例”“先例”的约束,以“舍我其谁”的胆略、敢于“亮剑”的精神和“敢拼会赢”的勇气,坚决破除影响发展的思想障碍、体制障碍,开辟发展新路、赢得发展先机。

(四)树立“奋勇争先、争创一流”的进取意识。创建世界一流大学,是一个追求卓越、永无止境的过程。我们要深刻认识一流大学建设的长期性、艰巨性,克服缺乏自信、安于现状的懈怠心理,把握时代脉搏,坚定自信自觉,始终保持开拓进取、不畏艰难的精神状态,始终保持“自强不息,止于至善”的优良品格,与时俱进、勇立潮头、走在前列,永不停滞、永不僵化、永不自满,努力创造一流的业绩,为中国乃至世界高等教育发展做出我们的新贡献。

四、以改革创新推动发展

事业要发展,关键靠改革。改革创新是新时期厦门大学事业发展的鲜明特点,也是今后发展的必由之路。今后几年,我们要加强改革的前瞻性谋划、系统性研究和战略性思考,重点推进制约科学发展的关键领域和重点环节的改革,着力完善学校治理结构,为实现新目标、促进新发展注入强大的动力。

(一)深化人才培养模式改革。创新人才培养模式,是改革人才培养体制的核心环节。坚持传授知识、培养能力、提高素质的有机统一,建立寓教于研、以教促研的人才培养模式,实现科研优势和教学优势相互促进、相互转化。注重学思结合、知行统一、因材施教,实施基于学生个性发展的教学改革,强化自主性学习、研究性学习,开发每一个学生的优势潜能。深化研究生培养机制改革,加强研究生培养过程的管理和质量控制,进一步把人才培养与科学研究、技术开发和解决经济社会发展重大问题紧密结合起来,鼓励学生在实践中研究和探索。

(二)深化科研管理体制改革。坚持走创新驱动发展之路,促进创新资源高效配置和综合集成。创新科研组织管理模式,建立完善构建大平台、承接大任务、发展大科研、产出大成果的资源配置体系。探索建立以任务为导向、稳定与流动相结合的科研用人机制,建立基于各学科发展特点、以科研质量和贡献为导向的科研评价体系,建立科学研究与人才培养、学科建设、社会服务相互促进的有效机制。深化体制机制改革,打破校内各学院、各学科、各平台之间的壁垒,以国家和区域发展重大战略需求为牵引,转变创新发展方式,大力推进协同创新,着力提升创新能力。加强科研项目和科研经费管理,规范科研行为,确保科研工作健康发展。

(三)深化人事分配制度改革。坚持人是发展第一要素、第一资源的理念,将办学资金资源更多地投入人才队伍建设。积极探索建立终身教职制、协议工资制等有利于优秀人才成长的新型人事制度。创新人事管理方式,坚持培养、引进、支持、流动并举的方针,改革人员聘用、考核、评价、激励机制,提高人力资源开发与管理水平。创新薪酬分配制度,完善绩效评价体系,强化业绩和贡献导向。按照重心下移和权责一致的原则,赋予学院、研究院在教师职务聘任、薪酬分配等方面更多的主导权。

(四)完善内部治理结构。坚持和完善党委领导下的校长负责制。坚持依法治校,研究制定《厦门大学章程》,理顺校院二级管理的责权利关系。推进教授治学,加强学术组织建设,充分发挥学术委员会、学部委员会等在人才培养、学科建设、队伍建设和学术发展中的重要作用。实行党代会代表任期制,建立代表参与重大决策、参加重要干部推荐和民主评议、列席党委有关会议、联系党员群众等制度和办法,使代表充分行使权利、有效开展工作、持续发挥作用。加强校院两级教职工代表大会建设,拓宽民主参与、民主管理、民主监督的渠道和途径。加强学生代表大会建设,创新学生参与治校的机制。

五、扎实推进各项事业科学发展

今后五年,是我校加快提升整体实力与核心竞争力的关键时期。我们要深入学习贯彻党的十八大精神,落实《国家中长期教育改革和发展规划纲要(2010—2020年)》确定的战略目标和重大部署,把学校工作重点放到推动内涵发展上来,把资源配置重点集中到提高办学质量上来,全力开创事业发展新局面。

(一)强化人才培养中心地位,大力提升人才培养质量。人才培养是学校一切工作的出发点和落脚点。要牢固树立人才培养的中心地位,坚持育人为本、德育为先、能力为重、全面发展,着力增强学生服务国家服务人民的社会责任感、勇于探索的创新精神和善于解决问题的实践能力。

坚持立德树人。坚持把社会主义核心价值体系融入学校育人的全过程,贯穿课堂教育和实践教育的各个环节,促进学生德智体美全面发展。完善"全员育人、全方位育人、全过程育人"工作体系,重点在丰富内容、创新方法、健全机制、入脑入心上下功夫。深入开展“我与中国梦”和“感恩、责任、奉献”等主题教育活动,使我们培养的学生更大气、更自信、更高尚。倡导国家至上、事业为先的就业理念,引导学生“登上大舞台、做出大贡献”,鼓励支持学生到国家经济建设、科技教育、社会管理、国防和国家安全等重要行业与领域建功立业。

强化能力素质。全面推行素质教育,着力培养信念执着、品德优良、知识丰富、本领过硬的高素质专门人才和拔尖创新人才。不断优化人才培养方案,按照“厚基础、宽口径、重能力、多样化”原则,实行大类招生、推进大类培养,优化课程设置、更新教学内容、创新教学方法,为学生提供适应时代要求和符合学生个性发展需求的课程体系和教学内容。深入实施基础学科拔尖学生培养试验计划和各类卓越人才培养计划,及时总结经验,形成人才培养特色。整合校内外资源,完善创新性实验、实践教育体系,加强校内外实习实训基地建设,强化实习实践环节,着力提高学生的实践能力、创新能力。深入推进国际化人才培养,增加学生国外学习经历,拓宽学生国际视野。

完善保障制度。实施优质生源工程,吸引优秀生源。完善本科生导师制和教授为本科生授课制度。提高对“三学期制”的认识,加强短学期教与学的组织,让学生有更多自我发展的空间,更加自主地完善知识结构、拓展综合素质、提高竞争能力。完善以科学研究和实践创新为主导的导师责任制,全面推行校内跨学科联合培养研究生的导师组制,积极推进与国内外协同创新单位联合培养研究生、联合授予学位。落实教学督导、教学检查、领导干部听课、教学事故处理等制度,持续开展年度教学质量评估,促进教学质量不断提升。

支持嘉庚学院发展。创新和完善嘉庚学院管理体制和运行机制,全力支持嘉庚学院提升办学层次,推动其尽快成为一所教学与科研并重的优秀大学。

(二)推动学科交叉融合,大力提升科研创新能力。学科实力和创新能力是衡量一所大学办学水平的重要标志。要瞄准国际学术前沿,围绕国家战略需求,打造一流学科,提升创新能力,努力在知识创新、技术创新、国防科技创新和区域创新中展现更大作为、做出更大贡献。

打造一流学科。以“中国特色、世界水平”为导向,创新“211 工程”和“985 工程”建设模式,完善学科规划,优化学科布局,进一步强化主流特色,全面提升学科整体水平和国际竞争力。做强优势学科,聚焦世界前沿、强化主流地位、提升竞争能力,着力培育若干世界一流学科,力争进入 ESI 世界前 1%的学科达到 12 个以上。巩固发展基础学科,建立稳定支持的长效机制。出台具体措施,加强工科、医科和应用学科建设,下力气整合资源、加大投入、汇聚队伍、提升实力。把促进学科交叉融合作为学校发展的重要增长点,建立有利于跨学科团队形成、多学科交叉集成和交叉研究平台建设的有效机制,重点扶持、培育和建设一批新兴交叉学科。

推进协同创新。按照“国家急需、世界一流”的要求,以国家重大需求为牵引,加强顶层设计,创新体制机制,积极组织和参与“2011 计划”,大力推进与兄弟院校、科研院所、行业企业、地方政府以及国(境)外知名高校、科研机构的协同创新,构建若干校校协同、校所协同、校企协同、校地协同和国际合作协同的创新平台,有效聚集创新要素和资源,构建协同创新的新模式,形成协同创新的新优势。以构建跨学科平台、基地、团队为抓手,着力推进校内协同创新,推动院系之间、学科之间、教师之间的深度合作,着力提升人才、学科、科研三位一体的创新能力,力争承接大项目、产出大成果、做出大贡献。

组织重大攻关。坚持服务国家目标与鼓励自由探索相结合,瞄准国际学术前沿,加强基础研究,提升原始创新能力。以重大现实问题为主攻方向,积极开展国家急需的战略性研究、尖端科技领域的前瞻性研究,抢占战略制高点。积极与兄弟院校、科研机构联手,主动参与承担国家大科学工程建设任务。全面实施《厦门大学哲学社会科学繁荣计划(2011—2021 年)》,重点研究解决改革发展中的重大理论和现实问题,更好地发挥哲学社会科学认识世界、传承文明、创新理论、咨政育人、服务社会的重要功能,努力形成“厦大学派”。做好创新平台与基地建设工作,新增若干国家级科技创新平台和人文社会科学重点研究基地。到 2018 年,学校科研经费数力争翻一番。

(三)深化拓展战略合作,大力提高社会服务水平。服务国家和区域经济社会发展是大学的重要职责。要紧密围绕国家和地方的重大战略需求，主动贴近、主动融入、主动服务，在服务中提升能力、展现水平。

突出社会服务重点。加强国家发展战略研究，建设一批高水平智库，为国家和区域发展提供高水平的决策咨询服务。加强涉海研究，与省市共建国家南方海洋研究中心，服务海洋强国战略和海洋经济发展。加强涉台研究，开展对台交流合作，在更高层次上服务祖国统一大业。加强厦门大学国家大学科技园和产业技术研究院及其产业化平台建设，开展战略性新兴产业、现代服务业、文化创意产业等领域的关键技术和共性技术的研发与应用，加快科技成果转化和产业化步伐。加强附属医院建设，支持协调各附属医院加强合作、协同发展，提升科学研究能力和医疗服务水平。大力发展高层次继续教育，积极服务学习型社会建设。

优化社会服务布局。坚持"顶天立地"，立足福建、面向沿海、辐射全国，全方位、多形式推进战略合作，着力提高社会贡献度。深入拓展与国家有关部委、大型企业的战略合作，努力把握前沿动态、进入创新前沿、提升服务实效。深入实施《厦门大学服务福建省科学发展跨越发展行动计划》，积极参与福建省海洋经济创新发展示范区、平潭综合试验区、厦门市深化两岸交流合作综合配套改革试验区建设，深化拓展与福建省各地市的战略合作。主动融入"长三角""珠三角""环渤海"等沿海发达地区发展，积极拓展与中西部地区的战略合作，着力扩大辐射力和覆盖面。履行社会责任，扎实做好对口支援、定点扶贫工作，服务西部大开发战略。

增强社会服务合力。加强社会服务工作的规划、指导和协调，成立社会服务工作机构，统筹协调社会服务的力量和资源，加强校内外合作单位的沟通联系，形成权责明晰、工作协同、务实高效的社会服务工作体系。完善评价激励机制，在教师考核聘任、收入分配中强化社会服务的政策导向。完善对接落实机制，加强合作项目跟踪和监督检查，确保各项社会服务工作形成合力、落到实处、取得实效。

(四)建设一流人才队伍，优化人才成长环境。人才队伍质量是决定办学质量的第一要素。要坚持党管人才原则，深入实施人才强校战略，确立人才优先发展的理念，做到人才资源优先开发、人才结构优先调整、人才投资优先保证、人才制度优先创新。

提升人才队伍整体水平。制定并完善人才队伍建设规划，掌握各类人才需求的数量、结构、素质要求，制订引进和培养计划，着力建设一支德才兼备、教书育人，兼具学识魅力和人格魅力的教师队伍，一支素质优良、业务精湛、乐于奉献、服务高效的技术支撑队伍，一支政治坚定、作风务实、干事创业、廉洁奉公的管理服务队伍。加强师德师风建设，切实提高教师思想政治素质、职业理想与职业道德水平和业务能力。重视青年教师发展，通过政治上主动引导、专业上着力培养、生活上热情关心，促进广大青年教师坚定理想信念、练就过硬本领、勇于创新创造、矢志艰苦奋斗、锤炼高尚品格。

全力打造人才高地。树立"高层次领军人才的作用是一般人才不可替代"的理念，依托国家重大人才培养计划，采取"人才特区"政策，在各学科领域引进、培养一批学术大师和杰出领军人才，打造一批高水平创新团队，充分发挥高层次人才的引领作用。在若干重点领域探索建设一批海外高层次人才引智基地，提供有竞争力的配套条件，在全球范围内延揽一流人才。继续深入实施"两个一百计划"，重点引进和选拔培养一批具有创新能力和发展潜力的中青年学术骨干。实施"国际化师资培养与储备计划"，选拔一流学生，派往国外一流高校、师从一流导师学习深造，为打造国际化的高水平师资队伍做好人才储备。大力改善博士后住房和工资待遇，建立健全师资主要从博士后中遴选的制度。到2018年，全校专任教师总数达3000人以上，多数均有海外学习或工作经历，各学科领域都有3～5名国内一流、国际知名的专家学者。

完善人才成长保障机制。推行人才工作责任制，发挥学院、研究院在人才队伍建设中的主体作用，以强烈的责任感、长远的眼光、宽广的胸襟做好人才工作。要根据教学科研、专业技术、管理服务的工作特点和人才成长规律，完善各类人才评价体系和激励机制，拓宽人才成长渠道，充分调动各类人才的积极性、主动性和创造性。要更加尊重人才、关心人才、爱护人才、服务人才，做好人才保障、服务工作，努力为人才成长和发挥作用创造良好的环境和条件，让各类人才与学校共同提高、共同进步、共同发展。

(五)服务对外开放战略，提升国际化办学水平。国际化办学是建设一流大学的重要战略举措。要大力实施“国际化”战略，遵循国际通行的学术标准和学术规范，构建高层次的国际合作网络，全面提升学校国际竞争力和影响力。

深化实质性交流合作。落实“G50 战略伙伴计划”，重点选择 50 所世界排名前 200 名的高水平大学作为全面战略合作伙伴，在人才培养、科学研究、学科建设等方面开展实质性交流与合作。以学院、研究院为主体，与国外高水平大学共建国际合作基地，联合推进高水平研究，广泛开展教师互派、学生互换、学分互认和学位互授联授等合作项目。推进师资国际化，努力提升在国际学术活动中的主导权和话语权。探索多种方式利用国外优质教育资源，引进、消化、吸收国外优秀教材，建设一流的国际化精品课程和国际化专业。支持教师和管理干部到国外高水平大学学习进修，提高教学科研水平和管理服务能力。

服务对外开放战略。积极参与全球性、区域性教育科技合作，有效利用国际科技资源。关注人类发展及全球热点问题，主动参与全球性或区域性的重大科研合作项目的策划和实施，全面提升学校在国际上的科研竞争力。服务高等教育“走出去”战略，坚持试点先行，争取各方支持，扎实推进马来西亚分校建设。推动示范孔子学院建设，促进孔子学院健康发展，发挥好示范和引领作用。

打造优质留学目的地。聘请相应学科专业领域的国际高水平专家学者，开展学科专业的国际评估。积极推进与国际标准衔接的专业认证工作。完善留学生培养的管理体制和服务机制，优化留学生学籍管理、学业指导、后勤服务等工作体系，提高海外留学生的规模、质量和层次。加快汉语国际推广南方基地建设，吸引更多孔子学院院长、教师和学员来校学习，推动跨文化交流。

(六)积极争取办学资源，提升条件保障能力。一流的办学条件是一流大学建设的重要支撑。要坚持超前谋划、主动出击，想方设法争取办学资源，努力为学校持续发展和提高水平创造优良条件、提供有力支撑。

千方百计筹措资金。拓宽筹资渠道，优化办学经费构成。积极争取各级政府对学校重大专项资金、各种财政补助和各类政策性资源的持续投入和稳定增长。加强重大科研项目的超前策划和组织申报，积极承担各类科研课题，大幅提升科研经费占学校经费总收入的比例。加强国有资产和知识产权的管理与利用，使资产经营收入成为办学经费的重要来源之一。加强与社会各界的沟通和联系，拓宽社会捐赠渠道。办好厦门大学教育发展基金会，充实力量、加强运作，确保基金稳步增长、保值增值。到 2018 年，学校综合财务收入力争翻一番。

优化校区功能布局。按照有利于教学科研、合理配置资源和提高办学效益的原则，推进各校区规划修编工作，完善各校区定位，形成功能分区科学、学科布局合理、基础设施完善的一流大学校园。完善“一校三区”协调发展的管理运行机制，加强多校区联动与互补，有效解决各校区之间管理衔接、文化传承、交通往来、网络覆盖、资源共享等问题。根据发展需求，不断完善和优化思明校区、漳州校区、翔安校区的办学条件。

完善公共服务体系。加强信息化建设，构建智慧校园。加强教学基础设施和网络课程建设，提升现代教育技术水平。加强研究型学术图书馆和数据库建设，提升学科化服务水平。推进档案工作信息化，加强学校党史、校史研究，做好史料编纂工作。加强公共实验和科研平台建设，促进仪器设备开放共享。加强国有资产管理，优化公共资源配置机制，提高资源利用率，建设节约型校园。深化产业、后勤管理体制改革，增强产业规模、效益和实力。加强期刊、出版等高水平学术载体建设，着力提升学术影响力。抓好安全保密体系建设，推进精细管理，确保万无一失。

六、共同建设美好厦大

建设美好厦大，是推动新跨越、实现新目标的必然要求，也是全体师生员工的美好愿景。我们必须始终坚持发展为了师生，发展依靠师生，发展成果由师生共享，努力营造良好的学习、工作和生活环境，不断提高师生员工的幸福指数。

（一）建设品位高雅、环境优美的魅力校园。进一步丰富和发展我校“四种精神”的内涵，培育师生员工共同坚守的精神家园和价值追求，增强师生员工对建设一流大学的使命责任、办学理念、目标任务的认同和支持。积极探索用社会主义核心价值体系引领校园文化建设的有效途径和方式，打造高品位的校园文化，丰富广大师生员工的精神文化生活。加强校园文化载体建设，广泛开展群众性文化、体育活动，倡导文明向上、健康快乐的生活方式，促进师生员工身心健康发展。丰富校园网内容，使校园网成为师生员工获取信息、交流思想、学习知识、活跃生活的重要渠道。统筹三个校区的校园文化建设，增强环境育人意识，提升校园环境的文化内涵，着力建设人文气息浓厚、生态环境优美、人与环境和谐的魅力校园。

（二）构筑安居乐业、友爱互助的温馨校园。坚持以人为本，着力解决教职工最关心、最直接和最现实的利益问题。通过争取保障房、建设限价房和采取校内向校外置换等多种形式、多种途径，力争在实现“住有所居”的基础上，使教职工的住房条件得到较大改善。建立收入正常增长机制，稳步提高教职工工资待遇，力争用三至五年时间使我校教职工工资收入达到厦门市同级公务员水平。支持附属中小学办出特色、办出水平，办好各校区幼儿园，有效解决教职工子女入学问题。完善离退休工作机制，思想上关心、生活上照顾、精神上关怀离退休老同志。完善翔安校区工作生活配套条件，切实解决翔安校区师生的具体困难。

进一步做好家庭经济困难学生资助工作，拓宽奖助学金来源渠道，吸引更多社会力量参与资助工作，推进助困助学育人。实施学长辅助计划，推进学生朋辈支持体系建设，充分发挥学生自我教育、自我管理、自我服务的作用。加强心理健康教育，培养学生良好的心理品质，引导学生正确对待自己、他人和社会，正确对待困难、挫折和荣誉，塑造自尊自信、理性平和、积极向上的良好心态，增强适应社会的能力。加强创新创业教育和就业指导服务，拓展就业渠道，做好就业援助工作，提高学生就业质量。进一步办好学生食堂，加强学生宿舍建设与管理，为学生提供优质的生活条件。

（三）打造安定有序、和谐稳定的平安校园。维护校园和谐稳定，是学校改革发展的前提和保证。旗帜鲜明、理直气壮地坚持马克思主义在意识形态领域的指导地位，牢牢掌握意识形态领域工作的领导权和主导权。加强思想文化阵地建设，加强学校课堂教学、报告会、研讨会、讲座、论坛和校园网等的管理，健全工作机制，完善管理办法，落实管理责任，确保阵地巩固、导向正确。强化校园综合治理，完善公共突发事件应急预案，提升应对处置能力，健全党政齐抓共管的维稳工作机制。创新校园安全管理，及时排查化解矛盾纠纷，完善校园安全稳定综合防控和周边环境综合治理机制，健全重大决策稳定风险评估机制，加强实验室、校门、交通、食品、危险品等安全管理，切实维护学校安全稳定。

七、全面提高学校党的建设科学化水平

学校要进步、事业要发展，关键在于坚持党的领导，在于加强党的建设。要牢牢把握培养德智体美全面发展的中国特色社会主义合格建设者和可靠接班人这一聚焦点、着力点和落脚点，大力推进学习型、服务型和创新型党组织建设，以党的建设科学发展推动学校事业科学发展，为全面建成世界知名高水平研究型大学提供坚强有力的思想保证、政治保证和组织保证。

（一）坚持理论武装、坚定信念，努力提高广大党员干部和师生员工的思想政治素质。抓好思想理论建设，深入学习和掌握马克思列宁主义、毛泽东思想和中国特色社会主义理论体系，深入学习实践科学发展观，教育引导党员、干部矢志不渝为中国特色社会主义共同理想而奋斗，为建设世界一流大学而奋斗。抓好党性教育，教育引导党员、干部牢固树立正确的世界观、权力观、事业观，坚定政治立场，明辨大是大非。抓好道德建设，教育引导党员、干部模范践行社会主义荣辱观，讲党性、重品行、做表率。推进学习型党组织创建，发挥校院两级中心组的示范引导作用和党校的主阵地作用，强化思想政治理论课的主渠道作用，不断创新理论学习形式和载体，切实增强学习实效。坚持理论联系实际，树立世界眼光，培养战略思维，加强党性修养，不断提高应对复杂局面和解决实际问题的能力。加强马克思主义理论学科和队伍建设，积极参与马克思主义理论研究和建设工程，大力推进理论创新，使理论创新成果更好地服务于思想

文化建设和宣传舆论工作。

(二)坚持德才兼备、以德为先,建设坚强有力的领导班子和高素质干部队伍。认真贯彻民主集中制原则,完善集体领导和个人分工负责相结合的制度,严格执行领导班子议事规则和决策程序,健全领导班子内部沟通协调机制和民主生活会制度,进一步发挥全委会作用,落实学院、研究院党政联席会议制度,切实增强各级领导班子科学决策、民主决策、依法决策的能力。各级领导班子成员都要像爱护自己的眼睛一样珍惜和维护班子的团结,在工作中相互理解、相互支持、相互配合、相互补台,充分发挥领导班子的整体功能。完善和落实干部队伍建设规划,努力建设一支政治坚定、能力过硬、作风优良、奋发有为的干部队伍。把握正确用人导向,坚持五湖四海、任人唯贤,坚持德才兼备、以德为先,坚持注重实绩、群众公认,全面贯彻民主、公开、竞争、择优方针,完善干部选拔任用科学机制,扩大干部工作中的民主,提高民主质量,加大竞争性选拔干部力度,提高选人用人公信度。健全干部管理体制,完善干部分级分类管理办法,注重知识、专业、能力、经验互补,努力做到人岗相适、人尽其才、才尽其用。从严管理监督干部,建立健全干部考核评价机制。加强和改进干部教育培训,进一步提高干部素质和能力。加大培养选拔优秀年轻干部力度,拓宽干部交流和挂职渠道,加强干部轮岗锻炼。

(三)坚持抓好基层、打牢基础,大力加强基层党组织和党员队伍建设。认真落实院党委、党总支抓基层党建工作责任制,健全目标管理和考核评价机制。优化党组织设置,推行在实验室、课题组、科研平台、实践基地和学生社团设置党支部,实现党建工作与师生学习、工作、生活有机结合,扩大党组织和党的工作覆盖面。选好配强支部班子,注重从学科带头人、教学科研管理骨干和优秀辅导员、优秀学生中选拔党支部书记。增强党支部活力,善于运用现代信息技术和传播手段,创新支部活动形式。大力推动服务型党组织创建工作,重点在完成学校重大任务、帮扶家庭经济困难和就业困难学生、维护校园安全等方面做好服务。加强党员教育、管理、监督和服务,健全立足岗位创先争优长效机制和党内激励、关怀、帮扶机制。坚持标准、提高质量,大力加强在青年知识分子中发展党员工作,积极吸收符合条件的大学生、青年教师特别是学科带头人和学术骨干入党,充分发挥他们的示范带动作用,把各类优秀人才团结和凝聚在党的周围。强化基层党建工作保障机制,把场所阵地和经费落到实处。

(四)坚持联系群众、务实为民,切实转变工作作风。根据上级统一部署,紧紧围绕保持党的先进性和纯洁性,以为民务实清廉为主要内容,组织开展党的群众路线教育实践活动,着力解决群众反映强烈的突出问题,进一步提高党组织和党员干部做好新形势下群众工作的能力。坚持领导干部"四下基层",建立领导干部联系基层、联系师生制度,健全工作情况通报制度,畅通信息沟通渠道。全面贯彻落实中央"八项规定"要求,各级领导干部要率先垂范,带动全体党员以优良的党风正校风、促教风、带学风。加强机关效能建设,理顺管理职能,规范工作流程,健全部门联席会议机制,少说空话、多办实事,少发牢骚、多提建议,少发指令、多做协调,少开会议、多做调研,遇到问题不推诿,遇到难题勇担当,切实提高机关服务基层、服务师生的水平。坚持艰苦奋斗、勤俭办学,倡导勤俭节约、勤俭办一切事业,坚决反对奢侈浪费。坚持求真务实、真抓实干,以踏石留印、抓铁有痕的劲头,抓好各项工作的落实。

(五)坚持标本兼治、惩防并举,全面推进党风廉政建设。严格执行政治纪律、组织纪律、宣传纪律、群众工作纪律,确保党的教育方针和学校重大改革举措、重要工作部署的贯彻落实。坚持标本兼治、综合治理、惩防并举、注重预防的方针,建立健全党风廉政建设和反腐败工作领导体制和工作机制。切实加强对重点部位和关键环节的监管,严把招生考试、基建(修缮)工程、物资(设备)采购、财务管理、科研经费、校办企业和学术道德等关口。认真落实党内监督条例,严格执行领导干部述职述廉、诫勉谈话、函询质询、信访监督等制度。深化党务、校务、院务信息公开,全面推进"阳光治校"。加强廉政教育和廉洁文化建设,营造干部廉洁从政、教师廉洁从教、学生廉洁修身的廉洁文化氛围。加强审计监督,深入开展管理审计、专项审计,做好领导干部经济责任审计。继续开展巡视工作,健全完善各项监督管理制度,加强对权力的制约和监督,把权力关进制度的笼子里。严肃查处各类违法违纪案件,坚持有案必查、有腐必惩,充分发挥查办案件的治本功能,全力维护好风清气正的良好办学环境。

(六)坚持团结各方、凝聚力量,形成推动发展的强大合力。巩固加强党的统一战线,大力支持各级人大代表、政协委员、民主党派人士和党外知识分子为学校改革发展建言献策。加强对工会、共青团、妇委会等群众团体的领导，充分发挥他们联系群众的桥梁和纽带作用。发挥关工委和涉老组织在学校建设和育人中的积极作用。加强校友工作，整合校友资源，凝聚校友智慧，发挥校友作用。发挥独特优势，广泛团结华侨华人、港澳台同胞和各界友好人士，为学校发展献计献策、贡献力量。总之，团结就是大局，团结就是力量，我们要紧紧依靠广大师生员工，充分调动一切积极因素，齐心协力推动学校新发展新跨越。

各位代表、同志们，美好蓝图令人憧憬，宏伟目标催人奋进。让我们紧密团结在以习近平同志为核心的党中央周围，高举中国特色社会主义伟大旗帜，以邓小平理论、"三个代表"重要思想、科学发展观为指导，顽强奋斗、艰苦奋斗、不懈奋斗，朝着全面建成世界知名高水平研究型大学、跻身世界一流大学行列的目标奋勇前进，为实现国家富强、民族振兴、人民幸福的伟大中国梦做出新的更大贡献！

——本文摘录自《杨振斌书记讲话材料》，档号 2019-XZ09-004

厦门大学2013年工作计划要点

(经校党委九届二十七次全委会讨论通过)
(2013年3月21日)

2013年是贯彻党的十八大精神的开局之年,也是“十二五”规划承上启下的关键之年。2013年学校工作的总体要求是:全面贯彻落实党的十八大精神,以邓小平理论、“三个代表”重要思想、科学发展观为指导,围绕实施学校“十二五”规划,集中精力走内涵式发展道路,着力提高教育质量,认真开好学校第十次党代会,加快推进世界知名高水平研究型大学建设。2013年主要工作如下:

一、深入学习贯彻党的十八大精神,以召开学校第十次党代会为契机,全面加强学校党的建设

1.把党的十八大精神学习贯彻活动引向深入。贯彻落实校党委《关于学习贯彻党的十八大精神的通知》精神,进一步组织和引导广大党员干部和师生员工认认真真、原原本本学习十八大报告,深刻领会十八大精神的新观点、新举措、新部署。依托中心组、党校和理论报告员队伍等平台,邀请校内外著名专家学者、党政领导做十八大精神辅导报告。举办中层领导干部、统一战线骨干、教工党支部书记、学生党支部书记、中青年学科带头人和骨干教师十八大精神专题学习班。进一步推动十八大精神进教材、进课堂、进头脑工作。组织开展十八大精神理论研究,扎实推进学校中国特色社会主义理论体系研究中心和马克思主义理论一级学科建设。

2.召开学校第十次党代会。认真回顾总结我校第九次党代会以来党的建设和学校工作的经验,谋划新时期学校改革发展稳定事业和党的建设事业的目标任务和思路举措,起草好第十次党代会相关文件;做好党代会代表的酝酿推荐选举和校党委委员、纪委委员候选人预备人选的酝酿推荐考察等各项筹备工作,在各方面为第十次党代会的召开做好准备。凝聚共识,科学谋划,认真开好第十次党代会。

3.加强基层党组织和党员队伍建设。按照中央和省委的统一部署,在全校范围内组织开展以为民务实清廉为主要内容的党的群众路线教育实践活动。做好学院党委、党总支换届选举工作。进一步强化院党委、党总支在本单位各项工作中的政治核心和监督保障作用,健全学院(研究院)党政分工协作、共同负责的工作机制。进一步加强党支部和党员队伍建设,完善落实创先争优长效机制,推进学习型、服务型、创新型基层党组织建设。加强党员教育培训,提高发展党员质量,做好发展党员工作。

4.加强领导班子和干部队伍建设。贯彻落实《2009—2013年全国党政领导班子建设规划纲要》,认真抓好各级领导班子建设,全面提升领导班子办学治校(院)能力和干部队伍的整体素质,使新班子呈现新气象。完善干部选拔任用机制,做好部分处级干部、科级干部和科研平台负责人的选任工作。做好处级后备干部集中调整工作,加大优秀年轻干部培养力度。加强干部轮岗交流和挂职锻炼。做好干部教育培训工作。健全干部管理机制,完善处级干部考核办法。

5.切实改进工作作风。贯彻落实中央关于改进工作作风、密切联系群众的“八项规定”以及教育部关于作风建设的20项措施,制定我校贯彻落实的具体办法。加强干部作风建设,领导干部要带头深入基层,深入教学科研第一线听课,培养求真务实、拼搏进取的工作作风,克服庸懒散奢的不良风气;积极转变

会风、文风，精简会议文件，厉行勤俭节约，制止奢侈浪费，以优良的作风促政风带校风。

6.抓好反腐倡廉建设。加强对政治纪律、组织纪律、宣传纪律、群众工作纪律执行情况和中央重大教育方针贯彻落实情况的监督检查，确保学校重大改革举措和重要工作部署的贯彻落实。完善惩治和预防腐败体系建设，推进源头治理，研究制定学校惩防体系建设2013—2017年工作规划的实施办法。抓好廉政法规教育和廉政风险防控工作，开展廉洁文化创建活动。强化权力运行制约监督，重点加强科研经费、学术诚信、基建和各种重大项目等监督检查。落实党内监督条例，深化党务、校务、财务信息公开工作，全面推进"阳光治校"工作。

7.加强工青妇、统战、离退休和校友工作。加强对工青妇等群众团体的领导，进一步发挥好他们的桥梁和纽带作用，支持和服务学校发展。加强学生会、研究生会、社团协会等学生组织的自我教育、自我管理、自我服务。深入开展统一战线"同心"主题实践活动，进一步加强党外代表人士队伍和党外干部队伍建设。落实校党委《关于加强离退休工作的若干意见》，推进涉老组织制度、机构和平台建设，发挥关工委和"五老"的积极作用。召开第22次工会会员代表大会。做好校友总会理事会换届工作，筹备召开校友工作会议，办好"校友品牌活动"。

二、加强思想政治教育工作，立德树人，培养中国特色社会主义事业合格建设者和可靠接班人

1.加强文化育人，大力弘扬社会主义核心价值体系。制订"美好厦大"行动计划，推出一批校园文化产品，组织开展高雅艺术进校园活动，启用厦门大学网上展馆，深入开展道德讲堂和道德实践活动。

2.加强师德师风建设。贯彻落实教育部、校党委关于加强和改进高校青年教师思想政治工作以及师德师风建设的若干意见精神，深入开展教风、学风和学术诚信建设，完善科研项目管理、科研经费管理、科研行为管理，建立健全优秀教师培养激励、学术不端行为惩治查处等长效机制，进一步形成爱岗爱生的氛围。

3.加强学生思想政治教育。开展"我的中国梦"主题教育实践活动。完善研究生思想政治教育体制机制。做好厦大"易班"学生网络互动社区的建设试点工作。开展登上大舞台、干好小事情、做出大贡献的就业引导教育。深入实施青年文明修身计划。打造若干学生工作品牌。召开优秀学生表彰大会，举办"我最喜爱的教师"评选活动。整合第一课堂与第二课堂的资源，推进各类学业学术科技创新活动开展。建立学习与发展指导中心，开展各类学习帮扶和研讨活动。构建学生便捷、反应快速、部门联动的学生诉求发现和解决机制，建立学生家访制度和机关干部联系学生、班级制度，完善校生沟通反馈机制。

4.切实维护校园稳定。加强教育引导，强化日常监控管理措施和联动机制，深入排查化解矛盾纠纷，健全重大决策稳定风险评估机制和突发事件应急工作预案，确保校园和谐稳定。加强对课堂、讲座、论坛等的管理。完善舆情分析研判制度，妥善应对网络突发事件，维护学校良好形象。认真落实学校与厦门市公安局的共建协议，充分保障并发挥大学路派出所的强力功能，推进平安校园建设。认真查找校园及周边安全工作的薄弱环节和不足，创新校园及周边安全管理，构建校园及周边安全防控体系。

三、深化人才培养模式改革，着力提高人才培养质量

1.继续实施本科教学质量工程。进一步落实教授为本科生开课制度，完善本科生导师制。依托我校承担的国家教育体制改革试点项目——基础学科拔尖学生培养试验计划，进一步推进拔尖创新人才培养、本科生早期科研训练等工作，为学生的自主学习、实践学习创造更好的条件与机制。开展专业建设综合改革试点，启动推进专业认证工作。建立健全教师课堂教学质量评价和管理机制，继续办好青年教师教学技能比赛，切实提高教师教学技能和水平。加强实验教学中心和校外实践教育基地建设，推进高等

学校教师发展中心和卓越人才培养基地建设。组织申报第七届高等教育教学成果奖。进一步推行“大类招生,大类培养,中期分流”模式,将本科招生专业大类控制在40个以内。在上半年完成教学计划修订,并在2013级新生中开始实施。

2.着力提高研究生教育培养质量。进一步完善研究生培养机制改革的各项配套措施,落实以科学研究为导向的导师负责制和资助制。加强学位与研究生教育质量保障和监督体系建设,强化研究生的培养以科研为载体的制度。大力发展专业硕士学位教育,加强对专业学位研究生培养的综合评估,努力拓展专业硕士学位领域。做好博士“申请—考核制”选拔机制改革试点工作。全面提高全日制研究生奖学金待遇,吸引优秀生源报考;完善研究生招生制度和入学考试题库建设,想方设法提高研究生招生质量。

3.加强医学教育。召开厦门大学医学教育工作大会,积极推动附属翔安医院建设,全面实施卓越医学人才教育计划,进一步提高医学学科人才培养质量。进一步改善医学学科的教学科研条件,加强医学部与各附属医院的交流、融合,今年动工建设转化医学研究中心大楼。

四、加强科技工作的组织与协调,进一步提升科学研究水平

1.积极推进协同创新。瞄准国际科技创新前沿、围绕建设创新型国家和全面建成小康社会的重大需求,推进协同创新,培育重大科研成果,提升科研的显示度和贡献度。进一步推进国家级、省级和校级协同创新中心的培育建设和评估认定工作,力争有2～3项国家级、省级中心获得认定审批。积极探索协同创新中心组建模式和有效运行机制,结合“2011计划”实施,进一步推动人才、学科与科研体制机制的协同创新。

2.贯彻厦门大学繁荣发展哲学社会科学大会精神。深入实施《厦门大学哲学社会科学繁荣计划(2011—2021年)》,认真落实繁荣发展我校哲学社会科学的各项举措,推动人文社会科学全面发展。

3.抓好科研平台建设和成果转化工作。修订完善我校科研项目与科研经费管理办法,理顺科研工作与成果转化产业化的组织管理体系,进一步提高获取科研经费与项目的能力。协同化学、生命、药学等相关学科,筹建申报国家重点实验室。充实完善产业技术研究院、深圳研究院及国家大学科技园等单位的组织机构和运行机制。依托国家大学科技园南太武园区,抓好特种材料国家研保项目落实,加快厦达紫光、特种纤维生产基地建设。推进国家大学科技园翔安园区孵化基地建设。

4.积极争取科研经费。力争实现2013年到位科研经费8.8亿元的目标,其中理工医科7.5亿元,人文社科1.3亿元。

五、深入拓展校地校企战略合作,提高社会服务水平与实效

1.认真落实已签订的各项战略合作协议,总结经验,不断提高合作的质量与实效。重点推进学校与大型央企、地方政府、科研院所和高水平大学的战略合作。进一步做好与中航工业集团共建航空航天学院,与大唐国际共建煤制合成天然气国家工程实验室,与中广核集团共建平潭综合实验区可再生能源与海洋资源综合利用研发基地等工作。

2.积极服务福建省地方经济社会发展。深入实施《厦门大学服务福建省科学发展跨越发展行动计划(2011—2016年)》,争取与福建省大部分地级市政府签署战略合作协议,为福建省加快科技创新体系建设、海洋经济和旅游产业发展做贡献。进一步落实与厦门市的战略合作协议,做好与翔安区、海沧区政府等的深入对接,全面服务厦门发展。根据漳州校区新的战略定位,与招商局集团签订创新战略合作框架协议,更好地为漳州市、漳州开发区服务。

3.认真开展决策咨询服务。发挥我校人文社科和理工医等多学科的综合优势,围绕国家战略和经济社会发展中的重大理论和现实问题,主动开展前瞻性、对策性研究,为各级党委政府提供高质量的决策咨询服务。

六、认真抓好学科建设，加强重点学科建设，全面提升学科建设质量和水平

1.做好学校"十二五"规划中期检查和评估工作。做好"985 工程"(2010—2013 年)建设总结验收工作和"211 工程"四期规划立项工作，规范"985 工程"项目管理和专项资金使用，做好与"2011 计划"的有机对接，避免重复建设。

2.认真抓好学科建设。探索重点学科建设常态化的道路，明确目标，科学规划，分期建设，抓好国家重点学科评估增补申报工作。做好授予博士、硕士学位和培养研究生的二级学科自主设置工作。

3.加强学校学术刊物建设。整合学术刊物资源，规范刊物编辑工作，改革刊物出版发行体制，推进期刊数据网络化建设，提升学术刊物质量和影响力，充分发挥学术刊物在学科建设上的重要作用。

七、深化校院两级管理体制和人事分配制度改革，创造一个更加有利于人才成长与聚集的体制和机制

1.完善内部治理结构，进一步做好现代大学制度建设。探索教授治学的有效途径，制订出台专业技术职务聘任聘用制度改革方案。建立健全学院院长提名和学院教授委员会、学部委员会、校聘任委员会三级审议的教师聘任聘用制度。完善各类人员聘用办法，探索实施符合优秀人才成长规律的终身教职制度，试点实施教师工资津贴由学院决定的改革办法，不断完善教师 50 岁以后主要工作是为本科生上课的制度。修订完善《厦门大学学术委员会章程》，充分发挥学术组织在专业设置、学科建设、人才培养、学术评价、学位评定等方面的重要作用。改选新一届校学术委员会。继续做好《厦门大学章程》制定工作。

2.深化人事分配制度改革，加强人才队伍建设。深入调研人才队伍现状，组织编写《厦门大学人力资源发展年度报告》。建立"黄牌"警告制度，强化人才队伍管理。依托各类高层次人才计划和各级协同创新中心，进一步加大高层次人才的引培力度。推动学院建立海外学术合作基地，进一步落实"两个一百计划"，实施好青年拔尖人才计划。继续做好选派管理干部、辅导员到国(境)外高水平大学进行实岗训练的工作。

3.构建人力资源分类管理体系，制订实施新一轮定编定岗方案。以岗位设置目标与学校创建世界知名高水平研究型大学的办学目标相一致为原则，保证重点，兼顾一般，合理统筹考虑人员编制、岗位设置的总量与结构，科学设置教学、科研、管理、服务等各类岗位。优先配置重点发展学科和国家级、省部级教学科研平台的岗位需求，优先配置引进高层次人才和学科建设急需的特殊人才需求。

八、坚持国际化发展战略，把国际交流与合作的水平推上一个新的高度

1.深化实质性的交流合作。充分利用好已有的国际交流与合作资源，落实与 50 所 200 强国外(境外)大学的全方位实质性交流与合作，推进每个学院与其中 3～5 所开展交流与合作的目标。落实"G50 战略伙伴计划"，争取在未来五年内，每年选拔 60 名拔尖本科生赴该计划中的 10 所世界顶尖高校攻读博士学位。办好友好大学日和"中日大学校长论坛"。

2.抓紧启动马来西亚分校建设。做好分校动工前的各项审批立项工作，积极争取中马两国政府、东南亚华侨华人对建设分校的支持，力争在 2013 年底动工。同时为分校于 2015 年 9 月正式投入使用做好师资及管理人员的储备、培训和招生宣传等前期准备工作。筹备办好"中马中学校长论坛"。

3.加强汉语国际推广工作。启动汉语国际推广南方基地的建设，打造世界一流的孔子学院院长培训基地。制定《厦门大学孔子学院中长期发展规划》，推动示范孔子学院建设，促进我校 15 所孔子学院健康发展。

九、进一步改善办学条件，提高资源的使用效益

1.落实漳州校区功能调整方案。推动产业技术研究院和若干平台、基地尽快入驻漳州校区。全力支持嘉庚学院提升办学层次，办好嘉庚学院建院10周年纪念活动。

2.加快推进翔安校区后续建设，提升翔安校区管理服务水平。按时完成图书馆、运动场、游泳馆等一期工程收尾和二期学生公寓建设，确保工程质量。规划好二期学生公寓的使用，安排好教师在翔安校区的住宿。完善教师服务大厅运行机制，开建学生活动中心、教工餐厅，开设人文社科讲坛，加强校区文化氛围建设。提前谋划第二批入驻单位的相关工作。

3.积极推进思明校区建设项目的建设。加大工作力度，全力推动完成西边社等土地的征地拆迁工作。完成幼儿园改建项目，加快推进白城住宅组团和海韵二期安置房项目；开工建设海韵园物理机电航空大楼、勤业餐厅(改扩建)、海韵学生公寓运动场、曾厝垵学生公寓、经济学院(扩建二期)、圣诺有色金属研究院及附属用房等项目；积极推动德旺商学院、法学院图书馆扩建，演武运动场改建等工作。尽快发挥建设效益，进一步满足教学科研及师生员工生活的需要。

4.统筹校区用地用房资源。认真研究相关学院、研究院迁入翔安校区后，思明校区现有用房的改造和调配，尽快缓解思明校区办学空间紧张的局面，尤其是学生宿舍紧张状况。

5.加强财务管理和审计工作。做好开源增收、节流节支工作，完成年度财务预算收入任务。结合审计署审计及教育部专项检查反馈意见，进一步健全学校及各单位财务规章、内部控制制度，修订完善科研经费管理办法；建立财务预警系统，有效防范和化解财务风险；规范对独立核算单位的管理，推动会计委派制落实。加强财会队伍建设，加大对财务人员业务培训力度，提高财务管理服务水平。继续开展领导干部经济责任审计、建设工程项目审计、科研经费审计等工作，积极探索管理审计和绩效审计，发挥审计综合效应。

6.加强资产管理。做好政府采购管理工作，做好物资采购的招投标和信息公开工作，进一步规范政府采购行为。加强房产、地产和物资设备等各类资产管理，保质保量完成修购专项计划任务，维护资产安全和完整，确保资产保值增值。

7.加强信息化建设。做好图书馆、信息与网络中心、档案馆的资源整合工作，提高图书信息档案在学校教学、科研工作中的保障服务能力。推进学校主页网站改版工作。

十、采取有效措施，进一步改善民生

1.进一步改善师生员工生活待遇。想方设法、千方百计多渠道解决教职工住房困难问题，做好西村、北村住房产权证办理工作；做好白城住宅组团安置房分配工作；各学院、各单位要对本单位每个教职工的住房状况心中有数，积极帮助他们解决困难。在学校财力许可的情况下，继续争取条件，进一步提高教职工的收入和待遇。继续做好教职工参加厦门市职工医疗互助保障体系的工作。进一步改善学生的生活条件。

2.进一步改善翔安校区师生员工交通状况。争取政府支持开通更多连接翔安校区的公交线路；提高学校通勤车的服务质量与效率，完善校区交通设施，为师生提供更为便捷的交通服务。

3.做好学生就业、资助和医保改革工作。进一步引导和支持学生到国家重要行业和领域就业，创建品牌就业创业指导活动，拓展实习渠道，提升就业质量。做好家庭经济困难、学习困难和就业困难学生的资助和帮扶工作。完善学生资助体系，健全各类资助项目的跟踪、评估、反馈制度。充分发挥勤工助学的助学功能，健全“以勤代补”工作，开拓校外勤工助学市场。完善学生医疗保险制度，推进社区医疗服务中

心服务站试点工作，保障学生医疗水平。

——本文摘录自《关于印发〈厦门大学2013年工作计划要点〉的通知》，厦大委综〔2013〕14号，档号2015-XZ09-8

厦门大学2013年度工作报告

(2014年2月27日)

2013年,厦门大学深入学习贯彻党的十八大、十八届三中全会精神,以邓小平理论、“三个代表”重要思想、科学发展观为指导,全面践行党的群众路线,深入贯彻落实教育规划纲要,科学谋划学校发展,围绕建设世界知名高水平研究型大学,着力提高教育质量和办学水平,学校各项事业取得了新的发展。

一、以深入学习贯彻党的十八大精神和十八届三中全会精神为统领,全面加强学校党的建设和思想政治工作

(一)深入学习贯彻党的十八大、十八届三中全会精神

校党委在全校范围内组织开展深入学习贯彻党的十八大、十八届三中全会精神和习近平总书记系列讲话精神活动,举办3期十八大精神集中轮训学习班、1期正处级领导干部学习贯彻习近平总书记系列讲话精神和十八届三中全会精神集中轮训学习班,对全校处级以上领导干部进行集中轮训。依托理论报告员队伍,组织开展理论宣讲87场次。举办名家讲坛、知识竞赛、主题征文、演讲等一系列学习活动。今年以来,校党委党校先后举办8期学习班,4000多人次参加学习培训。

(二)成功召开学校第十次党代会

校党委广泛深入调研,充分听取全校广大党员和师生员工的意见和建议,集中全校智慧,认真做好党代会各项筹备工作。6月中旬,我校第十次党代会胜利召开。会议回顾了学校第九次党代会以来的主要工作,提出了“两个百年”战略目标、“三步走”战略部署和今后五年乃至更长一段时期的主要任务,选举产生了我校新一届党的委员会和纪律检查委员会。第十次党代会的成功召开,统一了思想、凝聚了人心、鼓舞了士气,对于推动学校科学发展具有重要而深远的意义。为推进各项目标任务的落实,校党委研究制订第十次党代会目标任务分解实施方案,明确责任单位和责任人,并在暑假期间组织全校中层干部围绕党代会报告深入研讨交流,推动各单位结合工作实际,制订实施计划,狠抓工作落实,确保各项目标任务落到实处。

(三)深入开展党的群众路线教育实践活动

我校作为第一批开展党的群众路线教育实践活动的单位,教育实践活动从2013年7月开始,到2014年1月基本结束。校领导班子,67个学院(研究院)、机关职能部门、直属单位和离休干部党总支领导班子,290名处级以上领导干部参加了教育实践活动。校党委成立领导小组和7个督导组,认真贯彻落实《厦门大学深入开展党的群众路线教育实践活动实施方案》,以“照镜子、正衣冠、洗洗澡、治治病”为总要求,以为民务实清廉为主要内容,把贯彻落实中央八项规定精神和厦门大学16条实施办法作为切入点,把开展教育实践活动与贯彻落实学校第十次党代会提出的目标任务紧密结合,与学校和本单位的中心工作紧密结合,认真开展学习教育、听取意见,查摆问题、开展批评,整改落实、建章立制等三个环节工作,教

育实践活动有序、顺利推进。

一是深入开展学习教育、听取意见工作。组织各级领导干部认真学习中央规定的“三本书”以及中央有关文件精神，开展专题学习7次，举办专题辅导报告10场，组织1次集中学习研讨、1次集中轮训。校党委常委深入基层开展调研，党政一把手带头听意见，学校先后召开13场座谈会，并通过设置意见箱、电子信箱、网络信箱等形式，广泛听取师生员工的意见和建议，梳理汇总137条意见建议，并形成《“四风”问题在厦门大学的表现》。

二是认真做好查摆问题、开展批评工作。各级领导班子和班子成员深入开展谈心交心活动，全面查找在宗旨意识、工作作风、廉洁自律等方面的差距，认真梳理“四风”方面存在的突出问题。学校领导班子共查找出“四风”方面的10个主要问题，提出5个方面的努力方向和改进措施。在民主生活会上，各级班子成员本着对党、对事业和对自己、对同志、对班子高度负责的态度，认真开展批评和自我批评。中央第43督导组组长朱玉泉同志和教育部副部长郝平同志对学校领导班子专题民主生活会给予了充分肯定，认为我校领导班子民主生活会具有主题鲜明、准备充分、气氛端正的特点。

三是扎实推进整改落实、建章立制工作。针对查摆出的问题，校党委研究制订《厦门大学领导班子党的群众路线教育实践活动整改工作方案》，提出28大项整改内容、7大方面专项整治任务和16大项建章立制工作，扎实推动整改落实、建章立制。同时，坚持边整边改、立查立改，在推动内涵式发展、提高教育教学质量，加强师德师风、教风学风建设，密切联系和服务基层师生、为师生解决实际困难和问题，强化正风肃纪、打造清廉班子等方面取得实效。全校各单位也结合工作实际，深入开展整改落实工作，努力把规定动作做到位，把自选动作做出彩，确保活动不虚、不空、不偏、不走过场。

通过开展教育实践活动，我校各级领导班子和领导干部进一步加深了对党的群众路线的理解和把握，工作作风得到有效改进，群众工作能力得到显著提升，为民务实清廉形象进一步凸显，学校改革发展事业得到进一步推进。我校教育实践活动受到上级肯定，中央《党的群众路线教育实践活动简报》分别在第25、99、112期简报中报道我校主要做法，《人民日报》《光明日报》对我校活动进行了报道。

(四)全面加强党建工作

1.加强领导班子和干部队伍建设。认真抓好各级领导班子建设，全面提升领导班子办学治校(院)能力和干部队伍的整体素质。进一步完善干部选拔任用机制，做好干部选任调整工作，修订出台科级干部选拔任用工作暂行办法，下放科级干部选任管理权限，研究制订《处级后备干部选拔工作方案》。组织开展系级单位领导班子换届。选任、调派62位中层领导干部、46位科级干部、148位系级领导班子成员、6位科研平台负责人和6所孔子学院中方院长。配合省委开展部分省内高校领导干部推荐考察工作，我校共7位同志交流提任省属高校副厅级领导职务。积极推动干部挂职锻炼，选派33名教师、干部赴西部地区、老工业基地、革命老区和江苏、福建等地挂职。抓好干部教育培训工作，研究制定《厦门大学2013—2017年干部教育培训规划》，选派111名干部、教师赴中央党校、国家教育行政学院、省委党校、省行政学院等机构参加各类学习培训。坚持用好干部、管好干部，强化干部监督管理，严格执行领导干部述职述廉、报告个人有关事项、经济责任审计等工作制度。

2.加强基层党组织和党员队伍建设。组织开展基层党委、党总支换届选举工作，目前各项工作正有序推进。组织做好贯彻《中国共产党普通高等学校基层组织工作条例》自查工作。组织开展党支部工作立项和“共建共创”活动，推动基层服务型党组织创建工作。加强基层党建工作保障，为基层党组织开展活动提供必要的经费保障。制定并实施党代表常任制，完善服务机制，健全管理机制，做好党员发展和党员教育管理工作，增强党员队伍活力，促进党员健康成长。

3.加强党风廉政建设和反腐败工作。以党风廉政建设责任制为抓手，以领导干部党风廉政教育和校园廉政文化建设为重点，扎实推进学校反腐倡廉建设。制定实施《厦门大学贯彻落实中央改进工作作风、密切联系群众八项规定的实施办法》，全面贯彻落实中央八项规定，积极营造高雅的校园文化氛围，推进为民务实清廉机关建设。建立校内廉洁教育邮件系统平台和廉政短信平台，举办“廉政大讲坛”，开展新任领导干部、选调选聘生廉政谈话,加强干部廉政教育,增强廉洁自律意识。加强对基建(修缮)、物资(设备)采购等重点部位关键环节的监督。深化招生考试过程的监督,加强招生信息管理与服务平台建设;规范自主招生和特殊类型招生考试程序,音乐类考试(除舞蹈外)均采取"拉帘"面试,音乐教育类外省考生全部委托中央音乐学院组织考试,我校不再另行组织。坚持有案必查、有腐必惩,按照教育部的统一部署,通过科研经费检查,及时发现并处理多起违规报销科研经费行为。深化党务、校务、财务信息公开工作,强化源头治理,全面推进"阳光治校"工作。

4.加强统战、工青妇、离退休和校友工作。深入开展统一战线"同心"主题实践活动,出台《厦门大学关于加强新形势下党外代表人士队伍建设的实施意见》,进一步加强党外代表人士队伍和党外干部队伍建设。组织开展部门工会换届工作,召开学校第六届五次教代会,审议通过海韵北区教职工住宅售房方案。举办首届青年骨干教师培训班,开展青年教职工素质拓展活动。加强学生会、研究生会、社团协会等学生组织的自我教育、自我管理、自我服务。加强涉老组织建设,完成学校关心下一代工作委员会换届,调整充实全校离退休工作委员会,召开全校离退休工作会议,大力探索多方协作、合力推进的特困帮扶机制。成立英国,西藏、澳门等地校友会,召开全校校友工作会议,办好"校友品牌活动",积极争取校友和社会资源为学校建设发展贡献力量。

(五)加强和改进思想政治教育工作

1.加强师德师风建设。深入贯彻教育部《关于加强和改进高校青年教师思想政治工作的若干意见》精神,着力推进青年教师师德师风建设。做好"书记走基层"、"校长有请——教职工早餐会"、校领导接待日等工作,进一步畅通教师信息沟通反馈渠道,倾听意见,了解情况,关心和解决教职工工作、生活中的实际困难和问题。成立教师发展中心和职工夜校,为教职工成长发展创造良好条件。

2.加强校园文化建设。在三个校区分别为陈嘉庚、陈敬贤、李光前、萨本栋等一批先贤树立雕像;组织师生创作排演大型叙事体话剧《陈嘉庚》《哥德巴赫猜想》和历史文化文艺晚会《南强颂》,启用网上展馆,制作中国高校首部交响史诗《自强交响乐》电视片,进一步总结、深化学校优良办学传统和宝贵精神财富,用"四种精神"和"南方之强"的价值理念与理想追求塑造和培养厦大人。精心编演合唱交响组曲《长征组歌》《黄河大合唱》等经典曲目,《长征组歌》赴新加坡、马来西亚,福州、井冈山等地演出。加强学生艺术团体建设,组织开展"李岚清音乐讲座"、"厦门大学音乐沙龙"、国家京剧院经典剧目等高雅艺术进校园活动,努力打造校园文化精品力作,使之成为学校开展素质教育的有效载体。我校"深入挖掘历史文化资源　精心打造校园文化建设精品"项目获教育部第七届高校校园文化建设优秀成果一等奖。

3.加强学生思想政治教育。组织学生深入学习习近平总书记五四重要讲话精神,深入实施"青年文明修身计划",广泛开展"我与中国梦""让校园更美好"主题教育实践活动。做好新生党员教育工作,组织2013级新生党员提前一周到校进行学习培训和迎新实践,成立新生党员"红色先锋营",引导发挥新生党员的先锋模范作用。承办南京军区国防生思想政治建设座谈会,我校国防生思想政治工作受到南京军区高度肯定。加强网络思想政治教育平台建设,推动厦门大学网络互动社区的建设试点工作;组织开发"爱厦大"手机客户端,整合校内信息资源,为学生提供轻便小巧的掌上信息门户。以"青春实践路,共筑中国梦"为主题,组建831支社会实践队奔赴祖国各地开展革命传统教育、社会调查、实习实训和志愿服务地方经济等专项社会实践活动。加强辅导员队伍建设,举办第二期辅导员海外研修班,选派辅导员参加教育部培训。我校1个团支部荣获"全国五四红旗团支部"称号,1个班级荣获全国易班"十佳网络班级"称号,1人入选"中国大学生自强之星"。

4.做好学生心理健康教育、资助和毕业生就业工作。承办教育部2013年大学生心理健康教育工作年会;多渠道开展心理健康教育,推广"学校、学院、班级"三级网络工作模式,在大一新生中开设心理健康必修课、在全校开设心理健康选修课。改革学生表彰奖励制度,提高研究生奖励资助水平,认真做好各类奖助学金的评审工作,着力提高资助效益,扩宽社会资助渠道,全年共发放研究生奖学金、各类奖助学金及困难补助、国家助学贷款1.71亿元,比2012年增加10.6%。做好就业工作,健全就业服务体系,开展登上大舞台、干好小事情、做出大贡献的就业引导教育，截至 12 月 31 日，我校 2013 届毕业生就业率为 95.2%，到重点单位就业的毕业生占 37%（比 2012 年增加了 5 个百分点），经济特殊困难毕业生实现百分百就业。

5.做好校园稳定工作。加强教育引导，强化日常监控管理措施和联动机制，深入排查化解矛盾纠纷，健全重大决策稳定风险评估机制和突发事件应急工作预案。加强防台风防洪工作，修订应急预案，储备抢险物资，开展应急演练，先后经历"5·16"暴雨、强台风"苏力"、热带风暴"西马仑"、超强台风"天兔"等多次考验。特别是在 2013 年 7 月 18 日热带风暴"西马仑"的影响下，学校遭受数十年不遇的台风暴雨的袭击，全校师生员工众志成城，团结奋斗，抗击台风暴雨，在市委市政府的支持和帮助下，迅速恢复了校园正常秩序。加强网络管理，妥善处置网络突发事件。加强校园交通管理，规范校内停车，完成校园道路交通标志、标线工程，积极推动交警入校执法工作。深入推进校园安防体系建设，继续做好"限游"工作，校园工作与生活秩序得到明显改善，受到师生员工及社会的充分肯定。加强警校合作，联合大学路派出所开展校园治安专项整治，成效显著，抓获多名犯罪嫌疑人，校园侵财等案件得到有效遏制，2013 年校园内发案率与去年同期相比下降 49%，校园更加和谐安宁。加强与厦门市公安局的沟通、协调，争取政府支持，推动校园周边综合治理工作。认真做好教育部安全生产大检查和福建省"平安先行学校"验收工作，我校工作受到充分肯定。

二、以改革创新推动学校事业发展

过去的一年，我校紧紧围绕"十二五"规划和学校第十次党代会制定的各项目标任务，坚持解放思想、更新观念、真抓实干，重点推进制约科学发展的关键领域和重点环节改革，为实现新目标、促进新发展注入强大的动力，各项事业取得了一系列新进展。

（一）人才培养质量不断提高

1.深入实施本科教学工程。本科生的培养继续朝着加强自主性、探索性、实践性学习的方向迈进，实施大类招生、大类培养，制订了更为灵活、多样、个性化的人才培养新方案。2013 年本科生生源质量稳步提高，文理科所有省份出档线超出一本线的平均分分别比 2012 年高出 10.6 分和 17.6 分。教师对教学特别是本科教学的重视在不断提高：据统计 2013 年教授、副教授为本科生上课的比例分别达到 89%和 88%。各项教改工程取得明显的成绩，2013 年新增教育部各类教学改革项目的经费投入达 1887 万元，比 2012 年增长 67%。新增 3 个本科专业、213 项省部级本科教学工程项目、2 个教育部专业综合改革试点项目、9 个教育部卓越工程师教育培养计划，20 门课程入选教育部精品共享课建设计划，115 个项目入选教育部大学生创新创业训练计划。教师发展中心入选省级教师教学发展示范中心，6 个教学实验中心入选省级实验教学示范中心，60 个项目入选省级大学生创新创业训练计划。

2.大力实施研究生教育质量与创新工程。按照学术型与应用型、专业学位分类的培养要求，优化研究生培养方案，做好博士"申请—考核制"选拔机制改革试点工作，认真制订 33 个新增硕士招生专业培养方案、15 个新增博士招生专业培养方案、12 个"孔子新汉学计划"博士个性化培养方案。新增 7 个福建省研究生教育创新基地、1 个福建省研究生教育创新基地培育项目。继续实施研究生教育创新计划，推进博士生学术论坛、研究生暑期学校、研究生实践项目以及其他研究生教育改革与创新项目建设。5 篇论文获全国百篇优秀博士学位论文，取得历史性突破，标志着研究生教育教学模式的转型取得了成功。

3.积极推进大学生创新创业训练。学生的创新思维和创新能力不断加强，在各类学业竞赛中屡创佳绩，创新型人才培养取得新成果。在 2013 年中国国际太阳能十项全能竞赛中，我校获得总分第 6 名的好成绩。在美国麻省理工学院举办的国际遗传工程机器设计竞赛世界锦标赛中，我校参赛团队与来自 40 多个国家的 204 支队伍同台竞技，获得两项金奖。在 2013 年全国大学生数学建模竞赛中，我校代表队获本年度唯一最高奖"高教社杯"奖，并获得一等奖 1 项。在第七届"三井化学杯"全国化工设计竞赛中，我校获一等奖1项、二等奖2项、三等奖1项。在第八届全国大学生“飞思卡尔杯”智能汽车竞赛全国总决赛中获特等奖1项、二等奖1项。在2013年国际空中机器人大赛(亚太赛区),我校荣获“最具创新设计奖”。在2013年国际智慧机器人竞赛中,我校荣获季军。在第三届全国大学生工程训练综合能力竞赛总决赛中荣获一等奖、三等奖各1项。学生踊跃参加各类学业竞赛已经成为我校人才培养工作的一大特色和亮点。

(二)科研工作取得新的成果

1.科技奖项取得新突破。韩家淮、孙世刚教授分别获得2013年度国家自然科学奖二等奖;王中林教授获得国际科技合作奖;夏海平教授成果入选教育部“2013年中国高校十大科技进展”之一;夏宁邵教授团队参与的科研成果被美国《科学》杂志评为“2013年世界十大科技突破”之一,并获福建省科技重大贡献奖;刘祖国教授研究团队的科研成果获2013年福建省科学技术进步一等奖;谢素原、戴李宗教授获福建省第三届杰出科技人才称号。73项成果获福建省第十届人文社会科学优秀成果奖,其中一等奖8项、二等奖23项。

2.科研平台建设取得新进展。新增了一个国家重点实验室——分子疫苗和分子诊断学国家重点实验室;新增了一个国家工程实验室——天然产物源靶向药物国家地方联合工程实验室;获准建设谱学分析与仪器教育部重点实验室。能源化学、细胞生物学、海洋碳汇、两岸关系和平发展、能源经济与政策等“2011协同创新中心”的培育建设稳步前进。

3.产出一批高水平科研成果。一批优秀的基础研究成果在《科学》(副刊)、《自然》(子刊)、《细胞》(子刊)、《化学评论》、《商业伦理期刊》、《经济学季刊》、《中国社会科学》等一流学术刊物上发表,一批优秀的应用性研究成果获得国家专利和国际专利。在JCR一区刊物上发表高水平论文共148篇,SCIE论文1160篇,SCI学科影响因子前1/10论文165篇。人文社科有48篇论文被SSCI和A&HCI收录。

4.贯彻落实繁荣发展哲学社会科学大会精神。认真做好2013年度厦门大学哲学社会科学繁荣计划基金的项目设计、经费下拨等工作。加强学术期刊建设,《厦门大学学报(哲社版)》、《中国经济问题》、《中国社会经济史研究》、《南洋问题研究》、《台湾研究集刊》、《国际经济法学刊》和《当代会计评论》等7份刊物入选CSSCI期刊目录。

5.科研经费及科研项目稳步增长。科研经费首次突破7亿元大关;经费到位情况与2013年原定计划还有一定差距,但是有公共卫生学院、化学化工学院、海洋地球学院、环境与生态学院、经济学院、管理学院等6个学院超额完成或完成了任务。

理工医科方面。纵向项目共立项599项,立项金额5.35亿元;新增国家自然科学基金重大仪器项目1项,立项经费8500万元;重点项目26项,经费6331万元;新增973计划项目1项。2013年国家自然科学基金申报工作取得历年最好成绩,立项经费位居全国高校第11位。横向项目立项493项,合同金额1.86亿元,合同金额增加10%;单项达到或超过100万元的项目40项,比2012年增加11项,其中与中航锂电(洛阳)有限公司合作,今年以研发项目形式落实经费2000万元。

人文社科方面。立项各类项目645项。其中,7项获国家社科基金重大项目立项,资助经费560万元,项目立项数位居全国高校第5位,创历史最好成绩;37项获国家社科基金项目立项,资助经费714万元,立项数位居全国高校第6位;35项获国家自然科学基金项目(管理学部)立项,资助经费1459万元;2项获教育部哲学社会科学重大课题攻关项目立项,资助经费160万元;12项获教育部人文社会科学重点研究基地重大项目立项,资助经费240万元;295项获横向项目立项,合同经费9300多万元。

(三)社会服务的能力和水平不断提升

1.拓展深化校地、校企以及与兄弟院校战略合作。积极拓展了与莆田市、宁德市、招商局集团、厦门航空有限公司、国防科技大学的战略合作。做好与贵州省、浙江省金华市、福建省南平市、中国海洋石油总公司、中国船舶工业集团公司、神华集团、平安银行等开展合作的前期工作。积极推动与中航工业集团共建航空学院,协助推动欧盟科研项目。做好与福州市、龙岩市、江西吉安市战略合作协议,与翔安区合作项目对接工作。顺利召开第二届医学院董事会会议,正式签订厦门市合作共建厦大医学院协议书;附属医院在服务厦门市医疗卫生事业中发挥了更加积极的作用。

2.大力推进成果转化与产业化。能源化工、生物医学、信息通讯、材料、电子等学科帮助企业解决重大技术难题的能力和研究成果产业化的能力越来越强。与中航工业锂电公司开展锂离子动力电池研发取得重大突破,完善了我国锂离子动力电池产业链缺失的关键一环,提高锂离子动力电池生产和应用的安全性。产业技术研究院在漳州校区揭牌启动并开始走上轨道,体制、机制的深度改革有条不紊地进行;国家大学科技园的建设与学校的学科优势及国家和地方的建设需求相结合越来越密切,并顺利通过科技部、教育部现场评审。在第11届"6·18"项目成果交易会上,我校组织400多项科研成果参展。"肝癌手术计划系统"在第十五届中国国际工业博览会获中国高校展区优秀展品一等奖。

3.大力推动智库建设和智力服务工作。台湾研究院、南洋研究院、南海研究院、宏观经济研究中心、能源经济研究中心、教育研究院等研究机构的国家智库功能日益凸显,为政府的科学决策提供重要帮助。管理学院、经济学院(王亚南经济研究院)、继续教育学院、海外教育及国际学院智力服务社会的成效显著,教育品牌深受喜爱。

(四)学科建设又有新的突破

1.加强学科建设与评估工作。六大学部的组建工作全面完成,学校已形成人文、社科、理学、工学、医学、地学的学科布局,通过招生数量和教师编制的调整,学科结构日趋合理。根据教育部组织的第三轮学科评估结果,对照学科评估指标体系,做好我校各学科数据的搜集、分析等具体工作,总结学科方向、学科平台、学科队伍等方面情况,对各学科科研水平、研究生培养和学位授予质量等方面进行全面总结,为下一步学科建设重点方向提供依据。

2.加强"211工程"和"985工程"建设管理。召开"211工程"建设研讨会,通报"211工程"三期国家验收情况,广泛征求意见,积极探索"211工程"四期建设新思路。全面总结"985工程"2010—2013年建设成绩和经验,获教育部"985工程"三期重点建设绩效奖励6800万元、2014年过渡期建设经费7900万元,并积极争取落实福建省、厦门市配套经费。组织开展"985工程"三期重点建设项目的绩效评价,完善重点建设相关管理办法。

3.学科核心竞争力不断提升。在最新的ESI全球学科排名中(由美国科学信息研究所研究发布),8个学科进入ESI世界前1%,入选数并列全国高校第16位。另据网大论坛提供的最新分析排名,我校在大理科主流学科排名列第7位,在大文科主流学科方面厦大整体实力无论按总分、平均分还是按名次来算均列第3位。

(五)人才队伍建设上新台阶

1.进一步优化人才队伍结构。研究制定新聘教师任职条件补充规定、其他专业技术中初级职务人员招聘工作暂行办法,从源头把好师资队伍质量关。新聘全职教师95人,其中教授10人,副教授28人,约占40%;具有博士学位的94人,约占99%;具有海外学习(工作)经历的64人,约占67%。新聘教师以外其他专业技术人员36人、辅导员和党政工作人员59人、非全职教师108人;需先到我校从事博士后研究工作后方可作为师资引进的外校博士12人。40岁左右的学科带头人群体已经出现,2013年发表的多篇一流学术论文的通讯作者都是40岁左右的青年教授或副教授;30岁左右的学术骨干正在迅速地成长。

2.进一步加强高层次领军人才队伍建设。韩家淮教授新当选中国科学院院士,国际著名海洋法专家张克宁教授全职到厦大工作。入选"万人计划"首批科技创新领军人才2人,首批青年拔尖人才3人;新增"百千万人才工程"国家级人选1人、"国家杰出青年科学基金获得者"2人;新增享受国务院政府特殊津贴专家5人;新增国家社科基金评审专家8人;新增福建省"高校领军人才资助计划"入选者12人。

3.加强对人才队伍的培养。深入调研人才队伍现状,编制《厦门大学人力资源发展年度报告》。研究制订并扎实推进《厦门大学国际化师资培养与储备计划》。深入实施"两个一百计划",120 位教师入选国家公派高级研究学者及访问学者等出国研修项目,为历年来最好水平。加强在职培训,2013 年出国培训共有 204 人次,管理干部队伍和各类专业技术队伍的素质得到进一步提高。

4.进一步完善内部治理结构。修订出台《厦门大学教师职务聘任条例中聘任组织与聘任程序规定的实施细则》《厦门大学年薪制人员管理指导性意见》《厦门大学学术委员会章程》《厦门大学教学科研重要岗位聘任条例》《关于附属中山医院心脏中心引进高层次人才的建议方案》《厦门大学新一轮定编定岗方案》《厦门大学全时制人员聘用制度改革方案》等重要人事制度,制订学术委员会和学部委员会人员组成方案,成立学院(研究院)教授委员会,进一步完善学校的人力资源配置、内部治理结构和教师聘任考核制度。

(六)国际及台港澳地区交流与合作保持良好势头

1.对外交流合作进一步拓展。积极推进学校"G50"计划和国际化师资人才培养计划,新签、续签校际合作协议 15 个。教职工因公赴国外参加各类学术交流 1202 人次,2200 多名学生通过国家公派、校际交流和院际交流赴境外参加交流学习,其中国家留学基金委公派项目资助 109 人,资助数在"985"高校中居第 7 位。学校累计接待境外来访者 1083 人次;举办 30 场国际学术会议。来我校学习的海外学生数量不断增加,目前在校外国留学学历生 1062 人。积极搭建双边和多边合作交流平台,成功主办第八届"中日大学校长论坛",共有 33 所中日顶尖大学校长或副校长参加了论坛,并第一次举办两国学生分论坛,论坛的成功举办受到两国大学校长及政府有关部门的高度评价和感谢。与英国纽卡斯尔大学的全面战略合作伙伴关系正式建立,成功举办"纽卡斯尔大学日",在马耳他大学成功举办"厦门大学日",将国际交流与合作推向更宽更广的领域。孔子学院建设取得新的成绩,新建 1 所孔子学院,学校荣获"优秀中方合作院校"的称号,刘延东副总理亲自颁奖并宣布国家在厦大翔安校区建设"孔子学院院长学院"。

2.积极推动马来西亚分校建设。马来西亚分校建设积极而稳妥地不断向前推进,得到国家领导人及社会各界、广大校友的高度认可和支持;"中国—东盟海洋学院"建设通过专家论证,获得极高评价。目前,分校建设及规划等审批工作正在有条不紊地进行,预计今年动工建设。

3.加强与台港澳地区的交流合作。目前我校已与台港澳地区 39 所高校签订交流合作协议。目前,有 777 名台港澳地区学历生在校学习;2013 年我校师生赴台港澳地区交流达 1380 人次,共接待台港澳地区来访 35 个团组共计 510 人。聘任专职教授、兼职教授、名誉教授等各类台港澳地区教师 67 人。成功举办"新竹清华大学日"活动,积极参与第三届"山海论坛"。

(七)三大校区的功能调整基本完成

1.继续做好翔安校区、漳州校区建设和管理工作。完成翔安校区体育场、游泳馆、主楼群 3 号楼、市政配套二期工程、二期学生公寓建设,又有 12 万平方米的校舍建成,新增近 3000 名学生入驻;加快推进学生活动中心、图书馆二装工程建设;完成教工俱乐部、国际学术交流中心、分子影像大楼、二期运动场、高级护理楼二装等项目的前期手续;做好孔子学院院长学院、医学转化大楼等项目的前期工作。翔安校区运行一年安稳顺畅,学术生态与文化生态正在迅速成熟。漳州校区的调整顺利完成,嘉庚学院成功举办十周年庆典,为下一个十年的发展绘出了蓝图,漳州校区为办成全国最好的独立学院提供了基础保证。

2.扎实推进思明校区基本建设和用房调整。完成幼儿园改扩建工程;基本完成海韵北区教工住宅主体建设;加快推进物理机电航空大楼、圣诺有色金属研究院大楼建设。做好勤业餐厅改扩建、学生公寓新楼、法学院扩建、演武运动场改建等项目的前期工作。加快思明校区部分现有用房的改造和调配,已完成映雪楼、海洋楼 A 楼、海外教育楼、联兴楼等楼栋公房调整。思明校区度过了最困难的调整期,拥堵、无序的局面得到了改观。

(八)学校的基本办学条件得到进一步改善

1.全面提升办学保障能力。在全国财政相对紧缩的一年,学校仍然保持了办学经费收入的增长,全年完成预算收入35亿元,同比增长6.1%;全年共完成1亿元的修购任务,一批教学科研设施得到改善;全年共完成9亿元基本建设任务,新增12万平方米的教学科研用房,教学科研用房严重不足的状况基本得到缓解;后勤保障不断加强,从仪器设备、图书资料、信息网络到宿舍食堂等硬件不断加强,软件也在提升。

2.扎实推进征地拆迁工作。积极推进相关项目的征地拆迁工作,完成物理机电航空大楼、东山太古海洋中心一期征地工作,完成曾厝垵学生公寓运动场地征收和8号楼回购工作,积极推进法学院扩建、海韵校园二期、云霄红树林基地等征收工作和曾厝垵学生活动与创业中心项目用地申请工作。

(九)民生保障进一步落实

1.努力改善教职工待遇。2013年下半年我们启动了近年来的第4次提高工资与津贴,制订实施新的岗位绩效津贴改革方案,加上落实物价补贴政策等措施,学校千方百计挤出资金于2013下半年投入7000多万元用于提高教职工工资待遇,同时适当地提高了退休生活费。继续解决教职工的住房困难问题,启动海韵北区教工住宅售房工作,完成高林居住区第四、第五批保障房选房工作,去年共有198户教职工的住房得到改善;调整住房公积金缴存标准,学校单位及在职职工的住房公积金缴存比例提高至15%,向209位教职工发放住房货币化补贴2082万元。探索解决住房问题新路子,争取政府支持,申请曾厝垵片区旧村改造用地用于建设教职工住宅置换房源。完成西北村388套住宅分户产权与西村124个车位、北村57个车位、大学城205个车位产权的办理工作。厦大幼儿园改扩建工程全部完成并正式投入使用,极大地改善了青年教职工幼儿入园教育问题。支持附属中小学办出特色、办出水平,改善教职工子女就学条件。

2.完善漳州校区、翔安校区工作、学习、生活条件。建成漳州校区水上音乐广场,启动嘉庚学院幼儿园建设。进一步完善翔安校区教学科研和生活配套设施,健全校区管理运行机制;100套教师过渡房投入使用,为解决翔安校区老师的休息问题迈出了第一步;研究制定岛外工作补贴标准,启用游泳馆,建设校园候车亭,教工临时周转公寓投入使用,加快推进并即将启用翔安校区图书馆;在思明校区设立翔安校区教工临时工作室。

——本文摘录自《关于印发〈厦门大学2013年度工作报告〉的通知》,厦大委综〔2014〕3号,档号2015-XZ09-23

·专 文·

珍惜大学时光　努力成长成才

——寄语厦门大学2013级新同学

（2013年8月21日）

校党委书记　杨振斌　校长　朱崇实

亲爱的2013级同学们：

欢迎你们来到素有“南方之强”美誉的厦门大学。你们怀揣着梦想与憧憬汇聚到这里，即将迎来人生中最为宝贵的一段时光。

厦门大学是著名爱国华侨领袖陈嘉庚先生于1921年倾资创办的。建校92年来，学校始终秉承着“自强不息，止于至善”的校训，走过风雨，收获辉煌，并形成了厦门大学独特的“四种精神”，这就是陈嘉庚先生的爱国精神，罗扬才烈士的革命精神，以萨本栋校长为代表的艰苦办学的自强精神和以王亚南校长、陈景润教授为代表的科学精神。这“四种精神”一直激励着一代代厦大人不断努力拼搏、完善自我、成就梦想。我们真诚地希望你们能够珍惜这短暂而又美好的大学时光，继承和发扬厦门大学“四种精神”，将自己塑造成为自信的、大气的、高尚的新世纪青年人才。在此，向大家提几点希望：

第一，希望同学们要树立坚定的理想信念，培养胸怀天下的社会责任感，“登上大舞台、做出大贡献”。大学生活给予你们的不应该仅仅是知识上的增长，更重要的是各种能力的培养和心智上的健康成长。希望你们在大学的学习生活中，努力培养大视野、大胸襟、大境界，立足校园，放眼全球，将自己的理想与国家的发展紧密联系，做好准备“登上大舞台、做出大贡献”，将来到祖国最需要的地方去建功立业。

第二，希望同学们在大学期间有效地管理时间。学校为大家提供了多元而开放的各种学习资源，同学们要抓住大学这一人生的黄金时期，不断为自己积累知识、夯实基础，练就过硬的专业本领。同时，也要多接触社会，主动深入基层，不断培养自己的实践能力，为将来更好地融入社会、服务社会做准备。

第三，希望同学们在大学期间积极锻炼身体，保持健康的体魄。厦门大学面朝大海，作为海的儿女，希望大家都能够学会游泳，学会多项适合自己的体育技能。积极参加体育运动不仅有助于增强身体素质，也有益于培养坚持不懈、锲而不舍、团结协作、互助友爱的精神。健康的体魄和良好的精神面貌一定会帮助你们在未来的生活中更好地应对困难，走向成功。

第四，希望同学们在大学期间注重提高自身的文化素养和艺术修养。热爱读书，广泛涉猎，扩大自己的知识面；品味艺术，培养自己发现美、欣赏美、创造美的能力。把它们当成一种生活态度、一种精神追求，不断陶冶高尚情操、培养审美情趣，积累文化内涵。

第五，希望同学们在大学期间培养积极向上、阳光健康的心态。著名作家拉伯雷曾说：“生活是一面镜子,你对它笑,它就对你笑,你对它哭,它就对你哭。"积极乐观的心态不仅是一种情绪,更是一种素质、一种智慧。心中充满阳光的人不仅能发掘自己的潜能,还能吸引和感染周围的人。希望大家始终保持乐观积极的心态,不断提升自己的人生境界。

同学们,你们来到厦门大学,已成功迈出了人生中的重要一步。厦门大学不应成为你们的终点站,而应是加油站。"海阔凭鱼跃,天高任鸟飞。"希望在厦门大学的学习生活会成为你们人生中的华美乐章!

——本文摘录自《厦门大学报》,2013年8月21日第1042期

凝心聚力　攻坚克难　推动学校事业科学发展

——在厦门大学六届四次教代会闭幕式上的讲话

(2013年1月)

校党委书记　杨振斌

各位代表、同志们：

经过各位代表的共同努力，厦门大学第六届教职工代表大会第四次会议顺利完成了各项议程，即将闭幕。在此，我代表校党委、代表朱校长，对大会取得圆满成功表示热烈的祝贺！向全体与会代表和工作人员所付出的努力表示衷心的感谢！

本次大会是在认真学习贯彻党的十八大精神的重要时期召开的一次重要会议，也是在教育部第32号令关于《学校教职工代表大会规定》颁布实施一年之际召开的一次重要会议。

今天上午，各位代表认真听取了朱崇实校长所做的2012年学校工作报告和2013年学校工作设想，以及对今年审计署在我校开展校长任职期间经济责任履行情况审计反馈意见和国际会议酒店、富邦国际医院两大项目后续解决情况的说明。听取了韩景义副校长所做的2012年学校财务工作报告。下午，各代表团分组对上述报告进行了认真的讨论。

朱崇实校长在报告中从党建和思想政治工作、人才培养、科学研究、社会服务、学科建设、队伍建设、对外交流合作、改善办学条件、提升管理服务水平、改善民生条件等十个方面，实事求是地总结了过去一年学校完成的主要工作，提出了今年工作的总体思路和目标任务。代表们普遍认为朱校长所做的学校工作报告和相关情况说明全面、客观、实在，成绩显著，振奋人心，对目前存在的困难和问题分析深刻、认识清醒。代表们还对学校的人才培养、科学研究、社会服务、办学条件和民生待遇等工作以及师生普遍关注的问题提出了富有针对性和建设性的意见和建议。

各位代表还认真听取并审议了韩景义同志所做的学校财务工作报告，大家认为一年来学校财务运行状况和管理效益良好，报告所提出的财务计划实事求是，是可行的。讨论中，代表们以强烈的责任感和使命感，以厦大一家人的姿态，以高度负责的精神，围绕本次教代会议题，积极建言献策，提出了许多宝贵的意见和建议，充分发挥了教代会在学校民主决策、民主管理、民主监督中的作用。

刚才，各代表团的代表做了大会发言，虽然时间短，但讲得都很好，反映了各代表团讨论的情况，工会和学校各部门要对代表们的意见、建议进行认真梳理和研究，吸收和采纳到学校决策中，更好地体现和落实到学校的各项工作中。

2013年学校大事多、要事多，是贯彻落实党的十八大精神的开局之年，是深入实施教育中长期规划纲要的重要一年，在这一年，学校也将召开第十次党代会。关于学校的工作，今天上午朱校长已经做了全面的介绍，我都赞成。下面，我从宏观上再强调四点，供大家参考，也请提出意见、建议。

一是以抓好理论武装、改进工作作风和筹备召开学校第十次党代会为重点，切实加强学校党的建设。要将把党的十八大精神学习贯彻活动引向深入作为当前和今后一个时期我校的首要政治任务。继续依托党校、中心组学习和理论报告员队伍，通过举办名家论坛、理论培训班，开展理论研讨等形式，组织和引导广大党员干部和师生员工认认真真、原原本本学习十八大报告、学习新修改的党章，学习习近平同志一系列重要讲话精神。要将贯彻落实十八大精神与贯彻落实国家教育规划纲要精神相结合，与贯彻落实《厦门大学“十二五”规划和2021年远景规划》相结合，与谋划召开学校第十次党代会相结合，把十八大精神落实到全面提高学校党建科学化水平上来，为推动学校事业科学发展提供更为坚实的思想保证和精神动力。

要把作风建设摆在领导班子和干部队伍建设的突出位置，按照中央政治局“八项规定”和教育部、福建省的实施办法要求，制定符合我校实际、便于操作的具体措施。结合创先争优长效机制建设，组织开展以为民、务实、清廉为主要内容的党的群众路线教育实践活动，建立健全领导干部下基层调查研究制度。党员领导干部要多走进师生，带头听课，带头调研，带头参加教工党支部活动和学生班级活动，面对面、心贴心、实打实地倾听师生意见、解决实际问题。要以最近完成的学院、研究院、直属单位的行政领导班子换届和将要进行的院党委、党总支换届工作为契机，加强新班子的思想建设、作风建设和党风廉政建设，加强学习型、服务型、创新型党组织建设，努力打造风清气正、心齐气顺、勤政廉政、务实高效的各级领导班子，要积极营造高尚的校园文化氛围，共同建设美好厦大、和谐厦大。

今年，我校将召开第十次党代会，筹备并开好第十次党代会是下一阶段全校师生员工政治生活中的一件大事，我们要紧紧抓住坚持和发展中国特色社会主义这条主线，围绕办好人民满意的高等教育这一中心任务，坚持用科学发展观指导、谋划新时期学校党的建设事业和改革发展稳定事业的新思路、新目标、新举措，集思广益、凝聚智慧，全面做好学校第十次党代会的各项筹备工作。

二是以加强师德师风建设、强化思想引领为重点，切实改进学校思想政治工作。要按照十八大部署，坚持德育为先、立德树人，加强文化育人和实践育人工作，深化教育教学改革，着力构建多样化的创新型人才培养模式，完善人才培养质量标准体系，着力培养学生的社会责任感、创新精神和实践能力。继续发扬学校“一切为了学生，一切着眼于学生成长成才”的工作理念，坚持以“爱国、革命、自强、科学”的厦大四种精神为引领，组织开展“我的中国梦”“走基层、看变化、学习宣传党的十八大精神”“美好厦大”等主题教育和实践活动。加强人文关怀和心理健康教育，培养学生自尊自信、理性平和、积极向上的心态。要全方位、多角度地探索适应创新型人才培养需要、深受学生欢迎的思想政治教育新思路、新途径、新方法，健全大学生思想政治教育长效机制，努力打造独具厦大特色的工作品牌。

认真贯彻落实教育部即将印发的《关于加强和改进高校青年教师思想政治工作的若干意见》以及校党委前年出台的《关于进一步加强和改进师德师风建设的若干意见》精神，把加强教师的思想政治工作作为学校工作的一项重大任务来抓，提高教师教书育人的荣誉感和责任感。全面提升教师思想政治素质和业务水平，不断增强教师以学术素养、道德追求和人格魅力教育感染学生的能力。深入开展教风、学风和学术诚信建设，完善科研项目管理、科研经费管理、科研行为管理，建立健全优秀教师培养激励制度和学术不端行为惩治查处机制。关心青年教师的成长，努力解决好他们在学习、研究、生活等方面的实际困难，鼓励他们静下心来教书，潜下心来育人，努力做受学生爱戴、让人民满意的教师。

三是以深化平安校园建设为重点，切实维护校园安全稳定。全面落实稳定是硬任务，是第一责任的要求，努力消除校园内不稳定、不和谐因素，确保校园和谐稳定。进一步加强对课堂、报告会、讲座、论坛的管理，坚决抵御和防范境外敌对势力利用宗教活动、学术研究、帮扶资助对校园进行影响渗透。加强网络舆情分析研判，妥善应对网络突发事件，维护学校良好形象。深化平安校园建设，排查化解矛盾纠纷，强化日常监控管理措施和联动机制。加大安保投入，重点加强翔安校区安保工作，进一步密切与公安、安全、法院等部门的合作，创新校园安全管理，提升校园及周边治安综合治理水平和依法治校能力。

四是以抓好《学校教职工代表大会规定》贯彻落实为重点，切实加强教代会建设。党的十八大报告提出，要全心全意依靠工人阶级，健全以职工代表大会为基本形式的企事业单位民主管理制度，保障职工参与管理和监督的民主权利，这对于做好学校教代会工作具有重要的指导意义。教育部发布的《学校教职工代表大会规定》是贯彻落实教育规划纲要、依法保障教职工参与学校民主管理和监督、加强学校民主政治建设、完善现代学校制度、促进学校依法治校的重要规章。我们要把加强教代会建设和贯彻十八大精神与《规定》精神结合起来，进一步健全和完善教代会制度，扎实推进学校民主决策、民主管理、民主监督。要全心全意倾听教职工的批评建议，全心全意依靠教职工，全心全意为教职工服务，充分调动广大教职工的积极性、主动性和创造性，使教代会成为保障民主权利、真心实意依靠教职工办学的平台。要进一步健全民主集中制原则,落实《规定》提出的教代会八项职权、代表五项权利和义务,完善“党委领导、行政支持、工会运作、教职工参与”的教代会工作机制,为工会开展工作、支持教代会开展活动提供良好的保障。各单位要进一步完善二级教代会制度,保证教职工对本单位工作行使民主决策、民主管理和民主监督的权利,促进重大决策和管理工作民主化、科学化、规范化。各级工会要进一步加强自身建设,更好地承担教代会相关的工作职责。

各位代表、同志们、老师们,厦门大学第六届教职工代表大会第四次会议即将圆满结束。希望大会结束以后,大家要及时宣传学校今年工作思路和财务工作目标任务,把大会的精神带到广大师生员工中去,充分调动师生员工的积极性、主动性和创造性,将大会的精神落到实处。工会要充分发挥桥梁纽带作用,围绕今年学校中心工作,凝聚智慧和力量,团结动员广大师生员工,以更加饱满的热情和昂扬的斗志投入学校各项事业建设中,努力为学校科学发展献计出力。在新的一年里,我们要认真学习贯彻落实党的十八大精神,紧紧围绕学校今年提出的各项目标任务,解放思想、改革开放,凝心聚力、攻坚克难,为早日把我校建成世界知名高水平研究型大学而努力奋斗!

农历新年即将到来,借此机会,我代表校党委、代表朱校长向大家拜个早年,祝大家在新的一年里,身体健康,工作顺利,阖家幸福,万事如意!

谢谢大家!

——本文摘录自《杨振斌书记讲话材料》,档号 2019-XZ09-004

牢记校训　坚持学习　扎根部队　奉献国防

——对厦门大学国防生的几点希望

（2013年3月29日）

校党委书记　杨振斌

今天是7月1日，上午厦门大学刚刚召开了“七一”表彰大会，下午我和学校相关部门的负责同志赶过来，赶在大家接到命令奔赴一线之前，代表学校党委，代表朱崇实校长，也代表学校全体老师来看望大家，来为大家壮行。到部队工作是一件非常光荣的事情，我向同学们顺利完成学业表示热烈祝贺，向大家将要到部队去工作表示真诚欢送！

现在称呼你们，既是同学们，又是校友们，也是同志们，这三种称呼是不同身份的象征，我希望大家能够按照不同的身份表现好自己的角色。“同学”这个角色大家已经表现得很圆满。从刚才大家的发言中，可以感受到你们的进步是一些非国防生同学们无法想象，甚至无法理解的，你们在军政素质、文化素养等方面都已经有了很大的提高。经历了这种凤凰涅槃式的升华，你们今后的人生一定会走得更精彩。

我在清华大学工作时，就已经和国防生结下了深厚的感情。清华大学2000级首届国防生入学时，我是学校党委学生工作部部长，他们毕业时我是校党委副书记。他们大学四年的整个培养过程我都参与了，还见证了这些同学所遇到的各种困难和问题。这些同学开始时并不在一个很高的起点，但是四年之后，他们个个都顶呱呱。当时部队对第一届国防生不了解，为了他们的就业，我也是东奔西跑，去过部队很多单位，跑过很多地方。从这些国防生身上，我愈加坚定了一个信念，即我们党的事业、人民军队的事业、中国特色社会主义事业，是能够引领当代青年的，关键要看我们对青年的教育熏陶和培养。

你们2008年入学时，与同期进入厦大的同学相比，录取分数较低，能力素质也略差，但是现在，仅仅经过四年，你们已经是厦门大学2012届毕业生中最优秀的群体之一。再过二十年，我相信你们会更加优秀。为什么？因为你们投入了一个伟大的事业，因为你们有更高的觉悟，这些都会对你们今后的成长产生重大的影响。当然这个“优秀”也是广义的，并不是说一定要有一个很高的职位，雷锋同志做班长做得很好，我们很尊重他，也很敬佩他。因此只要能为国家、为社会、为民族、为国防做出贡献，都是值得我们尊重的，也都是优秀的。不管用什么杠杆来衡量，我相信再过二十年、三十年，你们一定是最优秀的群体。因为一个人的道路选择以及他的政治觉悟、素质和能力，都会对他今后的成长产生重要影响。没有过硬的政治觉悟和能力素质，往往就难以做出大的成绩。

我觉得大家的精神状态非常好，一种革命军人的精神状态，一种随时都可以为祖国、为人民献出一切的精神状态。说到这里，我想起了一件令人感动的事情。2008年汶川地震的时候，我看电视报道，有这么一个场景。一条河，河上一座很窄的桥，桥对面的山体已经滑坡坍塌了，一位将军对一个班的战士讲：“同志们，山后还有灾民群众等待我们去救援，我命令你们不管有多大风险，不管付出怎样的代价，都要冲上去。”战士们背着重重的救灾物资，艰难但毅然地向山那边奔去。这个场景我一直记得，它充分证明我们的战士在祖国、人民最需要的时候那种挺身而出、舍我其谁的精神状态。

再过十多天，你们就要到部队去了，在此，我给同学们提几点希望：

第一是希望大家到部队后要严格要求自己。希望你们秉承厦大“自强不息，止于至善”的校训，在部队踏踏实实工作，服从命令，听从指挥，勇于奉献，不怕牺牲。非常希望我们厦大国防生能够成为军队中的一朵奇葩和一把利剑，成为厦大优秀校友群体。

第二是希望大家到部队后能够融入这个伟大的集体。我们国家正在走向伟大复兴,你们生逢其时。如果我们继续保持这些年的稳定发展,可以想象到2049年,民族复兴伟业、中华民族巍然屹立于世界民族之林的宏伟目标,是一定能够实现的。在中华民族伟大复兴的过程中,西方国家是不会乐见一个社会制度与他们完全不同的国家蒸蒸日上,甚至超越他们的,因此中华民族伟大复兴的过程,也注定会是一个崎岖坎坷的过程。在这个过程中,军队现代化、国防现代化都是值得你们去投入的伟大事业。希望大家在部队踏踏实实地干,和部队这个伟大的集体,和国防这项伟大的事业紧密联系在一起。

一个人最终要成就一番事业,必须是要和一个具体的单位结合在一起的。在酒泉卫星发射基地的发射场上,我们看到那些技术人员,他们是有成就感的,他们的成就感就来自他们和酒泉基地结合在一起,来自他们和航天科技大型国有企业结合在一起。我也经常打这么一个比方,希望我们的同学要做一艘航船上的优秀水手,不离不弃。当这艘船遇到暴风骤雨、惊涛骇浪的时候,你是这条船上第一个爬上桅杆把桅杆修好的人;当海水漏进船舱的时候,你是第一个跳进船舱把海水往外排出的人;千万不要做只会在船上指手画脚的人,而要做在最困难的时候勇于站出来做奉献的人。即便这艘船由于各种原因,最后可能抵达不了胜利的彼岸,你也应是那个先让妇女和儿童上救生艇的水手;而当这艘船战胜千难万险,最终到达胜利彼岸时,你应该是被广大乘客当作英雄而欢呼抛起的人。希望大家要做把自己和伟大的事业结合在一起的人。

第三是希望大家能够长期积累。作为一名大学生军人,在努力工作、牺牲奉献的同时,还要长期坚持学习。非常期待你们中的每一个人将来能够承担更重的责任,而要承担更重的责任,就需要长期积累、长期学习。"书到用时方恨少",你并不需要知道一定要读什么样的书,你只需要知道去学习、去积累、去进步,结合部队的需要,结合工作的需要,有针对性地进行积累。比如,你养成每天都看一页书的习惯,坚持一年,365页就是一本很厚的书了,从二十岁积累到五十岁,你就比别人多看了三十本很厚的好书,这三十本书都会潜移默化在你的脑海中留存下来,你可能记不住,但当你需要的时候它就会自动跳出来。而如果每天坚持读十页书,那就是三百本书!

第四是希望大家正确地对待今后成长过程中的各种困难和挫折。部队也有不如人意的地方,哪里都一样,都会有不如人意之处,要学会正确对待。即使碰到很多困难,有些事情还是要咬咬牙坚持。有人问邓小平同志长征是怎么走下来的,小平同志讲,三个字:跟着走。这些人凭一个坚定的信仰坚持下来了,这是一种追求的力量。我们学校有一个女研究生在部队工作,前两天回来参加硕士论文答辩。她说尽管部队有很多不如人意的地方,但丝毫不影响她从军报国的信念。

关于人才,我再补充一点。我们说一个人是个人才,一般是说他很聪明、很能干,但最终衡量一个人是不是人才,并不以他是否聪明能干作为标准,而要看他对国家、对社会的贡献大小,贡献大就是大人才,贡献小就是小人才,没贡献再聪明能干也不是人才。大家读过《伤仲永》,仲永很小就会写诗,他父亲带着他到处赚钱,可以肯定,最初他是个小人才,但到最后并没有成为大人才,而是"泯然众人矣"。所以贡献大小是最终衡量一个人是不是人才的最根本的标准,厦大国防生毕业充其量只能说明你具有成为人才的潜质。而一个人贡献大小实际上是与他的选择有很大关系的,我的一个清华的同班同学,一个地道的农村孩子,当时在我们班学习成绩并不优秀,他没有保送研究生,没有考研究生,也没出国或去外企,而是去了部队。他在部队某研究所一干就是二十多年,干得非常好,46岁就已经成为将军了。我总结这个同学的成长经历,有这么几条:第一是政治素质好,品德好;第二是选择了一个他相对优秀的地方,可以充分施展自己的才干;第三是选择了一个大舞台,也就是国防事业的大舞台;第四是赶上了好机遇,即科技强军的机遇;第五是锲而不舍,坚持下来了。清华大学有一位教授被评为院士,校报记者采访他,问他是怎样当上院士的,这位院士说:"每周干七天,每天干十二个小时,坚持二十年,你就有可能成为院士。"所以就是多干点活,多做点事,希望大家在部队好好干。

总之,我对军人有一种羡慕,有一种崇敬。你们要去部队了,祝福你们一路走好,不管碰到什么困难和挫折都要坚持下去。希望你们都能成为厦大的优秀校友,希望你们作为厦大国防生到部队后能够成为一朵奇葩,成为一把利剑!

最后，请向你们的父母和家人转达我和朱校长的问候。家里出了一位革命军人，将来还有可能出一位部队首长，这是一件了不起的事情。对家庭、对父母，你们已经在尽自己的责任，今后对国家、对家庭都要尽责任。有时忠孝不能两全，但父母最希望你们有出息，在服务祖国、奉献国防的过程中有了出息就是最大的尽孝，报国就是报家，两者是有一致性的。

（本文系根据作者 2012 年 7 月 1 日在解放军 91 师看望慰问厦门大学 2012 届毕业国防生座谈会上的讲话录音整理而成）

——本文摘录自《厦门大学报》，2013 年 3 月 29 日第 1024 期

树立科学人才观,实施人才强校战略

——在全省高校领导干部办学治校研讨班上的汇报

(2013年8月)

校党委书记　杨振斌

建设一流大学,人才队伍是第一要素。厦门大学党委始终注重实施人才强校战略,加强人才队伍建设,创新人才工作机制,营造有利于人才成长的良好环境,努力开创人才辈出、人尽其才的新局面,力争把学校建设成为聚集各类优秀人才、造就一流科学家的"人才高地",力争实现"两个百年目标"(即到2021年建校百年之际全面建成世界知名高水平研究型大学,到2049年新中国成立百年之际力争跻身世界一流大学行列)。

在福建省委、省政府和厦门市委、市政府的领导和大力支持下,厦门大学紧紧围绕国家和福建省经济社会发展需求,充分发挥人才、学科和科研优势,努力成为助力海西经济和社会发展的人才库、技术创新的发动机和地方党委政府科学决策的智囊团。

目前,学校现有两院院士21人(其中双聘院士10人),"万人计划"科技创新领军人才入选者2人,青年拔尖人才入选者3人,国家重大研究计划项目首席科学家7人,国家自然科学基金委员会委员1人,国务院学科评议组成员10人,列入国家"百千万人才工程"人选15人,列入教育部"新(跨)世纪优秀人才培养计划"131人,"国家杰出青年科学基金"获得者36人,"长江学者"特聘教授15人;全国高校教学名师奖获得者5人;国家自然科学基金委创新研究群体5个、教育部创新团队8个。我校的这些优秀人才在我省均占较大比例。

一、对人才工作的认识

(一)人才是学校科学发展最宝贵的资源

高校应牢固树立"人才资源是第一资源"的理念,坚持党管人才,充分尊重知识、尊重人才,坚持以人为本、培引并重,大力实施"人才强校"战略,把人力资源优势转化为人才资源优势,把人才资源优势转化为学校科学发展的优势。

(二)围绕中心、服务大局是人才工作的出发点和落脚点

高校要紧紧围绕培养人和不断提高教育质量这个中心任务,创新体制机制、实施人才工程,培养、吸引、用好人才。在实践中,我校在从全球大力引进优秀人才的同时,还积极拓宽培养渠道,选派优秀中青年教师到国内外一流大学、一流研究机构,师从一流导师,从事学习研修、开展合作研究,使他们尽快进入国际学术前沿和国家科技创新前沿。我们紧紧依托国家重大人才培养计划、重点学科和重大科研平台,着力抓好学术领军人物和中青年学术骨干的培养,支持一批学术基础扎实、具有突出的创新能力和发展潜力的优秀青年学术带头人和青年骨干教师,形成一批优秀创新团队,带动学校人才队伍整体水平的提升。

(三)高层次人才在学校发展中具有不可替代的作用

高校应始终坚持将高端引领作为人才队伍建设的战略重点，以高层次人才和高技能人才培养和引进为突破口，造就学术大师和战略科学家，培养学科带头人、教学名师和学术骨干，建设科学的人才梯队，不断提升学科的影响力和竞争力。在实践中，我校积极探索和试行年薪制/协议工资制等与国际接轨的管理体制和人事制度，创新人才组织模式，大力推进“学科带头人＋创新团队”建设；通过完善教师综合评价体系，不断深化分配制度改革，激活竞争和激励、约束机制，从待遇上创造一个吸引人才、留住人才和激励人才的良好环境。

(四)党政管理和技术支撑队伍是学校人才队伍的重要组成部分

“三支队伍”缺一不可，高校在抓好教学科研队伍建设的同时，还应高度重视党政管理队伍和技术支撑队伍的协调发展，并根据两支队伍的工作特点和发展规律，通过建立科学合理的培养、激励机制，提高管理队伍素质，着力建设一支适应学校发展需要的职业化管理队伍；通过健全和完善实验、工程技术、图书资料等专业技术人员管理制度，着力建设一支高水平的、专业化的技术支撑队伍。

(五)做好人才工作需要开阔的胸襟和宽广的眼界

建设好人才队伍，还应不拘一格，广纳贤才，为每一位教师创造成才的机会和空间，积极营造一个让人才舒心工作的环境与氛围。对“大腕”专家，要允许人家有一点个性，甚至有一些毛病。高校还应加强人文关怀，为各类人才解除后顾之忧。

二、我校在人才工作上的改革思路

(一)强化和完善教授治学机制

学校通过建立健全教授委员会、学部委员会和学术委员会制度，提出了推进教授治学的基本构想，明确了推进教授治学的主要途径，以制度创新推进教授治学的有效落实。

1.研究制订专业技术职务聘任组织和聘任程序改革方案，赋予教授在聘任方面的评审权。

由学院教授委员会对院长提名的聘任候选人的学术水平和能力进行评议表决，学部委员会进行最终审查，学校聘委会主要负责程序审查及投诉受理，不再行使学术评价的“终审权”。

2.研究制订学术委员会改革方案，让教授在治学方面发挥更重要的作用。

明确学术委员会是学校最高学术审议(定)、咨询和指导机构，由学术委员会对学校学科发展规划、人才培养体系、师资队伍水平、学术机构设立、学术质量把关、学术道德审查等重要学术事务进行审议、发表意见。为充分尊重和保障教授在治学方面的作用，学术委员会委员由各学部从学部委员会委员中推荐产生。除了分管教学的校领导外，其他校领导都不担任委员。

(二)深化程序公平的人事管理与分配机制

1.研究制定教学科研重要岗位聘任条例，构建科学合理的教师分层分类管理体系。

学校共分三个层次明确和规范不同层次、不同类别教师的聘任标准、考核要求及薪酬待遇。第一层次为初、中级职务教师和部分高级职务教师，分为教学科研并重型和教学为主型岗位；第二层次为教学科研成绩突出的高级职务教师，分为三级，岗位津贴高于第一层次的教授；第三层次主要包括“长江学者”特聘教授、“闽江学者”特聘教授和校特聘教授，属学校学科带头人、学科领军人才。通过实施教师分层分类管理制度，改变了以往一聘终身的状况，形成能上能下、能进能出、结构合理、衔接有序、动态稳定的人才梯队。

2.研究制定年薪制人员管理指导性意见,推动建立高层次人才薪酬体系。

学校制定了年薪制人员管理的适用范围、薪酬标准和考核聘任办法,既坚持了学校的宏观指导地位又充分发挥了学院的积极性和主动性,为吸引更多优秀高层次人才来校工作发挥了重要作用。

(三)构筑面向未来的师资提升机制

1.研究制定新聘教师任职条件有关规定,从源头把好师资队伍质量关。

学校注重提高用人效益,专门对新聘教师的年龄和学历等入职条件做出新规定:申请应聘中初级职务人选年龄不超过35周岁,申请应聘副教授职务人选年龄不超过40周岁,申请应聘教授职务人选年龄不超过45周岁(对于特别优秀的杰出高层次人才,年龄可以适当放宽)。建立健全师资主要从博士后中遴选的制度,学校规定,应届博士毕业生需先从事博士后研究,经考核优良且符合教师聘任条件者,方可作为师资引进。

2.研究制订国际化师资培养与储备计划,着眼未来储备一批具有国际竞争力的师资队伍。

学校设立专项基金,选定美国、英国、加拿大的11所与我校有合作基础的一流大学建立"海外留学合作基地",从实力较强、较为热门,难以引进国外优秀博士的我校学科或实力较弱、国内外优秀博士较少的我校学科中,在今后的5~7年里选拔500名学生到"海外留学合作基地"攻读博士学位,学成后回校任教,从而培养一批能够支撑和引领我校可持续发展、结构合理、素质优良、具有良好国际视野和创新发展潜力、有一定国际竞争力的储备师资。

三、对我省加强人才工作的建议

(一)加强对科研平台和重点学科的投入力度

我省有不少学科在全国甚至在全球具有竞争力,如生命科学、化学、海洋等学科,还有一批如新一代信息技术、生物与新医药、新材料、新能源、海洋产业等国家和福建省发展战略性新兴产业,如果加大投入,可助推它们在更高的层面上参与国际竞争。以厦大为例,我校共有8个学科进入了ESI世界前1%,它们是:化学、工程学、材料科学、临床医学、植物与动物学、环境与生态学、生物与生物化学、物理学。这个成绩在全国高校排名第14名。

(二)加大对全省国家级、省级协同创新中心组建及培育工作的支持力度

建议将我校协同创新中心、能源材料化学协同创新中心、细胞应激与稳态协同创新中心、海洋碳汇与未来地球协同创新中心、两岸关系和平发展协同创新中心、生物制品协同创新中心、海西信息通信产业技术协同创新中心、海洋生物资源开发利用协同创新中心、能源经济与能源政策协同创新中心等8个中心进一步纳入福建省协同创新中心发展规划,给予我们更深入的指导。

(三)加大对高层次人才的扶持力度

1.加大对高层次人才科研配套经费的支持力度,缩短引进高层次人才的时间过程,保证引进人才工作的成功率,对于特别优秀的高层次人才,采取一事一议的方式,在科研经费和生活待遇上给予大力支持。例如前面我介绍过的张统一院士,根据张院士对团队、平台建设的规划,建设"多元物质研究"国家级平台,需要在实验室空间、仪器设备等方面投入很大一笔经费,我们恳请省委省政府给予大力支持,以确保顺利引进张院士,早日为我省新材料产业的发展做出更大贡献。

2.在人才的住房、子女就学、配偶就业等方面给予在国内更具竞争力的支持;我校外籍人才购买商品

房、经济适用房、保障性住房等，建议参照有关规定，予以办理产权证。

3.对我校高层次人才服务地方、挂职锻炼等给予政策倾斜。

——本文摘录自《杨振斌书记讲话材料》，档号 2019-XZ09-004

好的大学应该具备哪些元素

——接受《光明日报》记者专访

(2013年3月)

校长　朱崇实

您作为一个教育家,作为一个在特区高校的校长,您认为一所好的大学应该具备哪些元素?

首先很感谢《光明日报》对厦大的关注和支持。您刚刚提的问题非常好,因为中国的高等教育从20世纪90年代末开始,从量到质都有一个很大的发展,特别是经过了十多年的大发展以后,中央根据整个国家经济建设和教育发展的实际情况,根据"教育如何更好地适应社会发展的需求"的实际情况,明确提出现在的教育发展重点要放在内涵的建设上,放在质量的提升上。我觉得中央的这个提法是很重要的。根据我的体会,拿厦门大学来讲,一所大学要做到内涵的发展和质量的提升,最关键的就是如何真正地体现教育规律,如何按照教育规律来培养人才,给我们的学生最好的服务。我个人认为,一个人到了18岁,应该说无论是心理上还是生理上基本都定型了。再借助一些社会学、教育学的术语来说,就是一个人到了18岁以后,他有什么天分、有什么潜能也基本上确定下来了。18岁到了一所优秀的大学,这所大学最重要的就是怎么去发现、挖掘学生的天分和潜能,怎么能够创造一个好的环境和条件,让学生在校园里、在大学里把他的天分和潜能充分地发挥出来使得他的天分和潜能得到张扬、得到实现。

所以,我们的大学要培养优秀的人才,第一个重要的要素就是要有个正确的教育观,要有一个正确的教育思想,要能够按照教育规律来培养人才。在这方面我们优秀的中华文化在很早就包括了这样的教育思想。比如孔子在很早就提出既要"有教无类",又要"因材施教",这两者,八个字是很辩证的一种教育观。

第二个要素就是要有优秀的教师。这些优秀的教师就是伯乐,能够发现千里马,能够把学生的天分和潜能发现和挖掘出来。他们乐于教书也乐于育人,乐于当一个楼梯,能够让学生在他们的肩膀上爬得更高、看得更远、走得更远。这是很基本的第二个要素。

第三个要素是要有好的环境和条件,让学生的个性、天分、潜能能够得到张扬、发展和培养。没有条件,天分是很难被发现的,要给他一个土壤。打个比方,如果一个人有打篮球的天分,可是这个学校连个篮球架都没有,那他的天分怎么发挥出来?再打个比方说,一个同学确实有音乐方面的天分,可是这个学校连最基本的钢琴、声乐老师也没有什么都没有,那他的音乐的天分怎么能够发挥出来呢?要多创造舞台给他们。

所以我个人认为最最基本要有这三个方面的要素。教育观、教育思想是文化上的、理念上的要求,是最重要的。第二个是要有好的老师、伯乐;第三个是要有好的环境,这是物质条件,我们是唯物主义者。如果说有这三个最基本的要素,我们的优秀的人才就一定能够被发现、挖掘,就能够得到培养和提升。

好的环境和好的条件是学生走出社会的一个很重要的台阶,我们应该怎么样来打造?

首先,全社会都要真正地认识到教育是促进社会发展的最为重要的要素。从经济学的原理来讲,我们把教育这种产品定为"公益品"。教育不是公共产品,因为公共产品有它的特定的要件,但是教育是"公益品",就是这种产品生产得越多,它所产生的外部效益会越多,会给这个社会带来很多很多跟它的成本不相配的利益、好处,它的正的外部效益会溢出,对于推动社会会起到很好的作用。

第二,政府在教育的发展上一定要自觉地承担起主导的责任。因为扩大"公益品"的生产对任何一个国家来说都是最有收益的事情,也是政府理所当然地要大力做好的事情,所以政府在这方面一定要是主导力量。政府要尽可能担起主导责任，要更多地把政府的精力、财力、物力、人力投放到这个方面上来，包括主导在整个社会营造起一个氛围。教师是一个最崇高的职业，教师应该得到社会的尊重。

第三，个人、家庭对教育也要有一个正确的认识和把握，要明白，从长远的发展来看，教育对个人、对家庭来说其实是一种投资，是能得到回报的。所以个人与家庭也理所当然地要尽自己的可能在教育上自觉地支持。比如说义务教育，有的家长就没有认识到这一点，不舍得让自己的孩子去读书，觉得孩子可以去打工、挣钱，而让自己的孩子辍学。再打个比方，一些家庭已经过了义务教育的阶段，比如说是读大学或读研究生，这个时候家庭应当要负担一部分的成本，很多时候由于社会没有正确的认识，使得我们的教育环境不是那么宽松，不是一种正常的环境。

哪些是不宽松、不正常的环境？

打个比方，现在的大学只要收一点的费用，或者说要让家庭分担些成本，马上社会的批评声就是一片，说这个大学“乱收费”。这很不利于中国的教育，特别是高等教育的建设和发展。很多人就理所当然地认为这些(费用)都应该是政府来承担，都应该是大学提供。比如说厦门大学，据我所知，厦大现在的学费已经是将近十年没有动过了，包括住宿费也一样没有变动。这十年物价上涨了多少？相对来说货币贬值了多少？大学的费用的稳定是一个社会问题，作为一项政治任务，不能动就不能动。当然，对于贫困家庭、贫困学生，确实无法支付学费等费用的，政府和学校就要负起责任，免除他们的费用，确保这些学生能够顺利地完成学业。

我们刚刚从政府、社会、个人等角度，讨论了外部力量来帮我们一起来创造好的环境，现在能不能谈谈高校如何给学生创造好这些平台，让他们得到好的发展？我也看了您的一些东西，比如学校培养学生既要市场化又不要市场化的概念。今天我也不想谈一些具体的，就想谈些宏观的东西，比方说结合中国梦，我们的高校该怎么做？我们应该怎样去关爱学生？怎么去培养学生？怎么为学生成长营造良好环境？我也看到过像萨本栋校长不让迟到的学生报到的故事，而我们厦大又为学生提供了什么呢？我们知道厦大有免费的白米饭，还有校长早餐会，等等，这实际上是在非常辩证地关爱学生，对我们的学生既要严，又要爱。在这种过程中使学生养成了良好的做事、做人的习惯，实际上也为他们以后成长为各个领域的领袖打下一个很好的基础。

陈嘉庚一开始就是以“教育救国”的理想来建这所学校。因此，他从建校之初就希望这所学校所培养出来的学生能够成为国家的栋梁，因此他给这所学校定下来的办学宗旨就是“养成专门人才，研究高深学问，阐扬世界文化”，这三个要求立意多高啊！这是他那个年代的中国梦，就是要实现中华民族的伟大复兴，要为民族的伟大复兴培养优秀的人才。我在不同的场合都说过，中国一定要有一批的高校，至少要有若干所一流大学，这些大学要有更高的境界和目标，这些大学就是要能够为国家为社会培养栋梁之材。我当时借助一个时髦的词——精英，就是要培养精英，精英不是贬义词，是各行各业的领袖。我说的精英就是这样一群人:他有远大的理想，愿意为自己的国家、民族和人民无私地奉献，同时他又能为实现自己的理想脚踏实地地奋斗、努力，他不仅能够个人奋斗，还能够团结自己周边的一群人一起来奋斗，我认为这样的人就是精英，就是领袖。我再三地说“领袖”和“领导”不一样，不一定说非得要做领导才称得上是领袖，当然，领导很多都是领袖，但领袖不一定都是领导(领袖范围更广，在各个行业、各个领域、各个工种的普通岗位上都有领袖)。举例说上海的装卸工人包起帆，但是他在他平凡的工作上面搞了几十项的技术革新，把很繁重的劳动变得轻松了，大大地提高了工作效率。他不仅自己在奋斗，而且把周边的整个团队一起组织起来共同奋斗，做技术革新，用今天的话来说就是做了很多的创新，大大地减轻了工作的强度，又提高了工作的效率，像这样的人他就是领袖。

我觉得一流的大学，应该有我们的目标，在大学里面要能够创造条件，让我们的学生都能有远大的理想，都能有无私奉献的精神，都能有脚踏实地、勤勤恳恳的作风，同时又有报效祖国、为社会服务的本领，而且还要有宽阔的胸怀，不仅能够自己奋斗，还能够团结带领大家共同奋斗。一流的大学培养的人应该要有这样的目标和要求。要能够培养出这样的人，能够实现这样的目标，我认为作为一所大学来说首先是要让自己的学生爱自己的祖国，在这一方面是既抽象又具体的。其实如果能让每个学生都爱自己的学校,就能爱家、爱乡、爱国。所以厦大要尽可能地创造条件让我们的学生能够很愉快、幸福地生活在这个地方。第二是要创造条件,让学生更好地、自主地学习和发展。单有理想、精神还不行,还要有本领。我们就是要想方设法地创造条件,让学生这四年——人生中最宝贵、最美好的四年时光不要虚度,打下一个扎实的基础,掌握终身学习的本领和手段,养成创新的意识和能力,真正地成为一个有本领的人。再一个方面,我们很注重在厦大校园里对学生提出这样的要求,同时也为他们创造这样的条件,让他们彼此之间能够相互团结、相互帮助,有团结协作的精神。厦大的校友让大家感到很羡慕,觉得厦大的校友彼此之间都很团结,都很爱学校,他们都在厦大的旗帜下团结在一起,这就是一种学校里的团结的文化。这些校友走出去不仅能够自己奋斗,而且能够有这种团结协作的精神,能够跟大家一起奋斗,这个非常重要。我们厦大一直在朝着这个目标在努力,所以我们利用各种各样的条件和可能让同学们形成这种精神。

这些有没有具体的例子?

比方说,怎么让同学爱校?你就要关心同学,你首先要爱同学。比如,厦大为学生提供免费的白米饭、提供免费的矿泉水,厦门这么热,为每个同学的宿舍提供空调、为每个教室安装空调,要求老师都要担任本科生的班主任,学生如果有什么问题要能够及时地了解他们的苦恼。我们现在还要求机关干部,我们很多的干部特别是部、处长都很有经验,他们有条件的都可以去担任学生的导师。很多同学其实对你做他们的导师没有什么太高的要求,只要当他有苦恼的时候,你能够安安静静、认认真真地听他倾诉一下苦恼他就很高兴了。有一个真实的故事,有一位女同学,她因父母亲闹矛盾一直很苦恼,这种忧愁和苦恼她又不好向其他的同学倾诉。她的任课老师人特别好,她就把他当作是亲人一样,就告诉了导师。导师静静地听她把所有的苦恼都说出来。后来,这位导师在一次学生工作表彰会上发言时说,这种事情是很正常的,我也想不出什么办法来安慰她,但是我就认认真真地听她说出来。说出来之后,这个学生的心情就好了很多。再比如说,校长早餐会也是如此,一个早餐会我们要吃四个多小时,其实也就是听同学有什么不满、问题、意见和建议,能够尽可能地帮助他们,我想如果一个学校能够那么真诚地对待学生,那么学生一定会回馈母校的,从而由爱校演化为爱国。在培养学生方面,厦门大学是尽其所能为学生的成长提供一个好的条件,这里第一位的是要有一个好的师资队伍。

关于好习惯,我很感兴趣,上次您提到了萨本栋的故事,对我们来讲这样是真诚对待学生,让他们的心智成长更健全一点、更有爱心一点,最后能够激发出他们强烈的爱国之情。在这个过程中我们是属于关爱的一面,那么关于他们的行为养成方面有什么要求?

我们所说的关爱不是只给表扬,只给红花,这不是叫作关爱,不是的,也有批评,有惩处。比如厦大对于违反校纪校规的同学的惩处历来是很严厉的,一些老校友对当年学校的规定还记忆犹新。像萨校长,注册的时间一到,注册处就关门了,就算你再远来,对不起,明年再来报到。他说我如果不对你严格要求,你以后走到工作岗位上是要出大事情的。我们现在也一样,同学如果有违反校纪校规,那学校的处分也是非常严格的。打个比方,学生考试作弊,这个毋庸讳言,哪一个学校、哪一个时候都会有,但是对我们来说这绝对是零容忍的事情。如果你今天在学校里考试可以作弊,那你今后走到外面去搞学术研究就可以造假,到单位去也可以欺上瞒下。如果你在大学里面不能够诚实地考试,就养成了坏的品德,这种品德以后走出去一定会给他的人生带来污点,也会给社会带来危害。所以只要课堂上一抓到,监考老师要签字负责,学校的教务部门马上就公布处分的结果,让这个学生要走关系、要说情都没时间。在这一方面学校是很严格的,一抓到就是做退学处理。所以厦大对于校规校纪的维持是很严格的,同学一旦违反校规校纪就要受到相应的惩罚。这对同学来说是一种宽严相济的大爱,这是真正的爱。要让同学知道哪些事情是可以做的,哪些事情是不能做的。再一个方面厦门大学的同学之间确实比较团结友爱,打架斗殴的情况很少,这和好的环境也有关系,和学校对这方面很严格也有关系。如果哪个同学有这样的行为,那学校的处分也是非常严厉的。这些严格的要求都有助于学生养成一种好的习惯、好的品质。

那么您能不能再谈谈根据"钱学森之问",怎么能够培养出创新人才?或者怎么样让我们的学术氛围更活跃?怎么用一种大度、大气来包容、引导,使得这种环境形成?

"钱学森之问"问得非常好,为什么我们的大学就培养不出大师?实际上大师就是有着杰出的、非凡的创新能力和创新思维的人，就是能够做出一般人做不出来的东西的人，他总是能够站在时代的前面做出新的东西出来。钱学森这个问题提得很好，不过我认为，这个"问"不单单是问大学，而是问我们的整个教育。这个问题的症结在于现在整个的教育制度使得我们的学生把过多的精力耗费在背书上、耗费在考试上、耗费在成绩上，创新的激情和欲望都给消磨掉了。打个比方来讲，让受教育者真正感到有极大压力的考试从12岁就开始。12岁小学毕业要开始考中学，有的时候中考考得不好就进不了一所好的中学，现在的九年义务教育已经严格按照区域来上中学，但是很多地方仍有例外，好的中学想方设法地招一些尖子生，即使不在这个片区也要招进来。15岁就更不得了了，因为高中确实是要看成绩的。15岁初中毕业，那个时候需要考重点中学，强度更高，有的还要考重点班。到了18岁的高考，经历过的人没有人不说这是一场梦，可是，这个时候正是一个人最有创新的激情和欲望的时候。22岁考研究生又是考试，硕士考完25岁还要考博士。人一经历过这么几层的考试，他对学习、对知识、对求知还有多少真正的兴趣？

在我们的中华文化中，包括孔子的教育思想有很多很好的东西，如我们前面讲的有教无类、因材施教都很好，但也有很多落后的、不正确的思想，比如"万般皆下品，惟有读书高"，"书中自有黄金屋"。老话说得好——三百六十行，行行出状元，个人获取的知识、得到的经验，不是只有书本、学校这个渠道才能得到。要根据每个人不同的天分和潜能，让他在适合的地方发展。现在的教育制度就好像你不过这个"独木桥"就不是人才，只有过了这个"独木桥"，你才是人才。

谈到这里我想问您，您的精英理念和"行行出状元"的理念实际上是一样的，行行出状元这个情况不一定上了大学才有，但是您的精英理念是在高校里的，在一个高的层次上再去推选行业领袖。

大学肯定会更加集中、更加密集地培养出领袖和精英，因为它有更好的条件和环境，这是不能否认的。说到这里，我们就要讨论大学的责任了。大学是一个最重要的教育平台，在这里都是经过千挑万选才进来的最有才华的人，因此大学不能够推脱自己的责任。"钱学森之问"虽然针对整个教育，但是大学要勇于承担自己的责任，不能说中小学已经搞坏了，到了大学就没有什么办法，不能这么说，因为进入大学的都是千挑万挑的优秀人才，大学因此要有一个正确的教育观和教育思想，要按照教育规律来培养人。其中最重要的是大学要想方设法地让每一个同学都能够把他的才干、天分、潜能给发现和挖掘出来，我觉得一所大学能不能成为一流的大学，就是看这方面的本事如何。最一流的大学最能够创造条件让每一个学生的天分、潜能都能够被发现，并充分地得到张扬和体现。不管是比尔·盖茨还是因特网的发明者，他们为什么都出自哈佛、剑桥、麻省理工、斯坦福、伯克利这样的学校呢？这是有它的必然性的。既有偶然又有必然，这种学校出这种天才人的概率就是高。一流的学校就是有这种环境和条件让这种人的天分和潜能发挥出来。像比尔·盖茨，哪怕他哈佛没毕业，虽然这在中国来说简直是不可思议的事情，在中国可能连老师、校长都会动员他再熬两年，拿一个毕业证书，而国外是给他一个结业证书，让他好好去奋斗，这就是一流的大学，这些一流大学的条件、硬件都很好。所以在学校的大会上我再三说我真的很羡慕国外的一流大学，羡慕它们对学生整体是如此宽松。一个学生半夜十点睡不着突然想要做一个小实验：把一杯可乐倒到硫酸里去会产生什么反应？他鞋子一穿就跑到实验室去做实验，学校就有这个条件。而我们什么都锁着，锁得紧紧的，什么都怕被人家偷走。当然厦大现在也有所改变。如果哪一天能做到同学想进实验室就进实验室，半夜有一个妙思奇想想捣鼓一下就有地方捣鼓，那就有一点一流大学的样子了。现在我们正在做的很具体的一点改善，就是要把所有的实验室、学院大楼的锁都换成电子锁，学生刷个卡授个权就可以进去，现在一些学院已经开始了，这就是一个很好的开端。

有没有具体的例子呢？

比如说我们的生命科学学院、公共卫生学院、台湾研究院、能源研究院等已经开始往这方面发展了，当然还是要逐步地来。可能院长的锁匙是所有房间的门都能打开，可能同学只能在某个区域里。我们要一步一步地来。

这是我们的教育观，就是对待同学要宽松，提供实践梦想的可能性。那么能不能谈谈在激发老师同学的学术创新这方面的问题？

我再三地说，一个人有没有养成创新的思维、创新的能力，和他的兴趣有很大的关系。你一定要让他去做不喜欢的事情,他是很难有创新的。现在学校也是想方设法地把同学的学习和兴趣结合起来。比如现在很多同学由于高考制度使得他不得不去学一些他不喜欢的专业,我们现在想方设法地创造条件让兴趣跟学习能够相结合起来,比如说通过双学位。今天上午南安普顿大学校长也提出这个问题,即怎样让同学的学习和兴趣更好地结合。而且兴趣是会转换的,这个兴趣学了一年以后转到另外一个兴趣去了,这个时候要如何做?这对大学也是个挑战,因为这是一个很复杂的事情,包括制定课程表都会是一件很难的事情。当然一流大学一定要克服这个障碍,要满足同学这样的一个要求。

我有一个想法是把每门功课都设有学分,不管你学什么专业,只要你最后把学分拿够了就行了,您怎么看?

这个实际上很难实现,在大学里,学生的兴趣有时候也需要有人去引导。学习有一个系统性,不是说对什么都感兴趣,一会儿来这个,一会儿来那个,那么学习就没有系统,是难以打下好的基础并达到学习的目标和要求的。今天南安普顿大学和我们也在做,关于课程的设置有一个模块,是一组的课程,一旦你要修这里面的哪一课,就需要修它所在的那一组课,这是从整个知识的整体性、系统性的要求出发的,是学校在引导学生不要把时间和精力浪费掉。这是现在一流的大学都在探索的问题。

第二个是教师尤其是一流教师的作用很重要。一流的教师不仅能够把知识和自己的经验传递给学生,还能帮助学生朝着正确的方向去前进,少走弯路。这就是好的教师的重要性,他能够帮助学生掌握一种正确的学习方法、探索方法。好的教师与同学既是一种师生关系,又是一种朋友关系,教学相长,在这样的过程中与同学一起努力,既实现了教学目的,又能够培养创新的兴趣、思维和能力。

在这方面我们有没有一些具体的措施?

具体来说我们现在尽可能地让教学小班化,就是让老师能够更多地接触同学。比如理工科现在一个班一般来说四五十个人,我们现在争取能够二三十人一个班;人文社科的三四十人;其他的像医科、艺术、建筑就要更小了。当然这样对我们老师的要求就高了。第二个就是要让同学有更多的实践和实习的机会,有更多的实验课、实习课,不仅动脑还能够动手。第三是既重视课堂教学,又重视课外教学,即所谓的“第二课堂”。比如很多同学自己组织了各种各样的兴趣小组、学生社团,这其实都是一种学习。我们学校现在至少有一两百个学生社团,比如说机器人、电动车、航母航模、无人机的学生组织等等都很活跃。我们最近在芙蓉隧道里搞了学生兴趣活动的场所和基地。我有一天晚上 11 点去看了,隧道基地里热气腾腾,几十、上百个学生在里面倒腾他们的机器人、电动车,做得很好。这些就是让他们在第二课堂进行学习,培养他们的创新力。里面不单有理工科的学生,还有文科的学生,比如公共管理的,他对这个感兴趣就参加进来,很有意思的。再一个就是学生一定要走到社会上去,到外面去实践。中国的古语是很有哲理的,学习要“读万卷书,行万里路”。很多到外面的同学真的在社会这个大课堂里学到了很多东西。像今年 3 月 5 日,是毛主席发出“向雷锋同志学习”题词五十周年,学校对先进的学雷锋的个人和集体的报道,我看了真的很感动。他们中的很多就是走到社会上去,一方面是自我学习、自我提高,另一方面也帮助其他人,利用自己的知识能力去帮助有需要的人。这些对学生来说是一种学习,是一种提高。

我们回到最初的那个问题,就是一流的学校应该具备哪些元素?从您走过了那么多的国家、那么多的高校来说,可否宏观上回答这个问题?

宏观的问题最基本来说就是三个元素:第一,一所一流的大学一定要有一流的符合教育规律办学、培养人才的教育理念;第二,要有一支一流的发自内心地热爱学术、热爱教育、热爱学生的师资队伍;第三,要有良好的环境和条件。如您刚刚所说,我确实走过很多的大学,任何一所一流大学一定有一个很好的环境和条件,能够让它的学生在这样优美的环境和条件中安心学习、愉快生活。如果没有好的环境和条件,在校园里整体不愉快、不安心,三餐都吃不好,老担心晚点去食堂的菜就没了,那就完蛋了;这也没有,那也没有,实验室的门都锁着,学生都不能进去,那他怎么能自立、成长、成才呢?如果我半夜想去实验室,鞋子一穿就能跑去实验室捣鼓,这就是一流的大学。我觉得最基本的就是这三个元素,能够做到就是一流的大学。一流的大学也没有太多的元素,最基本的就这三个。

我发觉您每次讲话都很精彩,这也让我受益匪浅。厦大应该算是大陆第一所走出去的大学吧?

应该说厦大是中国大学第一个走到外面去建分校的。现在中国的大学已经用不同的形式走出国门了，但是出去建分校的，厦大算是第一所。一个更加国际化的说法是我们到国外去建一个校区，规范地说是建立厦门大学马来西亚校区，按中国的说法说是办分校也没问题。对我们来说讲“办分校”会更明白，对外国人来说“办分校”会有点歧义。

对于学校在海外办分校您是怎么考虑的呢？

厦大为什么要到海外去办分校呢？应该来说我们是从多个方面来考虑的。这个事情的由来是 2011 年下半年，马来西亚高教部副部长何国忠博士，是一位祖籍广东的华裔，到北京找了教育部分管外事国际交流的副部长郝平博士。他代表马来西亚高教部向中国教育部提出，希望有一所中国的大学到马来西亚去办分校。马来西亚当时已经有十几所外国的大学在那里建立了分校，有英国、澳大利亚、荷兰等国的学校。马来西亚总理纳吉布对高教部提出，希望有一所中国的大学到这里来设立分校。马来西亚高教部就跟中国教育部提出这样的愿望。教育部很支持，说当然可以。双方就开始物色究竟由哪一所著名的大学到马来西亚去建立分校。经过反复的比较、磋商，他们最终选中了厦门大学，觉得厦门大学到马来西亚去可能各个方面的条件会比较好。因为厦大在东南亚一带有着很好的声誉，历史上又和东南亚有着诸多的联系，包括厦大的校主就是来自马来亚的华侨。在这种情况下，在 2012 年初马来西亚高教部口头地跟我们提出这个邀请，希望厦大到马来西亚去设立一个校区。得到这个信息后，整个学校很重视，学校党委也专门开会讨论。大家都同意接受这样一个邀请。

校长，打断您一下，为什么会选择厦大来做这个事情？教育部有没有跟你们提起为什么希望你们做这个事情？

教育部认为厦门大学与东南亚一带最熟悉，有最多的渊源和联系。厦门大学早在 1950 年代提出了一个办学方针叫“三个面向”，即面向海洋，面向东南亚，面向华侨华人，几十年来这也成为厦门大学办学的一个重要方向。因此厦门大学的办校特色也在这几个方面：海洋、东南亚、华侨华人。应该说这是他们选择厦大的一个主要原因，当然还有厦大和东南亚的历史渊源，主要是与陈嘉庚有关。

当时陈嘉庚在创建厦门大学时，也不会想到要去马来西亚办分校，只不过是存在这种历史渊源。这其实也很有意义，陈嘉庚先生是马来西亚成长起来的侨领，他在中国创办了一所大学，若干年以后这所大学又回到他成长的地方去办分校。陈嘉庚创办厦门大学 92 年之后，厦门大学又回到他成长的地方去办分校。我想他自己都没有想到。

我们再设想一下如果他地下有知的话也会感到很欣慰的。那么我们在有这个方向之后，与其他学校相比同东南亚的联系还是比较密切的，您能不能举一些例子？

比如说 1950 年代在周总理亲自关心下，厦门大学设立了中国第一个海外函授学院，后来改名为海外教育学院，到现在这个学院已经有近 60 年的历史了。它的主要任务就是为海外的华侨华人，特别是为东南亚的华侨华人提供远程教育，几十年培养了大批的人才。

在这些马来西亚的华侨华人中是不是福建人居多？大概比例是多少？

现在在马来西亚总共有 600 多万的华侨华人，其中一半以上祖籍在福建，所以厦门大学在马来西亚的校友很多。几十年海外教育学院为马来西亚培养了大批优秀人才。现在厦门大学来自马来西亚的留学生也很多。在改革开放方针的指引下，厦大成为了一所最开放的大学，开始接收留学生。来自马来西亚的留学生是留学生群体中最大的群体之一。因为马来西亚的学生中文水平很高，华文教育普及得相当好。

大概每年来自马来西亚的留学生有多少呢？

现在每年来自马来西亚的留学生具体应该有几十位。如果我没有记错的话，现在厦大在校的马来西亚留学生有 200 多位。

厦大和马来亚大学还是姐妹校，这是哪年的事？

我们与马来亚大学在 2003 年正式结为姐妹校。2003 年初，马来西亚副总理（候任总理）巴达维访问厦门大学，他对厦大的东南亚研究，包括对马来西亚的研究很赞赏。他当时就提出，希望厦大跟马来亚大学建立姐妹关系，而且希望厦门大学 2003 年先设立一个专门的马来西亚研究所，马来亚大学随后也设立专门的中国研究所。

中国的其他大学也有设立马来西亚研究所的吗?

专门的研究所可能没有其他学校设立了,即使是中国社会科学院也没有设立专门的马来西亚研究所。

我们刚刚回溯了一下历史,在接到教育部指示后厦门大学非常重视这个事情。2012 年 3 月、6 月、8 月,分管国际事务的副校长和我本人分别组团到马来西亚去考察。考察后就初步选定了在马来西亚建设校区的合作伙伴和校址。经过多方的考察,那里的华人华侨都很热情都愿意帮助厦大,提出了好几个地点供厦大选择。我们经过了比较后,最终选定了吉隆坡郊区,离机场只有 9 公里的一个地方。在这个过程中我们也不断向教育部报告我们的工作情况,也得到了教育部国际司、主管部领导的大力支持和帮助。11 月,学校正式同意接受马来西亚高教部的邀请到马来西亚设校区,同时马来西亚高教部也决定要在 2013 年 1 月正式向厦门大学颁发邀请函。因此在 1 月 21 日,在纳吉布总理的见证下,马来西亚高教部部长给我颁发了正式了办学邀请函,马方还提出要借全国政协主席贾庆林 2 月初正式访问马来西亚之机,厦门大学跟马来西亚新阳光集团签署合作建设马来西亚校区的合作备忘录。可见,这件事得到了双边政府和社会各界的大力支持。厦大师生员工对这件事情的认识也高度一致,认为学校应该走出去,要下力气把这件事情做好。

我们去马来西亚办学,对方是否有给我们提供什么优惠政策?中马两国政府是如何支持厦大的?

中国政府认为厦大这件事情是好事情,要大力支持,全国政协主席贾庆林亲自见证这个时刻,就是一个最大的支持。中国驻马来西亚大使馆,包括柴大使,对厦大这件事情很重视,给予了很多支持。因为厦门大学这是第一次以这种方式走出去,在具体政策上要如何支持,现在教育部还在研究。

据我理解这种支持有些是需要厦大提出来的,那么厦大到目前为止有没有提出什么要求?

到目前为止,我们也正在研究、准备中,包括在招生、校区建设、社会捐赠配套等方面的问题。马来西亚方面非常支持,总理多次过问这件事情,这就是最大的支持。政府所属的森那美集团以每平方英尺 10.71马币的最为优惠的价格出让 150 英亩(约合 900 亩)的办学用地给厦大。马来西亚政府还同意厦门大学的校区建设可以从中国以劳务输入的方式输入建筑技术工。马来西亚对劳务输入的控制很严格,但是为了厦大它开了绿灯。校区的周边城市配套也优先给予保证,确保校区的建设。这已经是很实在的大力度的支持了。当然我们也相信中国政府各有关部门也会给厦大大力支持的。

那么和新阳光是什么关系?

新阳光是我们在马来西亚建校区的合作伙伴,包括购置土地、建设校区所需要的资金,都由新阳光集团来垫付。因为新阳光集团是华人企业,它的总裁是马来西亚中国总商会的副会长及署理会长,祖籍福建永春。他对教育、对中国都非常热爱。以后我们跟他用 BLT 方式进行合作,B 即建设,L 即租赁,T 就是转让。就是说,新阳光建设完成后厦大租赁,15～20 年后整个校区产权完整地、无偿地转让归厦大所有。价格现在也说不清,因为我们也还在争取自己的经费。我们有一部分钱是捐赠的,就不需要新阳光的钱了。比如说这个校区建设好需要 10 亿元人民币,其中可能我们争取的捐赠有 5 亿元,还有 5 亿元是新阳光出的,是需要还给他的。但是因为一开始新阳光肯定要垫钱,毕竟捐赠也要有一定的时间,因此他是很支持的。包括森那美出让的 900 亩土地,1.4 亿元,也是由新阳光先垫付。

再一个要说的是厦大建校区得到了马来西亚,以及东南亚各国华侨华人的大力支持。现在已经有多位华人华侨企业家、慈善家,包括新加坡的李氏基金明确表示要给予捐赠支持。

合作方式已经很清楚了,厦大有没有给予他们一些回报的条件呢?

从他们的角度来讲肯定是会得到很多好处的,因为几乎任何一所大学周边的地都会随之增值。现在那块地的整体规划名称就是“厦门大学马来西亚校区开发规划”。我只有 150 英亩,而那块地整个是 2700 英亩,现在那 2700 英亩要整体开发。引进厦大这样一所优秀的大学能够为马方培养经济建设、社会发展所需要的人才,能够提高其科学研究水平,因为我们不仅要培养本科生还要培养研究生,这对双方都是受益多多的,也能够加强中马之间的友好关系,对政治交往起到促进作用。

马来西亚校区是一个独立法人，是在马来西亚登记注册的一所大学。同时它又是厦门大学的一个部分，因为它颁发的文凭是经中国教育部认可的厦门大学文凭。在管理模式方面，因为是设校在马来西亚，所以要按照当地法律法规来进行管理，同时也要按照国际通行的现代大学制度来管理。

那么国际通行的现代大学制度和国内的大学制度有什么区别呢？

因为我们的大学最基本的制度就是党委领导下的校长负责制，而他们实行的是校董事会领导下的校长负责制。教学方面，我们按 15∶1 的生师比来配备教师。我们希望 2015 年开始投入使用，预计到 2020 年的学生规模达到 5000 人，最终学生规模希望达到 10000 人，按照 15∶1 就是 700 多名教师。整个教师队伍是面向全球招聘，来源的构成是三三制，即三分之一来自马来西亚，三分之一我们希望能够来自欧美，还有三分之一将利用特有的优势由厦大派出。在整体上，教师招聘的条件和要求是按照一所高质量、高水平的国际化大学的条件来要求。我们希望生源的构成也是三三制，即三分之一来自马来西亚，三分之一来自中国，其他的来自中国、马来西亚之外的国家。招生标准要符合当地政府和中国政府的要求，比如招收马来西亚的学生就适用马来西亚的标准，中国学生就按照中国的标准，其他的学生适用留学生标准，即要符合两国政府要求的留学生的入学标准。

培养模式笼统一点说就是按照实用性原则，培养应用型人才。研究生则按照不同的学科，培养研究型或实用型的人才。课程设置是按照马来西亚高教部的要求，根据各个专业进行课程设置，当然课程的内容是学校来安排。分校的学历学位证书概由厦大颁发，与总校没有区别。会逐步建立与国内高校，包括厦大在内的师生交流。我们目前所确定的收费标准是按马来西亚私立大学的要求来收取，具体的数额是定在低于其他在马办学的外国大学、高于马来西亚本土的私立大学，4 万～5 万人民币一年。学生毕业后，可以留在那里或者去新加坡工作。

我们的发展规划是实行"一次规划，分步实施"，整个学校学生总规模最终达到 10000 人，第一期先按 5000 人的规模来建设校区，我们计划 2020 年学生规模能达到 5000 人。这个学校要按照厦大的标准和要求来建设，要能够为马来西亚的经济建设和发展培养最优秀的人才。

我们根据马来西亚的经济发展需要来设置学院，目前初定要设置十个学院，第一期设置的五个学院是信息科学与技术学院、电子工程学院、医学院、经济与管理学院、中国语言与文化学院。第二期五个是化工与能源学院、生物工程学院、海洋与环境学院、材料学院、动漫与传媒学院。

中国的本科教育在国际上声誉还是很好的，特别是中国一流大学的人才培养水平进步很快。我们一些人才培养的模式和方法也得到了国际上同行的认可和肯定。东南亚各国有很多中国留学回去的学生，他们在当地的建设中都发挥了很好的作用。因此，中国的人才培养质量在东南亚各国是得到了充分的肯定的。厦门大学马来西亚校区以本科教育为主，我们希望达到 10000 名学生规模的目标，包括 9000 名本科生和 1000 名研究生。

——本文摘录自朱崇实：《大学的进步》，商务印书馆，2019 年 1 月版

在厦门大学92周年校庆大会上的讲话

(2013年4月6日)

校长　朱崇实

尊敬的各位来宾、校友,老师们、同学们、朋友们:

大家上午好!

今天是4月6日,是我们的校庆日,是一个值得我们每个厦大人骄傲与自豪的日子。每年的今天我们都要欢聚在这雄伟的建南大会堂,共同庆祝母校生日。今天我们在这里祝福我们的母校走过了92周年的光辉历程。

多年前,我听说1921年4月6日是当年的清明节。当时,我有点纳闷,不知为什么陈嘉庚先生要选择清明节作为厦大的建校日,从而成为每年的校庆日。在2010年校庆89周年期间,学校在清明节以清明为题材搞了一台"中华诵·2010经典诵读晚会"以庆祝校庆。在晚会上,易中天教授对清明做了一个解读,说清明是中国的感恩节!我一听到易先生的这一解读,感觉多年压在心头的一个不解被解开了,我想我知道陈嘉庚先生为什么选择清明时节作为厦大的建校日了,他是要让厦大的学子都懂得感恩,懂得感恩自己的祖国,懂得感恩养育自己的父母,懂得感恩栽培自己的师长,懂得感恩帮助过自己的朋友,懂得感恩所有给过自己滴水之恩的人!为此,我要借这个美好的时刻,向全校师生员工、广大海内外校友致以节日的问候和美好的祝福!向长期以来关心、支持和帮助厦大发展的社会各界朋友表示崇高的敬意和衷心的感谢!

在前天和昨天,作为今年校庆活动的一个重要内容,我们分别在漳州校区、翔安校区树了陈嘉庚的铜像,我们要永远记住陈嘉庚怀"教育救国"之理想,倾资兴学,创办厦大的壮举;同时,我们还分别在思明校区和翔安校区举行了陈敬贤、李光前铜像,李光前、陈爱礼雕像的落成典礼。陈敬贤是陈嘉庚的胞弟,他一生始终跟随兄长,支持兄长的事业,为厦门大学的建设与发展做出了其他人难以替代的贡献,许多老校友都尊他为"二校主";李光前、陈爱礼是陈嘉庚的女婿和女儿,他们都是嘉庚精神的继承人和传播者,他们本着"取之社会,用之社会"的理念,一生行善,大爱无疆,我们现在所坐的建南大会堂及4座丛楼都是他们当年捐赠的,我们现在的翔安校区医学院、护理学院楼群也是他们捐赠的,李光前先生创办的李氏基金是世界上最大、行善最多的基金会之一。我们可以很自豪地说,厦门大学的创办者和各位先辈都是爱国精神的践行者,祖国强大、民族复兴是他们一生的追求与奋斗。今天,陈嘉庚、陈敬贤、李光前、陈爱礼的后人们也专程从世界各地来到厦门参加我们的校庆活动,我提议,让我们以热烈的掌声向他们表示欢迎和感谢!

在今天的校庆大会上,我们将首次颁发厦门大学"南强杰出贡献奖",二位获奖者分别是我国著名化学家、中国科学院院士、化学化工学院蔡启瑞教授和我国著名经济学家、会计学家、管理学院葛家澍教授。这两位教授终身与厦大相伴,他们把自己的每一点成长都看作是祖国和母校培育的结果。因此,他们把自己的毕生精力都奉献给祖国的教育事业和科学事业,都奉献给厦大的建设和发展。他们二位都已年过九旬,但他们现在最为关心的仍然是学校的发展。蔡先生已近百岁,由于健康原因,今天无法出席大会接受颁奖;葛先生年过九旬,坚持莅会接受颁奖。我提议,让我们以热烈的掌声向他们表示最崇高的敬意!

在今天的校庆大会上,我们将首次颁发厦门大学陈嘉庚奖章。今天陈嘉庚奖章的获得者分别是生命科学学院2010级研究生李阳同学和材料学院2010级本科生刘倩同学。这两位同学都是品学兼优、德才俱佳;他们勤奋学习,又热心公益;他们富有个性,又团结同学;他们充满理想,又踏实苦干。在他们的身上体现了厦大学生的优良传统,又展示了厦大新一代学生的绚丽风采。在他们的身上也都体现了嘉庚先生当年创办厦大的那一份期待,即厦大学生都应该自觉地把自己锤炼成一个能为社会做贡献的栋梁之材。我提议,让我们以热烈的掌声向他们的获奖表示热烈的祝贺,并希望他们在自己的人生道路上永不止步!

在今天的校庆大会上,我们还要接受若干的宝贵捐赠,并向捐赠者表示我们的由衷感谢!厦门大学的每一步发展都离不开社会各界和广大校友的支持和帮助。社会各界朋友和广大校友始终关注着厦大的发展,他们都尽自己的所能无私而慷慨地给予学校以帮助。各位校友、各位朋友给予厦大的每一点每一滴的捐赠,不论大小,不论多少,都饱含着他们的一片爱心和一片深情,厦门大学也正是在这样的一片爱心与深情的呵护和帮助下,历经曲折,奋勇前行,不断攀登一个又一个高峰。老师们、同学们,我提议,让我们以热烈的掌声向所有关心、支持和帮助厦门大学的朋友和校友们再次表示衷心的感谢和崇高的敬意!

老师们、同学们、校友们、朋友们,习近平总书记提出,中华民族的伟大复兴就是中国梦。这是每一个中国人近百年来梦寐以求的理想与愿望,无数的志士仁人为之英勇奋斗,献出自己的血泪、青春乃至生命!厦门大学从创办的第一天起,也就在为这样的一个中国梦而英勇奋斗!92年来,厦大始终把自己的命运与祖国的命运紧紧联系在一起,一代又一代的厦大人以民族复兴和国家富强为己任,秉承"自强不息,止于至善"的校训,不断地为中国梦的实现而贡献自己的力量。今天,火炬到了我们这一代人的手上,我们一定要把厦大的传统与精神传承下去,发扬光大,我们的目标就是要到建校百年时把厦门大学建设成为一所世界知名的高水平研究型大学,并在此基础上,朝着世界一流大学的目标奋勇前进!为实现中国梦做出我们新的贡献!

谢谢大家!

——本文摘录自《厦门大学报》,2013年4月9日第1025期

在自己的理想中为祖国留一块空间

——在2013届毕业典礼上的讲话

(2013年6月28日)

校长　朱崇实

毫无疑问,在同学们毕业离校之际,我跟你们的家长们一样,最关心的事情之一就是你们在厦大苦读数年,最后得到了社会的承认没有,找到了自己满意的工作没有。2013年是充满希望的一年,但也是充满挑战的一年!我看到一个5月份的调查统计数据,说是今年是有史以来大学毕业生就业最困难的一年,5月份的那个统计表明,跟去年同期相比,今年大学毕业生的就业签约率低了20%多。当我看到这个报道时,心头也不由一紧,第二天赶紧询问学校负责学生工作的有关同志了解我校毕业生就业情况,他告诉我情况跟去年基本相同,没有太大的变化。昨天,我又问了一下有关同志目前的最新情况,他告诉我,87.5%的本科生、94.5%的硕士生、94.1%的博士生已找到了就业岗位,或者已拿到了境内外高校和科研机构的录取通知书;而人文与艺术学部整体平均达86.3%的毕业生都已落实了具体去向。可以说,在这充满挑战的困难时刻,在座的各位经受了社会的选择,得到了社会的承认,厦大的毕业生不愧为最具社会竞争力的大学生群体之一。就在前几个星期,我还看到媒体报道了一位今年毕业的厦大优秀学生,他明确地宣布他要寻找"理想",他认为找工作只有找到自己喜欢的才是真正找到工作,他绝不屈就自己不喜欢的工作岗位。到记者报道时,他才送出两份的求职简历,还没有得到一次的面试机会。我不知道他现在找到自己满意的工作没有,他的这份从容、淡定和自信令我欣赏,但我更希望他能多投几份求职简历,免得老师、家长和同学都为他着急。当然,我最希望他现在已经找到了自己认为喜欢的工作。

从这一位同学的身上,折射出了"理想"对于在座的各位是多么重要!没有理想,就没有追求,有了理想,才有动力。理想,不是一个空泛的辞藻,它有血、有肉、有自己的内涵,有具体的表现,而且每个人都有每个人的理想。譬如在座的各位有的是想追随业师,超越业师,在学术上有所造诣,在科学的百花园中书写自己绚丽的一笔;有的是盼千里宝马,能得一伯乐,给自己一方驰骋的天地,不论为官为商,都造福一方的百姓;更有的从小就喜欢军人的一身戎装,敬佩军人的一身豪气,他的理想是20年后能成为一个受士兵爱戴的将军;也有的只望能从事自己喜欢的职业,让自己平生的所学能有所用,让自己的才华不会白白流逝;也有的理想极为朴素,只想有一份安逸稳定且薪酬丰厚的工作,能有机会好好地报答父母为自己的成长所付出的辛劳,能有条件找一个意中人,结为连理,共享欢乐;等等,等等,还有很多,很多!不论在座的各位,还有多少多少的理想,我此时此刻想给各位的一个期望,就是期望在座的各位不论你有什么理想都一定要在自己的理想中为自己的祖国留下一块空间,无论你的理想是什么,都要想着如何能为自己的国家做出一份贡献。这是厦大人已有的历史与传统,也是厦大人永远的理想和追求。

亲爱的同学、亲爱的朋友,我们生活在一个伟大的时代,光荣与梦想从来没有像现在这样离我们如此之近,党的十八大发出伟大的号召:我们要在中国共产党成立一百年时全面建成小康社会,要在新中国成立一百年时建成富强、民主、文明、和谐的社会主义现代化国家。在座的各位同学到建党百年时,你们的年龄才30岁左右,到建国百年时,你们的年龄多数都还不到60岁。因此,两个百年的宏伟目标将在你们这一代人的手中完成,我由衷地期望在座的各位不仅仅是中华民族伟大复兴的见证人,而且是中华民族伟大复兴的参与者!中国梦将在你们的手中变为现实!

同学们、朋友们,你们即将启航开始人生新的征途,去创造属于自己的美好新生活。我知道,不论你们走到哪里——天涯还是海角,厦门大学都会是你们永远的眷念,因为你们人生最美好的时光是在这里度过，这里留下了你们永远无法抹去的记忆，而且这记忆会随着岁月的流去而愈显深刻。亲爱的同学，亲爱的朋友，在这不得不说告别的时候，我想再说一句话就是，母校永远是每一位校友人生旅途中的港湾、驿站和朋友，当你们在人生的旅途中走累了的时候，就回到母校来歇歇脚、喘喘气，加些油料，添些淡水，养好精神再上路；当你们在人生的旅途中奋力向前的时候，你们要记着，在你的身后始终有一个朋友在默默注视着你们，当你们成功的时候他轻轻鼓掌为你们高兴，当你们遇到困难和挫折的时候，他随时准备伸出双手助你们一臂之力。这个真诚的朋友就是你们的母校！

——本文摘录自朱崇实：《大学的进步》，商务印书馆，2019年1月版

在2013级本科生开学典礼上的讲话

(2013年8月29日)

校长　朱崇实

亲爱的同学们、老师们,尊敬的中国人民解放军某部部队的官兵同志们,尊敬的各位朋友、各位来宾、各位家长:

大家早上好!

今天,我们怀着无比喜悦的心情,在这里为来自五湖四海的2013级4943名本科新生举行隆重的开学典礼。

首先,我代表学校,向全体新同学表示衷心的祝贺和热烈的欢迎!同时,也向培育同学们成长,并且帮助你们选择了厦门大学,给予厦门大学以信任和支持的家长、老师及亲友们,表示衷心的感谢和崇高的敬意。

同学们,因为有着相同的梦想和追求,我们在美丽的厦大相聚。从此刻开始,你们将在这座有着"南方之强"美誉的校园里,开始人生一段全新的旅程。作为你们的学长也是你们的朋友,我感到有责任也非常愿意在这个庄严的时刻,与厦大的新主人说上几句话,希望你们能够尽快适应进而融入崭新的大学生活中来。

首先,我希望同学们尽快了解和熟悉这所大学。你们将在这里生活四年、五年甚至更长的时间,你们的一生中最宝贵的一段时光将挥洒在这里,她的一草一木、她的每一幢楼宇乃至她的历史和传统,都将成为你们生活中的重要组成部分,也终将成为你们生命色彩中无法抹去的浓重一笔。同学们,当你第一次迈进这座校园,或许你会为满眼的翠绿、恢宏的建筑、澎湃的海浪而感叹、而惊喜,或许你会喜欢她那古朴的石板路、独特风格的建筑群,还有背靠山峦面朝大海的无尽风光。然而,风景再美也会随着时间推移而变得平淡,而厦大的传统和风格却会日渐在你们身上凸显,因你们而传承不断。

这是一所拥有悠久历史和光荣传统的学府。1921年,著名爱国华侨陈嘉庚先生倾资创办厦大的那一刻,爱国精神已然烙在这所南国学府的灵魂深处。92年来,它始终以救国强国为己任,以"养成专门人才,研究高深学问,阐扬世界文化"为担当,历经风雨,百折不挠,矢志不渝。92年来,它始终秉承"自强不息,止于至善"的校训,在推动社会进步、人类发展的伟大实践中形成了"爱国、革命、自强、科学"的宝贵精神,形成了"追求真理、艰苦奋斗、严谨治学、勇攀高峰"的优良校风。

这是一所拥有独特风格和人文气质的校园。它矗立在大海边,有着海一样博大而广阔的胸怀,自由而包容;它建在海岛上,远离大都市的喧嚣与嘈杂,宁静而安逸;它充满温馨与和谐,校园的建设和规划,无处不体现着对学生的关爱;在这里,不同肤色的学生共聚一堂,多种文化互相交融、互相欣赏,开放而活泼。

亲爱的同学们,生活在这座拥有历史积淀而又具有时代气息的美丽校园,希望你们传承她那从容、淡定、开放、包容的气质与本色,养成谦虚、自信的心态和友善、团结的品格。我们的校园里有很多的塑像和题刻,几乎每一个塑像和题刻都有着一段动人的故事。我很希望同学们在课余能多看看这些塑像和题刻,多了解她们背后的故事。我相信这些故事一定会给你以感动,会让你更爱这所学校,更爱这个国家,也会更爱你们的美好生活。

第二,我希望同学们尽快了解并适应大学生活。大学教育与基础教育的不同之处,首先在于学习方式。基础教育的重点是知识的传授，学习方式是教师讲授，学生向老师请教问题；而高等教育的重点则是知识的创新，学习的方式主要是教师与学生围绕问题共同讨论、互相启发、教学相长。因此，在大学课堂上，老师们刻意的监督和提醒少了，学习效果完全取决于学生的自觉与自主。也许，在刚刚开始大学生活之际，你还不能完全从高中的学习状态中转变出来，从而感觉到苦恼和困惑。同学们，不要担心，更不要气馁，因为面对新情况、新问题，需要适应和调整。此时，只要你意识到大学的不同，尝试改变，从原来的被动接受式学习转为主动摄入式学习，问题或许就能迎刃而解。

大学生活的特殊之处，还在于它的生活方式。在座各位多为"95后"或"96后"的一代人，这一代人有一个共同的特点就是很多人从小是跟玩具一起长大的。因为，绝大多数人都是独生子女，没有兄弟姐妹，因此，从小多与玩具相伴。现在，你们的这种生活方式遭到了彻底的改变，从进入厦大的第一天开始，你们就都有兄弟姐妹了，而且有很多的兄弟姐妹。大学生活是一种集体生活，在座很多人是第一次与来自大江南北，甚至世界各地的同学住在一起。如何在这样一个公共生活空间与别人相处，这对很多同学来说，是一个很大的挑战。我由衷希望各位同学能够从集体生活中培养自己的集体主义思想和团队合作精神，走出自己原来的封闭空间和自私自我。当你沉浸在深夜游戏的乐趣中时，你就要想想此举是否已影响到你的兄弟或姐妹的休息，从而学会自律和克制；当你的兄弟或姐妹跟你的生活习惯不一致时，你是否会认真地反思一下自己，为什么我的习惯会跟其他的兄弟姐妹不一样，是否会以不影响他人不妨碍他人为原则，去调整自己的行为？当然，更重要的是，当一个兄弟或姐妹的行为影响或妨碍了大家的生活时，你们是否能以爱心与之沟通，劝说他改变不良的习惯或行为，让他认识到这样对他自己或他人都有好处。学会集体生活是你们到厦大后的重要一课，学好这一课将使你们终身受益。

大学生活的丰富多彩，则是大学教育的又一特色。在大学校园里，有的同学埋头苦读，除了一日三餐，全部时间浸泡在图书馆和自习室，潜心学术，求索未知；有的同学热爱社会实践，积极参加公益活动，关注社会热点，探查民生问题；还有的同学热衷学生工作，积极担任学生干部，参与班级事务管理，锻炼协调与沟通能力。总之，大学生活不再以单一升学为目标追求，更不再是中学生活那般单调和枯燥。在这里，只要你愿意，你可以让自己的个性得到充分的张扬。我认为，一个人在大学里的最大收获应该是他在这里发现了自己的潜能与特长，并使得自己的潜能与特长得到了充分的发展。大学培养人才的最好方式是帮助每一个同学去发现自己的潜能和特长，并使之得以发展。同学们、朋友们，让我们共同来完成这一艰巨而光荣的任务吧！

第三，我希望同学们能够了解和认识自己。在古希腊阿波罗神殿的一根石柱上，赫然刻着这样一句话："人啊，认识你自己！"正是这句话成为千年以来人类进步与追求的一个动力。同学们，进入大学的第一天，我也要用这句话来提醒大家。因为，在接下来的学习生活中，你可能会感到很自由、很舒适，甚至自由、舒适到放任自己，以至于很多同学通宵玩电脑、旷课睡懒觉。每年学校都有若干的学生因沉溺于电子游戏等消磨意志而无法自拔，最终被迫退学。为什么这种令人痛心的事情会发生在我们大学生身上呢？究其原因，就在于很多大学生没有真正了解和认识自己。

了解和认识自己，首先要回答"我想要什么""我的兴趣爱好是什么""我要做什么""我能够做好什么"，从而明确自我奋斗目标。大学就是认识自我发现自我的过程，绝不能任人随意翻动生命中这特别的一页。因为没有目标和梦想的人就像船在海上航行没有方向一样，漫无目的，随波逐流；因为心无所托的人生只能是碌碌无为、暗淡无光的。亲爱的同学们，此刻问一问自己吧，"我的大学目标是什么"，"我的人生目标又是什么"？毋庸置疑，在座各位都是优秀的青年，都是父母和社会寄予厚望的栋梁之材。据说，厦门大学是今年全国高考招生报名热度最高的大学，能进这所大学确实很不容易。在座各位都是从激烈竞争中胜出的佼佼者，你们的成功固然是你们的天分及努力的结果，但也饱含着许多人的支持与帮助，特别是你们的父母、师长及亲友都为你们的成功付出了辛劳和汗水。因此，如果你们到了大学却失去了目标，没有了前进的动力，抛弃了成功的欲望，那这不仅是你们个人的不幸，还是家庭的悲剧、社会的损失。各位同学、各位朋友，你们得到过父母、师长如此之多的关爱，得到了社会如此之大的期望，你们绝不能到了厦大而放弃了成功的努力，否则，这是你们的不幸，也是厦大的不幸。

因此,了解和认识自我,重要的是认识自己的责任,学会担当,敢于负责。在座的各位同学,大多数都已满18周岁了,从法律上来说,都已是成年人了。但是不是每一位同学都在心理和思想上做好了成年的准备呢? 可能未必,仍有不少同学的内心还有依赖,依赖自己的父母,依赖自己的老师,不敢自己做决定,害怕挫折和失败;亲爱的同学们,衷心希望你们学会独立思考,敢于追求,勇于担当,努力成为一个为自己负责、为家庭负责、为国家和社会负责的人。有责任感、有社会责任感,这是厦大学生必备的最基本素质。

同学们,从今天开始你们将独立开始自己的人生旅途,在前进的道路上一定会有很多困难,难免会感受挫折,也会有很多重担,难免会感觉到疲惫。要迎接和战胜即将到来的困难与挑战,最基本的条件就是要有健康的体魄。因此,我由衷希望在座的各位同学,在今后的大学生活中,养成良好的生活习惯,积极锻炼身体,保持健康体魄。这几年,我们学校的体育课不断改革,开设了一系列符合同学们个性化需求的体育课程。希望同学们根据自身体质和爱好,选择适合自己的体育项目,积极参加体育锻炼。每天锻炼一小时,健康工作五十年,幸福生活一辈子! 这是每个厦大学子都要牢记的一句话!

同学们,今天开学典礼之后,就要开始你们在厦大的第一个课程——军事训练,这堂课将有助于你们更好地认识什么是勇敢顽强、什么是挑战自我、什么是团结协作、什么是组织纪律……这一切,都是你们成长成才所必须具有的基本素质。英勇而光荣的中国人民解放军某部部队的官兵们是你们第一堂课的老师。我由衷希望在座的每位同学都要重视和热爱这第一堂课,要把这第一堂课当作锤炼自己的好机会,要尊重教官,服从命令,听从指挥,以不怕苦、不怕累的精神圆满地完成军训任务。在此,我要借这个机会向中国人民解放军某部部队承训官兵同志们表示我最崇高的敬意和最衷心的感谢,感谢你们将你们的好思想、好作风、好本领带给同学们,并预祝每一位新同学在军训中得到良好的锻炼并取得优异的成绩。

同学们、朋友们,我最后衷心地祝愿你们在厦大的这一段时光能成为你一生中最美好、最有意义的一段时光,祝你们在厦大生活愉快,学有所成!

谢谢大家!

——本文摘录自《厦门大学报》,2013年9月23日第1044期

在2013级研究生开学典礼上的讲话

（2013年9月17日）

校长　朱崇实

亲爱的同学们、老师们，尊敬的各位家长、各位朋友、各位来宾：

大家上午好！

今天，我们相聚在这雄伟的建南大会堂，隆重举行2013级研究生开学典礼。热烈欢迎今年入学的3764位硕士研究生和809位博士研究生，你们的加入为厦门大学这所具有92年光荣历史和优良传统的高等学府注入了新的活力。在此，我谨代表全体师生员工，向同学们表示衷心的祝贺和热烈的欢迎！向无私地帮助和支持你们继续求学的亲人、师生和朋友表示崇高的敬意和衷心的感谢！感谢他们为助力你们梦想实现所做的一切！

谈到梦想，我知道在座各位都是怀揣着各自美好的梦想，选择厦门大学继续求学深造。我也知道你们的梦想五彩缤纷，但有一条是共同的：都是对美好未来的向往，都是对幸福生活的追求。一个人要有梦想不容易，要实现自己的梦想更加不容易。在座的各位今天踏入厦门大学，距离自己的梦想近了一步。如何帮助每一个踏入厦门大学的有梦之人实现自己的梦想，更是厦门大学不断探索、不断努力、孜孜以求的一个目标。

就在几天前，学校在亦玄馆前为萨本栋校长的铜像落成举行了隆重而简朴的落成仪式。在座的各位应该多数都知道萨本栋校长，可能有些同学还不知道。萨本栋校长，是我国著名的物理学家、电机工程学家和教育家，也是厦门大学改国立后的第一任校长。萨校长出生于1902年，1921年以优异成绩毕业于清华学校。1922年赴美入斯坦福大学学习机械工程，1924年获工学士学位。1924年入麻省伍斯特工学院，翌年获电机工程学士学位，旋即转习物理，于1927年获理学博士学位，是当时中国留美学生中之佼佼者。1927—1928年，萨本栋应聘为伍斯特工学院研究助理及西屋电机制造公司工程师。1928年，萨本栋应清华大学物理系主任叶企孙之聘请回国任物理学教授。1935年9月，萨本栋应邀任美国俄亥俄大学电机工程系客座教授。1937年3月，萨本栋从美国讲学载誉归来，回清华大学任教。同年，爱国华侨领袖陈嘉庚先生将其亲手创办的厦门大学献给国家。1937年7月1日，厦门大学由私立改为国立。1937年7月6日，萨本栋被任命为国立厦门大学第一任校长。为了继承发扬陈嘉庚先生“教育救国”“宁可变卖大厦，也要支持厦大”的崇高精神，为了把厦门大学办成著名的具有特色的高等学府，为了国家的富强培育更多精英人才，萨本栋放弃了自己已有的无比舒适和优越的生活条件，毅然到凶吉难测、困难重重的厦门大学就任。

从已有的史料记载上看，当年萨校长对是否接受国民政府的任命，担任厦门大学校长这个职位，他是犹豫再三、决心难断的，因为他已有的条件太好太安逸了，而到厦门大学真是前程渺渺、凶吉难测。但是，他思索再三，最后在“国”与“家”之间选择，他选择了“国”；在“公”与“私”之间选择，他选择了“公”；在“难”与“易”之间选择，他选择了“难”。因为，此时此刻对国家来说，更需要的是一个厦门大学的校长，而不是一个清华大学的教授。因此，他最终接受了任命，成为厦大改国立后的第一任校长。当时，也有很多亲朋好友劝他三思而行，不要离开北京到厦门来，但最了解萨本栋的人说不要再劝他了，他就是一个这样的人。今天，我想跟同学们说的是，我们要实现自己的梦想，就要像萨本栋这样做人！

萨本栋接受任命的第二天，“七七事变”爆发，日寇发动全面的侵华战争。9月3日，日寇侵略军的炮弹和炸弹就落到了厦门市。地处战事前沿的厦门大学受到了严重的威胁,师生的安全处于危险之中。但萨本栋校长认为祖国东南半壁的高等教育仍需维持,便决定将厦门大学内迁到闽粤赣交界的山城长汀,12月初开始搬迁。是时,福建交通极为不便,从厦门到长汀是道路崎岖、关山重重。萨本栋周密筹划,妥善安排,身先士卒,亲临指挥,在不到一个月的时间内便将师生员工及大量的教学科研设备和图书资料等等全部安全送达长汀。1938年1月17日,厦门大学在长汀复课。

长汀办学可谓艰苦卓绝,萨本栋校长亲力亲为,迎难而上。他常说:"现在不是一个推诿责任的时代,所以事无大小,我都要亲为或与闻。"没有校舍和教室,他租用周围民房,并筹款在北山之麓修建新校舍。山区没有电力,他便将政府分配给他乘坐的专用小汽车的发动机拆下来,改装成照明发电机,并亲自指挥安装电路、电灯,奋战几昼夜,终于使全校大放光明。

萨本栋校长主政厦大,时刻以国家的需求为要义。在抗战时期,国家十分需要大量的土木建筑、机械、电机、航空等方面的人才,萨本栋校长披荆斩棘、艰苦创业。他四处奔波、到处筹款,于1937年创办了土木工程系(归属于理学院)并暂兼系主任。到1938年,土木工程系学生数达45人,是当时理学院各系中学生数最多的。1940年,萨本栋又增办了机电工程系,且把理学院扩充成理工学院。1944年,他又筹办航空工程系,为厦门大学于1948年创设工学院奠定了基础。自1941年至1949年,厦门大学工科各系毕业生数达452人,分布在全国各地,为抗战胜利、民族解放、国家建设做出了卓越的贡献。在师资力量严重匮乏的情况下,萨本栋校长亲自任教多门重要课程,如基础物理、电工原理、交流电路、交流电机、无线电工程等。他亲自编写教材,把最新的科研成果融入教材之中,他的著作和论文数十年了,现在都还被人引用。他对教学、科研都是一丝不苟,不容半点虚假和马虎。他后来患了胃病,经常胃疼得站不住、坐不稳,他就让人把他捆在椅子上坚持为学生讲课。在萨校长的带领和全体师生员工的共同努力下,1940年8月至1941年8月国民政府教育部举行首届和第二届全国大学生学业竞试,厦门大学均名列第一,蝉联冠军。国民政府教育部全国通令嘉奖,厦大由此得称"南方之强",被誉为"加尔各答以东之第一大学"。

萨校长不但在工作、教学上率先垂范,在廉洁奉公方面更堪称楷模。萨本栋的夫人黄淑慎毕业于著名的北京师范大学教育系,是一位体育健将标枪高手。虽然当时厦门大学很需要女生的体育指导员,但萨校长严格遵守学校有关领导人员或教授的亲属不能到学校里工作的规定,因此黄淑慎只能当义务指导而不能当正式教师,没有领取薪俸及任何津贴。抗战期间,厦门大学经费经常短缺,萨校长总是带头减薪,竭尽全力无私地为学校工作。

说到这里,同学们可以知道萨本栋是怎样做事的一个人了。那么,我想再跟同学们说的是,我们要实现自己的梦想,就要像萨本栋这样做事!

萨本栋校长在抗战的艰苦岁月,为了厦门大学的生存与发展,殚精竭虑,忘我工作,严重地影响了他的身体健康,并延误了他的疾病的诊治时机。1948年底,由于病情恶化,赶赴美国治疗,1949年1月31日不幸逝世于美国加州医院。是年,他还不满47岁。萨本栋年轻的时候是个网球运动员,极爱体育运动,身体非常健康。冰心结婚的时候专门请他担任男傧相。可以想象,当时他是多么俊朗,是苦难让他过早地离开了人世!

可以肯定地说,萨本栋校长所处的那种苦难年代是一去不复返了,中国人任人宰割、欺辱和侵略的历史绝不会再重演了!但我们要牢记历史,要牢记萨本栋校长所代表的这样一种自强精神!

同学们,我们正处在一个伟大的时代,这个时代让我们实现自己的梦想成为可能,我们每个人都有大大小小很多很多的梦想,毫无疑问,中华民族的伟大复兴应是我们每个人最大的梦想!在座的各位,是我们这个社会读书最多、知识最博的一个群体,因此,你们肩负的使命和责任也最重,你们受到的关注和期待也最多,很多人都把自己的梦想能否实现寄托在你们的身上。我很高兴,在座各位选择到厦大继续攻读研究生,就是选择了这样的一种挑战,我由衷期望在座各位珍惜在厦大的三年、五年、七年或更长的时间,珍惜你们在厦大的每一分每一秒,锤炼自己、提高自己、完善自己,像萨本栋那样做人和做事,你们的梦想就一定能实现!

最后,祝各位在厦大愉快!祝你们都能梦想成真!谢谢!

——本文摘录自《厦门大学报》,2013年9月23日第1044期

·党建与思想政治工作·

厦门大学2013年度党风廉政建设工作要点

(2013年)

2013年,学校党风廉政建设和反腐败工作要高举中国特色社会主义伟大旗帜,深入学习贯彻党的十八大精神和十八届中央纪委二次全会精神,按照习近平总书记的重要讲话要求,坚持党要管党、从严治党,坚持标本兼治、综合治理、惩防并举、注重预防,加强纪律监督,改进工作作风,推进阳光治校,强化源头治理,着力解决师生反映强烈的突出问题,着力整治庸懒散奢等不良风气,为学校事业的改革发展提供坚强有力保证。

一、加强纪律监督

1.坚决维护党章的权威性和严肃性。结合处级领导干部专题培训工作,深入开展学习党章活动。督促广大党员对照党章规定的八项义务,认真查找和纠正党性党风党纪方面存在的问题。督促党员领导干部按照党章规定的六项基本条件,经常检查和弥补自身不足。

2.加强对党的纪律执行情况的监督检查。深入开展党的纪律教育,重点加强对政治纪律、组织纪律、宣传纪律、群众工作纪律执行情况的监督检查,督促党员干部在思想上政治上行动上同以习近平同志为核心的党中央保持高度一致,决不允许公开发表同中央决定相违背的言论,决不允许"上有政策、下有对策",决不允许有令不行、有禁不止,决不允许在贯彻执行中央决策部署上打折扣、做选择、搞变通。

3.保证学校重大改革举措和重要工作部署的贯彻落实。围绕2013年学校工作计划要点的部署,加大监督检查工作力度,推动各项工作落实,加快推进世界知名高水平研究型大学建设,确保学校党政决策决定落到实处。按照学校党委统一部署,做好纪委换届的有关工作,认真总结起草纪委向学校第十次党代会的工作报告,并督促贯彻落实学校第十次党代会提出的各项任务。

二、切实改进工作作风

1.认真贯彻落实中央八项规定。深入学习领会中央关于加强作风建设的精神实质和教育部党组关于作风建设的20项措施,严格贯彻落实改进工作作风、密切联系群众有关规定,督促领导干部加强和改进调查研究,注重了解真实情况解决实际问题。严格执行厉行勤俭节约有关规定,坚决制止奢侈浪费现象。严格落实廉洁自律各项规定,坚决查处违规违纪行为。

2.抓好群众路线教育实践活动督查工作。协助党委精心策划、认真组织开展以为民务实清廉为主要内容的党的群众路线教育实践活动,做好相关的监督检查工作,对发现的问题及早整改,切实做到转作风,树新风。

3.落实党风廉政建设责任制。按照"一岗双责"和"谁主管、谁负责"的要求,深入贯彻落实《厦门大学落实党风廉政建设责任制实施办法》,进一步明确责任内容,健全责任追究制度。召开新任处、科级干部集体廉政谈话会议,签订处级廉政承诺书和党风廉政建设责任书。督促相关人员做好离任廉政检查工作。

4.落实组织召开民主生活会工作。与党委组织部一起,按照《厦门大学关于开好二〇一二年度处级以上党员领导干部民主生活会的通知》[(2013)厦大纪1号]要求,督促各单位抓好2012年度处级领导干部班子和领导干部民主生活会的组织召开工作。

三、深化反腐倡廉建设

1.加强廉洁教育和廉洁文化建设。深入开展宗旨教育和廉洁教育活动,重点做好岗位廉政教育和警示教育,围绕宣传贯彻党的十八大精神和中纪委十八届二次全会精神,汇编《厦门大学2013年党风廉政建设学习材料》,进一步增强领导干部廉政意识。开展廉洁文化创建活动,与组织人事部门、学生管理部门、工青妇群团组织合作,把校园廉洁文化全面融入各项管理服务及教学科研活动,努力营造干部廉洁从政、教师廉洁从教、学生廉洁修身的校园廉洁文化氛围。加强廉政理论研究,为上级纪委和校党委加强党风廉政建设和反腐败工作提供决策建议。

2.进一步建立健全惩防体系建设和廉政风险防控机制。做好相关调研工作,研究制定学校惩防体系建设2013—2017年工作规划的实施办法,完善惩治和预防腐败体系建设,推进源头治理。强化权力运行制约监督,认真落实党内监督条例,严格执行领导干部述职述廉、诫勉谈话、函询质询、信访监督等制度。继续推动学校各单位进一步梳理查找风险点,制定相应的风险防范措施,建立健全预警机制,并逐步形成风险点排查和防控的长效机制。加强校办企业和学校资产管理监督,推进风险防范。继续推动各相关职能部门根据实际需求完善管理制度"废改立"工作,重点推动制定科研经费使用管理办法、科研经费审计实施办法等制度,切实提高制度执行力。

3.加强重点部位关键环节的监督。继续加强对基建(修缮)、物资(设备)采购的监管,严格执行招标规定;加强物资(设备)采购监督管理,坚持市场考察询价、货比三家,严格审核投标单位资质,建立中标后公示制度;继续深化招生考试过程的监督,加强招生信息管理与服务平台建设,规范自主招生和特殊类型招生考试程序,确保招生考试工作公平公正公开;规范各类办学行为,严禁以中外合作办学和研究生培养机制改革为名乱收费。

4.加强"阳光管理",推进"阳光治校"。继续推动有关职能部门和各学院研究院严格按照上级要求,突出重点、突破难点,以推进"阳光治校"为载体,推动党务、校务、院务公开工作,结合《厦门大学章程》制定,在顶层设计中规范权力运行流程,在完善内部治理结构中建立权力制衡机制,加强民主监督,及时了解、解决师生反映的问题,确保师生员工的知情权、参与权、表达权和监督权。推进财务信息公开,保证教育经费使用经得起公开、经得起监督。

5.做好迎接教育部对直属高校科研经费管理工作专项检查工作的准备。根据教育部的统一部署,配合有关部门,开展校内科研经费管理工作的"三看三查"自查工作,严格落实高校科研项目、科研经费、科研行为管理的三个《意见》,完善配套措施,建立科研经费监管长效机制,从源头、制度、体制上规范学校科研经费管理。

6.加大查办违纪违法案件工作力度。坚持有案必查、有腐必惩,及时受理群众信访举报,不断完善网络举报和受理机制,建立健全案件排查制度,加强对师生反映强烈的突出问题的治理,依法依纪严肃查处领导干部和教职员工违反政治纪律、组织纪律、财经纪律和廉洁自律有关规定的行为。建立健全案件查办协调机制,加强对重要典型案件的剖析,发挥案件的治本功能。

四、加强纪检监察干部队伍建设

1.抓好思想政治建设,增强大局意识、政治意识。纪检监察干部要加强党性修养,承担起维护党的纪律特别是政治纪律、推进反腐倡廉的重要职责,自觉用中国特色社会主义理论体系武装头脑、指导实践、推动工作。要增强前瞻性和预判力,及时发现苗头性倾向性问题,抓早抓小、防微杜渐。

2.抓好组织和能力建设,增强创新意识。要积极协助党委抓好反腐倡廉任务分解、落实,加大监督检查力度,执好纪、问好责、把好关。坚持以部门党支部为载体,推进学习型组织建设,继续加大纪检监察干部培训力度,按照忠诚可靠、服务人民、刚正不阿、秉公执纪的要求,加强调查研究,完善工作思路,改进方式方法,不断提高科学履职的能力和水平。充分发挥校纪委委员、院纪检委员和特邀监察员的作用,力求形成专兼职相结合的监督合力。

3.抓好纪律和作风建设,增强服务意识、自觉接受监督意识。牢固树立监督者更要接受监督的意识,严格工作程序,以更高的标准、更严的纪律、更实的作风适应反腐倡廉建设工作的要求,自觉接受党组织和群众的监督,做严守纪律、改进作风、拒腐防变的表率,维护纪检监察干部可亲、可信、可敬的良好形象。

中共厦门大学纪律检查委员会

——本文摘录自《厦门大学 2013 年度党风廉政建设工作要点》,档号 2015-DQ06-001

中共厦门大学纪律检查委员会
向中共厦门大学第十次代表大会的工作报告

（2013 年 6 月 18 日）

各位代表、同志们：

现将中共厦门大学第九次代表大会以来中共厦门大学纪律检查委员会的工作情况和今后五年的工作任务，向大会报告如下，请予审议。

一、五年来工作的回顾

五年来，中共厦门大学纪律检查委员会在中纪委监察部驻教育部纪检组监察局和校党委的正确领导下，认真贯彻落实中央有关精神，始终坚持"党委统一领导，党政齐抓共管，纪委组织协调，部门各负其责，依靠师生员工的支持和参与"的体制机制，找准定位、突出重点、主动作为，充分发挥组织协调和监督检查职能，协助党委扎实抓好党风廉政建设和反腐败工作，为学校事业改革发展提供了有力保障。

（一）坚持"一岗双责"，积极落实责任制。党风廉政建设责任制是推进反腐倡廉建设的重要抓手。学校按照"一岗双责"和"谁主管，谁负责"的要求，把党风廉政建设的工作责任落到实处。五年来，修订了《厦门大学落实党风廉政建设责任制实施办法》，制订了《厦门大学党政领导班子成员执行党风廉政建设责任制任务分解方案》，明确责任分解，形成一级抓一级、层层抓落实的责任体系。组织全校各单位党政负责人与校党委书记、校长签订《党风廉政建设责任书》，全校副处级以上干部与校党委签订《廉政承诺书》，促使领导干部自觉遵守廉洁自律各项规定，增强岗位责任意识。完善责任考核和责任追究机制，把落实党风廉政建设责任制情况作为干部考核的重要内容，把考核结果作为干部评价、奖惩、任免的重要依据，切实维护责任追究的严肃性。

（二）创新教育机制，筑牢思想防线。加强党风廉政建设教育是有效防治腐败的重要手段。学校始终把廉政宣传教育作为党风廉政建设的一项基础性工程来抓，坚持把党风廉政建设教育作为校院两级党委中心组学习、党校教育培训内容。同时通过开办网上专题学习班、组织反腐倡廉知识测试、召开重点部位关键环节职能部门系列党风廉政建设座谈会、新任处级干部集体廉政谈话等形式，开展警示教育、专题教育、示范教育和岗位廉政教育。五年来，汇编《厦门大学党风廉政建设学习材料》7 期，共 4200 册，每年开展反腐倡廉主题教育活动，实施中层领导干部廉政培训，重点对重要岗位、重点部位工作人员进行集中廉政培训，对学术带头人、科研项目负责人、评审专家等人员进行廉洁教育。创新教育方式，促使干部廉洁从政、教师廉洁从教、学生廉洁修身。通过每年开展"校园廉政文化活动月"和"和谐校园，青春先行"等系列学生活动，重点抓住学生入学和毕业教育等环节，促进廉洁诚信、立德修身。定期举办廉政橱窗专栏图片展、廉政书画展，组织召开廉政文化建设经验交流会等活动，营造"敬廉崇洁、诚实守信"的校园廉政文化氛围。开展廉政理论研究，积极探索廉政建设的有效途径。充分发挥学校人文社科的学科优势，成立了"厦门大学廉政建设研究中心"，积极争取和承担中纪委、教育部的研究课题，及时提交课题研究成果，为党风廉政建设和反腐败工作提供决策参考。

（三）加强制度建设，推进规范管理。加强廉政制度建设，着力提高制度执行力，是近年来学校加强党风廉政建设的一项重要内容。五年来，学校不断完善领导班子决策制度，制定和完善了党委常委会、校长办公会、学院党政联席会等议事规则，严格执行重大事项决策、重要干部任免、重要项目安排、大额资金的使用(即"三重一大")制度，规范领导干部决策行为，严格决策程序。完善领导班子联系群众制度，建立校领导接待日、校领导联系二级单位、党委常委联系党外代表人士等制度，拓宽学校领导与广大师生员工的沟通联系渠道。完善管理工作制度，加强制度的"立、改、废"工作，制定或修订各类管理制度110多项，废止12项。重点完善干部人事、财务管理、基建项目、物资采购、科研经费、校办企业、考试招生、学术诚信等方面的管理制度95项。完善惩防体系制度，制定《中共厦门大学委员会关于贯彻落实〈建立健全惩治和预防腐败体系2008—2012年工作规划〉的实施办法》和《中共厦门大学委员会贯彻落实〈关于加强高等学校反腐倡廉建设的意见〉实施方案》，以加强领导干部的教育、管理和监督为重点，以规范和制约权力为核心，以容易发生腐败问题的重要部位和关键环节为抓手，整体推进廉政风险防控工作。

(四)强化监督制约，提升监督实效。强化对权力的制约和监督是学校党风廉政建设的重要举措，也是有效预防腐败的关键。五年来，学校加强对领导干部的监督，制定党委常委会讨论任用干部前书面征求纪委意见的规定，防止干部"带病上岗"。制定《中共厦门大学委员会巡视工作暂行办法》，在全国高校中率先开展校内巡视，完成了对全校各学院、研究院的巡视工作，加强对学院领导班子和主要领导干部的监督，取得较好成效。加强财务监管，在全校干部教师中推行公务卡财务结算管理，严格实施公务卡消费管理，加强对资金往来、资金使用的监控。强化基建(修缮)工程监管，严格招标程序，加强对工程设计深度的监督把关，清单编制和造价预算由两家以上咨询单位复核，对工程量增减和变动实行设计、施工、监理、甲方代表、监察审计"五方会审"。五年来，参与招标监督项目774项。推进招生"阳光工程"，全程参与考试招生过程的监督，促进完善艺术类和特殊类型招生考试制度，督促细化研究生入学考试命题、评卷、复试等管理办法，规范各类招生考试程序，从源头上杜绝违纪违法行为的发生。进一步深化校务院务公开，督促重大决策、涉及教职工利益的重要事项通过各种途径广泛征求意见，努力做到科学决策、民主决策、依法决策。

(五)加强党性修养，弘扬优良作风。良好的作风，可以形成巨大的发展合力，造就优良的发展环境。学校专门召开领导干部作风建设大会，制定了《中共厦门大学委员会关于加强领导干部作风建设的若干意见》，要求全校各级领导班子和领导干部树立为民、务实、清廉的形象，始终做勤奋学习、学以致用的表率，做心系师生、服务基层的表率，做真抓实干、务求实效的表率，做顾全大局、民主团结的表率，做艰苦奋斗、勤俭节约的表率，做立党为公、廉洁从政的表率。结合学习贯彻《中国共产党党员领导干部廉洁从政若干准则》，督促领导干部遵守廉洁自律的各项规定，不断加强党性修养。学校专门召开师德师风大会，通过完善教师聘用制度，突出抓好教育培训、典型示范、规范管理和考核监督等方式，提高教师思想政治素质、职业理想与职业道德水平、业务能力，努力弘扬"学为人师、行为世范"的道德准则。

(六)坚持惩防并举，推进源头治腐。学校反腐倡廉建设既要注重预防，又要抓好惩治，从源头上预防和解决腐败问题。通过领导干部民主生活会、述职述廉、报告个人重大事项等办法，规范领导干部从政行为。开展《关于加强高等学校反腐倡廉建设的意见》、《关于实行党风廉政建设责任制的规定》、《中国共产党党员领导干部廉洁从政若干准则》、"三重一大"落实情况专项检查；开展"小金库"问题、工程建设领域突出问题专项治理，均获得教育部专项检查组的好评。坚持"审计先行、监察跟进"，建立纪检、监察、审计工作沟通协调机制，共同开展了违规报销科研经费等案件查办工作。审计处通过查账和审核凭单，对存在的问题提出审计建议，纪委、监察处及时排查线索，推动整改，并对违规违纪当事人给予了相应的组织处理。建立校检合作机制，与厦门市检察院联合制订《厦门大学、厦门市人民检察院合作开展预防职务犯罪工作的实施方案》，进一步加强学校预防职务犯罪工作。进一步完善信访举报工作网络，建立健全腐败案件及时揭露、发现、查处机制。规范信访举报件处理程序，抓好信访举报的核查、反馈工作，对于线索清楚、内容具体的信访举报件认真开展核查，并按照信访程序给予及时妥善处理。

(七)加强队伍建设，提升工作能力。加强纪检监察队伍建设，是做好党风廉政建设工作的重要保证。在校党委、行政的支持下，监察处、审计处恢复独立建制，充分发挥监督的整合效能。部门加强效能建设，努力创建学习型、服务型、效能型、和谐型、节约型、廉政型纪检监察组织。坚持每周学习例会，坚持按照

“四个对”要求(即对党和国家无限忠诚、对腐败分子和消极腐败现象坚决斗争、对广大干部和群众关心爱护、对自己和亲属严格要求),不断提高纪检监察工作人员的政策水平和业务素质能力。深入开展主题实践活动,在校党委的领导下,纪检监察部门先后开展深入学习实践科学发展观、创先争优等活动,积极开展“做党的忠诚卫士、当群众的贴心人”主题实践活动,并参与各主题活动的监督检查,认真做好每个环节的工作,不断提升纪检监察工作水平。

五年来,学校未出现重大的违纪违法案件,各级领导班子和领导干部呈现出团结和谐、心齐气顺、真抓实干的良好局面,形成了风清气正、和谐稳定的校园环境。中纪委监察部驻教育部纪检组监察局于2009 年 9 月、2010 年 5 月、2011 年 9 月、2012 年 10 月开展巡视和专项工作检查时,对学校党风廉政建设的举措与成效均给予充分肯定。

在充分肯定成绩的同时,我们也清醒地认识到,党风廉政建设和反腐败工作是一项长期性、复杂性的工作,在社会环境发生深刻变化以及高校自身改革不断深化的新形势下,学校出现消极腐败现象的危险依然存在。有的干部对本职范围内的党风廉政建设工作重视不够,“一岗双责”的意识不够强;一些干部对廉洁从政规定的学习不够,廉政风险防控意识还需进一步加强;有的单位对学校的规章制度落实不够到位,制度执行力还需进一步提高;有的重点部位关键环节的监督还需进一步加强。坚决惩治和有效预防腐败,是推进高校各项事业健康发展的重要保证,我们要继续坚持党委统一领导,坚持依靠广大师生员工,积极推动学校党风廉政建设和反腐败工作各项任务的落实,坚定不移地把党风廉政建设和反腐败工作引向深入。

二、党风廉政建设和反腐败工作的基本经验

五年来,学校纪委认真贯彻落实党中央战略决策和校党委的工作部署,积极探索、勇于创新,深入推进学校党风廉政建设和反腐败工作,积累了基本经验。

(一)必须坚持党委领导、齐抓共管,建立健全党风廉政建设和反腐败工作领导体制和工作机制。学校党风廉政建设必须始终坚持“党委统一领导,党政齐抓共管,纪委组织协调,部门各负其责,依靠师生员工的支持和参与”的反腐倡廉领导体制和工作机制,列入学校重要议事日程,纳入学校发展总体规划,融入学校各项中心任务,推动党风廉政建设各项工作落到实处,促进学校各项事业健康发展。

(二)必须坚持围绕中心、主动作为,积极服务学校事业发展和维护广大师生员工的利益。纪检监察工作要始终把维护师生员工的利益作为最高的价值追求,尽最大的努力维护师生员工的利益,维护党员的合法权益;始终坚持“围绕中心、服务大局,融入中心、主动作为”,要融入才能有作为,有为才能有威、有位、有效。必须紧紧围绕全面建成世界知名高水平研究型大学的目标,做到监督检查工作到位不越位,协调不包办,监督不代替,始终把党风廉政建设作为保证学校事业发展、建设和谐校园的重大政治任务,与学校管理紧密结合,与学校的改革创新紧密结合,努力为学校事业健康发展、人才健康成长服务。

(三)必须坚持突出重点、专项检查,不断完善权力运行风险防控机制。必须坚持开展全校廉政工作专项检查,推动各项工作有效落实。开展廉政风险点排查,有效地推动以工作岗位为点、工作程序为线、监管制度为面,环环相扣的廉政风险防范预警机制的形成,逐步建立起较完善的廉政风险防范长效机制和权力运行监控机制。定期开展校内巡视,按照“定期巡视、发现问题、及时整改、促进发展”的基本要求,督促领导干部切实改进作风,督促各单位切实执行党风廉政建设责任制。

(四)必须坚持整体推进、惩防并举,加强完善以惩治和预防腐败体系为重点的反腐倡廉建设。惩治腐败与预防腐败要统筹兼顾,要按照“标本兼治、综合治理、惩防并举、注重预防”的反腐倡廉战略方针,健全纪检监察、组织人事、审计部门审计工作沟通协调机制,建立审计结果通报制度,要重视对审计结果的运用;在坚决惩治腐败的同时,更加注重治本,更加注重预防,更加注重制度建设,围绕规范权力运行,深入推进反腐倡廉建设。在惩治方面,注重在立案上突出重点、在办案中依纪依法、在处理时宽严相济;要坚持严肃执纪与保护干部相统一,把监督干部与信任干部、激励干部统一起来,把处理人与教育人、挽救

人统一起来。

以上几个方面是这些年来学校在推进惩治和预防腐败体系建设实践中形成的重要共识,我们要在新的实践中不断丰富、完善和发展。

三、今后五年的工作任务

当前和今后五年,我们要高举中国特色社会主义伟大旗帜,以邓小平理论、"三个代表"重要思想、科学发展观为指导,深入贯彻落实党的十八大精神,全面履行党章赋予的职责,坚持党要管党、从严治党,坚持"标本兼治、综合治理、惩防并举、注重预防"的方针,始终做到抓改革发展稳定坚定不移,始终做到抓党风廉政建设和反腐败工作坚持不懈,为推动学校全面建成世界知名高水平研究型大学提供有力保证。

(一)严明党的政治纪律,保证党的路线方针政策和学校决策部署的贯彻落实。全校各级党组织和广大党员干部特别是主要领导干部一定要在思想上政治上行动上同党中央保持高度一致,在关键时刻和重大事件中经得起考验,自觉维护党的形象。学校纪委将加强对政治纪律、组织纪律、宣传纪律、群众工作纪律执行情况和中央关于教育的重要政策贯彻落实情况的监督检查,坚决维护中央权威,保证中央政令畅通,维护党章的权威性和严肃性,确保学校重大改革举措和重要工作部署的贯彻落实。加强政治纪律教育,引导和督促广大党员干部坚定政治立场、把握政治方向,增强政治敏锐性和政治鉴别力。强化对干部教师履职的监督,加强对领导干部作风和遵守《中国共产党党员领导干部廉洁从政若干准则》等规定的监督检查,促进领导干部始终坚持党的宗旨,永葆共产党人政治本色。坚持"学术研究无禁区、课堂讲授有纪律",切实加强对课堂教学、讲座论坛、学术交流、校园网络的监管。继续开展校内巡视工作,把定期、专项巡视工作作为学校党风廉政建设的重要举措,突出巡视工作重点,改进巡视工作方式,发挥巡视监督功能,增强发现问题能力;加强巡视结果运用,对巡视结果及时反馈和通报,针对发现的问题提出解决方案,对领导班子和领导干部存在的问题,及时进行诫勉谈话、督促整改。

(二)加强校园廉洁教育,努力营造积极向上的良好氛围。教育引导党员干部从应对新形势下党面临的风险和挑战出发,充分认识保持党的纯洁性的极端重要性和紧迫性,不断增强党的意识、政治意识、危机意识、责任意识。坚持以领导干部为重点对象、以重点部位关键环节岗位人员为主要对象,深入开展示范教育、警示教育和岗位廉政教育,督促全校各级领导班子和党政干部树立为民、务实、清廉的形象。开展教师廉洁从教、科研诚信教育,发挥教师课堂教学在校园廉洁文化建设中的主渠道作用,要提高广大教师的思想道德水平,进一步加强科研伦理和学术道德建设,规范教学科研人员的学术活动。坚持以青年学生为重点对象,结合学校"四种精神",以践行社会主义核心价值体系为核心,把校园廉洁文化融入党支部立项活动和校园团学活动中,通过校内媒体、校园廉政宣传阵地、主题班会、文体活动、知识竞赛、廉政海报等形式,引导学生树立遵纪守法、敬廉崇洁的思想意识,开展廉洁修身、诚实守信教育,促使学生进一步树立正确的世界观、人生观、价值观。充分发挥理论研究在廉洁教育中的引领作用,充分调动和发挥学校人文社会科学研究人员的积极性,开展党风廉政建设的前瞻性研究,为各级党组织加强党风廉政建设建言献策。

(三)加强廉政制度建设,切实提高制度执行力。好的制度也要有好人来执行,当前加强廉政制度建设必须建立健全抓落实机制,切实提高制度执行力。要继续督促各职能部门全面梳理现有内部管理规章制度,做好规章制度的"立、改、废"工作。要加强制度宣传教育,大力宣传制度的内容要求、程序界限等,让广大师生明白什么该做什么不该做。要督促主要领导干部带头执行制度,领导干部带头执行制度具有重要的导向、示范和推动作用。要强化督办,引导大家自觉遵守制度、贯彻制度,推动制度更好地落实。要加强检查监督,通过校内巡视、专项检查、专项监察等形式,推动职能部门自觉执行制度,对检查发现的问题及时敦促整改、纠偏。

(四)强化重点环节监管,加强对权力规范运行的监督。监督管理工作是加强对权力规范运行和预防腐败的主要手段。要深入推进廉政风险防控机制建设,建立健全防止利益冲突制度。要认真完善干部选任监督工作，切实把好干部入口关，坚持“民主、公开、竞争、择优”，提高选人用人公信度。进一步完善干部人事管理制度，重点完善干部选任工作、各类人才评价标准和管理办法。建立和完善对机关部处和学院党政“一把手”的监督，推动干部轮岗交流。要健全内控机制，重点加强对基建（修缮）工程、物资（设备）采购、招生考试工作的监督，做好风险防控和跟踪管理。工程建设领域要把好建设项目决策关，加强设计深度和清单编制审核监督，确保工程质量、进度、安全、投资、廉洁有机统一。物资（设备）采购坚持市场考察询价，建立中标后公示制度。进一步推进考试招生“阳光工程”，确保招生考试公平、公正。加大财务审计监督力度，重点开展对“财务一支笔”或项目负责人的监督。推行会计委派制，全面推行公务卡财务结算管理，规范公务开支，加强对公务消费和经费使用的有效监督。健全科研经费监督制约机制，推动制定相关科研经费审计实施办法。建立疏堵结合机制，切实推行跟踪审计。深化党务校务院务信息公开工作，全面推进“阳光治校”。

（五）切实改进工作作风，努力营造良好的发展氛围。优良的作风是事业成功的重要保障。要认真贯彻落实中央关于改进工作作风、密切联系群众的“八项规定”，加强干部作风建设，领导干部要带头深入基层，多花时间与师生沟通，了解实情，听取意见，切实解决具体问题，培养求真务实、拼搏进取的工作作风，克服庸懒散奢的不良风气。要坚持以人才培养为核心、以师德师风建设为重点，提高教师思想政治素质、职业理想与职业道德水平、业务能力，树立为人师表的良好教风。要积极转变会风、文风，精简会议文件，厉行勤俭节约，制止奢侈浪费，努力建设节约型校园。要严格落实密切联系群众有关规定，认真组织开展以为民务实清廉为主要内容的党的群众路线教育实践活动，做好相关的监督检查工作，对发现的问题，及早整改，做到言必信、行必果，以优良的作风正校风、促教风、带学风。

（六）保持惩治腐败力度，严肃查办违纪违法案件。查办违纪违法案件是惩治腐败的主要措施。要坚持有案必查、有腐必惩，坚定不移地惩治腐败，始终保持查办案件的强劲势头，加强对师生反映强烈的突出问题的治理，始终保持严厉打击腐败的强劲势头。要深化专项治理工作，继续加强“小金库”治理工作，落实领导责任，加强责任追究，构建长效机制；认真开展全校落实党风廉政建设工作任务的专项检查，督促各单位落实党风廉政建设责任制。要重视信访举报工作，进一步完善信访举报工作网络，规范信访举报件处理程序，抓好信访举报的核查、反馈工作，对信访件反映的问题进行认真分析排查，从中寻找案件线索。要充分发挥内部审计的作用，纪检监察部门根据审计所反映的问题性质及有关线索认真开展核查，并坚决查处违规行为，形成监督的合力。要加强校检协作，预防干部职务犯罪，充分利用地方检察院实践经验丰富的优势，协助学校开展预防领导干部职务犯罪活动。充分运用查办案件在教育、防范和治本方面的综合功能，运用教育、纪律、法律等多种手段，查办一个案件，教育一片干部，做到关口前移，防范在先。

（七）积极落实责任制，确保学校党风廉政建设各项任务有序推进。党风廉政建设责任制是加强学校党风廉政建设的重要制度保证，是落实党风廉政建设各项任务的总抓手。要认真贯彻落实《关于实行党风廉政建设责任制的规定》，深入推进党风廉政建设和反腐败工作。要严格执行党风廉政建设责任制，把党风廉政建设作为一项重大政治任务，同行政工作一起部署，一起检查，一起考核，一起落实。全校各单位及主要负责人要全面履行“一岗双责”，进一步完善党风廉政建设责任体系，切实构建权责明晰、逐级负责、层层落实的责任体系。要进一步健全检查考核与监督机制。全校各级党组织要加强对党风廉政建设工作的领导，切实担负起全面领导党风廉政建设和反腐败工作的政治责任。要把党风廉政建设工作的责任和要求落实到每位领导干部的身上，将党风廉政建设情况列入领导班子和领导干部考核评价范围，作为工作实绩和奖惩的重要内容。要不断提高纪检监察工作水平，建立纪检、监察、审计等单位组成的工作联席会，制定内部监察工作的规章制度，不断拓宽监督领域。纪检监察干部要按照“四个对”的要求，坚持把以人为本、执政为民理念贯彻落实到纪检监察工作和自身建设中，坚守原则、敢于碰硬，充分发挥组织协调和监督检查作用，执好纪、问好责、把好关。要牢固树立监督者更要接受监督的意识，严格工作程序，自觉接受党组织和群众的监督，努力做出表率，维护纪检监察干部可亲、可信、可敬的良好形象。

各位代表，同志们，中共厦门大学第十次代表大会为学校今后改革发展描绘了新的宏伟蓝图。深入推进学校党风廉政建设和反腐败工作,确保学校各项事业科学发展,使命光荣,责任重大。我们要继续根据中纪委、教育部党组的部署和要求,在校党委的领导下,勇于进取,扎实工作,进一步完善党风廉政建设责任体系,切实加强反腐倡廉建设和作风建设,不断把党风廉政建设和反腐败工作引向深入,为把我校全面建成世界知名高水平研究型大学做出更大的贡献!

——本文摘录自《厦门大学报》,2013 年 6 月 21 日第 1036 期

厦门大学科级干部选拔任用工作暂行办法

（2013 年 7 月 25 日）

第一章　总　则

第一条　为认真贯彻党的干部路线、方针、政策，做好科级干部选拔任用工作，促进优秀人才脱颖而出，推进学校干部队伍革命化、年轻化、知识化、专业化，根据中央有关文件精神，并参照《厦门大学中层领导干部选拔任用工作暂行办法》等规定，结合我校实际，制定本办法。

第二条　本办法适用于所有由学校发文设置的科级或者正、副科级岗位干部的选拔任用工作。

第三条　科级干部选拔任用工作由校党委授权校科级干部选拔任用工作领导小组负责，由校党委组织部负责综合协调和指导。学院（研究院）、直属单位科级干部选拔任用工作由学院（研究院）、直属单位党委（党总支）负责组织实施；学校机关部门科级干部选拔任用工作由机关党委协助校党委组织部组织实施；科级干部拟任职人选报学校科级干部选拔任用工作领导小组批复。

校科级干部选拔任用工作领导小组由分管组织工作的校党委副书记、分管人事工作的副校长、校纪委副书记、校党委组织部部长和人事处处长等五人组成，分管组织工作的校党委副书记任组长，分管人事工作的副校长任副组长。

第四条　选拔任用科级干部，必须坚持党管干部原则，坚持五湖四海、任人唯贤，坚持德才兼备、以德为先，坚持注重实绩、群众公认，全面准确贯彻民主、公开、竞争、择优方针，认真贯彻执行民主集中制，坚持依法办事。

第五条　各单位科级岗位凡出现空缺需要选任的，一律在全校范围内公开选任，平等竞争，不得局限在本单位内部选拔。

第二章　任职条件和资格

第六条　科级干部应当具备以下条件：

（一）具有履行职责所需要的马克思列宁主义、毛泽东思想、邓小平理论的水平，认真实践“三个代表”重要思想，带头贯彻落实科学发展观，努力运用马克思主义的立场、观点、方法分析和解决实际问题。

（二）坚决执行党的基本路线和各项方针、政策，立志改革开放，坚持党的教育方针，在学校改革和发展中艰苦创业，做出实绩。

（三）坚持解放思想，实事求是，与时俱进，开拓创新，认真调查研究，理论联系实际，求真务实，卓有成效地开展工作。

（四）具有强烈的事业心和责任感，熟悉教学科研和管理工作，有胜任工作的能力、水平和知识，并能独立开展工作。

（五）正确行使权力，坚持原则，依法办事，作风正派，勤政廉政，密切联系群众，自觉接受组织和群众的批评与监督。

（六）坚持民主集中制，有全局观念，能团结同志一道工作。

第七条　科级干部应当具备以下资格：

(一)新提任科级职务的，应当具有大学本科以上(本办法所称“以上”，均含本级或者本数)学历。

(二)提任副科级职务，大学本科学历的必须有4年以上的工作经历；硕士研究生学历的必须有2年以上的工作经历。

提任正科级职务，博士研究生学历的一般应有1年以上工作经历；其他人员应当有2年以上担任副科级职务的经历。

担任中级以上专业技术职务人员提任科级职务，任职年限可不受上述规定限制。

有校外工作经历的干部，在提任科级职务时，必须符合上述相应的工作年限和任职年限要求，且应当在本校工作1年以上。

(三)提任科级职务者，年龄不超过50周岁。

(四)特别优秀的人才或者工作特殊需要的，可以破格提拔。拟破格提拔的，事先应当征求校党委组织部的意见。

第三章　选拔任用

第八条　科级干部的选拔任用一般应当按照以下程序进行：

(一)方案报批和公布。选任单位将科级干部选任方案报校党委组织部，经校党委分管领导同意后，由组织部书面批复并面向全校公布。

(二)报名和资格审查。符合选任资格条件的个人在规定时间内向所在单位和选任单位党委(党总支)报名，所在单位党委(党总支)对报名人员进行资格审查。

(三)民主测评和民主推荐。报名人员所在单位党委(党总支)组织对报名人员进行民主测评和民主推荐。民主推荐包括会议投票推荐和个别谈话推荐。民主测评和会议投票推荐采取无记名的方式进行。

(四)考察。报名人员所在单位党委(党总支)负责考察工作。考察组至少由2名成员组成，在一定范围内发布考察预告后，对考察对象的德、能、勤、绩、廉等方面的表现和主要特长以及主要缺点进行全面、客观、准确的了解，并形成书面考察材料。

民主推荐的结果和考察意见在1年内有效。

(五)移交材料。报名人员所在单位党委(党总支)将报名和资格审查情况、民主测评和民主推荐材料、考察对象名册及考察材料等有关材料及时移交选任单位党委(党总支)。选任单位党委(党总支)可以通过个别谈话、查阅资料、同考察对象面谈等方法，进一步了解考察对象的具体情况。考察对象名册由选任单位党委(党总支)送学校纪委征求意见。经学校纪委签署意见后，报名学校机关部门科级岗位的材料由机关党委转给岗位选任部门主要负责人。

(六)酝酿。科级职务拟任人选，在讨论决定前，应当充分酝酿。学院(研究院)、直属单位科级职务拟任人选，由选任单位党政领导班子成员酝酿后差额提出，并征求拟任人选及选任岗位所在机构主要负责人的意见；学校机关部门科级职务拟任人选，由选任部门负责人讨论酝酿后差额提出建议名单，在征求学校分管领导和机关党委的意见后报校党委组织部。从外单位选拔或者选调的拟任人选，应当征求人选所在单位党政主要负责人的意见。

(七)讨论决定。拟任人选经充分酝酿后，学院(研究院)、直属单位由党委(党总支)书记主持，召开党政联席会议，集体研究决定拟任职人选；学校机关部门由校党委组织部会商机关党委确定拟任职人选。

(八)公示和报批。拟提拔任职的科级干部，应当在一定范围内进行公示，公示期一般为五至七天；公示结果不影响任职的，报校党委组织部。报送材料包括：报批请示，拟任职人选(含拟同级选调任职或者轮岗的干部)名册，所有考察对象名册及基本信息、考察材料，民主推荐和民主测评情况汇总表等。

(九)批复和任命。校党委组织部对拟任职人选进行审核后，提交校科级干部选拔任用工作领导小组审批。经批准同意后，学院(研究院)、直属单位科级岗位任职人选由校党委组织部行文批复，学校机关部门科级岗位任职人选由组织部行文任命。

第九条　未设院级党组织的独立建制单位，其报名科级岗位人员的民主推荐、民主测评和考察工作由代管其党务工作的学院党委负责组织实施，其科级职务拟任人选的酝酿和确定参照学校机关部门的做法执行。

第四章　交流、回避

第十条　科级干部在全校范围内的交流，由校党委组织部会商拟交流单位提出交流方案，报校科级干部选拔任用工作领导小组审批。

科级干部在本单位内不同岗位之间的交流，由本单位党政联席会议（未设院级党组织的单位和学校机关部门由其负责人会议）研究确定，报校科级干部选拔任用工作领导小组批复。

第十一条　实行科级干部任职回避制度。科级干部任职回避的亲属关系为：夫妻关系、直系血亲关系、三代以内旁系血亲以及近姻亲关系。有上列亲属关系的，不得在同一机关担任双方直接隶属于同一领导人员的职务或者有直接上下级领导关系的职务。

第十二条　实行科级干部选拔任用工作回避制度。在讨论科级干部任免时，凡涉及与会人员本人及其亲属的，本人必须回避。干部考察组成员在干部考察工作中涉及其亲属的，本人必须回避。

第五章　免职、辞职和降职

第十三条　科级干部有下列情形之一者，一般应当免除现任职务：

（一）达到任职年龄界限或者退休年龄界限的；

（二）在年度考核、干部考察中，经组织考核认定为不合格、不称职的；

（三）因工作需要或者其他原因，应当免除现任职务的。

第十四条　实行科级干部辞职制度。科级干部因个人或者其他原因，可自行提出辞去现任职务。自愿辞职必须写出书面申请，经所在单位党政负责人研究同意后，报校党委组织部提交校党委分管领导审批。未经批准，不得擅离职守；擅自离职的，给予纪律处分。

第十五条　实行科级干部降职制度。因工作能力较弱或者其他原因，不适宜担任现职的，应当降职使用。降职使用的干部，其待遇按照新任职务的标准执行。

降职的干部，在新的岗位工作 1 年以上，实绩突出，符合任职条件的，可以按照有关规定重新竞争原级别职务。

第六章　附　则

第十六条　有关科级干部选拔任用工作的纪律和监督规定，参照《厦门大学中层领导干部选拔任用工作暂行办法》等有关规定执行。

第十七条　本办法由校党委组织部负责解释。

第十八条　本办法自发布之日起施行，《厦门大学科级干部选任工作暂行条例》（厦大委组〔2000〕15号）同时废止。

——本文摘录自《关于印发〈厦门大学科级干部选拔任用工作暂行办法〉的通知》，厦大组委〔2013〕57号，档号 2016-DQ02-12

关于加强关心下一代工作委员会建设的意见

(2013 年 11 月 27 日)

各基层党委、党总支:

为了全面贯彻落实党的十八大精神,进一步发挥离退休老同志在关心、培养和教育青年师生工作中的作用,根据中共教育部党组《关于加强全国教育系统关心下一代工作委员会建设的意见》(教党〔2009〕20 号)等文件精神,结合我校近几年的工作实践和经验,现就我校加强关心下一代工作委员会(以下简称关工委)建设提出以下意见:

一、充分认识加强关工委建设的重要性

党的十八大指出,"中国特色社会主义事业是面向未来的事业,需要一代又一代有志青年接续奋斗"。青年思想道德、科学文化、综合素质的状况,直接关系到中华民族整体素质,关系到中华民族伟大复兴的中国梦的实现进程,关系到中国特色社会主义事业的长远发展。加强关工委建设,组织老同志、老干部、老教师、老专家、老模范等人员(以下简称"五老"志愿者)积极参与关心、培养和教育青年师生的工作,对于提升我校青年师生思想政治教育质量、培养中国特色社会主义事业合格建设者和可靠接班人、全面建成世界知名高水平研究型大学具有重要意义。

二、把握关工委的性质、宗旨和工作方针

1.关工委的性质是:在校党委的领导下,以离退休老同志为主体,党政有关部门和群团组织负责人参加的,以关心、教育、培养广大青年师生健康成长为目的的群众性工作组织。

2.关工委的宗旨是:高举中国特色社会主义伟大旗帜,以邓小平理论、"三个代表"重要思想、科学发展观为指导,围绕立德树人根本任务,用社会主义核心价值体系引领青年师生,以改革创新精神推进关心下一代工作,面向广大青年教师、青年干部特别是青年学生,广泛开展形式多样的教育活动,为培养德智体美全面发展的中国特色社会主义事业合格建设者和可靠接班人服务。

3.关工委的工作方针是:围绕中心、配合补充,因地制宜、量力而为,立足基层、注重实效。

三、明确关工委的工作任务

1.参与开展青年师生思想政治工作。坚持用马克思主义中国化的最新成果武装广大青年教师、干部和学生,围绕立德树人根本任务,广泛开展理想信念教育,大力弘扬民族精神和时代精神,积极培育和践行社会主义核心价值观,协助引导广大青年教师、干部和学生形成正确的世界观、人生观、价值观,继承和发扬光荣传统,弘扬厦门大学"四种精神",养成高尚的思想品质和良好的道德情操。

2.配合各级党组织开展青年师生党建工作。配合党组织对青年进行党的基本理论、基本路线、基本纲领、基本经验和党团基本知识教育。通过党委特邀党建组织员平台,协助基层党组织做好新党员的培养教育和考察工作。开展学生党员思想状况调研,及时了解学生党建情况,参与学生党支部建设工作。

3.配合学校提升青年教师、干部和学生的业务能力和工作水平。实施“青蓝工程”,发挥老教师的优势和专长,参与对青年教师的教学指导工作,帮助青年教师加强师德修养,提高教学能力。开展“第二课堂活动”,发挥老教师、老专家的作用,参与对青年学生的科学文化教育、治学态度和方法教育,引导他们珍惜时光、勤奋学习。

4.参与开展校园文化活动。以社会主义核心价值体系为引领,参与组织开展内容丰富、形式多样、品位高雅的学术科技、文化体育活动。协助推进爱国主义教育基地和活动阵地建设,加强对学生社团组织的指导,参与开展帮困助学活动,积极倡导校园文明新风。

5.开展普法教育。协助学校开展对青年教师、干部和学生的法律法规教育,引导他们遵纪守法,依法保护自己,防范违法犯罪,维护学校和社会的稳定。

6.深入调查研究。配合学校中心工作,参与有关调查研究工作,了解、掌握青年教师、干部和学生的思想脉搏和现实状况,为推动青年健康成长提供信息建议和决策参考。

四、健全关工委组织机构

学校建立校、院两级关工委,受校党委和各基层党委、党总支领导。各学院(研究院)关工委在学校关工委的指导下开展工作。

1.健全学校关工委工作机构。

学校关工委聘请顾问若干名,设主任一名、常务副主任两名、副主任若干名、委员若干名。主任一般由担任过学校党政领导的退休同志担任,现任分管的校党委副书记担任常务副主任。

学校关工委委员会由主任、常务副主任、副主任,各学院(研究院)关工委常务副主任、“五老”志愿者代表以及学校党政有关部门、群团组织(学校办公室、党委组织部、党委宣传部、学生工作部、离退休工作部、党校、研究生院、教务处、财务处及校工会、校团委、校妇委会)主要负责人组成。

学校关工委下设秘书处为日常办事机构,挂靠党委宣传部。设秘书长一名,由党委宣传部部长兼任;副秘书长三名,由学生工作部部长、离退休工作部部长和校团委书记兼任。设专职秘书(科级)一名,负责秘书处日常工作(由现有编制内解决)。

2.健全各学院(研究院)关工委工作机构。

学院(研究院)关工委设主任一名、常务副主任一名、副主任数名。主任由各基层党委、党总支书记担任,常务副主任一般由担任过学院(研究院)党政领导的退休同志担任,副主任由分管学生工作的各基层党委、党总支副书记及离退休老同志担任。各院关工委委员由各学院(研究院)结合各单位实际情况吸收“五老”志愿者组成,扎实推进本单位关心下一代工作。

五、加强关工委队伍建设

1.高度重视关工委队伍建设。健全组织、壮大队伍是关工委的工作基础。全校各单位要广泛动员发动政治可靠、经验丰富、学识水平高、敬业精神强的“五老”志愿者参加关心下一代工作,为关心下一代工作提供坚实的人力保障。

2.加强关工委领导班子建设。要根据工作需要和离退休队伍的实际情况,坚持适时调整、充实加强的原则,及时调整关工委领导班子,保证班子健全,使这支特殊队伍始终保持活力和工作的连续性。要加强领导班子建设,努力将班子建成心系青年师生、求真务实、清廉正直的群体。

六、建立关工委长效工作机制

坚持关工委的导向定位,以创建“学习型、调研型、创新型、服务型”关工委为目标,完善关工委的工作运行机制,建立与学校整体工作相适应的工作制度,保证关心下一代工作健康有序进行。

1.建立和完善委员会会议制度。会议由主任主持,委员会全体成员参加。原则上每学期召开一次,根据工作需要可适时召开。主要职责是:学习党的路线、方针、政策,听取青年师生思想状况通报(学生思想状况通报由学生工作部门提供,青年教师思想状况通报由党委宣传部提供),总结和安排关心下一代工作,商定其他重要事项。主任、常务副主任、副主任会议与委员会会议分别定期召开。

2.建立和完善年度工作计划制度。每年初,校关工委根据校党委工作部署和学校年度工作计划制订关心下一代工作计划,各学院(研究院)关工委结合学院工作计划制订关心下一代工作计划。

3.建立和完善学生工作会听会制度。围绕立德树人这一根本任务,工作对象以青年学生为重点、兼顾青年教师和干部,关工委主要负责人要经常参加学生工作会。

4.关工委实行任期制。每任5年,成员调整时间安排在学校党代会后。委员会成员一般不超过75周岁。

5.加强理论学习和工作探索。定期组织理论学习,以马克思主义中国化最新成果指导工作;开展理论研究和工作交流,探索新形势下关心下一代工作的规律,着力提升关心下一代工作水平和成效。

七、加强对关工委工作的领导

1.校、院两级党政领导都要把关工委工作列入重要议事日程和工作计划,要定期听取汇报和研究工作,肯定工作中好的做法,解决遇到的困难和问题。要为校、院两级关工委开展工作提供必要的条件。

2.有关重要文件、会议精神和工作部署要及时向关工委传达、通报。召开涉及全局性的工作会议和有关思想政治工作、学生党建等专题性会议,要请关工委主要负责同志参加。

3.要发挥、保护好参与关心下一代工作老同志的积极性。对参加关工委工作的“五老”志愿者要政治上关心,生活上体贴,工作上支持,对他们乐于奉献的精神要及时宣传表彰,为关工委和老同志开展工作创造良好的舆论和氛围。

中共厦门大学委员会

2013年11月27日

——本文摘录自《关于加强关心下一代工作委员会建设的意见》,厦大委综〔2013〕62号,档号2015-XZ09-10

中共厦门大学纪律检查委员会委员分工联系单位工作规程

（2013 年 12 月 26 日）

为进一步推动我校党风廉政建设工作的深入开展，充分发挥校纪委委员的作用，推进工作的制度化和规范化，强化校纪委委员对全校各单位党风廉政建设情况的指导和监督，经校纪委全会讨论通过，现对校纪委委员分工联系单位的有关工作内容做如下规定：

一、校纪委委员的工作职责

1.维护党的章程和其他党内法规，协助校纪委督促联系单位贯彻落实上级机关与学校党委关于党风廉政建设的指示精神和具体工作要求。

2.与联系单位的党政领导保持密切联系，及时了解和掌握其落实党风廉政建设责任制和相关工作制度的情况，特别是执行“三重一大”制度和学院党政联席会制度，落实民主决策、科学管理的情况。

3.配合校纪委，指导和督促联系单位认真做好群众来信来访来电工作，协助调查和处理党的组织和党员违反党纪的行为。

4.指导和参与联系单位组织开展党风廉政建设宣传教育工作。

5.定期开展调查研究或反腐倡廉理论研究工作，分析和查找各单位存在的廉政风险和隐患，从源头上预防腐败的途径。

二、联系单位的工作职责

1.各单位的党政主要负责人要认真履行“一岗双责”的工作要求，在做好本单位业务工作的同时，认真抓好本单位的党风廉政建设工作。

2.积极配合校纪委委员开展相关工作，主动、自觉地接受校纪委委员的指导和监督。

3.与联系本单位的校纪委委员保持经常性的工作沟通，及时通报开展党风廉政建设工作的情况，以及领导班子分工调整和变化的情况。

4.凡涉及领导班子专题民主生活会、领导班子换届，以及组织开展党风廉政建设宣传教育等重要活动或会议时，应邀请校纪委委员参加，并及时将有关工作文件送校纪委委员。

5.每学期末，应以适当方式向联系本单位的校纪委委员汇报开展党风廉政建设工作情况。

三、工作方式和要求

1.联系单位邀请校纪委委员参加本单位的活动或会议，应提前一周书面通知。

2.校纪委委员应每学期至少参加本人所联系单位的一次党风廉政建设方面的工作会议或活动。

3.在每学期末召开的校纪委全会上，校纪委委员应汇报本学期开展工作的情况和所了解到的问题，提出工作建议或意见，以进一步增强学校党风廉政建设工作的针对性和有效性，不断提升工作水平和工作成效。

附件:校纪委委员分工联系单位一览表

(附件略——编者)

中共厦门大学纪委检查委员会

二〇一三年十二月二十六日

——本文摘录自《中共厦门大学纪律检查委员会委员分工联系单位工作规程》,(2013)厦大纪5号,档号2019-DQ06-002

・教学与科研工作・

厦门大学 2013 年国际学生(硕士)招生简章

(2012 年 12 月)

厦门大学由著名爱国华侨领袖陈嘉庚先生于 1921 年创建,是中国近代教育史上第一所华侨创办的大学,也是我国唯一地处经济特区、教育部直属的国家“211 工程”、“985 工程”重点建设的高水平大学。厦门大学在中国 2000 多所高校中综合排名位居前 20 名之列,是一所学科门类齐全、师资力量雄厚、国内一流、国际上有广泛影响的综合性大学。校园环绕厦门湾,依山傍海,风景秀丽,被誉为中国最美丽的大学。

一、申请条件

应届本科毕业生、大学本科以上学历,身体健康,持外国有效普通护照的非中国籍公民。

二、申请时间

2013 年 2 月 1 日—7 月 1 日

三、申请程序

1.网上报名:登录厦门大学国际学生网上报名系统报名并在线提交各项申请资料。报名网址:http://admissions.xmu.edu.cn/application

注:网上报名为申请的必要程序。若无网上报名,我校不受理纸质申请材料。

2.纸质材料提交:

请将网上报名成功后自动生成的《厦门大学国际学生入学申请表》连同其他申请材料务必在 7 月 1 日前寄(送)达中国厦门大学招生办公室(邮编:361005,联系电话:+86-(0)592-2184792)。

我校逾期不再受理申请。

详细申请流程图:

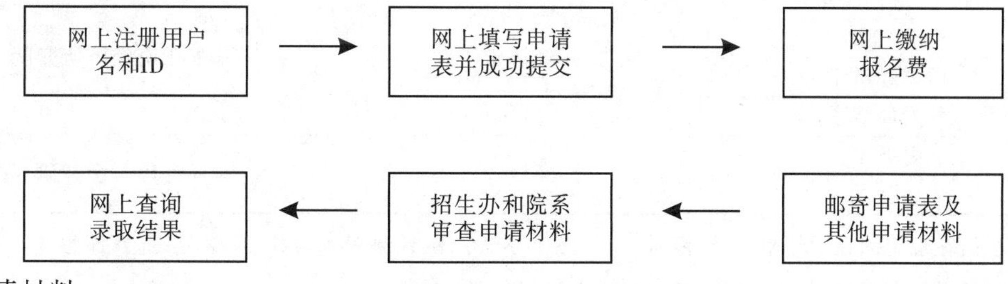

四、申请材料

申请人必须如实填写和提交以下申请材料:

1.《厦门大学国际学生入学申请表》(网上报名自动生成),用中文或英文填写。

2.本科毕业证书(中文或英文公证件)。如申请人为在校学生,需提交本人就读学校出具的预毕业证明(中文或英文)。

注:凭预毕业证明申请入学者,须在我校报到注册日(2013年9月中旬)前向我校招生办提交本科毕业证书,否则将被取消入学资格。

3.本科阶段学习成绩单(中文或英文公证件)。

4.来华学习和研究计划(不少于1000字),用中文或英文书写。

5.两名教授或副教授的推荐信,用中文或英文书写。

6.汉语水平考试(HSK)证书或英语水平证书或大学阶段授课语言证明。

7.有效普通护照复印件。

8.《外国人体格检查记录》复印件(原件请自行保留),须用中文或英文填写。

9.《国际学生经济担保书》:提供足以支付在中国留学的学、宿、生活费的担保证明。同时提交经费担保人的工作或收入证明及护照复印件。

注:请申请者将上述申请材料备齐后一并寄来。申请材料不完整,我校将不予受理。不论录取与否,以上材料一律不予退还。

五、招生专业

1.中文授课专业:

我校大部分硕士专业采用中文授课。详细专业信息,请查看国际学生招生网的"硕士专业课程"。http://admissions.xmu.edu.cn/liuxuesheng/website.aspx? language=en&website_id=18.

汉语水平要求:人文社科类(含经管法类与中医学)专业需达到汉语水平考试新HSK5级(HSK6级)或以上;理工医类专业需达到汉语水平考试新HSK4级(HSK3级)或以上。本科阶段以汉语为教学语言的,可以免交HSK证书,但须提交中文教学语言证明。

2.英文授课专业:

为推进我校国际化办学进程,我校开设多个全英文授课国际硕士专业,招收优秀国际学生。国际硕士专业所有课程以英语授课,学制两年,旨在培养既具有良好的专业基础,又了解中国社会与文化的高层次国际专业人才。

序号	专业	硕士学位授予	所在学院
1	中国哲学(中国文化)	哲学	人文学院
2	民商法(中国民商法)	法学	法学院
3	国际关系(亚太国际关系)	法学	国际关系学院
4	国际商务	经济学	经济学院
5	海洋事务	理学	环境与生态学院
6	化学工程	工学	化学化工学院
7	物理化学(电化学)	理学	化学化工学院
8	金融学(应用金融学)	经济学	王亚南经济研究院
9	金融工程		
10	西方经济学		
11	数量经济学		
12	财务学	经济学	财务管理与会计研究院
13	会计学		

注:1.学分设置:在规定的在学年限之内,修满24～32个学分。核心课程4门共12学分;选修课程4～6门共8～12学分;公共必修课程包括"中国概况"和"汉语入门"共4学分。

2.详细项目介绍和项目联系人信息,请查看国际学生招生网"英文授课项"。http://admissions.xmu.edu.cn/liuxuesheng/website.aspx? website_id=6&language=en.

英语水平要求:申请者的英语水平要求为新托福80分或以上,雅思6.0分或以上,或提供达到相当英语水平的证书。来自英语国家或以英语为官方语的申请者免英语水平证书;本科阶段授课语言为英语的申请者可免英语水平证书,但须提交英文教学语言证明。

六、录取

我校招生办公室将会同相关院系对申请材料进行认真审核,综合申请者的学业成绩、学术能力、科研成果和导师意见等择优选拔录取,录取名单报校领导审批。根据院系导师和专业要求,需要面试(或笔试)的将提前通知申请者。

我校将在国际学生网上报名系统公布录取结果,并于录取结果公布后1个月内寄出录取通知书。请申请者届时及时登录网上报名系统(http://admissions.xmu.edu.cn/application)查询录取结果以及录取通知书寄送详情。

七、学制、在学年限及学位授予

硕士研究生学制:3年,在学年限(含休学、保留学籍):3～5年;

国际硕士项目、汉语国际教育硕士、工商管理硕士(MBA)学制:2年,在学年限(含休学、保留学籍):2～5年;学生在规定的在学年限之内,修满教学计划规定的学分,完成毕业论文并顺利通过答辩,达到毕业要求的准予毕业,颁发硕士毕业证书,符合硕士学位条件的授予硕士学位。

八、报名费400元人民币(网上报名时缴纳,报名费不予退回)

九、学费(按学年收费,以人民币收取,不含教材费)

中文授课硕士专业

人文社科类:20000元/年,全程60000元;

理工医类、经管法类、艺术类:24000元/年,全程72000元;

工商管理硕士(MBA):55000元/年,全程110000元;

汉语国际教育硕士:30000元/年,全程60000元。

英文授课硕士专业

36000元/年,全程72000元(中国哲学30000元/年,全程60000元)。

注:以上学费标准若有调整,最终以物价部门核准的收费标准为准。

十、住宿生活费

1.住宿费:

厦门校本部住宿:校内留学生公寓环境优美、安静宜人。楼内提供现代化的住宿设施,每个房间都安装电话、空调、有线电视、INTERNET接口、单独卫生间。硕士生住双人间,住宿费约900元人民币/月。校本部的校内住宿优先提供给免住宿费的奖学金生。在有空余的情况下,向自费学生开放。校本部留学生公寓楼　联系电话:南光四、五海外学生楼(Tel:0086-(0)592-2184905)蔡清洁楼(Tel:0086-(0)592-2180501,Fax:0086-(0)592-2086774)

厦门翔安校区住宿:生命科学学院、医学院、药学院、公共卫生学院、海洋与地球学院、环境与生态学院、能源研究院和海外教育学院的国际学生住宿翔安校区。校区学生公寓设施俱全,环境优美。每间宿舍配有独立卫生间、电话、网络、空调、热水器、保险柜等。硕士生住双人间,住宿费1600元人民币/人/年。

厦门校本部校外住宿:校外住宿便于国际学生与厦门市民交流沟通,进一步了解中国文化与风俗,也有利于提高国际学生的汉语水平。校外住宿每月大约花1500～2000元人民币就可租到一套舒适宽畅的房间,它可以为国际学生读书学习提供更安静的场所。国际学生也可以考虑和同学合租,既安全又不孤单。

2.生活费:每月餐费约750元人民币。

3.保险费:600元人民币/年。

十一、奖学金申请

中国政府奖学金

中国政府奖学金分为全额奖学金和部分奖学金。全额奖学金全程学费全免,并享受生活费、住宿费、医疗费和保险费等待遇。部分奖学金为全额奖学金的一项或几项内容。

1.中国政府奖学金—高校研究生项目(全额奖学金)

厦门大学作为中国政府奖学金的招生院校,面向全球招收该项目的奖学金研究生(包括硕士和博士)并报国家留学基金委审批。

2.中美人文交流专项奖学金(全额奖学金)

厦门大学作为中国政府奖学金招生院校,招收录取美国籍全日制研究生(包括硕士和博士)并报国家留学基金委审批。

3.中国政府海洋奖学金(全额奖学金)

面向南海、印度洋、太平洋周边及岛屿国家以及非洲发展中国家的国际学生,申请来华攻读与海洋相关的硕士和博士学位。从事海洋及相关行业人员优先考虑。学生直接向我校招生办提出申请。

4.中国政府国别奖学金(全额奖学金)

符合"中国政府国别奖学金"申请条件的申请人,可向本国留学生派遣部门或中国驻所在国大使领(总领事馆)教育处提出申请,申请时间一般为每年1月—4月初,各个国家申请截止时间不同,请注意提前查询。国家留学基金委具体负责中国政府来华留学生招生和管理工作。(网址:http://www.csc.edu.cn/laihua/scholarshipdetail.aspx? cid=93&id=1024)

厦门大学招生代码:10384

相关申请办法请登录我校招生办网站(http://admissions.xmu.edu.cn)和国家留学基金委网站(http://www.csc.edu.cn)。

孔子学院奖学金—中国语言文化项目(全额奖学金)

由中国孔子学院总部设立,旨在鼓励世界各国学生、汉语教师来华学习和研究中国语言文化,招收汉语言进修生和汉语国际教育硕士学生。孔子学院奖学金全程学费全免,并享受生活费、住宿费、医疗费和保险费等待遇。

福建省政府外国留学生奖学金(部分奖学金)

为促进福建省国际交流合作,推动福建省来华留学教育事业蓬勃发展,福建省政府自2012年起设立外国留学生奖学金项目。其中,高校自主招收外国留学生项目面向本科、硕士、博士生开放,奖学金包括学费、宿舍费、教材费等。学生可向我校招生办提出申请。

厦门大学国际学生新生奖学金(部分奖学金)

我校每年从被录取的新生中遴选优秀的博士生、硕士生、本科生若干名,给予免学费的奖励(博士生3年,硕士生2~3年,本科生4~5年),并对优秀的硕博国际生参照政府奖学金标准提供生活费。

注:1.关于奖学金申请的详细信息,请登录我校国际学生招生网"奖学金项目"了解。

2.我校将参照中国政府奖学金评审办法对所有奖学金获得者进行年度考核,符合条件的可继续享受下一学年的奖学金,否则将取消其资格。

十二、联系方式

地址:中国福建省厦门市思明南路422号,邮编:361005

厦门大学招生办公室(负责国际学生招生和录取)

联系电话:+86(0)592 2184792 2188888　传真:+86(0)592 2180256

网址:http://admissions.xmu.edu.cn　E-mail:admissions@xmu.edu.cn

厦门大学海外教育学院(受理汉语言本科和进修申请)
联系电话:+86(0)592 2186211　传真:+86(0)592 2093346
网址:http://oec.xmu.edu.cn;　E-mail:oec@xmu.edu.cn

厦门大学招生办公室

2012 年 12 月

——本文摘录自《厦门大学 2013 年国际学生(硕士)招生简章》,档号 2019-XZ30-004

厦门大学2013年国际学生(本科)招生简章

(2013年)

厦门大学由著名爱国华侨领袖陈嘉庚先生于1921年创建,是中国近代教育史上第一所华侨创办的大学,也是我国唯一地处经济特区、教育部直属的国家"211工程"、"985工程"重点建设的高水平大学。厦门大学在中国2000多所高校中综合排名位居前20名之列,是一所学科门类齐全、师资力量雄厚、国内一流、国际上有广泛影响的综合性大学。校园环绕厦门湾,依山傍海,风景秀丽,被誉为中国最美丽的大学。

一、申请条件

1.18～30周岁,身体健康,持外国有效普通护照的非中国籍公民;

注:祖国大陆、香港、澳门和台湾居民在移民外国后作为外国留学生来华学习必须持有效外国护照4年(含)以上,且最近4年(截至2013年4月30日前)之内有在国外实际居住2年以上的记录(一年中实际在国外住满9个月可按一年计算,以入境和出境签章为准)。

2.具备高中毕业文凭,中学成绩良好。

二、申请时间

2013年2月1日—7月1日

三、申请程序

1.网上报名:登录厦门大学国际学生网上报名系统报名并在线提交各项申请材料。

报名网址:http://admissions.xmu.edu.cn/application

注:网上报名为申请的必要程序。若无网上报名,我校不受理纸质申请材料。

2.纸质材料提交:

请将网上报名成功后自动生成的《厦门大学国际学生入学申请表》连同其他申请材料务必在7月1日前寄(送)达中国厦门大学招生办公室(邮编:361005,联系电话:+86-(0)592-2184792)。

我校逾期不再受理申请。

注:若申请我校的汉语言本科专业和汉语言进修,无需在上述网站报名,请直接联系我校海外教育学院。(联系方式:oec@xmu.edu.cn +86-(0)592-2186211)

详细申请流程图:

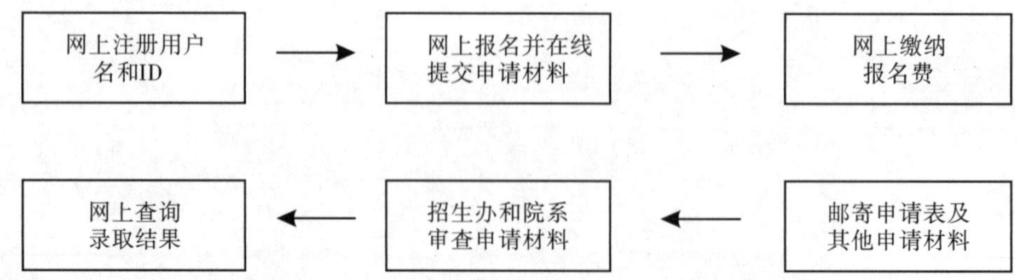

四、申请材料

申请人必须如实填写和提交以下申请材料:

1.《厦门大学国际学生入学申请表》(网上报名自动生成),用中文或英文填写。

2.高中毕业证书(中文或英文公证件)。如申请人为在校学生,需提交本人就读学校出具的预毕业证明(中文或英文)。

注:凭预毕业证明申请入学者,须在我校报到注册日(2013年9月中旬)前向我校招生办补交高中毕业证书,否则将被取消入学资格。

3.高中阶段全部学习成绩单(中文或英文公证件)。

4.汉语水平考试(HSK)证书或英语水平证书或中学阶段授课语言证明。

5.一封中学推荐信原件。

6.护照复印件(有效期内的普通护照)。

注:属于"申请条件"第一款中特别注明的申请者除了提交4年(含)以上的有效护照复印件外,还需提供最近4年之内在国外实际居住2年以上的出入境签章复印件。

7.《外国人体格检查记录》复印件(原件请自行保留),须用中文或英文填写。

8.《国际学生经济担保书》:提供足以支付在中国留学的学、宿、生活费的担保证明。同时提交经费担保人的工作或收入证明及护照复印件。

9.申请建筑学和艺术设计专业的学生需有美术基础并提交相关作品,申请音乐学专业学生需具备音乐学的专业背景并参加我校的专业面试。

10.如有可以证明自己综合能力的文件,如获奖证书、参加社会实践活动的证明等,可在寄送纸质申请材料时一并提交,我校在录取时将优先考虑。

注:请申请者将上述申请材料备齐后一并寄来。申请材料不完整者,我校不予受理。不论录取与否,以上材料一律不予退还。

五、招生专业

我校实行"宽口径、厚基础、多样化"的人才培养模式,录取的学生按专业类进行培养。申请者可在申请表上填报3个专业志愿并服从专业调剂。

中文授课本科专业:

我校大部分本科专业采用中文授课。详细专业信息,请查看国际学生招生网的"本科专业课程"。

http://admissions.xmu.edu.cn/liuxuesheng/website.aspx? website_id=4&language=en.

汉语水平要求:人文社科类(含经管法类与中医学)专业需达到汉语水平考试新HSK5级(HSK6级)或以上;理工医类专业需达到汉语水平考试新HSK4级(HSK3级)或以上。高中阶段以汉语为教学语言的,可以免交HSK证书,但须提交中文教学语言证明。

英文授课本科专业:

学院	专业	授予学位
经济学院	经济学	经济学

经济学是我校的优势重点学科,该专业采用与国际接轨的经济学教育模式,由海外学成归国的优秀专任教师使用英文原版教材,实行英文授课。

学院	专业	授予学位
医学院	临床医学(MBBS)	医学

我校是中国教育部承认的具备招收本科临床医学专业(英语授课)来华留学生资格的高校之一。该专业以培养职业素质良好的医学专业人才为主要目标,面向海外招生,学制六年,实行全英文授课。

英语水平要求:申请者的英语水平要求为新托福80分或以上,雅思6.0分或以上,或提供达到相当英语水平的证书。来自英语国家或以英语为官方语言的申请者免英语水平证书;高中阶段授课语言为英语的申请者可免英语水平证书,但须提交英文教学语言证明。

六、录取

我校将认真审核学生的申请材料,根据申请者的学业成绩、综合素质、中学推荐意见和专业志愿等择优选拔录取。根据院系和专业要求,需要面试的将提前通知申请者。

我校将在国际学生网上报名系统公布录取结果,并于录取结果公布后1个月内寄出录取通知书。请申请者届时及时登录网上报名系统(http://admissions.xmu.edu.cn/application)查询录取结果以及录取通知书寄送详情。

七、学制、在学年限及学位授予

学制:4～5年;在学年限:四年制学生4～6年、五年制学生5～7年。

学生在规定的在学年限之内,修满教学计划规定的学分,完成毕业论文并顺利通过答辩,达到毕业要求的准予毕业,颁发本科毕业证书,符合学士学位条件的授予学士学位。

八、报名费:400元人民币(网上报名时缴纳,报名费不予退回)

九、学费(按学年收费,以人民币收取,不含教材费)

1.中文授课专业

人文社科类:18000元人民币/年;

中医学类:18400元人民币/年;

理工医类、经管法类、艺术类:20000元人民币/年。

2.英文授课专业:26000元人民币/年。

注:以上学费标准若有调整,最终以物价部门核准的收费标准为准。

十、住宿生活费

1.住宿费:

厦门主校区住宿:校内留学生公寓环境优美、安静宜人。楼内提供现代化的住宿设施,每个房间都安装电话、空调、INTERNET接口、单独卫生间。本科生住四人间,住宿费约750元人民币/月。校本部的校内住宿优先提供给免住宿费的奖学金生。在有空余的情况下,向自费学生开放。校本部留学生公寓楼联系电话:南光四、五海外学生楼(Tel:0086-592-2184905)　蔡清洁楼(Tel:0086-592-2180501,Fax:0086-592-2086774)

厦门翔安校区住宿:生命科学学院、医学院、药学院、公共卫生学院、海洋与地球学院、环境与生态学院、能源研究院和海外教育学院的国际学生住宿翔安校区。校区学生公寓设施俱全,环境优美。每间宿舍配有独立卫生间、电话、网络、空调、热水器、保险柜等。本科生住四人间,住宿费1200元人民币/人/年。

厦门校本部校外住宿:校外住宿便于国际学生与厦门市民交流沟通,进一步了解中国文化与风俗,也有利于提高国际学生的汉语水平。校外住宿每月大约花1500～2000元人民币就可租到一套舒适宽畅的房间,它可以为国际学生读书学习提供更安静的场所。国际学生也可以考虑与同学合租,既安全又不孤单。

2.生活费:每月餐费约750元人民币。

3.保险费:600元人民币/年。

十一、奖学金申请

1.中国政府国别奖学金(全额奖学金)

符合中国政府国别奖学金申请条件的申请人,可向本国留学生派遣部门或中国驻所在国大使领(总领事馆)教育处提出申请。申请时间一般为每年1月—4月初,各个国家申请截止时间不同,请注意提前查询。国家留学基金委具体负责中国政府来华留学生招生和管理工作。(网址:http://www.csc.edu.cn/laihua/scholarshipdetail.aspx? cid=93&id=1024,厦门大学招生代码:10384)

2.福建省政府外国留学生奖学金

福建省政府自 2012 年起设立外国留学生奖学金项目。其中,高校自主招收外国留学生项目面向本科、硕士、博士生开放,奖学金包括学费、宿舍费、教材费等。学生可向我校招生办提出申请。

3.厦门大学国际学生新生奖学金

我校每年从被录取的新生中遴选优秀的博士生、硕士生、本科生若干名,给予免学费的奖励(博士生 3～4 年,硕士生 2～3 年,本科生 4～5 年),并对特别优秀的硕博国际学生参照中国政府奖学金标准每月提供生活费。

注:1.关于奖学金申请的详细信息,请登录我校国际学生招生网"奖学金"栏目了解。

2.我校将参照中国政府奖学金评审办法对各类奖学金获得者进行年度考核,符合条件的可继续享受下一学年的奖学金,否则将取消其资格。

十二、联系方式

地址:中国福建省厦门市思明南路 422 号,邮编:361005

• 中国 厦门大学招生办公室(负责国际学生招生和录取)

电话:+86(0)592 2184792 2188888　传真:+86(0)592 2180256

网址:http://admissions.xmu.edu.cn　E-mail:admissions@xmu.edu.cn

• 厦门大学海外教育学院(受理汉语言本科和进修申请)

联系电话:+86(0)592 2186211　传真:+86(0)592 2093346

网址:http://oec.xmu.edu.cn;　E-mail:oec@xmu.edu.cn

• 厦门大学国际处海外学生事务科(负责国际学生入学注册和在校管理)

联系电话:+86(0)592 2183606　传真:+86(0)592 2183663

网址:http://ice.xmu.edu.cn　Email:osao@xmu.edu.cn

• 汉语水平考试(HSK)厦门大学考点

联系电话:+86(0)592 2181012,2187478　传真:+86(0)592 2093346

更多汉语水平考试信息,请见 http://www.hanban.edu.cn/node_7486.htm

——本文摘录自《厦门大学 2013 年国际学生(本科)招生简章》,档号 2019-XZ30-004

厦门大学心理健康教育三级网络工作实施方案

(2013年1月7日)

为贯彻落实《中共中央国务院关于进一步加强和改进大学生思想政治教育的意见》(中发[2004]16号)、《教育部 卫生部 共青团中央关于进一步加强和改进大学生心理健康教育的意见》(教社政[2005]1号)和《中共福建省委教育工作委员会 福建省教育厅关于进一步加强和改进大学生心理健康教育工作的若干意见》(闽委教宣〔2009〕56号)精神,增强心理健康教育工作的渗透性和覆盖面,进一步提高我校心理健康教育工作水平和全体学生的心理健康素质,现就我校学生心理健康教育三级网络工作提出如下实施细则:

一、工作目标

有效整合各学院(研究院)及职能部门的力量及资源,构建校、院、班三级心理健康教育工作网络,形成既有明确分工,又能通力合作的心理健康教育运行体系,完善心理危机预警机制,普及心理健康常识,建立有效的校园心理支持系统。

二、分工职责

心理健康教育三级网络由厦门大学学生心理健康教育工作领导小组、学院(研究院)心理健康教育工作组和班级心理委员组成。

(一)一级网络

1.一级网络的组成

学校成立"厦门大学学生心理健康教育工作领导小组",由主管学生工作的校领导担任组长,成员单位为学生处、研究生院、教务处、校团委、校医院、保卫处、公共事务学院和教育研究院。

2.一级网络的主要职责

领导小组主要负责我校心理健康教育工作规划以及协调各单位共同开展心理健康教育工作。小组下设办公室,办公室设在心理咨询与教育中心。心理咨询与教育中心的主要工作职责为:

(1)指导、服务各学院(研究院)心理健康教育工作组开展心理健康教育工作,对学院工作组报告的情况及时进行总结、干预和通报。

(2)为全体在校大学生提供心理健康教育服务,为全校学生开设心理健康教育课程、提供心理咨询、组织心理健康教育活动和心理危机干预等。

(3)指导和支持大学生心理社团开展活动。

3.一级网络的具体工作

一级网络的主要工作包括:

(1)中心督促检查各学院(研究院)心理健康教育工作,指导各学院(研究院)各项心理健康教育具体工作的开展。

(2)中心每位专职教师负责联络若干学院(研究院)每月召开工作例会、对各学院(研究院)心理健康教育工作组报告的情况进行分析和干预、每月以心理健康简报的方式通报全校学生的心理动态。

(3)定期面向专业教师、辅导员、学生宿舍管理人员等开展大学生心理健康教育专题培训。

(4)为全校学生开设心理健康教育课程;提供面谈咨询、电话咨询和网络咨询三种心理咨询渠道;举办"5·25大学生心理健康活动月"和"迎新生心理健康活动月"两个大型活动;协助各学院(研究院)做好心理危机学生干预工作。

(5)加强对大学生心理健康协会、心理志愿者团队等社团组织学生骨干的培训,指导和支持其开展朋辈辅导互助活动。

(二)二级网络

1.二级网络的组成

各学院(研究院)要成立院心理健康教育工作组。成员为院党委(党总支)副书记、辅导员、班主任、热心心理健康教育工作的专业教师。由分管学生工作的院党委(党总支)副书记任组长,由具备一定心理健康知识和心理咨询技巧、有较强的组织能力和工作责任心的辅导员任副组长。

2.二级网络的主要职责

院心理健康教育工作组的主要工作职责为:

(1)负责全院学生的心理健康教育工作,定期开展相关活动。

(2)负责学院(研究院)心理委员产生、培训及管理工作,及时听取心理委员汇报,对心理委员报告的情况进行分析和干预。

(3)每月书面报告学院(研究院)心理健康教育工作开展情况和学生心理健康状况,及时反馈学生心理危机情况。

(4)配合校心理咨询与教育中心开展各项工作。

3.二级网络的具体工作

院心理健康教育工作组的具体工作包括:

(1)制订学院(研究院)学年心理健康教育工作计划。

(2)定期开展学院(研究院)心理健康教育活动,积极配合校心理咨询与教育中心开展"5·25"大学生心理健康活动和迎新生心理健康的活动。

(3)做好心理委员选拔工作,每学期做不少于2次的心理委员培训。

(4)每月向校心理咨询与教育中心书面汇报"学院心理健康教育月度工作汇总表"和"学院学生心理危机月报汇总表",总结学院(研究院)学生学习和生活中出现的心理问题及状况。

(5)负责学院(研究院)心理危机学生的发现及干预工作。

(6)总结学院(研究院)学年心理健康教育工作。

(三)三级网络

1.三级网络的组成

各学院(研究院)选拔群众基础好、乐于助人、善于沟通、热心班级心理健康工作的学生为班级心理委员,每班1至2名。

2.三级网络的主要职责

心理委员的工作职责为:

(1)宣传普及心理健康知识,提高全班学生的心理保健意识。

(2)开展班级心理健康教育活动。

(3)每月向院心理健康教育工作组汇报本班学生心理动态,及时反馈学生心理危机情况。

3.三级网络的具体工作

心理委员的具体工作包括:

(1)每学期至少开展一次心理健康教育宣传活动,普及心理健康知识。

(2)每学期至少开展一次以心理健康保健为主题的班会。

(3)每月向院心理健康教育工作组提交"心理委员月度工作汇报表",书面报告本班学生的心理状况。

(4)加强与寝室长的联系,指导寝室长做好心理健康教育的宣传和寝室心理文化建设工作,将寝室长发现的宿舍同学的心理问题及时报告辅导员。

(5)对心理弱势群体提供帮助。

三、工作要求

1.提高认识、高度重视。各学院(研究院)要高度重视大学生心理健康教育三级网络建设工作,结合本学院情况,创新有特色的心理健康教育工作模式。

2.明确职责、组建人员。各学院(研究院)应按照学校要求,成立心理健康教育工作组。由分管学生工作的院党委(党总支)副书记任组长。选拔责任心强、工作能力突出的辅导员担任心理健康教育工作组副组长;选拔群众基础好、乐于助人、善于沟通、热心班级心理健康工作的学生为班级心理委员。

3.督促检查,确保落实。学校心理健康教育工作领导小组要对各学院(研究院)的心理健康教育工作组成立及运行情况进行检查和评估,确保各项工作落到实处。

厦门大学学生工作部(处)

2013 年 1 月 7 日

——本文摘录自《关于印发〈厦门大学心理健康教育三级网络工作实施方案〉的通知》,(2013)厦大学1号,档号 2013-XZ11-2

厦门大学国家“基础学科拔尖学生培养试验计划”课程免修试行办法

（2013年1月21日）

为进一步推进国家“基础学科拔尖学生培养试验计划”（以下简称“拔尖计划”），深化人才培养模式改革，为拔尖学生成长创造更好的成长环境，根据《厦门大学本科生学籍管理规定》（厦大教〔2005〕38号）关于课程免修的相关规定，结合我校教学改革实施，现将“拔尖计划”课程免修办法规定如下：

一、免修定义：本办法定义的课程免修，是指学生业已掌握课程大纲规定的知识、能力、综合素质要求，经学生本人申请、学院组织认定批准后，可以不修读课程并直接获得该课程学分。

二、适用对象：本办法规定课程免修适用于正式入选“拔尖计划”的在校本科学生。

三、免修范围：免修的课程范围应是已定教学计划内的某些课程（思想政治理论课、军事理论课、体育课、实验课、毕业论文或毕业设计除外）。原则上，学生在学期间申请免修课程不超过四门，且为非专业必修课程。

四、免修程序：进入“拔尖计划”的学生，应按照已制订个性化培养方案规定的顺序和要求修课。但某些课程经学生本人提出申请，学生导师审核认可，授课学院组织相关教研室、课程组或“拔尖计划”领导小组等组织集体讨论认定，主管教学院长（系主任或教学部主任）批准，学生可以免修课程并获得学分。具体程序如下：

1.学生填写“厦门大学国家‘基础学科拔尖学生培养试验计划’学生免修课程申请表”（一式三份，见附件）

2.准备相应证明自己业已掌握课程教学要求的附件材料

3.导师审核同意

4.教研室、课程组或“拔尖计划”领导小组等组织集体讨论并提出认定意见

5.主管教学院长（系主任或教学部主任）批准

6.教务处复核备案（教务处、学院和学生本人各留存一份）

五、免修成绩登记

学生获准免修课程的成绩一般登记为“免修”。一般由任课教师或由教学秘书代为登入。学生的课程免修申请单与课程成绩单一起存档。免修课程的成绩不纳入GPA计算。

六、本试行办法未尽事宜由教务处负责解释。

（附件略——编者）

——本文摘录自《关于印发〈厦门大学国家“基础学科拔尖学生培养试验计划”课程免修试行办法〉的通知》，（2013）厦大教6号，档号2013-XZ12-2

厦门大学2013年国际学生(博士)招生简章

(2013年2月)

厦门大学由著名爱国华侨领袖陈嘉庚先生于1921年创建,是中国近代教育史上第一所华侨创办的大学,也是我国唯一地处经济特区、教育部直属的国家"211工程"、"985工程"重点建设的高水平大学。厦门大学在中国2000多所高校中综合排名位居前20名之列,是一所学科门类齐全、师资力量雄厚、国内一流、国际上有广泛影响的综合性大学。校园环绕厦门湾,依山傍海,风景秀丽,被誉为中国最美丽的大学。

一、申请条件

应届硕士毕业生、硕士以上学历,身体健康,持外国有效普通护照的非中国籍公民。

二、申请时间

2013年2月1日—7月1日

三、申请程序

1.网上报名:登录厦门大学国际学生网上报名系统报名并在线提交各项申请资料。

报名网址:http://admissions.xmu.edu.cn/application

注:网上报名为申请的必要程序。若无网上报名,我校不受理纸质申请材料。

2.纸质材料提交:

请将网上报名成功后自动生成的《厦门大学国际学生入学申请表》连同其他申请材料务必在7月1日前寄(送)达中国厦门大学招生办公室(邮编:361005,联系电话:0592—2184792)。

我校逾期不再受理申请。

详细申请流程图:

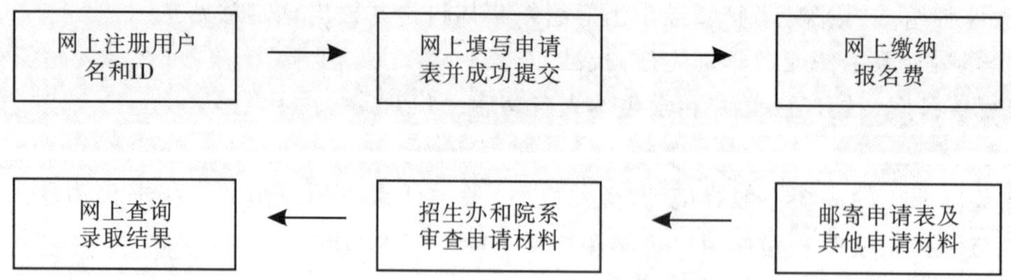

四、申请材料

申请人必须如实填写和提交以下申请材料:

1.《厦门大学国际学生入学申请表》(网上报名自动生成),用中文或英文填写。

2.硕士毕业证书(中文或英文公证件)。如申请人为在校学生,需提交本人就读学校出具的预毕业证明(中文或英文)。

注:凭预毕业证明申请入学者,须在我校报到注册日前(2013年9月中旬)向我校招生办提交硕士毕业证书,否则入学资格将被取消。

3.硕士阶段学习成绩单(中文或英文公证件)。

4.来华学习和研究计划(不少于1000字),用中文或英文书写。

5.两名教授或副教授的推荐信,用中文或英文书写。

6.汉语水平考试(HSK)证书或英语水平证书或授课语言证明。

7.有效普通护照复印件。

8.《外国人体格检查记录》复印件(原件请自行保留),须用中文或英文填写。

9.《国际学生经济担保书》:提供足以支付在中国留学的学、宿、生活费的担保证明。同时提交经费担保人的工作或收入证明及护照复印件。

注:请申请者将上述申请材料备齐后一并寄来。申请材料不完整,我校将不予受理。不论录取与否,以上材料一律不予退还。

五、招生专业

1.中文授课专业:

我校大部分博士专业采用中文授课。详细专业信息,请查看国际学生招生网的“专业课程”。

http://admissions.xmu.edu.cn/liuxuesheng/website.aspx? language=en&website_id=19

汉语水平要求:人文社科类(含经管法类)专业需达到汉语水平考试新HSK5级(HSK6级)或以上;理工医类专业需达到汉语水平考试新HSK4级(HSK3级)或以上。硕士阶段以汉语为教学语言的,可以免交HSK证书,但须提交中文教学语言证明。

2.英文授课专业:

我校拥有一支高水平的师资队伍,相当一部分专任教师在海外取得博士学位,可以用英语指导博士生。目前我校有60多个博士专业的博士生导师可以用英文指导学生。

学院	专业
人文学院	考古学、中国史、世界史、人类学
管理学院	会计学、财务学、企业管理、技术经济及管理、管理科学与工程、市场营销学
经济学院	统计学、世界经济、国际贸易、能源经济学
王亚南经济研究院	西方经济学、金融学、数量经济学、统计学、劳动经济学、区域经济学
法学院	国际法学
知识产权研究院	知识产权法学
外文学院	英语语言文学
物理与机电工程学院	机械电子工程、凝聚态物理、无线电物理、电磁场与微波技术
数学科学学院	基础数学、计算数学、概率论与数理统计
化学化工学院	化学工程、化学工艺、生物工程、工业催化、应用化学、分析化学、有机化学、物理化学、高分子化学与物理
材料学院	材料物理与化学
生命科学学院	动物学、生物化学与分子生物学、水生生物学、细胞生物学、遗传学
海洋与地球学院	物理海洋学、海洋生物学、海洋化学、海洋物理、海洋地质、海洋生物技术
环境与生态学院	环境科学、环境工程、生态学、环境管理
国际关系学院/南洋研究院	世界经济、政治学理论、国际关系、世界史
教育研究院	高等教育学、教育经济与管理
药学院	化学生物学
财务管理与会计研究院	会计学、财务学

注:1.博士研究生在学期间应至少修满12～14个学分。英文授课博士生除学习本专业课程外,可在导师指导下选修全校英语授课的研究生课程取得相应的学分。

2.各专业导师信息以及各学院联系人信息,请查看:

http://admissions.xmu.edu.cn/liuxuesheng/website.aspx? website_id=84&language=en

英语水平要求:申请者的英语水平要求为新托福 80 分或以上,雅思 6.0 分或以上,或提供达到相当英语水平的证书。来自英语国家或以英语为官方语的申请者免英语水平证书;硕士阶段授课语言为英语的申请者可免英语水平证书,但须提交英文教学语言证明。

六、录取

我校招生办公室将会同相关院系对申请材料进行认真审核,综合申请者的学业成绩、学术能力、科研成果和导师意见等择优选拔录取,录取名单报校领导审批。根据院系导师和专业要求,需要面试(或笔试)的将提前通知申请者。

我校将在国际学生网上报名系统公布录取结果,并于录取结果公布后 1 个月内寄出录取通知书。请申请者届时及时登录网上报名系统(http://admissions.xmu.edu.cn/application)查询录取结果以及录取通知书寄送详情。

七、学制、在学年限及学位授予

博士研究生学制:3～4 年,在学年限(含休学、保留学籍):3～7 年;

学生在规定的在学年限之内,修满教学计划规定的学分,完成毕业论文并顺利通过答辩,达到毕业要求的准予毕业,颁发博士毕业证书,符合博士学位条件的授予博士学位。

八、报名费:400 元人民币(网上报名时缴纳,报名费不予退回)

九、学费(按学年收费,以人民币收取,不含教材费)

中文授课博士专业

人文社科类:24000 元/年,全程 72000 元;

理工医类、经管法类、艺术类:32000 元/年,全程 96000 元。

英文授课博士专业

人文社科类:32000 元/年,全程 96000 元;

理工医类、经管法类、艺术类:42000 元/年,全程 126000 元。

注:以上学费标准若有调整,最终以物价部门核准的收费标准为准。

十、住宿生活费

1)住宿费:

厦门校本部住宿:校内留学生公寓环境优美、安静宜人。楼内提供现代化的住宿设施,每个房间都安装电话、空调、有线电视、INTERNET 接口、单独卫生间。博士生住单人间,住宿费约 1500 元人民币/月。校本部的校内住宿优先提供给免住宿费的奖学金生。在有空余的情况下,向自费学生开放。校本部留学生公寓楼联系电话:南光四、五海外学生楼(Tel:0086-(0)592-2184905)　蔡清洁楼(Tel:0086-(0)592-2180501, Fax:0086-(0)592-2086774)

厦门翔安校区住宿:生命科学学院、医学院、药学院、公共卫生学院、海洋与地球学院、环境与生态学院、能源研究院和海外教育学院的国际学生住宿翔安校区。校区学生公寓设施俱全,环境优美。每间宿舍配有独立卫生间、电话、网络、空调、热水器、保险柜等。博士生住单人间,住宿费 2400 元人民币/人/年。

厦门校本部校外住宿:校外住宿便于国际学生与厦门市民交流沟通,进一步了解中国文化与风俗,也有利于提高国际学生的汉语水平。校外住宿每月大约花 1500～2000 元人民币就可租到一套舒适宽畅的房间,它可以为国际学生读书学习提供更安静的场所。国际学生也可以考虑和同学合租,既安全又不孤单。

2)生活费:每月餐费约 750 元人民币。

3)保险费:600 元人民币/年。

十一、奖学金申请

中国政府奖学金

中国政府奖学金分为全额奖学金和部分奖学金。全额奖学金全程学费全免,并享受生活费、住宿费、医疗费和保险费等待遇。部分奖学金为全额奖学金的一项或几项内容。

1.中国政府奖学金—高校研究生项目(全额奖学金)

厦门大学作为中国政府奖学金的招生院校,面向全球招收该项目的奖学金研究生(包括硕士和博士)并报国家留学基金委审批。

2.中美人文交流专项奖学金(全额奖学金)

厦门大学作为中国政府奖学金招生院校,招收录取美国籍全日制研究生(包括硕士和博士)并报国家留学基金委审批。

3.中国政府海洋奖学金(全额奖学金)

面向南海、印度洋、太平洋周边及岛屿国家以及非洲发展中国家的国际学生,申请来华攻读与海洋相关的硕士和博士学位。从事海洋及相关行业人员优先考虑。学生直接向我校招生办提出申请。

4.中国政府国别奖学金(全额奖学金)

符合"中国政府国别奖学金"申请条件的申请人,可向本国留学生派遣部门或中国驻所在国大使领(总领事馆)教育处提出申请,申请时间一般为每年1月—4月初,各个国家申请截止时间不同,请注意提前查询。国家留学基金委具体负责中国政府来华留学生招生和管理工作。(网址:http://www.csc.edu.cn/laihua/scholarshipdetail.aspx? cid=93&id=1024)

厦门大学招生代码:10384

相关申请办法请登录我校招生办网站(http://admissions.xmu.edu.cn)和国家留学基金委网站(http://www.csc.edu.cn)。

"孔子新汉学计划"博士生奖学金(全额奖学金)

2012年首先实施中外合作培养博士和来华攻读博士学位项目,主要通过课题研究等方式资助,专业领域为人文学科和社会科学。每人每年资助金额可高达20万元人民币。申请者须联系我校共建孔子学院或所在国孔子学院取得推荐。

更多信息请见《厦门大学2013年"孔子新汉学计划"博士生奖学金申请办法》

福建省政府外国留学生奖学金(部分奖学金)

为促进福建省国际交流合作,推动福建省来华留学教育事业蓬勃发展,福建省政府自2012年起设立外国留学生奖学金项目。其中,高校自主招收外国留学生项目面向本科、硕士、博士生开放,奖学金包括学费、宿舍费、教材费等。学生可向我校招生办提出申请。

厦门大学国际学生新生奖学金(部分奖学金)

我校每年从被录取的新生中遴选优秀的博士生、硕士生、本科生若干名,给予免学费的奖励(博士生3年,硕士生2～3年,本科生4～5年),并对优秀的硕博国际生参照政府奖学金标准提供生活费。

注:1.关于奖学金申请的详细信息,请登录我校国际学生招生网"奖学金栏目"了解。

2.我校将参照中国政府奖学金评审办法对所有奖学金获得者进行年度考核,符合条件的可继续享受下一学年的奖学金,否则将取消其资格。

十二、联系方式

地址:中国福建省厦门市思明南路422号,邮编:361005

厦门大学招生办公室(负责国际学生招生和录取)

联系电话:+86(0)592 2184792 2188375　传真:+86(0)592 2180256

网址:http://admissions.xmu.edu.cn　E-mail:admissions@xmu.edu.cn

厦门大学海外教育学院(受理汉语言本科和进修申请)

联系电话:+86(0)592 2186211　传真:+86(0)592 2093346

网址:http://oec.xmu.edu.cn;　E-mail:oec@xmu.edu.cn

厦门大学国际处海外学生事务科(负责国际学生入学注册和管理)

联系电话:+86(0)592 2183606　传真:+86(0)592 2183663

网址:http://ice.xmu.edu.cn　Email:osao@xmu.edu.cn

汉语水平考试(HSK)厦门大学考点
联系电话:+86(0)592 2181012,2187478　传真:+86(0)592 2093346

更多汉语水平考试信息,请见 http://www.hanban.edu.cn/node_7486.htm.

厦门大学招生办公室
2013 年 2 月

——本文摘录自《厦门大学 2013 年国际学生(博士)招生简章》,档号 2019-XZ30-004

厦门大学 2013 年联合招收华侨、港澳地区及台湾地区学生简章

（2013 年 2 月）

一、报名

1.报名资格

具有高中毕业文化程度（相当于中学六年级）并符合下列报名条件之一的，方可报名：

① 港澳地区考生，持香港或澳门永久性居民身份证和《港澳居民来往内地通行证》。

② 港澳地区考生，持香港或澳门非永久性居民身份证和《港澳居民来往内地通行证》。

③ 台湾地区考生，持《台湾居民来往大陆通行证》。

④ 华侨考生必须是取得外国长期或永久居留权，且最近四年（截止报名时间结束止）之内有在国外实际居住 2 年以上的记录（一年中实际在国外居住满 9 个月可按一年计算。出国留学和因公出国工作不能视为定居）。报名时考生本人须持我驻外使（领）馆出具的取得在外国长期或永久居留权的公证书或认证书以及中华人民共和国护照参加报名。华侨考生须在上海、福建或广州报考点报名考试，北京和港澳地区报考点不受理华侨考生报考。

考生所持证件必须在有效期限之内。

考生须认真阅读招生学校（专业）对考生身体条件的要求。考生可在《2013 年中华人民共和国普通高等学校联合招收华侨、港澳地区及台湾地区学生专业目录》中查知相关内容。

2.报名时间

3 月 1 日至 3 月 31 日（周六、日除外），其中 3 月 1 日至 3 月 15 日为网上预报名时间，3 月 16 日至 3 月 31 日为现场正式确认时间，具体工作时间安排以各报名点公告为准。

3.报名地点

北京：

北京市高校招生办公室（北京市海淀区志新东路 9 号，邮递区号：100083，电话：(010)82837212）。

上海：

上海市高校招生办公室（上海市钦州南路 500 号，邮递区号：200235，电话：(021)64946010，(021)64511200）。

福建：

① 福建教育考试院（福州市北环中路 59 号，邮递区号：350003，电话：(0591)87819345，传真：(0591)87841550）；

② 福建厦门市招生考试办公室（厦门市火炬二路 269 号，邮递区号：361006，电话：(0592)5703107，传真(0592)5703106）。

广州：

暨南大学华文学院（广州市天河区广园东瘦狗岭路 377 号，邮递区号：510610，电话(020)87205925，传真：(020)87206598）。

香港:

① 香港考试及评核局新蒲岗办事处(香港九龙新蒲岗爵禄街17号,电话:3628 8787/3628 8711)

② 中国旅行社下列各区分社

湾仔分社:香港轩尼诗道138号修顿中心地下1号(电话:2832 3888)

北角分社:香港渣华道196—202号嘉富大厦地下(电话:2565 0370)

筲箕湾分社:香港筲箕湾南康街18号天悦广场2楼2003铺(电话:2535 6726)

旺角分社:九龙旺角洗衣街62—72号得宝大厦2楼(电话:2998 7888)

尖沙咀分社:九龙尖沙咀弥敦道27—33号良士大厦1字楼(电话:2315 7171)

将军澳分社:九龙将军澳东港城商场二楼209号铺(电话:2628 6118)

观塘分社:九龙观塘牛头角道300—302号裕民中心商场地下(电话:2343 8243)

荃湾分社:新界荃湾青山公路(荃湾段)189号地下(电话:2499 1433)

元朗分社:新界元朗教育路31—41号(电话:2475 5367)

沙田分社:新界沙田连城广场七楼717—718号铺(电话:2692 7773)

大埔分社:新界大埔广福道128—130号地下(电话:2657 2883)

屯门分社:新界屯门青山公路(新墟段)11—17号嘉华大厦1/F A铺(电话:2618 8188)

③ 京港学术交流中心(香港北角英皇道83号联合出版大厦1404—05室,电话:2893 6355)

④ 中国教育留学交流(香港)中心有限公司(香港德辅道中272—284号兴业商业中心2305室,电话:2542 4811)

澳门:

澳门特别行政区政府高等教育辅助办公室(澳门罗理基博士大马路614A—640号(入口位于果亚街105号)龙成大厦7楼,电话:(853)83969345)

各报名地点备有《普通高等学校联合招收华侨、港澳台地区学生考试大纲》,考生可径往索购。

4.报名方式

2013年联合招生报名采用网上预报名和现场正式确认相结合的方式。考生登录联招办网站(网址:http://www.ecogd.edu.cn)进行预报名。预报名时,考生需按要求输入报考基本资讯(含姓名、性别、出生年月、报考地点、报考科类、报考学校等)。预报名后,考生需记住自己的密码,并按规定时间到有关报名地点办理正式报名确认手续。如因特殊情况未能亲自前往到报名点现场确认的考生,经报名点同意后,可以委托亲属代为正式报名,代报者凭考生身份证件、本人身份证件、考生亲笔签署的委托书、考生电子相片档以及其他报名资料到报名点现场办理相关手续,而且每个代报者只能代一名考生办理确认手续。办理正式报名确认手续时,考生或代报者须缴本人高中毕业证书副本(应届高中毕业生可由就读学校开具学历证明)、高中各学年学习成绩单正本(应届高中毕业生可在报到时补缴高中毕业证书及最后一学期的成绩单)、身份证件副本(以上资料同时带备正本用以核对,其中学历证明和成绩单要收取正本,一经报名,所有收取的报名资料一律不再退还),并缴付报名考试费人民币550元(在香港、澳门各报名地点报名缴付港币550元)。持外国毕业证书(学历证明)和成绩单的考生,须将证书(证明)和成绩单翻译成中文并作公证。

报名后因未能通过公安部门身份验证而不准考试者或未参加考试者,恕不退还报名考试费。

5.填报志愿

考生在报名时同时填报志愿。

① 联合招生录取工作分第一批本科、第二批本科、第一批预科和第二批预科进行。考生按录取批次填报学校志愿,其中每个本科批次填报2所学校志愿,每个预科批次填报1所学校志愿,每所学校填报4个系科或专业志愿。厦门大学在第一批本科和第一批预科批次进行录取。

② 专业志愿详见《厦门大学2013年本科招生专业大类(专业)一览表》(近期将于我办网站公布,请考生届时关注。)

注：1.拟报考厦门大学音乐类专业的港澳台侨学生，须在厦门大学考点报名参加我校自行组织的专业校考(报名时间 2 月 28 日—3 月 1 日，考试时间 3 月 2 日—3 日)，报名、考试安排与内地考生相同(详见《厦门大学 2013 年艺术类专业招生简章》)，各音乐类专业合格线与内地考生相同，合格考生方可报考我校音乐类专业。

2.拟报考厦门大学美术类专业的港澳台侨学生，须于 2013 年 2 月底前向我校招生办提出书面申请(请将申请和联系方式传真至我办)，我校将于 2013 年 3 月份在厦门大学另行组织专业测试。报考我校美术类专业考生，联考成绩和专业测试成绩均达到我校要求，方可被我校录取。

二、考试

1.考试科目类别

文史类各专业的考试科目：中文、数学、英语、历史、地理

理工农医类各专业的考试科目：中文、数学、英语、物理、化学

各科满分均为 150 分，各科目类别满分为 750 分。

考试内容和要求参见教育部制定的《普通高等学校联合招收华侨、港澳台地区学生考试大纲》(2005 年版)。

2.考试时间

日 期	时 间	科 目
5 月 25 日(星期六)	9:00—11:30	中文
	13:30—15:30	英语
5 月 26 日(星期日)	9:00—11:00	数学
	13:00—15:00	物理、历史
	16:00—18:00	化学、地理

5 月 25 日至 26 日进行考试。考试时间和科目为：

3.考试地点

北京　由北京市高校招生办公室安排；

上海　由上海市高校招生办公室安排；

福州　由福建教育考试院安排；

广州　由中华人民共和国普通高等学校联合招收华侨、港澳地区及台湾地区学生办公室(以下简称联招办)安排；

香港　由香港考试及评核局安排；

澳门　由澳门高等教育辅助办公室安排。

4.答题方式：2013 年联合招生考试实行电脑网上辅助评卷，考生在考试时必须按规定在专用的答题卡上作答，各科的选择题和非选择题都在同一张(套)答题卡各题目指定的区域内作答。为确保评卷顺利进行，考生在考试时必须严格按规定作答，以免影响考试成绩。

三、录取

6 月中下旬开始录取工作，由联招办组织，实行网上录取。录取批次按照第一批本科、第二批本科、

第一批预科和第二批预科的顺序进行，我校在最低录取控制线之上根据考生志愿、考试成绩及各专业的不同要求，择优录取新生。

被录取就读预科的学生经过一年学习并经学校考试合格后方可进入本科阶段学习。

四、入学与身体检查

新生持加盖学校公章的《新生入学通知书》报到，入学报到时间及相关要求以《新生入学通知书》上的规定为准。

新生入学后，由学校进行身体检查，不符合要求的，取消入学资格；仅专业受限者，可以商转其他专业。学生在校期间，学校按教育部发布的《关于普通高等学校招收和培养香港特别行政区、澳门地区及台湾地区学生的暂行规定》进行管理，并可申请免修政治理论课。

五、其他

被普通高等学校录取的华侨、港澳地区及台湾地区学生入学注册时，应缴纳学费和杂费，收费标准与内地(祖国大陆)学生相同。

学生在寒暑假期间，可以自行离境探亲访友。

学生修业期满，考试成绩合格者，由学校颁发毕业证书。

毕业生符合《中华人民共和国学位条例》规定的，将授予其学士学位。

学生毕业后，原则上应返回原居住地。

新生入学报到时，所持出入境证件的有效期应与学习期限相适应至少有效期一年。

考生可在联招办网站(网址：http://www.ecogd.edu.cn)上查询成绩、录取情况，还可在“内地(祖国大陆)高校面向港澳台地区招生资讯网”(网址：http://www.gatzs.com.cn)上查询有关招生政策和招生办法及高校资讯，该网站同时向考生提供招生资讯谘询服务。

六、联系方式

厦门大学招生办公室

电话：+86(0)592-2188888　传真：+86 592 (0)592-2180256

网址：http://zsb.xmu.edu.cn　邮箱：nzsb@xmu.edu.cn

厦门大学招生办公室

2013 年 2 月

——本文摘录自《厦门大学 2013 年联合招收华侨、港澳地区及台湾地区学生简章》，档号 2019-XZ30-004

厦门大学党政管理干部听课制度(修订)

(2013 年 2 月 28 日)

第一条　为进一步强化本科教学质量监控,加强教学过程管理,促进学校各级管理部门和领导干部、党政管理人员深入教学第一线了解教学情况,及时解决教学工作实际问题,在原有《厦门大学党政管理干部听课制度》实施基础上,特制定本制度。

第二条　听课人员:校党政领导、机关部处、院系党政领导及管理干部。

第三条　听课范围:列入本科人才培养计划,为本科生开设的全部课程。其中:

1.校级党政领导、机关部处领导及管理干部在全校本科课程中选听。

2.院系党政领导及管理干部原则上在本院系开设的本科课程中选听。

3.院系党政领导每学年听课范围尽可能覆盖本院系课程;院系政工管理干部每学年听课范围尽可能覆盖所分管年段学生修读的相关课程。

第四条　听课次数:校级党政领导每学年至少听课 4 次;教务处领导干部每学年至少听课 12 次;其他部处领导每学年至少听课 6 次;院系党政领导干部每学年至少 10 次。机关部处及院系党政管理干部听课次数要求由各机关部处、各院系根据实际情况确定。辅导员听课次数由学生处确定。

第五条　听课记录:听课人员应认真听课,客观填写"厦门大学党政管理干部听课记录表"。校级党政领导、机关部处领导及管理干部的"厦门大学党政管理干部听课记录表"送教务处存档;院系党政管理干部"厦门大学党政管理干部听课记录表"由学院于每学期期末结束前汇总后送教务处存档。辅导员听课记录由学生处统一汇总后送教务处存档。

第六条　听课管理:

1.听课人员根据教务处或院系提供的课表确定听课时间、地点及课程,原则上无须提前通知被听课教师,听课期间不做与听课无关的事情。听课人员每次听课至少完整听一节课(45 分钟)。

2.听课人员听课结束后,应主动与任课教师交流,并将听课意见或建议反馈给任课教师,也可在课后以书面形式向有关院系或教务处反映,由院系或教务处将听课意见间接反馈给任课教师。

3.教务处定期公布党政管理干部听课情况。教学督导组定期检查和督促党政管理干部听课制度执行情况。

4.党政管理干部听课情况列入干部个人年度考核的指标。

第七条　本办法自发布之日起施行,《厦门大学党政管理干部听课制度》[厦大教〔2001〕19 号]同时废止。

第八条　本办法由教务处负责解释。

——本文摘录自《关于印发〈厦门大学党政管理干部听课制度(修订)〉的通知》,厦大教〔2013〕7 号,档号 2013-XZ12-1

厦门大学2013年博士研究生入学考试复试工作办法

(2013年3月)

我校2013年博士研究生入学考试初试工作即将开始,复试及录取工作随之展开。根据教育部相关文件精神和我校2013年博士研究生招生考试政策的改革要求,为做好复试工作,严格按照公开、公平、公正、择优的原则选拔人才,现对复试工作做出如下安排。

一、厦门大学博士研究生招生考试制度改革

为了更加科学地选拔优秀人才,进一步提高博士研究生培养质量,我校2013年在理工科类学院的国家一级重点学科和国家二级重点学科所属的一级学科试行博士招生"申请—考核制"选拔方式。试点学科如下:化学化工学院—化学;海洋与地球学院—海洋科学;环境与生态学院—环境科学与工程;物理与机电学院—物理学;数学科学学院—数学;生命科学学院—生物学。

对于其他学院,我校继续实行博士研究生招生考试制度改革。在入学考试阶段,初试主要考查考生的基本素质,复试全面考查考生的专业素质,包括专业知识、科研能力、创新能力和实践操作能力等。在录取阶段,提高复试在总成绩中所占权重,扩大院系在博士选拔中的自主权,公平公正地选拔出具有科研能力和创新潜质的高层次人才。同时,改革导师招生培养模式,考生在报考阶段不需要确定导师,被录取后由导师组负责指导培养。

基于今年我校对博士研究生招生考试制度做出较大改革的背景:实行"申请—考核制"招考选拔方式的院系,具体复试工作办法参见《厦门大学2013年博士研究生"申请—考核制"指导意见》。对于实行普通招考入学考试的院系,初试仅考查考生基本素质,复试主要考查考生的专业知识,同时将复试在总成绩中的权重提高到60%。因此,各院系应制定更为详细、规范和科学的复试工作细则。

二、复试工作的原则

坚持公开、公平、公正和科学选拔的原则;坚持选拔具有创新能力及潜力、具有特殊学术专长及潜力的人才,将考生的科研能力和已获得的学术成果作为选拔的重要依据;在复试过程中,切实做到以人为本,尊重考生、服务考生。

三、组织管理

成立学校和学院两级研究生复试录取工作领导小组,全面负责研究生复试和录取的各项工作。学院的复试录取工作领导小组由分管研究生教育的院长、各系分管研究生教育的主任、学院党委(总支)负责纪检工作的领导组成。分管研究生教育的院长任组长。复试录取工作领导小组负责本单位若干复试考核小组的组织和复试的审核工作。每个复试考核小组应由3名及以上本专业的具有正高以上职称或具有博士生导师资格的教师担任。参加考核的教师应以高度的责任心和公正公平的态度来完成复试工作。

各学院复试录取工作领导小组应制定本单位的复试工作实施细则;同时,应加强对参与复试录取工作的教师和行政人员的培训与管理,要对参与人员进行政策、业务、纪律等方面的培训,使其明确工作纪律和工作程序、评判规则和评判标准;要强化参与工作教师的公平意识、责任意识、业务意识和保密意识。

四、复试

1.复试时间。分为初试完即行复试和等初试成绩出来后再复试两种时间。各院系和专业的复试时间已在招生办网页公布,各位考生可登录查询(http://zsb.xmu.edu.cn)。

2.复试内容。由对已获得的学术成果及科研能力的评价、专业考试、综合素质及创新能力测试、外语听力、口语及专业外语测试等及部分组成，各院系可对各部分的要求做出进一步的规定，并根据不同专业的特点确定各部分的成绩比例。复试成绩满分为 100 分。各专业复试成绩的权重统一为：占总成绩的 60%。

3.复试方式。主要分为笔试、面试和实践（实验）能力考核等几种方式。各招生单位还可根据各自专业的特点，适当增加其他的复试方式。

4.复试要求。笔试要有试题，面试要有详细考试提纲，要做好记录和录音（记录本和录音设备由各单位自备），并给考生评语和评定成绩（评定成绩采用招生办统一印制的“录取审批表”）。复试完毕后，考试试题、考试提纲、录音磁带及复试记录本在各招生单位保存三年（未录取者保留一年）。

五、对同等学力考生的加试

除统一规定的复试内容外，各单位还要对同等学力考生加试两门硕士生课程。加试科目为所报考专业的两门主干课程，且不得与初试科目相同。加试方式为笔试，考试时间每门为 3 个小时，每门课程满分为 100 分。加试的两门主干课程不计入总成绩，但任一门加试科目成绩不到 60 分者，则被视为整个复试不及格。

六、硕博连读生的复试

已选拔的硕博连读生要参加复试，与统考生同一复试标准公平竞争。

七、复试成绩具有否决权

复试不及格（成绩低于 60 分）的考生将不予录取。

八、复试录取的监督与复议

1.厦门大学监察处全程监督我校 2013 年博士生复试录取工作。监督电话：0592-2186219。

2.实行校、院二级复试巡视制度。校领导、纪委、监察处、研究生院、招生办和考试中心等单位组成若干校巡视小组。各学院（研究院）成立由负责纪检工作的院领导任组长和相关领导、教师组成的院巡视小组，负责本单位的复试巡视工作。在复试过程中，校、院巡视小组将深入各院系复试现场，在不干扰正常复试工作的前提下，采取随机走进考场和实验室、旁听面试等措施以了解、监督复试工作。

3.实行责任制度和责任追究制度。各招生单位的博士生复试录取工作领导小组对复试过程的公平、公正和复试结果全面负责，要完善对复试工作过程的监督，严肃处理违纪违规事件。

4.实行回避制度。本年度有亲属参加博士生入学考试的博士生导师和工作人员应主动回避，不得参加博士生的复试工作。

5.实行信息公布制度。复试基本分数线、复试工作办法、复试结果等信息应及时公布。

6.实行复议制度。要保证投诉、申诉和监督渠道的畅通。受理投诉和申诉应规定时限。对投诉和申诉问题经调查属实的，由各学院（研究院）博士生复试录取工作领导小组责成复试小组进行复议。

九、本复试工作办法由厦门大学招生办公室负责解释。

厦门大学招生办公室

二〇一三年三月

——本文摘录自《厦门大学 2013 年博士研究生入学考试复试工作办法》，档号 2016-XZ30-5

厦门大学2013年博士研究生“申请—考核制”考核工作指导意见

(2013年3月22日)

为选拔优秀博士研究生生源、提高博士生培养质量,充分发挥导师组在博士生招录中的主导作用,进一步强化导师组对人才选拔的自主权,我校2013年在理工科类学院的国家一级重点学科和国家二级重点学科所属的一级学科试行博士招生“申请—考核制”选拔方式。试行“申请—考核制”的“学院—学科”有:化学化工学院—化学;海洋与地球学院—海洋科学;环境与生态学院—环境科学与工程;物理与机电学院—物理学;数学科学学院—数学;生命科学学院—生物学。根据教育部有关文件精神,结合我校实际情况,特制定本指导意见。

一、指导原则

1.坚持全面考核、科学选拔的原则。对考生进行德智体全面考核,重点考查考生的创新精神、创新能力、科研潜质等综合素质。同时,积极探索具有特殊学术专长和突出创新能力人才的选拔机制。

2.体现博士生导师组的招录自主权。突出导师组在博士生招录选拔中的积极作用。同时,加强导师组的自约自律机制建设,抵制不正之风,维护学术道德和规范。

3.坚持公平、公正、公开原则。做到政策透明、程序公开、结果公开,监督机制健全,维护考生的合法权益,坚持择优录取、宁缺毋滥。

二、组织管理

1.校招生工作领导小组负责对全校博士生招生工作的领导和协调,指导全校博士生的招生录取工作,审批各院(系)博士生的招生工作办法。

2.各院(系)成立博士生招生工作领导小组,由院(系)主管领导任组长。领导小组负责本单位博士招生工作的领导、组织、协调和管理,并根据学校关于招生工作的相关政策,制订切实可行的具体考核方案、内容、程序和办法等。

3.各院(系)提前向招生办公室上报各考核小组专家名单、考核办法等。考核办法、考核程序和要求应在本单位网页上公布。

4.各院(系)可按一级学科或者二级学科组成一个或者多个平行考核小组,每个小组一般应由3～5位责任心强、为人公正、教学科研经验丰富、学术水平较高的教授或副教授组成,组长由学科负责人担任。考核小组应严格按照网上公布的考核办法进行考核,公平、公正、科学、合理地给考生评分。

5.学校成立考核工作巡视检查组。校领导、招生办会同相关单位组成若干巡视小组,在考核过程中,各巡视小组将深入各院(系)考核现场,在不干扰正常考核工作的前提下,采取适当方式了解、监督考核工作的开展情况。

三、初审选拔

1.学院资格审查

学院下设资格审查小组,负责对申请者报名材料进行初步审查,不符合学院设定的基本申请条件者,终止申请程序。

2.专家导师组审查

通过学院资格审查后的申请材料,将送至学院的专家导师组进行审查。由专家导师组对申请者材料进行评审，各院(系)应事先制定初审选拔办法，专家导师组根据院(系)初审选拔办法对每个申请者的材料进行评审，并根据评审结果和择优推荐原则，推荐参加考核人选。

3.学院复审

学院资格审查小组对专家导师组推荐人选进行复审，并形成通过初审选拔进入考核的名单，网上公示。

四、考核选拔

1.考核程序

各学院考核录取工作实施细则于 3 月 29 日前报学校招生办公室审核后公布于学院网站。

2.考核内容及形式

2013 年我校博士招生“申请—考核制”选拔方式不要求考生参加今年 3 月份学校统一组织的博士生入学考试，根据教育部有关文件要求，需要参加各院(系)组织的考核，进行专业测试以及面试等考核。各院(系)可根据学科特点，制定本单位的具体考核办法，但应充分体现导师组的招生自主权，需报经学校博士生招生工作领导小组审批后实行。

(1)考核主要内容

(1.1)专业素质和能力考核：主要考核考生的专业基础、知识结构和实际动手能力等。

(1.2)综合素质和能力考核：重点考查考生攻读博士学位的目的、科研兴趣和态度，科研工作背景和学术研究经历，重点考查考生以往科研成果，以及考核考生的外语实际应用能力，综合评价考生的科学素养、个人品性、创新能力和培养潜力等。

(2)考核主要形式

(2.1)面试

考查考生的学习动机、科研工作背景和学术研究经历，考核学生的外语听力、口语能力和专业外文阅读水平等，综合评价考生的科学素养、个人品性、创新能力和培养潜力等，每生面试时间一般不少于 30 分钟，每个面试小组成员不少于 5 人。主要内容包括：

知识背景：本科、硕士阶段学习成绩、知识结构等；

科研能力：科研工作、论文发表、获奖等情况、科研潜力；

外语水平：听力、口语及专业外语水平；

综合能力：政治思想、创新、表达、合作精神、身体心理状况、特长、专家推荐意见等。

(2.2)实践(实验)能力考核

考察实验和操作技能，或解决实际问题的能力。

(2.3)笔试

各院(系)、学科可以组织专业基础知识笔试测试。

各院(系)、学科也可以根据各自学科专业特点和自身人才选拔特点，自定具体考核形式。

(2.4)导师组综合评价

导师组可根据考生分专业测试以及面试考核结果(也可对考生进行全面考察)，判断其从事科研的能力和培养前途等综合素质，并给出书面的综合评价。

五、录取原则

1.各院(系)在完成考核工作后，应根据考生的考核最终结果和招生计划，充分征求相关导师组的意见，召开学院招生领导小组会议，按导师组本年度博士招生指标名额，根据择优录取的原则，研究确定本单位拟录取名单，并将该名单于考核结束后一周内报送至学校招生办公室，经学校招生办公室审核后即于所在学院网上公示。

2.下列情况之一者，不予录取：考核不合格者；政审不合格者；体检不合格者。

3.采用公开招考方式院系和采用“申请—考核制”方式院系的生源不能相互调剂；采用“申请—考核制”院系间的生源可以相互调剂，但调剂应由接受调剂院系报招生办公室审批同意后方可进行。

六、复试录取的监督与复议

1.厦门大学纪委、监察处全程监督我校博士生“申请—考核制”招考工作。监督电话:0592-2186219。

2.实行校院两级巡视监察制度。学校相关单位组成若干巡视监察小组,考核过程中各巡视小组将深入各院(系)考核现场,在不干扰正常考核工作的前提下,采取随机进入考场和实验室、旁听面试等方式了解、监督考核工作的开展情况。各院巡视监察组长由学院分管纪检工作的院领导担任,具体负责本院博士生招录考核巡视监察工作。

3.实行责任制度和责任追究制度。所有参与考核录取工作的人员都要认真负责,切实维护考核录取工作的公平公正,对徇私舞弊的工作人员要追究责任。

4.实行复议制度,确保信访和监督渠道的畅通。对经调查属实的信访问题,由相关单位的博士生招生工作领导小组责成考核工作小组进行复议。

5.实行回避制度。凡亲属报考本单位的导师和工作人员,不得参加本单位和当年度的博士生考核录取工作。

七、本招生工作办法由厦门大学招生办公室负责解释。

厦门大学招生办公室

2013 年 3 月 22 日

——本文摘录自《厦门大学 2013 年博士研究生“申请—考核制”考核工作指导意见》,档号 2016-XZ30-5

厦门大学学生表彰奖励暂行规定

（2013 年 3 月 22 日）

第一章 总 则

第一条 为进一步规范我校学生各类表彰奖励项目设置和表彰奖励制度，建立公平公正、科学规范的表彰奖励评审体系，激励学生个性发展和全面成才，依据《普通高等学校学生管理规定》和学校实际，特制定本规定。

第二条 本规定适用于厦门大学正式注册的全日制在校本科生和研究生。

第三条 表彰奖励工作应当遵循下列原则：

（一）体现先进性、代表性和时代性；

（二）精神奖励与物质奖励相结合，以精神奖励为主；

（三）公开、公平、公正；

（四）实行定期评选表彰与及时评选表彰相结合；

（五）依照规定奖励的条件、办法和程序进行。

第二章 奖励项目

第四条 学校设立的个人荣誉称号有：

（一）嘉庚奖章；

（二）优秀毕业生；

（三）优秀三好学生；

（四）三好学生；

（五）优秀学生干部。

第五条 学校设立的集体荣誉称号有：

（一）先进班集体标兵；

（二）先进班集体；

（三）文明宿舍。

第六条 学校设立的奖学金有：

（一）国家奖学金；

（二）国家励志奖学金；

（三）校级奖学金；

（四）优秀学生奖学金。

第三章 奖励方式

第七条 学校对在创新竞赛、学术研究、社会实践、志愿服务、社会工作或道德品行等领域取得显著成绩，产生良好社会影响并为学校赢得荣誉的学生个人或集体，在全校通令嘉奖，颁发嘉奖令。对受通令嘉奖的学生个人同时授予“嘉庚奖章”，并由学校向其家长发送喜报。

第八条　学校对在创新竞赛、学术研究、社会实践、志愿服务、社会工作或道德品行等领域取得优异成绩,在校内外产生较大反响的学生个人或集体,在全校通报表扬,颁发通报表扬证书。

第九条　学校对获得“优秀毕业生”、“优秀三好学生”、“三好学生”、“优秀学生干部”和“先进班集体标兵”、“先进班集体”、“文明宿舍”等荣誉的学生个人或集体,在全校发文表彰,颁发荣誉证书。

第十条　学校对获得“国家奖学金”“国家励志奖学金”“校级奖学金”“优秀学生奖学金”等奖学金的学生个人或集体,颁发奖学金。

第四章　奖励条件

第十一条　申请表彰奖励的学生必须具备以下基本条件:

(一)热爱社会主义祖国,拥护中国共产党的领导;

(二)遵守国家法律法规,遵守校规校纪,品行端正,无违法违纪行为;

(三)诚实守信,道德品质优良,模范履行公民义务;

(四)学习态度端正,勤奋刻苦,无学术不端行为;

(五)积极参加社会实践、志愿服务和公益活动,具有较强的社会责任感、创新精神和实践能力;

(六)关心集体,积极参加各项集体活动,自觉维护集体荣誉。

第十二条　通令嘉奖的学生个人或集体还应具备以下条件之一:

(一)在创新竞赛或者学术研究中取得显著成绩:

1.在国际级或国家级大学生学科竞赛、科技竞赛等创新竞赛中获得最高奖项;

2.以第一作者身份在国际顶级学术刊物上发表具有很高学术价值的论文。

(二)在社会实践过程中,深入基层,为实践地经济社会发展做出突出贡献,产生很好的社会反响。

(三)热心社会公益事业,具有强烈的社会责任感,积极组织或参加志愿服务活动并取得显著成绩,获得过国家级表彰或国家级重要主流媒体的正面报道。

(四)热心承担社会工作,切实起到骨干带头作用,积极组织开展各项活动,热心为同学服务,有很强的工作能力和突出的工作成绩,在同学中有较高的威信,并获得国家级社会工作表彰的学生干部。

(五)在抢险救灾、见义勇为、舍己救人等方面产生较大社会影响。

(六)在其他方面对国家、社会、学校做出特殊贡献并为学校赢得荣誉。

第十三条　通报表扬的学生个人或集体还应具备以下条件之一:

(一)在创新竞赛或者学术研究中取得优异成绩:

1.在国际级或国家级大学生学科竞赛、科技竞赛等创新竞赛中获得重要奖项;

2.以第一作者身份在国内外重要学术刊物上发表有较高学术价值的论文,或以第一作者身份在出版社出版有较高学术价值的专著,或以主要负责人身份参与的科研成果获省、部级以上奖励,或以第一发明人身份获得国家发明专利等。

(二)积极参加社会实践,表现突出,获得省级以上表彰且获得省级重要主流媒体的正面报道。

(三)积极组织或参加志愿服务活动并取得优异成绩,相关事迹获得过省级表彰或省级重要主流媒体的正面报道。

(四)在各项社会工作和集体活动中能起到骨干带头作用,积极组织,取得较好的工作成绩,并获得省级社会工作表彰的学生干部。

(五)在道德品行方面有突出表现,在同学中能起到模范作用,并在校内外产生较大影响者。

(六)在其他方面为学校做出重大贡献,或为学校赢得很好的社会声誉。

第十四条　其他表彰奖励项目还应具备的奖励条件参照各项表彰奖励的具体实施办法。

第五章　评审机构和工作职责

第十五条　学校设立厦门大学学生表彰奖励评审委员会(以下简称校评审委员会),负责全校各类学生表彰奖励项目的组织评定、审查以及对学院评奖工作进行指导和监督。校评审委员会由主管学生工作的校领导担任主任，相关单位的负责人担任委员。学生工作处为秘书单位，具体负责全校各类学生表彰奖励项目的评审工作。

第十六条　各学院（研究院、教学部）应成立学生表彰奖励评审小组，由院领导担任组长，小组成员为院领导、各系分管教学的系（副）主任、辅导员、教学秘书、师生代表等，负责本单位学生表彰奖励项目的具体实施工作。

第六章　评奖办法

第十七条　表彰奖励原则上每年度评选一次，评审程序参照各项奖励的具体实施办法。对在创新竞赛、学术研究、社会实践、志愿服务、社会工作或道德品行等领域产生良好社会影响并为学校赢得荣誉的优秀大学生个人或集体，可以由其所在学院或相关职能部门提名申报，及时进行通令嘉奖或者通报表扬。

第十八条　通令嘉奖程序：

（一）学生个人或集体在获得突出表现事迹之后，所在学院或相关职能部门即可向学生工作处申报；

（二）学生工作处审核通过后，召开校评审委员会确定推荐名单；

（三）推荐名单提交校长办公会通过，最终确定嘉奖名单；

（四）颁发嘉奖令，对受通令嘉奖的学生个人同时授予“嘉庚奖章”，并向其家长发送喜报。

第十九条　通报表扬程序：

（一）学生个人或集体在获得优异表现事迹之后，所在学院或相关职能部门即可向学生工作处申报；

（二）学生工作处审核通过后，召开校评审委员会确定推荐名单；

（三）推荐名单报分管校领导审定，最终确定通报表扬名单；

（四）在全校通报表扬，颁发通报表扬证书。

第七章　附　则

第二十条　厦门大学正式注册的全日制外国留学生和港澳台地区学生参照本规定执行。

第二十一条　本条例自公布之日起执行。

第二十二条　本条例由学生工作处负责解释。

——本文摘录自《关于印发〈厦门大学学生表彰奖励暂行规定〉的通知》，厦大学〔2013〕18号，档号2013-XZ11-1

厦门大学本科生优秀学生奖学金评定暂行管理办法

(2013年3月22日)

第一章　总　则

第一条　为更好地培养创新型人才,鼓励学生多样性与个性化发展,促进在各方面有优秀表现的学生成长成才、全面发展,结合学校实际,特制定本办法。

第二条　本办法适用于厦门大学正式注册的全日制在校本科生。

第二章　奖学金种类

第三条　优秀学生奖学金的种类为:

(一)学业优秀奖学金;

(二)学业进步奖学金;

(三)学术创新奖学金;

(四)社会实践奖学金;

(五)志愿服务奖学金;

(六)社会工作奖学金;

(七)文体优秀奖学金。

第四条　第三条列举的各项优秀学生奖学金(除学业优秀奖学金和学业进步奖学金不可同时兼得外)可以同时申请、同时兼得,但最多只能同时获得两项奖学金。

第五条　第三条列举的各项优秀学生奖学金,与国家奖学金、国家励志奖学金和校级奖学金在同一自然年内不能同时兼得。

第三章　奖励条件

第六条　凡参评优秀学生奖学金的学生除应具备《厦门大学学生表彰奖励暂行规定》中第十一条的要求外,其应修课程(包括往年应当重修的课程,全校性选修课不计在内)全部合格,还必须符合以下条件:

(一)学业优秀奖学金:奖励学习成绩优秀的学生,采用学生在其班级(或专业)成绩排名的方式评选,不同类别课程的权重以及可纳入参评范围的课程由学院根据各自的学科特点确定。

(二)学业进步奖学金:奖励学业有较大进步的学生,学习成绩应在班级(或专业)排名前50%以内,且成绩排名较上一学年提高30%。

(三)学术创新奖学金:奖励在学科竞赛、科技竞赛、学术研究和科研创新等方面成绩优秀的学生。申请者应具备以下条件之一:

1.参加学科竞赛、科技竞赛等取得较好成绩;

2.参加学术和科研活动,取得突出成果;

3.积极参加学术和科研活动,取得一定的成果,经项目负责老师推荐,并获得学院专家评审小组评审认定。

以上科研成果的第一署名单位必须是厦门大学的方可参评。

(四)社会实践奖学金的获得者应具备以下条件之一：

1.在校院组织的社会实践活动中受表彰；

2.积极参加社会实践活动，出色完成社会实践任务，成果被有关部门采用或在院级以上优秀论文评比中获奖；

3.组织、策划校内外重大社会实践活动，产生良好的社会影响。

(五)志愿服务奖学金：奖励在共青团组织或志愿者组织注册登记、参加服务活动的志愿者，并具备以下条件之一：

1.经常从事支教开发、社区建设、环境保护、校园公益、应急救助等志愿服务工作，参评学年累计登记的志愿服务时间达到80小时以上(含80小时)，并得到志愿服务对象认可；

2.参评学年从事支教开发、社区建设、环境保护、校园公益、应急救助等某一专项志愿服务时间达到50小时以上(含50小时)，并得到志愿服务对象认可；

3.参加过重大活动的志愿服务工作并获得服务单位或组织单位的表彰；

4.在志愿服务方面有其他突出表现的。

(六)社会工作奖学金的获得者应具备以下条件之一：

1.担任班级、年级学生干部，以身作则，热心为同学服务，积极开展各项工作，在增强班级凝聚力、形成优良学风和班风中发挥骨干作用；

2.担任校院两级学生组织学生干部或学生社团主要负责人，代表同学利益，热心为同学服务，积极开展各项活动，丰富校园文化生活，并配合校院有关部门开展工作，发挥桥梁纽带作用。

以上各级学生干部需任期满一年方可参评。

(七)文体优秀奖学金的获得者应具备以下条件之一：

1.参加校级以上文艺汇演、文学、书法、美术、摄影、演讲等比赛取得优异成绩；

2.参加校级以上运动会、各单项体育项目的比赛，取得较好名次。

艺术类学生必须在省级正式文艺比赛(不含邀请赛)中获得二等奖以上奖励，或全国正式文艺比赛(不含邀请赛)中获得三等奖以上奖励，或在国际正式文艺比赛中获得较好名次的方可参评。体育特招生必须在校运会破纪录，或参加省级正式体育比赛(不含邀请赛)获得前3名，或参加全国正式体育比赛(不含邀请赛)获得前8名，或在国际正式体育比赛中获得较好名次的方可参评。

第四章　奖励方式

第七条　学校对获得优秀学生奖学金的学生颁发奖学金。

第八条　优秀学生奖学金的评选比例总计不超过50%(其中学业优秀奖学金30%，其他几项优秀学生奖学金合计不超过20%)，各项优秀学生奖学金的奖励金额和评选比例分别为：

(一)学业优秀奖学金：一等1000元/人，可参评学生数的10%；二等500元/人，可参评学生数的20%。

(二)学业进步奖学金：500元/人，不超过参评学生数的2%。

(三)学术创新奖学金：500元/人，不超过参评学生数的10%。

(四)社会实践奖学金：500元/人，不超过参评学生数的5%。

(五)志愿服务奖学金：500元/人，不超过参评学生数的5%。

(六)社会工作奖学金：500元/人，不超过参评学生数的5%。

(七)文体优秀奖学金：500元/人，不超过参评学生数的5%。

第五章　评审办法

第九条　学校成立优秀学生奖学金评审领导小组，由学校分管领导、学生工作处、教务处、校团委的负责人组成,负责评审和监督工作。学生工作处为评审领导小组的秘书单位,负责全校的具体评审组织与监督工作。

第十条　各学院(研究院、教学部)应成立评审小组,由院领导担任组长,小组成员为院领导、各系分管教学的系(副)主任、辅导员、教学秘书、师生代表等,负责本单位的优秀学生奖学金评奖工作。各学院应根据本单位学科特点和实际情况制定各项优秀学生奖学金的具体实施细则,并报学生工作处审核备案后方可执行。

第十一条　每学年度评定一次。毕业班于每年 6 月份评定本学年奖学金,与毕业鉴定结合进行;其他年级于每年 10 月份评定上一学年度的奖学金,与学年鉴定结合进行。

第十二条　优秀学生奖学金的评审程序为:

(一)学生工作处下发评奖通知;

(二)学院组织评奖工作,接受学生个人申报;

(三)学院审核、确定初评结果,公示 3 个工作日,无异议后报学生工作处审核;

(四)学生工作处审核,公示 3 个工作日,无异议后报分管校领导批准,学校发文表彰;

(五)发放奖学金。

第六章　附　则

第十三条　优秀学生奖学金实行申请制。凡符合条件的学生均可提出申请,由于学生本人在申请过程中的疏漏造成其未获得奖学金的,由学生本人负责。

第十四条　对参评学生要严格要求,宁缺毋滥:

(一)在评奖过程中,凡发现弄虚作假者,取消评奖资格,视情节给予纪律处分,并不得参加下一学年度的评奖;

(二)颁奖后,凡发现有弄虚作假者,学校将撤销其所得的奖学金,追缴已发放的奖学金,视情节给予纪律处分,并不得参加下一学年度的评奖。

第十五条　对评审结果有异议的学生,可在学院公示阶段向所在学院评审小组提出申诉,学院评审小组应及时研究并予以答复。如学生对学院做出的答复仍存在异议,可在学校公示阶段向学校评审领导小组提请裁决。

第十六条　本办法自 2013 年 9 月 1 日起执行。原发布的《厦门大学本、专科优秀学生奖学金评奖办法》(厦大学〔2003〕17 号)和《厦门大学本、专科学生单项奖学金评奖办法(2007 年修订)》同时废止。

第十七条　本办法由学生工作处负责解释。

——本文摘录自《关于印发〈厦门大学本科生优秀学生奖学金评定暂行管理办法〉的通知》,厦大学〔2013〕19 号,档号 2013-XZ11-1

厦门大学“优秀毕业生”“优秀三好学生”“三好学生”“优秀学生干部”评选办法

（2013 年 3 月 22 日）

第一章　总　则

第一条　为表彰先进，促进校风及学风建设，培养德、智、体全面发展的优秀人才，根据我校实际情况，制定“优秀毕业生”、“优秀三好学生”、“三好学生”及“优秀学生干部”评选办法。

第二条　本办法适用于厦门大学正式注册的全日制在校本科生和研究生。

第二章　评选名额

第三条　各项荣誉称号的评选比例为：

（一）优秀毕业生：可参评学生数的 10%；

（二）优秀三好学生：可参评学生数的 2%；

（三）三好学生：可参评学生数的 8%；

（四）优秀学生干部：可参评学生数的 2%。

第三章　评选条件

第四条　凡参评“优秀毕业生”“优秀三好学生”“三好学生”“优秀学生干部”的本科生除了应具备《厦门大学学生表彰奖励暂行规定》中第十一条的要求外，应修课程（包括往年应当重修的课程，全校性选修课不计在内）全部合格，还应具备以下评选条件：

（一）“优秀毕业生”评选条件：

1.在校期间学习总成绩应在同年级本专业毕业生中名列前茅；

2.在校期间获得“优秀共产党员”、“优秀三好学生”、“三好学生”、“优秀学生干部”、“优秀共青团员”、“优秀团总支书记”或“优秀团支部书记”等校级以上荣誉称号两次及以上，或者获得上述校级以上荣誉称号一次，且获得国家奖学金或校级奖学金一次及以上；

3.对服从国家需要，自愿到国家重点保证单位、边远省区和艰苦行业就业的毕业生，在同等条件下优先评选。

（二）“优秀三好学生”评选条件：

1.学习成绩优秀，课程成绩排名应居于同年级本专业前 10%；

2.在学习、生活和各项活动中起表率作用，表现突出，有健康的身体、良好的卫生习惯及较强的心理素质。

（三）“三好学生”评选条件：

1.学习成绩优良，课程成绩排名应居于同年级本专业前 30%；

2.在学习、生活和各项活动中表现优秀，有健康的身体、良好的卫生习惯及较强的心理素质。

（四）“优秀学生干部”评选条件：

1.学习成绩良好，课程成绩排名应居于同年级本专业前 50%；

2.担任学生干部一年以上，工作积极主动，认真负责，有较强的责任心和奉献精神，在同学中有较高威信,工作取得一定成绩。

第五条　凡参评“优秀毕业生”“优秀三好学生”“三好学生”“优秀学生干部”的研究生除了应具备《厦门大学学生表彰奖励暂行规定》中第十一条的要求外,应修课程全部合格,还应具备以下评选条件:

(一)“优秀毕业生”评选条件:

1.在校期间学习总成绩在同年级本专业毕业生中名列前茅,专业知识扎实;

2.具有较强的科学研究和实践创新能力,且有较高水平的研究成果或实践创新项目者优先评选;

3.在校期间获得“优秀共产党员”、“优秀三好学生”、“三好学生”、“优秀学生干部”、“优秀共青团员”、“优秀团总支书记”或“优秀团支部书记”等校级以上荣誉称号,或获得国家奖学金或者校级奖学金一次及以上;

4.对服从国家需要,自愿到国家重点保证单位、边远省区和艰苦行业就业的毕业生,在同等条件下优先评选。

(二)“优秀三好学生”评选条件:

1.学习成绩优秀,专业知识扎实;

2.具有突出的科学研究和实践创新能力,且有较高水平的研究成果或实践创新项目者优先评选;

3.在学习、生活和各项活动中起表率作用,表现突出,有健康的身体、良好的卫生习惯及较强的心理素质。

(三)“三好学生”评选条件:

1.学习成绩优良,专业知识扎实;

2.具有较强的科学研究和实践创新能力,且有一定水平的研究成果或实践创新项目者优先评选;

3.在学习、生活和各项活动中表现优秀,有健康的身体、良好的卫生习惯及较强的心理素质。

(四)“优秀学生干部”评选条件:

1.学习成绩优良,专业知识扎实;

2.具有一定的科学研究和实践创新能力,且有研究成果或者实践创新项目者优先评选;

3.担任学生干部一年以上,工作积极主动,认真负责,有较强的责任心和奉献精神,在同学中有较高威信,工作取得一定成绩。

第四章　评审办法

第六条　学校成立评审领导小组,由学校分管领导、学生工作处、研究生院、教务处、校团委的负责人组成,负责评审和监督工作。学生工作处为评审领导小组的秘书单位,负责全校的具体评审组织与监督工作,具体审查学院推荐人选的基本条件和评审程序。

第七条　各学院(研究院、教学部)应成立评审小组,由院领导担任组长,小组成员为院领导、各系分管教学的系(副)主任、辅导员、教学秘书、师生代表等,负责本单位的评优工作。各学院应根据本单位学科特点和实际情况制定各项荣誉称号的具体实施细则,并报学生工作处审核备案后方可执行。

第八条　每学年度评选一次,毕业班于每年6月份进行本学年的评优工作,其他年级于每年10月份进行上一学年的评优工作。

第九条　评选程序:

(一)学生工作处下发评优通知;

(二)学院组织评优工作,接受学生个人申报;

(三)学院在学生综合考核和鉴定的基础上确定初评结果,公示3个工作日,无异议后报学生工作处审核;

(四)学生工作处复核获奖名单,公示3个工作日,无异议后报分管校领导批准;

(五)学校发文表彰;

(六)颁发荣誉证书。

第五章　附　则

第十条　“优秀三好学生”“三好学生”“优秀学生干部”在同一学年度评优工作中不能同时兼得。

第十一条　“优秀毕业生”、“优秀三好学生”、“三好学生”和“优秀学生干部”实行申请制。凡符合条件的学生均可提出申请，由于学生本人在申请过程中的疏漏造成其未获得荣誉称号的，由学生本人负责。

第十二条　对参评学生要严格要求，宁缺毋滥：

(一)在评优过程中，凡发现弄虚作假者，取消评优资格，视情节给予纪律处分，并不得参加下一学年度的评奖评优；

(二)颁奖后，凡发现有弄虚作假者，学校将撤销其所得的荣誉称号，收回已发放的荣誉证书，视情节给予纪律处分，并不得参加下一学年度的评奖评优。

第十三条　对评审结果有异议的学生，可在学院公示阶段向所在学院评审小组提出申诉，学院评审小组应及时研究并予以答复。如学生对学院做出的答复仍存在异议，可在学校公示阶段向学校评审领导小组提请裁决。

第十四条　本办法自2013年9月1日起执行。原发布的《厦门大学本、专科“优秀三好学生”、“三好学生”及“优秀学生干部”评选办法》(厦大学〔2003〕16号)和《厦门大学关于评选研究生“三好学生”“优秀学生干部”的办法》(厦大学〔1999〕1号)同时废止。

第十五条　本办法由学生工作处负责解释。

——本文摘录自《关于印发〈厦门大学“优秀毕业生”“优秀三好学生”“三好学生”“优秀学生干部”评选办法〉的通知》，厦大学〔2013〕20号，档号2013-XZ11-1

厦门大学2013年本科招生章程

(2013年4月)

厦门大学由著名爱国华侨领袖陈嘉庚先生于1921年创建,是我国唯一地处经济特区的教育部直属全国重点综合性大学,国家"211工程"和"985工程"重点建设的高水平研究型大学。学校现有思明校区、翔安校区和漳州校区,各校区均依山傍海,风景秀丽,校园环境堪称一流。

为选拔优秀本科新生,进一步提高我校人才培养质量,保证招生工作的顺利进行,维护考生的合法权益,依照教育部相关规定,结合我校办学实际情况,制定本招生章程。

第一章　组织机构

第一条　学校成立招生工作领导小组,由校长担任组长,分管纪检、招生考试、教务和学生工作的校领导担任副组长,成员由以上校领导和有关部门负责人组成,负责制定招生政策,研究决定招生的重大事宜。

第二条　招生办公室作为学校招生的常设机构,在学校招生工作领导小组的领导下,贯彻执行国家招生政策和规定,具体负责学校招生工作的组织实施。

第三条　学校纪检监察部门负责对招生工作全程监督。

第二章　招生计划

第四条　2013年我校面向全国31个省(市、自治区)招生。具体分省分专业招生计划请查阅我校招生网(http://zsb.xmu.edu.cn)或各省级招生部门编印的考生志愿填报手册。

第五条　2013年我校在本科招生、培养中进一步推行"按大类招生,按大类培养"模式,原则上一个学院按一个专业大类进行招生。2013年我校本科共有39个招生大类(或专业),涵盖98个专业(或方向)。各招生大类分流专业(或方向)的情况请参阅《厦门大学2013年本科招生大类(专业)设置一览表》。

第三章　培养与管理模式

第六条　我校实行"宽口径、厚基础、多样化"的人才培养模式。录取的学生按大类进行培养。即一、二年级学生按照大类学习通修课程,二、三年级通过选修专业或方向性课程进行专业分流,确定专业或方向。

第七条　全面推进素质教育。我校发挥综合性大学多学科优势,实行全面选课、主辅修、双学位、转专业、三学期制、国内外名校交流等多样化的人才培养措施,为培养有国际视野的拔尖创新人才和复合型人才提供优质的教育资源。

第八条　"基础学科拔尖学生培养试验计划"。从2010年起,我校成为国家实施"基础学科拔尖学生培养试验计划"的19所"985工程"大学之一。每年从新生中选拔一批优秀学生,配备一流师资,提供一流学习条件,量身定制个性化人才培养方案,为优秀学生创造一流学术环境与氛围。学校以优势学科群为依托,搭建"本研一体化"教学平台,建立"本博直通车"机制,鼓励拔尖学生提前进入研究生阶段学习。

第九条　国家基础学科人才培养基地班。自上世纪90年代起,我校经济学、化学、数学、生物科学、历史学、海洋科学等六个专业就已成为国家基础学科人才培养基地。经多年积累,我校六个基地班已建立了良好的人才培养机制，形成了鲜明的办学特色，培养了一批优秀拔尖人才。我校对六个基地班以我校杰出校友（均为著名教授）冠名，分别为“王亚南经济学班”“卢嘉锡化学班”“陈景润数学班”“汪德耀生物科学班”“傅衣凌历史学班”“郑重海洋科学班”，同时将进一步优化各基地班人才培养方案，加强拔尖人才培养。

第十条　卓越人才培养教育计划。2012 年，学校入选教育部首批“卓越法律人才教育培养计划”和“卓越医生教育培养计划”。法学教育入选教育部“应用型、复合型法律职业人才教育培养基地”和“涉外法律人才教育培养基地”，临床医学教育入选教育部“拔尖创新医学人才培养模式改革试点”和“五年制临床医学人才培养模式改革试点”项目。

第十一条　国际化教学试验班。我校选择经济学、会计学、数学、化学、生物科学和海洋科学等优势学科，开设国际化试点班，进行国际化创新人才培养试验。国际化教学试验班的教学计划引进国外先进的教学内容与课程体系，专业核心课程采用双语或英语教学。其中经济学国际化试验班由我校王亚南经济研究院和经济学院经济学系共同承担教学和培养任务，采用全英文授课；该班的学生从录取的经济学院新生中进行选拔，在学期间有更多机会到国外知名高校交流。

第十二条　国内外名校交流。为提高本科生人才培养质量，学校致力于与国内外著名高校开展本科生交流学习的活动。学校与吉林大学、山东大学、中国政法大学、大连理工大学、中国海洋大学等签订了交换学生协议。学校利用侨、台、特、海的区位优势，与英、美、日、法、俄等发达国家 230 多所高校建立了校际合作关系。学校每年选拔数百名本科生，在校学习期间到香港、台湾地区或国外著名大学交流学习。

第十三条　实施本科生导师制，注重教授为本科生上课。学校实施本科生导师制，新生入学后为本科生配备导师，为学生提供思想、学业等方面的指导。学校要求本科专业课程由教授、副教授承担，形成了名教授、名师给本科生上课的校园文化。

第十四条　录取在生命科学学院、海洋与地球学院、环境与生态学院、医学院、药学院、公共卫生学院和能源学院的新生和国际学院爱尔兰都柏林项目的新生入住翔安校区，其他学院新生入住思明校区。

第十五条　学生在学校规定的学习年限内，修完教学计划规定内容，达到毕业要求，由我校颁发国民教育系列普通高等教育本科毕业证书。符合学位授予条件者，由我校授予学士学位。

第四章　招生要求

第十六条　除外语类专业、国际经济与贸易专业仅限招高考外语语种为英语的考生外，其余招生大类（或专业）均无外语应试语种要求。我校主要以英语作为公共基础外语安排教学。报考英语专业的考生，如考生所在省级招生考试机构组织口试，考生须参加且成绩合格。

第十七条　报考我校艺术类的考生，有关专业考试要求按照《厦门大学 2013 年艺术类专业招生简章》执行。艺术类学生入学后，我校将根据招生政策和录取标准进行专业水平复查，凡不符合录取条件的，取消入学资格。

第十八条　我校各招生大类无男女比例限制。考生的高考单科成绩一般应达到及格以上水平。考生身体健康状况的要求按《普通高等学校招生体检工作指导意见》的有关规定执行。新生入学后三个月内，我校根据有关规定进行新生录取资格复查和身体健康状况复检，凡不符合录取要求或弄虚作假的，取消入学资格。

第五章　录取原则

第十九条　坚持贯彻公平竞争、公正选拔，德智体美全面考核、综合评价、择优录取的原则。

第二十条　我校根据生源省份的出档规定和报考我校的生源质量等情况确定调档比例。对于按平行志愿方式填报院校志愿的省份（市、自治区），我校原则上按招生计划数 100％调档；对于按非平行志愿方式填报院校志愿的省份（市、自治区），我校原则上在招生计划数的 105％～110％以内调档。

第二十一条　我校在各省出档的考生中（除内蒙古外），根据公布的招生大类（或专业）招生计划，采用专业志愿"分数级差"的方式进行专业(类)录取。专业志愿间分数级差总分值为5分,即第一和第二专业志愿分数级差为2分,第二和第三专业志愿及第三和第四(含第四及其之后的所有排序志愿)专业志愿的分数级差均为1分,第四(含第四及其之后的所有排序志愿)与调剂专业志愿分数级差为1分。

第二十二条　我校原则上认可考生所在地省级招生委员会制定的有关加分政策。实行平行志愿投档模式的省份,省级招生部门投档后,我校按包含考生位次信息的投档成绩进行招生大类(或专业)录取(注:我校在江苏的录取原则以第二十八条为准),对投档成绩相同的考生,以各省确定的成绩排序规则进行排序。实行非平行志愿投档模式的省份,省级招生部门投档后,我校以考生的高考卷面原始分进行招生大类(或专业)录取,对高考卷面原始分相同的考生,文史类以语文、数学成绩排序,理科以数学、英语成绩排序。

第二十三条　在实行非平行志愿填报方式的省份(市、自治区),我校在第一院校志愿生源不足的情况下,可接收非第一院校志愿的考生。

第二十四条　获我校保送、自主选拔、文艺特长和高水平运动员资格的考生的录取规则分别按我校相应各类招生简章的有关规定执行。我校2013年录取的高水平运动员安排在管理学院旅游管理专业学习。

第二十五条　我校艺术类专业录取原则按我校艺术类招生简章的有关规定执行。

第二十六条　我校2013年暂停招收国防生一年。

第二十七条　我校招收的非西藏生源定向西藏就业学生为国家定向就业招生计划,少数民族预科班、内地西藏班和新疆高中班学生为国家指导性定向就业招生计划。我校将按照教育部和各省(市、自治区)制定的有关政策招收上述学生。

1.报考我校非西藏生源定向西藏就业的考生,我校将根据考生志愿在不低于生源所在省份本一批次我校的出档线下40分以内择优录取。学生在校期间享受国家有关的学费、教材、伙食、住宿等补助,毕业后充实到西藏的县以下基层干部队伍,进藏服务期5年。录取的学生到校报到注册前须与西藏人事厅签订"定向西藏就业协议书",否则取消入学资格,相关责任由学生个人承担。

2.少数民族预科班生源限定为我校当年有安排招生计划省份参加全国高考的少数民族考生,录取成绩要求为不低于生源所在省份本一批次我校的出档线下80分。被录取的预科学生先在位于河南郑州市的黄河科技学院进行一年的预科阶段学习,预科学习合格并结业者,我校将根据学生在预科阶段学习成绩和操行情况折合的综合成绩,结合学生预转本志愿填报情况及我校拟订的预转本招生专业计划确定其本科学习专业,并转入我校进行本科阶段学习;不合格者退回生源地区。

3.内地西藏班、新疆高中班的升学招生工作由教育部内地西藏班新疆高中班招生办公室统一组织实施。

第二十八条　我校面向江苏省招生(含自主招生和文艺特长生)的两门选测科目要求:理工类专业选测科目为物理,文史类专业选测科目为历史,对于另一门选测科目,我校原则上不做要求;两门选测科目等级要求为AA。专业安排办法采用等级级差法,即考生两门选测科目每得一个A^+折算成等级级差分2分,在考生投档分的基础上加上等级级差分后进行排序,再采用我校确定的"专业级差"的方式,结合考生的专业志愿、必测科目成绩和综合素质评价进行录取。

第二十九条　我校在内蒙古按"专业志愿清"的规则进行录取,有关志愿填报及录取规则考生可咨询内蒙古教育招生考试中心。

第三十条　我校面向福建省厦门市、漳州市招收走读生的志愿填报和录取要求请登录我校招办网页查阅,或向考生所在地招生部门查询。

第三十一条　我校2013年面向贫困地区定向招生专项计划按照国家有关政策实施。

第三十二条　2013年我校与爱尔兰都柏林商学院继续合作举办会计学、金融学专业本科教育项目,其招生大类名称分别为工商管理类(会计学专业)和金融学类(金融学专业)。该项目为中外合作办学项目,招生纳入国家普通高等学校招生计划。我校在投放该项目招生计划的省份仅招收有填报该项目专业志愿的考生。该项目由厦门大学国际学院负责实施，由厦门大学国际学院和都柏林商学院共同承担教学培养和管理任务。该项目毕业证书上注明“厦门大学与爱尔兰都柏林商学院中外合作办学项目”。有关课程设置、师资组成、学位授予等事项详见《厦门大学与爱尔兰都柏林商学院中外合作办学项目2013年招生简章》。我校国际学院网址：http://liuxue.xmu.edu.cn/。

第三十三条　按照艺术类专业招生办法录取的考生，入学后不得转入其他专业学习；我校录取的由外国语中学推荐的外国语言文学类专业保送生，入学后不得转入其他非外国语言文学类专业学习；面向贫困地区定向招生专项计划录取的考生，入学后不得转专业；所有录取在国际学院金融学专业和会计学专业(厦门大学与爱尔兰都柏林商学院合作举办)的考生，和通过单列院校代码招收的临床医学、中医学、护理学、公共卫生与预防医学类等四个专业的考生，入学后不得转入其他专业学习。

第六章　收费标准

第三十四条　学费标准

1.人文学院、新闻传播学院、外文学院、法学院、公共事务学院、国际关系学院、经济学院、管理学院、数学科学学院、物理与机电工程学院(除飞行器动力工程外)、化学化工学院、材料学院、生命科学学院、海洋与地球学院、环境与生态学院、信息科学与技术学院(除集成电路设计与集成系统专业外)、能源学院、建筑与土木工程学院、药学院所属各专业及公共卫生学院医学检验技术专业，每人每学年5460元。

2.飞行器动力工程专业每人每学年6760元。

3.艺术学院各专业每人每学年9360元。

4.软件学院和信息科学与技术学院集成电路设计与集成系统专业一、二年级每人每学年5460元，三、四年级按学分收费，每人每学分400元，每学年约为40学分。

5.国际学院金融学专业和会计学专业(厦门大学与爱尔兰都柏林商学院合作举办)，每人每学年45000元，如第四年选择到爱尔兰都柏林商学院学习则该年学费按都柏林商学院的收费标准收取，约人民币14万～18万元。

6.录取在临床医学、中医学、护理学、公共卫生与预防医学类4个专业的学生免学费。其中，录取在公共卫生与预防医学类的学生，三年级分流到预防医学专业的学生继续免学费，分流到医学检验技术专业的学生按学校规定的标准收取学费。

第三十五条　住宿费标准

学生公寓住宿费为每人每学年800～1200元，4～6人/间。我校将根据实际住宿房间按物价部门批准的收费标准收取。

第七章　奖励资助政策

第三十六条　绿色通道

为切实保证家庭经济困难学生顺利入学，学校建立“绿色通道”制度，即对家庭经济困难新生一律先办理入学手续，学校再根据核实后的情况，分别采取不同办法予以资助。办理方式及所需材料可登录厦门大学学生资助管理中心网站(网址：http://xszz.xmu.edu.cn)相关栏目查询。

第三十七条　国家奖、助、贷学金

国家设立了国家奖学金、国家励志奖学金奖励品学兼优的学生；还设立了国家助学金，并提供国家助学贷款，用于资助家庭经济困难学生顺利完成学业。

第三十八条　学校奖、助体系

为奖励品学兼优的学生，学校设立了“文庆奖学金”、“本栋奖学金”、“亚南奖学金”和“优秀学生奖学金”等多项校级和院(系)级奖学金；学校还设立了勤工助学岗位，并采取困难补助、社会团体及个人资助、减免学费等多种措施，形成了完善的奖、助体系。

第八章　就业情况

第三十九条　我校近三年本科毕业生就业率分别为:2012届94.5%,2011届94.3%,2010届93.6%。毕业生就业率位居全国高校前列。2012届毕业生就业主要单位性质依次为:升学、出国出境、国有企业、金融单位等。就业主要地区依次为厦门、福建(不含厦门)、广东(不含深圳)、深圳、江苏、上海、浙江、北京等省市。

第九章　附　则

第四十条　本章程自公布之日起生效。本章程公布后,如遇部分省份高考招生政策调整,则我校将根据当地相关政策制定相应的录取政策,并另行公布。

第四十一条　本章程由厦门大学招生办公室负责解释。

厦门大学招生办公室联系方式:

电话:0592-2188888(5～8线)　传真:0592-2180256

网址:http://zsb.xmu.edu.cn

厦门大学

二〇一三年四月

——本文摘录自《厦门大学2013年本科招生章程》,档号2019-XZ30-002

厦门大学 2013 年博士研究生复试录取工作意见

（2013 年 4 月）

为了更加科学地选拔优秀人才，进一步提高博士研究生培养质量，我校 2013 年在理工科类学院的国家一级重点学科和国家二级重点学科所属的一级学科试行博士招生“申请—考核制”选拔方式。试点学科如下：化学化工学院—化学；海洋与地球学院—海洋科学；环境与生态学院—环境科学与工程；物理与机电学院—物理学；数学科学学院—数学；生命科学学院—生物学。

博士招生“申请—考核制”六个试点学科的博士研究生复试录取工作已按照《厦门大学 2013 年博士研究生“申请—考核制”考核工作指导意见》执行，此工作意见所指博士研究生复试录取工作对象不包括“申请—考核制”六个试点学科的博士考生。

对于其他学科，我校继续实行博士研究生招生考试制度改革。在入学考试阶段，初试主要考查考生的基本素质，复试全面考查考生的专业素质，包括专业知识、科研能力、创新能力和实践操作能力等。在录取阶段，提高复试在总成绩中所占权重（占 60%），扩大院系在博士选拔中的自主权，公平公正地选拔出具有科研能力和创新潜质的高层次人才。同时，改革导师招生培养模式，考生在报考阶段不需要确定导师，被录取后由导师组负责指导培养。

我校 2013 年招收博士生的入学初试和部分院系（包括六个“申请—考核制”试点学科）的复试工作已结束，部分院系的复试工作和全面录取工作即将开始。根据教育部相关文件精神，经校招生领导小组研究，现就我校今年博士生复试录取工作提出如下意见：

一、指导思想

坚持公平、公正、公开和科学选拔的原则，做到德、智、体全面衡量，择优录取，保证质量，宁缺毋滥。落实科学发展观，给予院系和导师更多的博士生选拔自主权。

各院系应将对考生科研能力的考核和已获得的学术成果的评价作为复试选拔的重要内容。注重选拔具有突出创新能力和科研潜力、具有特殊学术专长的优秀创新人才，以提高博士生培养质量。

二、组织管理

成立学校和学院、研究院两级博士生复试录取工作领导小组，负责博士生复试和录取的各项工作。学院或研究院复试录取工作领导小组由分管研究生教育的院长任组长、院负责纪检工作的领导任副组长，各分管研究生教育的系主任参加，负责本单位的博士生复试与录取工作。各院应尽快展开复试录取工作领导小组会议，讨论安排相关工作。

三、学校基本分数要求和院系复试分数线

1.我校博士复试基本分数要求已由学校招生工作领导小组确定，详见下表：

学科门类	外语	业务课 1	业务课 2	总分
文科	60	60	60	200
理科	40	35	50	160
少数民族高层次骨干人才计划（文科）	60	60	60	200
少数民族高层次骨干人才计划（理科）	40	35	50	160

续表

学科门类	外语	业务课 1	业务课 2	总分
教育博士	60	60	60	200
对口支援专项计划(文科)	45	60	55	190
对口支援专项计划(理科)	40	35	50	150

注:“少数民族高层次骨干人才计划”文、理分数线与学校文、理基本分数线相同。

2.为扩大院系在博士生选拔中的自主权,各院招生领导小组可根据本单位学科、专业特点和招生计划,在学校的复试基本分数线基础上,按照不高于1∶2的复试比例,并在征求各导师组的意见后,进一步确定各自专业的复试分数线,复试内容所占比例、复试工作细则于4月26日前报送校招生办审核后在网上公布。

四、复试工作

部分院系已在初试的同时进行了复试,目前已完成复试的院系请于5月3日之前将拟录取名单报送至招生办,经招生办审核后即在学院网上公示。

尚未开始复试工作的院系请根据《厦门大学2013年博士研究生入学考试复试工作办法》于5月10日前完成复试工作。特别强调,由于复试权重提高至60%,各院系应科学制定本单位复试工作实施细则,规范有序公平公正地开展复试工作。

五、计划分配原则

学校招生领导小组根据各学院研究院学科、博导、科研以及博士人才培养的社会需求等因素,已安排了各院系的博士招生计划,并根据报考情况和学科发展需求进行了调整。各院系应合理安排招生计划。应对有院士、“长江学者”等导师的重要团队,及有重点学科、创新群体、人文基地的导师组和科研经费多的团队适当倾斜。

六、调剂原则

根据教育部文件规定,博士调剂只能在本校内进行,不能进行跨校调剂。我校个别线上生源不足的专业可跨专业进行调剂。(公开招考线上生源不足的专业只能从实行公开招考的专业调剂考生)跨专业调剂,须学科相近,须经接受调剂的学院或研究院招生领导小组同意后方可进行,并在报送招生办拟录取名单上备注说明。

七、奖学金确定原则

1.我校从2010级起调整了博士奖学金的等级并提高了奖学金的金额。具体为:特等奖学金3.2万元/年,全程9.6万元(不滚动);一等奖学金3.2万元/年;二等奖学金2.5万元/年。各等级奖学金比例为:特等奖学金10%,一等奖学金20%,二等奖学金70%(奖学金比例按享受奖学金的博士生人数计算)。

2.奖学金等级的确定:各院、系原则上按各专业考生总成绩的高低,依次确定奖学金等级。

3.被录取为定向类别和委培类别的考生(教育博士、少数民族高层次骨干人才计划、对口支援专项计划)不享受奖学金。

八、破格复试原则

1.学校破格复试。根据我校确定的2013年博士生复试基本分数要求,文科各院系符合基本分数线的生源充足,学校原则上不接受低于学校基本复试分数要求的博士破格复试申请。极个别科研能力和已获得的学术成果非常突出,但单科或总分略低于院系基本复试分数线,且所在院系生源不足的,须由院系向学校招生领导小组提出破格复试录取该考生的书面申请,经所在学院或研究院研究生招生领导小组研究同意,报校招生领导小组讨论决定是否破格复试录取。同等学力考生不予破格复试。破格复试录取的考生占所在院系博士招生计划。(向学校提交破格复试报告截止时间:2013年4月28日)

2.院系破格复试。学校确定的2013年博士生复试分数要求为基本分数要求,各院招生领导小组须根据自身情况进一步确定各自学科专业的分数线。由于符合基本分数线的生源充足,各院系原则上不接受破格复试申请。如个别考生科研能力和已获得的学术成果突出，但单科或总分略低于院系基本复试分数线的，须由系(所)提出破格复试该考生的书面申请。各院招生领导小组应研究确定破格复试原则及程序，经院招生领导小组讨论决定是否破格复试。破格复试录取的考生占所在院系博士招生计划。破格复试录取的考生须在报送招生办拟录取名单上备注说明。

九、录取原则

1.各院招生领导小组应根据考生的总成绩，综合评估考生各方面的表现、科研能力及已获得的学术成果，按各院系安排的分专业计划择优录取，宁缺毋滥。

2.下列情况之一者，不予录取：复试不及格者(60 分以下)；同等学力考生任何一门加试科目不及格者(60 分以下)；政审不合格者；体检不合格者。

3.为推行我校博士招考改革，确保博士研究生培养质量，经我校招生领导小组研究决定，我校 2013 年继续实行不招收在职攻读博士学位研究生政策(教育博士专业学位和“少数民族高层次骨干人才计划”“对口支援专项计划”等除外)。在职考生如以社会考生报考我校并被我校录取，须辞去原单位工作，并根据我校寄发的预录取通知，在 6 月 10 日前将人事档案转入我校，进行全日制学习，我校方寄发正式录取通知书。

十、拟录取名单和正式录取名单的确定

各院系在完成复试工作后，应根据考生的最终形成的专业总成绩、确定的录取原则和安排的招生计划，充分征求相关导师组的意见，召开学院或研究生院招生领导小组会议，研究确定本单位拟录取名单。前期已完成复试工作的院系请于 5 月 3 日之前将拟录取的名单报送至校招生办，经招办审核后即在所在学院网上公示；将开始复试工作的院系请在复试工作完成后，于 5 月 10 日之前将拟录取名单报送至招生办，经招办审核后即在学院网上公示。

博士生拟录取名单经校招生领导小组审核同意、福建省高招办和教育部录检审核通过后形成正式录取名单。

学校将在教育部录检通过后寄发录取通知书，时间约在 6 月底 7 月初。

十一、复试录取的监督与复议

1.厦门大学纪委、监察处全程监督我校 2013 年博士生复试录取工作。监督电话：0592-2186219。

2.实行校院两级巡视监察制度。学校相关单位组成若干巡视监察小组，在复试过程中，各巡视小组将深入各院系复试现场，在不干扰正常复试工作的前提下，采取随机进入考场和实验室、旁听面试等方式了解、监督复试工作的开展情况。各院巡视监察组长由学院或研究院分管纪检工作的院领导担任，具体负责本院博士复试巡视监察工作。

3.实行责任制度和责任追究制度。所有参与复试录取工作的人员都要认真负责，切实维护复试录取工作的公平公正，对徇私舞弊的工作人员要追究责任。

4.实行复议制度，确保信访和监督渠道的畅通。对经调查属实的信访问题，由相关单位的博士生招生工作领导小组责成复试工作小组进行复议。

5.实行回避制度。凡亲属报考本单位的导师和工作人员，不得参加本单位和当年度的博士生复试录取工作。

十二、本复试录取工作意见由厦门大学招生办公室负责解释。

厦门大学招生工作领导小组

2013 年 4 月

——本文摘录自《厦门大学 2013 年博士研究生复试录取工作意见》，档号 2016-XZ30-5

厦门大学校级奖学金(研究生)评审办法(修订稿)

(2013年7月17日)

第一章 总 则

第一条 厦门大学研究生校级奖学金旨在激励研究生刻苦学习、奋发向上、勇于创新,创造适合研究生进行科学研究的良好环境,提高研究生培养质量。为了规范校级奖学金研究生的申报、评审工作,特制定本办法。

第二条 研究生校级奖学金评审要坚持突出创新、保证质量、统筹兼顾、公平公正的原则。

第三条 凡取得正式学籍、已注册的全日制研究生均可申请校级奖学金。

第二章 评定条件

第四条 基本条件

(一)爱国爱校,品行端正,遵守国家法律法规及校规校纪,在校期间无违法违纪行为;

(二)诚实守信,道德品质优良,德育考核良好;

(三)学习勤奋刻苦,课程成绩优异,无不合格课程;

(四)科研成果突出,创新能力显著。

第五条 具体评定条件

(一)参评文庆、本栋、亚南奖学金的研究生,在学期间必须取得可视为第一作者的高水平科研成果(以下四项满足一项即可):

1.文科类在一类核心刊物及以上(核心刊物认定以人事处核心刊物目录为准),理工类在JCR1区刊物及以上发表论文;

2.文科类出版高水平学术专著,理工类获得发明专利;

3.获得省部级以上科研成果奖励(以证书加盖国徽章为准);

4.其他被校评奖委员会认定的突出贡献。

(二)参评其他校级奖学金的研究生,须在本学科领域高水平学术期刊上发表论文、获得专利、发表专著、获得高水平科研奖励或有其他被学院评奖委员会认定的具有学术价值或应用价值的突出科研成果。

(三)申报校级奖学金的所有科研成果,第一署名单位都必须是厦门大学。增刊、论文摘要、会议综述、活动报道、无正式CN号论文、未授权的发明专利和实用新型专利等不得列入科研成果进行申报。

(四)文庆、本栋、亚南奖学金候选名单由各学院(研究院)推荐。各学院(研究院)需详细列出候选学生在校的综合表现(包含导师评语和推荐意见等)。

第六条 其他条件

(一)综合能力表现突出。科研成果同等条件下,在社会实践、志愿服务、体育竞赛、文艺比赛等方面表现突出者,可优先获得校级奖学金:

1.积极投身社会主义精神文明建设,能够将见义勇为、助人为乐、奉献爱心的精神付诸实际行动,有助于树立良好的社会风尚;

2.积极参加社会实践活动,能对社会做出一定程度的贡献,或组织、策划校内外重大社会活动,产生一定的社会影响；

3.积极参加校内外志愿服务工作，展示出良好的志愿服务精神；

4.在各类文艺比赛或体育竞赛中取得成绩，荣誉突出。

(二)因参与优博培育工程、国家公派出国留学项目和学校公派访学交流项目而延期毕业的研究生在相应延长的学习期限内可参加校级奖学金评选。

(三)全日制专业学位研究生参加评选校级奖学金的名额由学校从总名额中单列。各学院参照本办法组织评选工作。

第三章　评审程序

第七条　主要评审程序如下：

(一)由学校发布评奖通知，下达具体奖项推荐名额。

(二)研究生个人按规定时间向学院、研究院提交申请，逾期不申请者不参与评选。

(三)以学院为单位进行资格预审和原始材料审核，学院奖学金评奖委员会根据本单位的评审实施细则确定推荐名单，并面向本单位公示3个工作日无异议后将申报材料送至研究生院进行审查。学院对学生的申请材料负有审核责任。

(四)校奖学金评审委员会秘书组审核各学院各奖项的推荐名单的资格条件。

(五)学校奖学金评奖委员会评审确定获奖名单，公示3个工作日，无异议后报主管校领导批准并由学校发文表彰。

(六)发放奖学金和获奖证书。

第八条　文庆、本栋、亚南奖学金实行差额评定，凡已获得文庆、本栋、亚南奖学金的研究生，原则上不再参评这几项奖学金。

第九条　同一学年内，不得参评同一级别校级奖学金；不同学年参评同一级别校级奖学金，科研成果不得重复使用。

第十条　对评审结果有异议的学生，可在学院公示阶段向所在学院评审委员会提出申诉，评审委员会应及时研究并予以答复。如学生对学院做出的答复仍存在异议，可在学校公示阶段向校评奖委员会秘书组提出申诉。

第四章　附　则

第十一条　有下列行为之一者，取消其评审资格或获奖资格：

(一)有学术不端行为者；

(二)参评年度违反校纪校规并被学校处分者；

(三)在评审过程中有弄虚作假行为者。

第十二条　各学院应根据本办法制定不低于本办法的实施细则，并应正式发文、经研究生院审核通过后报校级奖学金评奖委员会秘书组备案。

第十三条　本办法由校级奖学金评奖委员会秘书组负责解释。

第十四条　本办法自颁布之日起施行，《厦门大学校级奖学金(研究生)评审办法》(厦大研〔2011〕29号)同时废止。

——本文摘录自《关于印发〈厦门大学校级奖学金(研究生)评审办法(修订稿)〉的通知》，厦大研〔2013〕17号，档号2013-XZ28-1

厦门大学关于贯彻实施“高等学校创新能力提升计划”(“2011计划”)的意见

(2013年8月8日)

为贯彻实施教育部、财政部《关于实施高等学校创新能力提升计划的意见》(教技[2012]6号)和《“高等学校创新能力提升计划”实施方案》(教技[2012]7号)(以下简称“2011计划”),大力推进学校协同创新机制体制的构建,全面提升学校协同创新能力,制定本实施意见。

一、实施“2011计划”的建设思路是:按照“国家急需、世界一流、制度先进、贡献重大”的目标,以国家重大需求为导向,以协同创新重大任务为牵引,以机制体制改革为动力,搭建一流的创新平台,汇聚一流创新团队,有效聚集创新资源和要素,优化创新条件和环境,培养一批拔尖创新人才,取得一批重大标志性成果,提升学校人才、学科和科研三位一体的创新能力,成为具有国际重大影响的学术高地、行业产业共性技术的研发基地、区域创新发展的引领阵地和文化传承创新的主力阵营。

二、实施“2011计划”的总体目标是:以学校国家重点学科、国家重点实验室(工程中心)、教育部重点实验室和教育部人文社会科学重点研究基地为基础,深度整合校内优势学科资源,与国内著名高校、科研院所、政府部门、行业产业以及国际学术机构开展“强强联合”,共建协同创新平台,到2020年力争8—10个以我校为牵头单位的协同创新中心入选国家级和省级“2011计划”。

三、实施“2011计划”的重点任务是:加强协同创新中心的培育工作,扎实推进我校协同创新中心的建设工作。以教育部人文社会科学重点研究基地台湾研究中心为基础,充分整合校内外资源,培育两岸关系和平发展协同创新中心;以应用经济学一级学科国家重点学科为支撑、以中国能源经济研究中心为基础,充分整合校内外资源,培育能源经济与能源政策协同创新中心;以固体表面物理化学国家重点实验室为基础,充分整合校内外资源,培育能源材料化学协同创新中心;以近海海洋环境科学国家重点实验室为基础,充分整合校内外资源,培育海洋碳汇与未来地球协同创新中心;以细胞应激生物学国家重点实验室为基础,充分整合校内外资源,培育细胞生物学协同创新中心,等等。同时学校还将根据学科发展和国家重大战略需求,培育新的协同创新中心。

四、学校各职能部门应将协同创新中心作为学校管理体制改革“特区”或实验区积极培育,制定特殊扶植政策,实行新的运行机制。

学校出台的有关改革措施可在协同创新中心先行先试,营造创新环境与氛围。协同创新中心在人事聘任与考核、创新人才培养机制、招生模式和规模以及国际学术合作交流等方面享有改革的相对自主权,学校为协同创新中心提供各种激励政策支持,构建组织创新、协同管理、资源整合与成果共享等制度体系,形成有利于协同创新和解决国家重大需求的长效机制。

五、协同创新中心要建成高校牵头、积极吸纳国内外优势力量、协同创新的新平台。建立实质性协同的组织管理机构,以保障协同机制的建立和运行,包括:(一)理事会,负责中心重大事项的决策。理事由主要参与单位以及其他协同单位代表组成,并积极吸纳相关领域国内外的战略型专家担任理事;(二)学术委员会,负责把握学术方向、指导人才培养、参与人员遴选、推动国内外合作等;(三)中心实行主任负责制,设立参与单位主任联席会议制度,并在参与单位分别设立办公室,负责中心的运行管理。

六、协同创新中心根据国家重大需求,按照“世界一流”的目标,制定科学研究发展计划,发挥协同创新优势,组织和承担国家重大任务;根据科研发展规律,建立以贡献为导向的科研考核、奖励和评价制度。

七、在协同创新中心协议和工作框架下，推进“寓教于研”的本科教学和人才培养体制机制创新，推动协同高校之间在本科生课程设置和人才培养模式方面的改革，开展以高水平科研为支撑的人才培养工作，强化师资互派、课程互选、学分互认、学生互换、开放图书馆、开放实验室和教学基地等领域的深度合作，提升本科教学水平和人才培养质量。

八、协同创新中心研究生培养计划单列，推进体现学科交叉和协同特点的研究生培养模式改革，探索协同高校之间研究生联合招生、研究生结构调整、实验室轮转制度等新体制，建立协同高校之间研究生课程开发、课程互选、学分互认和导师互聘机制，全面提升研究生培养质量。

九、协同创新中心应汇聚优质资源，协同国内有关机构和部门（含高校、科研院所、政府部门、行业产业等），与国外大学和科研机构开展广泛、深入的学术交流与合作，提升国际学术影响力，拓宽人才的国际视野。支持人文社会科学和理工医等学科实施“走出去”计划，在国外设立研究中心；在国外著名大学设立“教育基金”，与其建立人才联合培养机制。

十、协同创新中心实行新的人事管理机制，赋予中心在人员聘任、岗位设置、考核、评价机制和薪酬分配等方面充分的自主权；在协同创新框架内，实现协同单位教授互聘，协同创新中心可设立首席科学家（责任教授）、兼职教授、客座教授、客座研究员等特色岗位；协同创新中心对所聘本校教师的考核结果，学校予以认可，不再参加学校年度和聘期考核；中心聘任外籍人员的薪酬待遇应达到国外同等水平，聘任国内校外人员薪酬待遇应达到国内其他协同创新中心同类人员的同等水平。

十一、学校为协同创新中心提供培育经费、办公用房、行政服务人员编制等支持；为协同创新中心外聘研究人员提供工作室，并配备研究助理。每个协同创新中心保有的外聘教授工作室不少于300平方米。学校根据资金筹措情况，在资源配置方面适当向协同创新中心倾斜。

十二、学校成立“2011计划”工作领导小组，负责制定学校“2011计划”发展规划，部署协同创新工作；领导小组下设办公室，与科研管理部门合署办公，负责具体实施“2011计划”，并做好协同创新工作的组织、协调、服务和考核工作。

——本文摘录自《关于印发〈厦门大学关于贯彻实施“高等学校创新能力提升计划”（“2011计划”）的意见〉的通知》，厦大科〔2013〕65号，档号2015-XZ13-17

厦门大学关于在本科教学中落实“2011计划”的意见

(2013年8月8日)

为落实学校《关于贯彻实施“高等学校创新能力提升计划”(“2011计划”)的意见》,根据教育部、财政部“2011计划”等文件精神,全面支持学校牵头或主要参与的协同创新中心的工作,制定本意见。

一、在协同创新中心的协议和工作框架下,推进“寓教于研”的本科教学和人才培养机制体制创新,推动和参与协同创新中心的合作各方在本科教学和人才培养工作中的全面合作,强化在师资互派、课程互选、学分互认、学生互换等领域的深度合作。

二、根据参与协同创新中心建设的合作各方的需求,学校与合作各方互聘对方的高水平专家担任兼职教师,承担相关专业领域的本科教学工作和专业建设工作。按照等量互相开课原则,协同创新中心应把我校选聘到合作单位和合作单位选聘到我校开课的同等水平教师以及他们相应的开课任务同时报教务处备案,经教务处备案后,教师在合作单位发生的教学工作量,计入校内工作。执行交流讲学任务的教师的教学工作定额及考核办法由聘任协议约定。

三、合作单位的教师、专家受聘到我校任教的,享受与我校教师同等的教学条件;选聘到我校任教的教师、专家的课酬标准,由协同创新中心根据聘任协议提出建议方案,经教务处同意后实施。选聘到我校任教的教师、专家,讲授我校已列入教学计划的课程,在排课阶段明确相应的教学任务;讲授我校未列入教学计划的课程,可按相关程序申请开设新课程。

四、国外合作单位的教师、专家聘任到我校任教的,参照学校外国专家管理的相关规定执行。

五、协同创新中心的参与建设各方,积极选拔和互派学生在合作单位之间进行为期一学期或者一学年的学习交流。教务处根据“2011计划”、协同创新中心的建设协议和我校实际情况,与合作单位教务处商定互派计划的专业及人数规模,并将结果通报协同创新中心。

六、选派到合作单位的派出学生须为我校二年级或三年级学生,派出学生原则上每学期应修读不少于我校对应学期教学计划所规定的学分。学校承认派出学生在接收学校学习期间所取得的学分,并参照相关规定予以办理。

七、合作单位选派到我校学习交流的学生,在培养和管理方面,原则上按照我校有关本科生的培养与管理办法进行,具体工作由专业所在学院负责。其他学生管理事宜,参照学校有关规定执行。

八、学校基于对等原则,向参与协同创新中心建设的各个合作单位的本科生开放图书馆、实验室和学生实习实践基地,接纳合作单位的优秀学生前来调研、实践和开展教学实习、毕业实习。

九、在实践教学环节,选聘到我校任教的合作单位的教师、专家,可以在创新基金项目、社会实践、专业实习、毕业论文、科学研究等方面担任我校学生的指导教师。

十、协同创新中心创造条件,吸引本科生参与科研训练活动。协同创新中心的各类科研项目,应向中心成员单位的本科生开放,鼓励中心成员单位教师联合指导本科生开展科研活动,鼓励互派学生到对方学校开展科研创新活动,鼓励不同成员单位本科生联合组织科研团队,开展科研创新活动。

——本文摘录自《关于印发〈厦门大学关于在本科教学中落实“2011计划”的意见〉的通知》,厦大科〔2013〕66号,档号2015-XZ13-17

厦门大学关于在研究生培养中落实“2011计划”的意见

（2013年8月8日）

为落实学校《关于贯彻实施“高等学校创新能力提升计划”（“2011计划”）的意见》，根据教育部、财政部“2011计划”等文件精神，全面支持学校牵头或主要参与的协同创新中心的工作，制定本意见。

一、协同创新中心研究生培养计划单列，推进体现学科交叉和协同特点的研究生培养模式改革，在协同创新合作高校之间实施研究生培养轮转制。

二、以“2011计划”为平台，推进硕士研究生多元化选拔录取机制的改革，取消推荐免试生的推荐限额；加强与协同创新合作高校之间的交流，加强校际联系与合作，互相推荐一定数量的学生免试攻读硕士研究生，实现优秀生源的校际交流；接收港澳台地区与国外协同创新合作高校的优秀本科毕业生免试攻读我校硕士研究生。

三、以“2011计划”为平台，加强与实务部门之间的协同创新，开展“订单式”招生培养，提高招生质量，培养社会急需的实用型人才。

四、以“2011计划”为平台，增加博士生招生指标，同时积极借鉴国内外高校的先进经验，加快推进博士招生培养改革。支持提高博士生奖助学金、在科研项目中培养博士研究生、鼓励博士研究生出国交流、向优秀博士论文导师倾斜等改革措施。逐步与政府部门、行业企业等合作，探索应用型博士研究生培养新机制。

五、通过与海外著名高校的合作，加强海外招生宣传，实现港澳台地区学生和外国留学生攻读我校研究生在数量和质量方面的双增长。

六、开发、开设新课程，开设跨单位、跨学科、有特色的理论课程、实务课程和方法论课程；聘请协同创新合作单位的领导和专家为研究生开设高端讲座和高峰论坛；编写新教材，每个协同创新中心应组织编写以主要学科（研究领域）为主题的系列研究生教材。

七、继续深化、推动与协同创新合作高校的研究生教育课程互选、学分互认工作，试行以学生互选情况为基础的校际结算制度；通过与国外协同创新合作大学的深度合作，推进人才培养的国际化，开展面向协同创新计划的国际学分互认、学位互授的联合培养博士、硕士学位项目。

八、探索实施导师互聘制度，推动协同创新中心研究生教育改革，探索人才培养新模式，提高研究生培养质量，发挥优质社会资源在培养人才中的积极作用，聘请国内外著名高校知名教授和学术造诣深厚、实践经验丰富、德才兼备且热心于人才培养的政府部门及企事业单位等实务部门高端人才为我校研究生导师，深度参与我校研究生教育。具体导师互聘的高校以协同合作单位协议为准。

——本文摘录自《关于印发〈厦门大学关于在研究生培养中落实“2011计划”的意见〉的通知》，厦大科〔2013〕67号，档号2015-XZ13-17

厦门大学关于在人事管理中落实“2011 计划”的意见

(2013 年 8 月 8 日)

为落实学校《关于贯彻实施“高等学校创新能力提升计划”(“2011 计划”)的意见》,根据教育部、财政部“2011 计划”等文件精神,全面支持学校牵头或主要参与的协同创新中心的工作,制定本意见。

一、我校牵头或主要参与的协同创新中心(以下简称“中心”),在学校作为管理体制改革“特区”,实行新的人事管理机制,赋予中心在人员招聘、岗位设置、聘任、考核、评价机制和薪酬分配等方面充分的自主权。

二、中心实行主任负责制,中心主任全面负责人才引进、团队建设、拔尖人才培养等师资队伍建设工作。学校与中心主任签订岗位责任书,对中心主任实行年度与聘期考核,对考核优秀的给予奖励。中心组建学术评价机构,按照公开、公正等原则对人员聘任、考核等进行学术评价。中心确立的聘任、考核等评价标准原则上必须高于学校的一般规定。

三、中心结合协同创新项目建设需要,按照“国家急需、世界一流、制度先进、贡献重大”的目标,以任务为牵引,自主设置岗位和招聘人员。中心自主制定岗位聘任标准、岗位任务和目标、聘任程序等办法;对人员聘任实行全球公开竞聘,与协同合作高校互聘教师;中心可设置首席科学家(责任教授)、兼职教授、客座教授、客座研究员等特色岗位。中心聘任人员全部实行合同管理,合同与学校(或学校授权中心)签订;校外人员不纳入学校编制,聘任外籍人员学校协助为其办理在国内相关保险等手续。在中心的本校人员所聘岗位或岗位晋升,学校予以承认并发文确认。

四、中心建立以同行专家评价为主的评价机制,主要进行优秀成果与代表作评价,实行质量第一的评价导向;实行个人业绩考核与团队业绩考核并存,考核以聘期为届,设置届中考核和届末考核,将考核结果作为岗位聘任、绩效薪酬分配依据,并在此基础上全面建立人员激励和退出机制。中心对所聘本校教师的考核结果,学校予以认可,不再参加学校组织的年度和聘期考核。

五、中心应高度重视团队建设、拔尖人才和青年教师培养。团队组建以高端人才为主,并充分考虑队伍的梯队结构;团队初创主要人员由中心主任提名,经学术评价机构评审确定。中心建立对拔尖人才和青年教师的培养制度,为他们发展搭建平台,提供机会与经费,确保中心所聘青年教师在其聘期内,至少有半年时间到国外访学或工作,或者到重要的相关实务部门工作。

六、中心以“集聚拔尖人才”和“产出重大创新成果”为目的,在合理的范围内自主确定薪酬分配原则与标准。聘任外籍人员的薪酬待遇应达到国外同等水平,聘任国内校外人员薪酬待遇应达到国内其他协同创新中心同类人员的同等水平;中心分别以教学工作、科研项目等任务为主要依据设定具体薪酬分配方案,对创新成果突出的给予高额奖励。

——本文摘录自《关于印发〈厦门大学关于在人事管理中落实“2011 计划”的意见〉的通知》,厦大科〔2013〕68 号,档号 2015-XZ13-17

厦门大学关于在国际合作与交流中落实“2011计划”的意见

（2013年8月8日）

为落实学校《关于贯彻实施“高等学校创新能力提升计划”（“2011计划”）的意见》，根据教育部、财政部“2011计划”等文件精神，全面支持学校牵头或主要参与的协同创新中心的工作，制定本意见。

一、积极牵头联合国内协同高校，与海外著名大学共同创建“科研与教学交流合作平台”，以启动实施“G50战略伙伴计划”为契机，搭建国内外高层次专业人才交流学习的重要平台，并建立长期合作机制。同时积极探索设立海外研究中心。

二、广泛开拓渠道，创建学生海外实践实习基地，加强学生海外实践实习培养，进一步提升学校国际化人才培养质量。

三、在海外著名大学设立“教育基金”，与其签订联合培养协议，创设“联合培养留学班”，扩大国际合作与交流项目在学生中的覆盖规模，提高在校生参与海外交流、交换学习的比例。

四、联合国内协同高校，统筹资源，推动英文授课，建成一批成熟的面向国内外学生的全英文学位课程体系，积极推动双语教学；选择条件成熟的若干学科专业，分步引进海外著名大学的教学计划和课程，实现人才培养的国际对接。

五、实施“国际学术组织建设资助计划”，为设在我校协同创新中心的国际学术组织提供必要的办公经费和办公场所支持。

六、实施“国际学术会议资助计划”，鼓励我校协同创新中心举办高水平国际学术会议。

七、实施“高水平国际学术期刊发文奖励计划”，鼓励我校协同创新中心教师在有较大影响的国际学术期刊发表论文和出版学术著作，扩大研究成果的国际学术影响。

八、实施“厦门大学协同创新中心教师学术著作外译计划”，支持我校优秀学术成果的多语种翻译出版工作。

九、实施“厦门大学协同创新中心海外名师引进计划”，通过制定具体实施办法，有计划地引进海外高端人才和学术团队，建立稳定的外籍教师队伍，并不断优化教师的国际学缘结构；不定期聘请国际一流专家学者来校从事教学和科研工作。

十、实施国际化师资培养与储备计划，推进“厦门大学协同创新中心青年骨干教师海外提升计划”，支持优秀学者到海外进行访学、研修，培养国际化的优秀学术人才。

十一、支持我校协同创新中心英文网站和外文学术期刊、外文学术网站的建设。

——本文摘录自《关于印发〈厦门大学关于在国际合作与交流中落实“2011计划”的意见〉的通知》，厦大科〔2013〕69号，档号2015-XZ13-17

厦门大学关于加强协同创新中心实体化建设的意见

（2013年8月8日）

为加强协同创新中心实体化建设，确保协同创新中心可持续发展，推动学校协同创新机制体制构建，根据教育部、财政部“2011计划”有关文件精神，制定本意见。

一、列入学校培育的协同创新中心为学校直属实体性研究机构(不列级别)。每个中心设中心主任1人，副主任1～2人，专职秘书(科员)1人。获得国家和省级“2011计划”认定的协同创新中心根据实际需要另行制定人员编制。

二、学校财务处为各协同创新中心设立专门账户，对协同创新中心的资金实行专项管理。在不违反国家有关财务规定的前提下，协同创新中心享有经费使用自主权。

三、学校根据学科特性和协同创新中心的规模，每年为每个协同创新中心投入一定额度的建设经费。建设经费主要用于中心的日常运行、新课程开发、聘请协同高校和其他国内外协同单位专家、实验室建设、数据库建设、文献中心建设、对外交流与合作及信息化等建设。

四、学校支持由我校牵头的协同创新中心制订单独的人才培养计划，2014年开始在研究生招生中设立体现协同创新中心人才培养计划的研究方向；对于我校作为主要参与单位的协同创新中心的人才培养，学校根据与牵头高校的协议，确定研究生招生方向。协同创新中心教授担任博士生导师的，每人每年保证1个博士生招生指标。博士生招生指标向国家级协同创新中心(培育期)倾斜，为每个中心每年计划单列4～6个。

五、学校教师受聘其他协同高校期间发表的以其他协同高校为第一署名单位、以学校为第二署名单位的科研成果，应认定为本校科研成果，计入该教师学校科研工作量考核；学校教师受聘其他协同高校期间承担的教学任务，计入该教师本校教学工作量考核。学校教师受聘协同创新中心的，工作考核由协同创新中心负责，考核结果报送学校人事处备案。

六、学校为每个协同创新中心提供办公场所、实验室等场地支持。

七、为协调协同创新中心的建设工作，学校设立“2011计划办公室”，与科研管理部门合署办公，设主任1人(正处级)、副主任1人(副处级)，并增加办公室1间。

——本文摘录自《关于印发〈厦门大学关于加强协同创新中心实体化建设的意见〉的通知》，厦大科〔2013〕70号，档号2015-XZ13-17

厦门大学研究生励学奖励计划

（2013 年 8 月 24 日）

第一章　总　则

厦门大学研究生励学奖励计划旨在激励研究生在创新研究、综合素质及社会影响等方面取得突出成绩，全面提高研究生培养质量。

第二章　科研成果奖励

第一条　评定条件

（一）基本条件

1.爱国爱校，品行端正，具有团队合作精神，且无违法违纪行为。

2.科研成果突出，创新能力强。

3.原则上厦门大学在校注册研究生可申报科研成果奖励，研究生毕业之后一年内如有突出科研成果者仍可申报。本校教职工在职攻读研究生者，纳入教师评奖体系，不再申报此项奖励。

（二）具体评定条件（满足 1 项即可）

1.文科类在一类核心刊物上发表文章或者理工类在 JCR2 区及以上刊物发表文章；

2.获得国家发明专利授权；

3.获得省部级以上科研奖励（以证书加盖国徽章为准）。

以上成果要求为评奖前一自然年度正式发表、以厦门大学为第一署名单位，学生为通讯作者或第一作者/第一排名（导师为第一作者不算在内）。

第二条　主要评审程序如下：

（一）由研究生院发布评奖通知和分配名额。

（二）研究生个人按规定时间向学院（研究院）提交申请，不申请者不予评选。

（三）以学院（研究院）为单位进行资格审查，核实申请者的基本资格和科研成果，按规定名额进行预评，面向本单位公示候选人。公示 3 个工作日以后将材料报送至研究生院。学院（研究院）对学生的申请材料负有审核责任。研究生院对学院（研究院）的资格审查工作进行抽查，并对抽查结果进行通报。

（四）研究生院负责对数据进行汇总，院务会进行评审，如有科研成果特别突出者，由研究生院院务会集体讨论推荐为“科研成果特别奖”，报分管副校长审批通过后全校发文奖励并颁奖。

第三章　学术活动竞赛类奖励

第三条　奖励原则及奖励设置

（一）奖励原则

在校注册研究生凡参加国家级以上学术活动竞赛并获等级奖者予以奖励。国家级以上学术活动竞赛需经各学院（研究院）学术委员会认定并报研究生院审核通过。

(二)奖励设置

团体奖:5000 元;个人奖:2000 元

团体奖需要研究生参赛人数占所有参赛人数一半及以上。

第四条　奖励程序

(一)研究生院发布评奖通知和分配名额;

(二)各学院(研究院)对前一自然年度研究生参加学术活动竞赛及获奖情况进行审核,确定奖励人员名单,并进行公示,不得少于 3 个工作日;

(三)各学院(研究院)向研究生院提交研究生获奖证书等材料;

(四)研究生院对学院上报情况进行复核,院务会进行评审,如有重大影响力的竞赛获奖者,由研究生院院务会集体讨论推荐为特别奖,报分管副校长审批通过后全校发文奖励并颁奖。

第四章　其　他

第五条　研究生在其他方面获得的能够产生重大社会影响、对社会有重大贡献的特殊荣誉可以经过各学院(研究院)认定后向研究生院提出申请。研究生院将根据具体情况给予特别荣誉奖励。

第五章　附　则

第六条　对奖励结果有异议的学生,可在学院公示阶段向所在学院评审委员会提出申诉,评审委员会应及时研究并予以答复。

第七条　有下列行为之一者,取消其获奖资格:

(一)有学术不端行为者;

(二)违反校纪校规并被学校处分者;

(三)在评审过程中有弄虚作假行为者。

第八条　核心刊物目录及 JCR 刊物目录以研究生院公布的为准。

第九条　本办法由研究生院负责解释。

第十条　本办法自颁布之日起施行,《厦门大学研究生科研成果奖评审办法》[(2009)厦大研字 16 号]同时废止。

——本文摘录自《关于印发〈厦门大学研究生励学奖励计划〉的通知》,厦大研〔2013〕23 号,档号 2013-XZ28-1

厦门大学研究生出国出境参加国际学术会议资助管理办法

（2013 年 8 月 29 日）

为促进在校研究生的国际合作与交流，进一步提高我校研究生的培养质量，设立研究生出国出境参加国际学术会议资助项目，鼓励和资助在读研究生出国出境参加国际学术会议。本资助项目由研究生院和各培养单位共同承担实施工作，包括资助项目的审批、经费资助额度的审定等。为更好地做好此项工作，制定本管理办法。

一、资助内容

1.参加国际学术会议的往返旅费

2.会议注册费

3.签证相关费用

4.往返机场/火车站交通费

5.住宿费

二、申请条件与资助原则

1.厦门大学全日制在校博士研究生或已获得攻读博士学位资格的学生。申请人拟参加的国际学术会议的主题应与申请者专业领域紧密相关，且拟参加的国际学术会议会期应在完成论文答辩之前。

2.申请人应为论文的第一作者(或导师为第一作者，学生为第二作者)，且在会议上做口头报告(或报展)。论文的第一署名单位为厦门大学。每篇论文资助一名研究生参会。每年最多资助同一导师的一名学生；对院士、资深教授、全国优博获得者的指导教师，一年可资助其指导的 1～2 名学生。学生在学期间，最多获得一次资助机会。

3.申请人具有相关外语水平证明。

4.资助参加的国际学术会议应为在国外、境外举办的相关研究领域的高水平国际学术会议。

5.申请人的选择和审核：对资助名单的确定，优先考虑来自积极鼓励和组织学生申报国家公派研究生项目赴国外攻读博士学位研究生的学院的学生。

6.资助原则是学校资助与导师(课题组)资助相结合。学校资助额度见研究生院年度相关工作通知。

三、申请与审批相关程序

1.拟申请资助的学生须向所在院系提交以下材料：

(1)《厦门大学资助研究生出国出境参加国际学术会议项目申请书》；

(2)会议正式征文通知(Final Call for Abstract)；

(3)摘要或论文录用函和大会邀请函；

(4)拟发表论文全文(或会议摘要)；

(5)外语水平证明。

2.学生所在院系公派出国领导小组对学生所参加国际学术会议的内容、在所属领域会议的水平等情况进行审核，并确定资助申请人名单。

3.各院系向研究生院提交审核通过的申请人名单、学生填写的《厦门大学资助研究生出国出境参加国际学术会议项目申请书》以及论文录用函和大会邀请函，提交时间分别为每年 3 月、6 月、9 月和 12 月的最后一个工作日。

4.研究生院将对经过院系审核的资助申请进行复核,确定资助名单和资助额度。

四、经费核拨

1.研究生院每年3月、6月、9月和12月确定各学院(研究院)拟资助学生出国出境参会人数及额度后通知财务处将款项拨至各学院(研究院)。

2.各学院(研究院)每年3月、6月、9月和12月根据学生实际参会情况向研究生院提交上一期“厦门大学资助研究生出国出境参加国际学术会议项目汇总表”以及学生参加会议后撰写的总结报告。

3.学生因故未能成行但已下拨到学院(研究院)的款项将在下一期拨款时予以扣除。

五、报销相关程序

1.受资助学生回国后应在一个月内(遇寒暑假顺延)向所在院系报到并提交以下材料:

(1)会议日程安排[Final Program,含有本人发言(或报展)的日程页复印件];

(2)护照首页及标有出入境日期页面的复印件;

(3)参加国际会议的总结报告(字数不少于1500字,并须经导师审核签字);

(4)参会情景照片若干张(电子版):大会会场、受资助学生现场报告(报告时含有听众)、受资助学生张贴的海报;

(5)批准资助项目的相关正式发票原件(所有发票背后需有导师和本人签字;机票原件需随发票,国外电子机票应附登机牌)。

其中,(1)(3)(4)要同时提交给研究生院。

2.学生所在院系审核以上材料,并按程序办理审批。审批原则为学校资助额度内实报实销。

3.学生持相关审批件至财务处办理报销。

六、本办法自发布之日起执行,由研究生院负责解释。《厦门大学研究生出国出境参加国际学术会议资助管理办法》[(2008)厦大研字13号]同时作废。

——本文摘录自《关于印发〈厦门大学研究生出国出境参加国际学术会议资助管理办法〉的通知》,(2013)厦大研16号,档号2013-XZ28-2

厦门大学研究生国外访学计划实施办法

（2013 年 9 月 3 日）

研究生国外访学计划旨在瞄准国际学术研究前沿，瞄准国际一流研究生教育优质资源，培养具有国际视野、掌握最先进研究方法与技术，能与国际同行进行学术交流的高素质研究生，促进我校研究生教育水平和培养质量的整体提高。为做好研究生国外访学计划的实施工作，制定本办法。

一、访学形式

学校资助的访学形式：

A 类：从低年级学生中选拔一流学生到国外一流大学或一流学科进行短期访学，修读一流水平的专业课程。

B 类：依托具有优质研究生教育国际合作资源的一流学科（研究团队），建立长期的稳定的国外研究生培养合作基地，选派一流研究生到国际一流的科研机构或学校从事一流的学术研究。

二、申请条件

A 类：

1.申请人应为我校全日制在读博士研究生或已获得攻读博士学位资格的学生；

2.申请人所在学科应是一级学科国家重点学科、二级学科国家重点学科、特色学科、学校学科布局的重点发展学科；

3.申请人所在学科与国外高校或研究机构具有开展实质性科研合作的基础；

4.申请人应具有良好的外语交流能力、科研能力；

5.访学单位必须是国外一流高校或一流学科，且在申请者研究领域的科研水平居国际领先地位；

6.具有相关外语水平证明。

B 类：除 A 类 1～6 项外，增加以下第 7 项。

7.申请者正在从事的课题研究预期有较大创新性或重要的应用前景。

三、申请程序

1.符合条件的博士研究生经导师推荐向学院提出申请，填写“厦门大学研究生国外访学项目申请表”，并附上访学单位开具的接收证明。

2.学院公派出国领导小组自行组织对申请者进行综合考评，考评参考指标为申请者的综合素质、科研能力、外语水平和访学计划安排等。

3.学院根据对申请人考评结果制订出年度研究生国外访学计划，填写“年度研究生国外访学计划表”后报送研究生院审批。

4.研究生院组织评审。对资助名单的确定，优先考虑来自积极鼓励和组织学生申报国家公派研究生项目赴国外攻读博士学位研究生的学院的学生。

每年最多资助同一导师的一名学生。学生在学期间，最多获得一次资助机会。

四、资助形式及标准

1.奖学金：奖学金标准参照《国家公派留学人员奖学金标准》（财教〔2010〕286 号）。由学校财务处根据研究生院提供的资助学生名单下拨。

2.国际旅费：可报销一次厦门至访学学校的往返差旅费。

3.学费:建议由学院、导师和学生多方共同承担,具体比例由学院、导师和学生三方商定。除前往如哈佛、耶鲁、牛津、剑桥等极少数世界顶尖大学、顶尖专业学习者外,学校原则上对学费不予资助。

五、访学安排与管理

1.访学期限原则上不超过3个月;对研究成果显著的学生,可适当延长访学期限,并办理延期手续。

2.获得资助的研究生,其与获得资助有关的论文、研究项目或科研成果在成文、发表、公开时,应注明或说明"本研究/成果/论文得到厦门大学研究生院资助"。

3.A类入选者在完成访学任务后须提供回国入境日期证明(护照第1页和入境盖章页的复印件)、访学单位开具的成绩单或课程学习证明(证明内容应包括访学时间、课程名称、听课时数和课程成绩等内容)并撰写访学报告报送研究生院及所在学院/研究院;B类入选者在完成访学任务后须提供回国入境日期证明(护照第1页和入境盖章页的复印件)、访学单位开具的科研工作证明(证明内容应包括访学时间、学术研究成果、导师或合作者评语等内容)并撰写访学报告报送研究生院及所在学院/研究生院。访学报告应体现取得的研究成果,并反映在外访学的经验和体会;字数不少于3000字,并须经导师审核签字。

4.A类入选者回校后有义务承担同类课程助教,协助学科以先进的教学理念、教学方式、教学内容推进我校同类课程的建设。

5.费用报销程序按学校财务处相关规定执行。

6.入选者应与学校签订《资助出国留学协议书》。学校对学生在访学期间的管理遵照协议执行。

六、本办法自发布之日施行,由研究生院负责解释。原《厦门大学"211工程"三期研究生国外访学计划实施办法》[(2009)厦大研字3号]同时废止。

——本文摘录自《关于印发〈厦门大学研究生国外访学计划实施办法〉的通知》,(2013)厦大研17号,档号2013-XZ28-2

厦门大学支持国家公派研究生项目的补充办法

（2013年9月3日）

为深入贯彻落实《国家中长期人才发展规划纲要》《国家中长期教育改革和发展规划纲要》，推进高水平大学建设，培养国家建设所需的国际化人才、拔尖创新人才和高素质专业人才，国家留学基金管理委员会（以下简称国家留学基金委）设立了“国家建设高水平大学公派研究生项目”。为做好该项目实施工作，特制定本办法。

一、选派原则

（一）重点支持《国家中长期人才发展规划纲要》《国家中长期科学和技术发展规划纲要》确定的重点支持学科、前沿技术、基础研究、人文及应用社会科学领域。

（二）选派工作应面向学校需要，服务学校发展。各院系应遵循“公正、公平、公开”的原则选拔一流的学生，到国外一流的院校、科研机构或学科专业，师从一流的导师。

（三）各院系应成立公派出国领导小组和专家评审小组，全面负责本院系学生的选拔、评审和管理工作，把政治过硬、学业精良和具有科研潜质的优秀学生选拔出来，对选拔对象的政治素质和心理素质严格把关。

二、选派类别及申请条件

选派类别及申请条件，以国家留学基金委当年的通知、办法为准。

三、申请及选拔程序

本项目采取“个人申请，单位推荐，专家评审，择优录取”的方式进行选拔，按照国家留学基金委的要求，由研究生院发布选派通知，并负责组织申报及研究生评审工作，具体程序如下。

（一）各单位根据学校工作通知要求，布置遴选、推荐工作。

（二）申请人按照国家留学基金委及学校要求向院系提交申请材料。

（三）各院系公派出国领导小组和专家评审小组对申请人的资格、综合素质、发展潜力、出国留学的必要性、学习计划可行性等方面进行评审，确定推荐人员名单及推荐顺序，将相关材料统一报送研究生院。

（四）研究生院根据国家留学基金委的要求，对各单位推荐人员材料进行审核，组织学校国家公派研究生项目工作领导小组会议。为鼓励有申报攻博学生的学院，在确定联合培养最终推荐名单时，根据各学院的攻博申报人数，以一定比例分配联合培养名额。

（五）学校最终确定的推荐人员按国家留学基金委的要求进行网上报名，准备书面材料。

（六）评选结果上报国家留学基金委，国家留学基金委负责最终的审核与录取工作。

四、派出与管理

（一）留学人员原则上应于申请当年派出。对留学人员的管理实行“签约派出、违约赔偿”的办法，具体按照现行的国家公派出国留学研究生管理规定执行。

（二）留学人员派出前须在国内签订并公证《资助出国留学协议书》、交存保证金、办理《国际旅行健康检查证明书》，分别到研究生院、国际处办理相关手续，通过教育部留学服务中心、教育部出国人员上海集训部或广州留学人员服务管理中心办理派出手续。凭《国家留学基金资助出国留学资格证书》《国家公派留学人员报到证明》到留学目的国驻外使（领）馆报到后方可享受国家留学基金资助。

（三）留学人员在国外留学期间，应遵守所在国法律法规、国家留学基金资助出国留学人员的有关规定及《资助出国留学协议书》的有关约定,自觉接受驻外使(领)馆的管理,定期向国内导师汇报学习和科研情况,加强与学校的沟通。

(四)公派留学研究生完成留学任务回国后,应向导师汇报留学情况,并到所在学院/研究院、研究生院及国家留学基金委办理相关报到手续。

五、回国管理

回国的各项手续办理按照国家留学基金管理委员会和学校有关规定进行。派出学生学成回校后,学校将根据相关规定与协议办理后续手续。如派出人员不按协议规定履行按期回国服务义务或违反协议中的其他约定,应承担违约赔偿责任。

六、相关鼓励政策

(一)学校设立公派出国研究生专项基金。按 3000 元/人的标准从公派出国研究生专项基金中一次性划拨培养经费给派出联合培养博士研究生的导师;按 8000 元/人的标准从公派出国研究生专项基金中一次性划拨培养经费给派出攻读博士学位研究生的导师。专项基金专款专用,用于研究生的助研津贴和其他学术活动费用,不得挪作他用。

(二)国家留学基金委设立"博士生导师短期出国交流项目",重点选派国家建设高水平大学公派研究生项目中联合培养博士生的国内指导教师。

七、本办法自发布之日施行,由研究生院负责解释。

——本文摘录自《关于印发〈厦门大学支持国家公派研究生项目的补充办法〉的通知》,(2013)厦大研 18 号,档号 2013-XZ28-2

研究生课程面向本科生开放选课暂行办法

（2013年9月23日）

为了加强本科与研究生教学资源的共享，规范研究生课程面向本科生开放的选课与成绩管理工作，现制定《研究生课程面向本科生开放选课暂行办法》。

一、课程设置

各院系根据《厦门大学研究生课程教学基本规范（试行）》进行研究生课程的开课与排课工作，并根据课程开放的客观条件，设定课程的开放程度和面向本科生开放选课的课程容量，并在此基础上形成面向本科生开放的研究生课程目录。

二、选课资格

经学院推荐的高年级优秀本科生，学业成绩一般在同专业同年级同学中名列前30％（基地班为前60％），优先满足已获得保研资格的本科生。

三、选课管理

本科生选修研究生课程，采用网上选课的方式，具有资格的本科生可登录相关信息系统，按照研究生院规定的时间与研究生同时选课与退课。研究生院根据课程设置中对本科生单独开放的课程容量进行随机筛选。本科生可以在信息系统中查询最终的选课结果。

四、考核方式及要求

本科生修习研究生课程，考核标准与研究生一致。考核方式分为考试和考查两种，学位课程、核心课程或必修课程采用考试方式；选修课程及社会调查、专题研讨、文献综述或其他课程，可以采用考查方式。

考试方式可采用笔试、口试，或口笔试结合等。笔试可以开卷和闭卷。具体形式由任课教师根据课程特点确定。

五、成绩管理

本科生修习研究生课程的考核成绩按百分制计。学位课程70分为合格，其他课程60分为合格。达到合格要求的方可获得学分。

本科生修习研究生课程，课程考核合格后，可以作为研究生阶段成绩与学分认定。各院系可根据其研究生阶段的学科专业与培养方案认定课程的性质与学分。

——本文摘录自《关于印发〈研究生课程面向本科生开放选课暂行办法〉的通知》,(2013)厦大研19号,档号2013-XZ28-2

厦门大学研究生国家奖学金评审暂行办法

（2013 年 9 月 29 日）

第一章　总　则

第一条　为了大力推进我校研究生培养机制改革，提高研究生培养质量，根据财政部、教育部印发的《研究生国家奖学金管理暂行办法》(财教〔2012〕342 号)，结合我校实际，特制定本办法。

第二条　研究生国家奖学金由中央财政出资设立，用于奖励普通高等学校中表现优异的全日制研究生。

第三条　研究生国家奖学金的参评对象为取得正式学籍、已注册的全日制研究生，参评的主体为二年级及以上研究生，科研潜力突出的一年级新生也可以申请参评，不包括在职生、港澳台地区研究生和外国来华留学研究生。

第四条　每位研究生在规定学制年限内均有资格申请，且可多次获得研究生国家奖学金，但获奖成果不可重复申报使用。

第二章　奖励标准与参评条件

第五条　博士研究生国家奖学金奖励标准为每生每年 3 万元；硕士研究生国家奖学金奖励标准为每生每年 2 万元。

第六条　参评研究生国家奖学金的学生必须符合以下基本条件：

(一)热爱社会主义祖国，拥护中国共产党的领导；

(二)遵守国家法律法规，遵守校规校纪，在校期间无违法违纪行为；

(三)诚实守信，道德品质优良，无学术不端行为；

(四)学习成绩优异，无不及格课程；

(五)科研能力显著，有突出的科研成果，科研成果必须在学制培养期限内取得，必须以厦门大学为第一署名单位。

第七条　提前攻博研究生、硕博连读研究生在注册为博士研究生之前，或通过攻读博士学位资格考试前，按照硕士研究生身份进行研究生国家奖学金的评定；注册为博士研究生之后，或已经通过攻读博士学位资格考试后，按照博士研究生身份进行研究生国家奖学金的评定。

第八条　除了公派出国及优秀博士培养计划的研究生外，实际在校时间超过规定学制年限的研究生均不能参评研究生国家奖学金。

第九条　各学院、研究院、教学部需根据各自学科特点制定研究生国家奖学金评定实施细则，实施细则需分别报学生工作处和研究生院审核备案。

第三章　名额分配

第十条　学校统筹国家奖学金和其他研究生奖学金的名额分配，充分发挥各类奖学金的激励作用。

第十一条　学校根据教育部全国资助管理中心下发至我校名额，以学院为单位分配名额。在考虑各学院全日制研究生规模的基础上，适当考虑基础学科、重点学科、培养质量等相关因素。

第四章 评审组织

第十二条 学校成立以分管校领导任组长，学校办公室、学生工作处、研究生院、监察处、宣传部、校团委等部门领导和研究生导师代表为成员的研究生国家奖学金评审领导小组。评审领导小组负责统筹领导、管理本校研究生奖学金评审工作。学生工作处为评审领导小组的秘书单位负责全校的评审组织工作。

第十三条 各学院、研究院、教学部应成立研究生国家奖学金评审委员会，由具有学术背景的主要领导任主任委员，分管研究生工作的副书记任副主任委员，研究生导师代表、研究生教育管理人员、研究生代表任委员，负责学院层面研究生国家奖学金的申请组织、初步评审等工作。评审委员会名单需分别报研究生院和学生工作处审核备案。

第五章 评审程序

第十四条 研究生国家奖学金每学年评审一次，实行等额评审，评审工作应坚持公开、公平、公正、择优的原则。所有符合本办法规定条件的攻读硕士、博士学位的全日制研究生均有资格申请。有意愿申请国家奖学金的研究生，本人应如实填写“研究生国家奖学金申请审批表”，向学院评审委员会提出申请。

第十五条 国家奖学金的评审程序：

(一)学校发布评奖通知，学院组织符合条件的同学申报；

(二)申报学生的事迹材料面向学院全体同学提前公布，学院对申请国家奖学金学生的基本条件进行初步评审；

(三)学院评审委员会召开评审会议对通过初审的同学进行等额评审，确定推荐获奖名单后，评审结果要面向本学院全体师生公示5个工作日；

(四)学院公示无异议后，将获奖名单和相关评审材料提交学生工作处，由学生工作处和研究生院复审后，将建议名单上报学校国家奖学金评审领导小组；

(五)学校国家奖学金评审领导小组根据评审材料，拟定推荐获奖学生名单；

(六)全校推荐名单在学生处网站及大南校门公告栏公示5个工作日无异议后，报校领导批准，上报教育部；

(七)教育部确定获奖名单后，发放奖学金。

第十六条 对研究生国家奖学金评审结果有异议的学生，可在学院公示阶段向所在学院评审委员会提出申诉，评审委员会应及时研究并予以答复。如学生对学院做出的答复仍存在异议，可在学校公示阶段提请研究生国家奖学金评审领导小组裁决。

第六章 资金管理

第十七条 学校在研究生国家奖学金经费到位后将当年研究生国家奖学金一次性发放给获奖学生。

第十八条 学校将研究生获得国家奖学金情况记入学生学籍档案，并颁发国家统一印制的荣誉证书。

第七章 附 则

第十九条 在研究生国家奖学金评审过程中，若研究生本人有违反学术纪律或弄虚作假行为，取消该生在校期间国家奖学金评审资格，并根据情节轻重给予相应处分；若研究生培养单位弄虚作假，学校将对该培养单位和相关责任人员予以相应处理并通报全校。

第二十条 研究生国家奖学金与校级奖学金(除嘉庚、本栋、亚南三大奖之外)在同一学年内不能同时兼得，评审工作需在每年10月31日前完成。

第二十一条　本办法由研究生国家奖学金评审领导小组秘书单位负责解释。

第二十二条　本办法自公布之日起施行。

——本文摘录自《关于印发〈厦门大学研究生国家奖学金评审暂行管理办法〉的通知》，厦大学〔2013〕51 号，档号 2013-XZ11-1

厦门大学本科生导师制工作管理办法

(2013 年 10 月 14 日)

为进一步加强本科生的培养工作,充实完善我校本科生导师制,构建全员育人的本科生导师工作体系,现制定《厦门大学本科生导师制工作管理办法》。具体内容如下:

一、导师配备

新生入学后,为每名学生配备导师,指导周期三年(五年制为四年)。学生进入毕业班后,改为结合毕业论文配备论文导师。

本科生导师的配备,采取师生双向选择与学院调配相结合的办法。指导周期内遇有特殊原因,经学院批准,可以调换导师。

二、导师资格

1.凡受聘全职教师都有义务担任本科生导师。

2.鼓励学校机关部处、学院党政管理干部担任本科生导师。拟担任本科生导师的党政管理干部要求本科毕业工作满三年或硕士毕业工作满二年或博士毕业。

3.鼓励退休老同志(年龄未超过 70 岁)根据专业特长担任本科生导师。

三、导师聘任

1.导师聘任由本科生单位学院组织实施,各学院根据学生数公布需要的本科生导师工作岗位。原则上每位导师指导的学生不超过 15 名。

2.生师比偏高的院系可以聘请机关部处或学院党政人员、公共教学部、研究所的教师或退休老同志担任导师。

3.全职教师和学院党政管理干部一般担任本院系本科生导师。

4.学校机关部处党政管理干部或没有本科生单位的教师要根据自身专业技术及特长担任相关院系的本科生导师。

5.退休老同志可根据个人意愿、身体条件和自身专业技术及特长担任相关院系的本科生导师。

6.原则上导师必须连聘三年以上。

四、导师工作职责

1.为人师表,通过言传身教,引导、帮助学生树立正确的人生观、价值观和社会主义荣辱观;

2.指导学生安排学习进程,包括按照教学计划指导学生个性化选择学习方向、选课等;

3.引导学生确立正确专业思想,指导学生科学规划职业生涯;

4.培养学生刻苦学习精神和严谨治学态度;

5.指导学生社会实践或科学研究训练。

五、导师工作基本要求

1.每个学期开学初必须与学生见面,了解被指导学生的学习情况与新学期的学习计划。

2.平均每月与被指导学生至少个别交流或集体指导 1 次,一学年交流或集体指导不少于 8 次。

3.每学期结束前,导师须在《本科生指导手册》填写指导记录,并就学生的学习、参加科研训练以及思想生活等方面提出建议或意见。

六、导师工作考核

1.导师工作纳入教师、党政管理干部年度工作及聘期工作考核内容，由各单位聘任委员会（聘任小组）负责具体组织实施。

2.导师属全职教师系列，每学年指导1名本科生视同承担5个标准课时的教学工作（但不直接顶替课程教学）。导师属党政管理干部系列，按照集体指导一次折算半天工作日（但不直接顶替上班时间）。退休老同志导师工作由各单位参考全职教师系列或党政管理干部系列要求考核。

3.每年度各学院组织学生对导师指导工作情况进行测评（见附件1）。学校每两年表彰一批优秀本科生导师（约占导师数的5%比例）。

七、导师工作组织管理

1.学校成立领导小组

校领导任组长，教务处、学生处、人事处领导任组员，教务处为秘书单位。各部门分工：教务处负责教学管理方面的工作指导；学生处负责学风、思想道德方面的工作指导；人事处负责将导师工作纳入教师或党政管理干部年度和聘期考核。

2.机关部处成立领导小组

由各机关部处的领导担任组长并指定本单位人员为小组秘书，负责本单位导师推荐遴选，并将拟承担本科生导师的名单汇总（见附件2）报送教务处。教务处按其本人的意愿将名单送到相关学院，由相关学院统一确定、调配。

3.各学院成立领导小组

由分管学生工作和教学工作的学院领导共同负责，具体组织本科生导师制工作实施。

各学院的工作包括：导师的遴选、聘任及改聘；导师工作过程的具体指导、管理；导师的年度工作考核；导师制工作评估、经验总结与评优等。

4.设立《本科生导师指导手册》

《本科生导师指导手册》发至每位被指导的学生，由学生本人保管。

每学期结束前，学生主动将《本科生导师指导手册》交给导师或由导师统一收回。

导师在填写指导记录后统一交至教学秘书。教学秘书于下学期开学初学生注册时将《本科生导师指导手册》加盖公章后发回学生。

指导周期结束后，学院收回并保留《本科生导师指导手册》。学生毕业时，学院将《本科生导师指导手册》发给学生作为留念。

5.建立本科生导师工作状态数据库

状态数据库详细记录导师的工作情况，全程跟踪学生的思想、学习等方面的成长。

八、导师工作经费管理

1.本科生导师经费按每年每指导一名学生200元标准划拨。

2.本科生导师指导经费主要用于指导学生过程中产生的交通费、通信费、复印费、印刷费、活动费、少量杂志书报费等，但该经费不得用于购买计算机等各类硬件设备、机票等。

3.本科生导师指导经费每半年划拨一次。各学院于每个长学期初报送本学院上或下半个年度一至三年级本科生人数（五年制专业的含四年级本科生人数），教务处审核后送财务处按每生每半年100元划拨经费。

4.本科生导师指导经费每半年集中报销一次。其中，通信费额度一年不超过200元。餐费额度每人/次不超过50元。交通费凭车票、船票按实际发生的费用报销。导师每次报销经费时，除了提供相关票据之外，还必须附上经费报销明细表（附件3），由导师聘任单位财务一支笔签字并加盖单位公章。

九、本办法自公布之日起实施,原有《厦门大学本科生导师制试行办法》同时废止。

(附件略——编者)

——本文摘录自《关于鼓励机关部处及离退休干部担任本科生导师的通知》,(2013)厦大教93号,档号2013-XZ12-3

厦门大学本科生国家奖学金、国家励志奖学金管理暂行办法

（2013 年 11 月 1 日）

第一章 总 则

第一条 为规范本科生国家奖学金和国家励志奖学金评定发放工作，进一步激励广大学生勤奋学习、努力进取，在德、智、体、美等方面得到全面发展，根据上级文件精神，结合学校实际，制定本办法。

第二条 本科生国家奖学金和国家励志奖学金由中央政府出资设立，用于奖励高校全日制在校二年级以上（含二年级）本科生。其中，本科生国家奖学金用于奖励特别优秀的学生，国家励志奖学金用于奖励品学兼优的家庭经济困难学生。

第三条 学校根据教育部全国资助管理中心下发至我校名额，按照人数比例分配各学院奖励人数。

第四条 学校成立以分管校领导任组长，学校办公室、组织部、宣传部、研究生院、教务处、学生工作处、社科处、科技处、国际合作与交流处、翔安校区党工委、校团委等部门负责人为成员的国家奖学金评审领导小组。国家奖学金评审领导小组负责本科生国家奖学金、国家励志奖学金的审核工作，学生工作处为评审领导小组的秘书单位负责全校的评审组织工作。

第二章 奖励标准与基本条件

第五条 本科生国家奖学金的奖励标准为每人每年 8000 元人民币。国家励志奖学金的奖励标准为每人每年 5000 元人民币。

第六条 本科生国家奖学金的申请条件：

（一）热爱社会主义祖国，拥护中国共产党的领导。

（二）遵守宪法和法律，遵守学校规章制度，在校期间无违法违纪行为。

（三）诚实守信，道德品质优良。

（四）在校期间学习成绩优异，社会实践、创新能力、综合素质等方面特别突出。上学年学习成绩排名位于同年级本专业前 10%，且应修课程（包括往年应当重修的课程和全校性选修课）全部合格。

（五）其他方面表现突出的学生，其上学年学习成绩排名可适当放宽至 30%。其他方面表现突出是指在道德风尚、学术研究、学科竞赛、创新发明、社会实践、社会工作、体育竞赛、文艺比赛等某一方面表现特别优秀，具体如下：

（1）在社会主义精神文明建设中表现突出，具有见义勇为、助人为乐、奉献爱心、服务社会、自立自强的实际行动，在本地区产生重大影响，在全国产生较大影响，有助于树立良好的社会风尚。

（2）在学术研究上取得显著成绩，以第一作者发表的论文被 SCI、EI、ISTP、SSCI 全文收录，以第一、二作者出版学术专著（须通过专家鉴定）。

（3）在学科竞赛方面取得显著成绩，在国际和全国性专业学科竞赛、课外学术科技竞赛等竞赛中获一等奖（或金奖）及以上奖励。

（4）在创新发明方面取得显著成绩，科研成果获省、部级一等奖及以上奖励或获得发明专利，发明专利（不含实用新型专利）以取得授权通知书或者专利证书为准。

(5)在体育竞赛中取得显著成绩,为国家争得荣誉。非体育专业学生参加省级以上体育比赛获得个人项目前三名、集体项目前二名;高水平运动员(特招生)参加国际和全国性体育比赛获得个人项目前三名、集体项目前二名。集体项目应为主力队员。

(6)在重要文艺比赛中取得显著成绩,参加国际和全国性比赛获得前三名,参加省级比赛获得第一名,为国家争得荣誉。集体项目应为主要演员。

(7)获全国三好学生、全国优秀学生干部、全国社会实践先进个人、全国十大杰出青年、中国青年五四奖章等全国性荣誉称号。

第七条　国家励志奖学金的申请条件:

(一)热爱社会主义祖国,拥护中国共产党的领导;

(二)遵守宪法和法律,遵守学校规章制度,在校期间无违法违纪行为;

(三)诚实守信,道德品质优良;

(四)在校期间学习成绩优秀,上学年学习成绩排名位于同年级本专业前50%,且应修课程(包括往年应当重修的课程,全校性选修课不计在内)全部合格;

(五)家庭经济困难,生活俭朴;

(六)需经过厦门大学家庭经济困难学生认定。

第三章　评　审

第八条　各学院成立本科生国家奖学金和国家励志奖学金评审委员会,由院领导担任主任委员,委员为院领导、各系分管教学的系(副)主任、辅导员、教学秘书、师生代表等,负责本单位的本科生国家奖学金、国家励志奖学金评奖工作。各学院根据本单位学科特点和实际情况制定本科生国家奖学金和国家励志奖学金的具体实施细则,并报学生工作处审核备案后方可执行。

第九条　本科生国家奖学金、国家励志奖学金每学年评审一次,实行等额评审,坚持公开、公平、公正、择优的原则。

第十条　评审程序:

(一)学校发布评奖通知,学院组织符合条件的同学申报。

(二)申报学生的事迹材料面向所在班级全体同学提前公布,班级同学进行民主评议。

(三)各学院本科生国家奖学金和国家励志奖学金评审委员会等额确定推荐获奖名单。评审结果要面向本学院全体师生公示5个工作日,公示无异议后提交学生工作处。

(四)学生工作处对学院提交的推荐获奖名单和相关评审材料进行复审,对有问题的推荐获奖名单或者评审材料及时进行调整,最终将建议名单上报学校国家奖学金评审领导小组。

(五)学校国家奖学金评审领导小组召开专门会议审核本科生国家奖学金和国家励志奖学金的评定工作,拟定全校的推荐获奖学生名单。

(六)全校的推荐获奖学生名单在学生处网站和大南校门公告栏公示5个工作日,公示无异议并经校领导批准后上报教育部审核。

(七)教育部批复获奖名单后,学校将收到的奖学金一次性打入与获奖学生一卡通挂钩的银行卡中。

第十一条　同一学年内,申请本科生国家奖学金、国家励志奖学金的家庭经济困难学生可以同时申请并获得国家助学金,但本科生国家奖学金和国家励志奖学金不能同时兼得。

第十二条　本科生国家奖学金、国家励志奖学金与除文庆、本栋、亚南三大奖之外的校级奖学金在同一学年内不能同时兼得。

第十三条　有下列行为之一者,取消其参评资格:

(一)参评年度违反校纪校规者并被学校处分者;

(二)在评审过程中有弄虚作假行为者。

第四章 附 则

第十四条 本办法由学生工作处负责解释。

第十五条 本办法自公布之日起施行。

——本文摘录自《关于印发〈厦门大学本科生国家奖学金、国家励志奖学金管理暂行办法〉的通知》，厦大学〔2013〕59号，档号2013-XZ11-1

厦门大学研究生社会实践管理办法

(2013年11月15日)

为全面贯彻落实教育部等七部门《关于进一步加强高校实践育人工作的若干意见》文件精神,广泛开展研究生社会实践和志愿服务活动,引导研究生在实践活动中加深对国情、社情和民情的理解,增强学生服务社会、服务人民的意识和社会责任感,提高学生综合素质以及解决实际问题的能力,现结合学校实际,制定本办法。

一、活动内容

1.社会调研:深入城镇社区、农村、部队、企事业单位等开展社会调查和社会考察,了解地方经济社会发展需求,了解国情、社情和民情,为地方经济建设和社会发展进言献策;

2.挂职锻炼:学校选派研究生到地方各级政府部门和企事业单位挂职工作实践,参与基层单位日常管理与工作,解决基层实际问题;

3.企业实训实践:利用专业知识以及实践技能到企事业单位开展实训实践活动,协助企事业单位解决科研、生产中的技术或管理问题;

4.科技与文化服务:结合所学知识开展科技服务与咨询、科技成果推广、文化艺术交流与宣传等活动;

5.志愿服务:参加各级政府组织发起的公益性志愿服务活动。

二、组织与形式

1.研究生社会实践活动的主要形式包括:专项社会实践活动、挂职锻炼、校企合作基地实训实践、研究生创业就业实践以及其他实践活动。

2.组织形式分为学校组队、学院组队和分散实践。学校组队是指由学生工作处、校团委和有关部门、校级学生组织等面向全校组织的社会实践队伍;学院组队是指由学院牵头组建的社会实践队伍;分散实践是指学生自发组织或开展的社会实践活动。

3.研究生参加社会实践活动须经所在院(系、所)批准,未经批准的视为擅自离校。组队实践的应由队长向所在单位进行申报,团队人数应在3人以上(含3人)。

4.各院(系、所)应在实践前对参加社会实践研究生进行思想教育、业务指导以及安全教育。研究生参加社会实践活动期间,必须遵纪守法,遵守校纪校规,服从管理、确保安全。

三、参加范围

1.必修:文科博士研究生(港澳台地区、外籍和专业学位博士除外);

2.选修:硕士研究生、理工医科博士研究生、港澳台地区博士研究生、外籍博士研究生和专业学位博士研究生。

四、时间安排与经费保障

1.社会实践一般安排在夏季学期(三学期)集中进行。

2.各院(系、所)和研究生院将安排专项经费支持研究生社会实践活动。经费资助范围及标准按照学校财务处相关规定执行。

3.各社会实践项目团队要合理使用实践费用。经费使用账目应清晰、规范,在资助金额限度内实报实销。

五、总结与考核

1.社会实践活动结束后,各立项项目团队及成员应及时总结,在规定时间内向组织单位提交《厦门大学研究生实践活动报告书》,并附单位社会实践评语以及社会实践报告。实践报告可由项目团队共同完成。

2.社会实践考核方式为考查,成绩记为"合格""不合格"。成绩合格、活动时间在 3 周及以上者可获得 1 学分,成绩合格、活动时间在 6 周及以上者可获得 2 学分。

3.考核"不合格"的必修研究生,须重新安排社会实践。再次"不合格"者,按必修课不及格处理。考核"不合格"的选修研究生,成绩不记入系统,也不要求重修。

4.社会实践成果特别优秀的,将给予成果推介和出版资助。

5.有以下情况之一者,社会实践成绩为不合格:

(1)社会实践时间不足 3 周者;

(2)社会实践工作不认真负责,没有充分理由未完成预计任务者;

(3)未按要求提交社会实践报告和总结或总结不认真者;

(4)违反学校或社会实践单位的规章制度,造成不良后果者;

(5)其他不符合社会实践要求者。

六、免　修

符合下列情形之一者,可申请免修社会实践:有 1 年(含 1 年)以上工作经验的博士生(在高校工作的博士生除外);硕士阶段参加过社会实践且获得学分的博士生;担任 2 年以上兼职辅导员的研究生;带本科生生产(教学)实习的博士生,可作为社会实践考核认定。

各院(系、所)可根据专业特色制定本单位研究生社会实践免修条件。

七、附　则

1.本条例从 2014 级研究生开始执行,由厦门大学研究生院负责解释。

2.专业学位研究生社会实践要求按专业学位教学指导委员会制订的指导性培养方案中相关要求执行。

——本文摘录自《关于印发〈厦门大学研究生社会实践管理办法〉的通知》,(2013)厦大研 22 号,档号 2013-XZ28-2

厦门大学学术委员会章程

(2013年11月18日)

第一章 总 则

第一条 为进一步完善学校内部治理结构,充分发挥学术委员会的重要作用,根据《中华人民共和国高等教育法》,制定本章程。

第二条 学术委员会是学校最高学术审议、咨询和指导机构。

第三条 学术委员会坚持公平、公正、公开的原则开展工作,倡导学术创新,恪守学术道德,营造良好学风,推动学校事业科学发展。

第二章 职 责

第四条 学术委员会的主要职责:

(一)对学科发展规划提供咨询。

(二)审议学校教学和科研等重大改革方案;审议本科生和研究生的专业设置。

(三)评审推荐各类限额申报的教学、科研项目和成果奖励;审议学校设立的各类教学、科研项目和奖项。

(四)审议学院、研究院、系以及校级研究机构的设置和调整;对省部级以上研究平台的建设规划提供咨询。

(五)对教师队伍建设规划提供咨询;审议教师聘任标准和程序,认定学术刊物类别、层次;审议高层次人才引进标准和科研启动费额度。

(六)维护学术尊严和教师、学生在学术上的正当权利;监督实施学术道德规范准则,指导学风建设,对学术失范行为进行认定,对学术纠纷进行仲裁。

(七)承担校长委托审议的重大学术事项。

第五条 完成学校党委和行政委托的其他有关工作。

第六条 指导学校二级教学科研单位学术委员会开展工作。

第三章 组织机构与组成人员

第七条 学术委员会委员由每个学部根据分配的名额等额推选的委员和分管教学的副校长组成。本章程实施后的首届委员为30名,名额分配如下:人文与艺术学部7名、社会科学学部7名、自然科学学部4名、地球科学与技术学部3名、工程技术学部5名、医学与生命科学学部4名。

第八条 各学部根据本学部的学科门类和一级学科分布情况推选学术委员会委员候选人。

第九条 学术委员会设主任委员1名、副主任委员若干名。学术委员会主任委员由各学部主任轮流担任,1名学部主任担任学术委员会主任委员期间,其余学部主任自然为学术委员会副主任委员。本章程实施后的首届学术委员会主任委员轮流担任的顺序为:人文与艺术学部、社会科学学部、自然科学学部、地球科学与技术学部、工程技术学部、医学与生命科学学部。

第十条 学术委员会下设秘书处,秘书处挂靠在研究生院。秘书长由研究生院副院长(由分管教学的副校长提名)担任,学部秘书为秘书处的自然成员。秘书处负责学术委员会和学部委员会的日常事务工作。

第十一条 学术委员会委员应具备下列条件:

(一)坚持原则,实事求是,治学严谨,作风正派,具有良好的学术道德,热心学校学术事务;

(二)各主要学科带头人或知名教授,学术造诣高,在学科、专业领域具有良好的学术声誉;

(三)年龄在65岁以下,关心学校建设和发展,有参与学术议事的热情和能力;

(四)能够正常履行职责;

(五)学校规定的其他条件。

第四章 委员的权利与义务

第十二条 学术委员会委员享有以下权利:

(一)了解与学术事务相关的学校各项管理制度、信息等,并向相关职能部门提出咨询要求;

(二)出席学术委员会会议,并享有各项决议表决权;

(三)对学术委员会工作的建议和监督权。

第十三条 学术委员会委员须履行以下义务:

(一)遵守国家宪法、法律和法规,遵守学术规范和恪守学术道德;

(二)遵守学术委员会章程,公正、负责地履行职责;

(三)参加学术委员会会议及有关活动,推动学术委员会工作;

(四)对学术委员会会议上讨论的保密事项严格保密。

第五章 换 届

第十四条 学术委员会委员每届任期5年。学术委员会委员可以连任,但最长连任不超过3届。学术委员会每次换届,连任的委员人数不超过上届总人数的2/3。

第十五条 学术委员会需换届时,由校长提名新一届学术委员会委员名单,提请学校党委常委会审定。

第十六条 学术委员会换届时,应推荐一定比例的中青年学术领军人物。

第十七条 学校增设学部时,学术委员会届期执行时间超过届期2/3的,待该届换届时再将新增学部列入新一届学术委员会;学术委员会届期执行时间未超过届期2/3的,按照第十五条进行换届,将新增学部列入新一届学术委员会。

第六章 终止委员资格和更换委员

第十八条 学术委员会委员有下列情形之一的,由学术委员会会议研究终止其委员资格,并报学校党委常委会审定:

(一)本人书面申请辞去委员职务的;

(二)工作调离且不方便继续履行职责的;

(三)以职务身份参加委员会工作的委员但职务发生变动的;

(四)一年内累计3次不出席委员会会议的;

(五)违背学术道德规范、危害学校学术声誉的;

(六)因其他原因不能担任委员职务的。

第十九条 在届中终止委员资格的,应更换相应人数的委员。更换的委员,依照第八条要求产生,由学术委员会主任委员召集副主任委员会议提出候选委员名单,经校长提名,提请学校党委常委会审定。

第七章　工作制度

第二十条　学术委员会一般在每个季度的最后一周召开全体委员会议。根据工作需要,校长、主任委员或3名以上副主任委员提议,可以临时召开学术委员会全体委员会议。

第二十一条　学术委员会可通过召开会议或通信评审方式开展工作。委员会应充分发挥学术民主,重要决议事项采用"票决制"。

第二十二条　学术委员会会议由主任委员主持。主任委员因故不能主持会议时,由主任委员委托1名副主任委员主持。学术委员会必须有2/3以上委员出席方可开会。学术委员会审议的重大事项,原则上应协商一致,需表决时,应有2/3以上出席委员同意方为通过。

第二十三条　学术委员会通过通信评审形式开展工作的,必须有2/3以上委员参加通信评审方为有效。评审结果由秘书处汇总、整理后向主任委员汇报,主任委员审批同意后方可报送,同时向全体学术委员报告评审结果。

第二十四条　学术委员会讨论或审议重大学术问题及相关问题时,可根据工作需要邀请相关人员列席会议,在充分听取意见后进行审议。

第二十五条　学术委员会会议主要内容以会议纪要或(和)会议决议、决定方式形成文件。文件的起草、发布由学术委员会秘书处负责。

第二十六条　学术委员会须根据有关纪律和规定将审议结果予以公示,接受公众监督。涉及秘密等不能公示的,应予以说明。

第八章　附　则

第二十七条　学校二级教学科研单位根据学校有关规定设立相应的学术委员会,委员一般为9～11名。其职责、任期等参照学校学术委员会相应条款执行。

第二十八条　本章程中所称"以上""以下",均含其本数。

第二十九条　本章程由学校学术委员会负责解释。

第三十条　本章程自颁布之日起实行。

——本文摘录自《关于印发〈厦门大学学术委员会章程〉的通知》,厦大人〔2013〕204号,档号2013-XZ10-5

厦门大学优秀博士学位论文评选与奖励办法(修订稿)

(2013 年 11 月 25 日修订)

(2013 年 12 月 4 日)

为激励博士研究生的高水平创新研究,提高我校博士学位论文质量,结合国家级、省级优秀博士学位论文评选工作,我校每年开展一次优秀博士学位论文的评选工作。从参评的博士学位论文中,先评选出校级优秀博士学位论文,再进一步推荐参评省级和国家级优秀博士学位论文。对于获得国家级、省级和校级优秀博士学位论文的作者和导师,学校予以一定奖励,以鼓励更多的优秀博士研究生积极投身于高水平科学研究和创新研究。具体评选与奖励办法如下。

一、评选原则

评选工作遵循“科学公正、注重创新、严格筛选、宁缺毋滥”的原则进行。

二、参评对象

参加评选的学位论文,一般为在评选年份的上一学年度获得博士学位者的学位论文。在评选年度以前五个学年度内获得博士学位者的学位论文,如确属优秀的,经同行专家推荐,也可以参评。参评的博士学位论文原则上应以中文撰写。

三、参评条件

参评论文须符合以下基本条件:

(一)论文选题紧密围绕重大的理论问题和现实问题,尤其鼓励与国家经济建设、科技进步和社会发展紧密相关的应用性、技术性选题;

(二)论文内容有重大创新,具有重要科学意义或应用前景;

(三)研究结果可能导致本领域科学研究的突破性进展,或有重要的直接应用价值;

(四)研究方法或技术路线有重要创新的;

(五)学位论文作者攻读博士学位期间在本学科高水平期刊上发表学术论文的(要求第一作者或除导师外的第一作者)。

四、评选程序

(一)个人或导师提出申请。可通过各学位评定分委员会申报,或者直接向研究生院申报。

(二)研究生院初审。研究生院组织对申请材料进行初审后,提交校学位评定委员会审议。

(三)确定名单。经校学位评定委员会审议,确定校级优秀博士学位论文名单。同时,向福建省推荐优秀博士学位论文参评名单。

经校学位评定委员会评出的校优秀博士学位论文,将在校内公示 30 日。由研究生院负责受理相关异议。

如有异议,应当以书面形式具名提出。研究生院对相关异议进行调查后,报校学位评定委员会裁定。

五、奖励办法

(一)校优秀博士学位论文获得者,学校将向作者和导师颁发荣誉证书并奖励奖金各 2000 元;福建省优秀博士学位论文一等奖、二等奖和三等奖获得者,学校分别奖励作者与导师奖金各 5000 元、4000 元和 3000 元;全国优秀博士学位论文提名奖获得者,学校奖励作者与导师奖金各 8000 元,并奖励导师组奖金 4000 元;全国优秀博士学位论文获得者,学校奖励作者与导师奖金各 40000 元,并奖励导师组奖金 20000

元;以上各级获奖按最高级别奖励,不重复累计。

(二)全国优秀博士学位论文获得者,如在我校工作的,学校在其申报高等学校全国优秀博士学位论文作者专项资助项目时,将根据国家相关规定进行配套资助。

六、本办法自公布之日起开始执行,由厦门大学研究生院负责解释。《厦门大学优秀博士学位论文评选与奖励办法》(厦大研〔2011〕26号)同时废止。

——本文摘录自《关于印发〈厦门大学优秀博士学位论文评选与奖励办法(修订稿)〉的通知》,厦大研〔2013〕32号,档号2013-XZ28-1

厦门大学大类招生的学生选择专业暂行办法

（2013 年 12 月 31 日）

第一章 总 则

第一条 为适应学校大类招生、大类培养人才培养模式改革，满足学生个性化学习需求，引导学生合理选择专业，增强学生学习积极性和主动性，提高学生的综合素质，特制定本办法。

第二条 学生选择专业应坚持如下原则：

1.坚持学生自主选择、院系引导和调控相结合原则。

2.坚持满足学生个性发展要求与学科专业持续发展相结合原则。

3.坚持公平、公正、公开原则。

第二章 学生选择专业的具体要求

第三条 学生应选择本人所在大类所属专业。

第四条 学生选择专业一般在入学一年后、两年内（具体时间由学院确定）。

第五条 学院应为学生选择专业提供充分的支持和指导。要通过新生入学教育、新生研讨课、本科生导师指导等形式，让学生充分了解学科专业的发展前景、经济社会发展对专业人才需求，引导学生在兼顾学习兴趣基础上理性选择专业。

第三章 学生选择专业的程序

第六条 学院应根据专业人才需求、学科发展规划和现有教学资源等制订专业接收计划。接收计划应包括专业名称、接收人数、成绩排名规则（纳入排名的课程和成绩排名方法等）、专业选修课程等要求。

第七条 为保证学生公平、公正选择专业，凡纳入成绩排名的课程原则上应统一教学要求、统一考试、统一评分标准、统一阅卷。

第八条 学院应在学生选择专业至少 10 个工作日前公布专业接收计划，并通知学生根据自己的高考成绩、成绩排名以及学习兴趣自主填报 2 个或 2 个以上志愿。

第九条 学院应根据专业接收计划、申请人数，按第十条至第十四条确认各专业接收学生的名单。

第十条 凡符合要求的申请人数少于或等于专业计划接收人数，所有申请学生都应作为预接收学生。

第十一条 凡符合要求的申请人数多于专业计划接收人数，按如下原则确认学生名单：

1.凡高考成绩排名位于我校在考生所在省份相关科类实际录取人数至少前 20%（具体比例由学院确定，排名次序由招生办公室提供），且入学后所有课程平均 GPA 达到 3.0 或以上者，将被优先确认专业。

2.学院按入校后的课程成绩对符合第十一条第 1 款的申请学生和其他申请学生分别排名（成绩排名规则应在专业接收计划中公布）。

3.学院按成绩排名，先确认符合第十一条第 1 款的申请学生，然后视剩余名额再确认其他申请学生。

第十二条 经上述确认后仍有未被确认专业的学生，按学生下一志愿进行下一轮确认，依次类推。

第十三条 所有志愿确认后仍有未被确认专业的学生，由学院与学生沟通后安排专业。

第十四条　按特殊招生政策录取的学生,依据学生入学当年的招生约定确认专业。

第十五条　经学院预确认专业的学生名单,应予不少于10个工作日的公示。经公示无异议后报教务处正式确认名单,教务处进行相应的学籍处理。

第十六条　实施大类招生后,原有转专业做如下调整:如学院已做完专业分流工作,则按专业接收学生;如专业未分流,则按专业大类先接收学生,再由学院根据课程计划安排转专业学生与同年级或下一年级学生一起选择专业。

第四章　学生选择专业的管理与监督

第十七条　学校成立学生选择专业工作领导小组,由主管教学的校领导担任组长,教务处处长担任副组长,成员由学校纪检监察部门、教务处、学生工作部(处)、招生办公室、团委等部门负责人组成。工作领导小组办公室设在教务处。

第十八条　各学院成立学生选择专业工作小组,具体负责学生选择专业工作的组织实施。工作小组由院长或分管教学副院长担任组长,分管本科生的党委副书记担任副组长,成员由院系领导、具体负责该年级学生思想政治工作干部、若干本科生导师以及教学秘书组成。小组成员名单报教务处备案。

第十九条　各学院根据本办法制定大类招生的学生选择专业具体实施办法并报教务处备案。实施办法应有利于充分调动学生学习积极性和主动性,综合考虑学生学业成绩、高考成绩以及专业特殊要求等要素。

第二十条　学生选择专业应严格按规定办事,坚持抵制营私舞弊等不正之风。学校领导小组和各学院工作小组应认真受理师生的申诉,确保学生选择专业工作公开、公平、公正地进行。凡发现违反相关规定的行为,学校将按有关纪律进行处理,并追究有关工作人员的责任。

第五章　附　则

第二十一条　本办法自2013级开始实施。

第二十二条　本办法由教务处负责解释。

——本文摘录自《关于印发〈厦门大学大类招生的学生选择专业暂行办法〉的通知》,厦大教〔2013〕56号,档号2013-XZ12-1

厦门大学海外远程教育教学管理规程

（2013年12月31日）

厦门大学海外远程教育是利用厦门大学高等教育资源和现代化网络信息手段，面向境外外籍学生或台、港、澳、华侨学生实施的成人高等教育形式之一。为规范远程教育教学，特制定本规程。

一、培养模式

厦门大学录取的海外远程教育学生在注册时间内参加厦门大学网络教育的学习（无须固定学习时间、无须集中班级上课），通过观看教学课件、辅导答疑和自我研修等学习形式，完成厦门大学海外远程教育专业教学计划规定的课程，考试成绩合格，可以获得厦门大学颁发的成人高等教育系列的专科或本科毕业证书。本科毕业、完成毕业论文并通过答辩，可以获得厦门大学授予的相应的学士学位证书。

厦门大学海外远程教育的教学语言一般为汉语，部分课程采用双语（汉语、英语）教学。

厦门大学海外远程教育由厦门大学海外教育学院/国际学院负责具体实施。

二、招生对象

参加厦门大学海外远程教育的学生必须为海外华人华侨或外籍人士，必须具有普通高中或职业高中、中等职业技术学校、中专或其他相当于高中的学历证书，具备网络学习的汉语基础。

三、报名注册

凡符合招生条件的对象，本人提交申请及身份、学历等相关证明材料，经厦门大学批准录取，缴纳学费，即可正式注册为厦门大学海外远程教育学生。

四、学制与学分

本科学制4年。学生至少需修满120学分方可毕业。本科毕业生在获得毕业证书一年之内通过毕业论文及答辩的可以申请获得相应的学士学位。

专科学制2年。学生需至少修满60学分方可毕业。凡修满专科阶段课程学分之后不再继续修读的学生可以获得专科毕业证书。完成专科阶段课程的学生可以申请修读专科起点本科课程至本科毕业。

五、课程开设计划

厦门大学海外远程教育开设的专业、各专业课程开设计划、课程内容简介可以登录“厦门大学海外教育学院/国际学院远程教育”网站查询。厦门大学远程教育学生可通过学生学习系统获得具体的指导，根据循序渐进原则，每学期按照开课计划选修课程。

六、课程修读

厦门大学海外网络教育的每门课程都制定了学习进程规定，学生通过在线学习教学课件、自主复习与拓展学习、互动答疑、完成作业、课程考试五个环节完成课程的学习。

1.在线学习教学课件是学生通过厦门大学海外教育学院/国际学院远程教育学习平台，自由选择学习时间，在线观看课程教学课件。

2.自主复习与拓展学习是学生在学习课件过程中，复习、观看教学课件并根据课件内容的要求阅读授课教师布置的参考书籍及完成相关的实践考查等。

3.互动答疑是学生通过远程教育学习平台的答疑系统，与授课教师进行互动学习。也可以通过远程教育学习平台提供的授课教师联系方式，通过电子邮件或电话互动答疑。有条件的教学点还可以组织面授答疑。

4.完成作业是学生从网络教育学习平台下载作业题目，每门课完成2～3次作业，网上提交授课教师批改,学生通过远程教育学习平台下载、查看教师的批改和评语。

5.课程考试是学生在完成2～3次作业后,通过远程教育学习平台,下载课程考试试卷,学生独立完成并上传试卷。授课教师据此批改、评定成绩。有条件的教学点也可以安排集中考试的形式。

6.课程采用百分制评定成绩,85分以上为优,70～84分为良,60～69分为及格,59分及以下为不及格。课程成绩达到60分可获得本门课程的学分。

7.课程考核不及格必须重修。重修课程应按学分数另行缴交学费、办理注册。

七、学习材料

本计划学习以网络课件为主,如配有纸质教材,学生可以自行购买或由学院协助购买。课程开列的相关参考文献资料由学生自行决定是否购买。

八、毕业论文

学生完成本科全部课程学习、缴交论文指导费用后可申请进入本科毕业论文写作阶段。厦门大学海外教育学院/国际学院为每位学生指派专业论文指导教师。毕业论文的选题范围以修读专业及相关学科内容为主。学生与论文指导教师通过电子邮件的方式交流沟通,获得帮助和指导。毕业论文的基本要求是论题明确、自圆其说、阐述清楚、结构完整,字数一般在6000字以上。毕业论文规格参照《厦门大学本科毕业论文规范》(可登录厦门大学海外教育学院/国际学院海外远程教育网站查询)。

九、论文答辩

学生完成毕业论文写作、得到论文指导教师同意后可申请毕业论文答辩。厦门大学海外教育学院/国际学院按照学生的申请,双方沟通确定答辩时间,通过网络视频,实时答辩。

十、学籍管理

被批准录取的厦门大学海外远程教育学生每学期按照专业教学计划进程办理课程选修,并按所选修的学分数缴交学费办理注册。学生按照每学期注册的课程参加课程学习。

厦门大学海外教育学院/国际学院按照厦门大学学生管理规范,为学生办理学籍注册、编发学号、建立学习档案。

学生参加厦门大学海外远程教育须由本人自主完成。厦门大学海外远程教育只为注册学生提供远程教学课件、教学辅导答疑等教育服务。如发现有非注册学生替代学习或考试、擅用教学资源,或其他作弊行为,将根据情节轻重予以取消课程成绩,或取消学籍处分,必要时追究其法律责任。

被取消学籍的学生两年内不得再次申请参加厦门大学海外远程教育学习。

十一、学费缴交

按照学校在招生简章上公布的、经物价部门批准备案的学费标准,学生在每学期开学前根据所选修课程的学分数完费注册。

毕业论文指导费(含答辩)在完成教学计划规定课程后另行缴交。

十二、证书格式

1.厦门大学海外远程教育专科毕业证书样式(见附件1)

2.厦门大学海外远程教育本科毕业证书、学士学位证书样式(见附件2)

十三、本规程自发布之日起实施,其未尽事项由厦门大学海外教育学院/国际学院负责解释。

(附件略——编者)

厦门大学

2013年12月31日

——本文摘录自《关于印发〈厦门大学海外远程教育教学管理规程〉的通知》,厦大教〔2013〕58号,档号2013-XZ12-1

·管理与服务工作·

厦门大学人文社会科学境外科研项目管理办法

（2013 年 1 月 28 日）

第一章　总　则

第一条　为进一步规范我校人文社会科学境外科研项目的管理、增强学术安全意识、维护国家安全和利益，根据法律法规及教育部相关规定，特制定本办法。

第二条　人文社会科学境外科研项目（以下简称“境外科研项目”）是指外国及我国港、澳、台地区的机构、组织或个人委托或资助我校教师独立开展或合作开展人文社会科学研究的项目。

第三条　境外科研项目合同书应以学校名义对外签订，未经学校授权，校内院系、研究机构及个人不得与境外机构、组织或个人签订境外科研项目合同书。

第四条　境外科研项目归口管理部门为学校社科处。

第五条　我校承担的所有境外科研项目必须符合国家利益，确保国家安全，在双方平等互利的前提下开展研究。相关院系、研究机构和项目管理部门要加强项目保密审查和过程监管，严格遵守相关保密规定，保障和促进境外科研项目的顺利开展。

第二章　立项管理

第六条　项目负责人申请和接受境外科研项目前，须以书面形式向所在学院报告境外委托或资助的机构、组织或个人（以下简称“境外委托方或资助方”）的背景、资信、合作目的、拟开展研究的内容、拟提供的项目成果等情况，学院审核同意后报学校社科处，社科处视项目具体情况，转校党委宣传部、国际处、保卫处、校保密办或法律事务办等部门审阅后报分管校领导审批。

第七条　学校审批同意后，项目负责人方可正式洽谈有关境外科研项目。

第八条　项目合同书必须明确约定合作目的、研究内容、研究方法、项目期限、资金来源、成果提供形式、成果使用方法和范围、知识产权归属等内容。

第九条　双方确认后的项目合同书，经学院同意、社科处审核后方可盖学校人文社科科研合同章，项目合同书经双方签字盖章后方为有效。

第十条　项目合同书签订且经费到账后，项目负责人必须到学校社科处办理项目立项手续。

第三章　过程管理

第十一条　项目研究过程中,未经学校同意,项目负责人不得擅自增加或改动合作目的、研究内容、研究方法、项目期限、资金来源、成果提供形式、成果使用方法和范围、知识产权归属等内容。

第十二条　项目研究期限超过两年(含两年)的,项目负责人必须在项目开展一年后向学校社科处报送项目进展情况报告。

第十三条　项目负责人在研究过程中,有任何变动必须及时报告所在学院,经学院审核同意后报学校社科处。

第四章　结项管理

第十四条　项目负责人向境外委托方或资助方提供的项目成果必须是项目合同书约定的项目研究内容和研究方法等规定范围内的研究成果,不得提供与项目研究内容不一致的项目成果。

第十五条　项目负责人必须严格遵守国家保密规定,不得提供、引用未公开发表或不宜对外公布的统计数据、调查材料、内部资料等敏感信息或资料。

第十六条　境外委托方或资助方同意项目结项并出具有关结项证明后,项目负责人须到学校社科处办理项目结项手续,双方合同关系应随即终止。如项目结项后,双方基于该项目拟进一步开展合作研究的,须按照新立项程序报学校社科处审核同意后方可继续。

第五章　经费管理

第十七条　境外科研项目经费管理类别归为横向科研经费。

第十八条　境外科研项目经费的管理,如项目合同书有约定的,按约定管理经费;如项目合同书未约定的,按《厦门大学科研经费管理办法》管理经费。

第十九条　境外科研项目结项后,项目负责人必须按学校有关财务规定半年内办理结账手续。

第六章　附　则

第二十条　未到社科处办理立项手续的境外科研项目,学校将不予以承认。项目研究中所产生的一切问题由项目负责人自行承担。

第二十一条　项目实施中出现违约行为的,应根据约定的项目合同书进行认定。项目组有过错的,项目负责人应承担相应的法律责任。

第二十二条　与境外合作开展研究(含社会调查等),不论经费是否纳入学校统一管理,均必须按照本办法执行。

第二十三条　学校有关科研项目管理规定及程序与本办法有抵触的,以本办法为准。

第二十四条　本办法由学校社科处负责解释。

第二十五条　本办法自颁布之日起施行。

——本文摘录自《关于印发〈厦门大学人文社会科学境外科研项目管理办法〉的通知》,厦大社科〔2013〕3号,档号2019-XZ31-001

厦门大学横向科研经费管理办法

（2013 年 3 月 19 日）

第一章　总　则

第一条　为进一步规范科研经费管理，促进学校科研事业健康发展，根据《教育部关于进一步贯彻执行国家科研经费管理政策，加强高校科研经费管理的通知》（教财〔2011〕12 号）、《教育部　财政部关于加强中央部门所属高校科研经费管理的意见》（教财〔2012〕7 号）、《教育部关于进一步加强高校科研项目管理的意见》（教技〔2012〕14 号）、《教育部关于进一步规范高校科研行为的意见》（教监〔2012〕6 号）及国家相关法规和财务管理制度，结合我校实际，制定本办法。

第二条　横向科研经费是指学校通过对外开展科研活动取得的各种非政府计划安排的科研经费，包括科技开发、科技咨询、技术服务等取得的收入。

第三条　横向科研经费属国有资金，必须全部纳入学校财务部门统一管理。横向科研经费实行集中核算，专款专用，任何单位和个人无权截留、挪用。

第四条　横向科研经费形成的固定资产和无形资产均属于国有资产（除科研项目立项合同中有明确规定以外），按照《关于加强国有资产管理的若干意见》（厦大资产〔2010〕21 号）规定统一纳入学校资产管理，不得以任何形式隐匿、私自转让、非法占有或牟取私利。

第五条　科研成果推广应用、转化转让（除项目管理办法或合同另有规定外）应按照《中华人民共和国促进成果转化法》、《高等学校知识产权保护管理规定》和《厦门大学专利和专有技术申请、维护、转化管理暂行办法》（厦大科〔2011〕40 号）执行。

第二章　职责与权限

第六条　学校实行“统一领导、分级分类管理、责任到人”的科研经费管理体制和“分级报账、集中核算”的会计核算方式。在校长统一领导下，分管科研、财务的校领导对科研经费的使用管理分工负责，学校科研、财务、资产、审计、纪检监察、学院（研究院）等部门及项目负责人各司其职，共同做好科研经费管理工作。

第七条　学校科技处、社科处（以下统称科研管理部门）是学校科研工作的主管部门，负责制定、宣传科研经费管理制度，科研项目管理和合同管理，组织、协调和指导项目负责人合理编制项目经费预算，指导督促项目负责人按科研进度和有关规定使用科研经费，配合财务处做好项目财务管理与会计核算的有关工作。

第八条　财务处负责科研经费的财务管理与会计核算工作。配合科研管理部门指导项目负责人合理编制经费预算，指导项目负责人按照项目立项通知书（任务书）或合同约定，以及有关财经法律、法规、规章及其他规范性文件，在其权限范围内使用科研经费，编制项目决算等。

第九条　纪检监察审计部门负责监督检查审计科研经费使用的适当性、有效性、合法性，防止违规、违纪和违法的现象发生。

第十条　实验室与设备管理办公室负责科研贵重仪器设备采购前的评估和专家论证工作，负责贵重仪器设备开放共享管理，避免重复购置和闲置浪费，提高仪器设备使用效率。

资产与后勤事务管理处负责科研仪器设备、家具和材料等物资的采购和管理,严格按照学校有关政府采购、招投标及国有资产管理等规定做好物资采购、管理工作。

第十一条　学校科研管理部门设立科研经费管理服务专门机构,负责制定和完善我校科研经费管理实施细则,提供政策咨询,组织业务培训,协助、指导项目申请人合理编制经费预算。对已批复或签订合同(任务书)的项目,提供到款通知、核发经费卡、经费分配、预算执行、经费使用、预算调整、决算编制、经费审计的管理和服务工作。

第十二条　各学院(研究院)作为科研活动的基层管理单位,负责组织管理本单位科研工作,对本单位科研经费使用承担监管责任。各学院(研究院)要根据学科特点和项目实际需要,合理配置资源,为科研项目执行提供条件保障;监督项目预算执行,督促项目进度。

第十三条　科研经费管理实行项目负责人负责制。项目负责人是科研经费使用的直接负责人,对科研活动及经费使用的真实性、有效性、合法性、合规性和相关性承担经济与法律责任,自觉接受有关部门的监督、检查和审计。项目负责人要熟悉掌握科研经费管理办法和相关财经法规,根据项目的实际需要合理编制经费预算,按照预算、科研进度和相关制度使用科研经费,及时办理科研项目结题及结账手续,依法据实编制决算。项目负责人如遇出国等特殊情况需要变更的,需到科研管理部门办理"科研项目委托代管手续"。

第三章　预算与决算管理

第十四条　横向科研项目必须根据项目合同或协议的要求,在科研管理部门、财务处和学院(研究院)的配合下,根据具体项目的实际情况,按照政策相符性、目标相关性和经济合理性原则,科学、合理、真实地编制项目经费预算。

第十五条　项目负责人根据项目决算编报的规定和要求,按照项目实际开支情况,如实编报项目经费决算。项目负责人对项目决算的真实性、准确性、合法性、合规性负责。项目决算经科研管理部门、财务处、审计处审核签署意见后,根据要求报送并存档。

第四章　收入和支出管理

第十六条　项目负责人应及时到科研管理部门办理立项手续。科研经费到账后,科研管理部门和财务处按规定提取管理费后核发科研项目经费卡,经费卡由项目负责人保管使用。财务处根据科研管理部门的通知确认科研经费收入,并开具收款凭证。

第十七条　根据国家有关税法规定,横向科研经费需缴纳相关税费。应税金额按照合同到账金额确认,由项目经费承担。对于经厦门市科学技术局认定符合技术合同要求的横向科研经费,项目组可向国家税务总局厦门市税务局申请减免相关税费。

第十八条　横向科研经费使用实行项目负责人"一支笔"审批制度。项目负责人根据科研经费预算和项目进度,合理安排经费支出,保证专款专用。承担多项科研经费的项目负责人,应按各项目预算规定及经费开支相关性,分别在相关的项目中开支,不得用于各种罚款、捐款、赞助、投资、福利等与科研活动无关的支出。

第十九条　横向科研经费必须依据科研活动的实际,做到业务真实、票据合法、手续齐全、责任明确。

第二十条　横向科研经费实行预算管理,除科研项目委托方有明确规定之外,横向科研项目与项目研究直接相关的经费支出范围一般包括设备费、材料费、测试化验加工费、差旅费、会议费、国际合作与交流费、出版/文献/信息传播/知识产权事务费、劳务费、专家咨询费、其他人员经费、办公费、管理费和其他支出等。

第二十一条　项目组成员使用科研经费出差,由项目负责人审批;项目负责人出差由学院(研究院)审批。项目组成员使用科研经费出境、出国,项目负责人应向科研管理部门提出申请和经费预算,经审批后方可执行。

第二十二条　横向科研经费购置纳入政府采购品目的仪器设备、材料、家具等物品，必须严格按照《中华人民共和国政府采购法》及厦门大学关于集中采购、招投标等有关规定进行。大型仪器设备的采购应加强论证，避免重复购置，购买同类设备时，应充分考虑现有设备的利用率和共享情况。

第二十三条　人员经费开支主要包括劳务费开支、专家咨询费和其他人员经费。人员经费支出要严格审核发放人员资格、标准，支付给个人的费用必须由本人签收或通过个人银行卡发放，并依法缴纳个人所得税。

1.劳务费，是指在项目研究开发过程中支付给项目组成员中没有工资性收入的相关人员（如在校生）和项目组临时聘用人员等的工资性开支。其支出应在批准的预算额度内按要求据实列支。

2.专家咨询费，是指在项目研究开发过程中支付给临时聘请的咨询专家的费用。专家咨询费支出应在批准的预算额度内按要求据实列支，专家咨询费应当按照有关规定和标准执行，不得支付给与项目研究、管理相关的工作人员。

3.其他人员经费，是指在项目研究开发过程中支付给项目组成员中有工资性收入的相关人员的劳务性费用。在保证横向科技项目研究任务按计划完成的前提下，项目组有工资性收入的人员劳务费原则上不超过到款经费的30%。工科设计类、软件类、咨询类以及人文社科类横向项目有特殊要求的，可根据项目合同约定经科研管理部门批准确定比例。

第二十四条　学院（研究院）应制定科研经费大额支出管理办法。理工医科类科研经费单笔金额超过20万元（含20万元）的大额支出，人文社科类科研经费单笔金额超过10万元（含10万元）的大额支出，须经学院（研究院）审批方可办理支出。

第二十五条　横向科研经费转拨，必须严格按照项目预算批复中所列示的合作（外协）单位和金额范围办理。必须与转拨单位订立合同，按照合同约定的转拨经费额度、拨付方式、开户银行和账号等条款办理，并经学院（研究院）、科研管理部门、财务处审批后执行。合作（外协）单位是公司、企业的，应提供收款单位法人营业执照、组织机构代码证、税务登记证、资质证书等相关资料；合作（外协）单位是高校、科研院所、社会团体等公益性组织的，应提供收款单位组织机构代码等相关资料。项目负责人对协作业务的真实性、相关性负责，并向科研管理部门签订与协作单位之间的非关联性声明。

第二十六条　横向科研经费支出中其他支出是指在科研活动中实际发生的其他费用，其他支出主要包括以下几个方面：

1.实验室小型维修费，是指为顺利完成研究项目，对现有实验室进行小规模改装所发生的费用。

2.业务接待费，是指由于项目研究需要而发生的接待费用。项目负责人应本着勤俭节约原则严格控制接待费开支。项目研究必要的接待费按项目统一核定，使用分段超额累退比例法计算并实行总额控制，按照项目经费扣除设备购置费后的一定比例核定，具体比例如下：

100万元（含）以下接待费支出核定比例不得超过3%，100万～500万元（含）接待费支出核定比例不得超过2%，500万～1000万元（含）接待费支出核定比例不得超过1.5%，1000万元以上接待费支出核定比例不得超过1%。

单笔金额超过5000元的接待费支出或特殊情况须突破控制比例的，须经科研管理部门审批。

3.车辆维持费，是指项目研究过程中项目组成员私车公用所发生的费用，包括汽油费、过路费、临时停车费。维修费、保险费、年检费、驾驶员培训费、交通罚款、交通事故的赔款及因私用车的各项费用等不得报销。

4.培训和学习费用，是指项目研究人员参加学习和培训的开支。培训和学习经费支出须经学院（研究院）审批。

第二十七条　科研项目管理费是指学校和学院（研究院）等单位为项目研究提供服务、消耗和有关管理费用的补助支出。理工医科类管理费核定比例为7%（学校5%，学院2%），人文社科类管理费核定比例为6%（学校4%，学院2%）。学校提取部分由学校统筹安排使用，学院（研究院）提取部分由学院（研究院）统筹安排使用。

第二十八条　项目负责人离职(正常调动工作、退休或意外情况不再承担科研工作),其以学校名义申请的项目经费应留在学院(研究院)(科研经费资助部门有规定的除外),在确保该项目顺利完成的前提下由学院(研究院)安排使用。

第五章　结余经费管理

第二十九条　横向科研项目完成后,应按项目合同规定的时间结题。科研管理部门应督促项目负责人在科研项目结束或通过验收后及时办理结账手续。对无正当理由一年内不办结账手续的科研项目,科研管理部门有权按照学校的有关规定通知财务处予以结账。

第三十条　科研项目结题后,结余经费按项目合同约定办理。没有明确约定的,学校将结余经费进行分配和结转,其中10%转入项目承担学院(研究院)经费,其余90%根据科研工作需要转由原项目负责人支配使用,主要用于补助仪器设备的维护运转、人才培养及项目的预研和启动等。项目负责人离职(正常调动工作、退休或意外情况不再承担科研工作),其以学校名义申请的项目结题经费应留在学院(研究院),由学院(研究院)统筹安排使用。

第六章　监督检查和绩效考评

第三十一条　学校各职能部门负责对科研经费使用进行监督检查。财务处负责对科研经费收支的会计监督,纪检监察审计部门负责科研经费收支的审计、监督和检查,建立定期检查制度,对全部科研项目实施抽查审计,对重大、重点科研项目开展全过程跟踪审计。学校及各项目负责人应自觉接受政府有关部门及科研经费提供方或其委托的社会中介机构,依据国家有关法规、预算和科研合同对科研经费的管理和使用情况进行的监督检查。

第三十二条　凡虚构经济业务和使用假发票等非法手段套取科研经费、为个人牟取私利、损坏学校声誉或给学校造成经济损失,按学校经济责任制有关规定承担相应的经济或法律责任。对于违反科研行为规范的,视情节轻重,给予约谈警示、通报批评、暂停项目执行和项目拨款、责令整改、终止项目执行和项目拨款直至项目申报资格等处理。构成违纪的,依据《事业单位工作人员处分暂行规定》《财政违法行为处罚处分条例》,视情节轻重给予警告、记过、降低岗位等级或撤职、开除等处分。涉嫌犯罪的,移送司法机关依法追究其刑事责任。

第三十三条　建立科研经费管理的绩效考核制度和奖惩机制,对科研项目取得的社会效益和经济效益进行考核和评价,对规范、科学、有效使用科研经费并做出突出成果的项目、单位或个人,学校给予表彰和奖励。学校将科研经费管理绩效纳入院系负责人的考核范围。

第七章　附　则

第三十四条　本办法自公布之日起执行。此前规定与本办法相抵触的,按本办法执行。

第三十五条　本办法由科研管理部门和财务处负责解释和修订。

——本文摘录自《关于印发〈厦门大学横向科研经费管理办法〉的通知》,厦大财〔2013〕22号,档号2017-XZ18-24

厦门大学纵向科研经费管理办法

（2013 年 3 月 19 日）

第一章　总　则

第一条　为进一步规范我校科研经费管理，促进学校科研事业健康发展，根据《财政部关于调整国家科技计划和公益性行业科研专项经费管理办法若干规定的通知》（财教〔2011〕434 号）、《教育部关于进一步贯彻执行国家科研经费管理政策，加强高校科研经费管理的通知》（教财〔2011〕12 号）、《教育部　财政部关于加强中央部门所属高校科研经费管理的意见》（教财〔2012〕7 号）、《教育部关于进一步加强高校科研项目管理的意见》（教技〔2012〕14 号）、《教育部关于进一步规范高校科研行为的意见》（教监〔2012〕6 号）及国家相关法规和财务管理制度，结合我校实际，制定本办法。

第二条　纵向科研经费是指学校通过承担国家、地方各级政府部门和公益性行业的各类科研计划（含基金）所取得的项目经费以及政府间国际科技合作项目经费，包括科技部、教育部、国家自然科学基金委员会、全国哲学社科规划办公室等国务院所属各部委、地方各厅局等直接下达给我校的各类研究经费、各类基金资助的研究经费，以及我校作为合作单位承担上述来源的项目时由项目主持单位转拨到我校的经费。学校用事业经费安排的校级科研经费及中央基本科研业务费按照现行专项经费管理办法执行。

第三条　纵向科研经费属国有资金，必须全部纳入学校财务部门统一管理。纵向科研经费实行集中核算，专款专用，任何单位和个人无权截留、挪用。

第四条　纵向科研经费形成的固定资产和无形资产均属于国有资产（除科研项目立项合同中有明确规定以外），按照《关于加强国有资产管理的若干意见》（厦大资产〔2010〕21 号）规定，统一纳入学校资产管理，不得以任何形式隐匿、私自转让、非法占有或牟取私利。

第五条　科研成果推广应用、转化转让（除项目管理办法或合同另有规定外），按照《中华人民共和国促进成果转化法》、《高等学校知识产权保护管理规定》和《厦门大学专利和专有技术申请、维护、转化管理暂行办法》（厦大科〔2011〕40 号）执行。

第二章　职责与权限

第六条　学校实行“统一领导、分级分类管理、责任到人”的科研经费管理体制和“分级报账、集中核算”的会计核算方式。在校长统一领导下，分管科研、财务的校领导对科研经费的使用管理分工负责，学校科研、财务、资产、审计、纪检监察、学院（研究院）等部门及项目负责人各司其职，共同做好科研经费管理工作。

第七条　学校科技处、社科处（以下统称科研管理部门）是学校科研工作的主管部门，负责制订、宣传科研经费管理制度、科研项目管理和合同管理，组织、协调和指导项目负责人合理编制项目经费预算，指导督促项目负责人按科研进度和有关规定使用科研经费，配合财务处做好项目财务管理与会计核算的有关工作。

第八条　财务处负责科研经费的财务管理与会计核算工作。配合科研管理部门指导项目负责人合理编制经费预算，指导项目负责人按照项目立项通知书（任务书）或合同约定，以及有关财经法律、法规、规章及其他规范性文件，在其权限范围内使用科研经费，编制项目决算等。

第九条　纪检监察审计部门负责监督检查审计科研经费使用的适当性、有效性、合法性，防止违规、违纪和违法的现象发生。

第十条　实验室与设备管理办公室负责科研贵重仪器设备采购前的评估和专家论证工作，负责贵重仪器设备开放共享管理，避免重复购置和闲置浪费，提高仪器设备使用效率。

资产与后勤事务管理处负责科研仪器设备、家具和材料等物资的采购和管理，严格按照学校有关政府采购、招投标及国有资产管理等规定做好物资采购、管理工作。

第十一条　学校科研管理部门设立科研经费管理服务专门机构，负责制定和完善我校科研经费管理实施细则，提供政策咨询，组织业务培训，协助、指导项目申请人合理编制经费预算。对已批复或签订合同(任务书)的项目，提供到款通知、核发经费卡、经费分配、预算执行、经费使用、预算调整、决算编制、经费审计的管理和服务工作。

第十二条　各学院(研究院)作为科研活动的基层管理单位，负责组织管理本单位科研工作，对本单位科研经费使用承担监管责任。各学院(研究院)要根据学科特点和项目实际需要，合理配置资源，为科研项目执行提供条件保障；监督项目预算执行，督促项目进度。

第十三条　科研经费管理实行项目负责人负责制。项目负责人是科研经费使用的直接负责人，对科研活动及经费使用的真实性、有效性、合法性、合规性和相关性承担经济与法律责任，自觉接受有关部门的监督、检查和审计。项目负责人要熟悉掌握科研经费管理办法和相关财经法规，根据项目的实际需要合理编制经费预算，按照预算、科研进度和相关制度使用科研经费，及时办理科研项目结题及结账手续，依法据实编制决算。项目负责人如遇出国等特殊情况需要变更的，需到科研管理部门办理“科研项目委托代管手续”。

第三章　预算决算和预算调整管理

第十四条　纵向科研经费预算是开展科研活动和使用科研经费的基本依据。项目负责人在科研管理部门、财务处和学院(研究院)的配合下，根据具体项目的规定和实际需要，按照政策相符性、目标相关性和经济合理性原则，科学、合理、真实地编制项目经费预算，严禁编制虚假预算套取科研经费。

第十五条　纵向科研经费预算包括收入预算和支出预算。收入预算包括申请的专项经费和其他渠道经费，支出预算包括项目研究过程中发生的各类直接费用和间接费用。预算编制必须符合项目主管部门的规定。

第十六条　直接费用是指在项目研究开发过程中发生的与之直接相关的费用，主要包括设备费、材料费、测试化验加工费、燃料动力费、差旅费、会议费、国际合作与交流费、出版/文献/信息传播/知识产权事务费、劳务费、专家咨询费和其他支出等。直接费用应按支出科目和不同经费来源分类编制，并根据需要详细说明各项支出的主要用途、与项目研究的相关性及测算方法、测算依据。

第十七条　间接费用是指学校在组织实施项目过程中发生的无法在直接费用中列支的相关费用，主要包括学校为项目研究提供的现有仪器设备及房屋，水、电、气、暖消耗，图书网络资源以及有关管理费用的补助支出和绩效支出等。

(一)间接费用预算按项目统一核定，使用分段超额累退比例法计算并实行总额控制，按照项目经费中直接费用扣除设备购置费后的一定比例核定，具体比例如下：

金额在500万元及以下部分，间接费用核定比例不超过20%，最低为17%，其中绩效支出不超过5%；金额超过500万元至1000万元的部分，核定比例不超过13%，最低为11.25%，其中绩效支出不超过3.25%；金额超过1000万元的部分，核定比例不超过10%，最低为8.5%，其中绩效支出不超过2.5%。

(二)承担子项目的直接费用和间接费用，划分比例应按照项目总经费中直接费用和间接费用划分比例核定。

(三)项目主管部门无明确要求编制间接费用预算的纵向科研项目，按项目主管部门所规定的管理费比例上限编制管理费预算，没有规定管理费比例上限的，按项目经费7%编制管理费预算。

第十八条　项目负责人根据项目目标要求和实际需要，合理编制项目研究开发过程中的直接费用预算，学校按照项目管理部门相关规定统一编制间接费用预算。直接费用预算和间接费用预算加总后形成项目总预算，上报项目拨款单位。

第十九条　纵向科研经费预算一经批复，必须严格按预算规定的开支范围和项目进度执行，不得超出项目预算范围开支费用。批复后的预算原则上不做调整。

项目实施期间出现项目计划任务调整、项目负责人变更或调动单位，以及不可抗力造成意外损失等原因，对项目经费预算执行造成较大影响的，可以按相关制度规定和程序进行调整，报归口部门批准后执行。总预算不变，项目合作单位之间以及增加或减少项目合作单位的预算调整，应当按原程序报项目主管部门批准；设备费、差旅费、会议费、国际合作与交流费、劳务费、专家咨询费预算一般不予调增，如需调减，经学院（研究院）及学校科研管理部门审核同意，由财务处批准后执行。间接费用不得调整。

第二十条　项目负责人根据项目决算的编报要求和规定，严格按照项目实际开支情况，如实编报项目经费决算，并对项目决算的真实性、准确性、合法性、合规性负责。项目决算经科研管理部门、财务处、审计处审核签署意见后，根据要求报送并存档。

第四章　收入和支出管理

第二十一条　项目负责人应及时到科研管理部门办理立项手续。纵向科研经费到账后，由科研管理部门和财务处根据项目的立项通知书（任务书）核实经费所属类别，按规定提取间接费用（管理费）后，核发科研经费卡，经费卡由项目负责人保管使用。财务处根据科研管理部门的通知确认科研经费收入，并开具收款凭证。

第二十二条　纵向科研经费使用，实行项目负责人“一支笔”审批制度。项目负责人根据科研经费预算和项目进度，合理安排经费支出，保证专款专用。同时承担多项科研经费的项目负责人，应按各项目预算规定及经费开支相关性，分别在相关的项目中开支。

第二十三条　纵向科研经费必须严格按照批复的预算，依据科研活动的实际需要，做到业务真实、票据合法、手续齐全、责任明确。不得安排无预算或超预算开支，不得用于各种罚款、捐款、赞助、投资、福利等与科研活动无关的支出。严禁编造虚假合同、编制虚假预算；严禁违规转拨科研经费、转移到利益相关的单位或个人；严禁购买与科研项目无关的设备、材料；严禁虚构经济业务、使用虚假票据套取科研经费；严禁在科研经费中报销个人家庭消费支出；严禁虚列、伪造名单，虚报冒领科研劳务性费用；严禁借科研协作之名，将科研经费挪作他用；严禁设立“小金库”。

第二十四条　纵向科研经费中直接费用支出范围包括：

（一）设备费，是指在项目研究开发过程中购置或试制专用仪器设备，对现有仪器设备进行升级改造，以及租赁外单位仪器设备而发生的费用。科研经费购置仪器设备应按预算和合同规定执行。

（二）材料费，是指在项目研究开发过程中消耗的各种原材料、辅助材料等低值易耗品的采购及运输、装卸、整理等费用。

（三）测试化验加工费，是指在项目研究开发过程中支付给外单位（包括我校内部独立经济核算单位）的检验、测试、化验、设计及加工等费用。

（四）燃料动力费，是指在项目研究开发过程中相关大型仪器设备、专用科学装置等运行发生的可以单独计量的水、电、气、燃料等消耗费用等。

（五）差旅费，是指在项目研究开发过程中开展科学实验（试验）、科学考察、业务调研、学术交流等所发生的外埠差旅费、市内交通费用等。差旅费的开支标准应当按照学校有关规定执行。

（六）会议费，是指在项目研究开发过程中为组织开展学术研讨、咨询以及协调项目活动而发生的会议费用。项目承担单位应当按照国家有关规定，严格控制会议规模、会议数量、会议开支标准和会期。在会议开始前，项目负责人应向科研管理部门提出会议申请和经费预算，经批准后方可执行。

（七）国际合作与交流费，是指在项目研究开发过程中项目研究人员出国及外国专家来华工作的费用。国际合作与交流费应当严格执行国家外事经费管理和学校有关外汇、外事财务管理的有关规定。项目发生国际合作与交流费时，重大项目、重点项目应当事先报经项目总体专家组或项目牵头（主持）单位审核同意。

（八）出版/文献/信息传播/知识产权事务费，是指在项目研究开发过程中，需要支付的出版费、图书资料费、印刷费、专用软件购买费、文献检索费、专业通信费、专利申请及其他知识产权事务等费用。其中，出版费须经科研管理部门审批后方可开支。

（九）劳务费，是指在项目研究开发过程中支付给项目组成员中没有工资性收入的相关人员（如在校生）和项目组临时聘用人员等的劳务性费用。劳务费支出应在批准的预算额度内按要求据实列支。

（十）专家咨询费，是指在项目研究开发过程中支付给临时聘请的咨询专家的费用。专家咨询费支出应在批准的预算额度内按要求据实列支，并依法缴纳个人所得税。专家咨询费应当按照有关规定和标准执行，不得支付给与项目研究、管理相关的工作人员。

（十一）资料费，是指项目研究过程中发生的资料收集、录入、复印、翻拍、翻译等费用，以及必要的图书和专用软件购置费等。

（十二）数据采集费，是指项目研究过程中发生的问卷调查、数据跟踪采集、案例分析等费用。

（十三）印刷费，是指项目在研究过程中发生的项目研究成果的打印费、印刷费和誊写费等。

（十四）其他支出，是指无法归入上述费用但在经费预算中有单独明确列示的费用。

第二十五条　项目组成员使用科研经费出差，由项目负责人审批；项目负责人出差由学院（研究院）审批。项目组成员使用科研经费出境、出国，项目负责人应向科研管理部门提出申请和经费预算，经审批后方可执行。

第二十六条　纵向科研经费购置纳入政府采购品目的仪器设备、材料、家具等物品，必须严格按照《中华人民共和国政府采购法》及厦门大学关于集中采购、招投标等有关规定进行。大型仪器设备的采购应加强论证，避免重复购置，购买同类设备时，应充分考虑现有设备的利用率和共享情况。

第二十七条　人员经费支出要严格审核发放人员资格、标准，支付给个人的费用必须由本人签收或通过个人银行卡发放，并依法缴纳个人所得税。

第二十八条　学院（研究院）应制定科研经费大额支出管理办法。理工医科类科研经费单笔金额超过20万元（含20万元）的大额支出，人文社科类科研经费单笔金额超过10万元（含10万元）的大额支出，须经学院（研究院）审批方可办理支出。

第二十九条　纵向科研经费转拨，必须严格按照项目预算批复中所列示的合作（外协）单位和金额范围办理。必须与转拨单位订立合同，按照合同约定的转拨经费额度、拨付方式、开户银行和账号等条款办理，并经学院（研究院）、科研管理部门、财务处审批后执行。合作（外协）单位是公司、企业的，应提供收款单位法人营业执照、组织机构代码证、税务登记证、资质证书等相关资料；合作（外协）单位是高校、科研院所、社会团体等公益性组织的，应提供收款单位组织机构代码等相关资料。项目负责人对协作业务的真实性、相关性负责，并向科研管理部门签订与协作单位之间的非关联性声明。

第三十条　纵向科研经费中间接费用纳入学校财务统一管理，统筹安排使用。间接费用（不包括绩效支出部分）是学校和学院（研究院）等单位，为项目研究提供的现有仪器设备及房屋，水、电、气、暖消耗，图书网络资源以及有关管理费用的补助支出。间接费用一般在经费到账时提取，其中70%由学校统筹安排使用，30%由学院（研究院）统筹安排使用。

主管部门无明确要求编制间接费用预算的纵向科研项目，按项目规定比例提取管理费，其中两个百分点由学院（研究院）统筹安排使用，其余部分由学校统筹安排使用。

第三十一条　绩效支出用于鼓励和支持学院（研究院）及项目承担人员。绩效支出的40%在项目经费到账时拨付给学院（研究院），30%在中期检查后由科研管理部门审核拨付给学院（研究院），剩余的30%在项目结题后，根据绩效考核情况拨付学院（研究院）。绩效支出由学院（研究院）统筹安排，原则上应主要用于奖励项目组。

第三十二条　项目负责人离职(正常调动工作、退休或意外情况不再承担科研工作),其以学校名义申请的项目经费应留在学院(研究院)(科研经费资助部门有规定的除外),在确保该项目顺利完成的前提下由学院(研究院)安排使用。

第五章　结余经费管理

第三十三条　纵向科研项目完成后,应按项目合同规定的时间结题。科研管理部门应督促项目负责人在科研项目结束或通过验收后及时办理结账手续。对无正当理由一年内不办结账手续的科研项目,科研管理部门有权按照拨款部门的有关规定通知财务处予以结账。

第三十四条　纵向科研项目结题后,结余经费按照科研拨款部门的有关规定办理。没有明确规定的,学校将结余经费进行分配和结转,其中10%转为项目承担学院(研究院)经费,其余90%根据科研工作需要转由原项目负责人支配使用,主要用于补助仪器设备的维护运转、人才培养及项目的预研和启动等。项目负责人离职(正常调动工作、退休或意外情况不再承担科研工作),其以学校名义申请的项目结题经费应留在学院(研究院),由学院(研究院)统筹安排使用。

第六章　监督检查和绩效考评

第三十五条　学校各职能部门负责对科研经费使用进行监督检查。财务处负责对科研经费收支的会计监督,纪检监察审计部门负责科研经费收支的审计、监督和检查,建立定期检查制度,对全部科研项目实施抽查审计,对重大、重点科研项目开展全过程跟踪审计。学校及各项目负责人应自觉接受政府有关部门及科研经费提供方或其委托的社会中介机构,依据国家有关法规、预算和科研合同对科研经费的管理和使用情况进行的监督检查。

第三十六条　凡虚构经济业务和使用假发票等非法手段套取科研经费、为个人牟取私利、损坏学校声誉或给学校造成经济损失,按学校经济责任制有关规定承担相应的经济或法律责任。对于违反科研行为规范的,视情节轻重,给予约谈警示、通报批评、暂停项目执行和项目拨款、责令整改、终止项目执行和项目拨款直至项目申报资格等处理。构成违纪的,依据《事业单位工作人员处分暂行规定》《财政违法行为处罚处分条例》,视情节轻重给予警告、记过、降低岗位等级或撤职、开除等处分。涉嫌犯罪的,移送司法机关依法追究其刑事责任。

第三十七条　建立科研经费管理的绩效考核制度和奖惩机制,对科研项目取得的社会效益和经济效益进行考核和评价,对规范、科学、有效使用科研经费并做出突出成果的项目、单位或个人,学校给予表彰和奖励。学校将科研经费管理绩效纳入院系负责人的考核范围。

第七章　附　则

第三十八条　本办法自公布之日起执行。此前规定与本办法相抵触的,按本办法执行。

第三十九条　本规定与国家及有关部委制度、规定不符之处,以国家及有关部委规定为准。

第四十条　本办法由科研管理部门和财务处负责解释和修订。

——本文摘录自《关于印发〈厦门大学纵向科研经费管理办法〉的通知》,厦大财〔2013〕23号,档号2017-XZ18-24

厦门大学孔子学院汉语教师选拔与管理条例

(2013年4月3日)

第一章　总　则

第一条　为进一步规范厦门大学孔子学院汉语教师的选拔及管理工作,不断提升办学水平和教学质量,保证孔子学院健康发展,依据《国家汉办/孔子学院总部外派汉语教师管理办法(试行)》(汉办〔2012〕429号),并结合我校实际,特制定本条例。

第二章　任职条件及岗位职责

第二条　汉语教师任职条件如下:

一、热爱汉语国际推广事业,具有较强的使命感和责任感;师德高尚,爱岗敬业。

二、年龄在60周岁(含)以下。具有良好的身体和心理素质,有较强的适应能力,组织纪律性强,富有团队精神。

三、具有对外汉语、汉语言文学、外语、教育、心理、历史、文化、体育艺术等专业(或外方学校有特别需求的专业)之大学本科以上学历。

四、具有2年以上教龄的国内大学(本科层次以上)在职在编或合同制专兼职教师(含回国汉语教师志愿者),有对外汉语教学经验和国外工作经历者优先。

五、具有较强的汉语教学、中华文化传播和跨文化交际能力。

六、普通话须达到二级甲等以上(含)水平。能熟练使用所在国语言或英语。

第三条　汉语教师岗位职责要求:

一、遵守《孔子学院章程》,服从孔子学院总部/国家汉办和厦门大学的管理。

二、遵守孔子学院所在国有关法律,尊重所在国文化和宗教风俗,遵守国内外工作单位有关规章制度,努力树立孔子学院教师的良好形象。

三、遵守孔子学院有关管理规定,服从孔子学院院长的领导。

四、热爱本职工作,积极配合孔子学院院长进行课程设计,按需承担孔子学院教学工作,严格遵守教学秩序,不断改进教学方法,提高教学质量。

五、按照孔子学院要求,积极配合并参与孔子学院开展的中国语言文化推广活动及其他相关工作。

六、协助孔子学院中方院长开展与厦门大学招生宣传、师生交流、项目合作等有关的活动。

第三章　选拔程序及办法

第四条　公布岗位:孔子学院办公室汇总我校各孔子学院需求,由人事处发布,面向全球公开招聘和选拔。

第五条　个人报名:符合任职条件的人员须征得所在单位同意后向孔子学院办公室报名。报名材料包括:“孔子学院/课堂汉语教师申请表”、所在单位推荐信、(合同制人员)合同复印件。回国汉语教师志愿者须由曾就任孔子学院及目前所在单位推荐,出具兼职教师合同,并提供“履职考评表”和“汉语教师志愿者荣誉证书”复印件及单位推荐信。

第六条　资格审查:我校孔子学院办公室组织孔子学院汉语教师资格审查小组参照本条例对申请人进行资格审查,按照一定比例确定进入面试的人员名单。

第七条　专家面试:孔子学院办公室组织相关专家对进入面试的人员进行统一面试。

第八条　上报推荐:专家组将综合面试情况提出候选人员,本校教师名单经人事处会稿并报分管人事及孔院工作的校领导同意,校外教师名单报分管孔院工作的校领导同意,最终报由孔子学院总部/国家汉办审批。

第九条　考核及培训:候选汉语教师的考核及培训由孔子学院总部/国家汉办组织进行。考试分为笔试和面试。考试通过者将同时获颁孔子学院总部"国际汉语教师资格证书"。被录取人员须接受孔子学院总部/国家汉办组织的相关培训,合格者方可派出。

第四章　汉语教师的管理

第十条　建立完善的管理机制,学校成立由校长、分管副书记、副校长、党委组织部、人事处、教务处、国际处、汉语国际推广南方基地/孔子学院办公室及海外教育学院的相关负责人组成厦门大学汉语国际推广工作领导小组,孔子学院办公室负责具体协调实施。

第十一条　汉语教师任期以实际赴任日期为准,一般为 2 至 4 年。2 年为一个聘期。赴任满 1 年须参加国家汉办及厦门大学组织的年度考核,考核合格者发放一次性年度奖金,不合格者将给予警告或责令其提前结束任期回国。任职 2 年后实行聘期考核,考核合格者方可续聘。对于考核不合格者,经商所在孔子学院、孔子学院总部/国家汉办,厦门大学有权终止聘任合同。被终止合同的汉语教师须按照厦门大学规定的期限做好离岗和交接手续。

第十二条　孔子学院汉语教师如需延长任期或因个人原因提前结束任期,应提前 3 个月提出书面申请,由驻外工作单位负责人(孔子学院院长或系主任)签署意见后,报厦门大学和孔子学院总部/国家汉办批准。

汉语教师如因身体、心理条件及其他原因确实无法继续工作的,孔子学院总部/国家汉办及厦门大学将根据我驻在国使领馆或所在孔子学院意见终止其任期,并妥善做好相关事宜。

任期内擅自离岗或未按照合同要求按时离岗者,须按照合同规定支付违约金。

教师违犯法规者,将依法依规处理。对违反外事纪律,造成恶劣影响或重大事故者,孔子学院总部/国家汉办及厦门大学将终止其任期并责令回国。情节特别严重者,按国家规定予以处罚。

第十三条　汉语教师在任期间,由孔子学院总部/国家汉办和厦门大学共同负责管理,以孔子学院总部/国家汉办管理为主。汉语教师任期内须与我驻外使领馆、孔子学院总部/国家汉办及我校保持密切联系:

一、赴任后 1 个月内应向当地孔子学院和驻外使领馆报到,向所在孔子学院及厦门大学孔子学院办公室递交"国家汉办/孔子学院总部外派汉语教师到职登记表"。同时,应向孔子学院总部/国家汉办和厦门大学及时汇报工作和生活情况,包括住址及联系方式等信息变更情况。

二、离开工作岗位超过 3 天及以上时,须提前 2 周报所在孔子学院中外方院长批准,并将所在孔子学院意见及时报送孔子学院总部/国家汉办及厦门大学孔子学院办公室批准。

三、汉语教师任期结束,应按照孔子学院总部/国家汉办确定的时间回国,到孔子学院总部/国家汉办述职,并向孔子学院总部/国家汉办及厦门大学孔子学院办公室提交"国家汉办/孔子学院总部外派汉语教师离任鉴定表"。不得无故超期滞留,否则待遇停发,并按国家有关规定予以处理。

四、汉语教师所在国家如发生社会安全、公共卫生、自然灾害、灾难等突发事件,应及时联系所在孔子学院、我驻在国使领馆、孔子学院总部/国家汉办及厦门大学孔子学院办公室,并按照使领馆的应急处置要求应对。

第十四条　教师汉语教学工作量每周一般为 20 学时。因工作需要须坐班的,坐班时间以驻外工作单位的具体要求为准,原则上不超过当地法律规定时间。除教学工作外,还应完成使领馆、孔子学院总部/国家汉办及厦门大学安排的任务。

第十五条　学校将热情关心汉语教师的工作,及时帮助解决后顾之忧。汉语教师期满回国后,回原单位工作。

第五章　汉语教师有关待遇

第十六条　汉语教师任职期间待遇根据《国家公派出国教师生活待遇管理规定》(财教〔2011〕194号)文件执行。教师国外生活待遇主要包括国外工资及年终奖金、交通补贴[上述累计约每月3000美元(教授)/2800美元(副教授)/2600美元(讲师)/2400美元(助教)]、租房费用(根据职称不同可申请租住60～80平方米不等的住房)、一次性安置费(3000美金)、配偶补贴(每月200～500美金)、探亲机票、公费医疗、艰苦地区津贴(按地区艰苦程度进行分类)等。

第十七条　本校人员担任孔子学院汉语教师,将同时享受下列待遇:1.保留校内原有党政级别及工资津贴。2.汉语教师聘期内如达到法定退休年龄,应按规定办理退休手续,但派出期间仍按其在职岗位标准发放工资及津贴。超过法定退休年龄后,下一聘期一般不再续聘。3.汉语教师任期满4年返回校内工作岗位后,在第一个聘期内可视情况适当放宽考核要求(任期未满4年者不享受此待遇)。4.本校人员担任孔子学院汉语教师的工作经历将作为申请我校孔子学院中方院长岗位的重要参考依据。

第十八条　国内外非我校在编人员受聘我校孔子学院汉语教师,其人事关系仍留在原单位。受聘人员应与我校签订聘任合同,且保证在受聘期间全职到岗工作。

第六章　附　则

第十九条　本条例由厦门大学孔子学院办公室负责解释,自签发之日起实施。

厦门大学

二〇一三年三月二十八日

——本文摘录自《关于印发〈厦门大学孔子学院汉语教师选拔与管理条例〉的通知》,厦大外〔2013〕23号,档号2013-XZ22-1

厦门大学哲学社会科学科研项目管理办法

（2013年5月6日）

第一章 总 则

第一条 为进一步加强和规范我校哲学社会科学科研项目的管理，保障科研项目顺利开展，促进科研项目管理科学化、规范化和制度化，推进我校哲学社会科学事业繁荣发展，根据国家和省市有关科研项目管理的规定，结合学校实际，特制定本办法。

第二条 本办法适用于我校教职员工、博士后以我校名义主持或参与的各级各类哲学社会科学科研项目。

第三条 学校社科处是哲学社会科学科研项目管理的职能部门，全面负责各级各类哲学社会科学科研项目的管理。各学院（研究院）是哲学社会科学科研项目管理的基层单位，对本单位哲学社会科学科研项目承担监管责任。

第四条 哲学社会科学科研项目实行项目负责人负责制。项目负责人对科研项目开展全过程的真实性、有效性、合法性、合规性和相关性承担直接责任，应主动接受有关部门的管理、检查、监督和审计。

第二章 项目类别

第五条 哲学社会科学科研项目按经费来源可分为纵向项目、横向项目、国际合作项目、港澳台地区合作项目、校内项目。

纵向项目是指具有科研规划职能的政府部门（或者受政府部门委托）批准立项，研究经费由政府部门提供的项目。

横向项目是指由企事业单位、个人、民间组织等委托，与我校签订正式科研项目合同，经费由委托方或合作单位提供并拨入我校科研经费账户的项目。

国际合作项目是指由外国政府、国际组织、基金会、民间组织等设立或委托，与我校签订正式科研项目合同，经费由委托方或合作单位提供并拨入我校科研经费账户的项目。

港澳台地区合作项目是指由港澳台地区政府、基金会、民间组织等设立或委托，与我校签订正式科研项目合同，经费由委托方或合作单位提供并拨入我校科研经费账户的项目。

校内项目是指由学校立项资助的科研项目。

第六条 哲学社会科学纵向项目按级别分为国家级项目、部级项目、省级项目、市级项目、其他项目。

国家级项目包括国家社科基金项目、国家自然科学基金项目、全国教育科学规划国家级项目、全国艺术科学规划项目、全国军事科学规划项目、国家软科学研究项目。

部级项目包括教育部、中央其他部委规划或专项研究项目。

省级项目包括福建省社科规划项目、福建省自然科学基金项目、福建省软科学项目。

市级项目包括厦门市社科研究项目。

其他项目指除上述项目之外的其他纵向项目，包括福建省教育厅项目、福建省教育科学规划项目以及其他政府部门资助项目。

第三章　项目申报与立项

第七条　学校鼓励广大教师和科研人员积极申报各级各类哲学社会科学科研项目，鼓励各学院(研究院)组织召开科研项目申报论证会以加强对项目申报的指导。

第八条　哲学社会科学纵向项目一般由社科处根据项目发布单位的要求组织申报。各学院(研究院)负责本单位项目申报的初审，保证项目申报填写内容的真实性，遴选创新性强的项目申报。社科处对各单位申报的项目进行统一审查，通过后签署学校推荐意见，并承担相应管理责任和信誉保证。

第九条　项目批准立项后，社科处及时通知项目负责人。项目负责人须在接到项目立项批准书(通知书、合同书、协议书)后按规定时间填报相关立项材料。

第十条　非社科处组织申报的纵向项目一经批准，项目负责人须凭项目立项通知书原件到社科处办理项目立项手续，并将项目申请书复印件、项目立项通知书复印件交社科处存档备案。项目经费拨入学校科研经费账户后，方为正式立项。

第十一条　申请国际合作项目或港澳台地区合作项目须严格按《厦门大学人文社会科学境外科研项目管理办法》的规定程序报批，提交《厦门大学人文社会科学境外科研项目立项书》和项目合同书，经项目负责人所在单位和社科处审核，项目经费拨入学校科研经费账户后，方为正式立项。

第十二条　申请哲学社会科学横向项目须提交《厦门大学文科横向科研项目立项书》和项目合同书，经项目负责人所在单位和社科处审核，项目经费拨入学校科研经费账户后，方为正式立项。

横向项目的项目合同书签订必须责、权、利明晰，避免研究过程出现不必要的纠纷。

第十三条　项目批准立项后应及时登录学校社科管理系统填报相关信息，并在项目经费到校后及时在系统中进行认领。

第四章　项目实施

第十四条　项目获准立项后，项目负责人应按照立项通知书或项目合同书的要求，认真组织科研团队，及时召开项目开题会，尽快开展项目研究工作。

第十五条　项目实施过程中，项目负责人应主动配合上级和学校有关部门对项目的检查，按期如实提交检查材料。项目负责人因工作学习需要长期不在学校，无法亲自参加项目检查的，必须委托项目组其他人员配合检查。

第十六条　项目负责人应按照项目批复的预算合理使用科研经费，严格遵守国家有关管理文件和《厦门大学纵向科研经费管理办法》《厦门大学横向科研经费管理办法》等文件规定，不得挪用、超支，并对科研经费使用的合规性、合理性、真实性和相关性承担法律责任。

项目经费的使用应自觉接受财务、审计、监察部门的监督、检查。

第十七条　各学院(研究院)应将科研项目管理纳入本单位的日常工作，安排专职人员负责管理；应建立完善的科研档案和信息系统，及时跟踪、掌握本单位科研项目研究进展情况，主动配合社科处做好本单位各级各类项目的管理工作。

第十八条　项目实施过程中，如需进行变更项目研究内容、延长研究时间、更换项目负责人等重大事项变更，项目负责人应及时向社科处提交书面申请，经社科处同意，并报请项目立项部门批准后方可进行。

第十九条　项目负责人应严格遵守国家相关保密规定，不得损害国家和学校利益，泄露国家秘密、商业秘密和个人隐私，确保科研项目安全。

第五章　项目结项与结账

第二十条　项目负责人应依照合同、协议等约定，按期保质地完成项目研究任务。项目完成后，应及时到社科处办理项目结项鉴定手续。

纵向项目结项，由社科处按照项目立项部门的有关规定组织鉴定。

国际合作项目及港澳台地区合作项目结项，应提交《厦门大学人文社会科学境外科研项目结项书》和项目委托方出具的同意项目结项的证明材料。

横向项目结项，应提交《厦门大学文科横向科研项目结项书》和项目委托方出具的同意项目结项的证明材料。

校内项目结项，应提交《厦门大学文科校内科研项目结项书》。

项目结项材料均应提交复印件留社科处备案存档。

第二十一条　项目成果出版或发表时，应在适当位置注明成果所属项目及资助部门或单位。

第二十二条　对于鉴定为优秀的项目成果，项目负责人应向社科处提交一份成果简介，着重介绍项目研究的创新点、对学科发展的推动作用等，社科处将采取一定的方式加以宣传，扩大项目成果的社会影响。

第二十三条　项目负责人应树立科研项目成果服务育人的意识，加强项目成果的转化，扩大科研项目成果效益，为培养学生科学精神、提升全民科学素养做出贡献。

第二十四条　对按期完成科研项目、成果鉴定为优秀、经费使用规范且使用效益高的项目负责人，学校在新的项目申报或资源分配等方面给予优先考虑。

对不认真履行科研项目协议或合同、违反项目管理规定、弄虚作假或无任何正当理由拖延甚至放弃项目研究，对学校声誉造成损害的项目负责人，学校将视情节轻重给予通报批评、冻结直至追回项目研究经费并 3 年内禁止其申报新的研究项目等处理。

第二十五条　项目结项后，应遵照国家有关经费管理文件和《厦门大学纵向科研经费管理办法》《厦门大学横向科研经费管理办法》等文件规定办理结账手续。

第六章　附　则

第二十六条　本办法自公布之日起施行。

第二十七条　本办法由厦门大学社科处负责解释。

——本文摘录自《关于印发〈厦门大学哲学社会科学科研项目管理办法〉的通知》，厦大社科〔2013〕7号，档号 2019-XZ31-001

厦门大学核心学术刊物目录及相关规定(2013 年版)

(2013 年 5 月 8 日)

一、文科核心学术刊物

(一)文科最优学术刊物

1.以下刊物为文科最优学术刊物(共 60 种):

序号	刊物名称	序号	刊物名称
1	北京电影学院学报	31	世界历史
2	北京体育大学学报	32	世界民族
3	财政研究	33	数量经济技术经济研究
4	当代亚太	34	体育科学
5	法学研究	35	统计研究
6	高等教育研究	36	外国文学评论
7	公共管理学报	37	外国语
8	公共行政评论	38	外语教学与研究
9	管理科学学报	39	文学评论
10	管理世界	40	文学遗产
11	国际新闻界	41	文艺研究
12	国外社会科学	42	戏剧艺术
13	会计研究	43	现代法学
14	教育研究	44	心理学报
15	金融研究	45	新华文摘(全文转载)
16	经济学(季刊)	46	新闻与传播研究
17	经济学动态(学术类)	47	学术月刊
18	经济研究	48	音乐研究
19	考古	49	哲学动态
20	考古学报	50	哲学研究
21	历史研究	51	政治学研究
22	马克思主义研究	52	中国法学
23	马克思主义与现实	53	中国行政管理
24	美术研究	54	中国经济史研究
25	民族研究	55	中国人口科学
26	社会学研究	56	中国社会科学
27	史学理论研究	57	中国史研究
28	世界汉语教学	58	中国音乐学
29	世界经济	59	中国语文
30	世界经济与政治	60	自然辩证法通讯

2.在部分学院(经济学院、管理学院、王亚南经济研究院和财务管理与会计研究院)试行国际二类及以上刊物(目录另行批复),其他学院的国际二类及以上刊物暂等同于 SSCI(“社会科学引文索引”)。

(二)文科一类核心学术刊物

1.以下刊物为文科一类核心学术刊物(共 53 种):

序号	刊物名称	序号	刊物名称
1	北京大学教育评论	28	上海体育学院学报
2	北京大学学报(哲学社会科学版)	29	世界哲学
3	北京师范大学学报(社会科学版)	30	世界宗教研究
4	比较教育研究	31	数理统计与管理
5	财贸经济	32	台湾研究
6	当代世界与社会主义	33	台湾研究集刊(《新华文摘》论点摘编或《中国社会科学文摘》《高等学校文科学报文摘》全文转载)
7	当代外国文学	34	文史哲
8	法律科学	35	文物
9	复旦学报(社会科学版)	36	文艺理论研究
10	高校理论战线	37	舞蹈
11	古汉语研究	38	戏剧
12	国防大学学报	39	现代传播
13	国际贸易问题	40	现代广告(学术季刊)
14	国际问题研究	41	心理科学
15	国际政治研究	42	新美术
16	国家行政学院学报	43	新闻大学
17	吉林大学社会科学学报	44	语言教学与研究
18	近代史研究	45	语言文字应用
19	经济管理	46	政法论坛
20	经济科学	47	中国翻译
21	经济学家	48	中国工业经济
22	科学社会主义	49	中国人民大学学报
23	美国研究	50	中国哲学史
24	南京大学学报(哲学·人文科学·社会科学版)	51	中外法学
25	南开管理评论	52	中央民族大学学报
26	南开学报(哲学社会科学版)	53	中央音乐学院学报
27	厦门大学学报(哲学社会科学版)		

2.被 A&HCI(“艺术与人文科学引文索引”)、CPCI-SSH(“社会科学及人文科学会议录索引”,原 IS-SHP)、SCI(“科学引文索引”)、EI(“工程索引”)、CPCI-S(“科学技术会议录索引”,原 ISTP)收录的学术

论文,亦为文科一类核心学术刊物论文。

(三)文科二类核心学术刊物

未被列为文科最优学术刊物和一类核心学术刊物的 CSSCI(“中文社会科学引文索引”来源期刊2012—2013)和 CSSCI 来源集刊(2012—2013)均为文科二类核心学术刊物。(见附件 1 和附件 2)

二、理工科核心学术刊物

(一)理工科一类核心学术刊物

被 SCI、EI、CPCI-S(原 ISTP)和 SSCI、A&HCI、CPCI-SSH(原 ISSHP)收录的学术论文,均为理工科一类核心学术刊物论文。

(二)理工科二类核心学术刊物

1.未被列为一类核心学术刊物的 CSCD(“中国科学引文数据库”2011—2012)核心库期刊均为理工科二类核心学术刊物。(见附件 3)

2.增列以下 2 种刊物为工程实验技术人员二类核心学术刊物:

序号	刊物名称	序号	刊物名称
1	实验技术与管理	2	实验室研究与探索

(三)部分学科和专业增列的最优学术刊物与一类核心刊物由于建筑与土木工程学院部分学科和专业(建筑学科、风景园林学科、城乡规划学科和工程管理专业,下同)的特殊性,增列以下刊物为这部分学科和专业的最优学术刊物及一类核心刊物(增列的这部分刊物,作为其他学科和专业的二类核心学术刊物):

1.最优学术刊物(6 种):

序号	刊物名称	序号	刊物名称
1	城市规划	4	建筑学报
2	城市规划学刊	5	新建筑
3	建筑师	6	中国园林

2.一类核心学术刊物(12 种):

序号	刊物名称	序号	刊物名称
1	城市发展研究	7	经济地理
2	城市建筑	8	科技进步与对策
3	地理学报	9	时代建筑
4	工程管理学报(建筑管理现代化)	10	世界建筑
5	国际城市规划	11	中国房地产
6	建筑经济	12	中国工程科学

三、核心学术刊物的相关规定

1.列入《厦门大学核心学术刊物目录(2013 年版)》的二类核心学术刊物将根据 CSSCI 来源期刊目录、CSSCI 来源集刊目录和 CSCD 来源期刊目录的变动实行动态调整。凡增加的刊物,均列为二类核心学术刊物,所发学术论文的有效期从上述来源期刊(集刊)目录公布当年的 1 月 1 日起算。凡删除的刊物,不再列为二类核心学术刊物,所发学术论文的失效期从上述来源期刊(集刊)目录公布当年的 12 月 31 日起算。

2.在未列入《厦门大学核心学术刊物目录(2013 年版)》的原一类或二类核心学术刊物上发表的学术论文有效期截至 2014 年 6 月 30 日。凡在此日期之前在这些刊物上发表或提交正式录用通知的学术论文,仍视同在一类或二类核心学术刊物上发表的论文,但作为考核和应聘材料时,须提交正式出版物。

3.文科在学术刊物上发表的及被《新华文摘》等转载的学术论文字数要求不低于 4000 字。

4.文科核心学术刊物目录中的相关核心学术刊物对建筑与土木工程学院部分学科和专业亦有效。

5.高聘教师职务(在任现职务期间),在我校主办的一类核心学术刊物上发表的学术论文,最多只能计算 1 篇为一类核心学术刊物发表的学术论文,其余只能作为二类核心学术刊物发表的学术论文计算。

6.医学学科的刊物目录及规定暂按《厦门大学核心学术刊物目录(2010 年版)》执行,其中《光明中医》《中医临床(日本)》不再列为一类核心学术刊物;《中医药通报》不再列为二类核心学术刊物(有关规定同以上第 2 点说明),新版的医学学科的刊物目录及规定暂延后公布。

7.被 SSCI 等检索的刊物的级别分类按照各学院的细则规定执行。

8.本目录及规定自公布之日起开始执行。原有的目录及规定不再执行。

9.本目录及规定由学校人事处负责解释。

附件 1:CSSCI 来源期刊 2012—2013

附件 2:CSSCI 来源集刊 2012—2013

附件 3:CSCD 来源期刊 2011—2012

(附件略——编者)

——本文摘录自《关于印发〈厦门大学核心学术刊物目录及相关规定(2013 年版)〉的通知》,厦大人〔2013〕101 号,档号 2013-XZ10-4

厦门大学新聘教师任职条件补充规定

(2013年6月6日)

为进一步规范教师聘任工作,现对新聘教师任职条件补充规定如下:

一、关于新聘教师的年龄要求

1.申请应聘中初级职务人选年龄不超过35周岁,申请应聘副教授职务人选年龄不超过40周岁,申请应聘教授职务人选年龄不超过45周岁。

2.两院院士、长江学者特聘教授、在研主持国家973计划项目的首席科学家、在研主持国家社科重大科研课题的总负责人、国家级教学名师、国务院学科评议组成员、国家杰出青年科学基金获得者或其他相当的高层次人才,年龄可适当放宽。

二、关于新聘教师的学习工作经历要求

应届博士毕业生需先从事博士后研究,经考核优良且符合教师聘任条件者,方可作为师资引进。具体规定如下:

1.校外博士需进入我校博士后流动站从事博士后研究。若所在学科无博士后流动站,可进入相关学科博士后流动站。

2.原则上不选留本校博士。若特别优秀,需到国(境)外一流大学(世界排名前200名)或科研机构从事博士后研究;个别特殊学科可申请到国内一流的相关学科博士后流动站从事博士后研究。

3.上述人员在进入博士后流动站之前,可与学校、学院(研究院)就博士后出站后的聘任事宜签订意向书。

三、我校为学校资助的博士后研究人员提供参照助理教授标准的薪酬,并提供博士后公寓或房租补贴。

四、本补充规定自2013年5月3日起执行。

五、本补充规定由人事处负责解释。

——本文摘录自《关于印发〈厦门大学新聘教师任职条件补充规定〉的通知》,厦大人〔2013〕120号,档号2013-XZ10-4

《厦门大学新聘教师任职条件补充规定》暂行办法

（2013 年 7 月 2 日）

为切实做好优秀青年人才引进工作，根据《厦门大学新聘教师任职条件补充规定》，现就新聘教师在学习工作经历方面的要求，制定如下暂行办法：

一、关于本校应届博士

（一）原则上，本校应届博士均需到国（境）外一流大学（世界排名前 200 名）或科研机构从事博士后研究工作，经考核优良且符合教师聘任条件者，方可作为师资引进。

（二）科研成果达到聘任副教授任职条件及以上者，博士后研究工作经历不做硬性规定，可聘为助理教授。

（三）符合以下条件之一者，可先聘为助理教授，但需在报到后即到国内其他“985 工程”大学或科研机构从事博士后研究工作[其间可依托“博士后国际交流计划”或“福建省出国留学奖学金资助出国留学项目”等项目到国（境）外从事一年及以上的博士后研究工作，学校为其提供工资待遇]：

1.理工医科

（1）以第一作者署名在 JCR 一区学术刊物上发表论文；

（2）作为国家“973 计划”项目或国家自然科学基金重点项目的主要参与者；

（3）国家级研究平台建设急需；

（4）具有国（境）外著名大学或科研机构一年及以上联合培养经历。

2.人文社会科学

（1）以第一作者署名在国际二类学术刊物（或 SSCI）或最优学术刊物上发表论文；

（2）作为国家社会科学基金重点项目或教育部哲学社会科学研究重大项目或国家自然科学基金重点项目的主要参与者；

（3）具有国（境）外著名大学或科研机构一年及以上联合培养经历。

二、关于国内大学（或研究机构）应届博士

（一）原则上，国内大学（或研究机构）的应届博士均需到我校从事博士后研究工作，经考核优良且符合教师聘任条件者，方可作为师资引进。在进入我校博士后流动站之前，可与学校、学院（研究院）就博士后出站后的聘任事宜签订意向书。

（二）符合以下条件之一者，博士后研究工作经历不做硬性规定，可聘为助理教授：

1.科研成果达到聘任副教授任职条件及以上者；

2.具有国（境）外著名大学或科研机构一年及以上联合培养经历，且以第一作者署名在 JCR 二区学术刊物或国际二类学术刊物（或 SSCI）或最优学术刊物上发表论文。

三、关于国(境)外大学应届博士

(一)原则上,国(境)外大学应届博士均需到我校从事博士后研究工作,经考核优良且符合教师聘任条件者,方可作为师资引进。在进入我校博士后流动站之前,可与学校、学院(研究院)就博士后出站后的聘任事宜签订意向书。

(二)符合以下条件之一者,博士后研究工作经历不做硬性规定,可聘为助理教授:

1.科研成果达到聘任副教授任职条件及以上者;

2.博士毕业院校为一流大学(世界排名前200名);

3.以第一作者署名在JCR二区学术刊物或国际二类学术刊物(或SSCI)或最优学术刊物上发表论文。

——本文摘录自《关于印发〈《厦门大学新聘教师任职条件补充规定》暂行办法〉的通知》,厦大人〔2013〕132号,档号2013-XZ10-4

厦门大学差旅费管理办法

（2013 年 7 月 11 日）

第一章　总　则

第一条　根据《财政部关于印发〈中央国家机关和事业单位差旅费管理办法〉的通知》（财行〔2006〕313 号）及《厦门市财政局〈关于印发厦门市市直机关事业单位差旅费管理办法的通知〉》（厦财行〔2008〕7 号）文件精神，为了保证学校出差人员工作与生活的需要，规范差旅费管理，结合学校实际情况特制定本办法。

第二条　本办法适用于全校各单位，资产经营公司、校医院及后勤集团等独立核算单位可参照执行。

第三条　差旅费开支范围包括城市间交通费、住宿费、伙食补助费和公杂费。

第四条　城市间交通费和住宿费在规定标准内凭据报销，伙食补助费实行定额包干，公杂费可实行包干，也可凭据实报实销。

第五条　各单位要严格按“五定”原则（即：定任务、定人数、定地点、定时间及定交通工具等）执行，建立健全出差审批管理制度，严肃财经纪律，贯彻勤俭节约精神，严格控制出差人数和天数。

学校各类人员出差审批程序：

（一）教职工出差、学生调研由单位经费负责人审批。

（二）课题组成员使用课题经费出差，由课题组长审批；课题组长出差由各单位主管科研的领导审批。

（三）如各单位经费负责人是副职领导，其出差由该单位行政正职领导审批。

（四）各单位正职领导出差，须提前报分管校领导审批，如分管校领导外出，由学校办公室主任请示领导后代批。

（五）学生外出生产实习，需按照教学计划的安排，拟订实习计划及实习经费预算并经学院相关负责人审批后，报单位经费负责人审批。

第二章　城市间交通费

第六条　出差人员要按照规定等级乘坐交通工具，凭据报销城市间的交通费。未按规定等级乘坐交通工具的，超支部分自理。

(一)出差人员乘坐交通工具等级标准见下表：

职务	项目及等级标准				
	火车	轮船	飞机	动车	其他交通工具(不包括出租小汽车)
正校级(副部级)领导	软席(软座、软卧)	一等舱	头等舱	一等票	凭据报销
副校级领导	软席(软座、软卧)	一等舱	公务舱	一等票	凭据报销
校长助理、教授、研究员以及相当以上职称职务的人员;职务工资在五级(含五级)以上的副教授、副研究员、高级工程师、高级经济师、高级会计师、副主任医师、艺术二级人员以及相当以上技术职称、职务的专业技术人员	软席(软座、软卧)	二等舱	普通舱(经济舱)	一等票	凭据报销
其余人员	硬席(硬座、硬卧)	三等舱	普通舱(经济舱)	二等票	凭据报销

(二)出差人员乘坐飞机和软卧要从严控制,出差路途较远或出差任务紧急的,应按审批程序报批。

(三)上表中其余人员公务出差至目的地火车只有软席车次时,可按上一档次标准乘坐火车。

(四)教职工出差福州,须乘坐动车前往,根据实际情况动车票可据实报销。

(五)院士和文科资深教授可参照正校级(副部级)领导的标准执行。

(六)长江学者、特聘教授可参照副校级领导的标准执行。

第七条　乘坐火车,从当日晚 8 时至次日晨 7 时乘车 6 小时以上的,或连续乘车超过 12 小时的,可购买同席卧铺票。符合规定未购买卧铺票的,按实际乘坐的软、硬座票价的 80%给予补助。可以乘坐软卧而改乘硬卧的,不再给予补助。

第八条　乘坐飞机,往返机场的专线客车费用、民航机场管理建设费和航空旅客人身意外伤害保险费(限每人每次一份),或经常出差人员允许一次性购买全年旅客人身意外伤害险(金额不超过 200 元),凭据报销。

第九条　科研经费项目在研期间使用私家车到岛外出差,汽油费确需从纵向经费报销的,应按规定办理出差审批手续。车费计算标准为:根据往返旅程的公里数,凭油费发票按 100 元/100 公里的标准计算,过路过桥费按票据据实报销。

第三章 住宿费

第十条 出差人员住宿费的等级标准见下表：

职务及职称	住宿费标准(元)
正校级(副部级)领导	实报实销
副校级领导	450
校长助理、教授、研究员以及相当以上职称职务的人员；职务工资在五级(含五级)以上的副教授、副研究员、高级工程师、高级经济师、高级会计师、副主任医师、艺术二级人员以及相当以上技术职称、职务的专业技术人员	400
其余人员	300

(一)院士和文科资深教授可参照正校级(副部级)领导的标准执行。

(二)长江学者、特聘教授可参照副校级领导的标准执行。

第十一条 出差人员无住宿费发票，一律不予报销住宿费。

第四章 伙食补助费和公杂费

第十二条 出差人员的伙食补助费和公杂费按出差自然(日历)天数计算。

第十三条 出差人员的伙食补助费实行包干：

出差地区	北京市、上海市、重庆市、天津市、广州市、南京市、西安市、杭州市、武汉市、深圳市、大连市、青岛市、宁波市的市区	其他省会城市、经济特区的市区	其他地区	在途
伙食补助费[元/(人·天)]	70	60	50	50

第十四条 公杂费:用于补助市内交通、通信等支出。公杂费可实行包干(每人每天30元)，也可凭据实报实销。机场到市区的交通费不在包干范围，可凭票据实报实销。

第十五条 出差人员因公需要租车、包车出差的，租车或包车费用须与住宿费等费用同时报销，公杂费减半发放。

第十六条 出差人员出差至福州，凭本人乘坐动车组的车票，出差人员定额包干的公杂费标准提高至每人每天45元，用于补助市内交通等支出。

第五章 参加会议、学习(培训)、科研合作等的差旅费

第十七条 工作人员外出参加会议，会议统一安排食宿并且不收取食宿费用的，参会人员不得报销和发放会议期间的住宿费、伙食补助费，会议期间的公杂费和在途期间的住宿费、伙食补助费和公杂费按照差旅费规定报销。会议不统一安排食宿的，参会人员会议期间和在途期间的住宿费、伙食补助费和公杂费按照差旅费规定标准报销。

第十八条　到厦门市外单位实(见)习、工作锻炼、外出参加学习(培训)、科研合作以及各种工作队等人员,在途期间的住宿费、伙食补助费和公杂费按照差旅费开支规定执行;实(见)习期间的伙食补助费和公杂费每人每天发放 15 元,不报销住宿费;工作锻炼、外出参加学习(培训)等工作期间的伙食补助费和公杂费每人每天发放 15 元,对方单位没有提供住宿的,住宿费在标准内凭据报销。

第十九条　抽调(含挂职)到省里、中央部门工作的干部,往返途中的住宿费、伙食补助费和公杂费按照差旅费开支规定由所在单位报销;抽调工作期间因公或探亲发生的差旅费由抽调(挂职)人员商接收单位解决或所在单位解决;抽调工作期间每人每天发放伙食补助费和公杂费 15 元,抽调单位提供住宿的,不报销住宿费;借调教育部工作期间每人每天发放伙食补助费和公杂费 30 元,住宿费凭租房合同(由学校统一办理租赁)及住宿发票据实报销。挂职干部挂职期间补贴和抽调到重大开发建设项目指挥部工作人员补贴,其发放标准及开支渠道按现有规定执行。

第二十条　教师陆地野外考察补贴(含伙食补助费和公杂费)100～140 元/(人・天);教师近海远海野外考察补贴(含伙食补助费和公杂费)160～320 元/(人・天)。在上述标准范围内由课题组核定每次补贴数额,学生补贴标准由课题组在上述标准范围内核定。参与国外的海上作业发放标准可参照所在国的外事经费管理补贴标准或远海标准发放。参与南北极科学考察的参照远海补贴标准发放。

第六章　工作调入、搬迁、探亲的差旅费

第二十一条　工作人员因调动工作调入学校所发生的城市间交通费、住宿费、伙食补助费和公杂费,按出差的有关规定执行。

调入人员一般不得乘坐飞机,所发生的行李、家具等托运费,在每人每公里 1 元以内凭据报销,超过部分自理。

第二十二条　与调入人员同住的家属(父母、配偶、未满 16 周岁的子女和必须赡养的家属),如果随同调动,其城市间交通费、住宿费、伙食补助费和公杂费,以及行李、家具托运费等,按被调入人员的标准报销。已满 16 周岁的子女随同被调入人员调动所发生的各项费用,按一般工作人员标准报销。

调入人员的同住家属,应与被调入人员同行。暂时不能同行的,经学校同意,可暂留原地。其以后迁移时的旅费,以及被调入人员的非同住家属,经批准迁到学校所在地的旅费均可报销。

第二十三条　工作人员搬迁其家属的路费,按有关规定,并经学校批准,将原未随同本人居住的配偶(非就业人员)及其同住亲属迁至学校所在地的,按第十八条规定报销旅费。

第二十四条　引进人才行李托运费按照人事处审批的额度凭行李托运票据报销。

第二十五条　工作人员探亲往返城市间交通费,按下列标准开支:

(一)乘火车(包括直快、特快)的,不分职级,一律报硬席卧铺费。

(二)乘轮船的,报三等舱位(或比统舱高一级舱位)费。

(三)乘长途公共汽车及其他民用交通工具的,凭据报销,但出租机动车辆票据一律不予报销。

(四)探亲不得报销飞机票。因故乘坐飞机的,可按火车硬席卧铺费报销。多支部分由个人自理。

(五)探亲人员使用个人交通工具的,城市间交通费一律不予报销。探亲期间,个人交通工具发生的费用均由个人负责。

第二十六条　工作人员探亲往返途中住宿费,按下列标准开支:

(一)限于交通条件,必须中途转车、转船并在中转地点住宿的,每中转一次,可按差旅费规定凭据报销一天的住宿费。如中转住宿费超过规定天数的,其超过部分由个人自理。

(二)连续乘长途汽车及其民用交通工具,夜间停驶必须住宿的,其住宿费按差旅费规定凭据报销。

(三)遇到意外交通事故(如塌方道路受阻,洪水冲毁桥梁)造成交通暂时停顿,其等待恢复期间的住宿费,可按差旅费规定凭据报销。

第二十七条　工作人员探亲期间的伙食费、市内交通费、通信费、人身意外伤害险、行李物品寄存费、托运费,以及趁便参观、游览等项开支,均由本人自理,不得报销。

第七章　学生差旅费

第二十八条　学生出差旅费

(一)学生出差期间,交通工具按照以下标准执行:乘火车硬座,轮船三等舱。学生出差乘坐硬卧的,需由经费负责人审批后方可报销;因路途较远或出差任务紧急,需乘坐飞机或软卧的,必须事先提出申请,并按审批程序审批后方可报销。

(二)学生出差期间,其住宿费、伙食补助费和公杂费等经经费负责人同意可以按照一般教职员工标准执行。

(三)由单位或项目组派出参加会议、学习(培训)及科研合作等学生,其在途及工作期间的住宿费、伙食补助费和公杂费可参照教职工的标准执行。

第二十九条　学生生产实习费用

(一)赴外地实习:

1.交通费:学生按火车硬座、轮船最低舱位和大巴车等标准,凭票据报销。

2.住宿费:学生在本省(不含厦门市)实习的,按每人每天20元的标准凭票据报销;在省外实习的,按每人每天25元的标准凭票据报销。

3.伙食补助费及公杂费标准如下:

(1)北京市、上海市、重庆市、天津市、广州市、南京市、西安市、杭州市、武汉市、深圳市、大连市、青岛市、宁波市及其他省会城市和经济特区的市区学生每人每天15元,其他地区每人每天10元,包干使用。

(2)所在的实习单位没有食堂的每人每天15元;所在的实习单位有食堂的每人每天10元,包干使用。

(二)在本市实习:

1.在岛内实习的,伙食补助费及公杂费按每人每天5元包干使用。

2.在岛外实习的,伙食补助费及公杂费按每人每天10元包干使用。

第八章　附　则

第三十条　经单位经费负责人审批后,报单位财务负责人批准,各单位委托旅行社[厦门市旅游局在政务网(http://www.xmtravel.gov.cn/)定期公布的具有合法经营资质、质量信用等级3A以上的旅行社]安排住宿、餐饮、交通、会务等公务、业务活动,凭委托合同、旅行社开具的发票及结算单在差旅费规定的标准范围内报销。旅行社开具的发票应按实际开支项目填写,不得弄虚作假,并保存好有关原始票据,以接受有关部门的监督检查。

第三十一条　教职员工出差或调动工作期间,事先经单位领导批准就近回家省亲办事的,其绕道交通费,扣除出差直线单程交通费,多开支的部分由个人自理。绕道和在家期间不予报销住宿费、伙食补助费和公杂费。

第三十二条　教职员工出差期间,因游览或非工作需要的参观等而开支的费用,均由个人自理。

第三十三条　各单位应加强差旅费开支管理,对弄虚作假、虚报冒领、违反规定的,将按照有关规定严肃处理。

第三十四条　本规定从2013年10月01日起实行,厦大财〔1996〕37号《关于转发〈中央国家机关、事业单位工作人员差旅费开支的规定的通知〉的通知》及厦大财〔2003〕36号《关于本科生实习经费报销参考标准的通知》同时废止。

第三十五条　本办法由财务处负责解释。

——本文摘录自《关于印发〈厦门大学差旅费管理办法〉的通知》,厦大财〔2013〕78号,档号2017-XZ18-27

厦门大学教学科研重要岗位聘任条例

(2013年7月15日)

第一条　实行教学科研重要岗位聘任是我校为建设一支高水平的学科与学术带头人和教学科研骨干队伍,进一步深化教师职务聘任制度改革,建立健全竞争和激励机制,充分调动教师的积极性和创造性,推进高层次创造性人才队伍建设和学科建设,提高创新能力和教学科研水平,提升我校核心竞争力,实现全面建成世界知名高水平研究型大学奋斗目标的一项重要举措。

第二条　厦门大学教学科研重要岗位(以下简称重要岗位)受聘对象为在厦门大学专职从事教学科研工作的具有教授或副教授职务并符合相应重要岗位聘任条件的全职在编教师。

第三条　重要岗位设为三级,即一级岗位、二级岗位和三级岗位。

第四条　学校每年进行一次重要岗位的聘任工作。重要岗位的聘任期限每期为3年。

第五条　受聘重要岗位人员除享受学校按国家规定提供的工资及其他有关福利待遇外,同时享受厦门大学重要岗位津贴。重要岗位津贴标准按学校的有关文件规定执行。

第六条　受聘重要岗位人员须热爱祖国,遵纪守法,具有良好的职业道德和学术道德,有强烈的事业心和团队精神。

第七条　一级岗位聘任条件:

1.须为一级学科学术带头人,且符合以下基本条件:

(1)担任教授职务;

(2)承担教学工作,近3年每学年至少完整承担1门2学分以上的本科生课程的主讲任务,指导本学科学科建设和教学改革工作;

(3)担任博士生指导教师;

(4)近3年主持过国家级课题或省部级重点以上课题,在教学、科研工作中取得突出成果;

(5)上一年度考核结果为合格及以上等次,且上一聘期若已受聘重要岗位,考核结果须为合格。

2.此外,还须符合以下条件之一:

(1)国家重点学科主要学术带头人[二级学科1人,必须为该学科或研究方向第一带头人;一级学科3～5人,必须为该学科研究方向第一带头人,若第一带头人已退休,可为第二带头人(均以申报该重点学科的申请表为准,下同)]。

(2)国家重点实验室、国家工程技术研究中心、国家工程研究中心或国家工程实验室主任。

(3)"985工程"科技创新平台和哲学社会科学创新基地主任。

(4)教育部人文社会科学重点研究基地主任。

(5)国家自然科学基金委员会"创新研究群体"学术带头人(1人,团队负责人)。

(6)国家级"2011协同创新中心"负责人。

(7)国务院学位委员会学科评议组成员。

(8)国家自然科学基金委员会委员。

(9)教育部科学技术委员会、教育部社会科学委员会委员。

(10)国家重点基础研究发展计划(973计划)领域专家咨询组成员。

(11)国家高技术研究发展计划(863计划)领域专家组成员。

(12)近 5 年入选的国家级"百千万人才工程"人选。

(13)近 5 年入选国家高层次人才特殊支持计划杰出人才。

(14)近 5 年入选国家高层次人才特殊支持计划领军人才。

(15)近 5 年获得国家杰出青年科学基金。

(16)国家 973 计划在研项目首席科学家。

(17)思想政治理论课首席教授。

(18)近 3 年担任 JCR 一区刊物或者影响因子大于 5 的 SCI 刊物的编委。

(19)理工医类:主持在研国家级重大科研项目;

人文社科类:主持在研国家社会科学基金重大项目、教育部哲学社会科学研究重大课题攻关项目。

符合本项条件的,本条第 1 款第 4 项所要求的课题可免除。

(20)理工医类:主持在研科研项目,单项课题立项经费 400 万元以上,且若为横向课题到校经费须 200 万元以上;或近 3 年到校累计经费 500 万元以上。

人文社科类:主持在研科研项目,近 3 年单项累计到校经费 150 万元以上。

符合本项条件的,本条第 1 款第 4 项所要求的课题可免除。

(21)主持省部级以上"本科教学工程"等重大教改项目,近 3 年单项累计到校经费 150 万元以上,或近 3 年到校累计经费 300 万元以上。

符合本项条件的,本条第 1 款第 4 项所要求的课题可免除。

(22)近 3 年主持过科研课题,且已实现 150 万元的技术转让或产业化效益(以上缴学校的数额为准)。

符合本项条件的,本条第 1 款第 4 项所要求的课题可免除。

(23)理工医类:近 3 年在 *Science*(《科学》)或 *Nature*(《自然》)或相当的学术刊物上发表过原创性学术论文,或在本学科或相关学科 JCR 一区的顶尖期刊上发表 3 篇以上学术论文,或在本学科或相关学科 JCR 一区的顶尖期刊上发表 1 篇以上学术论文且获得 4 项以上共为学校获得 120 万元以上收益的国家(国防)发明专利授权;

人文社科类:近 3 年在本学科或相关学科刊物上发表 3 篇以上被 SSCI("社会科学引文索引")收录或发表在国际二类以上刊物的学术论文,或在一类核心学术刊物上发表 6 篇以上学术论文且其中至少有 1 篇发表在《中国社会科学》上或有 2 篇发表在最优刊物上。

(24)近 3 年获得国家级科研成果二等奖以上奖励(一等奖限前 3 名,二等奖限第 1 名,凡奖项均为政府奖,下同)。

(25)近 3 年获得国家级教学成果奖二等奖以上奖励(一等奖限前 2 名,二等奖限第 1 名)。

(26)近 3 年获得教育部中国高校人文社会科学研究优秀成果奖一等奖(限第 1 名)。

(27)近 5 年获得国家教学名师奖。

(28)近 3 年指导的博士学位论文获得全国优秀博士论文(限第一导师)。

第八条　二级岗位聘任条件:

1.须为二级学科学术带头人,且符合以下基本条件:

(1)担任教授职务;

(2)承担教学工作,近 3 年每学年至少完整承担 1 门 2 学分以上的本科生课程的主讲任务,指导本学科学科建设和教学改革工作;

(3)担任博士生指导教师;

(4)近 3 年主持过国家级课题或省部级重点以上课题,教学、科研取得突出成果;

(5)上一年度考核结果为合格及以上等次,且上一聘期若已受聘重要岗位,考核结果须为合格。

2.此外,还须符合以下条件之一:

(1)国家重点学科学术带头人(二级学科 1 人,必须为该学科研究方向第一带头人;一级学科 3～5

人，必须为该学科研究方向第一带头人，若第一带头人已退休，可为第二带头人)。

(2)教育部重点实验室、教育部工程技术研究中心主任。

(3)国家级人才培养基地负责人。

(4)国家级实验教学示范中心主任。

(5)一级学科博士学位授权点学科带头人[1人，必须为该学科第一研究方向第一带头人(以申报该博士学位授权点的申请表为准，若第一方向第一带头人已退休，可为第二方向第一带头人，依此类推)]。

(6)近5年入选的教育部"创新团队"负责人。

(7)近5年入选的教育部"教学团队"负责人。

(8)近3年入选的国家"拔尖计划"或"卓越计划"项目负责人。

(9)近3年入选国家高层次人才特殊支持计划青年拔尖人才。

(10)近3年入选的"973计划青年科学家"。

(11)近5年入选的中国科学院"百人计划"人选。

(12)理工医类：主持在研国家级重点科研项目(符合本项条件的，本条第1款第4项所要求的课题可免除)，主持在研国家基金委优秀青年基金在研项目或作为主要合作者参与在研国家级重大科研课题的研究(限前3名)；

人文社科类：主持在研国家社会科学基金重点项目、教育部哲学社会科学研究重大项目、国家清史纂修工程项目(符合本项条件的，本条第1款第4项所要求的课题可免除)。

(13)理工医类：主持在研科研项目，单项课题立项经费300万元以上且若为横向课题到校经费须150万元以上，或近3年到校累计经费400万元以上；

人文社科类：主持在研科研项目，近3年单项累计到校经费80万元以上。

符合本项条件的，本条第1款第4项所要求的课题可免除。

(14)主持省部级以上"本科教学工程"等教改项目，近3年单项累计到校经费80万元以上，或近3年累计到校经费200万元以上。

符合本项条件的，本条第1款第4项所要求的课题可免除。

(15)近3年主持过科研课题，且已实现100万元以上的技术转让或产业化效益(以上缴学校的数额为准)。

符合本项条件的，本条第1款第4项所要求的课题可免除。

(16)理工医类：近3年在本学科或相关学科JCR二区以上的学术期刊上发表3篇以上学术论文且其中至少1篇JCR一区论文，或发表1篇被SCI收录的学术论文且获得3项共为学校获得80万元收益以上的国家(防)发明专利授权；

人文社科类：近3年在本学科或相关学科一类核心学术刊物上发表4篇以上学术论文且其中至少有2篇被SSCI收录或发表在国际二类以上刊物的学术论文，或在一类核心学术刊物上发表5篇以上学术论文且其中至少有2篇发表在最优刊物上。

(17)近3年获得国家级科研成果二等奖以上奖励(一等奖限前4名，二等奖限前2名)，或省部级科研成果一等奖(限第1名)，或其他相当级别的奖励。

(18)近3年获教育部中国高校人文社会科学研究优秀成果二等奖以上奖励(一等奖限前2名，二等奖限第1名)，或其他部委奖一等奖(限第1名)，或福建省社会科学优秀成果奖一等奖(限第1名)。

(19)近3年获国家级教学成果二等奖以上奖励(限前2名)或省级教学成果一等奖以上奖(限第1名)。

(20)近3年获得省级教学名师奖。

(21)近3年指导博士学位论文获得国家优秀博士学位论文提名奖(限第一导师)。

(22)近3年入选的国家级精品课程(包含精品资源共享课、精品视频公开课)负责人，或近3年主编并已出版高水平的国家级规划教材。

第九条　三级岗位聘任条件：

1.须为本学科主要教学科研骨干，且符合以下基本条件：

(1)原则上应担任教授职务；

(2)承担教学工作，近 3 年每学年至少完整承担 1 门 2 学分以上的本科生课程的主讲任务，指导本学科学科建设与教学改革工作；

(3)担任博士生指导教师或硕士生指导教师；

(4)近 3 年主持过省部级以上课题或参与国家级课题(限前 3 名)研究工作，教学、科研取得明显成果；

(5)上一年度考核结果为合格及以上等次，且上一聘期若已受聘重要岗位，考核结果须为合格。

2.担任教授职务教师，除须符合基本条件外，还须符合以下条件之一：

(1)国家重点学科学术带头人(二级学科 1 人，必须为该学科研究方向第一带头人；一级学科 3～5 人，必须为该学科研究方向第一带头人，若第一带头人已退休，可为第二带头人)。

(2)省级实验教学示范中心主任。

(3)国家重点实验室、国家工程技术研究中心、国家工程研究中心、国家工程实验室副主任。

(4)教育部人文社会科学重点研究基地副主任。

(5)教育部重点实验室、教育部工程技术研究中心副主任。

(6)“985 工程”科技创新平台和哲学社会科学创新基地副主任。

(7)一级学科博士学位授权点研究方向学术带头人[2～4 人，必须为该学科研究方向第一带头人(以申报该博士学位授权点的申请表为准，若研究方向第一带头人已退休，可为该研究方向第二带头人)]。

(8)福建省重点学科学术带头人(1 人，负责人，以申报该重点学科的申请表为准)。

(9)福建省重点实验室、福建省工程技术研究中心、福建省行业技术开发基地或福建省工程实验室主任。

(10)近 3 年入选的省级“教学团队”负责人。

(11)近 3 年获得福建省杰出青年科学基金。

(12)近 3 年入选的教育部“新世纪优秀人才培养计划”人选。

(13)近 3 年入选的福建省“百千万人才工程”人选。

(14)理工医类：主持在研国家自然科学基金面上项目或其他相当的科研项目；

人文社科类：主持在研国家社会科学基金一般项目(包括一般项目、青年项目、后期资助项目、中华学术外译项目和优秀成果文库项目)、国家自然科学基金面上项目、福建省社会科学基金重大项目。

(15)理工医类：主持在研科研项目，单项课题立项经费 150 万元以上且若为横向课题到校经费须 100 万元以上，或近 3 年到校累计经费 300 万元以上；

人文社科类：主持在研科研项目，近 3 年单项累计到校经费 50 万元以上，或近 3 年到校累计经费 100 万元以上。

符合本项条件的，本条第 1 款第 4 项所要求的课题可免除。

(16)主持省部级以上“本科教学工程”等教改项目，近 3 年单项累计到校经费 50 万元以上，或近 3 年到校累计经费 100 万元以上。

符合本项条件的，本条第 1 款第 4 项所要求的课题可免除。

(17)近 3 年主持过科研课题，且已实现 60 万元以上的技术转让或产业化效益(以上缴学校的数额为准)。

符合本项条件的，本条第 1 款第 4 项所要求的课题可免除。

(18)理工医类：近 3 年在本学科或相关学科 JCR 二区以上的期刊上发表 3 篇以上学术论文，或获得 3 项共为学校获得 50 万元收益以上国家(防)发明专利授权；

人文社科类：在本学科或相关学科刊物上发表 2 篇以上被 SSCI 收录或发表在国际二类以上刊物的

学术论文,或在一类核心学术期刊上发表3篇以上学术论文且其中至少有2篇发表在最优刊物上。

(19)近3年获省部级科研成果二等奖以上奖励(一等奖限前2名,二等奖限第1名)。

(20)近3年获福建省社会科学优秀成果奖二等奖(限第1名)。

(21)近3年获省级教学成果二等奖以上奖励(一等奖限前2名,二等奖限第1名)。

(22)近3年指导博士学位论文获得省级优秀博士论文(限第一导师)。

(23)近3年入选的省级精品课程(包含精品资源共享课、精品视频公开课)负责人。

(24)近三年获批的省级优质硕士学位课程负责人。

(25)非外语专业教师近3年内每学年均用纯外文讲授1门2学分本科生课程或研究生学位课程且教学效果优秀,同时在本聘期内每年将继续承担同一课程或同类课程的教学任务。

3.担任副教授职务教师,若教学、科研成果特别突出,除须符合基本条件外,还须符合以下条件之一:

(1)主持在研国家级重点以上课题;

(2)主持在研国家基金委优秀青年基金项目;

(3)主持在研重要横向课题(到校经费理工医类150万元以上,人文社科类80万元以上);

(4)主持"本科教学工程"等重大教改项目单项到校经费80万元以上;

(5)近3年获得省部级科研成果一等奖以上奖励(限第1名);

(6)近3年获省级教学成果一等奖以上奖励(限第1名);

(7)近3年入选的国家级精品课程(包括精品共享课和精品视频公开课)负责人;

(8)近3年主编并已出版高水平的国家级规划教材。

4.担任思想政治理论课副教授以上职务教师,除须符合基本条件外,还须符合以下条件:为思想政治理论课程主要教学骨干(限国家确定的8门思想政治理论课程,其中"中国马克思主义与当代""自然辩证法概论""马克思主义与社会科学方法论"每门课程1人,"马克思主义基本原理概论""中国近现代史纲要""毛泽东思想和中国特色社会主义理论体系概论""思想道德修养与法律基础""中国特色社会主义理论与实践研究"每门课程2人)。

第十条　近3年来对学校事业的发展做出过重大或重要贡献的教师(一般应具有高级教师职务),可由学校专业技术职务聘任委员会(以下简称学校聘委会)提名和研究,通过表决者可聘以相应的重要岗位。

第十一条　为理顺聘任关系,保障担任管理职务且承担主要领导责任的教师认真履行管理职责,担任教授职务,同时兼任学院(研究院)院长、直属教学部主任、学院党委书记和机关部处正职领导职务(含由校级领导担任正职领导职务的部门副职)的教师(除受聘教学科研一级或二级重要岗位外),按管理系列相应岗位予以聘任,其岗位津贴标准参照校助四级岗位津贴标准执行。

第十二条　重要岗位聘任程序:

1.学校公布聘任通知,应聘者向所在学院(研究院、直属教学部)报名,并填写"厦门大学教学科研重要岗位应聘申请审批表",同时提供相应的证明材料。

2.学院(研究院、直属教学部)聘任委员会[以下简称学院(单位)聘委会]对应聘人员的应聘申请进行审核,对符合聘任条件的应聘申请开会进行研究和表决(凡有岗位数规定的均须按岗位数表决)。学院(单位)聘委会必须有三分之二以上成员出席方可开会,应聘人员获得到会成员的三分之二以上同意票方为通过。学院(单位)聘委会表决通过的推荐拟聘人选名单及其申报材料须在本单位进行公示,公示期为一周。

3.学校聘委会对各学院(单位)聘委会推荐的拟聘人选开会进行研究,并以投票表决的方式决定各级重要岗位聘任人选。学校聘委会必须有三分之二以上成员出席方可开会,应聘人员获得到会成员的三分之二以上同意票方为通过。学校聘委会表决通过的聘任人员名单及其申报材料以一定方式进行公示。

4.学校公布重要岗位受聘人员名单。

5.校长或其委托人及受聘人员所在学院(研究院、直属教学部)院长(主任)与重要岗位受聘人员签订重要岗位聘约。

第十三条　应聘人员在应聘过程中有下列情形之一的，学校取消其应聘重要岗位的资格；如已受聘，由学校解除其重要岗位的聘任，停发并追回已发放的重要岗位津贴；同时，3年内不得申报重要岗位：

1.在教学、科研中公开散布违反宪法和国家其他有关法律、违反四项基本原则的言论；

2.在教学、科研中严重失职，造成不良影响；

3.违反学术规范，抄袭、剽窃或侵吞他人的教学成果、科研成果等；

4.伪造相关证明材料；

5.有其他严重的违纪、违法行为。

第十四条　学校和学院（单位）聘委会根据岗位聘约对重要岗位受聘人员履行聘约情况进行考核。考核分为年度考核和聘期考核。年度考核由学院（单位）聘委会组织，结合到教师年度考核中进行，考核结果报人事处备案。聘期考核由人事处组织，学院（单位）聘委会具体实施，考核结果报学校聘委会审批。聘期考核结果分为合格和不合格两个等次。聘期考核不合格的，取消下一年度的岗位津贴，且3年内不得申请应聘重要岗位。

第十五条　本条例中所称“以上”，均含本数（级）。

第十六条　本条例中要求的论文均不含会议论文，本校刊物论文至多计为1篇；理工医类论文均限通讯作者署名；发明专利均限第一发明人；人文社科类论文均限独立撰写或第一作者署名，但若有通讯作者的，只限通讯作者署名的论文；国家级研究咨询报告视同最优刊物论文，省部级研究咨询报告视同一类核心刊物论文。

第十七条　本条例自公布之日起实施，学校此前颁布的有关岗位聘任文件中有与本条例不符的，以本条例为准。

第十八条　本条例由学校人事处负责解释。

——本文摘录自《关于印发〈厦门大学教学科研重要岗位聘任条例〉的通知》，厦大人〔2013〕142号，档号2013-XZ10-4

《厦门大学教师职务聘任条例》中聘任组织与聘任程序规定的实施细则

(2013年7月18日)

为完善专业技术职务聘任制度,合理界定教学科研单位与学校职能部门在专业技术人员聘任方面的作用,据此充分发挥教学与科研人员在确立、评价及维护教学与科研秩序方面的作用,进而完善教学与科研治理,现就《厦门大学教师职务聘任条例》(厦大人〔2011〕177号)中有关专业技术职务聘任组织与聘任程序的实施细则做如下规定。

一、关于专业技术职务聘任组织

学校成立专业技术职务聘任委员会(以下简称"学校聘委会"),各学部成立学部委员会,各学院(单位)成立教授委员会和专业技术职务聘任委员会[以下简称"学院(单位)聘委会"];原各学科教师职务聘任评议组、专业(技术)评议组不再保留。

各级委员会根据本规定以及学校制定的其他相关文件确立的权限承担专业技术职务应聘人选的评价及聘任工作。

(一)学校聘委会

1.学校聘委会职责

学校聘委会负责全校各类专业技术职务的聘任工作,其职责具体包括:(1)组织制定并实施涉及学校专业技术职务聘任的各项规章制度;(2)组织审定专业技术人员编制和岗位设置方案;(3)审批确定相关专业技术职务聘任人选;(4)审查各级聘任程序的规范性;(5)处理或指定处理聘任过程中发生的争议;(6)研究决定并实施涉及专业技术职务聘任的其他政策。

2.学校聘委会组成

学校聘委会由9～13人组成,设主任1名、副主任2～3名,主任由校长担任。其他委员由分管人事、教学、科研工作的校领导,以及相关学校职能部门的负责人组成,具体人选由校长办公会议研究确定。

人事处是学校聘委会的秘书处,具体负责:(1)公布各类专业技术人员聘任聘用岗位;(2)经学校聘委会指定具体负责审查相关聘任程序的规范性;(3)受理或经学校聘委会指定处理聘任过程中发生的争议;(4)形成聘任报告提交学校聘委会;(5)办理学校聘委会交办的其他事项。

(二)学部委员会

1.学部委员会职责

学部委员会是本学部所涉及学科学术评价的终审组织,其职责具体包括:(1)研究制定本学部所涉及学科的师资评价标准;(2)审议本学部所涉及各单位专业技术职务聘任实施细则和岗位设置方案,并经由人事处报学校聘委会审批;(3)审议并推荐本学部所涉及学科的专业技术职务拟聘人选。

2.学部委员会组成

学部委员会由9～11位委员组成,设主任1名,副主任2～3名。学部委员会委员由学部主任提名,经学校学术委员会研究通过后由校长聘任。学部主任由校长提名,经学校常委会研究任命。学部委员会一届五年,可以连任,但一般不超过两届。

在专业技术职务考核聘任方面,学部秘书的职责包括:(1)协助学部会议召集人组织召开会议;(2)负责会议相关资料的收集、整理与归档工作;(3)办理学校聘委会交办的其他事项。

(三)学院(单位)教授委员会

1.教授委员会职责

教授委员会的职责主要包括:(1)讨论本学院(单位)聘委会制定的专业技术职务聘任工作细则和岗位设置方案,经学院(单位)教代会通过后报相关学部委员会审议;(2)评议新聘或高聘专业技术人员的学术水平和能力,并向学部委员会提出聘任建议。

2.教授委员会组成

学院(单位)教授委员会由11～15人组成,设主任1人,副主任2～3人。原则上,党政领导均不参加教授委员会。若本学院教授人数不足的,聘请本学部相关学科的教授参加。一级学科数超过三个(含)以上的学院,可根据需要按一级学科或按系或按学科门类成立下一级教授委员会。下一级教授委员会职责及组成人员由学院党政联席会议研究确定,并报学校人事处备案。

担任教授委员会委员的人员,应当具备下列条件:(1)具有高级专业技术职务,在教学、科研方面做出优秀业绩,尤其模范遵守有关师德师风的法律、法规以及政策文件,无不良学术记录;(2)热心参与学校或学院工作,具有全局观念;(3)为人正派,办事公道。

除上述条件外,学院(单位)党政联席会议应当制定教授委员会选举的原则指引,供本单位选举教授委员会成员时参考。

教授委员会委员由本单位全体在职教师根据上述条件,在本单位所有具有高级专业技术职务的教师中选举产生。选举人因故不能参加选举的,可以书面委托其他参加选举人员代为投票。参加选举人数不足应参加选举人数三分之二的,选举无效。得票超过参加选举人数半数(含本数)以上的,始得当选。得票超过该法定票的人数超出应选委员人数的,按得票较高者当选。选举结果应当在选举结束后现场公布。教授委员会每届任期两年,委员可以连选连任。主任和副主任由全体委员推选产生,原则上主任、副主任不连选连任。

教授委员会委员因退休、工作调动等其他原因需要更换的,应当在更换事由出现一个月内完成更换工作,替补委员的资格和聘任程序按前述规定办理。

教授委员会任命学术秘书一位,由教师担任。学院(单位)人事秘书承担学院(单位)教授委员会的日常工作。

(四)学院(单位)聘委会

1.学院(单位)聘委会职责

学院(单位)聘委会负责学院(单位)各类专业技术职务聘任的初评工作,其职责具体包括:(1)根据学校有关规定制定本单位专业技术职务聘任工作实施细则和岗位设置方案,提交教授委员会讨论;(2)按规定权限负责本单位专业技术职务(岗位)的考核及合同管理等工作;(3)按规定权限负责研究讨论本单位专业技术职务(岗位)聘任候选人,并将候选人名单提交教授委员会审议。

2.学院(单位)聘委会组成

学院(单位)聘委会一般由7～9人组成,设主任1人,副主任1～2人。学院(单位)聘委会由院长、院党委(总支)书记、副院长为主要成员,若人数不足,党委副书记或系主任等也可参加。院长担任主任,书记担任副主任。各学院(单位)聘委会成员由学院(单位)党政联席会议研究确定,并报学校办公会审批。

二、关于专业技术职务聘任程序

专业技术人员聘任程序如下：

1.公布聘任岗位信息

学校聘委会授权人事处于每年12月向海内外公布聘任岗位信息。所有岗位均应对校内专业技术人员及校外应聘人员开放。

各单位经人事处批准后可以发布本单位聘任岗位信息。

2.个人申请应聘

符合应聘条件者，均可提出应聘申请。

校外应聘人员除按聘任要求提交申请表及证明材料外，还应向相关学院提交以下材料：(1)一份关于学术能力、潜力以及教学与科研计划的自我评估报告；(2)除非另有规定或豁免，应当提供三位专家提供的推荐信，其中两份推荐信应当由应聘人员所在单位以外的专家提供。

3.资格审查

各学院(单位)聘委会秘书对应聘申请人资格进行形式上的真实性审查，向本学院(单位)所有教职员工公开展示应聘人的材料，并且接受教职员工对应聘人员的教学与科研能力发表的评价意见。

4.同行专家评审

所有应聘人员均应进行同行专家评审。同行专家评审主要针对应聘人员的研究能力以及未来研究潜力进行评议。申请高级职务送请不少于5位的校外同行专家进行匿名评审，鼓励条件成熟的学科聘请境外同行专家进行评审；申请中级职务送请不少于3位的校外同行专家进行匿名评审。

各学院(单位)聘委会需建立校外同行评审专家库，由聘委会秘书随机遴选进行匿名评审。送审材料需隐匿任何得以获知申请者身份的信息，经重新打印后寄往校外同行评审专家。

评审结果在两年内有效。凡半数以上评审专家认为应聘人员学术能力、潜力不具备相应职务或应聘条件，不再进行下一步的聘任工作。

5.院长提名

院长(单位负责人)组织召开学院(单位)聘委会，结合学科建设及发展情况、同行专家的评审意见、基层教学与科研单位(系/研究所/教研室等)提交的推荐意见等，对应聘申请人进行初评，形成院长(单位负责人)提名意见，并在单位内公布。

院长(单位负责人)应该把提名意见，连同上述推荐意见、讨论意见，以及候选人名单公布期间收到的异议意见，一并提交学院(单位)教授委员会评议。

学院(单位)党政联席会议应当就院长提名制定具体细则，并提交学院教代会通过。

6.教授委员会评议

各学院(单位)教授委员会按照岗位要求，结合专家评审意见，采取面试、述职、答辩等方式对院长提名的聘任候选人进行评议表决。

对于首次应聘厦门大学专业技术职务的人员，各单位应当进行面试，并组织应聘人所涉学科中不低于三位教授与应聘人员谈话，并形成明确的面试意见及谈话意见。面试可以采取讲授课程、学术报告等方式。

各学院(单位)应当将教授委员会表决通过的聘任或推荐人选名单、应聘资料、评议结果向本学院(单位)教职员工公示，公示期为一周。在公示期结束后一周内，教授委员会应当向相关学部提交评议结果和相关评审材料，包括申请者应聘材料、同行专家评审意见、院长提名意见、教授委员会评议意见。

7.学部委员会审议

学部委员会结合同行专家和教授委员会的评议意见，对助理教授及以上职务应聘人员的学术水平与能力进行最终审查，并做出聘任决议，聘任决议在本学部范围内进行公布。

8.学校聘委会审查批准

学校聘委会对整个聘任过程进行程序审查,并在确认应聘者无剽窃、弄虚作假等违反学术规范的行为后,对各学部委员会提交的聘任决议做出批准决定。

经学校聘任委员会批准确定的聘任人员名单由学校聘委员会秘书处通过人事处网页进行公示。公示期一周。

9.确立聘任关系

校长或其授权代表与受聘人员签订聘用合同,并颁发聘书。学校或其他主管部门对于确立聘任关系另有规定的,从其规定。

三、议事程序

1.会议召集

各级委员会会议由主任委员负责召集和主持。主任委员因故不能召集和主持会议的,可以委托其他委员代为召集和主持。

各级委员会会议出席人员不足全体成员三分之二(不含本数)的,所做决议无效。

学校聘委会会议原则上每年召开四次,分别在三月、六月、九月以及十二月。

各学部委员会和各学院(单位)教授委员会根据需要召开。

提交各级委员会审议的议题及相关材料必须至少在会议前一周提交给各级委员会秘书处,秘书处应当及时把相关材料送达各委员会委员。

2.议事规则

各级委员会委员以实名方式表明意见,意见包括同意推荐(聘任)、不同意推荐(聘任)以及弃权等三种。没有出席会议的委员不得委托他人投票。

聘任意见或决议获得到会委员的三分之二以上(含本数)同意票的,视为通过。

院长有权针对教授委员会做出的决定提请重新审议。教授委员会应当进行重新审议。对于重新审议后做出的决定,教授委员会不接受再次进行审议,但应当作为异议意见提交给学部委员会。学院应当就重新审议事项制定细则,并提交学院教代会通过。

各级委员会委员应当严守工作纪律,不得对外披露审议过程。各级委员会的委员与议题讨论人员存在血缘关系或婚姻关系的,应当回避。

3.会议记录

各级委员会秘书处或秘书负责记录会议的组织、进程、研究与讨论的议题、报告与发言的主要内容和议定的有关事项,并经整理后形成会议纪要。

经匿名处理后,教职员工有权查阅会议纪要。

四、特殊人才聘任

对于学校急需引进的高层次特殊人才,学校聘委会视必要可以简化聘任程序。

五、申诉处理

在公示期内,对审议结果或决定有异议的应聘人员或相关教职员工有权向直接负责审议的各级委员会提出书面意见,提请进行复审。在提出异议时,应聘人员或相关教职人员应当同时提供相关证据,或者提供相应的证据线索。对于超出规定期限的异议,各级委员会可以不予受理。

应聘人员或相关教职员工对于各级委员会的复审结果不服的,可以上诉至学校设立的申诉小组。学校申诉小组由校纪检监察部门、人事处和有关学科专家组成。学校申诉小组应当在十五个工作日内完成调查,形成调查意见,并报分管校长审定。申请事项复杂的,申诉小组有权延长申诉处理期一个月。

申诉小组应当向应聘人员或相关教职员工反馈调查意见,并视必要向相关学院(单位)公示。除非发现新的证据,申诉小组的决定即为最终决定。

六、其　他

1.现行各条例中与本实施细则不符的,以本实施细则为准。

2.本实施细则由人事处负责解释。

3.本实施细则自公布之日起执行。

——本文摘录自《关于印发〈《厦门大学教师职务聘任条例》中聘任组织与聘任程序规定的实施细则〉的通知》,厦大人〔2013〕151号,档号2013-XZ10-4

厦门大学关于年薪制人员管理指导性意见

(2013年7月22日)

第一条　为建立健全激励和约束机制,规范学校年薪制人员的聘任和管理,充分调动教师的积极性,吸引更多优秀的高层次人才来校工作,制定本指导性意见。

第二条　聘任年薪制人员的相关学院(研究院)应根据本指导性意见及本院学科特点,制定本院年薪制人员的具体管理办法,明确年薪制人员的适用范围、薪酬标准、考核聘任办法及工作程序等,报学校审批备案。未实行年薪制的单位,从平台经费中支付的引进人才生活补贴等,若已纳入平台经费预算的,则由各单位自主决定,并报相关部门审批。

第三条　原则上实行年薪制人员应是我校从国(境)外重点引进的高层次拔尖人才,或从国内重点引进且为学科发展急需的拔尖人才,或部分学科急需引进的国(境)外知名大学毕业的博士;本校现有特别优秀的人才也可提出申请。上述人才原则上应当具备在国(境)外一流大学或科研机构学习或工作的背景,达到国内外学术界公认的较高学术水平,成果优秀,且所在相关学院(研究院)为"985工程"重点学科(平台、基地)建设项目。

第四条　年薪制人员实行协议年薪制度,年薪由基本年薪和业绩年薪构成。薪酬标准由学院根据学科实际情况,并参考本学科国内外人才市场行情及国内其他相当高校引进人才行情制定各级职务薪酬标准的上下限,确定基本年薪及业绩年薪分别占年薪总额的比例等,并报学校审批备案。薪酬标准制定应坚持公正公平、体现激励的原则,个人岗位任务应与薪酬相匹配,兼顾外部竞争性和内部公平性。

第五条　年薪包含工资、各类津补贴、住房公积金和社会保险(或商业保险)等待遇。

第六条　年薪制人员可以按照相关规定享受午餐补贴、教师节过节费、防暑降温费和博导津贴,可以按照相关规定申请住房货币化补贴、一次性安家费和科研启动费。上述福利待遇及经费资助均不计入年薪总额。

第七条　符合国家缴存住房公积金规定的年薪制人员按月缴存住房公积金,由学校代扣代缴。年薪制人员的社会保险按照国家及学校有关规定办理,由学校代扣代缴。学校按有关规定从个人年薪中代扣代缴个人所得税。

第八条　年薪制人员入选国家及省市各类人才计划所享受的工作津贴计入年薪总额;奖励性津贴及生活补助不计入年薪总额。

第九条　年薪根据聘用合同的约定发放,除非变更合同,原则上年薪在聘期内不调整。基本年薪按月以现金形式支付,其中学校按照校内受聘同一职务人员的薪酬标准支付,高出部分由相关学院(研究院)从本单位平台经费及学院(研究院)创收经费(各占一定比例)中补足。业绩年薪按年发放,由年薪制人员所在的学院(研究院)根据考核结果支付。

第十条　各单位应成立专门的组织机构,负责年薪制人员的考核聘任工作。各相关学院(研究院)应根据本单位情况详细制定年薪制人员的工作目标、工作任务、聘任条件、考核办法、奖惩措施及退出机制等。

第十一条　年薪制人员实行目标管理,各单位与年薪制人员签订聘用合同,确定具体的工作目标和岗位任务,并根据合同约定进行考核。考核必须坚持客观、公正的原则,实行定性与定量相结合、考核工作实绩与考核工作态度相统一、兼顾过程与结果的方法。考核的内容包括德、能、勤、绩四个方面。考核分为年度考核及聘期考核,考核结果分为优秀、合格、基本合格和不合格四个等次。考核结果作为年薪调整及续聘的依据。

第十二条　附则

1.本指导意见的其他未尽事宜均按《厦门大学教职员工聘用制度试行办法》《厦门大学教师职务聘任条例(2011年12月修订)》及本办法配套文件的相关规定执行。

2.本指导意见自发布之日起施行。

3.本指导意见由学校人事处负责解释。

——本文摘录自《关于印发〈厦门大学年薪制人员管理指导性意见〉的通知》,厦大人〔2013〕150号,档号2013-XZ10-4

厦门大学国际化师资培养与储备计划

（2013年8月5日）

为积极应对日趋激烈的国际人才竞争，更好实施人才强校战略，培养与储备一批具有国际竞争力的厦门大学未来师资，学校决定资助部分优秀本科毕业生赴国外一流大学攻读博士学位。根据国家有关政策和我校实际情况，特制订本计划。

一、预期目标

以建设国际知名高水平研究型大学为牵引，以建立“海外留学合作基地”为依托，积极开创人才培养与学术交流合作的新模式，努力培养一批能够支撑和引领我校可持续发展、结构合理、素质优良、具有一定国际竞争力的储备师资。

未来五年（2014—2019），学校拟投入1000万美元，选拔500名左右优秀本科毕业生到国外一流大学、师从一流导师攻读博士学位，学成后回校任教，从而培养一批具有良好国际视野和创新发展潜力的青年学术带头人和学术骨干。

二、资助措施

（一）合作大学

结合我校《G50战略伙伴计划》，选择建立若干“海外留学合作基地”，以实施本计划。

首批选定11所国外高校：美国约翰·霍普金斯大学、美国密歇根大学、美国乔治城大学、美国北卡罗来纳大学（教堂山分校）、美国杜克大学、美国特拉华大学、美国伊利诺伊大学（香槟分校）；英国南安普顿大学、英国爱丁堡大学、英国纽卡斯尔大学；加拿大滑铁卢大学。

今后视情况增加其他国外一流大学及研究机构。

（二）合作方式

厦门大学向每所合作大学支付100万美元，用于支付留学生培养费用。对于最终被合作大学录取的选派留学生，合作大学给予免除全部学费。

（三）选派范围

学校优先派出学科领域为：海外学术市场薪酬水平较高，就业热门的学科；实力较弱，引进海外优秀博士较为困难的学科。

（四）其他措施

本计划将与“国家建设高水平大学公派研究生项目”结合实施。学校支持本计划拟定选派人员申报“国家建设高水平大学公派研究生项目”，申请国家留学基金资助一次往返国际旅费和规定期间的奖学金生活费；亦可申请国家留学学费资助。若选派人员获得国家留学基金学费资助，则学校不重复资助学费，而另配套资助一定的科研经费。

三、选拔原则与办法

（一）选拔原则

本计划人员选拔秉持公平、公正、公开的原则，坚持德才兼备的选拔标准，在上述优先派出学科领域中选拔人才。

（二）申报条件

1.为我校全日制优秀本科应届毕业生。

2.具有中国国籍(含港澳居民和台湾同胞),热爱社会主义祖国,具有良好的政治素质和专业水平,身心健康,无违法违纪记录,有学成回国、回校服务的事业心和责任感。

3.品学兼优,身心健康;诚实守信,学风端正,无考试作弊或剽窃他人学术成果记录。

4.外语水平符合“国家建设高水平大学公派研究生项目”有关外语水平要求。

5.申请者应有较强的科研能力、较大的发展潜力和较强的适应能力。

6.申请者应具有担任高校教师的基本身体素质。

(三)选拔程序

该项目采取“个人申报、院系推荐、专家遴选、学校审批”的方式来进行选拔:

1.申请者提出个人申请,向所在学院、研究院或教学部报名。

2.学院经聘任委员会研究,决定推荐人选,并确定其校内导师人选。

3.学校人事处会同国际合作与交流处、教务处、研究生院,根据学院推荐意见,组织专家对项目候选人进行面试。人选经公示后报学校审批。

4.确定的选派人选申请“国家建设高水平大学公派研究生项目”。

四、派出管理

1.选派人员派出前需接受行前培训,培训内容包括:

外语、留学安全、在外中国公民权益、涉外礼仪、中外教育与文化比较、留学中的科研指导等。

2.选派人员派出前须与学校签订有关协议,当年派出。

3.派出前,校内导师应与外方院校导师共同确定入选者的培养计划。

4.选派人员留学期间由所在院(系)及其导师负责日常管理和沟通,应积极主动关心其学习和生活,解决其后顾之忧。选派人员须定期与所在院(系)及导师联系,汇报其学习情况。

5.选派人员留学期间应积极参与所在高校的教学、科研和学术活动。

6.选派人员每年应向学校提交一份年度总结和下一年度研究计划,汇报在外学习情况。

7.选派人员在外学习期限原则上不超过5年,5年后尚未获得博士学位的,相关学费和生活费由选派人员自付。

五、培养协议

学校与选派人员签署培养协议。选派人员学习期满获得博士学位后,需履行协议回校工作。回校后,经综合考核优秀者聘为学校正式教师(或教师以外其他专业技术人员)。选派人员在学校服务的期限应不少于5年。

选派人员获得博士学位后若未履行协议回校工作的,应退还培养费,用于学校其他人才资助培养项目。

六、组织机构

本计划由人事处牵头实施,国际合作与交流处、教务处、研究生院协助实施。

七、本办法自发布之日起执行,由人事处负责解释。

——本文摘录自《关于印发〈厦门大学国际化师资培养与储备计划〉的通知》,厦大人〔2013〕155号,档号2013-XZ10-4

厦门大学协同创新中心专项资金管理办法(暂行)

（2013 年 8 月 8 日）

第一章　总　则

第一条　为更好地推动《高等学校创新能力提升计划》(简称“2011 计划”)的组织实施，切实有效地管理好协同创新中心专项资金，提高资金的使用效率，确保厦门大学“2011 计划”的顺利实施，特制定本办法。

第二条　厦门大学协同创新中心专项资金来源包括中央财政专项资金、地方财政资金、行业部门和企业投入资金以及学校自筹资金等。中央财政专项资金管理执行“2011 计划”中央财政专项资金管理办法规定；地方财政资金、行业部门和企业投入资金以及学校自筹资金等，根据地方政府、行业部门、企业、学校的规定安排使用。

第三条　协同创新中心专项资金由学校统一管理，集中核算，专款专用，任何部门和单位不得挤占、截留和挪用。

第四条　协同创新中心专项资金的管理实行中心主任负责制。中心主任应当严格执行审定的项目预算，确保按规定使用专项资金。中心主任对项目资金支出的真实性、合法性和相关性负责，并接受相关管理部门的监督、检查。

第五条　使用协同创新中心专项资金形成的资产均属国有资产，应按照国有资产管理规定执行。

第二章　预算管理

第六条　协同创新中心专项资金按年度编制建设任务和经费预算。预算工作由中心主任牵头负责，学校科研管理部门和财务部门提供咨询指导。中心预算报学校校长办公会议讨论决定后执行。

第七条　协同创新中心专项资金预算一经批准，应当严格执行，一般不做调整。确有必要调整时，应按原申请程序报批。

第八条　协同创新中心专项资金应当严格遵守国家及学校有关预算执行的管理办法，确保预算执行进度。

第三章　支出管理

第九条　协同创新中心专项资金支出包括人员经费、业务费、设备购置费、维修费和项目管理费等。

(一)人员经费。指在协同创新中心项目中，用于引进、聘任一流科学家、学科领军人才、紧缺人才和优秀群体所发生的支出。

(二)业务费。指为完成协同创新中心项目任务而必须开支的办公费、印刷费、邮电费、交通费、差旅费、会议费、培训费、劳务费、水电费、租赁费等专项业务支出。

(三)设备购置费。指为完成协同创新中心项目学科体系建设、拔尖创新人才培养、队伍建设等任务而购置的必要教学、科研仪器设备等发生的支出。

(四)维修费。指用于与协同创新中心项目相关的教学、科研仪器和实验设备、教学科研用房和附属设施的修理、维护以及提供条件支撑的教学科研基础设施改造所发生的支出。

(五)项目管理费。指协同创新中心项目在实施管理中所必须开支的经费,主要包括:项目论证、验收等召开必要的会议所需的会议费、差旅费、专家劳务费,办公用品购置费、印刷费、邮电通信费、交通费等。

第十条　凡纳入政府采购的支出项目,应当按照《中华人民共和国政府采购法》的有关规定实施政府采购。

第十一条　协同创新中心专项资金不得用于偿还贷款、支出罚款、捐赠、赞助、对外投资等支出,不得用于基本建设、科研项目等支出,不得用于"2011 计划"建设内容之外的人员经费支出以及与"2011 计划"无关的日常公用经费开支,不得作为其他项目的配套资金,也不得用于按照国家规定不得列支的其他支出。

第四章　决算管理

第十二条　年度终了,协同创新中心应编制决算报告,经学校科研管理部门汇总后报财务部门、审计部门审核。协同创新中心上报决算报告时需对专项资金使用情况进行必要的文字说明,主要内容包括:预算执行情况、资金使用效益情况、资金管理情况、存在的问题和建议等。协同创新中心专项资金收支情况纳入学校年度决算统一编报。

第十三条　协同创新中心应加强管理,严格遵守学校有关规定,确保其项目建设进度和预算执行进度。年末,未列支的专项资金应按照国家和学校有关结转和结余资金的相关规定调整。

第五章　监督检查和绩效考评

第十四条　协同创新中心专项资金实行使用情况公示制度。项目须严格执行国家和学校财务规章制度,切实提高资金使用效益。项目经费支出情况要公开透明,适时适度予以公示,接受各方面的监督。

第十五条　学校科研管理部门会同相关部门组织对协同创新中心的预算执行、资金管理和资金使用效益等情况进行检查,对出现问题的,将做出暂停其后续拨款处理,并限期整改;经核查确已改正的,可恢复或适当调整拨款,否则将取消并终止拨款。对情节严重的责任人员,将按国家有关规定追究其行政或法律责任。

第十六条　学校审计部门定期对协同创新中心专项资金的管理和使用情况进行审计。

第十七条　与协同创新中心专项资金使用有关的所有人员,要自觉遵守和维护国家财经纪律,同时接受上级主管部门和学校相关部门的监督和检查。

第十八条　学校对协同创新中心实行绩效考评制度,根据任务建设进展情况、改革方案实施情况、项目预算执行情况、专项资金使用效益等进行绩效考评。

第六章　附　则

第十九条　本办法自发布之日起试行。

第二十条　本办法如与国家有关部门出台的文件规定不一致的,以国家规定为准。

第二十一条　本办法由学校科研管理部门和财务部门共同解释。

——本文摘录自《关于印发〈厦门大学协同创新中心专项资金管理办法(暂行)〉的通知》,厦大科〔2013〕71 号,档号 2015-XZ13-17

厦门大学其他专业技术中初级职务人员招聘工作暂行办法

（2013年10月29日）

为进一步规范我校其他专业技术中初级职务人员招聘工作，根据《厦门大学教职员工聘用制度试行办法》等文件精神，制定本办法。

第一章　工作原则

第一条　各单位应根据其他专业技术队伍建设要求及教学科研工作实际需要，遵循信息公开、设岗科学、需求合理、考评严格的原则，开展规范严谨的招聘工作。

第二条　学校成立由人事处、监察处等单位组成的其他专业技术人员选聘工作领导小组，统筹领导招聘工作，协调解决有关事宜。

第二章　招聘流程

第三条　学校在每年的四月和十月开展招聘工作，各单位应指定专人负责开展具体工作。

第四条　各单位根据具体工作通知，在规定时间内向人事处统一报送拟聘方案，明确岗位需求及任职条件。人事处汇总需求信息并形成招聘方案，经主管校领导审批后予以发布，开放招聘系统供申报。

第五条　应聘者每次仅限申报1个岗位，同时可选择是否服从岗位调剂。人事处根据招聘方案对应聘者进行资格审查。

第六条　若岗位需求人数与应聘者人数比例不足1∶3的，应暂缓招聘。个别岗位需求数较多，而应聘者人数不足1∶3比例的，按1∶3等比例减少招考人数。

第七条　通过资格审查的应聘者方可参加学校组织的统一笔试和心理测试。有国家级平台学习或工作经历的博士研究生，其笔试由学校单独组织。

第八条　笔试主要考察应聘者的综合素质，合格线由学校制定。

第九条　心理测试结果不对外公布，仅供各单位参考。测试结果为“不推荐”者不参加下一轮面试工作。

第十条　各单位应成立由分管领导、拟聘岗位负责人、相关学科副高级（含）以上教师及其他专业技术人员组成的测评工作小组，对应聘者的专业技术素质和能力进行测评，小组总人数不少于7人。若各需求岗位学科背景差异较大，可视情况组织不同测评组开展工作。

第十一条　各单位应通过多种方式对应聘者的岗位认知、专业技能、专业资质、团队精神等进行测试和评价，并以文字方式记录测评过程及结果。应聘者在测评过程中的各项表现均按百分制打分，经权重计算后形成面试总分。

第十二条　应聘者的最终成绩按笔试30％、面试70％的权重计算后确定。

第十三条　各单位院长（负责人）根据应聘者的最终成绩、测评记录、心理测试结果形成提名意见，经教授委员会（图书馆等直属单位为专业技术综合评议委员会）评议表决后确定拟录用人选并形成录用报告，连同相关材料一并报送至人事处。

第十四条　人选名单经主管校领导审批后予以公示，公示期为一周。

第三章 附 则

第十五条 本办法自公布之日起实施,由学校人事处负责解释。

——本文摘录自《关于印发〈厦门大学其他专业技术中初级职务人员招聘工作暂行办法〉的通知》,厦大人〔2013〕199号,档号2013-XZ10-5

厦门大学全时制人员聘用制度改革方案(暂行)

(2013年11月14日)

一、总　则

第一条　为进一步规范用人管理,创新用人机制,结合学校发展实际,特制订本方案。

第二条　全时制人员聘用制度是学校根据“按需设岗、公开公正、平等自愿、依法聘用”的原则建立的长期聘用与短期聘用结合、事业编制与非事业编制互补的人员聘用制度。

二、岗位类型

第三条　全时制人员是指不占用学校事业编制,校内各单位、各项目组以及各级协同创新中心(以下简称“各聘用单位”)因工作需要按条件自行聘用的工作人员。

第四条　全时制人员所需经费由各聘用单位全额承担。

第五条　全时制人员分为以下三类:

1.专职科研人员:分为研究员、副研究员、助理研究员、研究助理。

2.其他专业技术人员。

3.行政人员。

三、聘用条件

第六条　专职科研人员的基本聘用条件:

1.研究员应具备下列条件之一:

(1)担任国(境)外一流大学或研究机构助理教授及以上职务;

(2)在国(境)外一流大学或研究机构取得博士学位或从事博士后研究1年及以上且已出站;

(3)担任国内知名高校或研究机构的正高级专业技术职务。

2.副研究员应具备下列条件之一:

(1)担任国内知名高校或研究机构的高级专业技术职务;

(2)在国内知名高校或研究机构从事博士后研究1年及以上且已出站;

(3)具备研究员的基本聘用条件之一。

3.助理研究员应具有博士学位或从事过博士后研究1年及以上且已出站。

4.研究助理应具有硕士学位,有从事研究工作的能力。

第七条　其他专业技术人员的基本聘用条件:

1.高级职务人员应具有硕士及以上学位且具有相关专业领域高级职务任职经历及工作业绩。

2.中级职务人员应具有博士学位,或具有硕士学位且具备相关专业领域中级职务任职经历及工作业绩。

3.初级职务人员应具有硕士学位,工作能力符合岗位需求。

4.对于个别技能性岗位,可在学历上做适当放宽。

第八条　行政人员的基本聘用条件：

1.具有硕士及以上学位;若个别特殊岗位需要,可放宽至具有“985 工程”高校本科学历。

2.政治素质高,事业心和责任感强,身体健康。

3.英语水平能适应岗位要求。

第九条　全时制人员的具体聘用条件由各聘用单位在上述基本聘用条件的基础上,根据工作实际需求拟定,鼓励招聘教育背景优秀、发展潜力较大或具有特别技能的人员。科研人员的科研成果应不低于本单位同级职务教师的聘任条件。

四、聘用程序

第十条　各聘用单位按照“公平、公正、择优”的原则进行公开招聘,确保聘用人员的质量和水平。

第十一条　全时制人员的基本聘用程序为:各聘用单位提出需求计划,制定人员经费预算,经经费下达和管理部门审核确认后,报人事处发布招聘信息。各聘用单位组织笔试、面试等环节,对应聘人员的基本情况、专业技术水平及工作能力进行考察,确定拟聘名单,报人事处备案。

五、管理与考核

第十二条　全时制人员实行人事代理,人事档案由学校委托厦门市人才服务中心管理。

第十三条　各聘用单位要在财务处设立专门的全时制人员经费账户,用于本单位全时制人员各项用人成本的支出。全时制人员新聘或续聘前,各聘用单位应将所聘人员聘期内所需的用人成本(包含工资、住房公积金、社会保险费及其他福利待遇等)、用人保证金缴入本单位的全时制人员经费账户。

第十四条　全时制人员实行劳动合同管理。各聘用单位根据国家法律法规及学校有关制度规定,与聘用人员在平等、自愿、协商一致的基础上签订劳动合同。劳动合同分为固定期限劳动合同、无固定期限劳动合同和以完成一定工作任务为期限的劳动合同。

第十五条　各聘用单位要制定全时制人员管理实施细则,明确管理流程、岗位职责和考核指标。管理实施细则须经各单位教职工代表大会或者全体教职工会议讨论通过,并进行公示,公示期不少于 10 个工作日。

第十六条　合同期内,全时制人员按照所在单位制定的管理细则进行年度考核;合同期满后,所在单位按照岗位职责和目标任务,对全时制人员的履职情况进行全面考核。考核结果作为绩效工资发放、续聘、解聘等的重要依据。

第十七条　全时制人员必须严格遵守法律、法规和学校的规章制度,全面履行劳动合同约定的义务,完成聘用单位安排的工作任务。若违反有关法律、法规和规章制度,全时制人员应依据有关规定和合同约定承担相应责任。

第十八条　合同解除或合同到期终止不再续订的,所在单位要及时向人事处备案,并敦促相关人员及时办理离校手续。全时制人员应按照学校规章制度和各聘用单位的要求,办理工作交接。

第十九条　劳动合同解除或终止符合法律规定情形的,学校在全时制人员办结工作交接时向其支付经济补偿。经济补偿标准按国家法律法规及学校规章制度的规定执行。

六、相关待遇

第二十条　全时制人员的劳动报酬由各聘用单位参照学校同类岗位人员的劳动报酬标准确定。全时制人员劳动报酬根据劳动合同的约定发放，除非变更合同，其劳动报酬在聘期内原则上不做调整。各聘用单位可根据实际情况为全时制人员发放绩效工资，发放前应将所需经费缴入本单位的全时制人员经费账户。

第二十一条　全时制人员可按照相关规定享受午餐补贴、教师节过节费、防暑降温费，所需经费由各聘用单位支付。

第二十二条　全时制人员由学校按照各聘用单位确定的标准代发工资。按法律法规规定缴交的各类社会保险费，由学校代扣代缴。符合国家缴存住房公积金规定的全时制人员按月缴存住房公积金，由学校代扣代缴。学校按有关规定从个人劳动报酬中代扣代缴个人所得税。

第二十三条　学校为全时制人员制作校园一卡通，凭卡可以在校内有关场所消费和使用。

第二十四条　合同期内，全时制人员的子女可就读厦门大学幼儿园。

七、附　则

第二十五条　本方案未尽事宜按照法律法规及政策规定执行。

第二十六条　本方案由学校人事处负责解释。

第二十七条　本方案自公布之日起实行。

——本文摘录自《关于印发〈厦门大学全时制人员聘用制度改革方案(暂行)〉的通知》，厦大人〔2013〕203号，档号2013-XZ10-5

厦门大学专业技术人员职务外语考试实施办法

(2013年8月修订)

(2013年12月3日)

为进一步规范专业技术人员职务聘任工作,根据有关文件和我校专业技术人员任职条件要求,修订本办法。

一、考试对象与范围

申报高聘的专业技术人员,除符合本办法规定的外语免试条件外,均需按以下规定参加外语考试:

1.教师系列:

(1)年龄在35周岁以下(以参加考试当年的年龄计算,下同)的教师,均须参加全国外语水平考试(WSK)或全国公共英语等级考试5级(PETS-5);

(2)年龄在35周岁以上的教师,可选择参加WSK或PETS-5或全国专业技术人员职称外语等级统一考试(以下简称"全国职称外语等级考试")A级;

(3)体育、音乐、美术专业的教师和辅导员,可选择参加WSK或PETS-5或全国职称外语等级考试B级。

2.其他专业技术系列:

可选择参加WSK或PETS-5或全国职称外语等级考试B级。

二、外语考试成绩要求

1.参加WSK或PETS-5考试的,笔试总分要求在50分以上;

2.参加全国职称外语等级考试的,考试成绩要求在60分以上。

三、外语免试条件

1.教师系列:

(1)在国(境)外获得博士学位或硕士学位的人员;

(2)在国(境)外从事过一年以上(不累计)的博士后研究工作或相当的研究工作经历或学习经历的人员;

(3)获得外语专业学士以上学位的人员;

(4)TOEFL考试成绩在80分以上或雅思考试成绩在5.5分以上的人员;

(5)距离法定退休年龄不足5年的人员,其中男性年满55周岁,女性年满50周岁;

(6)任现职以来,用外文在SSCI、SCI、EI等收录的国际学术刊物或国(境)外著名的本专业外文学术刊物上发表5篇以上学术论文(不含会议论文)的人员(均为本人独立撰写或第一作者署名或通讯作者署名);

(7)任现职以来,用外语讲授过 1 门以上本科生课程或者研究生学位课程(双语课程除外)且教学效果优秀的人员;

(8)任现职以来,独立出版过外文专著(字数 15 万字以上,可累计)或者译著(字数 20 万字以上,可累计)的人员;

(9)体育、音乐、美术专业的教师高聘副教授时已通过所要求的外语考试,若在教学、科研或艺术创作方面特别突出,获得省部级一等奖以上教学科研成果或艺术创作(表演)奖励(均限政府奖),或在国内外学术界、艺术界或体育界具有重要影响,应聘教授时可免试;

(10)未符合以上任一项免试条件的人员,但能熟练地运用 1 门外国语进行学术研究和交流,经院长提名,可免试。

2.其他专业技术系列:

(1)获得博士学位的人员;

(2)获得硕士学位或大学英语六级考试(CET-6)成绩在 425 分以上或 TOEFL 考试成绩在 61 分以上或雅思考试成绩在 5 分以上的人员,申请高聘中级职务时可免试;

(3)符合上述教师系列外语免试条件之一的人员。

四、附　则

1.本办法中所称"以上"均含其本数。

2.对从事外语教学工作人员的第二外语考试不做硬性要求。

3.申请外语免试条件者,须填写"外语免试审批表"。

4.本办法中的各级各类外语考试合格成绩有效期均为 6 年。

5.本办法自 2014 年 1 月起执行。学校原有文件规定与本办法不一致的,以本办法为准。

6.本办法由学校人事处负责解释。

——本文摘录自《关于印发〈厦门大学专业技术人员职务外语考试实施办法〉的通知》,厦大人〔2013〕211 号,档号 2013-XZ10-5

关于进一步规范各类合同审批及新聘教职工学历学位审核流程的通知

(2013年12月27日)

各类合同审批流程

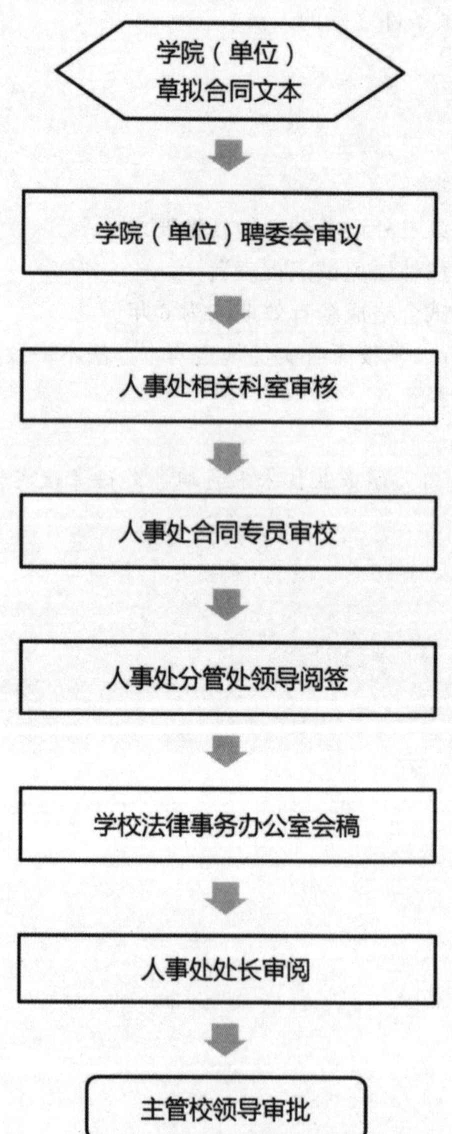

新聘教职工学历学位审核流程

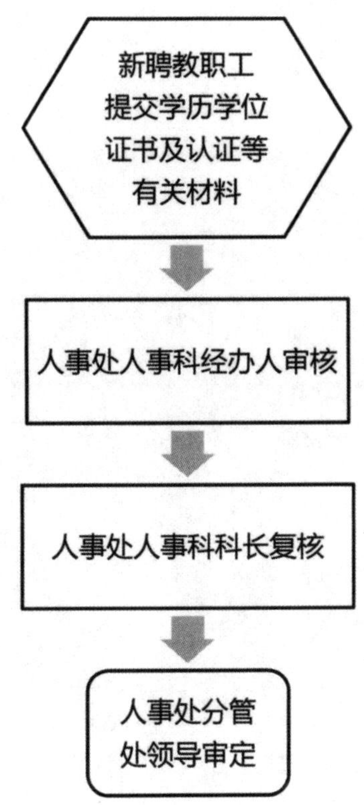

——本文摘录自《关于进一步规范各类合同审批及新聘教职工学历学位审核流程的通知》,(2013)厦大人42号,档号2013-XZ10-23

2014年

·特　载·

2014年新年献词

（2014年1月3日）

校党委书记　杨振斌　校长　朱崇实

亲爱的老师们、同学们，海内外的校友们、朋友们：

新年的钟声就要敲响了！一元复始，万象更新。在这辞旧迎新的美好时刻，我们谨代表校党委、校行政向全校师生员工和海内外校友，向关心和支持厦门大学事业发展的社会各界朋友，致以诚挚的问候和美好的祝福！祝愿大家在新的一年里身体健康、工作顺利、阖家幸福、万事如意！

2013年，党的十八届三中全会胜利召开，全会通过的《中共中央关于全面深化改革若干重大问题的决定》，是我们党在新的历史起点上全面深化改革的科学指南和行动纲领。《决定》对深化教育领域综合改革、创新高校人才培养机制，促进高校办出特色争创一流提出明确要求，这为我们推进新形势下学校更好更快发展指明了方向。过去的一年，在党中央的坚强领导下，伟大的中国人民续写了新篇章、开创了新辉煌。

过去的一年，学校的发展也取得了令人瞩目的成绩。我们成功召开第十次党代会，提出了厦门大学"两个百年"的奋斗目标、战略部署和主要任务，为推动学校事业科学发展勾勒出了清晰的蓝图。我们深入开展党的群众路线教育实践活动，认真聚焦"四风"问题，贯彻落实中央八项规定，大力推进为民务实清廉领导班子建设。深入开展学习宣传贯彻党的十八大和十八届三中全会精神主题教育活动，党建和思想政治工作又上新台阶。着力打造《长征组歌》等一批校园文化建设精品，荣获教育部高校校园文化建设优秀成果一等奖。成功举办庆祝建校92周年活动，进一步展示了成就，凝聚了人心，争取了支持。人才培养教学教育改革稳步推进，百篇优博论文有了新突破，学生在各类学业竞赛中屡创佳绩，在创新型人才培养上取得新成果。"985工程"建设取得显著成效，新增1个国家重点实验室、1个国家地方联合工程实验室，7篇高水平原创性学术论文发表在《科学》《自然》《细胞》等刊物上，2项成果获国家自然科学奖二等奖，1项成果获国际科学技术合作奖，1项成果入选中国科学十大进展，1项成果入选中国高校十大科技进展，9项成果获国家社科基金重大项目和教育部哲社重大课题攻关项目立项。积极推进协同创新中心建设，大力实施哲学社会科学繁荣计划，科研创新能力得到进一步提升。我们成立了产业技术研究院，拓展深化与地方政府、大型企业的战略合作，在社会服务方面做出新贡献。有227位教职工新加入厦门大学这个大家庭，人才队伍建设不断加强。改革学术委员会，成立教授委员会，内部治理结构得到进一步完善。新建1所孔子学院，荣获"孔子学院先进中方合作院校"称号，获批建设孔子学院院长学院，马来西亚分校建设全面启动，在服务中华文化和高等教育"走出去"战略中迈出新步伐。我们继续帮助家庭经济困难学生,提高教职工生活待遇,努力解决住房问题,不断改善民生,优化办学条件……在大家的共同努力下,我们圆满完成了学校"十二五"规划第三年的各项任务。

回顾过去的一年,我们深感振奋;展望新的一年,我们信心百倍。在新的一年里,我们要坚持科学发展观,深入践行党的群众路线,认真贯彻落实学校第十次党代会精神,进一步解放思想,改革创新,坚定自信,奋勇争先,努力提高教育质量,提升科研水平,把世界知名高水平研究型大学建设推进到一个新的阶段。

老师们、同学们、同志们、朋友们,2014 年我们将送走硕果累累的蛇年,迎来生机勃勃的马年。在我们的文化里,"马"代表奋斗不止、自强不息的精神。让我们伴随着新年的钟声,携手迈上新征程,快马加鞭,马不停蹄,力争在新的一年里百尺竿头更进一步,为实现"两个百年"的美好厦大梦和国家富强、民族振兴、人民幸福的伟大中国梦做出新的更大贡献!

——本文摘录自《厦门大学报》,2014 年 1 月 3 日第 1062 期

厦门大学章程

（2014年10月11日）

序　言

厦门大学由著名爱国华侨领袖陈嘉庚先生于1921年创办。1937年学校由私立改为国立。1949年中华人民共和国成立后学校进入新的发展阶段。

厦门大学以养成专门人才、研究高深学术、阐扬世界文化、促进人类进步为办学宗旨，秉承“自强不息，止于至善”的校训，弘扬“爱国、革命、自强、科学”精神，致力于培养德智体美全面发展的精英人才，为国家富强、民族复兴和人类文明进步做出卓越贡献。

第一章　总　则

第一条　为促进学校依法自主办学，规范办学行为，依据《中华人民共和国教育法》《中华人民共和国高等教育法》等国家法律法规，结合学校实际，制定本章程。

第二条　学校中文名称为厦门大学，简称为厦大；英文名称为 Xiamen University，英文缩写为 XMU。

学校注册地址为：福建省厦门市思明区思明南路422号。

学校设有思明校区、漳州校区、翔安校区和马来西亚校区。

第三条　学校为非营利性事业组织，具有独立法人资格。学校依法享有办学自主权，独立承担法律责任。

第四条　学校坚持社会主义办学方向，全面贯彻党的教育方针，以人才培养、科学研究、社会服务、文化传承创新为基本职能。

第五条　学校实行中国共产党厦门大学委员会（以下简称学校党委）领导下的校长负责制，坚持党委领导、校长负责、教授治学、民主管理，坚持依法治校，尊重学术自由，依法接受监督。

第六条　学校实行以校、院两级管理为主的管理体制。

第二章　举办者与学校

第七条　学校由国家举办，国务院教育行政部门主管，国务院教育行政部门、福建省人民政府和厦门市人民政府共建。举办者、主管部门和共建者支持学校依照法律和本章程自主办学。

第八条　举办者根据法律、法规，监督学校贯彻执行国家法律、法规和政策的情况，规范学校办学行为，任免学校负责人，考核和评估学校办学水平和质量，监督学校经费和资产使用情况。

第九条　举办者依法保护学校的办学自主权不受非法干预，支持学校依法自主办学，为学校提供良好的办学条件，保障学校办学经费，维护学校合法权益和良好的办学环境、办学秩序。

第十条　学校依法享有下列权利：

（一）根据社会需求、办学条件和国家核定的办学规模，制订招生方案，自主设置和调整学科专业，自主调节各学科专业招生比例。

（二）自主制订教学计划、选编教材以及组织实施教学活动，决定学生考试考核标准；对学生进行学籍管理，实施奖励或处分，对符合条件者，授予学士、硕士或博士学位，颁发学位证书和（或）学历证书。

（三）自主评聘教师及其他职工，自主决定教职员工的薪酬标准和福利待遇，对教职员工实施奖励或处分。

(四)自主开展人才培养、科学研究、社会服务及文化传承创新活动。

(五)自主开展与国(境)内外大学、研究机构的科学技术文化交流合作。

(六)自主设置教育教学、科学研究、行政管理、后勤保障等内部组织机构。

(七)自主管理和使用国家及地方政府提供的财产、财政性资助、受捐赠财产以及其他由学校合法取得的资产。

(八)依据国家法律、法规及本章程自主管理内部事务,开展教育教学和科学研究等活动,不受任何组织和个人的非法干涉。

(九)法律、法规规定的其他权利。

第十一条　学校依法履行下列义务:

(一)遵守国家法律法规,全面贯彻党和国家的教育方针,执行国家教育政策;

(二)以育人为根本任务,认真履行人才培养、科学研究、社会服务以及文化传承创新等各项职能,完善教育质量保障和监控体系,保证教育教学质量;

(三)维护学生和教职员工的合法权益;

(四)接受政府的监督和指导,依法接受学生、教职员工、校友和社会各界的监督和评议;

(五)执行国家教育收费规定,公开收费项目和收费标准;

(六)维护校园安全稳定和校园良好秩序;

(七)法律、法规规定的其他义务。

第三章　学校管理体制与组织机构

第十二条　学校党委是学校的领导核心,统一领导学校工作,支持校长依法独立行使职权。

学校党委的主要职责是:

(一)宣传和执行党的路线方针政策,宣传和执行党中央、上级组织和本级组织的决议,依法治校,依靠师生员工推进学校科学发展,培养德智体美全面发展的中国特色社会主义事业合格建设者和可靠接班人;

(二)审定学校发展战略和规划,审议确定学校基本管理制度,讨论决定涉及学校改革发展稳定以及教学、科研、行政管理中的重大事项;

(三)讨论决定学校内部组织机构设置及负责人人选,按照干部管理权限,负责干部的选拔、教育、培养、考核和监督,负责领导班子建设、干部队伍建设和人才队伍建设;

(四)领导学校的思想政治工作、德育工作、精神文明建设和校园文化建设,维护学校安全稳定,构建和谐校园;

(五)做好统一战线工作,对学校内民主党派的基层组织实行政治领导,领导学校的工会、共青团、妇委会、学生会、研究生会等群众组织和教职工代表大会;

(六)法律和党内法规、有关规定确定的其他职责。

第十三条　学校党委设立常务委员会(以下简称党委常委会)。党委常委会成员由学校党委全体会议(以下简称党委全委会)选举产生。党委全委会闭会期间,党委常委会履行党委全委会职责并定期向党委全委会报告工作。党委全委会和党委常委会由党委书记主持,实行集体领导,民主决策。

党委常委会、党委全委会议事规则另行制定。

第十四条　中国共产党厦门大学纪律检查委员会是学校的党内监督机构,在上级纪委和学校党委的领导下,负责组织协调学校的党风廉政建设,保障和促进学校事业健康发展。

第十五条　校长是学校的法定代表人和行政负责人,在学校党委领导下全面负责学校的教学、科学研究和其他行政管理工作。

校长的主要职责是:

(一)拟订学校总体发展规划、年度工作计划、重大改革实施方案并组织实施;

(二)组织学校有关教学活动、科学研究、思想品德教育、社会服务、管理运行等各项工作,审定相关规章制度；

(三)拟订内部组织机构的设置方案，推荐副校长人选，按干部任免权限任免内部组织机构的负责人；

(四)聘任与解聘教职员工，对学生进行学籍管理并实施奖励或者处分；

(五)拟订和执行经费预算方案，保护和管理学校资产，筹措办学经费，维护学校合法权益；

(六)主持校长办公会议，协调、决策和处理学校行政工作中的重要事项；

(七)其他需要由校长决定的重要事项和法律、法规规定的职责。

第十六条　校长因故不能履行职责时，由党委常委会指定一名副校长代行校长职权。

第十七条　校长办公会议是学校行政议事决策机构，是校长行使职权的基本形式。校长办公会议由校长或由校长授权的学校其他领导主持召开，讨论和决定学校行政工作中的重要事项。

校长办公会议议事规则另行制定。

第十八条　党委常委会、党委全委会、校长办公会根据议事范围和议事规则，按照民主集中制的原则，集体研究决定学校重大决策、重要人事任免、重大项目安排和大额度资金使用等重大事项。

第十九条　学校设立校务委员会。校务委员会是学校工作的咨询机构，负责对学校人才培养、科学研究、社会服务、文化传承创新等提出咨询意见和建议。校务委员会主任由学校党委书记担任。

校务委员会的组成、运行、议事规则及组织章程另行制定。

第二十条　学校可根据需要设立各类学术组织，协调处理有关学术事务。各学术组织可依照实际情况，设立相应的专门委员会和二级学术组织。

第二十一条　学校设置学术委员会。学术委员会是学校的最高学术机构，统筹行使学术事务的决策、审议、评定和咨询等职权。学术委员会按其章程组建，由学术委员会主任主持开展工作。学术委员会主任由学部委员会主任轮流担任。

学术委员会的主要职责是：

(一)对学校的学科规划、教师队伍建设规划、专业设置、学术机构设置、学科资源配置以及科学研究、对外学术交流合作等重大学术规划提供咨询意见；

(二)审议学校的学术政策，包括各类学术标准、学术评审和奖励制度等；

(三)制定学术规范相关文件，维护学术道德，裁决学术纠纷；

(四)指导专门委员会和学院学术委员会的工作；

(五)其他需要学术委员会处理的事项。

学术委员会的组成、运行、议事规则及组织章程另行制定。

第二十二条　学校设置学位评定委员会。学位评定委员会是学校学位事务的决策机构，由学位评定委员会主席主持开展工作。学位评定委员会主席由校长担任。

学位评定委员会的主要职责是：

(一)做出授予学士学位、硕士学位或博士学位的决定；

(二)决定授予名誉博士学位的人员名单；

(三)依据法律和有关规定设置和调整学校学科授权点；

(四)遴选、聘任研究生指导教师；

(五)审定各类研究生培养方案；

(六)做出撤销已授予学位的决定；

(七)其他需要由学位评定委员会决策的重大事项。

学位评定委员会的组成、运行、议事规则及组织章程另行制定。

第二十三条　学校设置学部委员会。学部委员会是本学部学术事务的咨询机构。学部委员会按其章程组建，由学部委员会主任主持开展工作。学部委员会主任一般由不担任行政职务的资深教授担任。

学部委员会的主要职责是：

(一)审议本学部学科规划；

(二)审议本学部重点资源配置方案;

(三)审议本学部专业技术职务聘任实施细则和岗位设置方案,审议并推荐本学部所涉及学科的专业技术职务拟聘人选;

(四)其他需要由学部委员会审议的重要事项。

学部委员会的组成、运行、议事规则及组织章程另行制定。

第二十四条　学校通过以教师为主体的教职工代表大会等组织形式,保障教职员工依法参与民主管理和监督,维护教职员工合法权益。

教职工代表大会的主要职权是:

(一)听取学校章程草案的制订和修订情况报告,提出修改意见和建议;

(二)听取学校发展规划、教职员工队伍建设、教育教学改革、校园建设以及其他重大改革和重大问题解决方案的报告,提出意见和建议;

(三)听取学校年度工作、财务工作、工会工作报告以及其他专项工作报告,提出意见和建议;

(四)讨论通过学校提出的与教职员工利益直接相关的福利、校内分配实施方案以及相应的教职员工聘任、考核、奖惩办法;

(五)审议学校上一届(次)教职工代表大会提案的办理情况报告;

(六)按照有关工作规定和安排评议学校领导干部;

(七)通过多种方式对学校工作提出意见和建议,监督学校章程、规章制度和决策的落实,提出整改意见和建议;

(八)讨论法律、法规、规章规定的事项以及学校与学校工会商定的其他事项。

教职工代表大会的其他事项按照教职工代表大会规定执行。

第二十五条　厦门大学学生代表大会是学生实现自我服务、自我管理和自我教育,参与学校民主管理和监督,维护学生合法权益的重要组织形式。厦门大学学生代表大会在学校党委领导下,按其章程开展活动,闭会期间由学生会和研究生会代为行使职权。

第二十六条　学校各民主党派、无党派人士依据各自章程开展活动,参与学校民主管理和民主监督。

第二十七条　学校依法建立工会、共青团、妇委会、学生会、研究生会等组织,支持其在学校党委的领导下履行各自职责。

第二十八条　学校可视需要设置、变更或者撤销学校的内设机构,并可根据需要调整其职能。各内设机构根据学校授权,履行相应的服务和管理职责。

第二十九条　由学校举办、投资或与学校有附属关系的具有独立法人资格的单位,依据法律和学校规定实行相对独立的管理体制。

第三十条　学校可依法与其他高等学校、科研机构、政府部门、企事业单位等开展合作办学,联合培养人才、进行合作研究、促进成果转化等。

第四章　教学科研机构

第三十一条　学校设立学院、教学部(中心)、实验室、研究院(所、中心、基地)等教学科研机构,并可根据有关规定进行变更、合并、重组或撤销。

第三十二条　学校本着事权相宜和权责一致的原则,在人、财、物等方面赋予学院相应的管理权力,指导和监督学院相对独立地自主运行。

第三十三条　学院的职责和职权是:

(一)学院在学校有关规章制度范围内自主开展人才培养、科学研究、社会服务和文化传承创新等活动;

(二)根据学校发展规划和学院实际制定学院发展规划,组织实施学科专业建设、师资队伍建设、课程建设与教学活动、科学研究及其他活动;

(三)提出设立学系、系级研究机构、院属教研室、实验室等机构的方案,报学校审批;

(四)制定和执行学院工作制度和工作程序;

(五)管理并合理使用办学经费、设备和其他资产;

(六)开展国内外学术交流与合作;

(七)行使学校授权的其他职权。

第三十四条　学院院长是学院的行政负责人,全面负责本学院的学科建设、人才培养、科学研究、社会服务和其他行政管理工作,定期向学院教职工大会或教职工代表大会报告工作。

学院院长按组织程序任免。

第三十五条　学院党委(党总支)在学校党委的领导下开展工作,负责学院党的建设和思想政治工作,保证党的教育方针和国家教育政策以及学校决定在学院的贯彻执行,支持学院行政班子和行政负责人履行职责。

第三十六条　学院实行党政联席会议制度。党政联席会议制度是学院议事决策的基本制度和主要形式。党政联席会议主要研究决定本学院发展规划、人才培养、科学研究、社会服务、队伍建设、运行管理等方面的重要事项。

党政联席会议的其他事项按照其议事规则执行。

第三十七条　学院设立学术分委员会、教授委员会、学位评定分委员会。各委员会根据各自章程和议事规则统筹行使学院学术事务的决策、审议、评定和咨询等职权。

第三十八条　学院设立二级教职工代表大会和工会,保障教职员工依法参与学院民主管理和民主监督。

第三十九条　具有独立建制的研究院、教学部等享有与学院同等的职权,其领导体制、组织结构、决策机制、民主管理和监督机制参照学院和有关规定执行。

第五章　教职员工

第四十条　学校教职员工由教师、其他专业技术人员、职员和工勤人员等组成。

第四十一条　学校依法对教职员工进行聘任、考核、晋升、奖惩、培训、解聘等。具体办法按学校相关制度执行。

第四十二条　学校教职员工享有下列基本权利:

(一)按工作职责使用学校的公共资源;

(二)平等、公平获得自身发展所需的相应工作机会和条件;

(三)在品德、能力和业绩等方面获得公正评价;

(四)依法获得工资报酬,享受国家规定的福利待遇;

(五)公平获得各级各类奖励及各种荣誉称号;

(六)知悉学校改革、建设和发展及关涉切身利益的重大事项;

(七)参与民主管理,对学校工作提出意见和建议;

(八)就职务、福利待遇、社会保障、评奖评优、纪律处分等事项表达异议和提出申诉;

(九)平等、公平获得国(境)内外访学、进修等学习、培训的机会;

(十)法律、法规规定的其他权利。

第四十三条　教职员工应履行下列基本义务:

(一)忠于职守,爱岗敬业,恪守职业道德,坚持学术诚信;

(二)尊重学生、爱护学生,促进学生全面发展;

(三)热爱学校,遵守学校规章制度,珍惜学校声誉,维护学校利益;

(四)未经学校批准,不得在校外兼任实职;

(五)法律、法规规定的其他义务。

第四十四条　教师是学校办学的主体力量，学校为教师开展人才培养、科学研究、社会服务等活动提供必要的条件和保障。

第四十五条　学校依法完善教职员工工作生活保障制度，建立收入正常增长机制，不断改善教职员工工作、生活条件。

第四十六条　学校建立统一的奖励和荣誉制度体系，对为国家和学校做出突出贡献的教职员工给予表彰奖励。

第四十七条　学校建立教职员工权益保护机制、申诉机制和信息沟通反馈机制，维护教职员工合法权益。

第六章　学　生

第四十八条　学生是指被学校依法录取、取得入学资格、接受学校培养、具有学校学籍的受教育者。

第四十九条　学生享有下列基本权利：

(一)公平接受学校教育，参加学校教育教学计划安排的各项活动，公平获得和利用学校提供的公共资源；

(二)参加素质拓展、社会服务、勤工助学，在校内组织或者参加学生团体及文化体育等活动，获得就业和创业指导与服务；

(三)在思想品德、综合素质、学业成绩方面获得公正评价，达到学校规定学业标准时获得相应的学历证书、学位证书；

(四)按规定的标准和程序申请奖励、荣誉称号、奖学金、助学金、助学贷款及其他资助项目；

(五)知悉学校改革发展及其他涉及个人切身利益的事项，依法参与学校管理，对学校工作提出意见和建议；

(六)对教师的教学效果进行测评，并提出意见和建议；

(七)在受到学校处分或处理时，有权按规定程序向学校或者教育行政主管部门提出申诉，在人身、财产等合法权益受到学校、教职员工侵犯时，有权提出申诉；

(八)法律、法规规定的其他权利。

第五十条　学生应履行下列基本义务：

(一)尊敬师长，努力学习，完成规定的学习任务；

(二)按规定交纳学费及有关费用；

(三)遵守学校各类规章制度和学生行为规范，养成良好的品德和行为习惯；

(四)爱护并合理使用教育设备和生活设施；

(五)热爱学校，珍惜学校声誉，维护学校利益；

(六)法律、法规规定的其他义务。

第五十一条　学校坚持以育人为本，为学生提供并完善学业发展、生涯规划、身心健康和生活保障等服务，促进学生成长成才。

第五十二条　学校搭建与学生沟通交流平台，完善信息反馈机制，鼓励、支持和保障学生参与学校民主管理和监督。

第五十三条　学校建立健全奖惩和激励机制，对取得突出成绩和为学校争得荣誉的学生集体或个人进行表彰奖励；按规定对有违规、违纪行为的学生给予批评教育或相应的纪律处分。

第五十四条　学校建立和完善学生权利保护制度，建立申诉机制，维护学生合法权益。

第五十五条　学校支持学生会、研究生会等学生组织和团体按照各自章程规定推选代表参与学校民主管理和监督。学校依法授权共青团厦门大学委员会对学生组织和团体进行监督和指导。

第五十六条　在学校接受教育的无学籍受教育者，其权利义务由学校参照学生的相关规定另行规定或者约定。

第七章　财务与资产

第五十七条　学校的经费来源主要包括财政补助收入、事业收入、上级补助收入、附属单位上缴收入、经营收入及其他收入等。

学校依法拓展办学经费来源，鼓励和支持校内各单位面向社会筹措教学、科研经费，接受校友及社会各界友好人士的捐赠，扩充事业发展资金。

第五十八条　学校依法对所占有、使用的资产进行自主管理和合理使用。

第五十九条　学校实行“统一领导、分级管理，财力集中、财权下放，财事结合、权责结合，分级报账、集中核算”的财务管理体制。

学校建立健全财务预算、财务管理、绩效管理等各项财务管理制度，保证学校资金安全运行；学校建立健全财务信息披露制度，依法公开财务信息。

第六十条　学校建立内部控制体系，执行审计监督制度。学校审计部门代表学校对学校与资源利用有关的业务活动及其内部控制的适当性、合法性和有效性进行依法审计，并建立审计报告制度。

第六十一条　学校资产包括流动资产、固定资产、在建工程、无形资产和对外投资等。学校实行“归口管理、分级负责、责任到人”的国有资产管理体制，建立健全资产采购、配置、使用和处置等管理制度，保证学校资产安全、完整，实现资产保值、增值。学校资产属于国有资产，任何人不得侵占、挪用和损坏。

第六十二条　学校加强对外投资管理，依法行使投资者权利，履行投资者义务。未经学校或学校委托的国有资产管理部门授权，任何单位、团体、个人不得擅自利用学校国有资产进行对外投资。

第八章　学校与社会

第六十三条　学校实行党务公开、校务公开和信息公开制度，及时向社会发布办学信息，主动接受社会监督。

第六十四条　学校加强与各级政府、地区、行业的交流与合作，为国民经济发展和社会繁荣提供服务。

第六十五条　学校以高等学历教育为主体，同时开展多种形式的非学历教育，为构筑终身教育体系和学习型社会服务。

第六十六条　学校依法设立教育发展基金会。教育发展基金会依照法律、行政法规、规章及其章程的规定开展工作，致力于加强学校与国内外各界的联系和合作，筹措资金，管理基金，发挥基金效能。

第六十七条　学校校友包括在学校学习过的学生或工作过的教职员工，被学校授予荣誉博士学位或各种荣誉职衔的中外各界人士。

第六十八条　学校设立校友总会。校友总会是学校依法注册成立的非营利社会组织，主要职责是通过联络校友、凝聚校友、服务校友，促进学校和校友共同发展。

学校鼓励校友依法建立校友组织，搭建校友交流平台，增强校友与母校联系。

第九章　学校标识

第六十九条　学校校训为“自强不息，止于至善”。

第七十条　学校校徽为双圆套圆形徽标，圆环上方为繁体字“厦门大学”，下方为拉丁语“厦门大学(UNIVERSITAS AMOIENSIS)”，中部为盾形和绶带。盾形上有三颗五角星图案代表中国传统文化中的“天、地、人”三才；盾形中心的城及城门图案象征广纳贤才、开放办学；绶带上的“止于至善”四字为建校初期校训。

第七十一条　学校校旗为印有校徽、校名的旗帜。

第七十二条　学校校歌为郑贞文作词、赵元任作曲的《厦门大学校歌》。

第七十三条　学校校庆日为4月6日。

第七十四条　学校域名为 xmu.edu.cn。

第十章　附则

第七十五条　本章程由学校党委常委会提议修订。章程修正案报经校长办公会议、教职工代表大会审议,并提交学校党委全委会审定后,报国务院教育行政部门核准。

第七十六条　本章程由学校党委全委会负责解释。

第七十七条　本章程经核准,自发布之日起施行。

附录:

1.厦门大学校徽图示:

2.厦门大学校歌:

厦门大学校歌

——本文摘录自《〈厦门大学章程〉发布、宣传工作方案》,档号 2015-XZ34-5

厦门大学 2014 年工作计划要点

（2014 年 2 月 27 日）

2014 年是贯彻落实党的十八大精神的关键一年，是贯彻落实我校第十次党代会提出的“两个百年”奋斗目标的开局之年，也是完成我校“十二五”规划各项任务的关键之年。2014 年学校工作的总体要求是：全面贯彻落实党的十八大、十八届三中全会精神，以邓小平理论、“三个代表”重要思想、科学发展观为指导，深入践行党的群众路线，坚定方向、深化改革，狠抓落实、务求实效，努力提高教育质量和办学水平，积极创建美好厦大，加快推进世界知名高水平研究型大学建设，为全面建成小康社会做出新的更大贡献。2014 年主要工作如下：

一、巩固党的群众路线教育实践活动成果，全面加强学校党的建设

1.加强理论武装。继续深入开展学习贯彻党的十八大、十八届三中全会精神和习近平总书记系列讲话精神主题教育活动，进一步组织和引导广大党员干部和师生员工深入领会精神实质，加深对党和国家重大理论与实践问题的理解和把握。继续依托中心组、党校和理论报告员队伍等平台，邀请校内外专家学者、党政领导做辅导报告。举办学习贯彻习近平总书记系列讲话精神和十八届三中全会精神集中轮训班，对全校副处级及以上干部进行集中轮训。召开全校宣传思想工作会议，创新宣传工作方式，增强宣传思想工作的实效性、感染力和影响力。

2.认真总结、巩固扩大教育实践活动成果。召开教育实践活动总结大会，全面总结教育实践活动所取得的成效和经验。建立健全促进党员干部为民务实清廉的长效机制，提炼教育实践活动理论成果、实践成果、制度成果，推动践行群众路线常态化长效化。结合学校和各单位实际，进一步抓好各级领导班子整改方案的落实，突出整改重点，细化整改措施，推进整改方案落实到位。持续推进制度的废改立工作，着力在作风建设以及学校工作重点领域、关键环节形成更为科学规范、运行有效的制度体系，使教育实践活动中的好经验、好做法以制度的形式固定下来。

3.加强领导班子和干部队伍建设。贯彻落实全国组织工作会议精神和《党政领导干部选拔任用工作条例》，大力培养选拔党和人民需要的好干部。加强高素质领导班子和干部队伍建设，健全领导班子日常管理措施，抓好基层党政领导班子党性建设、能力建设、作风建设和民主集中制建设。深化干部人事制度改革，修订《厦门大学中层干部选任工作暂行办法》，研究出台校内干部任期制、轮岗交流、挂职锻炼等管理办法并启动实施，完善科级干部选任工作机制。严格干部管理工作，研究处级干部综合考核评价办法和中期、年度考核办法。积极拓宽校外挂职（任职）途径，做好外派干部、孔子学院中方院长的选派以及相关协调服务工作。加大年轻干部和后备干部培养力度，组织做好处级后备干部集中补充调整工作。落实《厦门大学 2013—2017 年干部教育培训规划》，加强干部分类教育培训。

4.加强基层党组织和党员队伍建设。完成基层党委（党总支）的换届选举工作，加强对新一届基层党委（党总支）班子成员的培训。修订《厦门大学基层党委、党总支管理暂行规定》，抓好学院、研究院党政联席会议议事规则的贯彻实施，进一步健全学院（研究院）党政分工协作、共同负责的领导体制和工作机制。积极推进学习型、服务型、创新型党组织建设。加强新形势下党员发展工作，研究制订《厦门大学发展党员工作指导手册》《厦门大学关于聘请离退休老同志担任特邀党建组织员的实施办法》，进一步引导专业

教师参与学生党建。制定《2014—2017年厦门大学党员教育培训工作规划》，做好党员的教育、管理、监督、服务工作。组织开展党建理论研究，推进党史研究工作，统筹做好党史资料征编工作，积极推进学校第一个党组织成立90周年庆祝活动的各项筹备工作。

5.改进工作作风。健全领导干部带头改进作风、深入基层调查研究机制，完善直接联系和服务群众制度。坚决反对和纠正“四风”，持之以恒地落实中央八项规定和教育部20项措施及学校16条办法，严格执行中央《党政机关厉行节约反对浪费条例》等转作风规定，完善学校改进作风的各项制度。重点抓好校部和基层单位机关党员干部的作风建设，完善职责分工，优化工作流程，简化办事程序，推动部门联席会议机制，着力提升机关效能，提高服务水平。

6.抓好反腐倡廉建设。贯彻落实十八届中央纪委三次全会精神，加强对贯彻落实党的各项纪律的检查工作，强化党委执纪意识，严格执行党的政治纪律、组织纪律、财经纪律、工作纪律和生活纪律，确保中央政令畅通和学校党政决策落实。健全反腐倡廉制度体系和预警机制建设，完善惩治和预防腐败、廉政风险防控机制、敏感岗位干部轮岗、领导干部请示报告个人有关事项等方面的制度规定。加强和改进对主要领导干部行使权力的制约和监督，加大对重点部位关键环节的监督力度，开展专项检查，推进专项巡视工作。加强廉政教育和校园廉洁文化建设，继续办好廉政大讲坛。推进信息公开，推行校内各单位权力清单制度，依法公开权力运行流程。完善党务、校务和各领域办事公开制度，推进决策公开、管理公开、服务公开、结果公开。

7.加强统战、工青妇、离退休和校友工作。加强对群众团体的领导，进一步发挥好他们的桥梁和纽带作用，支持和服务学校发展。贯彻全国统战工作会议精神，指导帮助各民主党派、统战团体加强自身建设，支持党外人士为学校改革发展建言献策，在统一战线成员中广泛开展坚持和发展中国特色社会主义学习实践活动。充分发挥学生组织、学生社团的作用，支持它们自主开展工作。落实校党委《关于加强离退休工作的若干意见》，推进涉老组织建设，发挥关工委和“五老”在学生教育培养工作中的积极作用。继续推动各地校友会建设，争取全国各省区市、福建省各地市厦大校友会全覆盖；召开第四届“全球校友会会长秘书长联席会”，做好校友总会理事会、教育发展基金会理事会换届工作。筹备召开第二十二次工会会员代表大会、第七届教职工代表大会、共青团厦门大学第十四次代表大会。

二、坚持立德树人，加强和改进思想政治教育工作

1.加强师德师风建设。制订《厦门大学关于加强和改进青年教师思想政治工作的意见》，深入开展教风、学风和学术诚信建设，完善科研项目管理、科研经费管理、科研行为管理，建立健全优秀教师培养激励、学术不端行为惩治查处等长效机制，进一步形成爱岗爱生的氛围。

2.深入学习践行社会主义核心价值观。围绕中国梦和“三个倡导”所提出的社会主义核心价值观基本内容，在学生中广泛开展内容丰富、形式多样的学习宣传活动。大力开展“爱学习、爱劳动、爱祖国”教育，激发学生成长成才的内在动力，引导学生深入基层实践锻炼，倡导“国家至上、事业为先”的就业观，着力培养学生的社会责任感。通过举办论坛讲座、开展普及活动等方式，引导学生深入了解中华优秀文化传统，礼敬自豪地对待优秀传统文化。着力开展以诚信教育为核心的道德素质教育和以志愿服务为核心的道德实践教育。持续开展“让校园更美好”主题实践活动和“南强青春讲坛”“感动同辈”“奋斗的青春最美丽”系列分享活动。

3.加强校园文化建设。大力推进校园文化建设精品项目，提高校园文化活动品位，提高学生审美素养。组织开展高雅艺术进校园活动。深入开展群众性体育活动、文化艺术活动，办好学生艺术团，举办校园合唱节和“校园文化艺术节”，开展国际文化节和各类国际学生交流活动。组织《黄河大合唱》赴马来西亚、新加坡演出及《长征组歌》赴京演出工作；做好话剧《哥德巴赫猜想》参加汇演的组织工作。加强厦大官方微博建设，进一步提高亲和力和关注度。统筹三个校区校园文化建设，重点加强翔安校区文化建设，使得翔安校区的文化氛围尽快成熟起来。

4.提高学生教育管理服务科学化水平。坚持严格管理和细致服务相结合,为学生成长成才营造良好的外部环境。完善“i厦大”手机客户端、“易班”网络互动社区和微信等网络平台,大力开展网络思想政治教育和网络文化建设,为学生提供便捷的学习生活服务。拓宽重点单位就业渠道,建设核心就业市场,着力提高就业质量,编制就业质量年度报告。参照“全国高校心理健康教育与咨询示范中心”建设标准,加强心理健康教育与咨询中心软硬件建设,扩大心理健康教育普及面,构建全员心育的校园氛围。推进研究生奖助体系改革,提高研究生资助覆盖面和资助水平。改革学生勤工助学制度,完善奖助学金评定流程,进一步提高资助工作的育人功能和精细化水平。加强公寓文化建设,健全公寓管理制度,推动建立公寓工作部门协同合作机制。修订辅导员队伍管理系列文件,鼓励辅导员开展工作研究,制定《厦门大学辅导员队伍建设规划(2014—2018年)》。

5.维护校园稳定。完善校园安全管理制度,扎实开展安全教育,积极化解矛盾、消除隐患,创建平安、和谐、有序校园。加强对课堂、讲座、论坛等的管理,严密防范宗教渗透,做好防范抵制邪教工作。完善新闻发言人制度。进一步加强游客入校管理和校园道路交通管理,继续推进交警进校园执法工作,减轻校园停车难问题,使学校成为全国最整洁、有序、文明的校园。规范学校消防安全管理,认真落实科研安全生产制度。完善舆情分析研判制度,建立和完善联动应急机制和追责制度,妥善应对网络突发事件。加强警校合作,进一步加强与大学路派出所的合作,形成合力保平安。持续推进校园环境和周边秩序管理,推动省、市齐抓共管的工作机制,创造文明和谐的校园及周边环境。

三、深化教育教学改革,不断提高人才培养质量

1.深入实施本科教学质量与教学改革工程。本科生教学要继续围绕加强自主性、探索性、实践性学习的方向进行改革,继续提高教授为本科生开课的比例。开展小班化上课改革,除了若干公共基础课,原则上理工医科专业课一个班的人数不得多于30人,人文社科不得多于40人。继续加强学生实习、实践基地的建设。结合新教学计划实施,加快推进大类平台课程建设。认真总结教学改革成果,组织申报第七届高等教育教学成果奖,做好教育部本科教学工作审核评估准备工作。开展专业建设综合改革,推动工科、医科等专业参加专业论证。加强学生创新创业教育,组织召开学生竞赛表彰大会。

2.提升研究生创新能力。研究生的培养要继续围绕“研究”二字进行,纯课堂教学原则上在第一学年要全部完成,精简研究生的课堂教学课,原则上要减少1/4;课程由院长提出方案报院学位委员会通过后执行;不得由教师个人随意开设有学分的课程。修订研究生培养方案,完善学术和专业学位研究生培育模式。做好新一轮博士生培养机制改革工作,从2014级起,博士生基本学制延长为4年。组织开展学位授权点动态调整工作。认真做好专业硕士学位点的评估工作。

3.加强思想政治课和人文素养、科学基础知识课程的建设,全面提高学生的人文素养和科学精神。

四、深化科研体制和机制改革,提高原始创新能力和水平

1.推进科研管理体制和评价激励机制改革。更加紧密地把科研与研究生的培养相结合,研究生的招生名额要更加明确地与科研需求相挂钩,课题与经费是名额分配的主要依据。各学院要建立以PI制为基础的科研团队组织,数个研究方向相近或相关联的PI可以申请组建研究所或研究中心;研究生导师要探索跟PI制有机结合;清理现有的科研机构,保留、合并或撤销。鼓励基础研究与应用研究相结合,鼓励跨学科的交叉与融合,建立合理的科研成果评价机制,评价机制要有利于团队的建设与合作。通过体制机制创新,不断提高教师科研积极性,力争再产出一批高质量、高水平的原创性、标志性科研成果。

2.加强科研平台建设。深化“2011协同创新中心”组建培育和申报工作,争取向教育部申报2个或以上国家级“协创中心”,申报若干省级“协创中心”。做好教育部文科重点研究基地和理工医科各级平台组建及申报工作。进一步加强智库建设。

3.积极争取科研项目。面向国际科学研究前沿、国家重大战略需求和地方经济社会发展中的重大科学问题,加强组织引导,力争承接更多国家"973计划"、"863计划"、军品科研项目、国家基金重大重点项目等科研项目。

4.积极争取科研经费。力争实现2014年到位科研经费10亿元的目标,其中理工医科8.5亿元,人文社科1.5亿元。加强科研经费管理,确保科研行为规范有序。

五、以落实各项协议为抓手,提高社会服务的水平与质量

1.落实好战略合作协议。逐个检查各项协议的落实情况,总结经验,查找不足与问题,提出解决问题的办法与措施。

2.加强科技成果推广和转化。深入开展校地、校企科技合作,抓好万泰生物疫苗、中航锂电池、福建火炬特种材料等重点校企合作项目,做成样板,发挥示范效应。产业技术研究院要选好项目,重点突破,力争今年在科技成果产业化为地方经济发展和企业的技术提升上做出几件实事。

3.大力发展高层次继续教育。在翔安校区开工建设继续教育大楼,为继续教育服务社会提供更好的软硬件条件。

六、以学科建设为龙头,全面提升学校整体办学实力

1.以二级学科为基本建设单元,全面加强学科建设。对全校现有二级学科逐个进行自我评估,摸清现状,提出明确的建设目标和举措,为下一轮"985工程""211工程"建设做好准备。启动"985工程"2015—2017年建设任务的预研究工作,积极推动签订新一轮部省市重点共建协议。

2.以"2011计划"为载体,全面推进交叉学科建设。"2011协同创新中心"的培育分三个方向、两个层次来展开,核心是通过体制机制的创新来促进学科交叉与融合,以提升学科的创新能力和水平。

3.认真研究学科建设规律,着力解决学科划分过细过多的弊端。人才培养、研究生资源的配置原则上在一级学科进行,最多配置到二级学科。根据人文、社科、理、工、医不同学科的特点进行学科建设。

七、以队伍建设为核心,按学术规律推动人才成长

1.加强人才团队建设。制定人才队伍团队建设规划,掌握各类人才需求的数量、结构、素质要求,重点打造40个左右的人才团队。

2.完善人才评价体系。建立重大人才项目绩效评估机制。狠抓落实理工医科教师45岁以后、人文社科教师50岁以后更多时间从事教学,45岁以前青年教师更多时间从事科研的制度安排。

3.坚持人事聘任聘用制度改革。通过PI制的建设与完善,为学术带头人的成长创造一个更好更宽松的环境与条件;宝贵学术资源的有效配置就是要让资源流向能够把它使用得最好最有效率的人手上。推进博士后制度改革,探索专职科研人员制度。完善院聘人员管理制度。继续推行党政干部与辅导员之间的双向流动。支持附属医院引进高端人才。加强宏观引导,建立各类人才定期统一招聘制度。

4.加强教职员工的培训。在搞好教师神圣职责和爱校爱生教育的前提下,青年教师重点培训讲课技巧,青年辅导员重点培训心理学的知识,青年干部重点培训公文写作与沟通技巧;继续做好各类海外培训项目。

八、进一步提升国际化水平,加强国际及台港澳地区交流合作

1.积极落实实质性的交流合作。全面检查各学院国际交流与合作的工作情况,大院要与5~8所、小

院要与 3～5 所国际一流大学有实质性的交流与合作。

2.加快推进马来西亚分校建设。力争今年校庆期间开始动工，今年 6 月主楼群正式奠基。做好东南亚地区的招生宣传，为马来西亚分校争取优质生源。

3.积极推进国际化师资培养和储备计划的实施。争取 2014 年选送 30 位左右优秀的本科或硕士毕业生到英国纽卡斯尔大学、美国特拉华大学、加拿大滑铁卢大学攻读博士学位。

4.加强汉语国际推广工作。在认真办好现有的 15 所孔子学院的基础上，力争今年与俄罗斯人民友谊大学、菲律宾大学共建孔子学院；孔子学院院长学院力争在今年校庆期间动工建设。

九、千方百计增加财力，不断改善基本办学条件

1.加强财务管理和审计工作。千方百计多渠道筹集办学资源，力争完成综合财务收入预算任务，同时要开源节流，完善有关财务制度和管理办法，提高资金使用效益。制定审计标准和规范，创新审计工作方式，提升审计工作水平。

2.加快推进基本建设项目和修缮项目。保质保量尽快完成已开工的项目，尽快开工建设已确定建设的项目。争取翔安校区图书馆、学生活动中心、思明校区物理机电航空大楼、圣诺有色金属材料大楼等早日投入使用，尽快完成人文学院、新闻传播学院、外文学院、公共事务学院、马克思主义学院、国际关系学院、教育研究院的搬迁与调整，正式启动演武运动场改造和地下停车场的建造。大力推进附属翔安医院和翔安校区国际学术交流中心建设。

3.加强资产管理。理顺各类无风险经营性资产管理体制，增加资产收益，使之成为办学经费的重要来源。做好漳州校区有关资产和地下车库的处置工作。

4.加强校园信息基础设施建设，确保三个校区无线网络覆盖，为师生提供更为便利的上网服务。

十、进一步关心和解决民生问题

1.进一步提高教职工工资待遇。继续实施岗位绩效津贴改革“两步走”战略，到今年 7 月基本实现第十次党代会提出的“力争用三至五年时间使我校教职工工资收入达到厦门市同级公务员水平”的目标。

2.继续改善教职工住房困难。今年上半年完成海韵北区置换房的置换；联系厦门市有关部门抓紧落实市长专题会议决定，积极争取今年落实翔安洋唐小区人才房；争取厦门市、区政府支持，推进海韵二期征地拆迁工作。

3.进一步改善学生生活条件。尽快建好曾厝垵学生公寓新宿舍楼和运动场，解决部分学生住宿拥挤和缺乏运动场所的困难。

4.进一步提高后勤服务水平和质量。加强管理监督，规范化后勤服务标准。在勤业餐厅拆除重建过程中，千方百计提高现有食堂的餐饮和服务水平，确保师生员工用餐需求。

十一、强化服务意识，提高管理水平

1.进一步完善内部治理结构，上半年完成《厦门大学章程》制定工作。

2.全面清理各项规章制度。按照简政放权的原则，坚决废止可要可不要的规定，修订需要但不合理的规定，原则上不再出台新的规定。

3.加强校园管理。认真研究物业管理模式改革，今年重点整治校内宠物饲养的管理问题及宿舍周边地区环境整治和管理问题。解决快递寄送业务无序、混乱问题，做到既方便师生员工又保持校园的整洁有序。建设校园周边环境治理的有效机制，杜绝乱摆摊等管理隐患。完成白城农贸超市和新校门建设。

4.积极推进网上办事服务。强化服务意识，升级校园服务在线系统，提高网上审批权威与效率。凡

是可以网上审批的一律不得要求报送纸本文件,尽可能减少必须教师和学生本人亲自到场方可办理的审批。

5.完善日常事务办理流程。建好学生服务大厅,各部门互相协调提供一条龙服务,以"学生跑一趟就能把一件事办完"为原则完善办事流程。加强各学院的二级财务报销点建设,力争绝大部分的报销在学院完成。

——本文摘录自《关于印发〈厦门大学2014年工作计划要点〉的通知》,厦大委综〔2014〕4号,档号2015-XZ09-23

厦门大学2014年度工作报告

（2015年3月19日）

2014年，厦门大学认真贯彻落实党的十八大和十八届三中、四中全会精神，以邓小平理论、“三个代表”重要思想和科学发展观为指导，深入贯彻习近平总书记系列重要讲话精神，巩固和拓展群众路线教育实践活动成果，围绕加快推进世界知名高水平研究型大学建设，凝聚力量，聚焦改革，开拓创新，全面推进依法治校，不断提高教育质量和办学水平，学校各项事业取得了新的发展。

一、以深入学习贯彻十八届三中、四中全会精神和习近平总书记系列重要讲话精神为统领，全面加强学校党的建设和思想政治工作。

（一）认真开展学习教育。组织6次中心组学习以及常委（扩大）会、全委会学习，深入学习领会十八届三中、四中全会精神和习近平总书记在闽考察重要讲话精神，及时传达学习全国高校党建会等中央和教育部重要会议精神。根据中组部和教育部党组统一部署，分3批组织开展处级以上领导干部学习贯彻习近平总书记系列讲话精神集中轮训工作，坚持领导带头讲学，实现培训全覆盖。组织开展党校名家讲坛等理论宣讲活动，围绕25个重点开展理论宣讲90多场次。举办8期党校学习班，2800多人次参加学习培训。

（二）巩固和拓展群众路线教育实践活动成果。召开教育实践活动总结大会，全面总结教育实践活动的成效和经验，部署和推动落实整改措施和巩固活动成果的后续工作。进一步抓好各级领导班子整改方案落实、“四风”突出问题专项整治及“回头看”工作，突出整改重点，细化整改措施，健全教育实践活动常态化长效化机制，确保教育实践活动善始善终、善作善成。推动学校制度废改立和简化办事流程工作，全面清理、整改校级层面规章制度，完成大部分的制度整改任务，简化教职工报到离校、出国（境）审批手续，在校学生成绩单、在学证明实现自助打印，建成新学生事务大厅。

（三）加强领导班子建设。落实中央和教育部党组关于加强高校领导班子建设的有关文件精神，坚决贯彻执行民主集中制和党委领导下的校长负责制，不断提升领导班子办学治校能力。根据中央统一部署和教育部党组安排，校院两级和校部机关领导班子以“严格党内生活，严守党的纪律，深化作风建设”为主题，以贯彻中央八项规定精神、坚决反对“四风”、持续抓好整改落实为重点，高质量开好本年度民主生活会。学校领导班子民主生活会受到教育部、中央督导组领导的充分肯定。

（四）加强干部队伍建设。协助中组部、教育部和福建省委干部考察组做好校级行政领导班子换届考察的有关工作。召开全校组织工作会议，根据中央有关精神，修订出台我校有关干部选任及管理办法。做好干部选任调整工作，组织开展副处级干部交流轮岗工作，选任、调派26位中层领导干部、139位科级干部、17位系级单位负责人、8位科研平台负责人和4位孔子学院中方院长。开展处级后备干部集中补充调整工作。推进干部挂职交流工作，推荐37名教师、干部到地方政府部门挂职锻炼；试行校内挂职，推荐选拔优秀青年教师到机关职能部门挂职锻炼。抓好干部教育培训工作，制定干部教育培训规划（2013—2017年），选派干部、教师62人次赴中央党校、国家行政学院、全国组织干部学院、福建省委党校等培训机构进行脱产培训，开展对校部机关128名科级干部的集中培训。

（五）加强基层党组织和党员队伍建设。完成全校36个基层党委（党总支）的换届选举工作。制定党代会代表常任制实施办法，积极推进党内民主建设。优化党支部设置，积极探索设立与实验室、课题组、学科方向等相对应的研究生党支部，探索在学生公寓、学生社团、国防生连队以及社会实践团队设置党支部。组织开展党支部工作立项活动,4个项目获福建省支部立项工作优秀成果表彰。按照“控制总量,优化结构,提高质量,发挥作用”的总要求,做好党员发展工作,本年度共发展党员2098名。建立健全兼职组织员制度,聘请24名离退休老同志担任特邀党建组织员。做好学校第一个党组织成立90周年庆祝活动筹备工作,召开纪念中国共产党成立93周年暨“一先两优”表彰大会,25个先进集体、178名先进个人受到校级以上党组织表彰。

(六)加强党风廉政建设和反腐败工作。严格执行党风廉政建设责任制,制定学校深入推进惩治和预防腐败体系建设实施办法,全校72个党风廉政建设主体单位党政主要负责人和书记、校长签订主体责任约谈承诺书。持之以恒地落实中央八项规定和教育部20项措施及学校16条办法,推进班子廉洁建设和机关效能建设。强化干部监督管理工作,严格执行领导干部述职述廉、个人有关事项报告、经济责任审计、干部离任廉政检查等工作制度。规范权力运行,加强对重要部位关键环节的监督,促进重点部位关键环节工作的规范化,对全校30个单位开展科研项目经费专项检查,及时查处科研经费违规使用行为。加大查信办案力度,加强和规范问题线索管理,完善案件线索排查制度,保持惩治腐败的高压态势。推进校园廉洁文化建设,开展廉政文化作品大赛,举办廉政大讲坛、反腐宣传进校园等活动。

(七)加强统战、工青妇、离退休和校友工作。加强统战工作制度建设,修订完善校党委常委联系党外代表人士工作制度,出台加强新形势下党外代表人士队伍建设的实施意见。召开六届六次教代会、第二十二次工代会、第十四次团代会,完成校级学生组织换届工作。关心老同志生活,落实老干部生活待遇,加强离退休工作队伍建设和涉老平台建设。继续推动各地校友会建设,成立金门、青海、甘肃、宁夏、内蒙古校友会,召开第四届全球校友会会长、秘书长联席会议。认真做好第七次教代会、校友总会理事会、教育发展基金会理事会换届筹备工作。

(八)加强和改进思想政治教育工作

1.加强师德师风建设。贯彻落实教育部党组关于加强师德建设的意见精神,在教师中广泛开展师德教育,认真查处师德失范行为。树立优秀教师和先进集体典型,潘懋元老师当选2014年“全国教书育人楷模”,孙世刚老师获“全国模范教师”称号,王亚南经济研究院获“全国教育系统先进集体”称号。举办青年教师教学技能比赛,成功承办福建省第二届高校青年教师教学竞赛。依托学校教师发展中心,开展各类教师培训,加强教学质量保障体系研究与建设。做好校领导随堂听课和“书记走基层”、“校长有请——教职工早餐会”、校领导接待日等活动,及时了解、解决教育教学中存在的问题。

2.加强校园文化建设。举办纪念陈嘉庚诞生140周年系列活动,进一步传承和弘扬嘉庚精神。深入挖掘校史中的先贤事迹和中华民族优秀文化,精心打造《长征组歌》《黄河大合唱》《哥德巴赫猜想》等校园经典作品,在校内外巡演中广受好评,原创校园话剧《哥德巴赫猜想》入选中国科学技术协会“共和国的脊梁——科学大师名校宣传工程”项目,并在第四届中国校园戏剧节上获优秀剧目奖。组织开展“走下网络、走出宿舍、走向操场”群众性课外体育锻炼系列活动,成功举办第二届校园合唱节,邀请国家话剧院、厦门小白鹭艺术团等校外高水平艺术团体来校演出。完成厦门大学网上展馆二期建设,获评全国高校百佳网站。拓展学生课外学术活动,“名师下午茶”“院长论坛”“跨学科论坛”“人文大讲坛”“翔安讲坛”等成为学生喜爱的活动。举办国际文化交流节活动,促进海内外学生交流。

3.加强大学生思想政治教育。引导广大学生积极践行社会主义核心价值观,组织学习习近平总书记“五四”重要讲话精神,持续开展“让校园更美好”“践行社会主义核心价值观”等主题实践活动,举行首个“烈士纪念日”祭扫活动和首个“国家宪法日”系列普法宣传活动。加强思政教育基地建设,在古田、长汀建立学校爱国主义教育基地和社会主义核心价值观教育基地。做好学生骨干培养和优秀学生典型选塑工作,精心组织开展以“为祖国勤学修德,以实践明辨笃实”为主题的暑期社会实践活动,我校荣获2014年全国大中专学生志愿者暑期“三下乡”社会实践活动先进单位称号。持续推进网络思政平台建设,加强易班、“i厦大”手机客户端、学校官方微信等网络新媒体建设,培育孵化32个校级网络文化工作室,“E维”网络文化工作室入选首批“教育部大学生网络文化工作室”,我校荣获教育部新闻办授予的“2014年度全国教育系统新媒体宣传综合力十强”称号。

4.做好心理健康教育和毕业生就业工作。主持召开2014年全国心理健康教育工作专题研讨会。多渠道开展心理健康教育,大力深化心理三级网络工作模式,规范心理咨询服务,做好心理危机预防与干预工作。完善就业创业服务体系,坚持引导学生面向重要行业和领域就业,强化学生职业辅导与就业指导服务,全年举办宣讲会400多场,发布就业需求信息9万多个。截至2014年12月31日,2014届毕业生就业率为97.3%,较2013年同期上升2.1%,到重点单位就业毕业生比例达35.2%,经济特殊困难毕业生百分百就业。2014年,我校被教育部授予"全国毕业生就业典型经验高校"称号。

5.做好校园稳定工作。加强校园安全管理制度建设,制订"平安校园"等级创建活动实施方案,签订学校综治安全稳定目标管理责任书。加强对课堂、讲座、论坛等的管理,严密防范宗教渗透,做好防范抵御邪教工作。加强防台风防洪工作,做好校园卫生检查和防疫工作。完善舆情分析研判制度,加强网络舆情监测,妥善应对网络突发事件。深入推进安防体系建设,加强学校总监控中心、公共区域、学生公寓监控系统建设,做好消防器材维护更新,加强消防事故警示教育。完善校园道路交通标识,开展交通管理专项整治工作。组织开展"安全生产月"活动,认真排查化解安全隐患。完成原凌峰13号楼的翻修工作,改善大学路派出所的办公条件。推进警校合作,加强游客入校管理和校园治安整治,2014年校园内治安和刑事案件发案率均明显降低,其中"110"刑事警情(诈骗、盗窃等)同比下降26%。我校被评为福建省"平安先行学校",省委教育工委评定我校安全标准化建设为二级达标(现有最高等级)。

二、以改革创新的精神推动学校事业科学发展。过去的一年,学校坚持解放思想、更新观念、真抓实干、务求实效,深入谋划推进学校综合改革,为实现新目标、促进新发展注入强大的动力,各项事业都取得了新的成绩。

(一)加强谋划,完善治理结构,为深化改革提供保障

1.坚持深化改革,谋划内涵发展。分别召开校级领导班子和中层以上领导干部务虚会,围绕"两个百年"战略目标和深化综合改革目标任务,专题研讨学校改革发展重大问题,加强对内涵式发展、一流大学建设的前瞻性思考和战略性谋划。深入学院调研,解放思想,集思广益,系统谋划、认真编制《厦门大学综合改革方案》。

2.进一步完善内部治理结构。完成《厦门大学章程》编制并获教育部核准公布实施,为加快完善学校内部治理结构、推进依法治校制度体系建设奠定了坚实基础。转变学校行政职能,通过改革校学术委员会、修订学术委员会章程、调整学术委员会和学部委员会人员构成、成立学院教授委员会等一系列举措,进一步发挥学术组织在民主管理、科学决策、政策咨询中的重要作用。

(二)人才培养质量不断提高

1.深入实施本科教学工程。深化大类培养人才培养模式改革,一、二年级实施大类招生、大类培养;推进"小班化"教学,打通本研部分课程;加强实践教学,每个在学本科生参加一项科研创新训练和社会实践。扎实推进本科教学改革工程项目建设,在第七届高等教育教学成果奖评审中,获得国家级教学成果二等奖5项,获省级高等教育教学成果奖特等奖6项、一等奖9项、二等奖18项,20门课程入选教育部精品资源共享课建设计划,10本教材入选"十二五"普通高等教育本科国家级规划教材,新增1个国家级虚拟仿真实验教学中心,组建14个校级大学生校外实习实践教育基地。学校成为中国唯一入选联合国教科文组织"高等教育内部质量保障优秀原则和创新实践项目"的高校,"中国高等教育质量监测与评估研究基地"率先落户我校。

2.大力实施研究生教育质量与创新工程。延长博士生学制,推进研究生奖助体系,全面提高博士生的生活待遇,使博士生有充分的时间和资助保证其潜心科学研究。强化以科学研究为主的研究生培养机制,完成全校53个一级学科的研究生培养方案修订,较大幅度缩减培养方案数目、硕士总学分和研究生总课程数。2014年学校被列为教育部研究生课程改革试点单位。完善研究生教育质量保障与监控体系,组建一级学科研究生培养指导委员会与专业学位研究生培养指导委员会。加强研究生导师队伍建设和管理工作,修订博士生指导教师资格遴选和确认工作细则。

3.积极推进大学生创新创业训练。做好科创竞赛总结,组织召开科创竞赛总结表彰大会,更好地推

进科创竞赛工作。学生在各级各类学术竞赛中屡创佳绩,共有298人次获得各级各类竞赛奖项,其中171人次获得省市级以上竞赛奖项。我校在首届"创青春"全国大学生创业大赛中捧得"优胜杯",并获得教育部授予的"2012—2014年国家级大学生创新创业实施工作先进单位"称号。特别值得一提的是,在iGEM(国际遗传工程机器设计竞赛)上,我校12个学院学生组队,与国内外一流大学(哈佛大学、MIT等)同台竞技,获得金奖;在BIOMOD(国际生物分子设计大赛)竞赛中获得金奖;在2014"英特尔杯"大学生电子设计竞赛嵌入式系统专题邀请赛中获一等奖,这是我校在该赛事上十年来的首次突破;在第12届Jessup国际法模拟法庭竞赛中国选拔赛中勇夺桂冠。

(三)自主创新能力显著增强

1.积极推动协同创新。做好协同创新中心评审认定工作,"能源材料化学协同创新中心""两岸关系和平发展协同创新中心"通过教育部综合评审,获批国家级协同创新中心。新增3个省级协同创新中心。

2.产出一批高水平科研成果。在*Science*杂志上发表学术论文1篇,在*Nature*、*Cell*子刊上发表学术论文6篇。影响因子IF≥20的文章共7篇,影响因子IF≥10的文章共41篇。专利申请总数590项,专利授权总数378项;计算机软件著作权获批109项。人文社科以厦门大学为第一完成单位被SSCI和A&HCI收录的论文共67篇。

3.科研平台建设取得新进展。固体表面物理化学国家重点实验室评估获优秀,细胞应激生物学国家重点实验室顺利通过验收。新增阻燃与防火材料技术、海洋生物抗菌肽技术、创新疫苗成药性技术等3个福建省产业技术重大研发平台。公共服务质量研究中心、海洋法与中国东南海疆研究中心、中国特色社会主义研究中心列入福建省社科研究基地。规范和加强校批研究机构建设,出台校级科研机构建设管理办法,对运行不佳的校级科研机构进行调整或撤销。

4.科研经费及科研项目稳步增长。全年到账科研经费9.86亿元,同比增长40%,基本完成年初预定目标,其中理工医科8.6亿元(纵向7.1亿元,横向1.5亿元),人文社科1.26亿元(纵向0.85亿元,横向0.41亿元)。

(1)理工医科方面。新立项项目1215项,其中纵向项目600项,横向项目615项,单项超过500万元的项目19项。获国家自然科学基金资助项目298项,立项经费2.33亿元,立项经费数在全国高校排名第15。获科技部项目立项47项,立项经费7969万元,新增国家重点基础研究发展计划首席项目3项(其中973计划1项、国家重大科学研究计划2项);获国家海洋局重大项目1项。军品科研项目到位经费1.2亿元,同比增长一倍。

(2)人文社科方面。新立项项目574项,其中纵向项目287项,横向项目287项,单项超过50万元的项目26项。4个项目获国家社科基金重大项目立项,获资助经费320万元。2个项目获教育部重大课题攻关项目立项,获资助经费140万元。36个项目获国家社科基金年度项目批准立项,立项项目数位居全国高校第7,资助经费达780万元。

(四)社会服务实效深入拓展

1.拓展深化校地、校企以及与兄弟院校战略合作。与厦门市人民政府、复旦大学签署深化战略合作协议,在决策咨询、协同创新、医疗卫生等领域进一步深化合作。积极落实厦门市共建厦大医院的协议,推进附属翔安医院、附属演武医院筹建工作。积极拓展与人民日报社、中国建行、中核集团、贵州铜仁、厦门金圆集团、海澳集团、宁夏大学、宁夏固原的战略合作。积极落实与厦门航空有限公司、宁德市战略合作事宜。做好与中海油、新华社亚太总分社、广西壮族自治区政府、昌吉、河池、三明、南平的战略合作前期对接。做好与厦门市政府、清华大学共建"清华海峡研究院"有关工作。做好与翔安区"典范翔安"系列课题研究对接。

2.大力推进成果转化与产业化。加强高端应用研究,组建石墨烯工业技术研究院。推进产业技术研究院建设,推动新技术、新产品和新装备的开发、转化和推广,促进产学研的深度和多维合作。推进科技与金融平台相结合,构建科技和金融合作平台、拓展融资渠道,促进科技成果产业化。目前,我校拉曼光谱仪器项目已与支点投资公司开展具体合作,并积极推进与中科招商集团共同组建"中科厦大技术孵化有限公司”。1 个项目在第 16 届中国国际工业博览会中获中国高校展区优秀展品二等奖；25 项知识产权实现转化，转化金额 444 万元；5 项专利技术折价入股，折价金额 1200 万元。

3.充分发挥智囊团、思想库作用。围绕宏观经济政策、两岸和平发展、能源发展战略、南海权益等重大理论和现实问题，为中央和各级党委政府提供了高质量决策咨询服务，取得良好社会反响。宏观经济研究中心主持研制的中国季度宏观经济模型 CQMM 面向全球发行英文版《中国宏观经济展望》，这是我国首份向世界发行的英文版中国宏观经济报告，并首次在德国召开季度宏观经济模型的预测发布会。举办“2014 南洋论坛”，围绕“一带一路”倡议、加强中国与东盟合作建言献策。召开全校继续教育工作会议，加强继续教育工作体制机制建设，为构建终身学习型社会提供优质服务。

（五）学科核心竞争力不断提升

1.推进学科建设，优化学科布局。完成授予博士、硕士学位和培养研究生的二级学科自主设置工作。完成新增硕士专业学位授权点申报工作，推动专业学位学科布局结构的调整。配合做好国务院学位委员会学科评议组换届和成员选聘工作，我校 12 人当选新一届国务院学位委员会学科评议组成员。新增 1 个学科（数学）进入 ESI 世界前 1%。

2.加强重点建设管理。积极向省市争取“985 工程”过渡期配套经费。做好“985 工程”过渡期建设经费安排和下达工作。2014 年是“985 工程”建设过渡期，共获得建设经费 2.15 亿元，其中中央专项资金 1.47亿元，地方配套资金 0.68 亿元。梳理“985 工程”建设项目资金情况，开展重点建设绩效自评工作，保障学校重点建设可持续发展。

（六）人才队伍建设成效显著

1.建立健全各类人才定期统一招聘制度。首次面向全球集中发布教师招聘计划、附属医院临床医学高层次人才招聘计划，实行其他专业技术中初级职务人员统一招考制度，健全党政管理人员招聘制度，新聘教职工的数量和质量均有了大幅提升。新聘全职教师 156 人，其中，教授 18 人、副教授 41 人，占 38%；具有博士学位的 144 人，占 92%；具有国（境）外学习（工作）经历的 119 人，占 76%；在国（境）外取得博士学位的 68 人，占 44%。新聘各类非全职教师 98 人、其他专业技术人员 54 人、党政工作人员 60 人、辅导员 16 人及研究型助理教授 32 人。

2.充分发挥高层次人才的引领作用。着眼于提升高层次人才引进实效，对高层次人才的聘任和绩效评估工作进行了规范。高层次人才在引领学科发展、凝聚学术团队、开展前沿研究等方面发挥了重要作用。新增“长江学者”特聘教授 2 人，“国家杰出青年基金”获得者 1 人，“万人计划”入选者 3 人，福建省“高校领军人才资助计划”入选者 8 人。

3.进一步完善教职工培养体系。制定《其他专业技术人员出国（境）研修项目试行办法》，构建覆盖三支队伍的教职工出国（境）研修体系。认真落实“两个一百”计划，109 位教师、72 位党政管理人员和辅导员赴国（境）外研修。扎实推进国际化师资培养与储备计划，先后与南安普顿大学、特拉华大学签订合作协议。以强化岗位基本技能为核心进一步完善新进教职工培训课程体系。新增 5 个博士后科研流动站，研究设计博士后调薪方案，着力加强科研后备力量队伍建设。

4.进一步探索有效的薪酬激励制度。认真做好国内外高校教师薪酬水平的调研工作，为建立学科导向的、内具公平性、外具竞争力的分类薪酬制度提供依据。进一步提高岗位绩效津贴标准，制定翔安校区、漳州校区工作补贴发放办法，实施全职外籍和台港澳籍人员社会保险缴交方案。

（七）对外交流合作深入推进

1.积极推动马来西亚校区建设。2014 年 7 月 3 日，在马来西亚隆重举行厦门大学马来西亚分校奠基典礼，马来西亚总理纳吉布、中国教育部代表陈舜等 600 多人出席，马来西亚分校的开工建设，标志着我校正式走出了中国一流大学到国外办学之路。编制分校建设可行性研究报告，完成分校一期主体工程招标并投入施工，启动分校教职工招聘工作，做好向马来西亚政府申请课程认证工作，落实或明确意向用于分校建设的资金达 6 亿多元。中国水电集团七局中标，2014 年 10 月 17 日正式开工，建设进展十分顺利。

2.着力做好对外交流工作。新签校际合作协议 10 个，目前与国（境）外高校签订的协议书总数达到

283个。做好公派留学出国工作,今年我校获得国家留学基金委项目立项资助的学生人数创历史上最好成绩,相关录取学生被派往哈佛大学、牛津大学、剑桥大学、麦吉尔大学、巴黎高师等世界顶尖一流高校攻读博士学位或联合培养。1784人次师生赴国外参加各种学术交流,1473人赴台港澳地区参加各种交流活动;累计接待国外境外来访者1649人次;举办24场国际及两岸学术会议,举办“特里尔大学日”“特拉华大学日”活动,在圣地亚哥州立大学举办“厦门大学日”、与特拉华大学合办“孔子学院日”活动,将国际交流与合作推向更宽更广的领域。

3.圆满完成第九届孔子学院大会承办任务。来自全球126个国家的大学校长和446个孔子学院、42个孔子课堂的负责人以及国内相关部门负责人共计2000多人参加会议。这是全球孔子学院大会首次在北京以外的地区举行。学校高度重视,成立了筹备领导小组和专门工作组,抽调大量工作人员和志愿者参与,举全校之力为大会提供了高质量服务和全方位保障,受到中央领导、孔子学院总部/国家汉办领导和各方高度评价与赞扬。新增1所孔子学院,启动孔子学院院长学院建设,为孔院事业的发展做出新贡献。

4.拓展与深化“G50战略伙伴计划”。学生交流、人员交流频度增加,联合科研项目与学术研讨会议频繁。学生交流方面,与乔治城大学、北卡州立大学等开展暑期合作项目,新增了与加州大学伯克利分校等6所高校的学生交流项目;联合培养方面,涵盖滑铁卢大学本科生“2+2”联合培养项目、厦门大学—特拉华大学海洋双博士学位项目等;联合科研方面,与特里尔大学德语系建立院系伙伴关系计划,与台湾大学共同开通“史政局简报资料”资料库。做好厦门大学纽卡斯尔学院筹建工作,设立与纽卡斯尔大学、卡迪夫大学联合研究基金,启动与纽卡斯尔大学的联合研究项目7项。

(八)办学条件进一步改善

1.全面提升办学保障能力。千方百计争取办学经费,全年完成预算收入40.36亿元,同比增长16%;全年到位1.53亿元的捐赠,完成9000万元的修购任务,一批教学科研设施得到改善;全年共完成4.17亿元(不含马来西亚校区)基本建设任务,新增5.88万平方米的教学科研用房。

2.积极推动基本建设项目和修缮项目。思明校区完成物理机电航空大楼工程、海韵北区置换房和海韵二期项目拆迁安置房建设,以及南安楼、南光二等修缮工程;基本完成曾厝垵学生公寓新楼、圣诺有色金属研究院等项目收尾工作;加快推进曾厝垵运动场、勤业餐厅改扩建、成义楼修缮工程等项目的建设。翔安校区完成图书馆二次装修、高级护理楼二次装修、学生活动中心、汉语国际推广南方基地、学生公寓运动场等工程施工;加快推进教工俱乐部、国际学术交流中心、分子影像大楼等项目建设。漳州校区完成幼儿园工程施工。

3.扎实推进征地拆迁工作。成立土地房屋征收工作领导小组,加大力度、抢抓机遇推进征地拆迁工作。完成曾厝垵学生公寓运动场地征收工作。完成东山太古海洋中心二期征收工作。签订海韵二期征收前期工作委托协议,重新启动该项目征收工作。初步制订滨海楼及顺龙汽修厂等搬迁安置方案,保障附属演武医院建设。

4.做好公房安排和调整。完善公房基本数据,做好思明校区校舍资源调整工作。出台《厦门大学行政办公用房、设备、家具配置标准暂行规定》,规范公房设施配置标准。完成国际关系学院、教育研究院、物理与机电工程学院、数学科学学院、信息科学与技术学院、人文学院、外文学院、新闻传播学院等公房调整。研究制订颂恩楼调整方案,并完成搬迁工作。

5.加强校园信息化和图书馆建设。完善校园无线网络建设,部署统一认证的无线接入点1080个,遍布思明校区和翔安校区公共区域。启用翔安校区图书馆,使我校专用图书馆面积达到14万平方米。开通“校园服务在线”网站服务平台,方便师生学习、工作和生活。

(九)民生保障进一步落实

1.做好学生资助工作。持续推进资助体系改革,认真做好各类奖助学金评审工作,着力提高奖励资助效益,提升资助育人水平。全年共发放研究生奖学金、各类奖助学金及困难补助、国家助学贷款2.45亿元,同比增长43%。

2.努力改善教职工待遇。

(1)改善教职工住房条件。落实 507 套海韵北区安置房,积极争取洋塘小区人才房、洪前保障房;完成第六批 173 套高林人才住房配售工作;完成 333 名教职工 3838 万元住房货币化补贴发放;做好周转房、博士后公寓、进修教师和访问学者住宿等短期租赁房管理,修订周转房管理办法。

(2)提高教职工工资待遇。完成岗位绩效津贴改革,2014 年 7 月再次提高教职工工资水平,同时落实物价补贴政策。目前,我校教职工工资收入已基本达到厦门市同级公务员水平。

(3)改善工作学习生活配套条件。举办职工夜校,435 人次参加学习,255 人获得结业证书。开通思明校区往返高林教工住宅通勤班车。落实岛外工作补贴。改善翔安校区公共交通,建设翔安校区教工俱乐部、国际学术交流中心、大车库。全力做好教职工子女入读附属学校的协调工作。

——本文摘录自《关于印发〈厦门大学 2014 年度工作报告〉的通知》,厦大委综〔2015〕9 号,档号 2015-XZ09-34

·专 文·

围绕中心　服务大局　开拓进取　真抓实干
为全面建成世界知名的高水平研究型大学而奋斗

——在厦门大学第22次工会会员代表大会开幕式上的讲话

(2014年2月27日)

校党委书记　杨振斌

尊敬的各位来宾、各位代表、同志们：

厦门大学第22次工会会员代表大会今天隆重开幕了，这是全校教职工会员和工会干部政治生活中的一件大事。开好这次大会，对于深入贯彻党的十八大、十八届三中全会精神以及中国工会十六大精神，全面落实学校第十次党代会制定的各项目标任务，团结动员全校教职工为努力实现学校“两个百年”奋斗目标具有十分重要的意义。在此，我谨代表校党委、校行政对大会的召开表示热烈的祝贺！向莅临会议的各位领导表示热烈的欢迎和衷心的感谢！向全体与会代表并通过你们向全校教职工会员致以亲切的问候！

第21次工会会员代表大会以来，伴随着我校办学质量和办学水平的不断提高，校工会紧抓机遇、乘势而上，认真履行职能，各项工作取得了显著进展。多年来，全校教职工充分发扬工人阶级的优良传统，以高度负责的主人翁精神、昂扬奋进的精神状态，立足岗位，埋头苦干，为学校的建设发展做出了重要贡献，充分展示了当代工人阶级的精神风貌。校工会第二十一届委员会始终坚持开展活动与中心工作结合，坚持维护教职工合法权益与关心教职工成长相结合，坚持民主管理与民主监督相结合，全心全意做好服务学校事业发展、服务教职工“两个服务”工作，牢牢把握文化营造、健康普及、能力培养与教职工关怀的“四条主线”，深入推进“全国模范职工之家”建设，取得了一系列可喜的成绩。实践证明，我校教职工不愧为推动学校各项事业发展的中坚力量，各级工会组织不愧为各级党委联系教职工群众的桥梁和纽带。

党的十八大全面总结了中国特色社会主义建设取得的伟大成就，绘就了全面建成小康社会的宏伟蓝图，特别是再次强调了全心全意依靠工人阶级的方针，对做好新时期工会工作提出了新的要求。党的十八届三中全会要求在推动全面深化改革中充分发挥工人阶级主力军作用。中国工会十六大发出了“团结动员亿万职工在全面建成小康社会、实现中华民族伟大复兴的中国梦的历史进程中充分发挥工人阶级主力军作用”的动员令。去年六月召开的我校第十次党代会，明确了“两个百年”的奋斗目标，赋予了我校教职工和工会组织新的使命和任务。全校教职工和各级工会组织要认真学习贯彻会议精神，全面贯彻落实我校第十次党代会的目标任务，牢记使命、不负重托，为推动我校各项事业又好又快发展做出新的更大贡献。

在此，我代表学校党委，对我校教职工和工会工作提几点希望：

第一，要做信念坚定的践行者。改革开放30多年来的实践证明，我国的现代化建设之所以能创造举世瞩目的伟大成就，就是因为我们坚持和发展了中国特色社会主义。我们一定要牢固树立中国特色社会主义理想信念，始终做坚持中国特色社会主义道路的柱石、弘扬中国精神的楷模、凝聚中国力量的中坚，始终以主人翁的姿态为坚持和发展中国特色社会主义做出贡献。要自觉带头践行社会主义核心价值观，发扬我国工人阶级的伟大品格，发挥高校文化引领功能，用先进思想、模范行动影响和带动全社会，不断为中国精神注入新能量。

第二，要做事业发展的建设者。校第十次党代会明确提出，今后五年乃至更长的一段时期，我校发展的战略总目标是：在建校一百年时全面建成世界知名高水平研究型大学，力争在新中国成立一百年时跻身世界一流大学行列。这就为全校教职工施展才能、成就梦想提供了更加广阔的舞台。大家要强化历史使命感和责任感，自觉把个人追求与国家富强、社会进步、学校发展紧密结合起来，自觉把个人梦与厦大梦、中国梦紧密联系起来。要大力弘扬工人阶级伟大品格，牢固树立劳动最光荣、劳动最崇高、劳动最伟大、劳动最美丽的观念，把教职工的力量凝聚起来、积极性调动起来、创造性激发起来，以领跑者的步伐解读厦大梦、以劳动者的佳绩共创厦大梦、以创新者的姿态拥抱厦大梦。要脚踏实地、真抓实干，始终保持好中求快、又好又快的发展意识，不进则退、小进亦退的忧患意识，先行先试、敢闯敢拼的创新意识，奋勇争先、争创一流的进取意识，重实际、办实事、求实效，聚精会神、心无旁骛地推动学校发展。

第三，要做深化改革的推动者。改革开放是决定当代中国命运的关键，是中国发展进步的动力源泉。改革也是新时期厦门大学事业发展的鲜明特点，是今后发展的必由之路。当前，学校改革发展面临的机遇难得，挑战很多，必须进一步解放思想、改革创新，把创新的思路、办法和精神落实到学校改革发展事业的各个环节。广大教职工要大力支持改革，积极参与改革，以实际行动支持学校出台的人才培养模式、科研管理体制、人事分配制度、内部治理结构等一系列全面深化改革的政策措施，积极投身于改革和创新活动，推动我校在全面深化改革中不断发展，为实现新目标、促进新发展注入强大的动力。

习近平总书记深刻指出，工会是中国共产党领导的工人阶级群众组织，是党联系职工群众的桥梁和纽带，是社会主义国家政权的重要社会支柱。这为做好新形势下工会工作提供了根本遵循。希望我校各级工会深刻学习领会习近平总书记讲话精神，一要紧紧围绕学校中心工作，加强教职工思想政治工作，调动教职工劳动创造的积极性。二要以实现好、维护好、发展好教职工的根本利益作为出发点和落脚点，尊重教职工主体地位，维护教职工合法权益，带动大家积极参与民主管理，让广大教职工体面劳动、舒心工作、全面发展。三要以改革创新精神加强工会组织自身建设，工会干部要带头践行党的群众路线，提高服务科学发展、服务教职工的能力，建设学习型、服务型、创新型工会，努力为教职工办实事、解难事，让教职工真正感受到工会是“职工之家”，工会干部是最可信赖的“娘家人”。学校各级党组织要加强和改进党对工会工作的领导，支持各级工会依照法律和章程独立自主创造性地开展工作，关心爱护工会干部，为工会工作创造更加有利的条件。

各位代表、同志们，我们党对工会寄予厚望，广大职工群众对工会充满期待。让我们更加紧密地团结在以习近平同志为核心的党中央周围，坚定不移地走中国特色社会主义工会发展道路，围绕中心，服务大局，开拓进取，真抓实干，团结动员全校教职工为实现国家富强、民族振兴、人民幸福的伟大中国梦做出我们厦大人新的更大贡献。

预祝第22次工会会员代表大会取得圆满成功！

谢谢！

——本文摘录自《杨振斌书记讲话材料》，档号2019-XZ09-004

在实现中国梦、厦大梦的伟大实践中奏响青春之歌

——在共青团厦门大学第十四次代表大会上的讲话

(2014年6月29日)

校党委书记　杨振斌

各位代表、同学们、同志们：

中国共产主义青年团厦门大学第十四次代表大会今天隆重开幕了。这是全校团员青年政治生活中的一件大事。我代表校党委、校行政，向大会的召开表示热烈的祝贺！向莅临会议的各位领导、各位来宾表示诚挚的欢迎！向在座的各位代表以及全校的共青团员、青年朋友们致以亲切的问候！后天是"七一"，是党的93周岁生日，我们在此时召开团代会，也是对党的生日的献礼。

厦门大学是一所具有光荣革命传统的大学，是福建省第一个中共党支部的诞生地。建校93年来，厦门大学始终与民族共命运，与祖国同呼吸，与时代同进步，为国家发展、社会进步、民族振兴做出了重要贡献，爱国爱校、追求真理、艰苦奋斗、严谨治学的优良传统在这里生生不息，自强不息、止于至善的校训精神在这里代代相传，一辈又一辈的厦大青年从这里走向社会，在祖国建设的各条战线上挥洒汗水、建功立业。

我们高兴地看到，共青团厦门大学第十三次代表大会召开以来，在校党委和上级团组织的正确领导下，全校各级团组织高举中国特色社会主义伟大旗帜，围绕培养德智体美全面发展的中国特色社会主义合格建设者和可靠接班人这一根本任务，扎实开展"和谐校园、青春先行""我与中国梦"等主题教育活动，推进青年道德实践和志愿服务，团员青年思想引领工作得到进一步加强；围绕学校创新人才培养，推动第一课堂与第二课堂相结合，加强与教学、科研部门的协同育人，学生科技创新创业和社会实践工作已成体系；大力开展校园文体活动，提高青年综合素质，促进青年身心健康，成效显著；深入推进青年马克思主义者培养工程，抓好学生骨干队伍和基层团组织干部队伍建设，不断扩大团的工作覆盖面，增强服务广大青年成长成才的能力与水平，圆满完成了校党委交给的各项任务，为创建美好厦大、推动我校各项事业持续健康发展做出了重要贡献。

实践证明，我校团员青年朝气蓬勃、奋发有为，敢于有梦、勇于追梦、勤于圆梦，正在用行动书写着厦大学子的光荣与责任，传递着春春正能量；我校共青团组织听党指挥、服务青年、富有战斗力、凝聚力和影响力，正团结带领全校团员青年围绕中心、服务大局，发挥党的助手和后备军作用，引领全校团员青年在成长成才的道路上阔步前行。

当前，与我们伟大的祖国一样，厦门大学的发展正站在一个新的历史起点上。全面建成小康社会、实现中国梦的新目标，推动福建省新一轮大发展、实现厦门市新跨越的战略目标，都对我们提出了新的更高要求。在刚刚过去的"五四"青年节，习近平总书记在北京大学与学生代表座谈时对青年学子寄予无限期望，他希望青年学子要争做社会主义核心价值观的坚定践行者和传播者，勉励青年学子要按照"勤学、修德、明辨、笃实"的要求，把握机遇、谋划人生，激扬青春、奋发有为，在实现中国梦的伟大实践中书写别样的青春。习总书记的谆谆教诲为新时期青年的成长成才指明了方向，也对共青团工作提出了更高的要求，我们要将总书记的信任和嘱托作为今后共青团工作的动力和目标。

去年6月，我校第十次党代会提出了"两个百年"的奋斗目标，即在建校一百年时全面建成世界知名高水平研究型大学，力争在新中国成立一百年时跻身世界一流大学行列。伟大的事业需要一代又一代人

接力，美好的未来需要一代又一代人奋斗。开好这次大会，对于我校全面贯彻落实党的十八大精神，对于全校各级团组织进一步团结带领广大青年为实现我校第十次党代会提出的宏伟目标而努力奋斗，具有十分重要的意义。

在此，我代表学校党委，对我校团员青年和共青团工作提几点希望：

第一，希望全校广大团员青年要坚定理想，慎思明辨。理想信念是追求事业、攻坚克难、勇往直前的强大精神支柱和力量源泉。每个青年都有自己的理想抱负，每一代青年人都有自己的际遇与机缘，而青年又正处于立学立德立志的重要阶段，在这个时期形成的理想信念、价值观念对人的一生影响最大。从实践来看，个人的理想抱负只有与全民族的共同理想相一致、与祖国发展的历史洪流相融合、与人民前进的伟大步伐相统一，才能真正得以实现。当前，社会纷繁多变、思想多元，面对学业、情感、职业选择等多重考量，同学们一时有些疑惑、彷徨和失落，这是青年时代正常的人生经历。唯有慎思明辨，晓得失、知荣辱，深入社会，主动思考，不断增强自己的理性审察能力，增强对中国特色社会主义的道路自信、理论自信、制度自信，才能把握人生方向，形成正确的理想信念。希望大家把个人理想融入中国特色社会主义共同理想，坚定知党、爱党、跟党走的信心和信念，始终用中国特色社会主义理论武装头脑，大力弘扬以爱国主义为核心的民族精神，努力成为中华民族传统美德的传承者、社会主义道德规范的实践者。希望大家自觉把社会主义核心价值观作为参照系和评价、选择、取舍的标尺，作为做人做事的基本准则，坚持从我做起，从小事和细节做起，从力所能及的事做起，把社会主义核心价值观内化于心、外化于行，在成长成才中分享经验、感动同辈、成就价值。

第二，希望全校广大团员青年要胸怀大爱，勇于担当。青年有担当，国家就有希望。在刚刚结束的2014届毕业典礼上，朱校长在讲话中指出，在厦大93年的办学实践中，“担当”二字已经融入厦大人的血液之中，“担当”二字已经成为厦大人的精神追求。校主陈嘉庚先生倾资办学，是对国家、对民族的担当；校友罗扬才献身革命，是对理想、对信念的担当；萨本栋校长率领厦大全体师生内迁长汀艰苦办学，是对职责、对事业的担当；王亚南和陈景润潜心研究，是对科学、对真理的担当。这些担当，源自厦大人内心对国家、对民族的“大爱”，源自期盼国家富强、民族复兴的“大爱”。希望大家继续弘扬学校优良传统，坚持以爱国、革命、自强、科学的“四种精神”为引领，胸怀“大爱”精神，展现担当品格，勇挑时代赋予的重任，进一步增强责任感，始终把国家和人民的利益放在第一位，正确处理个人利益与集体利益、局部利益与全局利益的关系。要积极投身志愿服务，从我做起，从小事做起，常怀善念、常行善举，做崇德尚善社会风气的引领者。要牢固树立国家至上、事业为先的观念，把艰苦环境作为磨炼自己的机遇，勇于到基层一线、重点行业创业成才、建功立业，把青春的激情燃烧在奉献民族复兴的伟大岁月。

第三，希望全校广大团员青年要创新创造，笃实力行。青年时期是最富有生命力和创造力的时期。希望大家珍惜时光，在第一课堂学习中刻苦钻研专业知识和专业技能，充分激发自身蕴藏的创造活力和创造潜力；要积极培养创新思维，把创造热情和科学态度结合起来，把打好基础和创新突破结合起来，善于继承前人创造的成果、勇于超越前人业绩；要敢于走到社会实践的大课堂里，在实践中提升创新能力和水平，在科技创新活动中展示才华，在服务社会发展中显示身手，在促进科学发展中体现青春活力；要不断开阔视野，正确对待成长过程中的各种困难和挫折，艰苦奋斗、知行合一，使自己成为更大气、更自信、更高尚、更具辩证思维的人，以持之以恒地奋斗，创造出扎实的业绩，为青春书写辉煌篇章。

共青团是党领导的先进青年的群众组织，是党的助手和后备军。希望我校各级团组织要高举中国特色社会主义伟大旗帜，增强团组织的吸引力和凝聚力。要深入学习贯彻习近平总书记“五四”讲话精神，广泛开展社会主义核心价值观和“爱学习、爱劳动、爱祖国”教育活动。要以改革创新的精神，进一步做好团的工作和青年工作，主动适应当代青年在思想观念、行为方式方面呈现的新特点，不断完善工作思路，创新工作方式，进一步走进青年、服务青年，不断扩大团组织的有效覆盖面，增强组织活力，努力使团组织成为联系和服务青年学生和青年教职工的坚强堡垒，为党组织源源不断地输送新鲜血液。希望即将选举产生的新一届团委会继续在校党委和上级团组织的领导下，以高度的事业心和责任感，履好职、尽好责，进一步凝心聚力，推动我校共青团工作迈上新台阶。

共青团干部是开展团的工作的骨干力量,是党的干部队伍的重要组成部分。开创我校共青团工作新局面,必须有一支高素质的共青团干部队伍。希望全校团干部坚定理想信念、心系广大青年、提高工作能力、锤炼优良作风,以良好的精神状态全力抓好各项工作。要始终围绕立德树人这一根本任务,将培养中国特色社会主义事业合格建设者和可靠接班人作为自己的神圣使命。要不断增强青年工作的本领,经常深入青年学生,在同他们打成一片的过程中,努力探索做好青年工作的有效方法。要进一步加强党性锻炼,做到慎始、慎独、慎微,砥砺品质、严格自律,以身作则、率先垂范。

团的事业与党的事业密不可分,青年工作始终是党的群众工作的重要组成部分。学校各级党组织要从对党的事业负责和对学校的发展负责的战略高度,切实加强和改进对青年工作的领导。要坚持党建带团建,带基层组织建设,带团干部队伍建设,认真研究和解决共青团工作面临的新问题,为团组织开展工作创造良好的条件,支持他们生动活泼地、富于创造性地开展工作。要严格要求、热情关心、充分信任团干部,为他们提供更多的锻炼机会和发展空间。要主动与团员青年交朋友,多为团员青年办好事、办实事、解难事,在全校形成爱护青年、关心青年、鼓励青年成才、支持青年发展的良好氛围。

同学们、同志们,时代的责任赋予青年,时代的光荣属于青年。让我们更加紧密地团结在以习近平同志为核心的党中央周围,高举中国特色社会主义伟大旗帜,勇于担当、开拓进取,求真务实、奋发有为,在实现中国梦、厦大梦的伟大实践中唱响激昂的青春之歌,书写无愧于时代的壮丽篇章!

最后,预祝共青团厦门大学第十四次代表大会取得圆满成功!

谢谢大家!

——本文摘录自《杨振斌书记讲话材料》,档号 2019-XZ09-004

在庆祝中国共产党成立九十三周年大会上的讲话

（2014年6月30日）

校党委书记　杨振斌

同志们：

今天，我们在这里隆重集会，共同庆祝伟大的中国共产党成立93周年，一起重温党的光荣历史，回顾党的丰功伟绩，传承党的优良传统，激励全校各级党组织和广大党员干部，进一步坚定自信，奋勇争先，进一步加强学校党的建设，进一步推动学校事业科学发展，为全面建成世界知名高水平研究型大学而奋斗。

今天的大会上，校党委将表彰20个先进基层党组织，149名优秀共产党员、20名优秀党务工作者。今年，我校还有5个基层党组织、10名党员分别受到中共福建省委、省委教育工委和中共厦门市委表彰。他们都是我校新时期党建工作中涌现出来的先进典型，我代表校党委向获奖的先进单位和先进个人表示热烈的祝贺！同时，向在全校各个岗位上辛勤工作、无私奉献的共产党员致以崇高的敬意和节日的问候！

欲知大道，必先为史。回顾我们党波澜壮阔而又气势磅礴、跌宕起伏而又绚丽多彩的光辉历程，我们倍感自豪。中国共产党走过的93年光辉历程，是把马克思主义基本原理同中国实际相结合、探索救国图强真理的壮美画卷，是带领中国人民始终站在时代前列、不断创造辉煌业绩、赢得民心的浩然长歌，是始终以实现中华民族伟大复兴为己任，历经千辛万苦，战胜艰难险阻，不断自力更生、艰苦奋斗的壮丽史诗。

93年的光辉历程，是一部不断发展壮大的成长史。1921年的7月，在中华民族风雨飘摇、生死存亡的危难时刻，中国共产党肩负着国家、民族和人民的希望应运而生。中国有了共产党，从此在古老落后的中国出现了完全新式的、以马克思列宁主义为行动指南的、以实现社会主义和共产主义为奋斗目标的统一的无产阶级政党。这是开天辟地的大事，中国革命的面目焕然一新。93年来，中国共产党从小到大，从弱到强，不断发展壮大，成为革命近30年，执政60多年，领导改革开放30多年，掌管着960万平方公里国土、13亿多人口，拥有8000多万党员的世界第一大党，成为建设中国特色社会主义的坚强核心，创造了世界政党发展史的伟大奇迹。

93年的光辉历程，是一部探索救国图强的奋斗史。我们党带领全国各族人民，完成了新民主主义革命，建立了中华人民共和国，实现了民族独立、人民解放，开启了中华民族发展进步新的历史纪元。完成了社会主义革命，确立了社会主义基本制度，建立起独立的比较完整的工业体系和国民经济体系，实现了中国历史上最广泛最深刻的社会变革。进行了改革开放新的伟大革命，开创、坚持、发展了中国特色社会主义，推动中国社会主义现代化建设取得举世瞩目的伟大成就。

93年的光辉历程，是一部取得瞩目成就的发展史。我们党经过93年的奋斗、创造和积累，成功开辟了中国特色社会主义道路，形成了中国特色社会主义理论体系，确立了中国特色社会主义制度，相继实现从半殖民地半封建社会到民族独立、人民当家作主新社会的历史性转变，从新民主主义革命到社会主义革命和建设的历史性转变，从高度集中的计划经济体制到充满活力的社会主义市场经济体制、从封闭到全方位开放的历史性转变。在93年的伟大征程中，我们党取得两大理论成果，一是毛泽东思想，一是中国特色社会主义理论体系。

93年的光辉历程，是一部自我净化、自我完善、自我革新、自我提高的建设史。我们党始终坚持党要管党、从严治党，坚持强化思想理论武装和严格队伍管理相结合、发扬党的优良作风和加强党员的修养与党性锻炼相结合、坚决惩治腐败和有效预防腐败相结合、发挥监督作用和严肃党的纪律相结合，以大海一样博大宽广的胸襟和吐故纳新的勇气,把保持先进性和纯洁性作为自觉追求,敢于直面自身存在的问题。从战争年代延安整风运动,到新时期的"三讲"教育、保持党员先进性教育、深入学习实践科学发展观、开展创先争优活动和党的群众路线教育实践活动,从总体上有效地保障了党的肌体健康,永葆共产党人政治本色。

党的十八大以来,以习近平同志为核心的党中央接过历史的接力棒,高举中国特色社会主义伟大旗帜,以对党、对人民、对民族高度负责的精神,总揽全局、运筹帷幄,励精图治、奋发有为,汇聚起实现中华民族伟大复兴的强大力量,带领全党全军全国各族人民开创了党和国家事业发展的崭新局面。

93年波澜壮阔的历史雄辩地证明,中国共产党不愧是一个伟大、光荣、正确的马克思主义政党,是领导中华民族走向伟大复兴的核心力量。只有在中国共产党的领导下,坚定不移地走中国特色社会主义道路,国家才能富强,民族才能振兴,人民才能幸福。

厦门大学是一所与中国共产党同龄的大学,有着爱国革命的光荣传统。1926年2月,福建省第一个党组织——中共厦门大学支部在囊萤楼诞生,我校学生罗扬才担任第一任支部书记,为福建省早期党组织的建立和全省革命斗争的发动做出了重要贡献。抗日战争时期,厦大师生在党组织的领导与影响下,高举团结抗日旗帜,大力开展抗日救亡运动,易元勋、王助、张栋梁、陈康容等一批厦大学子英勇为国捐躯。20世纪40年代,王亚南、郭大力、林砺儒等一批进步学者,在厦大开展马列主义和革命形势教育,引导师生追求进步、走向革命。解放战争时期,党组织坚决贯彻党在国统区的方针,领导和组织学生通过多种渠道、运用多种形式、采取多种策略,与国民党反动势力开展英勇顽强的斗争,推进爱国民主运动,取得了一个又一个的胜利,赢得了"东南民主堡垒"的赞誉。新中国建立初期,学校党组织在党的社会主义建设总路线的指引下,坚持以教学改革为中心,积极探索教学与科研相结合、自然科学与社会科学相促进的办学路子,加快国家急需的建设人才的培养,引导师生努力学习、踊跃参加革命工作,投身社会主义建设。十一届三中全会以来,在上级党组织的正确领导下,学校历届党委和行政班子带领全体师生员工,紧跟时代步伐,适应国家需求,明确目标定位,抓住发展机遇,坚持改革开放,推动科学发展,取得一个又一个辉煌业绩,实现了学校事业的跨越式发展,谱写了改革发展的新篇章。

近两年来,全校各级党组织深入贯彻落实党的十八大和十八届三中全会精神,全面落实学校第十次党代会各项目标任务,紧紧围绕学校中心工作,以改革创新精神推进学校党的建设、基层组织建设,团结带领全校师生进一步解放思想、改革创新、坚定自信、奋勇争先,为全面建成世界知名高水平研究型大学提供了坚强有力的思想保证、政治保证和组织保证。

一是领导班子建设富有成效。2013年6月,成功召开学校第十次党代会,明确提出了"两个百年"的战略目标,选举产生了新一届校党委、纪委领导班子。学校领导班子坚持和完善党委领导下的校长负责制,贯彻落实党委的决议和"三重一大"决策制度,严格执行常委会、校长办公会议议事规则和决策程序,健全领导班子内部沟通协调机制和民主生活会制度,充分发扬党内民主,群策群力做好各项工作。配齐配强院党委、党总支领导班子,认真做好院党政领导班子换届工作,并按照创建学习型领导班子的要求,加强院班子思想建设和能力建设,使班子成员做到讲政治、懂业务、会管理,既精通党建工作,又了解办学规律、熟悉本单位和本学科的业务情况,真正领导本单位的科学发展。制定《关于院党委(党总支)工作的暂行规定》,充分发挥院党委、党总支在本单位各项工作中的政治核心、决策参与和保证监督作用,保证党的方针政策和学校重要决策在各基层组织的贯彻执行。

二是党的作风建设富有成效。根据中央、教育部党组的部署安排,从2013年7月开始,按照"照镜子、正衣冠、洗洗澡、治治病"的总要求,坚持为民务实清廉,以落实中央八项规定精神为切入点,在全校党员重点是处级以上领导班子和领导干部中深入开展党的群众路线教育实践活动。校领导班子,67个学院(研究院)、机关职能部门、直属单位和离休干部党总支领导班子,290名处级以上领导干部,860个党支部、14011名党员积极投身到活动中,并带动广大师生群众踊跃参与。通过深入查摆和解决"四风"问题,下大力气解决师生员工反映强烈的突出问题,进一步扫除了作风之弊和行为之垢,工作作风得到切实改进,不断提高了做好新形势下群众工作的能力,密切了党员干部同人民群众的血肉联系。教育实践活动取得了实实在在的成效，目前还在扎实推进整改落实进展中。

三是基层组织建设富有成效。不断优化党支部设置方式，扩大党的工作覆盖面。在按班级、年级、专业设置的基础上，各基层党组织积极探索设立与实验室、课题组、学科方向等相对应的党支部，实现党建工作与研究生学习、科研工作的有效融合。推进党支部活动的项目化管理运作。将支部立项活动作为增强支部活力、吸引力的重要抓手，也打造为促进党员发挥先锋模范作用和党员联系、服务群众的有效载体。党支部工作“立项活动”主题突出、内容丰富、特色鲜明、形式多样、参与广泛、效果显著，每年基层党支部申报立项项目数均突破 400 项。2012—2014 学年，校级党支部立项 329 项，院级立项 506 项。目前已有 27 项获得省级优秀成果奖。建立党支部“共建共创”机制，抓好“学习型、创新型、服务型”党组织建设。鼓励教职工党组织与学生党组织，高年级与低年级党支部、不同院系党支部，先进党组织与后进党组织之间开展“共建共创”活动，鼓励与周边社区、农村、企事业单位、部队党组织开展“共建共创”活动。

四是模范带头作用发挥富有成效。

五是创新红色教育载体富有成效。充分利用红色资源，探索开展“红色文化”育人工作。整合各方面力量，依托闽西赣南及厦大红色文化资源，建设党史和革命史研究的高地、革命传统教育宣传的阵地和红色文化资源开发利用的智库，深挖红色文化资源，大力促进革命精神的传承创新，形成了良好的氛围。组建新生党员“红色先锋营”，组织新生党员提前到校接受培训，通过聆听专题辅导、重温入党誓词、进行座谈交流、开展志愿服务和参加迎新工作实践等活动，引导新生党员坚定理想信念，增强党员意识，自觉主动地发挥先锋模范作用。以“红色沙龙”打造学生党员自我教育平台，在学生党支部沙龙中融入情景剧展示、党建微课堂、与校友对话、实务培训等内容。整合“红色导师团”，聘请离退休老党员担任特聘党建组织员，开展讲座和座谈，为学生党员解读红色经典。依托“红色生日”等平台进行“红色教育”，发挥党建育人功能，切实提升了思想政治教育的实效性。在中央组织部组织的 2013 年全国党员教育电视片观摩交流活动中，我校报送的两部作品双双获奖：《熔炉》获工作纪实片类二等奖，《长征组歌》获文艺片类三等奖。

当前，学校的发展正处在一个前所未有的战略机遇期。两年来，学校始终坚持党对教育事业的领导，全面贯彻党的教育方针，围绕中心抓党建、促发展，学校办学规模不断扩大，办学特色更加鲜明，教育质量显著提高，学科建设跨越发展，科研实力日益增强，服务社会更加有力，学校的综合实力和核心竞争力大幅提升。在学校发展进程中，各级领导班子的领导核心作用、基层党组织的战斗堡垒作用、全体党员的先锋模范作用充分发挥，为学校的改革发展注入了强大的动力。希望全校各级党组织和党员干部要倍加珍惜来之不易的大好局面，以庆祝建党 93 周年为新的契机，继续巩固和扩大党的群众路线教育实践活动成果，更加自觉地践行党的先进性要求，更加自觉地加强党的思想、组织、制度和作风建设，立足各单位(部门)实际和本职岗位，服务学校发展大局，坚持不懈地艰苦奋斗、开拓创新，不断开创学校科学发展新局面。

同志们，党的十八大、十八届三中全会以及习近平总书记有关党的建设方面的重要论述，指明了党建工作方向，明确了党建工作任务，提出了加强和改进党建工作的具体要求。看到成绩的同时，我们也深深感到，我们的党建工作仍面临着十分艰巨的任务。借此机会，我代表校党委，向全校各级党组织和共产党员提五点要求。

一要把握正确方向，加强党对学校事业的领导。2014 年全国教育工作会议明确指出，加快推进教育治理体系和治理能力现代化，首先就是要把方向，落实好立德树人根本任务。我们要始终坚持以社会主义办学方向为根本，将全面落实党的教育方针贯穿于学校党建工作中。推动教育事业科学发展，必须坚持中国特色社会主义教育发展道路。这条道路遵循了教育的基本规律，体现了鲜明的中国特色，反映了社会主义的根本要求，具有丰富内涵和鲜明特征，其核心就是要加强党的领导。当前，加强党对学校事业的领导，就是要进一步加强党的政治领导，认真贯彻落实《中国共产党高等学校基层组织工作条例》，始终坚持党委领导下的校长负责制，充分发挥党委的领导核心作用，切实提高各级领导班子的办学治校能力；就是要进一步加强党的思想领导，坚持用中国特色社会主义理论体系武装党员、教育师生，推动党员干部和广大师生不断深化对党的理论创新成果的认识;就是要进一步加强党的组织领导,继续做好抓基层、打基础工作,健全党的各级组织,加强党员队伍建设,充分发挥基层党组织的战斗堡垒作用和党员的先锋模范作用。

二要围绕中心工作,加强和改进学校党的建设。习近平总书记指出,加强和改进高校党的建设要继续坚持和贯彻好正确的指导原则,紧紧围绕服务大局和促进高等教育事业科学发展这一主题来开展,围绕培养中国特色社会主义事业合格建设者和可靠接班人这一根本来推进,围绕贯彻好党委领导下的校长负责制这一领导体制来加强,围绕抓好基层打牢基础这一重要支撑来深化,为高校改革发展稳定提供坚强保证(习大大当副主席的时候说的)。因此,我们要坚持以提高质量为核心,把提升人才培养、科学研究、社会服务、文化传承水平贯穿学校党建工作始终;要坚持以推动发展为动力,把破解发展难题、增强办学活力贯穿学校党建工作始终;要坚持以维护稳定大局为前提,把和谐校园建设贯穿学校党建工作始终;要坚持以马克思主义为主导,把巩固意识形态领域主阵地贯穿学校党建工作始终;要坚持以优良党风为引领,把培育大学文化贯穿学校党建工作始终。

三是切实服务师生,加强学校党的基层组织建设。党的十八大做出创新基层党建工作,加强基层服务型党组织建设的重大部署。建设基层服务型党组织,是建设学习型、服务型、创新型马克思主义执政党的基础工程,对于密切党同人民群众的血肉联系,提高党的执政能力、夯实党的执政基础,具有重要意义。全校各级党组织要更加注重强化基层党组织的服务功能,创新服务载体,构建服务格局,适应服务对象、服务内容、服务方式的变化和需求,把思想教育与解决实际问题结合起来,搭建师生成长发展平台。全校各级党组织要巩固并扩大党的群众路线教育实践活动成果,更加注重强化密切联系群众的行动指向,走宽走实群众路线,切实转变工作作风,坚持服务改革、服务发展、服务民生、服务群众、服务党员。全校各级党组织要坚持统筹协调,积极探索实践,精心谋划设计,突破重点难点,坚持上下联动,改进方法措施,有重点、有计划、有步骤地推进工作落实,推进基层服务型党组织建设。

四要争做领航先锋,加强学校党员干部队伍建设。加强党员干部队伍建设是保持党的先进性的内在要求。全校广大党员干部要做扎实工作的领航先锋,大兴密切联系群众之风、求真务实之风、艰苦奋斗之风,坚持深入基层,认真调研,脚踏实地,真抓实干,干在点子上,干出高水平,干出新业绩,为师生员工做好事、办实事、解难事,踏踏实实做好本职工作,扎扎实实推动学校发展;广大党员教师要做教书育人的领航先锋,始终爱岗敬业、教书育人,刻苦钻研业务,提高教学科研水平,坚持用渊博的科学文化知识、严谨的治学态度影响和教育学生,用为人师表、光明磊落的良好风范感染学生,用孜孜以求、诲人不倦的爱心打动学生;广大学生党员要做品学兼优的领航先锋,真正做到"思想上入党,行动上先进",坚持把文化知识学习和思想品德修养紧密结合起来,把创新思维和社会实践紧密结合起来,把全面发展和个性发展紧密结合起来,刻苦学习,勇于实践,善于创造,努力成为高尚、自信、大气、辩证的栋梁之材。

五要积极探索创新,提高学校党建科学化水平。高校是知识分子汇聚之地,也是新思想、新观念发展之地,在这个领域开展党建工作尤其需要创新精神,创新应该成为学校党建工作的鲜明特色。我们要创新党建工作思路,努力克服因循守旧,坚持从全局和战略的高度着眼,立足于早、立足于新,提出具有科学性、合理性、预见性、前瞻性的党建工作思路,推动党的建设持续健康稳步发展;要创新党建工作形式,坚持从现实需要和客观实际出发,在形式服从内容的前提下,部署党建工作,制定党建措施,力求做到党建工作内容与形式相协调;要创新党建工作方法,各级党组织要针对教学、科研、管理、服务等不同岗位的要求和行政干部、专任教师、青年学生等不同群体特点,正确处理好总体要求与分类指导、重点突破与整体推进关系,坚持原则性与灵活性相统一,采取灵活多样的工作方法,提高党建工作实效;要创新党建工作机制,坚持把制度创新作为实践创新的延续和提高,及时总结工作中的好思路、好经验、好做法,并形成制度成果加以持续和推广,努力形成相互配套、紧密衔接、约束有力的党建工作制度体系,确保学校党建工作有序开展。

同志们,面对高校发展竞争日益激烈的新情况,面对学校发展的新要求,面对师生的新期盼,我们时刻感受到肩膀上的担子重、责任大。让我们继续高举中国特色社会主义伟大旗帜,以邓小平理论和"三个代表”重要思想为指导，深入贯彻落实科学发展观，践行党的群众路线，齐心协力、共同努力，切实增强大局意识、创新意识和责任意识，以饱满的政治热情、务实的工作作风、科学的思路举措，团结带领全校师生员工，同心同德、开拓创新，立足本职、争创一流，为把我校建设成为世界知名高水平研究型大学而努力奋斗。

谢谢大家！

——本文摘录自《杨振斌书记讲话材料》，档号 2019-XZ09-004

建设世界一流大学,为实现“中国梦”做出应有的贡献

——在党校第108期学习贯彻习近平总书记系列讲话精神集中轮训班上的专题报告

(2014年1月7日)

校长　朱崇实

今天下午由我和大家一起谈一谈我学习十八大报告和十八届三中全会决定的学习体会。党的十八大报告明确地提出了“两个一百年”的奋斗目标:到2021年中国共产党成立一百年的时候,我们要全面建成小康社会;到2049年中华人民共和国成立一百年的时候,我们要建成社会主义现代化国家。中华民族的伟大复兴是几代中国人的梦想,要实现中华民族的伟大复兴,教育是根本。要建设一个一流的强国,必须有一流的教育、一流的大学。中国能不能成为世界上最强大的国家很关键的一个要素就是要看我们中国有没有足以支撑实现这样目标的优秀的教育、一流的大学。“先有哈佛,才有美利坚”,这是每一个哈佛大学学生最引以为豪的一句话,这句话是美国发展史的一个客观写照。如果没有哈佛这样一批一流的大学,美国不可能有今天的地位、有今天的实力、有今天的强大,无论从哪一方面来说都是这样。因此,厦门大学要为实现中国梦做出我们应有的更大贡献,我们就必须成为一所世界一流的大学,要实现我们第十次党代会提出的厦门大学“两个一百年”的目标。

我今天的报告主要讲三个问题。第一,我们的现状:离世界一流大学还有多远?第二,我们的目标:厦大的“两个一百年”跟中国的“两个一百年”。第三,我们的措施:大楼、大师和大爱。

一、我们的现状:离世界一流大学还有多远?

2005年,我们制定厦门大学第十一个“五年规划”和2021年中长期发展愿景规划的时候,选择加州大学伯克利分校作为我们的参照系。为什么选这所学校呢?首先它是一所世界一流的大学;第二,这所学校在规模等各个方面跟厦门大学差不多;第三,这是一所公立大学。美国有很多一流的大学都是私立大学,像哈佛、耶鲁、斯坦福,等等,相对而言,中国的大学与美国的私立大学有比较多的不可比性,跟公立大学则有一定的有可比性;第四,我们两所大学分立在太平洋的两岸,厦门大学在太平洋的西岸,伯克利在东岸,两所大学隔洋相望;第五,厦大与伯克利两校之间有着密切的交流与合作。

十年过去了,我们来看一看今天两校的情况。我希望通过比较,能够更加清楚地判断我们今天的方位在哪里,我们明天的方向又在哪里。很感谢规划办,他们做了大量的工作,这些数据全是他们收集的。厦大现在有学生4万多人,伯克利现在是3.5万多人,本科生他们有2.5万人,我们接近2万人;研究生他们接近1万人,我们超过2万人,其中硕士生他们只有400人,我们超过1.7万人(这里面有800多人是专业硕士,包括MBA、MPA、工程硕士,等等)。当然两国之间在研究生培养的制度上有区别,在美国,硕士是一个过渡阶段。就博士生来说,我们不到3000人,他们有5000多人,接近我们的两倍;他们的国际生将近5000人,超过学生总数的13%,我们的国际生也不算少,超过1700人。

我们只看头和尾:2003年伯克利SCIE论文总有4787篇,而厦门大学才462篇,伯克利是厦门大学的10.36倍;SSCI论文伯克利在2003年有794篇,厦门大学当年只有5篇,非常可怜,伯克利是厦门大学

的 158.8 倍。经过了十年的发展，到了 2012 年伯克利的 SCIE 论文发表了 6589 篇，厦门大学达到了 1884 篇，伯克利是厦大的 3.5 倍。2013 年的统计还没有出来，根据科研部门所知，厦大今年应该可以突破 2000 篇。如果伯克利仍然保持 2012 年的规模(因为这所大学非常成熟，每年在这些数字上不会有太大的变化)，差距将进一步缩小，估计在 3 倍多一点。在 2012 年伯克利的 SSCI 论文发表总数是 1322 篇，厦门大学发表了 128 篇，从原来那么大的一个差距缩小到只有 10 倍多一点。特别让我们高兴的是，到 2013 年 8 月为止，伯克利发表了 657 篇，我们发表了 157 篇，从去年前 8 个月的统计来看，我们之间的差距缩小到了五倍以内，进展得非常快。

2003 年，伯克利在 *Nature* 上共发表了 41 篇文章，在 *Science* 上发了 53 篇，总共是 94 篇。厦门大学在 1923 年发表了第一篇 *Science* 论文，在 2004 年，时隔 80 多年后我们发表了又一篇 *Science* 论文，这是郑南峰、郑兰荪、谢素原作为共同作者发表的。在那以后，我们不断有高质量、高水平的论文发表。到了 2012 年伯克利总共发表了 115 篇，这个数字大概超过了我们全国的总数；在这一年，加上 *Nature* 子刊，厦门大学总共发表了 4 篇。2013 年的头 8 个月，它发表了 63 篇，我们是在子刊上发表了 6 篇。当然去年我们还有其他高质量的论文，在这里我们只拿 *Nature* 和 *Science* 来统计。从这里可以看出，伯克利每年在这两个代表了自然和科学最高水准的综合性杂志上发表的文章都在 110 篇上下，而厦门大学也在不断前进，但是差距还是非常大。

网大的网站前不久发表了一个统计，这个统计是 2000 年以来，中国科研机构在 *Nature*(含子刊)和 *Science* 上的发文排序，在这个统计上厦门大学排在第 9 位。大陆的学校在厦大之前的只有清华、北大、中科大、复旦这四所。在这里我们可以看出清华大学的发展势头非常强劲，*Nature* 和 *Science* 的主刊加在一起已经达到了 27 篇；北京大学是 13 篇。厦门大学在这高水平的杂志上发文的数量在大陆的高校里面是名列前茅的，说明我们的科研质量、原创能力是比较强的，但是与一流大学相比较就很不足了。

科研经费只从 2007 年开始统计。从 2007 年一直到 2012 年，两校之间的差距也在不断缩小。2007 年伯克利的科研经费是厦门大学的 12 倍。这里的美元是按照当时的汇率换算成人民币的，当时伯克利的科研经费是人民币 36 亿多元，而我们只有 2.9 亿元，相差了 12 倍。到了 2012 年，伯克利是将近 45 亿元，我们是 6.8 亿元，差距从 12 倍缩小到了 6 倍。

伯克利现有专任教师 2177 名，其中包括 1580 名全职教师和 597 名兼职教师，除此以外还有数千位靠自己的科研经费来维持工作的科研人员；厦门大学现在有专任教师 3042 人，其中教授 1124 人、副教授 878 人，也有几百位靠自己的科研经费维持工作和生活的科研人员。我为什么专门把科研人员点出来呢？因为这是一个方向，一个趋势。在一流大学里面，靠学校的经费来全额维持的老师只是其中的一部分甚至在数量上是小的部分，大的部分都是靠自己的科研、课题来维持运转，这些科研人员也带研究生，也给学生上课，但是哪一个系请他给学生上课会给他报酬。所以这也是厦门大学今后的一个方向，我们更多的科研人员应该走这一条路。伯克利一年的科研经费大概是 7 亿多美元，其中一半即 3 亿多要交给学校，课题组大概留下 3 亿多，我们算它 4 亿留给课题组，它最高用在人头费上达到 70%，也就是 2.8 亿用来发工资，假如科研人员的平均年薪 10 万元，也就是说它大概有 2800 名科研人员。在厦门大学，这涉及体制上的问题，厦大一年的科研经费有 7 亿多元人民币，如果按照美国的体制，我们也能够支撑两三千的科研人员，但是实际上我们不行，为什么呢？因为我们的科研经费能够用于人头的，能够让课题组自己支配的份额太小，这也是值得我们思考的一个问题。十八届三中全会是一个全面深化改革的大会。所以我们在思考的时候，任何一个问题都要想一想要不要改革、怎么改革。伯克利具有本专业博士学位、终极学位的教师的比例是 99%，我们现在具有博士学位的教师的比例超过了 80%。这样的统计标准值得我们学习，从今年开始，我们也要承认本专业终极学位。比如说，搞艺术的这一部分教师，一定要他拿一个博士那真有点难为他了，搞艺术科的很多专业的终极学位就是硕士，所以有一些专业拿了终极学位就可以了，不要强求他非要再拿一个博士学位。当然，要从自己自身提高的各方面去要求。我虽然是搞音乐、搞美术的，我也拿一个历史学的博士，也拿一个文学的博士，当然也没什么不好的，但是不要作为一个硬性的指标去要求，没有这个必要。在这里我没有把其他一些专业的终极学位的状况统计进来。我相信，像伯克利这样的学校，有博士学位的肯定超过了90%，厦门大学是80%。

伯克利现有美国国家工程院的院士91名、美国国家科学院院士141名，它的教师总共就两千多，十分之一左右是美国工程院或美国科学院的院士。目前在任的教师有8位是诺贝尔奖获得者；图灵奖的获得者有3位，图灵奖是计算机领域最高奖；普利策奖的获得者有4位；邵逸夫奖获得者有3位，大家知道，邵逸夫奖的奖金跟诺贝尔奖的奖金是一样的，这也是很高的荣誉，很难得。从这里可以看出伯克利确实是大师云集。厦门大学的情况也很好，我们现在全职的两院院士有12位，双聘的有10位，"973计划"首席科学家有8位，"国家特支计划(万人计划)"有8位，"国家杰出青年科学基金"获得者有38位，教育部"新(跨)世纪优秀人才培养计划"有151位，这是教育部跨世纪的优秀人才。

伯克利在世界的排名在20以内是没有问题的。有一些学科它是很强很强的，像社会学排在第1位、商学第7位、经济学第5位、教育学第12位、法学第9位、工程学第3位，我如果没有记错的话，它的化学化工、计算机大概也都很靠前。厦门大学在世界大学里的排名大概400位左右。厦大有8个学科进入了ESI全球前1%，伯克利所有的22个学科领域都进入了1%。厦大与伯克利相比较最接近的就是化学，在SCI的文章发表数量，厦大的化学在全世界排在第48名，它排在第23名；总的被引数我们排在第110名，它在第3名。这是ESI整个学科的布局，伯克利有6个学科在全球的0.01%以内，10个是在0.01%～0.1%以内，我们只有化学是在这个区域内；在全球0.1%～1%的它有6个，我们有7个，我估计今年厦大还有几个学科会进到1%的行列里面，包括数学学科都比较有希望。

在2007年伯克利的办学经费是厦门大学的10倍多，按照当年的利率来折算，加州伯克利的办学经费有145亿元人民币，厦大是13.8亿元。到了2012年，伯克利是142.5亿元，我们是33.5亿元，这样就缩小到了4倍。大家可以看到，2008—2009年因为金融危机美国大学的办学经费掉得很厉害，后来又慢慢回升，但基本上是持平的，而我们一直呈增长趋势。

伯克利占地面积在美国的大学里是比较大的，它占地7500亩，拥有完善的图书馆系统，有3个主图书馆、18个分科专业图书馆、11个隶属图书馆，图书馆共有超过1000万册的图书；它还有自然历史博物馆、艺术博物馆，等等。厦门大学拥有三个校区，占地超过9000亩。我们的图书馆馆藏书总量达762万册。

可以实事求是地说，在办学硬件上我们也同样追赶得很快。单从表面、外壳上看，厦门大学的楼好像不比它差。很多外国的校长到了翔安、漳州，都感到赞叹，甚至是惊叹我们有这么好的楼。我们也要承认，到了大楼里面就远远不如人家。壳子还可以，里面不行。人家的实验楼是热气腾腾，我们有很多的实验楼还是空空荡荡、冷冷冰冰的。

比较之后我有这么几点感想：

首先，我们进步很大，但是差距仍然不小，或者说还有很大的差距。世界排名20跟世界排名400，我想这个数字可以反映出我们的差距。伯克利一年在*Nature*、*Science*上发了110多篇文章，厦门大学连子刊在内现在一年还只能发几篇，这就是我们之间的差距，因为这反映出所大学的原始创新能力。

第二，伯克利拥有强大的师资阵容，可以说大师云集。单单美国的两院院士就有232位，真是了不起。

第三，学生的成长有名师指导，有多元文化的熏陶，有极佳的环境与条件。刚刚来参加这个报告会的时候，我和李宁院长还在聊伯克利大学。因为他在伯克利工作了很长时间，所以他很有感慨，说那里的整个外部环境太好了，周边多少个一流大学，包括斯坦福、加州理工、南加州、UCLA等等都在那里，学生的成长有一个极佳的环境和条件。说到这里我就在想，原来大家一直说厦门大学是孤立的，困在东南一隅，而这样的旧观念现在应该要打破了。随着国家的发展，随着新技术、新条件的发展，厦大不应该再是这样的历史。现在上至上海、杭州到多长时间？下到广州、香港要多长时间？往东到台湾要多长时间？就一个多小时。关键还是看我们有没有这样一个意识去开放、多联系、多交流。厦门大学有得天独厚的条件，我们一定要把它用好，特别是台湾的大学。我们要跟他们多交往、多合作，这样就能改善福建只有厦大这样一所好大学的不利状态。

第四，伯克利有很强的创新能力、很高的科研水平，他们每年申请的专利数量是很大的。因为他们的工程学非常好，在世界是排在前几位的，所以它有很多的发明专利，而且这些专利都有很强的实际应用、开发价值。

第五，拥有良好的办学条件和外部环境。伯克利的国际生占到了 13%多，这是很高的，当然美国最高的大学达到了 20%以上。加州是个多元文化汇聚的地方，对学生的成才很有帮助。

二、我们的目标：厦大的“两个一百年”跟中国的“两个一百年”

厦门大学第十次党代会提出了“两个一百年”的奋斗目标：2021 年建校一百年时，全面建成世界知名高水平研究型大学；2049 年中华人民共和国成立一百年时，力争跻身世界一流大学的行列。“追求卓越，成就一流，为中华民族的伟大复兴做出自己的一份杰出贡献”，这是校主陈嘉庚先生创办厦门大学的愿望。在他组织制定的《厦门大学组织大纲》，厦门大学办学宗旨归结为“养成专门人才，研究高深学问，阐扬世界文化”，确实是非常大气。他提出要“坚持养成各种高等专门人才，使其所受之教育，能与世界之大学相颃”。1921 年，他又提出厦门大学就是要成为一所世界一流的大学，能够和世界之大学同台竞争、平等合作、共同发展，因此他定下了校训“自强不息，止于至善”。在建校之初，他就购地数亩，聘请美国建筑师设计校园、校舍，中西合璧的嘉庚风格，从建校第一幢楼就体现出最优秀大学应有的品质。

陈嘉庚当年建这所学校，他的眼光、他的胸怀、他的愿望就是要把这所大学建成一所世界一流的大学！建校之初，师生员工只有 100 多人，他就买了 5000 多亩地。现在有据可查的地契显示当时就是 5000 多亩，可惜后来被蚕食了很多。原来西至薛家村，东到胡里山炮台，北从五老山，南到海边，这块地全是厦大的。我们当年读书的时候，游泳池好极了，水是天蓝的、干净的海水。涨潮时把海水引进来，退潮让水退出去，我们每天都在那里游泳。所以可以看得出来陈嘉庚当年希望厦大是怎样的一所大学。

党的十八大报告提出“两个一百年”奋斗目标：在中国共产党成立百年时全面建成小康社会，在中华人民共和国成立一百年时建成富强民主文明和谐的社会主义现代化国家。厦门大学一定要在这样一个伟大的历史机遇面前，抓住机遇，建设成为一所世界一流大学，为实现中华民族伟大复兴的中国梦做出自己一份应有的、更大的贡献！

三、我们的措施：大楼、大师、大爱

任何一所一流的大学都离不开三个最基本的要素：大楼、大师、大爱。大楼是一流大学的物质基础，大师是核心，大爱是灵魂。

第一，翔安校区一期工程的顺利完成，宣告厦门大学大规模基本建设的历史已经结束，我们今后不会再搞大规模的基本建设了，内涵发展、质量提升是厦大发展的主基调。但是我们仍然要不断改善我们的教学、科研条件，改善学习、工作、生活的环境与条件。

思明校区力争把生活用地置换为教学科研用地。由于历史的原因，思明校区里有很多变成了生活用地，现在还有 2000 多户的教职员工住在学校里，而且楼房很破旧，都没有电梯，面积也很小，很多教师已经不住在这些房子里了，有的把房子出租，有的甚至把房子私自出卖。按照这样的趋势，五至十年后很可能不知道住在厦大校园里的是什么人了。这几年每年的春节都有人给我打电话告状，说他楼上的住户一直放鞭炮放到大年初一的早上，岛内不能放鞭炮，而校园里还在放，结果一查发现那个人和厦大没有关系，他是从三明来到厦门做生意的，就住在校园里。前两个月还有人和我告状说邻居的狗叫了两三天，经有关部门调查，说是那家人外出把狗关在家里了，只放了些吃的东西，后来发现那家人也不是厦大的，而是外租的。诸如此类的事情太多了，如果我们现在不清查，今后校园就不再是厦大校园了。

实现西边社的搬迁，大力完善工科的教学、科研条件。西边社的搬迁房已经建好了，这是块“硬骨头”，我们要在厦门市思明区的支持下想方设法地把这块“硬骨头”啃下来。

力争尽快动工厦门大学附属心脑血管医院的建设。我们将在厦大医院现址上建设厦大附属心脑血管医院。

我们要力争建设一个一流的商学院大楼;要改造演武运动场,建设校内停车场。演武运动场的规划已经基本做出来了,我们借改造运动场这个机会,争取在地底下建两层的停车场。这两层停车场建起来可以停两千多辆车。

漳州校区要尽快完成校园的结构性调整,办好产业技术研究院。厦大有很多好的成果,这些成果怎么变成现实的生产力?我们专门在做这方面的工作。

进一步完善教学、科研设施,促进嘉庚学院下一个十年从教学型大学向教学科研并重型大学转变。嘉庚学院从2003年到现在,短短十年把一所学校变成了国内最优秀的独立学院。他们有一个更加宏伟的规划,下一个十年要从教学型大学向教学科研并重型大学转变、提升,为福建、为厦门,乃至为我们的国家做出更大的贡献。

我们还需要进一步地完善教学科研设施,要完善教师学生学习、生活设施,建设一座高质量、高水平的综合学生活动馆。

加快特种先进材料、精细化工、海洋观测等平台和基地的建设,加快厦门大学国家大学科技园南太武园区的建设;促进厦漳隧道尽快动工建设。这也是和我们的校区密切相关的。厦漳隧道的建设国家已经正式批准了,现在正在做前期的规划设计。因为这么大的一个投资需要协调厦门、漳州两地政府,已经定下来要建设了,这是一件很好的事情。如果这个隧道建成,那漳州校区最让我们操心的交通问题就迎刃而解了。

翔安校区要尽快完善各项配套设施;图书馆大楼在4月6日前要全面竣工并投入使用;在今年的校庆要隆重庆祝安校区一期工程胜利完成。我们的图书馆很漂亮。很多毕业班的同学希望在他们离开学校之前在图书馆里看看书、坐一坐,这对他们来说是终生难忘的记忆。

尽快启动国际学术交流中心、教工活动中心、分子影像学及转化医学大楼、植物生态园及附属教学科研设施、继续教育学院大楼等设施建设;按计划、保质保量完成海洋科考船的建设;尽快启动国家汉办孔子学院院长学院的建设;确保今年翔安洋唐小区400套教工住宅能交付使用;完成厦门大学国家大学科技园翔安园区的前期各项筹建工作;开始航空航天学院大楼的规划设计筹备工作。中国肯定要成为一个航空航天的强国。厦门大学是中国最早设有航空系的大学之一,厦大在这方面理所当然要有自己更大的贡献。我上个月在北京专门去拜会了中航集团的董事长林左鸣,他说他一定会和省里、市里说中航与厦大共建航空航天学院这件事,希望省、市都要给予支持。我们怎么能够得到支持呢?要靠我们自己先把工作做好,然后争取别人的支持。

马来西亚分校要力争尽快动工建设,力争2015年9月投入使用。校区占地900亩,很漂亮,在一片山坡上。它处在吉隆坡的最佳位置,在吉隆坡国际机场与马来西亚的国家行政中心之间,离机场9公里多,离国家行政中心也是9公里多。我和纳吉布总理开玩笑说我们很快就要成为邻居了,从您的首相官邸阳台上可以看到我们的校区,今后在我们的校区,站在校长官邸上可以互相打招呼。他听了很高兴,也说校区的位置非常好。陈嘉庚90年前从马来西亚到中国创办了厦门大学,90年后厦门大学到马来西亚建设分校,这是一种历史的回馈。

马来西亚分校的建成,将是厦门大学朝着世界一流大学迈进的重要一步。在座很多老师肯定是特别地关心这个校区的建设会不会影响到厦门大学已有的建设和发展?在这里我应该要告诉各位,一点都不会影响。要有影响也只能是好的影响、正面的影响。马来西亚校区建设的每一分钱都是专门、独立的,都不能从厦大现有的经费盘子里拨出去。因为我们现有的钱已经不够,决不能把我们现有的钱拨去建马来西亚校区。马来西亚校区的钱要靠我们专门去争取、去努力。马来西亚校区整个建筑面积是30万平方米,总的建设资金约20亿元人民币。这总的投入大概分为三大块:第一我们希望能够争取到社会捐赠8亿元,第二希望8亿元的捐赠能够得到国家配套6亿元,第三希望得到政府专项资金6亿元。这个校区建设分两期:第一期大概要建设15万～20万平方米,需要资金约12亿元人民币。这12亿元我们希望社会捐赠 5 亿元、国家配套 3 亿元、政府专项 4 亿元。很高兴，才短短不到一年时间，我们已经争取到了社会捐赠将近 3 亿元，所以我们很有信心能拿到第一期 5 亿元的社会捐赠。外交部和财政部要到厦大来评估，因为我们接受了外交部和财政部的中国东盟海洋学院的建设项目，这个项目也是厦门大学马来西亚校区的海洋学院，邬大光副校长亲自在抓这个事情，我们也有信心第一期能够争取到 4 亿元的政府专项资金。马来西亚校区建成之后，要有 1 万个学生在那里学习。这 1 万个学生的一部分在马来西亚招生，一部分要招收中国的学生，另一部分要招收中国、马来西亚以外的，主要是东南亚国家、印度，包括中亚等国家的学生，这个校区将是一个真正的国际化校区。希望在座的各位都来关心、支持这个校区的建设。

第二，内涵发展的核心就是师资队伍的建设和管理水平、服务水平的提高；引进和培养并重，打造世界一流学术团队，也就是大师。我们有大楼，有了物质基础，关键在于有没有一流的人来施教。

全校的师资队伍保持 3000 人左右的专任教师，这些教师都有博士学位或本专业的终极学位，都具备良好的国际交流与合作的能力。十年来，整个师资队伍的结构、质量都有了很大的提升。全校还要经过几十年的努力重点建设 40 个左右的一流学术团队，每个学术团队大体上有 5～8 位在本领域世界排名前 100 位的学术带头人。这样的教授厦大有没有？有，但是数量还不多。比如说，韩家淮教授在免疫学领域绝对是世界排位前 100 位的科学家；田中群教授，在电化学领域肯定也在世界前 100 位；焦念志教授，他在所做的海洋生化领域肯定世界前 100 位；再如洪永淼教授，在数量经济学领域是世界排在前 100 位的。今后这 40 个左右的学术团队，每个团队除了 5～8 位这种水准的学术骨干外，还要有 30～50 位在本领域国内排名前 100 位的学术骨干，具体说，他们都要有“杰青”的水平。此外，要有 100～150 位优秀的博士生和博士后。这样的话，一个团队加在一起有 200 人左右。全校要用几十年时间来打造 40 个左右这样的一流团队，所以请人事部门、科研部门、规划部门等现在就开始研究、谋划、设计。

这 40 个学术团队至少都要有一个以上国家级的平台和基地做支撑，跟国际同行有密切的实质性交流与合作。比如说夏宁邵的团队就接近这个水平了。夏宁邵教授在他的学术领域内的世界排名我相信能够在前 100 位，从国外专家与他的交往、对他的认可和尊重中我们可以感受到大家对他和他的团队很认可。现在他的团队有一个国家工程技术中心、一个国家重点实验室、两个国家级的平台，全校这样的平台目前只有 7 个。所以希望这 40 个学术团队至少都要有一个国家级的平台和基地做支撑。

这 40 个学术团队有很强的原始创新能力，每个团队每年至少在本领域最顶尖的刊物发表 10 篇以上的学术论文。从伯克利的经验来看，假如一所大学一年能够在 *Nature*、*Science* 上发表 100 篇以上的文章，表明这所学校拥有世界一流的原始创新能力，可以说这所学校就是世界一流大学。这 40 个团队中，如果每个团队每年都能够在本领域最好的杂志上发表 10 篇以上的论文，其中有那么两三篇或四五篇是在 *Nature* 和 *Science* 这样的杂志上发表的，那厦大就有一百多篇了。

这 40 个学术团队有很强的可持续发展能力，能够始终保持自己在国际学术前沿的地位，每个团队每年争取到的科研经费，理、工、医类为主的为 1 亿元人民币以上，人文社科类为主的为 2000 万元人民以上。我有意不把团队分为具体的理工医类，因为我相信今后很多团队都是交叉的，但毕竟还是有居于核心地位的学科。这个目标有没有可能实现？完全有可能实现！化学、生命、海洋这三个学院一年的科研经费都超过 1 亿元了。我如果没有记错，海洋学院去年的科研经费是 1.2 亿多元，化学化工学院是 1.4 亿多元。团队要有很强的可持续发展能力，能够争取到经费说明你能够可持续发展。

这 40 个学术团队有很强的人才吸引和培养能力，能够吸引到最优秀的人才加盟自己的团队，能够吸引到最优秀的学生进行培养，能够源源不断地为社会输送最优秀的毕业生。要培养一流的师资队伍，我们要实行引、培并重的路子。我们已经在做的是在 5～10 年时间里，跟世界上十所一流的大学签订协议，厦门大学拿出 100 万元给每所大学，10 所就是 1000 万元，在 5～10 年的时间里请他们为我们培养 500 个左右的博士。他们今后回来就是厦门大学今后几十年师资队伍的重要新生力量。从现在我们就开始选拔最优秀、最有潜质，而且对厦门大学最有感情的本科生，把他们选出来培养。明确告诉他们，送他们到这些最好的大学读博士，读完后欢迎你们回到厦大来任教。如果有个别不回来怎么办？没关系，你只要记住厦大就可以。我想我们如果这么做，若干年后一定会有收获。现在要迈出第一步不容易。希望在座的各院的院长、书记一定要重视这项工作。我们是在做一项长远的事情。大家想想,厦大今后能够相对集中地有500个从世界上十所最好的大学里毕业回来的博士,他们形成了一个群体,和这十所大学保持密切的联系,这种扩散的效益现在是很难预测到的。我们要把这个事情做好,当然还要不断地引进最优秀的人才。最近有好几个学院院长都请我去吃饭,我很高兴,因为这种吃饭都是他们在做最近要引进的优秀人才的工作。所以我们要"引""培"结合,对于自己年轻的教师也要不断地培养,给他们创造各种机会来不断提高自己。

第三,传承和弘扬厦门大学的优秀传统,"充吾爱于无疆",让厦大校歌传颂的大爱精神充满厦大校园的每一个角落,成为厦大师生员工普遍的认同与共识。陈嘉庚确实很伟大,我们前面谈到从征地、建楼房开始,他的目标就是要把厦大建成一所世界一流的大学。从他设计、认可校歌开始,可以看出他就是要把这所学校的人才培养成世界性人才、一流人才。爱国、革命、自强、科学是厦大人追随的四种精神;开放、包容、自信、大气是厦大人应有的特质。

形成一种学术上互相欣赏、工作上互相支持、学习上互相帮助、生活上互相关心的和谐氛围。学术上的互相欣赏也是开放、包容、自信、大气的一个具体的体现,不要搞"一山不容二虎"这样的事情,我们现在有些教授确实不够大气,包容心、自信心都不够,学术上不是相互欣赏。工作上一定要互相支持,而不是互相拆台、互相使绊子。同学学习上要互相帮助,当然这个"互相帮助"不是考试的时候偷看。厦大抓考试的严格程度也是全国有名的,一抓到不管怎么样,公告先出去,处分是非常严格的,现在是给予一个留校察看的机会,有了这一个"留校察看"后,想考公务员都是不可能的。但是即使这样严厉也还是不行,因此我们的学风要建设好,希望各院一定要严管。

热爱生活、热爱生命、热爱自然,让学生德智体美全面发展;学校在不断完善教学科研设施的同时,要加大体育和美育设施的投入和建设。说来惭愧,厦大的体育设施这么多年一直是不达标的。当然这和厦大的底子太薄是有关系的。厦门长期处在海防前线,很长时期没有建设,我们的教学科研设施是很破旧、很落后的,这十几年下了很大的力气来改善教学科研设施。体育设施有没有改善?有改善,但是远远不够。我们要让学生德智体美全面发展,在下一环就要加大对体育、美育设施的投入和建设。我确实很希望我们的学生能够全面发展。现在很多学生兴趣爱好很广泛,有的学小提琴、钢琴,有的吹小号,有的学打击乐,等等,到了厦大能不能让他们的兴趣不要断了?比如学生艺术团,包括合唱团、交响乐团、军乐团等等都很好。确确实实我们学校的艺术、美育的氛围还要加强。

形成"义工"文化,自觉自愿地帮助他人,特别是帮助有困难的人、到困难的地方去帮助人,要成为我们的一种习惯。义工,就是义务地做工,不求回报的。我今天有意不用"志愿者"三个字,为什么呢?我觉得现在的"志愿者"有很多变味的东西。当了志愿者后保研可以加分,拿奖学金可以加分,等等,这叫什么志愿者?有人说,不这样就没人去。我说没人去就没人去,如果厦门大学真的到了这个地步不去也罢,但是我相信不会的。有一个家长给我打电话,他的孩子到西部去支教没被选上,死活要我想办法给加一个名额。我说这真是怪了,去支教还要加名额,还要挤破头抢着去的,我说厦大学生真的这么好吗?我很高兴,马上答应下来说可以,后来才知道原来这是保研的一个条件,这样不行。厦门大学要形成自己的"义工"文化,自觉自愿地帮助别人。

认识、理解并尊重多元文化,自觉地养成"世界公民"的意识,随着学校的发展,不断增加留学生的数量,提高留学生的质量。要成为一所一流的大学,首先是培养学生要有"世界公民"的意识,要有为整个世界、为整个人类做贡献的意识。要做到这一条,首先要认识、理解并尊重多元文化。我觉得厦门大学确确实实很开放、包容,厦大一开始就是一所最开放的大学,但是在这方面有没有不足?有不足。我们还要创造各种的条件,自觉地让厦大的文化更加多元,让同学更自觉地养成"世界公民"意识。厦大的留学生有1700多人,这里面有800多位是来自台港澳地区,真正的外国留学生只有900多人,这个数量很低。我们要成为一所世界一流的大学,有没有更多的世界一流的外国留学生到学校来学习,这也是一个指标。在这方面我们要不断地提高我们的教育教学质量,提高各个学院国际化的水平,能有更多更好的留学生到这里来学习。

90 多年前，嘉庚先生怀抱教育救国之理想，怀抱为吾国放一异彩之宏愿，创办了厦门大学。90 多年来，厦门大学创造了一个又一个的辉煌，为国家和民族的进步做出了应有的贡献。

面对实现中国梦的伟大历史机遇，我们每一个厦大人都应该把创建世界一流大学的厦大梦和实现中华民族伟大复兴的中国梦紧密地结合起来，牢记“自强不息，止于至善”的校训，弘扬厦门大学特有的四种精神，解放思想、改革创新，坚定自信、奋勇争先，为全面建成世界知名高水平研究型大学、跻身世界一流大学行列而努力奋斗！

——本文摘录自朱崇实：《大学的进步》，商务印书馆，2019 年 1 月版

在厦门大学93周年校庆大会上的讲话

(2014年4月6日)

校长　朱崇实

尊敬的各位嘉宾、各位校友,亲爱的老师,同学们:

大家上午好!

4月的厦门,春光明媚,万物复苏。在这个充满生机与活力的美好时节,我们欢聚一堂,共同庆祝厦门大学建校93周年。在这个庄严的时刻,我要向全校师生员工、广大海内外校友致以节日的问候和美好的祝愿!向长期以来关心、支持和帮助厦门大学发展的社会各界朋友表示崇高的敬意和衷心的感谢!

风雨砥砺,岁月如歌。在93年的岁月中,厦门大学始终与国家同呼吸、与民族共命运。一代代厦大人始终牢记校主陈嘉庚先生的办学嘱托,秉承"自强不息,止于至善"的校训精神,"研究高深学问,养成专门人才,阐扬世界文化",为国家富强、民族振兴、社会进步做出了重要的贡献。

追求卓越,成就一流,成为一所世界一流大学,始终是厦大的梦想,也是陈嘉庚创办厦大的宏愿。93年来,这一梦想一直萦绕在每位厦大人的心头,我们未曾忘却、也未曾停止过追求梦想的步伐。我们可以自豪地说,经过93年的建设和发展,一代又一代厦大人的共同努力和不懈奋斗,厦门大学已经成为一所国内一流、在国际上有较大影响的优秀大学。但是,我们绝不满足于现有的成绩,我们尚未实现我们的梦想。因此,我们不能停止我们前进的步伐。就在过去的一年,学校胜利召开了第十次党代会,我们提出了"两个百年"的奋斗目标:那就是,2021年建校百年(建党百年)时,全面建成世界知名高水平研究型大学;2049年新中国成立百年时,力争跻身世界一流大学行列。

这"两个百年"的目标,就是厦大人93年来始终追求的厦大梦。93年来无数的厦大人为实现这一梦想无私地奉献自己的智慧、辛劳、青春与汗水。在今天的校庆大会上,我们要向所有为实现厦大梦而无私奉献、忘我工作的模范们,表示我们的敬意和感谢!

我不知道今天在座的各位老师各位同学有多少人还没有到过翔安校区,但我相信,凡是到过翔安校区的人,都会被她的大气恢宏,被她的既现代又古典、既美观又实用的教学科研大楼和学生生活及运动设施所震撼。大楼、大师与大爱,是一流大学必须具备的三大要素。为了满足厦门大学建设世界一流大学的需要,学校从2008年开始谋划翔安校区的建设,在教育部、福建省委省政府,特别是厦门市委市政府的大力支持和帮助下,厦门大学翔安校区2011年4月6日正式奠基开工建设。经过500多个日日夜夜的艰苦奋斗,翔安校区的建设者们在翔安人民的无私支援下,怀着对学校的一片赤诚,用自己的双手,克服了无数的困难,完成了人们都认为不可能完成的任务,仅用1年5个月就建成了60多万平方米的校舍。2012年9月翔安校区正式启用,8个学院近6000名师生员工顺利入驻,为厦门大学生命科学、医学、海洋、环境生态、能源等学科的飞速发展提供了有力的条件保障。在今天的校庆大会上,我们将对翔安校区建设中成绩突出的先进单位和个人进行表彰。我提议,让我们以热烈的掌声向所有为翔安校区建设付出心血和汗水的设计者和建设者表示衷心的感谢和崇高的敬意!

大楼是一流大学的物质基础,大师是一流大学的核心。"大学乃大师之谓也!"厦门大学今天的辉煌成就就是历代大师的智慧光芒的积累,正是因为有了他们的智慧贡献,他们对科学、对真理的不懈追求与探索,才有了厦门大学今天的成就与辉煌。在今天的校庆大会上,我们还将颁布第二届"南强杰出贡献奖"。四位获奖者分别是我国著名物理化学家、中国科学院院士、化学化工学院田昭武教授,我国著名寄生虫学家、中国科学院院士、生命科学学院唐崇惕教授,我国著名经济学家、财政学家、教育家、经济学院邓子基教授，我国著名教育家、高等教育学科奠基人、教育研究院潘懋元教授。这四位教授把他们毕生精力都奉献给祖国的教育事业和科学事业，奉献给厦大的建设和发展，他们为厦大的发展做出了杰出的贡献。这四位教授的年龄分别是94岁、91岁、87岁和85岁，但他们现在都仍然坚持在教学、科研的第一线，仍然在求索未知、指导学生、关爱社会。他们是厦门大学最宝贵的财富，厦大为拥有这样一批大师而骄傲。我们每一个人，特别是我们后学晚辈一定要以他们为榜样，向他们学习，像他们那样为实现中国梦、厦大梦而奋勇拼搏、勠力前行。我提议，让我们以热烈的掌声向他们表示最崇高的敬意！

厦门大学在93年的发展中，始终秉承“自强不息，止于至善”的校训，薪火相传，新老相接，一代又一代人传承着厦大的血脉，续写着厦大的辉煌。今天的校庆大会上，我们将为2013年度的最优秀学生颁发嘉庚奖章。今年嘉庚奖章的获得者是化学化工学院2010级博士研究生朱从青同学。朱从青同学入学以来，怀着对科学的执着与热爱，对未知的好奇与兴趣，努力学习，刻苦钻研，在导师的指导下，作为科研团队的骨干成员，与其他伙伴一道，团结协作，奋勇攻关，在芳香化合物合成领域研究方面取得原创性的突破，科研成果入选2013年度“中国高校科技十大进展”。朱从青同学用自己的实际行动诠释了校训精神，在他的身上可以看到厦大老一辈科学家的身影。我提议，让我们以热烈的掌声向他表示热烈的祝贺！希望他在追求科学追求真理的道路上永不止步，永远有新的更高的追求！

厦门大学在93年的发展中，始终得到社会各界的无私关爱、支持与帮助。正是因为有了这样的一种“爱”，才使得厦门大学有大楼、有大师，还充满了大爱的情怀。大爱是一流大学的灵魂。在今天的校庆大会上，我们还将接受若干宝贵的捐赠，并向捐赠者表示由衷的感谢！尊敬的各位朋友、各位校友、各位慈善家，你们给予厦大的每一点每一滴的捐赠，不论大小，不论多少，都饱含着你们的一片爱心和一片深情。这份无处不在的大爱情怀，正是厦门大学历经艰辛、百折不回、奋勇前行、不断壮大的深厚土壤和灵魂所在。我们深知，任何文字和语言，都不足以表达我们的感谢之情。滴水之恩，当涌泉相报！我们所能做的，就是要牢记使命、勇担责任、服务国家、贡献社会。朋友们、校友们、老师们、同学们，厦门大学是一所懂得感恩的大学。93年前，陈嘉庚先生由马来亚回国创办厦门大学，93年后厦门大学将在马来西亚建设校区开办分校。这绝不是一个历史的偶然，而是厦门大学感恩之情的必然表露。让我特别感动的是，厦门大学马来西亚校区的建设，得到无数像陈嘉庚一样关爱教育、关爱青年、奉献桑梓的社会贤达的大力支持，正是有了他们的支持，厦门大学马来西亚校区正在积极而有序地向前推进，我们一定不辜负各位的期望和嘱托，我们一定要把厦门大学马来西亚校区建成马来西亚最优秀的大学之一，为马来西亚和东南亚国家的经济社会发展贡献我们的一份力量，为中马友谊的不断发展添砖加瓦。说到这里，我要向马航370号客机的失联再一次地表示我深深的忧虑，为客机上的每一个生命默默地祈祷，我想在座的每一个人跟我的心情都一样，都深深地期盼奇迹会出现，就在不远的某一天，我们能迎接他们平安地归来。客机从3月8日失联到今天，已经整整29天了，包括马来西亚、中国、美国、澳大利亚等在内的20多个国家动用了大量的人力和物力在寻找它，但至今还没有结果。从中，我也深深地感觉到了人类在大自然面前、在突如其来的不幸面前，还是多么软弱无力。要如何让人类更加强大更加有力，从而更好地避免不幸、战胜灾祸、幸福生活呢？唯有增强科学和教育赋予我们的力量！因此，老师们、同学们、朋友们，我提议，让我们以热烈的掌声向所有关爱教育、支持教育、关爱厦大、支持厦大的朋友和校友们再次表示衷心的感谢和崇高的敬意！

老师们、同学们、校友们、朋友们，今天厦门大学的历史又翻开了新的一页，我们又站在新的起跑线上。面对实现中国梦的伟大历史机遇，我们每一个厦大人都应该把创建世界一流大学的厦大梦和实现中华民族伟大复兴的中国梦紧密结合起来，牢记“自强不息，止于至善”的校训，弘扬厦大特有的“爱国、革命、自强、科学”四种精神，解放思想、改革创新，坚定自信、奋勇争先，为全面建成世界知名高水平研究型大学、跻身世界一流大学行列而努力奋斗！

谢谢大家！

——本文摘录自《厦门大学报》，2014年4月10日第1073期

做一个勇于担当、敢于担当的人

——在2014届毕业典礼上的讲话

(2014年6月20日)

校长　朱崇实

同学们,在刚刚过去的"五四"青年节,习近平总书记在北京大学与学生代表座谈,他的通篇讲话充满了对中国青年一代的期望和关爱,在他的讲话中,多次提到"担当"二字,他对你们这一代年轻人的最大期望是期望你们都能成为勇于担当、敢于担当的一代年轻人,期望你们学会担当社会责任,能够担当起党和人民赋予的历史重任,在激扬青春、开拓人生、奉献社会的进程中书写无愧于时代的壮丽篇章。

"担当"二字对于厦大人而言从不陌生,因为厦大历史上从来不乏敢于担当之典范。陈嘉庚17岁时远渡南洋谋生,历经艰辛,经过数十载的奋斗事业有成。陈嘉庚事业有成之后第一个想到的就是祖国,当时祖国正处在危难之中,处在亡国之边缘,陈嘉庚怀着救国之志,创办集美学村、创办厦门大学。在为厦门大学募捐的大会上,他个人一次认捐400万洋银。这400万洋银,经过后人的考证,相当于他当时的全部个人资产。因此,后人把陈嘉庚创办厦大誉为"倾资办学","毁家兴学",世世代代的厦大人都把他尊称为校主。陈嘉庚这样的一种作为,就是一种担当,这是一种对国家对民族的担当。

1921年,年仅16岁的罗扬才从广东考入集美师范学校就读,1924年师范毕业又考入厦门大学预科,第二年预科毕业升入厦门大学本科。在当年,能够成为大学生的可谓是凤毛麟角、人中豪杰。进了大学,有了大学的文凭,也就意味着走上一条衣食无忧、前程似锦的阳光大道。但年轻的罗扬才更多地是看到社会的黑暗,看到的是当时国民党的独裁、腐败和反人民。因此,他抛开个人的似锦前程,为理想而奋斗而抗争,反饥饿,反独裁,争自由,争民主,1927年5月23日他被国民党反动派杀害,牺牲时年仅22岁。罗扬才的这样一种作为,就是一种担当,这是一种对理想对信念的担当。

1937年,年仅35岁的萨本栋在民族危难之际、在抗战全面爆发前夜,毅然舍弃已有的舒适生活和成功的学术事业,从清华到厦大,接任厦大校长一职。他在国家最危难、厦大最困难的八年执掌校务,殚精竭虑,艰苦办学,使得厦大在全面抗战八年不仅没有停办一天,反而蒸蒸日上,不断发展,成为名副其实的"南方之强"。但萨校长自己却累垮了身体,到厦大之前他是一个网球运动员,身体十分强健,但到1944年他离开厦大时已是一个弯腰驼背、行走困难的抱病之人。1949年1月31日,萨校长病逝于美国加州医院,年仅47岁。后人都说,萨本栋校长在厦大的七年是燃烧自己生命的七年。萨校长这样的一种作为,就是一种担当,这是一种对职责对事业的担当。

我们厦大人还熟知王亚南和陈景润。王亚南在上个世纪的三十年代就开始传播共产主义的思想和理论。1938年他与郭大力合译的《资本论》三大卷全译本由上海读书生活出版社出版,这是中国第一部《资本论》的全译本。20世纪40年代,他任厦门大学经济系教授,长期为学生讲授马克思主义政治经济学,是最受学生欢迎的教授之一。我想,在座的各位同学都知道,20世纪的三四十年代,公开地宣传马克思主义、共产主义思想,这是需要多大的勇气!陈景润的唯一爱好是数学,数学就是他的生命和一切,他在1966年发表论文解答了哥德巴赫猜想中1+2的难题。此后,"文革"爆发,他被打为走"白专道路"的修正主义分子,造反派对他进行了无休止的批斗和干扰,但他白天被批斗,晚上躲在斗室之中仍然进行自己心爱的数学研究。可惜"文革"十年耗去了他最宝贵的光阴和健康,他最终没能解出1+1,但他的精神和事业是永存的,仍在继续。王亚南和陈景润的作为,就是一种担当,是一种对科学对真理的担当。

在厦门大学九十多年的办学历程中，“担当”二字已经溶入厦大人的血脉之中，“担当”二字已经成为厦大人的精神追求，一代又一代的厦大人为了民族的解放、国家的富强奋斗不止、矢志不渝、前仆后继，就是因为他们牢记勇于担当、敢于担当是从校主陈嘉庚就开始传下来的一种精神、一种使命。

亲爱的同学，亲爱的朋友，你们是光荣的一代，你们也是肩负重任的一代。因为你们处在一个伟大的时代，中华民族伟大复兴的光荣与梦想将在你们这一代人手中实现，要依靠你们这一代人去实现。因此，勇于担当、敢于担当对于在座的各位就有着更重的分量、有着更高的期望！

我由衷地希望在座的各位，参加完今天的毕业典礼后，走出这雄伟的大会堂，都能面对大海和蓝天深深地吸上一口气，轻轻地说一句我毕业了！我真正地成年了！一个人在成年之前，理所当然地要得到他人的更多帮助和照顾，一个人在成年之后，也理所当然地要更多地帮助和照顾他人。在座的各位能有今天的成长，是你们的家人、是你们的朋友、是你们的师长、是你们的学校、是你们的国家、是你们的社会给予你们帮助和哺育的结果。你们一定要牢牢记住每一个帮助过你们的人，虽然他们可能都不图报答，但你们却要常怀感恩之心，要有大爱情怀，当他人、当社会、当国家有需要的时候，你们要毫不犹豫地挺身而出、伸出双手、贡献力量。从今天开始，你们应当为国家、为社会、为家庭、为你们的父母家人承担更多的责任。我认为，这就是你们应有的担当。有了这样的一种担当，你们就一定能够不畏艰险、克服万难，实现自己的人生理想！

——本文摘录自朱崇实:《大学的进步》，商务印书馆，2019 年 1 月版

世界一流大学应有的文化生态

——为2014年新聘教职工做专题报告

(2014年11月8日)

校长 朱崇实

一、文化的定义和文化生态

何为文化？按照人类学家泰勒的看法，文化概念有500多种，其中最常被引用或者说最权威的定义是“人类所创造的物质财富与精神财富的总和”。然而，该定义仍存在值得商榷之处。因为按照这个定义，可抽象为文化就是财富。再抽象一点，则可以把文化和财富等同起来。文化是财富，但倒过来，未必财富都是文化。文化必定是人类活动的结果，必定是主体和客体之间的一种联系，仅将文化归纳为物质财富和精神财富的总和，不足以精确地表达其内涵。所以我自己对此做了一些研究与思考，我认为，文化是人类对自身存在与发展环境及条件的认识与反映。它经过积累、沉淀或物化之后，又成为人类生存与发展环境及条件的组成部分。

这意味着，不同的地域、不同的国度、不同的民族乃至不同的种族都有着不同的文化形态，凝聚成不同的文化生态。中国如此，世界亦然。例如，非洲的文化很独特，其中之一就是它的服饰文化所展现出来的色彩鲜艳、多姿多彩、热情奔放的文化形态。很显然，这与他们的生存环境有关系。非洲是地球上自然环境保存最完好的地方，呈现物种、生态多样化，野生动物众多。在这样条件和环境下生活，非洲人穿的衣服鲜艳一点有助于自我保护。穿着大红色显得比狮子老虎更威猛一些，使狮子老虎惧怕人类；穿着大绿色，在非洲茂密的森林中具有一定隐蔽自身的作用；色彩斑斓的服饰，跟动物的皮毛颜色很相似，会使得野兽以为人类是自己的同类，有亲近感，从而不会轻易攻击人类。这其实正是人们对自身生存环境和条件的认知和反映。又如我国北方人比较豪爽、粗犷，而南方人比较内敛、细致，形成这样的差别也是跟南北方人的生存条件与生存环境密切相关。例如江浙两省土地面积只有21万平方公里，但两省的人口超过1.3亿。土地面积只占国土面积的2%，而人口占全国总人口的10%。在那么小的一个地方要居住那么多人，自然就需要细致、细腻；而北方很多地方的人口不如江浙多，但耕地面积是江浙的几倍甚至几十倍，而且都是一望无际的平原，生活在这里的人们自然豪爽粗犷些。所以，不同国度、不同区域存在的文化差异，便是人们对自身生存环境和条件的不同认知和反映，进而形成了相应的文化生态。

二、世界一流大学的文化生态

文化生态有多种：多元、单一，开放、封闭，精致、粗俗，文明、野蛮，包容、排外，先进、落后，等等。文化的形态是多种多样的，人类应该追求其中的优秀部分。多元、包容、文明、精致、先进的文化，这是世界一流大学应该具备的和值得追求的文化生态。

第一，世界一流大学应该具备多元的文化生态。一流大学的教职员工和学生来自不同的国别和地区，所处的环境和条件不一样，存在着文化差异。因此，在一流的大学里，一定是具备着多元的文化生态，而且是开放的文化生态。例如，厦门大学在招生上一直追求生源多元化。当前，厦门大学在福建省的本科生招生比例已经从最初的70%～80%降低到25%。学校的目标是不超过25%。为什么要定下这样的目标？因为学校的本科学生宿舍是四人间，学校希望在学生宿舍里最多只有一个人是福建生源，其他三个都是来自福建以外。入学的学生从最简单、最日常的活动开始，就能够接触来自不同地方的人，这样容易养成尊重他人、尊重多元文化的意识。厦门大学有3000多名外国留学生，在校园里学生的肤色不一样、信仰不一样，却都很好地相互友爱、和谐相处。厦门大学经常举办不同国别的文化节，创造了一个让多元文化相互尊重、相互了解、相互认识的环境。其实，世界上有很多冲突均因文化差异而产生的，不论是个人之间、群体之间，还是国家之间，冲突的深厚根源来自文化。所以如何让学生正确认识、了解、尊重多元文化，是一流大学的重要任务。

第二，世界一流大学应该具备包容的文化生态。多元的文化必然是包容的文化，但是包容更讲究个人的修养，意味着在个体之间注意相互尊重、相互欣赏，不求同、愿存异。一流的大学往往都是综合性大学，由多学科组成。单从学科上看，在文化上彼此之间有没有包容的心是不行的。有的时候听到个别教授评论其他学科，认为那些学科根本不是科学；个别理科教师认为文科不是科学，揶揄说文科教师的学问不知道怎么做出来的；倒过来，也有个别文科的教师觉得理科那叫什么科学，只是瓶瓶罐罐倒来倒去，等等。上述现象如果是一些善意的玩笑尚可，但如果是真有这样"相轻"的感觉，哪怕只有一点点，哪怕只是存在潜意识里，对一流大学的建设都很不利。反之，如果彼此能够相互尊重、欣赏，尽管不懂，也尊重对方的研究，则有利于一流大学的建设。对于一流大学的发展，是不是具备包容的文化生态，能不能做到不求同、愿存异，彼此欣赏、相互尊重是非常重要的。

第三，世界一流大学应该具备文明的文化生态。文明的文化生态表现为政治上追求民主，学术上崇尚真理，行为上遵守法律和规章。法律、法规是多数人的意愿。国家要依法治国，学校要依法治校。一旦法律法规颁布了，每个人都要遵守，个人的习惯就要做到不影响或妨害他人。例如，关于学生宿舍到夜晚要不要统一熄灯的问题，是高校存在的一个常有争议的老问题。如果学生都能有一种公共意识，都能把不影响他人、不妨害他人作为自己的守则，则没有必要强制熄灯。在硬件条件由于客观所限暂时无法得到改善时，但是文明素质却可以通过教育加以提升，广大师生如果能做到个人行为顾及他人，许多问题便可迎刃而解。

第四，世界一流大学需要精致的文化生态。精致的文化生态，在行为上体现为认真或一丝不苟，在精神上表现为具有职业道德、职业精神。谋到了一份工作，哪怕自认为不够理想，既然在其位就理当谋其政，努力争取做好。日本的羽田机场，有个被誉为"国宝级"的清洁工。一个普通的清洁工，却能把自己的工作做到了极致，得到了所有人的尊重。这个清洁工出生在中国，父亲是日本人，母亲是中国人。她在中国生活了很多年，后来到了日本。日本记者问她为什么做事这么认真？她回答说，一个重要的原因就是不想让日本人看不起中国人，不要让日本人认为中国人做事情都是马马虎虎不认真的。可见，任何人，不管在什么岗位上，只要认真工作都能做得出色，都能够得到社会的认可，得到他人的尊重。任何组织，只要有精致的文化生态，都会有长足的发展。一流大学同样需要有这样的文化生态。

第五，世界一流大学应追求先进的文化生态。先进的文化表现为勇于创新并善于创新，表现为永远都在追求先进。先进的文化会宽容失败，不怕失败。在全国科技创新大会上，华为总裁任正非发言说，在创新的道路上永远没有失败者，只要是在创新的路上走的都是胜利者。华为就是秉持这样的理念来鼓励创新、支撑创新。先进的文化生态，特别在科学的道路上、科学的追求上，在创新的道路上、创新的追求上一定要不唯上、不唯书、只唯实。大学的学者要能够包容失败，不害怕失败；大学的教授要敢于求索，敢于创新，不怕失败，勇攀高峰；大学的管理人员遇到问题要敢负责，有担当，这样才能建成世界一流大学。

三、厦门大学文化生态的实践探索

文运同国运相牵，文脉同国脉相连。文化生态的建设，文化自信的树立，不仅与国运民魂紧密相连，同时也和大学的前途息息相关。在一所大学里，促使决策者做出决策的原因或者动力主要有三个：首先是来自法律法规及各类规章制度、上级主管部门的指令要求等;其次是来自自身运行的必然要求,或者说主体生存的一种使然;第三个是来自管理者的文化认知,是一种文化的使然或者追求。通常,只要把前面的两种做好了,就能够生存和发展。第三种决策做或是不做,通常取决于决策者对文化的感悟与认知。但是,第三种决策常常会对一个组织或者一所大学产生至关重要的影响,甚至成为这个组织这所大学能否卓越、能否一流的关键。近年来,厦门大学以文化道路、文化能力以及文化精神三个关键性维度为基本着力点,积极培育文化自信,创建良好的文化生态。

(一)坚定自己的文化道路

厦门大学为学生提供了免费的米饭,这没有上级主管部门强制的要求,没有法律法规上的要求,也并非学校运行或生存所必需的。为什么要提供免费的米饭?这就是一种以学生为中心的工作导向,坚持把社会效益放在首位,带有自身文化特色的道路选择。厦门大学要给学生提供免费的米饭,最主要的目的就是要保护贫困学生的自尊心,免费米饭可以让所有的贫困生不再为那一点点的钱去伤害自尊。学校给学生怎样的帮助最好,能不能给同学发补助金,能不能给贫困生一个月三五百块困难补助?答案是"可以"!现在中国绝大多数的学校都是这么做的。然而,学生要获得困难补助金并没那么容易,程序上需要证明自己经济贫苦,经历学校各种审核和询问,这样有的学生就干脆不提交申请,因为他认为这是很伤自尊的事。在帮助同学的同时,又不伤害他们的自尊,这才是最值得做的事情。这件事情能够把它做成,关键在于不能有浪费。在实行免费米饭的制度之后,厦门大学的学生工作做得很好,在食堂里面组织了学生自己的督导组,提倡吃多少打多少,不要剩饭。第一年实施下来,整个学校免费米饭上仅花费了800多万,比预算的1200万节省了33.4%。原来一个食堂一天要处理剩饭剩菜好几桶,实行了免费米饭以后,剩饭剩菜明显减少。原来学生认为打饭用的是自己的钱,吃不了扔了无所谓,现在是学校免费提供的,学生反而很珍惜。

(二)培养和提升创新的文化能力

"不唯上、不唯书、只唯实"是厦门大学追求的又一种文化生态,集中体现了文化创造主体创造新文化能力的自信。高尔夫练习场的建设就是根据厦门大学实际而决定的一件事,这也是一种基于文化上的认知所做出的决策。厦门大学和其他学校的校区情况不一样,校区内山地很多。当年,在厦门大学漳州校区的后山上有片地要绿化,买树木等需要一笔费用。当时学校领导班子在讨论时就有个设想,能不能增加些投入,建设个高尔夫练习场。学校相关部门做了调查研究,咨询有关专家,根据厦门大学漳州校区那块地的实际情况修建一个高尔夫练习场,只要投资200多万就够了,比专门种树搞绿化增加的投入并不多,于是便修建了厦门大学第一个高尔夫练习场。高尔夫运动是很健康、大众化的一个运动,很受同学们的喜爱。现在厦大选修体育课中最热门的课程之一就是高尔夫练习课。而且从经济上看,相比较修建游泳馆、羽毛球馆等,高尔夫练习场的修建也非常划算。

强大的创造能力是推动文化创新的重要力量。厦门大学的每个学院都建咖啡厅,从文化认知角度出发,是为了促进沟通交流。交流的形式多种多样,尤其是在信息发达的时代,现代信息技术为人与人之间的交流提供了许多便捷的途径。然而,最好的交流形式,还应是面对面的交谈,特别是在信息技术创造了许多虚拟空间的情况下,要更加注重让师生们有面对面交流的机会。基于这样的认识,厦门大学意识到应该要创造更多的条件让广大师生面对面交流,好而且可行的方式就是建设咖啡厅。"咖啡"这个词来自希腊语,原意是力量与热情,而喝咖啡最大的益处就是使人们的思维更敏捷,更愿意交谈。大学是最适合咖啡文化的地方之一,在大学里面要产生思想,要有思想的碰撞,咖啡就像一个催化剂,能够促进教师与同学碰撞出更多的智慧的火花。厦门大学的校园里现在有二十多个咖啡厅,各有特色,多由学生自己管理或自我服务,很受师生的喜爱。

(三)传承与弘扬优秀文化精神

对游客免费开放参观校园,这也是一个基于文化认识所做的决策。大学是教化之地,开放校园,能够让更多人感悟到大学之美、感悟到教育之美。游人愿意进校园是对校园文化的一种认可,是对大学文化的一种喜爱,甚至是对大学文化的一种尊重。教育是大学的使命,游客参观校园同样能够起到受教育的效果。美好的校园环境,让家长带着孩子切身感悟,鼓励孩子用功学习;校园内的公共厕所都能提供免费的卫生纸,急人所急,让游客们感受之后,他们回去后可能就会积极改善生活环境;免费开放,分文不取,让游客更加爱护校园环境,变得更加文明;等等。当然,校园开放应该既能够做到对外开放,又要尽可能地不影响教学、科研和生活,这是管理者需要进一步思考和解决的问题。

作为厦大精神的时代性转化和升华,建设厦门大学马来西亚分校也是一种文化的认知与决策,更是一种文化的使命。马来西亚纳吉布总理上台以后,就计划把马来西亚建成东南亚的教育中心之一。2009 年 6 月,纳吉布首相访问中国时便向温家宝总理提出,希望能有一所中国的大学到马来西亚去建分校,当时温家宝总理就答应了。接下来,两国的教育部就开始磋商。2011 年底,中国的教育部、马来西亚的高教部正式向厦门大学征求意见,邀请厦门大学到马来西亚创办分校。在教职工代表大会上,赴马来西亚办学的规划得到了教职工代表们的一致通过。为什么厦大的师生员工如此认同学校做出的在马来西亚建立分校的决策?关键就是文化的因素。因为大家都知道,厦门大学是由爱国华侨领袖陈嘉庚先生捐资兴办的。校主陈嘉庚早年赴南洋谋生,他在马来亚成长,事业有成后回到家乡兴办了厦门大学。可以说,建设厦门大学马来西亚分校既是厦门大学感恩情怀的必然回应,也是厦门大学爱国情怀的自然流淌,更是在“一带一路”大背景下中国文化创造性转化和创新性发展的积极探索。

所以,厦门大学要建成世界一流大学的决定性因素之一是厦门大学能不能拥有一个多元、包容、文明、精致、先进的文化生态。当形成这样的文化生态之日,也就是学校实现自己“两个百年”战略目标、跻身世界一流大学之时。

——本文摘录自朱崇实:《大学的进步》,商务印书馆,2019 年 1 月版

·党建与思想政治工作·

2014年厦门大学党风廉政建设工作要点

(2014年)

2014年,学校党风廉政建设和反腐败工作要高举中国特色社会主义伟大旗帜,深入贯彻落实党的十八届三中全会和中央纪委三次全会精神,贯彻落实习近平总书记系列重要讲话精神,坚持党要管党、从严治党,加强反腐败体制机制创新和制度保障,落实党风廉政建设责任制;加强作风建设,落实中央八项规定精神,坚持不懈纠正"四风";加强纪律建设,严明党的纪律,坚决克服组织涣散、纪律松弛现象;加强执纪监督,坚决查办违纪违法案件,保持惩治腐败高压态势;加强纪检监察干部队伍建设,提高履职能力,执好纪、问好责、把好关,为学校改革发展保驾护航。

一、深入落实中央决策部署,加强党风廉政建设和反腐败工作

1.深入学习领会中央精神实质。组织观看学习2014年教育系统党风廉政建设工作视频会议。组织开展学习习近平总书记系列重要讲话、十八届三中全会和中央纪委三次全会精神、国务院廉政工作会议精神系列活动,深刻领会中央关于党风廉政建设的新要求,树立进取意识、机遇意识、责任意识。把思想和行动统一到党中央对形势的判断和任务部署上来,更加清醒地认识反腐败斗争的长期性、复杂性、艰巨性,坚持不懈加强党风建设,遏制腐败蔓延势头。围绕宣传贯彻党的十八大及十八届二中、三中全会、十八届中纪委三次全会精神,汇编《厦门大学2014年党风廉政建设学习材料》(电子版),并通过廉政邮件系统平台下发全校处、科级干部。

2.落实党风廉政建设责任制。"一分部署、九分落实"。学校各级党组织必须切实加强对党风廉政建设工作的领导,落实好五个方面的主体责任:选好用好干部,防止出现选人用人上的不正之风和腐败问题;纠正损害群众利益的行为;强化权力运行的制约和监督,从源头上防治腐败;支持纪检监察部门查处违纪违法问题;党委主要负责同志要管好班子,带好队伍,管好自己,当好廉洁从政表率。领导班子成员根据分工,对职责范围内的党风廉政建设负领导责任。组织、人事、宣传、教学、科研、财务、审计等党政管理部门和各学院、研究院,要把党风廉政建设的要求融入业务工作,同步推进。纪委履行监督责任,协助党委加强党风廉政建设和组织协调反腐败工作,督促检查相关部门落实惩治和预防腐败工作任务,更多地担负起惩治腐败方面的责任,组织协调有关力量,加大办案工作力度,执好纪、问好责,加强监督检查。结合大学章程建设,进一步明晰学校纪检监察机构职责任务,强化二级单位纪检监察工作。各级党组织要定期向上级党委、纪委报告党风廉政建设责任制落实情况。落实责任追究制度,建立倒查追责机制,对

发生重大腐败案件和不正之风长期滋生蔓延的单位、部门，实行“一案双查”，既要追究当事人责任，又要追究相关领导责任。

3.加强和改进巡视工作，开展专项检查。贯彻落实中央对巡视工作的新要求，开展专项巡视工作，注重发现问题、形成震慑，加强对领导班子、领导干部权力行使情况的巡视监督，聚焦巡视工作重点，遵循问题导向和急需先巡的工作原则，有重点选定巡视单位。注重“下沉一级”了解掌握情况，进一步贯彻落实党的群众路线，认真听取广大师生员工的意见和建议，针对广大师生员工反映强烈的热点问题，在全校范围内开展专项检查工作。通过基层单位的自查和学校复查，进一步规范师生员工关注的热点问题热点领域的工作规程，规范权力运行，实现以查促改。注重问题反馈，加大情况通报力度，强化信息公开，推动问题整改。改进巡视工作方法，学校办公室、纪检监察部门、机关党委要抓好学校各项决策、规定落实情况的督办工作，强化巡视成果运用。

二、深入贯彻落实中央八项规定精神，加强纪律建设和作风建设

1. 严格执行党的各项纪律。强化党委执纪意识，坚持把维护党的纪律放在首位，保证纪律刚性约束，让纪律成为带电的“高压线”。严格执行党的政治纪律、组织纪律、财经纪律、工作纪律和生活纪律等各项纪律，坚决纠正无组织无纪律、自由主义、好人主义。严格执行请示报告制度，切实增强党的组织观念。加强课堂、报告会、研讨会、讲座、论坛和校园网等宣传思想阵地管理，牢牢把握意识形态工作的领导权、管理权、话语权。认真落实教育部《关于进一步加强直属高等学校领导班子建设的若干意见》。严格执行民主集中制、党内组织生活制度等党的组织制度，在涉及重大问题、重要事项时，必须按规定集体讨论决策，向组织请示报告。

2.坚持不懈推进作风建设。深化党的群众路线教育实践活动成果，健全领导干部带头改进作风、深入基层调查研究机制，完善直接联系和服务群众制度，坚决反对和纠正“四风”，持之以恒落实中央八项规定和教育部 20 项措施及学校 16 条办法，落实好《党政机关国内公务接待管理规定》《党政机关厉行节约反对浪费条例》等各项规定，开展党政领导干部在企业兼职(任职)情况检查，抓住容易滋生不正之风的部位和环节，一个时间节点一个时间节点抓，从具体问题抓起，坚持不懈、抓出成效。严肃查处顶风违纪问题，重点查处党员领导干部出入私人会所、变相公款旅游问题。严禁用公款互相宴请、赠送节礼、高档消费。纪检监察部门要铁面执纪，加大执纪监督检查力度，发现问题及时严肃查处，健全改进作风常态化制度。

3.加强党员领导干部的廉政教育和管理。认真落实领导干部述职述廉、提醒谈话、诫勉谈话、函询约谈等制度，落实群众来信来访反映问题的核实调查反馈制度，落实干部专项审计和任期审计制度。深入开展党风廉政教育工作，引导党员干部自觉践行社会主义核心价值观，筑牢拒腐防变的思想道德防线。开展新一轮的处级干部离任检查工作和新任处级干部的廉政谈话工作，使党员领导干部牢固树立不抓党风廉政建设就是失职的意识，促进其认真履行“一岗双责”，真抓实干，把党风廉政建设任务落到实处。继续开展“廉政大讲坛”，邀请校内外的法律专家开展专题讲座，通过对招生、考试、科研经费使用和管理、基建等重点部位和关键环节的案例分析，使党员干部常怀敬畏和戒惧之心，增强守法意识、廉政意识，增强拒腐防变能力。

三、以深化改革推进惩防体系建设，强化权力制约和监督

1.加强校园廉洁文化建设。纪检监察、组织、人事、宣传、学生管理等部门要把校园廉洁文化全面融入各项管理服务及教学科研活动之中，努力营造干部廉洁从政、教师廉洁从教、学生廉洁修身的校园廉洁文化氛围。举办廉政文化作品大赛，将大赛作为廉政文化宣传的阵地，并通过大赛选拔参加全国教育系统廉政文化作品大赛的优秀作品。充分利用学校干部在线学习中心和校院两级党委党校培训阵地，把党

风廉政教育内容列入每期校院党校培训教学计划。加强廉政理论研究,充分发挥厦门大学廉政建设研究中心的作用,积极组织研究中心成员和纪检监察干部参与中纪委、教育部、省纪委的有关廉政理论研究课题,为上级纪委和校党委加强党风廉政建设和反腐败工作提供决策建议。

2.健全反腐倡廉制度体系。根据党的群众路线教育实践活动专项整治方案和制度建设计划,继续推动各相关职能部门根据实际情况推动管理制度"废、改、立"工作。按照中央惩治和预防腐败体系五年工作规划要求,制定学校具体实施办法,并抓好任务落实。完善监督机制,不断完善惩治和预防腐败、廉政风险防控、敏感岗位干部轮岗、领导干部请示报告个人有关事项等方面的制度规定,加强监督检查,切实提高制度执行力。

3.继续建立健全廉政风险防控机制。深入贯彻落实《厦门大学落实党风廉政建设责任制实施办法》,进一步明确责任内容,纪委积极协助党委抓好工作任务分解,明确各部门各单位工作职责和责任担当,层层传导压力,确保贯彻落到实处。修订《厦门大学党政领导班子成员执行党风廉政建设责任制任务分解方案》,继续签订单位《党风廉政建设责任书》和处级领导干部个人《廉政承诺书》,有权就有责,权责要对等,各部门各单位要守土有责、守土尽责。研究制定切实可行的责任追究办法,加大问责工作力度,健全责任分解、检查监督、倒查追究的完整链条,有错必究,有责必问。继续推动各单位进一步梳理查找风险点,制定相应的风险防范措施,建立健全预警机制,并逐步形成风险点排查和防控的长效机制。

4.加强重点部位关键环节的监督。纪检监察部门要加强和改进对主要领导干部行使权力的制约和监督,改进对基建(修缮)、物资(设备)采购、招生考试等方面的监督方式,强化对相关职能部门履行监管职责情况的监督。深化招生"阳光工程",进一步完善特殊类型招生监管措施,对自主招生情况开展专项检查,进一步落实责任制,严肃招生秩序,严格责任追究;督促相关部门加强科研经费监管,认真贯彻落实国家关于加强中央财政科研项目和资金管理的有关规定,做好制度的衔接和配套,优化科研经费使用方向,加强纪律约束和经费核算,促进规范化管理;督促资产经营公司更好地履行职责,加强校办企业监管,保障国有经营性资产的安全运行和保值增值。

5.深入推进信息公开。推行校内各单位权力清单制度,依法公开权力运行流程。完善党务、校务和各领域办事公开制度,推进决策公开、管理公开、服务公开、结果公开,促进真公开。当前,要不断完善并认真落实各项公开制度,不断拓展公开领域,丰富公开内容,规范公开程序,创新公开形式,重点推动学校各单位财务信息公开,推进干部选拔任用、职称评聘、公款出国、招生考试等方面的信息公开。

四、全面履行纪检监察职能,坚持以零容忍态度惩治腐败

1.加大惩处工作力度。加强群众信访举报受理工作,建立健全问题案件线索排查制度,强化核查审查办案处理过程管理,对问题线索全面清理,分类处置,认真执行重要信访、重要案件线索向上级纪检监察部门报告制度。充分发挥财务、审计、组织、人事、科技管理、纪检监察等各方面的积极作用,切实增强办案合力。要突出办案重点,严格审查和处置党员干部违反党纪政纪、涉嫌违法的行为。完善案件线索集中管理、集体排查、分层督办制度,按照中央纪委要求,对所有案件线索进行大起底、大清理、大排查。建立健全网络舆情收集、研判、处置机制。

2.发挥办案的治本功能。加强对师生反映强烈的突出问题的专项治理,严肃党纪政纪处理,对发现的问题做到件件有着落,事事有回音。坚持澄清事实、扶正祛邪,对来信来访举报问题已查实的,要依纪依法进行处理;对举报问题情况不实的,要在一定范围内通报情况,通过核查事实树立正气,营造风清气正的良好氛围。坚持抓早抓小,治病救人,及时准确掌握干部、教师的思想工作生活情况,对问题早发现、早提醒、早纠正、早查处,对苗头性、倾向性问题及时约谈、函询,加强诫勉谈话,防止小问题演变成大问题。加大审计监督力度。健全案件剖析制度,进一步分析研究新形势下教育领域违纪违法案件发生的特点,举一反三,建章立制,堵塞漏洞,加大重要案件通报力度,建立重要案件公开曝光的联动机制。充分发挥反面教材的警示教育作用和查办案件的治本功能。

3.加强纪检监察干部队伍建设。进一步完善校纪委委员分工联系单位制度，明确每一位纪委委员的分工联系单位、工作职责，强化纪委委员对全校各单位党风廉政建设情况的指导和监督。纪检监察部门要全面履行党章赋予的职责，正确把握新形势下纪检监察工作特点规律，创新方式方法，转职能、转方式、转作风，在推进教育治理体系和治理能力现代化中发挥积极作用；要明确职责定位，聚焦中心任务，坚守责任担当，强化监督执纪；突出主业有效履职，把不该管的工作交还主责部门，做到不越位、不缺位、不错位；要加强调查研究，掌握第一手情况，严格日常管理，强化基础工作；信任不能代替监督，要加强内部制约，自觉接受监督，着力解决“灯下黑”问题，用铁的纪律打造过硬的纪检监察干部队伍。进一步健全学校特邀监察员制度，制定《厦门大学特邀监察员工作办法》，规范特邀监察员工作，发挥特邀监察员的群众监督作用。进一步加强对纪检监察干部的业务培训，提高履职能力，特别是提高查办案件能力和执纪监督水平。

——本文摘录自《2014年厦门大学党风廉政建设工作要点》，档号2015-DQ06-001

厦门大学关于加强新形势下党外代表人士队伍建设的实施意见

(2014年1月2日)

为贯彻落实党的十八大精神,落实学校第十次党代会确定的各项目标任务,巩固加强党的统一战线,团结和凝聚我校党外代表人士队伍力量,进一步形成推动科学发展、建设美好厦大、实现"两个百年"奋斗目标的强大合力,根据《中共中央关于加强新形势下党外代表人士队伍建设的意见》(中发〔2012〕4号)和《中共福建省委印发〈关于加强新形势下党外代表人士队伍建设的实施意见〉的通知》(闽委发〔2012〕13号)文件精神,结合我校实际,对加强新形势下我校党外代表人士队伍建设提出如下意见。

一、深刻认识加强新形势下学校党外代表人士队伍建设的重要意义

加强党外代表人士队伍建设,对于坚持和完善我国社会主义政治制度,巩固党的执政基础、扩大党的群众基础,全面建成小康社会,实现中华民族伟大复兴的中国梦,推动统一战线事业不断发展具有重大而深远的意义。

我校党外代表人士层次高、联系广、影响大,是服务学校改革、发展和稳定的重要力量。加强党外代表人士队伍建设,努力培养一批高素质、有影响、作用大的党外代表人士,对于我校构建社会主义和谐校园、加快建成世界知名高水平研究型大学、朝着世界一流大学目标迈进有着重要的意义。

二、加强新形势下学校党外代表人士队伍建设的指导思想和总体要求

1.指导思想。高举中国特色社会主义伟大旗帜,以邓小平理论、"三个代表"重要思想和科学发展观为指导,坚持德才兼备、以德为先用人标准,以不断增强党外代表人士的代表性为重点,以广交深交党外朋友为基础,以加强理论培训和实践锻炼为途径,以提高素质、发挥作用为目标,进一步拓宽视野、整合资源、健全机制、创新方法,着力做好发现、培养、使用、管理工作,努力建设一支高素质的党外代表人士队伍,为统一战线服务学校"两个百年"奋斗目标,为福建科学发展跨越发展,为全面建成小康社会、实现中华民族伟大复兴的中国梦做出新的更大的贡献。

2.党外代表人士范围。党外代表人士是与中国共产党团结合作、做出较大贡献、有一定社会影响的非中共人士,主要包括党外两院院士、文科资深教授,人大代表、政协委员中的党外人士,学校副处级以上的党外干部,民主党派各级组织领导班子成员,在有关社会团体担任一定职务并发挥较大作用的党外人士。

3.党外代表人士基本标准。政治坚定、业绩突出、群众认同,是党外代表人士的基本标准,也是加强党外代表人士队伍建设的根本要求。政治坚定,即坚持中国共产党领导,思想上同心同德、目标上同心同向、行动上同心同行,坚定不移走中国特色社会主义道路,积极为祖国统一和民族复兴事业贡献力量。业绩突出,即在本领域本行业造诣较深,贡献较大。群众认同,即在所联系成员和师生中有较高的威信、影响力和良好的社会形象,能够发挥引领带动作用。

4.党外代表人士队伍建设工作原则。坚持党管干部、党管人才与发扬民主相统一,坚持进步性与代

表性相统一，坚持政治教育与实践锻炼相统一，坚持加强培养与注重使用相统一，坚持组织培养与自我提升相统一，坚持统筹推进与突出重点相统一，坚持发挥骨干作用与发挥群体作用相统一。

5.党外代表人士队伍建设目标任务。适应新形势下坚持和完善社会主义政治制度、巩固和壮大爱国统一战线的要求，按照新时期学校党委对统战工作做出的总体部署和学校"十二五"期间人才工作思路，把握新形势下党外代表人士的特点和成长规律，努力建设一支数量充足、结构合理、素质优良、作用突出的党外代表人士队伍。

——总量适度增长。按照各领域各层次的需要，在现有基础上，培养造就一批能够与中国共产党亲密合作、具有一定社会影响、在各自领域发挥重要作用的党外代表人士。

——结构逐步优化。各领域有影响的高层次党外代表人士比例稳步提高，后备人才队伍年龄结构、学科结构和专业结构更加优化，形成党外代表人士层次合理、分布均衡、衔接有序的人才梯队。

——素质不断增强。党外代表人士政治把握能力、参政议政能力、组织协调能力、合作共事能力进一步提高，更加适应致力中国特色社会主义事业、海峡西岸经济区建设和高水平研究型大学建设的需要。

——作用更加突出。充分发挥党外代表人士在国家事务和社会事务中的政治参与作用、在优化决策中的议政建言作用、在所联系成员和群众中的示范带动作用，共同推动科学发展，促进社会和谐。

三、切实抓好党外代表人士的发现储备

1.广泛发现物色。把有组织、有计划地广泛物色发现党外代表人士作为一项基础性工作抓紧抓好。加强党政有关部门之间的协调，组织、统战、人事各部门密切配合，依托各院党委、党总支、党派团体组织，注重物色各类党外后备人才。积极从学校教学科研、行政管理和专业技术等三支队伍中的优秀人士，特别是列入各项人才计划、获得政府表彰奖励和留学归国人员、新引进人才的优秀代表中发现党外代表人士。注重物色年轻人才，通过多种载体和形式，把具有培养潜力的中青年人才纳入联系范围。

2.健全完善推荐评价机制。规范党外代表人士推荐程序，实现党内推荐与党外推荐、组织推荐与个人推荐、定期推荐与日常推荐有机结合。坚持把综合评价作为党外代表人士推荐使用的必经环节，建立健全统战部牵头负责，组织部、人事处等有关部门，党派团体组织共同参与的党外代表人士综合评价机制，对党外代表人士的政治素质、专业成就、群众基础进行综合评价，为选拔人才提供客观依据。针对学校党外代表人士的特点，设置相应的评价指标和程序，实现综合评价和现有考核方式相结合，不断提高选人识才的客观性、全面性、准确性。严格政治关，真正把拥护党的领导、拥护中国特色社会主义、拥护改革开放的党外代表人士选拔出来，政治素质不符合要求的不得推荐使用。

3.加强后备队伍建设。把党外代表人士后备队伍建设纳入学校干部队伍和高层次人才队伍建设的总体规划，学校后备干部队伍中一般应有15%以上的党外干部。建立学校党外代表人士后备名单，实行动态管理。协助民主党派加强领导班子后备干部队伍建设，有重点地加强培养。继续贯彻执行把一部分优秀人士留在党外的政策规定。

四、全面加强党外代表人士的教育培养

1.强化理论培训。坚持政治培训为主，把系统深入开展中国特色社会主义理论体系、中国特色社会主义制度和社会主义核心价值体系教育作为理论培训的首要任务，引导树立、践行"同心"思想、福建精神和厦门大学"四种精神"。分级分类对党外代表人士开展教育培训，党外代表人士每五年轮训一次。教育培训计划由组织部、统战部与社会主义学院共同制订，参加调训对象所在单位要在时间与经费上给予保障。要将党外代表人士参加教育培训的情况作为推荐使用的重要依据之一。学校党委党校、社会主义学院，至少每两年举办1期党外代表人士培训班。有计划地选送党外代表人士到市级以上社会主义学院等

培训机构学习培训。支持各民主党派、有关社会团体自主开展培训。

2.加大实践锻炼力度。推动各种实践锻炼形式制度化、规范化。将党外干部纳入学校党政领导干部交流总体计划,选派优秀党外干部、专家学者到基层和上级机关挂职锻炼;设立专项经费,支持党外代表人士围绕经济社会发展重大项目、重点课题,深入开展调研,发挥他们的专业优势,服务国家、地方经济社会建设。

五、加大党外代表人士的选拔任用力度

1.贯彻落实党外代表人士选拔任用的政策要求。学校党委要积极发现培养校级党外后备干部,条件成熟时推荐使用。学校中层领导干部应有适当数量的党外代表人士,根据工作需要,积极选配符合条件的党外人士担任行政中层正职。推荐选拔干部时,坚持党外代表人士适当照顾的原则。积极向各级人大、政府、政协及有关社会团体推荐党外代表人士担任有关职务。

2.健全党外代表人士选拔任用工作机制。加大竞争性选拔任用工作力度,推广定向在党外干部中进行公开选拔的做法,形成有利于优秀党外干部人才脱颖而出的机制。统战部门要加强与组织部门沟通联系,认真做好党外干部的发现、推荐、培养,并协助组织部门做好考察等工作。党委统战部门要会商有关部门,负责做好党外人大代表、党外人大常委会组成人员候选人的推荐提名工作。各级政协委员的人选推荐工作,党内的由校党委组织部提名,党外的由校党委统战部提名,建议名单由统战部汇总,在征求组织部意见后,报党委审定。

3.加强党与党外代表人士的合作共事。支持党外人大代表依法行使职权,支持党外政协委员履行职责。完善信息沟通制度,学校定期召开座谈会、校情通报会,向党外代表人士通报有关情况。健全集体领导和个人分工负责相结合的制度,对党外领导干部分管工作范围内的重要事项应事先听取并尊重党外干部的意见和建议,保证党外干部对分管工作享有行政管理的指挥权、处理问题的决定权和人事任免的建议权。党外领导干部要自觉服从党委的领导,自觉执行党委的决策并切实履行岗位职责。学校各级党委会议一般要邀请领导班子中的党外干部列席,有关文件要送他们阅知,重大问题、重要情况要与他们沟通,保证他们有职有权有责,确保他们对学校重大决策部署、重大工作的知情权、参与权、监督权。党员领导干部要同领导班子中的党外领导干部建立良好的合作共事关系,互相学习,共同提高。

六、加强党外代表人士服务与管理工作

1.突出管理重点。全面了解和掌握党外代表人士的政治表现、思想状况、履行职责和廉洁自律情况,特别是在重大原则问题上的政治立场和态度。帮助党外代表人士坚定政治共识,提高政治鉴别能力,增强大局意识、责任意识和自律意识,树立良好形象。

2.丰富管理形式。坚持分级分类管理,探索运用民主评议、述职述廉、定期考核、诫勉谈话、会议座谈、走访谈心等方式,促进党外代表人士健康成长。建立健全党外代表人士数据库,加强动态管理,提高党外代表人士队伍建设的科学化水平。

3.明确管理责任。党委统战部要发挥牵头协调作用,加强与党外代表人士所在单位、所属党派团体和各级人大、政协的联系,从总体上掌握党外代表人士的情况。党委组织部在领导班子和干部队伍建设中,注意加强对学校党外干部的管理考核工作。党外代表人士所在的院党委、党总支要做好思想政治工作,加强日常管理考核。党外代表人士所属党派团体要发挥自我教育、自我管理、自我监督的作用,并向党委有关部门和党外代表人士所在单位通报有关情况。

七、加强与党外代表人士的联谊交友

1.广交深交党外朋友。与党外代表人士联谊交友，是加强党外代表人士队伍建设的重要内容和基本方法。发挥联谊交友的引导、沟通、纽带作用，不断拓宽视野，广泛联系党外代表人士。突出交友重点，深交一批经得住重大政治斗争和复杂形势考验、关键时刻起作用的挚友净友，积极鼓励和支持他们为学校改革发展献良策、出好力，形成推动学校科学发展的正能量。坚持原则性，立足根本利益和共同目标，维护团结合作的政治基础；注重平等性，发扬民主作风，创造宽松和谐的氛围；体现包容性，尊重彼此差异，照顾同盟者利益；保持连续性，持之以恒、耐心细致，不断增进感情、升华友谊。

2.丰富联谊交友内容。把联谊交友工作贯穿于党外代表人士发现、培养、使用和管理各个环节。了解和掌握党外代表人士的思想动态，有针对性地加强教育引导，对其不正确的思想观点和行为及时进行批评，帮助提高认识；通报学校改革发展的重大举措、重要事项以及有关问题，听取党外代表人士的意见建议，并做好意见落实反馈工作；了解党外代表人士工作和生活情况，帮助反映和解决实际问题；支持党外代表人士进行自我教育，不断增强走中国特色社会主义道路的自觉性和坚定性。

3.拓展联谊交友形式。校、院党政领导班子成员中的党员干部每年至少 2 次约请党外代表人士谈心交心；主动邀请党外代表人士共同参加调研、出席有关会议、内外事活动；重大节日、遇有特殊情况要及时走访慰问。党外代表人士也可主动提出约见，党内领导干部要及时安排。

4.建立健全联谊交友制度。校、院党政领导班子要强化联谊交友意识，发挥示范带头作用。统战部要协助做好联谊交友的组织、协调、服务、落实工作，并按照主要领导抓关键、分管领导抓重点、班子成员人人有朋友的原则，进一步健全完善统战干部联谊交友的运行机制。

八、加强对党外代表人士队伍建设的领导

1.高度重视党外代表人士队伍建设。学校党委要把党外代表人士队伍建设纳入重要议事日程，及时研究解决重大问题，完善政策措施，定期研究党外代表人士队伍建设工作；纳入干部队伍和人才队伍建设的总体规划，加强统筹谋划；纳入领导班子和干部队伍建设的考核内容，落实领导责任制。加强对党外代表人士先进典型的宣传。切实为党外代表人士创造良好的工作环境和生活条件。

2.健全完善工作机制。加强统筹协调，完善学校党委统一领导，统战部牵头协调，组织、宣传、人事、党校等部门和各院党委、党总支密切配合、各负其责，学校各民主党派、团体共同参与的党外代表人士队伍建设工作机制。组织部和统战部要建立党外干部工作联席会议制度，每年召开 2 次联席会议，必要时可随时召开，研究解决党外代表人士队伍建设重要问题。

3.支持民主党派、有关社会团体在党外代表人士队伍建设中发挥作用。协助民主党派加强自身建设，帮助优化队伍结构、选好配强领导班子，为他们开展教育活动、搞好学习培训、进行实践锻炼创造必要条件，支持民主党派发展和培养体现各自特色的代表人士。发挥统一战线有关社会团体的作用，使其成为凝聚党外代表人士的载体、输送党外代表人士的渠道、发挥党外代表人士作用的平台。

中共厦门大学委员会
2014 年 1 月 2 日

——本文摘录自《厦门大学关于加强新形势下党外代表人士队伍建设的实施意见》，厦大委综〔2014〕1 号，档号 2015-XZ09-23

厦门大学2013—2017年干部教育培训规划

(2014年1月22日)

为培养造就一支高素质专业化办学治校骨干队伍,深入推进教育规划纲要的全面实施,努力办好人民满意的教育,全面贯彻落实党的十八大和十八届三中全会精神,根据《2013—2017年全国干部教育培训规划》(中发〔2013〕8号)、《关于在干部教育培训中进一步加强和改进党性教育的意见》(中组发〔2013〕21号)和《全国教育系统干部培训规划(2013—2017年)》(教党〔2013〕7号)等文件的要求,结合学校实际,制定本规划。

一、指导思想、基本原则、目标任务、重点内容

(一)指导思想

以马克思列宁主义、毛泽东思想、邓小平理论、"三个代表"重要思想和科学发展观为指导,全面贯彻落实党的十八大和十八届三中全会精神,围绕中心、服务大局,服务学校科学发展,以理论武装、党性教育、能力提升为重点,紧密联系学校实际,深化干部教育培训改革,努力提升干部教育培训质量,为全面建成世界知名高水平研究型大学提供坚强有力的思想保证、政治保证和组织保证。

(二)基本原则

1.服务大局,按需施训。着眼于党和国家教育事业全局,围绕教育规划纲要贯彻落实,把服务教育改革发展、服务干部成长、服务学校科学发展作为根本要求,把干部教育培训的普遍性要求与不同类别、不同层次、不同岗位干部的特殊需要结合起来,加强需求导向,激发学习动力,不断提高培训的针对性、实效性和系统性。

2.覆盖全员,突出重点。面向全校干部,分层次、分类别、分阶段深入开展全员培训,着力加强领导干部和关键岗位干部培训,加强科级干部、政工干部、教学科研骨干、党外干部、新聘教职员工以及其他干部的培训。

3.学以致用,推动发展。弘扬理论联系实际的马克思主义学风,紧紧围绕深化教育领域综合改革实践开展培训,提高干部运用所学理论、知识和方法指导实践、解决问题、推动学校改革发展的能力。

4.改革创新,提高质量。遵循干部教育规律和干部成长规律,把提高质量贯穿于干部培训各个环节,推进干部培训模式创新、理论创新、制度创新,不断提高干部培训科学化水平。

(三)目标任务

把学习贯彻党的十八大和十八届三中全会精神引向深入,全面落实大规模培训干部的战略任务。以加强中国特色社会主义理论体系学习为首要任务,以学习宣传贯彻党的十八大和十八届三中全会精神为重点,以推进全面建成世界知名高水平研究型大学为目标,全面推进理论武装、党性教育、能力培训和知识更新,使广大干部理想信念更加坚定、理论素养不断提高、党性修养自觉增强、工作作风切实改进、德才素质和履职能力全面提高,使干部教育培训工作推动学校事业发展的作用更加明显。

（四）重点内容

根据中共中央、中共中央组织部和中共教育部党组印发的有关文件，重点培训内容包括：1.深入开展马克思主义基本原理学习培训。2.突出抓好中国特色社会主义理论体系学习培训。3.大力加强党性党风党纪和党史国史教育。4.深入开展社会主义核心价值体系教育。5.着力加强推动科学发展能力培养。6.积极开展经济、政治、文化、社会、生态等方面的知识教育。

二、培训对象及要求

（一）党政干部

1.处级及以上党政领导干部。每年选派一定数量的干部参加各级党校、行政学院、干部院校的培训，依托中国教育干部网络学院开展在线学习。制订好学校每年的培训计划，有组织地开展全员培训。落实中央要求处级及以上领导干部 5 年累计参加各类培训不少于 550 学时的规定，每年学校层面组织的培训不少于 40 学时，基层单位不少于 20 学时，网络培训不少于 50 学时。

2.科级干部。重点做好各类秘书（党务秘书、教学秘书、人事秘书、行政秘书、科研秘书、外事秘书等）和机关科级干部的教育培训工作。分管校领导亲自抓，主管部门牵头组织，分管校领导和主管部门领导都要上讲台，保证至少每两年举办 1 次教育学习培训班。落实中央要求其他干部 5 年累计参加各类培训不少于 450 学时的规定，每年学校层面组织的培训不少于 24 学时，基层单位不少于 16 学时，网络培训不少于 50 学时。

3.辅导员。每年开展不少于 4 次的校级培训，新聘辅导员参加不少于 40 个学时的岗前培训，在职辅导员参加不少于 16 个学时的在岗培训。争取每名专职辅导员 5 年内参加 1 次国家级或省级培训，选派优秀辅导员外出挂职锻炼，组织辅导员赴境外短期研修。

（二）党外干部

积极选派党派、团体骨干、无党派人士到市级以上社会主义学院参加学习培训，争取民主党派、团体负责人任期内至少参加 1 次市级以上社会主义学院的学习培训。依托社会主义学院，每两年至少举办 1 次统一战线理论学习班。定期组织党外人士围绕经济社会发展重大项目、重点课题，深入开展调研，推动挂职锻炼工作。

（三）教学科研骨干

积极选派学校的高层次专家人才参加中央组织的国情社情、形势政策教育培训和理论研修。每年安排一批教学科研和技术支撑骨干参加各类脱产培训和短期培训；组织哲学社会科学教学科研骨干参加研修班，大力推动哲学社会科学队伍建设。

（四）新聘教职员工

从学校和单位（部门）两个层面组织新聘教师、其他专业技术人员、职员进行岗前培训。两个层面每年至少分别举办 1 期学习班，采用集中培训、报告、谈话、讨论、听课、实践训练等方式开展培训。学校层面的培训不少于 40 学时，单位（部门）层面的不少于 16 学时。

（五）其他干部

办好群团干部培训班、离退休干部读书班等，加强对资产经营有限公司、后勤集团等企业经营管理干部的政治理论、政策法规、现代企业管理知识及能力和职业道德教育等培训。

三、工作措施

(一)优化整合、充分利用各类教育培训资源

1.拓宽境内外学习培训渠道。加大力度选派干部参加中央、省部级等有关单位举办的学习班,进一步提高干部的理论水平、知识能力和党性修养。按照少而精、突出重点、择优的原则,积极选派外语基础好、能力强、潜力大的党政管理干部、辅导员到境外高水平大学进行实岗训练,进一步提高干部的业务能力和服务水平。

2.整合校内教育培训资源。强化校党委党校干部教育培训的主阵地作用,完善校院二级办学格局,丰富办班类型,扩大培训规模,提高培训质量。充分发挥组织、人事等部门的组织协调作用,整合、依托学校教学和科研资源优势,逐步构建分工明确、优势互补的干部教育培训体系。积极调动职能部门和院系的积极性,开展专业知识培训,把业务培训作为干部教育培训工作的重要组成部分,提高干部的业务能力和水平。

3.加强教育培训基地建设。充分利用罗扬才烈士纪念室、嘉庚纪念堂、厦门大学校史馆、鲁迅纪念馆等校内教育资源,利用井冈山、瑞金以及厦门大学长汀办学旧址所在地闽西等革命老区和古田会议纪念馆、东山谷文昌纪念馆等一系列校外爱国主义教育基地、警示教育基地、廉政教育示范基地,依托中央、地方政府、其他高校以及企业的优质培训资源,加强校内外干部培训基地建设,组织各类干部进行有针对性的教育培训。

(二)加强师资队伍建设、教材建设、培训研究

1.加强干部培训师资队伍建设。以我校理论报告员队伍和党校教师队伍为基础,建立一支由专家学者、先进模范人物、党政领导干部、教育管理干部等组成的干部教育师资队伍。按照择优入库、动态管理的原则,建立干部教育培训师资库,推动领导干部、学术名家、先进典型、优秀基层干部等上讲台。建立健全领导干部上讲台制度,各级党政领导班子成员每年都要上台授课。逐步建立符合干部教育培训特点的师资队伍考核评价体系,科学评价干部教育培训教师的工作与成效。

2.加大培训课程与教材建设力度。根据学校各级各类干部素质能力要求,分类制订干部培训大纲。实施精品课程开发计划,加强网络课程建设,促进优质课程资源共享。按照"适量、管用、示范"原则,推荐和选用一批教育系统干部培训重点教材,大力开发一批富有针对性、示范性的案例教材,组织编写符合时代发展要求和具有厦门大学特色的实用培训教材。

3.加强培训研究。加强干部培训工作交流、研讨与合作,不断总结经验,推进工作开展。组织课题立项,开展培训研究,推动研训结合,提升干部培训科研水平。

(三)推进制度化、规范化、科学化建设

1.注重培训质量评估。逐步开展干部教育培训质量评估工作,研究制定培训质量评估办法,推行培训质量评估。

2.强化激励约束机制。推行干部培训学时学分制管理,做好干部培训学时统计工作,把干部参加学习培训的情况作为干部考核的内容和任职、晋升的重要依据之一。

3.加强配套制度建设。进一步明确各类干部参加教育培训和在职自学的任务,建立健全组织调训、计划申报、在职自学、学习考核、培训建档、培训效果跟踪调查、培训经费保障等制度。

(四)创新培训设计,激发干部参训动力

1.创新培训模式。加强培训需求分析,改进和完善常规培训班次设置,突出办学特色,不断创新课程

设计、完善培训内容。推广专题研讨、短期培训、小班教学，倡导挂职培训、分段培训、定制培训等，推动合作培训。加大案例教学比重，综合运用讲授式、研讨式、案例式、拓展训练等方法开展培训，形成一批精品课程和品牌培训项目。

2.积极运用现代信息传播手段。加强对电教片、教育培训课件等现代教学资源的整理、开发和应用。运用同步影音技术以适应多校区形势下的干部教育培训需要，提高干部教育培训信息化水平。

3.提供多样化的培训途径。对政治理论、党性教育、教育改革发展重大部署等需要组织调训的，实行计划调训。对主要领导干部、重点岗位干部等，实行点名调训。大力推行干部自主选学、远程教育、在线学习、电化教育等方式，为干部提供多样化学习培训途径。

四、组织领导

坚持和完善在校党委领导下，由学校党校校务委员会主管、有关职能部门分工负责、校院分级管理的干部教育培训管理体制。

学校每年至少召开 1 次党校校务委员会联席会议，研究全校性干部教育培训工作，发挥统筹规划、监督指导作用。

全校各单位(部门)要按照干部管理权限，每年至少召开 1 次专题会议，对本单位(部门)干部教育培训工作进行安排部署，组织开展好各级、各类干部的教育培训工作。要把干部教育培训列入重要议事日程，纳入发展规划或工作计划，实行年度计划和年终总结报告制度；要将干部教育培训经费列入年度经费预算，完善相关制度，规范经费管理，提高经费使用效益；要建立学风建设监督检查制度，强化监督和管理；主要领导要高度重视干部教育培训工作，及时掌握工作情况，努力解决困难和问题。

——本文摘录自《关于印发〈厦门大学 2013—2017 年干部教育培训规划〉的通知》，厦大委组〔2014〕2 号，档号 2016-DQ02-16

厦门大学中层领导干部离任工作交接暂行办法(试行)

(2014年6月25日)

为了规范中层领导干部离任、接任工作交接程序,保持工作连续性,根据上级有关文件精神并结合学校实际,制定本办法。

一、工作交接时限

校党委宣布中层领导干部职务任免决定后,离任干部与接任干部应在七个工作日内做好工作交接;遇有特殊情况,经分管或有关校领导同意,可以适当延长,延长期限一般不超过十五个工作日。

二、工作交接内容

(一)工作情况。主要包括本岗位的工作职责、工作特点和工作要求;与本岗位有关的社会资源及对外联络工作情况;所负责工作的进展情况、任期责任目标的完成情况;工作经验和体会、存在的问题(含历史遗留问题);对今后工作的设想和建议等。

(二)资产情况。主要包括工作范围内的资产情况、设备状况、经费及各种财务账册管理状况、资金使用及分配状况、债权债务状况、合同履行情况等;离任干部个人保管和使用、借用的公物、公款等(必须附上交接清单)。

(三)人事情况。主要包括领导班子结构、工作分工;单位人事编制、岗位设置、人员状况等。

(四)文档资料。主要包括纸质文件和电子文档(必须附上交接清单)。

(五)需要交接的其他事项。

三、工作交接方式及交接监督

(一)校党委组织部牵头,会同纪委、监察处,负责全校中层领导干部离任交接的组织协调和督促指导工作。离任干部为移交方,接任干部为接收方,有关领导为监交方,必要时可召开工作交接会。

(二)机关部门、直属单位中层正职离任,由分管校领导主持并监督交接;学院(研究院)中层正职离任,由对口联系校领导或所在单位其他中层正职主持并监督交接;中层副职离任,由所在单位相关正职主持并监督交接。

(三)离任、接任干部必须按照工作交接的内容,如实填写"厦门大学中层领导干部离任工作交接表"(以下简称"干部离任工作交接表"),在工作交接后署名确认。如交接内容过多,离任干部还可提供工作交接清单或者交接报告进行详细说明。

(四)"干部离任工作交接表"一式三份,由离任干部填写。交接工作结束后离任干部、接任干部及所在单位三方各存一份。接任干部应在离任工作交接后将"干部离任工作交接表"复印件报校党委组织部备案。

四、工作交接注意事项及纪律要求

(一)离任干部要严格遵守有关要求,在交接工作进行期间不得决定"三重一大"事项,严禁突击开支。

(二)离任干部所在单位领导班子成员和其他有关同志,有责任积极配合工作交接。对工作交接后发现的遗漏事项,离任干部必须配合做好补充交接工作。

(三)中层领导干部离任时接任干部暂时不能到位的,学校或有关单位应指定工作接收人,督促离任干部和接收人履行工作交接手续。对正在进行体制改革或机构调整的单位,离任干部和接任干部应该相互配合,保证资产划拨、人员划转等工作的顺利完成。

(四)对交接手续不完善或交接中出现的问题,有关单位和个人必须及时如实向上级组织和领导汇报,由有关领导协调处理。

(五)中层领导干部必须严格遵守本办法,严肃认真地履行交接手续。对于无故拒不履行工作交接手续或者工作交接不负责、不彻底的干部,要予以批评教育,直至进行组织处理。

五、对需要进行经济责任审计的,应当委托审计处按照有关规定进行审计。

六、本办法自公布之日起执行,由校党委组织部负责解释。校内各单位科级干部及其他有关人员在离任、交流轮岗时的工作交接参照本办法执行。

——本文摘录自《关于印发〈厦门大学中层领导干部离任工作交接暂行办法(试行)〉的通知》,(2014)厦大委组 28 号,档号 2016-DQ02-18

厦门大学中层领导干部选拔任用工作办法

(2014年6月29日)

第一章　总　则

第一条　为认真贯彻执行党的干部路线方针政策，落实从严治党、从严管理干部的要求，建立科学规范的中层领导干部选拔任用制度，形成有效管用、简便易行、有利于优秀人才脱颖而出的选人用人机制，建设一支高举中国特色社会主义伟大旗帜，以马克思列宁主义、毛泽东思想、邓小平理论、“三个代表”重要思想和科学发展观为指导，信念坚定、为民服务、勤政务实、敢于担当、清正廉洁的高素质中层领导干部队伍，为学校建设世界知名高水平研究型大学提供强有力的人才支持和组织保证，根据《中国共产党章程》和中共中央《党政领导干部选拔任用工作条例》以及有关法律法规，结合学校的工作实际，制定本办法。

第二条　选拔任用中层领导干部，必须坚持下列原则：

(一)党管干部原则；

(二)五湖四海、任人唯贤原则；

(三)德才兼备、以德为先原则；

(四)注重实绩、群众公认原则；

(五)民主、公开、竞争、择优原则；

(六)民主集中制原则；

(七)依法办事原则。

第三条　选拔任用中层领导干部，必须符合把领导班子建设成为坚持党的基本理论、基本路线、基本纲领、基本经验、基本要求，全心全意为人民服务，具有领导社会主义现代化建设能力，结构合理、团结坚强的领导集体的要求。

应当注重培养选拔优秀年轻干部，注重使用后备干部，用好各年龄段干部。

第四条　本办法适用于选拔任用学校中层领导干部，包括：

(一)校长助理；

(二)学校党委和行政派出机构的正、副职负责人；

(三)纪委副书记，学校党委部门和行政部门正、副职负责人；

(四)各学院(研究院)的党政正、副职负责人；

(五)直属单位党政正、副职负责人；

(六)产业与后勤系统按照学校中层领导干部管理的人员；

(七)学校任命的其他中层领导干部。

选拔校工会、校团委等有关团体正、副职负责人推荐人选，参照本办法执行。

第五条　在校党委的领导下，组织部负责本办法的组织实施。

第二章 选拔任用条件

第六条 中层领导干部应当具备下列基本条件：

（一）坚持以马克思列宁主义、毛泽东思想、邓小平理论、“三个代表”重要思想和科学发展观为指导，坚持用马克思主义的立场、观点、方法分析和解决实际问题，坚持讲学习、讲政治、讲正气，思想上、政治上、行动上同党中央保持高度一致，经得起各种风浪考验。

（二）具有共产主义远大理想和中国特色社会主义坚定信念，坚决执行党的基本路线和各项方针政策，坚持党的教育方针，立志献身党和国家的教育事业，在学校改革发展中艰苦创业，树立正确政绩观，做出经得起实践、人民、历史检验的实绩。

（三）坚持解放思想，实事求是，与时俱进，求真务实，熟悉高等教育规律和有关法律法规，熟悉教学科研和管理工作，认真调查研究，理论联系实际，卓有成效地开展工作，讲实话，办实事，求实效，反对形式主义。

（四）有强烈的革命事业心和政治责任感，视野开阔，有实践经验，有胜任领导工作的组织能力、文化水平和专业知识。

（五）正确行使权力，坚持原则，敢抓敢管，依法办事，清正廉洁，勤政为民，以身作则，艰苦朴素，勤俭节约，密切联系群众，坚持党的群众路线，自觉接受党和群众的批评和监督，加强道德修养，讲党性、重品行、做表率，带头践行社会主义核心价值观，做到自重、自省、自警、自励，反对官僚主义，反对任何滥用职权、谋求私利的不正之风。

（六）坚持和维护党的民主集中制，有民主作风，有全局观念，善于团结同志，包括团结同自己有不同意见的同志一道工作。

第七条 提拔担任中层领导职务的，应当具备下列基本资格：

（一）提任处级领导职务的，应当具有五年以上工龄和基层工作经历。

（二）提任处级领导职务的，一般应当具有在下一级两个以上职位任职的经历。

（三）专职干部提任处级领导职务的，由副处级提任正处级职务的，应当在副处级岗位工作两年以上，由正科级提任副处级职务的，应当在正科级岗位工作三年以上。

（四）教学科研人员提任处级领导职务的，应当具备高级专业技术职务，一般具有担任系级单位负责人、党支部书记、辅导员、班主任等经历。

（五）一般应当具有大学本科以上文化程度。

（六）应当经过校级以上党校或者组织部认可的其他培训机构的培训，培训时间应当达到干部教育培训的有关规定要求。确因特殊情况在提任前未达到培训要求的，应当在提任后一年内完成培训。

（七）年龄应当符合任满一届的要求。

（八）具有正常履行职责的身体条件。

（九）符合有关法律规定的资格要求。提任党的领导职务的，还应当符合《中国共产党章程》规定的党龄要求。

第八条 中层领导干部应当逐级提拔。特别优秀或者工作特殊需要的干部，可以突破任职资格规定或者越级提拔担任领导职务。

破格提拔的特别优秀干部，应当德才素质突出、群众公认度高，并且符合下列条件之一：在关键时刻或者承担急难险重任务中经受住考验、表现突出、做出重大贡献；在条件艰苦、环境复杂、基础差的地区或者单位工作实绩突出；在其他岗位上尽职尽责，工作实绩特别显著。

因工作特殊需要破格提拔的干部，应当符合下列情形之一：领导班子结构需要或者领导职位有特殊要求的；专业性较强的岗位或者重要专项工作急需的。

破格提拔干部必须从严掌握。不得突破本办法第六条规定的基本条件和第七条第九项规定的资格要求。提拔任职不满一年或者任职试用期未满的，不得破格提拔。不得在任职年限上连续破格。不得越两级提拔。

第三章　选拔任用方式

第九条　拓宽选人视野和渠道,选拔任用中层领导干部包括一般选拔任用、公开竞争性选拔任用、面向海内外招聘等形式。

一般选拔任用是指经过动议、民主推荐、组织考察、讨论决定和任职等。

公开竞争性选拔任用是指经过动议、公布职位、报名与资格审查、民主测评和民主推荐、组织考察、讨论决定和任职等。

面向海内外招聘是指经过动议、制定招聘方案、发布招聘信息、应聘和资格审查、组织考察、讨论决定和聘任等。

第四章　动　议

第十条　校党委组织部按照干部管理权限,根据工作需要和领导班子建设实际,提出启动干部选拔任用工作意见。

第十一条　校党委组织部综合有关方面建议和平时了解掌握的情况,对领导班子进行分析研判,就选拔任用的职位、条件、范围、方式、程序等提出初步建议。

第十二条　初步建议向校党委主要领导成员报告后,在一定范围内进行酝酿,形成工作方案。

第五章　民主推荐

第十三条　选拔任用中层领导干部,必须经过民主推荐。民主推荐包括会议推荐和个别谈话推荐。推荐结果作为选拔任用的重要参考,在一年内有效。

第十四条　中层领导班子换届,民主推荐按照职位设置全额定向推荐;个别提拔任职,按照拟任职位推荐。

第十五条　中层领导班子换届,民主推荐由校党委组织部主持,应当经过下列程序:

(一)召开推荐会,公布推荐职位、任职条件、推荐范围,提供干部名册,提出有关要求,组织填写推荐表;

(二)进行个别谈话推荐;

(三)对会议推荐和谈话推荐情况进行综合分析;

(四)向校党委汇报推荐情况。

第十六条　民主推荐由下列人员参加:

(一)中层领导班子换届时,换届单位全体教职工参加;

(二)个别提拔担任学院(研究院)、直属单位领导职务时,可以由所在单位全体教职工参加,也可根据知情度、关联度、代表性原则确定参加人员范围;

(三)民主推荐学校党政工作部门领导成员人选时,本部门全体人员以及其他需要参加的人员参加。

参加个别谈话推荐的人员参照上列范围确定,可以适当调整。

第十七条　中层领导班子换届,根据会议推荐、个别谈话推荐情况和领导班子结构需要,可以差额提出初步名单进行二次会议推荐。

第十八条　个别提拔任职的民主推荐程序,可以参照本办法第十五条规定进行,也可以先进行个别谈话推荐,根据谈话情况,经研究提出初步名单,再进行会议推荐。

第十九条　个人向校党委推荐中层领导干部人选,必须负责地写出推荐材料并署名。所推荐人选经组织部审核符合条件的,纳入民主推荐范围,缺乏民意基础的,不得列为考察对象。

第二十条　个别特殊需要的领导干部人选,可以由校党委组织部推荐,报校党委同意后作为考察对象。

第六章 考　察

第二十一条　确定考察对象，应当根据工作需要和干部德才条件，将民主推荐与平时考核、年度考核、一贯表现和人岗相适等情况综合考虑，充分酝酿，防止把推荐票等同于选举票、简单以推荐票取人。

第二十二条　有下列情形之一的，不得列为考察对象：

（一）群众公认度不高的。

（二）近三年年度考核结果中有被确定为基本合格以下等次的。

（三）有跑官、拉票行为的。

（四）配偶已移居国（境）外；或者没有配偶，子女均已移居国（境）外的。

（五）受到组织处理或者党纪政纪处分的。

（六）其他原因不宜提拔的。

第二十三条　校党委组织部在民主推荐的基础上，集体研究提出考察对象，经校党委分管干部工作的副书记同意后确定。考察对象一般应当多于拟任职务人数。

第二十四条　对确定的考察对象，由校党委组织部进行严格考察。

第二十五条　考察中层领导职务拟任人选，必须依据干部选拔任用条件和不同领导职务的职责要求，全面考察其德、能、勤、绩、廉。

突出考察政治品质和道德品行，深入了解理想信念、政治纪律、坚持原则、敢于担当、开展批评和自我批评、行为操守等方面的情况。

注重考察工作实绩，深入了解履行岗位职责、推动和服务科学发展的实际成效。考察学院（研究院）、直属教学部党政领导班子成员，应当把推动事业发展和人才培养、教学科研、学科建设、队伍建设、社会服务、党建与思想政治工作等作为评价的重要内容。考察党政机关工作部门、直属单位中层领导干部，应当把执行力建设、作风建设、效能建设、服务水平和工作业绩等作为评价的重要内容。考察后勤产业部门党政领导班子成员，应当把规范管理、安全生产、服务质量、科技成果转化、经济效益和社会效益等作为评价的重要内容。

加强作风考察，深入了解为民服务、求真务实、勤勉敬业、奋发有为，反对形式主义、官僚主义、享乐主义和奢靡之风等情况。

强化廉政情况考察，深入了解遵守廉洁自律有关规定，保持高尚情操和健康情趣，慎独慎微，秉公用权，清正廉洁，不谋私利，严格要求亲属和身边工作人员等情况。

第二十六条　考察中层领导职务拟任人选，应当保证充足的考察时间，经过下列程序：

（一）组织考察组，制定考察工作方案；

（二）同考察对象所在单位的基层党委（党总支）主要领导就考察工作方案沟通情况，征求意见；

（三）通过适当方式在一定范围内发布干部考察预告；

（四）采取个别谈话、发放征求意见表、民主测评、实地走访、查阅干部档案和工作资料、同考察对象面谈等方法，广泛深入地了解情况，根据需要进行民意调查、专项调查、延伸考察；

（五）综合分析考察情况，与考察对象的一贯表现进行比较、相互印证，全面准确地对考察对象做出评价；

（六）向考察对象所在单位主要领导成员反馈考察情况，并交换意见；

（七）考察组研究提出人选任用建议，向校党委分管干部工作的副书记及组织部汇报考察情况，经集体研究提出任用建议方案，向校党委报告。

第二十七条　考察对象为学院（研究院）、直属单位人员的，个别谈话和征求意见的范围一般为：中层党政领导班子成员；系级领导班子负责人；科级以上干部；工会主席，团委书记，校党代会代表，校教代会代表，妇委会负责人；受聘高级专业技术职务人员代表；其他需要参加的人员。

第二十八条　考察对象为学校党政工作部门人员的，个别谈话和征求意见的范围一般为所在部门全体人员。

第二十九条　考察中层领导职务拟任人选,应当听取校纪委、监察处、审计处和有关党组织的意见。

校党委组织部应当就考察对象的党风廉政情况书面征求校纪委的意见。对拟提拔的考察对象,应当查阅个人有关事项报告情况,必要时可以进行核实。

第三十条　考察中层领导职务拟任人选,必须形成书面考察材料,建立考察文书档案。已经任职的,考察材料归入本人档案。考察材料必须写实,全面、准确、清楚地反映考察对象的情况,包括下列内容:

(一)德、能、勤、绩、廉方面的主要表现和主要特长;

(二)主要缺点和不足;

(三)民主推荐、民主测评等情况。

第三十一条　校党委派出的考察组由两名以上成员组成。考察人员应当具有较高素质和相应资格。考察组负责人应当由思想政治素质好、有较丰富工作经验并熟悉干部工作的人员担任。

实行干部考察工作责任制。考察组必须坚持原则,公道正派,深入细致,如实反映考察情况和意见,对考察材料负责,履行干部选拔任用风气监督职责。

第七章　讨论决定

第三十二条　中层领导职务拟任人选,在讨论决定或者决定呈报前,应当根据职位和人选的不同情况,充分酝酿。

学校党政工作部门领导职务拟任人选,应当征求分管校领导的意见。

非中共党员拟任人选,应当征求校党委统战部和民主党派主要负责人、无党派人士的意见。

第三十三条　选拔任用中层领导干部,由校党委常委会集体讨论做出任免决定,或者决定提出推荐、提名的意见。

对拟破格提拔的人选在讨论决定前,必须报经上级组织(人事)部门同意。越级提拔或者不经过民主推荐列为破格提拔人选的,应当在考察前报告,经批复同意后方可进行。

第三十四条　中层正职领导干部的拟任人选和推荐人选,一般应当由校党委常委会提名或推荐并提交校党委全委会无记名投票表决;全委会闭会期间急需任用的,由校党委常委会做出决定,决定前应当征求全委会成员的意见。

第三十五条　校党委常委会讨论决定干部任免事项,必须有三分之二以上成员到会,并保证与会成员有足够的时间听取情况介绍、充分发表意见。与会成员对任免事项,应当发表同意、不同意或者缓议等明确意见。在充分讨论的基础上,采取口头表决、举手表决或者无记名投票等方式进行表决。

校党委有关干部任免的决定,需要复议的,应当经校党委常委超过半数成员同意后方可进行。

第三十六条　校党委讨论决定干部任免事项,应当按照下列程序进行:

(一)校党委分管干部工作的副书记或者组织部部长,逐个介绍领导职务拟任人选的推荐、考察和任免理由等情况,其中涉及破格提拔的人选,应当说明破格的具体情形和理由;

(二)参加会议人员进行充分讨论;

(三)进行表决,以校党委常委会或者全委会成员应到会成员超过半数同意形成决定。

第三十七条　基层党委(党总支)书记、副书记人选,按党章规定选举产生,报校党委审批,必要时由校党委直接任命。

第三十八条　校长助理、学校办公室主任、纪委副书记、组织部部长、人事处处长、监察处处长、审计处处长、财务处处长等领导职务的任免,应当按照规定向上级有关部门备案。

第八章　任　职

第三十九条　中层领导职务实行选任制、委任制,部分专业性较强的领导职务可以实行聘任制。

第四十条　实行中层领导干部任职前公示制度。提拔担任中层领导职务的,在校党委讨论决定后、下发任职通知前，应当在一定范围内进行公示。公示内容应当真实准确，便于监督，涉及破格提拔的，还应当说明破格的具体情形和理由。公示期不少于五个工作日。公示结果不影响任职的，办理任职手续。

第四十一条　实行任职谈话制度。对决定任用的干部，由校党委分管干部工作的副书记、组织部部长或校党委指定的其他领导同本人谈话，肯定成绩，指出不足，提出要求和需要注意的问题。

第四十二条　实行领导干部经济责任审计和离任廉政检查制度。对需要进行经济责任审计的，应当委托审计处按照有关规定进行审计。

第四十三条　实行中层领导干部任期制。每届任期四年。在同一职位上任职一般不超过两届或八年。专业性较强的岗位连任届数可根据工作需要适当增加。

第四十四条　中层领导职务的任职时间，按照下列时间计算：

（一）由校党委常委会决定任职的，自校党委常委会决定之日起计算；

（二）由党员（代表）大会、校党委全委会选举、决定任命的，自当选、决定任命之日起计算。

第九章　公开竞争性选拔任用

第四十五条　公开竞争性选拔应当从实际出发，合理确定选拔职位、数量和范围。

第四十六条　公开竞争性选拔方案设置的条件和资格，应当符合本办法第六条和第七条的规定，不得因人设置资格条件。

第四十七条　公开竞争性选拔工作在校党委领导下进行，由组织部组织实施，应当经过下列程序：

（一）公布职位、资格条件、基本程序和方法等。

（二）报名与资格审查，参加公开竞争性选拔的应当经所在单位同意。

（三）民主测评和民主推荐。

（四）组织考察，研究提出人选方案。

（五）校党委常委会讨论决定。新提拔的中层正职领导干部的任用须经校党委全委会投票表决通过。

（六）履行任职手续。

第四十八条　公开竞争性选拔应当科学规范测评，突出岗位特点，突出实绩竞争，注重能力素质和一贯表现，防止简单以分数取人。

第四十九条　对公开竞争性选拔任用的干部实行一年的试用期。试用期满后，经考核胜任现职的，正式任职；不胜任的，免去试任职务，一般按试任前职级安排工作。

第十章　面向海内外招聘

第五十条　为吸引更多优秀的人才到我校工作，实现把我校建设成为世界知名高水平研究型大学的目标，根据工作需要和实际情况，一些中层领导岗位的干部面向海内外公开招聘。

第五十一条　公开招聘应当经过下列程序：

（一）确定招聘方案。学院（研究院）、直属单位提出岗位招聘方案建议，包括岗位要求、应聘条件、受聘待遇、应聘办法等；校党委组织部与人事处审核岗位招聘方案，报校党委分管干部工作的副书记和学校分管人事工作的副校长审批后，报校党委常委会审定。

（二）人事处发布招聘信息，面向海内外公开招聘；人事处与招聘单位对应聘材料进行整理，报考察组审定；拟定考察人选。

（三）考察并提出拟聘人选建议。校党委组织部与人事处会商成立招聘考察组，组织部部长任组长，人事处处长任副组长，招聘岗位所在院领导及校内外专家为考察组成员。考察组提出考察报告和拟聘人选建议，向校党委常委会汇报。

（四）校党委常委会集体讨论研究，做出聘任决定。

（五）校长或其授权代表与受聘人员签订聘用合同。

第五十二条　聘任制领导职务的每个聘期不超过四年，可以连续聘任。新聘干部实行聘任试用期制,试用期为一年,具体做法参照本办法第四十九条执行。

第十一章　交流、回避

第五十三条　实行中层领导干部交流制度。

(一)交流的对象主要是:因工作需要交流的;需要通过交流锻炼提高领导能力的;在同一单位(部门)工作时间较长的;按照规定需要回避的;因其他原因需要交流的。

(二)中层领导班子成员原则上应当任满一届,在同一职位上任职满八年的,原则上必须交流;在同一职位连续任职达到两个任期的,不再推荐、提名或者任命担任同一职务。

(三)学校机关职能部门领导干部在同一职位上任职时间较长的,应当进行交流或者轮岗。

(四)加强干部交流统筹。干部交流轮岗范围主要为校内机关各部门、学院(研究院)、直属单位之间。积极推进干部到校外交流和挂职锻炼。

(五)干部交流由校党委组织部组织实施,严格把握人选的资格条件。干部个人不得自行联系交流事宜,领导干部不得指定交流人选。同一干部不宜频繁交流。

(六)交流的干部接到任职通知后,应当在校党委限定的时间内到任。

第五十四条　实行中层领导干部任职回避制度。

中层领导干部任职回避的亲属关系为:夫妻关系、直系血亲关系、三代以内旁系血亲以及近姻亲关系。有上列亲属关系的,不得在同一单位(部门)担任双方直接隶属于同一领导人员的职务或者有直接上下级领导关系的职务,也不得在其中一方担任领导职务的单位(部门)从事纪委、组织、人事、监察、审计、财务工作。

第五十五条　实行中层领导干部选拔任用工作回避制度。

校党委及组织部讨论干部任免,涉及与会人员本人及其亲属的,本人必须回避。

干部考察组成员在干部考察工作中涉及其亲属的,本人必须回避。

第十二章　免职(解聘)、辞职(辞聘)、降职

第五十六条　中层领导干部有下列情形之一的,一般应当免去现职:

(一)达到任职年龄界限或者退休年龄界限的。

(二)受到责任追究应当免职的。

(三)辞职或者调出的。

(四)非组织选派,离职学习期限超过一年的。

(五)因工作需要或者其他原因,应当免去现职的。

第五十七条　实行中层领导干部辞职制度。辞职包括因公辞职、自愿辞职、引咎辞职和责令辞职。

辞职应当符合有关规定,手续依照法律或者有关规定程序办理。

第五十八条　引咎辞职、责令辞职和因问责被免职的中层领导干部,一年内不安排职务,两年内不得担任高于原任职务层次的职务。同时到党纪政纪处分的,按照影响期长的规定执行。

第五十九条　实行中层领导干部降职制度。中层领导干部在年度考核中被确定为不合格的,因工作能力较弱、受到组织处理或者其他原因不适宜担任现职务层次的,应当降职使用。降职使用的干部,其待遇按照新任职务的标准执行。

降职使用的干部重新提拔,按照有关规定执行。

第六十条　聘任制中层领导干部的解聘和辞聘,按照聘用合同和学校聘用制度的有关规定执行。

第十三章　纪律和监督

第六十一条　选拔任用中层领导干部,必须严格执行本办法中的各项规定,遵守下列纪律:

(一)不准超职数配备、超机构规格提拔领导干部,或者违反规定擅自设置职务名称、提高干部职级

待遇；

（二）不准采取不正当手段为本人或者他人谋取职位；

（三）不准违反规定程序推荐、考察、酝酿、讨论决定任免干部；

（四）不准私自泄露动议、民主推荐、民主测评、考察、酝酿、讨论决定干部等有关情况；

（五）不准在干部考察工作中隐瞒或者歪曲事实真相；

（六）不准在民主推荐、民主测评、组织考察和选举中搞拉票等非组织活动；

（七）不准利用职务便利私自干预下级或者原任职单位（部门）干部选拔任用工作；

（八）不准在工作调动、机构变动时，突击提拔、调整干部；

（九）不准在干部选拔任用工作中封官许愿，任人唯亲，营私舞弊；

（十）不准涂改干部档案，或者在干部身份、年龄、工龄、党龄、学历、经历等方面弄虚作假。

第六十二条　加强干部选拔任用工作全程监督，严肃查处违反组织人事纪律的行为。对违反本办法规定的事项，按照有关规定对主要责任人以及其他直接责任人作出组织处理或者纪律处分。

对无正当理由拒不服从组织调动或者交流决定的，依照法律及有关规定予以免职或者降职使用。

第六十三条　实行中层领导干部选拔任用工作责任追究制度。凡用人失察失误造成严重后果的，本单位（部门）用人上的不正之风严重、干部群众反映强烈以及对违反组织人事纪律的行为查处不力的，应当根据具体情况，追究主要责任人以及其他直接责任人的责任。

第六十四条　校党委及组织部对中层领导干部选拔任用工作和贯彻执行本办法的情况进行监督检查，受理有关干部选拔任用工作的举报、申诉，制止、纠正违反本办法的行为，并对有关责任人提出处理意见或者处理建议。

学校纪委、监察处按照有关规定，对中层领导干部选拔任用工作进行监督检查。

第六十五条　实行校党委组织部与纪委、监察处等有关部门联席会议制度，就加强对干部选拔任用工作的监督，沟通信息，交流情况，提出意见和建议。联席会议由组织部召集。

第六十六条　校党委及组织部在选拔任用工作中，必须严格执行本办法，自觉接受组织监督和群众监督。各单位（部门）和师生员工对干部选拔任用工作中的违纪违规行为，有权向校党委及纪委、组织部、监察处举报、申诉，受理部门应当按照有关规定核实处理。

第十四章　附　则

第六十七条　本办法由校党委组织部负责解释。

第六十八条　本办法自发布之日起施行。2007年11月19日校党委印发的《厦门大学中层领导干部选拔任用工作暂行办法》同时废止。

——本文摘录自《关于印发〈厦门大学中层领导干部选拔任用工作办法〉的通知》，厦大委组〔2014〕127号，档号2016-DQ02-17

厦门大学关于学习贯彻《关于坚持和完善普通高等学校党委领导下的校长负责制的实施意见》情况的报告

(2014年11月19日)

教育部人事司:

中共中央办公厅印发《关于坚持和完善普通高等学校党委领导下的校长负责制的实施意见》(以下简称《意见》)后,我校党政领导班子迅速通过召开常委会集体学习和班子成员自学的形式,原原本本学习了《意见》精神和教育部党组文件精神,并以《意见》为根本遵循,紧密结合学校实际,扎扎实实、不折不扣地落实好这项制度。

一、贯彻落实《意见》的做法和举措

1.坚决贯彻民主集中制原则,严格执行"三重一大"决策制度。

校党委书记带头严格执行常委会、全委会议事规则,坚决执行校党委做出的决策部署,坚持发扬民主,充分尊重集体的意见、依靠集体的智慧,保证党委决策的民主化、科学化。校长自觉遵守民主集中制原则,严格执行"三重一大"事项的决策程序,凡是关系到学校改革与发展全局的重要问题,坚持提交学校党委会研究决策,从不超出权限个人擅自决定。

2.建立健全班子议事制度和集体领导制度。

修订完善校党委常委会、校长办公会议事规则,确保"三重一大"和其他重要事项均经过常委会、校长办公会集体讨论决定。制定实施校党委全委会议事规则,严格执行党委常委会向全委会定期报告工作和全委会票决中层正职干部制度。

完善集体领导与个人分工负责相结合的工作机制,做到大事共商、急事共议、难事共谋,促进班子整体效能的发挥。工作中坚持"分管不分割,分工不分家",加强分工协作,做到"层层有分解,人人有担子,个个有事干",既明确分工又落实责任,特别重视发挥团队作用,依靠班子集体力量,加强运作管理和工作协调。

3.发扬民主、注重团结,不断凝聚班子和集体力量。

校党委书记全力支持校长依法积极主动、独立负责地开展工作;校长带头坚决贯彻落实党委的决议,自觉维护党委的威信,做到党政一把手密切配合、协调一致,重大事情充分通气、交换意见、达成共识。书记、校长带头像爱护自己的眼睛一样维护班子的团结,班子成员正确处理与其他成员之间的关系,相互信任、相互体谅、相互支持、相互尊重,使班子成为团结奋进、富有凝聚力和战斗力的集体。

4.健全民主决策机制,提高决策水平。

实施党代会代表常任制,完善二级教代会制度、学生代表大会制度,进一步发挥教代会、学生组织、党代会代表等在民主管理、科学决策、政策咨询中的重要作用。正确处理学术权力与行政权力关系,改革校学术委员会、修订学术委员会章程、调整学术委员会和学部委员会人员构成、成立学院教授委员会等,充分发挥学术组织在民主管理、科学决策、政策咨询中的重要作用。修订校院二级管理体制实施办法、学院党政联席会议事规则,科学划分校院两级权限,落实校院责权关系。

5.畅通基层意见建议沟通反馈机制,推进信息公开工作。

积极推动校党委常委联系基层单位工作,实施领导干部下基层调研、听课、参与师生活动制度,改进调研方式方法。畅通校领导与师生员工的沟通反馈机制,做牢做实"书记走基层"、"校长有约——学生早餐会"、"校长有请——教职工早餐会"、校领导接待日等活动,面对面倾听师生员工心声,解决他们的实际困难。

不断完善重大经济决策征求意见制度和财务信息公开制度,积极推进党务、校务、院务公开,坚持向全校教职工代表汇报学校财务收支状况、经费预决算情况以及关系师生利益的重大决策事项,切实保障师生员工的知情权、参与权、监督权。

二、下一步工作思路

1.深入贯彻党的十八大和十八届三中、四中全会精神,根据已核准的《厦门大学章程》,结合学校编制综合改革方案工作,本着科学管理、民主管理、依法治校的精神,加快建立现代大学制度和完善学校内部治理结构所需的制度体系,进一步健全和完善党委领导下的校长负责制的各项工作制度。

2.按照教育部要求,尽快成立校务委员会,制订机构组成方案以及相关议事规则,充分发挥校务委员会在参与学校重大事务、重大决策咨询中的作用。

3.完善"三重一大"决策制度,进一步明晰决策事项、决策主体的决策权限和责任,配套建立"三重一大"事项决策调研论证、公开等制度。

4.制定学部委员会章程和议事规则,健全重大决策咨询会议制度和风险评估机制,充分发挥专家、第三方机构在学校发展规划、重大改革措施、重大事项决策中的咨询会商、评估论证、审议评定作用。

5.根据学校实际,进一步明确和细化公开事项清单,加强学校党务、校务、财务、院务公开的制度化和信息化建设。

三、关于贯彻落实《意见》的意见、建议

根据我校贯彻执行情况,坚持和完善党委领导下的校长负责制要做到以下几点:

1.党政明确职责,分工合作,完善集体领导与个人分工负责相结合的工作机制。工作中坚持"分管不分割,分工不分家",从机制上促进班子团结和整体效能的发挥。

2.党政互相理解,经常沟通。党委书记与校长两个人应互相支持,努力做到大事共商、急事共议,难事共谋。

3.完善工作程序。不断完善相关会议制度、议事规则和决策程序,做到按章办事,使每个成员各司其职,各负其责,相互支持,协调一致。

4.拓宽民主监督渠道。制定情况通报、征求意见等方面的制度和规范,并要建立意见、建议反馈机制。

中共厦门大学委员会

2014 年 11 月 19 日

——本文摘录自《厦门大学关于学习贯彻〈关于坚持和完善普通高等学校党委领导下的校长负责制的实施意见〉情况的报告》,厦大委组〔2014〕151 号,档号 2016-DQ02-17

·教学与科研工作·

厦门大学2014年国际学生(本科)招生简章

(2013年12月)

厦门大学由著名爱国华侨领袖陈嘉庚先生于1921年创建,是中国近代教育史上第一所华侨创办的大学,也是我国唯一地处经济特区、教育部直属的国家"211工程"、"985工程"重点建设的高水平大学。厦门大学在中国2000多所高校中综合排名位居前20名之列,是一所学科门类齐全、师资力量雄厚、国内一流、国际上有广泛影响的综合性大学。学校有思明校区、漳州校区和翔安校区共三个校区,校园依山傍海,风景秀丽,已成为公认的环境最优美的中国大学校园之一。

一、申请条件

1. 18～30周岁,身体健康,持外国有效普通护照的非中国籍公民;

注:中国大陆、香港地区、澳门地区和台湾地区居民在移民外国后作为外国留学生来华学习必须持有效外国护照4年(含)以上,且最近4年(截至2014年4月30日前)之内有在国外实际居住2年以上的记录(一年中实际在国外住满9个月可按一年计算,以入境和出境签章为准)。

2. 具备高中毕业文凭,中学成绩良好。

二、申请时间:2014年2月1日—7月1日

三、申请程序

1.网上报名:登录厦门大学国际学生网上报名系统报名

报名网址:http://admissions.xmu.edu.cn/application

注:① 网上报名为申请的必要程序。若无网上报名,我校不受理纸质申请材料。

② 若申请我校的汉语言本科专业和汉语言进修,无需在上述网站报名,请直接联系我校海外教育学院。(联系方式:Email:oec@xmu.edu.cn　Tel:+86-(0)592-2186211)

2.纸质材料提交:

请务必在7月1日前将网上报名成功后自动生成的《厦门大学国际学生入学申请表》连同其他申请材料寄(送)达中国厦门大学招生办公室(邮编:361005,联系电话:+86-(0)592-2184792)。

★我校逾期不再受理申请。申请者应保持电话或手机畅通并定期查收邮箱信件,我办将根据实际情况与申请者保持联系。

★申请流程图：

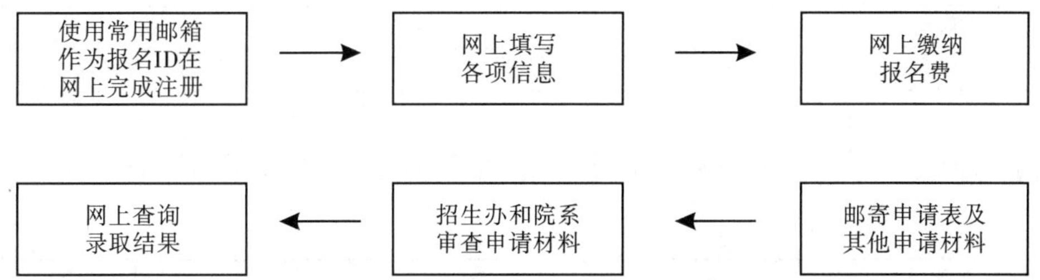

四、申请材料

申请人必须如实填写和提交以下申请材料：

1.《厦门大学国际学生入学申请表》(网上报名自动生成)，用中文或英文填写。

2.高中毕业证书(中文或英文公证件)。如申请人为在校学生，需提交本人就读学校出具的预毕业证明(中文或英文)。

注：凭预毕业证明申请入学者，须在我校报到注册日(2014 年 9 月中旬)前向我校招生办补交高中毕业证书，否则将被取消入学资格。

3.高中阶段全部学习成绩单(中文或英文公证件)。

4.汉语水平考试(HSK)证书或英语水平证书或中学阶段授课语言证明。

5.一封中学推荐信原件。

6.个人陈述(不少于 800 字)，用中文或英文书写。主要内容为自我介绍、学习经历、来华学习目的和计划。

7.护照复印件(有效期内的普通护照)。

注：属于"申请条件"第一款中特别注明的申请者除了提交 4 年(含)以上的有效护照复印件外，还需提供最近 4 年之内在国外实际居住 2 年以上的出入境签章复印件。

8.《外国人体格检查记录》复印件(原件请自行保留)，须用中文或英文填写。

9.《国际学生经济担保书》：提供足以支付在中国留学的学、宿、生活费的担保证明。同时提交经费担保人的工作或收入证明及护照复印件。

10.申请建筑学和艺术设计专业的学生需有美术基础并提交相关作品，申请音乐学专业学生需具备音乐学的专业背景并参加我校的专业面试。

11.如有可以证明自己综合能力的文件，如获奖证书、参加社会实践活动的证明等，可在寄送纸质申请材料时一并提交，我校在录取时将优先考虑。

★ 请申请者将上述所有申请材料按以上顺序整理后一并寄来。申请材料不完整者，我校不予受理。不论录取与否，以上材料一律不予退还。

五、招生专业

我校实行"宽口径、厚基础、多样化"的人才培养模式。录取的学生按大类进行培养。即一、二年级学生按照大类学习通修课程，二、三年级通过选修专业或方向性课程进行专业分流，确定专业或方向。申请者可在申请表上填报 3 个专业志愿并服从专业调剂。

中文授课本科专业：

我校大部分本科专业采用中文授课。详细专业信息，请查看国际学生招生网的"本科专业"。

汉语水平要求：人文社科类(含经管法类与中医学)专业需达到汉语水平考试新 HSK5 级(HSK6 级)或以上；理工医类专业需达到汉语水平考试新 HSK4 级(HSK3 级)或以上。高中阶段以汉语为教学语言的，可以免交 HSK 证书，但须提交中文为教学语言的证明。

英文授课本科专业：

学院	专业	授予学位
经济学院	经济学	经济学

经济学是我校的优势重点学科，该专业采用与国际接轨的经济学教育模式，由海外学成归国的优秀专任教师使用英文原版教材，实行英文授课。

学院	专业	授予学位
医学院	临床医学(MBBS)	医学

我校是中国教育部承认的具备招收本科临床医学专业(英语授课)来华留学生资格的高校之一。该专业以培养职业素质良好的医学专业人才为主要目标，面向海外招生，学制六年，实行全英文授课。

英语水平要求：申请者的英语水平要求为新托福80分或以上，雅思6.0分或以上，或提供达到相当英语水平的证书。来自英语国家或以英语为官方语言的申请者免英语水平证书；高中阶段授课语言为英语的申请者可免英语水平证书，但须提交英文为教学语言的证明。

六、录取

我校国际学生录取实行与国际接轨的“申请审核制”。我校将根据申请者的学业成绩、综合素质、中学推荐意见和专业志愿等择优选拔录取。持有SAT成绩、IB文凭、GCE A-Level成绩、UEC成绩且成绩优异者将被优先考虑。根据院系和专业要求，需要面试的将提前通知申请者。

我校将于申请材料寄达的1个月内在国际学生网上报名系统公布录取结果，并于录取结果公布后尽快寄出录取通知书和外国留学人员来华签证申请表。请申请者届时及时登录网上报名系统(http://admissions.xmu.edu.cn/application)查询录取结果以及录取通知书寄送详情。

七、学制、在学年限及学位授予

学制：4～5年；在学年限：四年制学生4～6年、五年制学生5～7年。

学生在规定的在学年限之内，修满教学计划规定的学分，完成毕业论文并顺利通过答辩，达到毕业要求的准予毕业，颁发本科毕业证书，符合学士学位条件的授予学士学位。

八、报名费：400元人民币(网上报名时缴纳，报名费不予退回)

九、学费(按学年收费，以人民币收取，不含教材费)

1.中文授课专业

人文社科类：18000元人民币/年；

中医学类：18400元人民币/年；

理工医类、经管法类、艺术类：20000元人民币/年。

2.英文授课专业：26000元人民币/年。

注：以上学费标准若有调整，最终以物价部门核准的收费标准为准。

十、住宿生活费

1.住宿费：

①思明校区校内住宿：思明校区校内住宿优先提供给免住宿费的奖学金生。在有空余的情况下，向自费学生开放。公寓环境优美、安静宜人，楼内提供现代化的住宿设施。本科生住四人间，住宿费约750元人民币/月。校内留学生公寓楼联系电话：南光四、五海外学生楼(Tel：0086-592-2184905)　蔡清洁楼(Tel：0086-592-2180501)

②思明校区校外住宿：自费学历生和厦门大学新生奖学金生在来校报到前须自行联系好校外附近的住宿地点。校外住宿便于国际学生与厦门市民交流沟通，进一步了解中国文化与风俗，也有利于提高国际学生的汉语水平。每月花费大约2000元人民币就可租到一套舒适宽畅的房间，它可以为国际学生读

书学习提供更安静的场所。国际学生也可以考虑与同学合租，既安全又不孤单。

③翔安校区校内住宿：生命科学学院、医学院、药学院、公共卫生学院、海洋与地球学院、环境与生态学院、能源学院和海外教育学院的国际学生住宿翔安校区。校区学生公寓设施俱全，环境优美。每个套间内（一个套间内有四个独立房间、一个客厅）配有独立卫生间、网络、空调、热水器、保险柜等。非海外教育学院本科生住两人间，住宿费1200元人民币/人/年；医学院MBBS项目本科生住两人间，住宿费1600元人民币/人/年；海外教育学院本科生住两人间，房间内另配有床垫，住宿费2000元人民币/人/年，押金1000元。

2.生活费：每月餐费约750元人民币。

3.保险费：600元人民币/年。

十一、奖学金申请

1.中国政府国别奖学金（全额奖学金）

符合中国政府国别奖学金申请条件的申请人，可向本国留学生派遣部门或中国驻所在国大使领（总领事馆）教育处提出申请。申请时间一般为每年1月—4月初，各个国家申请截止时间不同，请注意提前查询。国家留学基金委具体负责中国政府来华留学生招生和管理工作。（网址：http://www.csc.edu.cn/laihua/scholarshipdetail.aspx? cid=93&id=1024，厦门大学招生代码：10384）

2.福建省政府外国留学生奖学金（部分奖学金）

福建省政府自2012年起设立外国留学生奖学金项目。其中，高校自主招收外国留学生项目面向本科、硕士、博士生开放，奖学金包括学费、宿舍费、教材费等。学生可向我校招生办提出申请。

3.厦门大学国际学生新生奖学金（部分奖学金）

我校每年从被录取的新生中遴选优秀的博士生、硕士生、本科生若干名，给予免学费的奖励（博士生3～4年，硕士生2～3年，本科生4～5年）。学生直接向我校招生办提出申请。

注：1.关于奖学金申请的详细信息，请登录我校国际学生招生网"奖学金"栏目了解。

2.我校将参照中国政府奖学金评审办法对各类奖学金获得者进行年度考核，符合条件的可继续享受下一学年的奖学金，否则将取消其资格。

十二、联系方式

地址：中国福建省厦门市思明南路422号，邮编：361005

中国厦门大学招生办公室（负责国际学生招生和录取）

电话：+86(0)592 2184792 2188375　传真：+86(0)592 2180256

网址：http://admissions.xmu.edu.cn　E-mail：admissions@xmu.edu.cn

厦门大学海外教育学院（受理汉语言本科和进修申请）

联系电话：+86(0)592 2186211　传真：+86(0)592 2093346

网址：http://oec.xmu.edu.cn　E-mail：oec@xmu.edu.cn

厦门大学国际处海外学生事务科（负责国际学生入学注册和在校管理）

联系电话：+86(0)592 2183606　传真：+86(0)592 2183663

网址：http://ice.xmu.edu.cn　Email：osao@xmu.edu.cn

汉语水平考试（HSK）厦门大学考点

联系电话：+86(0)592 2181012，2187478　传真：+86(0)592 2093346

更多汉语水平考试信息，请见 http://www.hanban.edu.cn/node_7486.htm.

厦门大学招生办公室

2013年12月

——本文摘录自《厦门大学2014年国际学生（本科）招生简章》，档号2019-XZ30-004

厦门大学2014年本科招生章程

（2014年）

厦门大学由著名爱国华侨领袖陈嘉庚先生于1921年创建，是我国唯一地处经济特区的教育部直属全国重点综合性大学，国家“211工程”和“985工程”重点建设的高水平研究型大学。学校现有思明校区、翔安校区和漳州校区，各校区均依山傍海，风景秀丽，校园环境堪称一流。

为选拔优秀本科新生，进一步提高我校人才培养质量，保证招生工作的顺利进行，维护考生的合法权益，依照教育部相关规定，结合我校办学实际情况，制定本招生章程。

第一章　组织机构

第一条　学校成立招生工作领导小组，由校长担任组长，分管纪检、招生考试、教务和学生工作的校领导担任副组长，成员由以上校领导和有关部门负责人组成，负责制定招生政策，研究决定招生的重大事宜。

第二条　招生办公室作为学校招生的常设机构，在学校招生工作领导小组的领导下，贯彻执行国家招生政策和规定，具体负责学校招生工作的组织实施。

第三条　学校纪检监察部门负责对招生工作全程监督。

第二章　招生计划

第四条　2014年我校面向全国31个省(市、自治区)招生。具体分省分专业招生计划请查阅我校招生网(http://zs.xmu.edu.cn)或各省级招生部门编印的考生志愿填报手册。

第五条　2014年我校在本科招生、培养中推行“按大类招生，按大类培养”模式，原则上一个学院按一个专业大类进行招生。2014年我校本科按照39个招生大类进行招生。各招生大类分流专业(或方向)的情况请参阅《厦门大学2014年本科招生大类(专业)设置一览表》。

第三章　培养与管理模式

第六条　我校实行“宽口径、厚基础、多样化”的人才培养模式。录取的学生入学后先按大类培养，共同学习“学科通修课程”，二、三年级按照《厦门大学大类招生的学生选择专业暂行办法》确定专业(或方向)。

第七条　全面推进素质教育。我校发挥综合性大学多学科优势，实行全面选课、主辅修制、转专业、三学期制、国内外名校交流等多样化的人才培养措施，为培养有国际视野的拔尖创新人才和复合型人才提供优质的教育资源。

第八条　“基础学科拔尖学生培养试验计划”。从2010年起，我校成为国家实施“基础学科拔尖学生培养试验计划”的19所“985工程”大学之一。每年从新生中选拔一批优秀学生，配备一流师资，提供一流学习条件，量身定制个性化人才培养方案，为优秀学生创造一流学术环境与氛围。学校以优势学科群为依托，搭建“本研一体化”教学平台，建立“本博直通车”机制，鼓励拔尖学生提前进入研究生阶段学习。

第九条　国家基础学科人才培养基地班。自上世纪90年代起，我校经济学、化学、数学、生物科学、历史学、海洋科学等六个专业就已成为国家基础学科人才培养基地。经多年积累,我校六个基地班已建立了良好的人才培养机制,形成了鲜明的办学特色,培养了一批优秀拔尖人才。我校对六个基地班以我校杰出校友(均为著名教授)冠名,分别为:"王亚南经济学班""卢嘉锡化学班""陈景润数学班""汪德耀生物科学班""傅衣凌历史学班""郑重海洋科学班",同时将进一步优化各基地班人才培养方案,加强拔尖人才培养。

第十条 卓越人才培养教育计划。我校法学专业入选教育部"卓越法律人才教育培养计划"。临床医学专业入选教育部"卓越医生教育培养计划"。机械设计制造及其自动化、电子信息科学与技术、飞行器动力工程、自动化、计算机科学与技术、化学工程与工艺、材料科学与工程、软件工程、建筑学等9个工科专业入选教育部"卓越工程师教育培养计划"。

第十一条 国际化教学试验班。我校选择经济学、会计学、数学、化学、生物科学和海洋科学等优势学科,开设国际化试点班,进行国际化创新人才培养试验。国际化教学试验班的教学计划引进国外先进的教学内容与课程体系,专业核心课程采用双语或英语教学。其中经济学国际化试验班由我校王亚南经济研究院和经济学院经济学系共同承担教学和培养任务,采用全英文授课。该班的学生从录取的经济学院新生中进行选拔,在学期间有更多机会到国外知名高校交流。

第十二条 国内外名校交流。为提高本科生人才培养质量,学校致力于与国内外著名高校开展本科生交流学习的活动。学校与吉林大学、山东大学、中国政法大学、大连理工大学、中国海洋大学等签订了交换学生协议。学校利用侨、台、特、海的区位优势,与英、美、日、法、俄等国家和台港澳地区的270多所高校建立了校际合作关系。学校每年选拔数百名本科生,在校学习期间到国(境)外著名大学交流学习。

第十三条 实施本科生导师制,注重教授为本科生上课。学校实施本科生导师制,新生入学后为本科生配备导师,为学生提供思想、学业等方面的指导。学校要求本科专业课程由教授、副教授承担,形成了名教授、名师给本科生上课的校园文化。

第十四条 录取在生命科学学院、海洋与地球学院、环境与生态学院、医学院、药学院、公共卫生学院和能源学院的新生和国际学院爱尔兰都柏林项目的新生入住翔安校区,其他学院新生入住思明校区。

第十五条 学生在学校规定的学习年限内,修完教学计划规定内容,达到毕业要求,由我校颁发国民教育系列普通高等教育本科毕业证书。符合学位授予条件者,由我校授予学士学位。

第四章 招生要求

第十六条 除外语类专业、国际经济与贸易专业和国防生的招生专业仅限招高考外语语种为英语的考生外,其余招生大类(或专业)均无外语应试语种要求。我校主要以英语作为公共基础外语安排教学。报考英语专业的考生,如考生所在省级招生考试机构组织口试,考生须参加且成绩合格。

第十七条 报考我校艺术类的考生,有关专业考试要求按照《厦门大学2014年艺术类专业招生简章》执行。艺术类学生入学后,我校将根据招生政策和录取标准进行专业水平复查,凡不符合录取条件的,取消入学资格。

第十八条 除国防生外,我校各招生大类无男女比例限制。考生的高考单科成绩一般应达到及格以上水平。考生身体健康状况的要求按《普通高等学校招生体检工作指导意见》的有关规定执行。新生入学后三个月内,我校根据有关规定进行新生录取资格复查和身体健康状况复检,凡不符合录取要求或弄虚作假的,取消入学资格。

第五章 录取原则

第十九条 坚持贯彻公平竞争、公正选拔,德智体美全面考核、综合评价、择优录取的原则。

第二十条 我校根据生源省份的出档规定和报考我校的生源质量等情况确定调档比例。对于按平行志愿方式填报院校志愿的省份(市、自治区),我校原则上按招生计划数100%调档;对于按非平行志愿方式填报院校志愿的省份(市、自治区),我校原则上在招生计划数的105%~110%以内调档。

第二十一条　我校在各省(除内蒙古外)出档的考生中,根据公布的招生大类(或专业)招生计划,采用专业志愿“分数级差”的方式进行专业(类)录取。专业志愿间分数级差总分值为5分。即第一和第二专业志愿分数级差为2分,第二和第三专业志愿及第三和第四(含第四及其之后的所有排序志愿)专业志愿的分数级差均为1分,第四(含第四及其之后的所有排序志愿)与调剂专业志愿分数级差为1分。

第二十二条　我校原则上认可考生所在地省级招生委员会制定的有关加分政策。实行平行志愿投档模式的省份,省级招生部门投档后,我校按包含考生位次信息的投档成绩进行招生大类(或专业)录取(注:我校在江苏的录取原则以第二十八条为准),对投档成绩相同的考生,以各省确定的成绩排序规则进行排序。实行非平行志愿投档模式的省份,省级招生部门投档后,我校以考生的高考卷面原始分进行招生大类(或专业)录取,对高考卷面原始分相同的考生,文史类以语文、数学成绩排序,理科以数学、英语成绩排序。

第二十三条　在实行非平行志愿填报方式的省份(市、自治区),我校在第一院校志愿生源不足的情况下,可接收非第一院校志愿的考生。

第二十四条　获我校保送、自主选拔、农村专项自主选拔、艺术特长和高水平运动员资格的考生的录取规则分别按我校相应各类招生简章的有关规定执行。我校2014年录取的高水平运动员安排在新闻传播学院新闻学专业学习。

第二十五条　我校艺术类专业录取原则按我校艺术类招生简章的有关规定执行。

第二十六条　我校国防生的报考条件、志愿填报、录取办法、奖学金的标准与发放、学生毕业后的工作分配去向及待遇等信息,请查阅《南京军区国防生招生简章》或登录 http://xpb.xmu.edu.cn 查询,或咨询南京军区驻厦门大学后备军官选拔培训工作办公室,咨询电话:0592-2187802。

第二十七条　我校招收的非西藏生源定向西藏就业学生为国家定向就业招生计划,少数民族预科班、内地西藏班和新疆高中班学生为国家指导性定向就业招生计划。我校将按照教育部和各省(市、自治区)制定的有关政策招收上述学生。

1.报考我校非西藏生源定向西藏就业的考生,我校将根据考生志愿在不低于生源所在省份本一批次我校的出档线下40分以内择优录取。学生在校期间享受国家有关的学费、教材、伙食、住宿等补助,毕业后充实到西藏的县以下基层干部队伍,进藏服务期5年。录取的学生到校报到注册前须与西藏人事厅签订“定向西藏就业协议书”,否则,取消入学资格,相关责任由学生个人承担。

2.少数民族预科班生源限定为我校当年有安排招生计划省份参加全国高考的少数民族考生,录取成绩要求为不低于生源所在省份本一批次我校的出档线下80分。被录取的预科学生先在位于河南郑州市的黄河科技学院进行一年的预科阶段学习,预科学习合格并结业者,我校将根据学生在预科阶段学习成绩和操行情况折合的综合成绩,结合学生预转本志愿填报情况及我校拟订的预转本招生专业计划确定其本科学习专业,并转入我校进行本科阶段学习;不合格者退回生源地区。

3.内地西藏班、新疆高中班的升学招生工作由教育部内地西藏班新疆高中班招生办公室统一组织实施。

第二十八条　我校面向江苏省招生(含自主选拔和文艺特长生)的两门选测科目要求:理工类专业选测科目为物理,文史类专业选测科目为历史,对于另一门选测科目,我校原则上不做要求;两门选测科目等级要求为AA。专业安排办法采用等级级差法,即考生两门选测科目每得一个A^+折算成等级级差分2分,在考生投档分的基础上加上等级级差分后进行排序,再采用我校确定的“专业级差”的方式,结合考生的专业志愿和必测科目成绩和综合素质评价进行录取。

第二十九条　我校在内蒙古按“专业志愿清”的规则进行录取,有关志愿填报及录取规则考生可咨询内蒙古教育招生考试中心。

第三十条　我校面向福建省厦门市、漳州市招收走读生的志愿填报和录取要求请登录我校招办网页查阅,或向考生所在地招生部门查询。

第三十一条　2014年我校面向贫困地区定向招生专项计划按照国家有关政策实施。

第三十二条　2014 年我校与爱尔兰都柏林商学院继续合作举办会计学、金融学专业本科教育项目，其招生大类名称分别为工商管理类(会计学专业)和金融学类(金融学专业)。该项目为中外合作办学项目，招生纳入国家普通高等学校招生计划。我校在投放该项目招生计划的省份仅招收有填报该项目专业志愿的考生。该项目由厦门大学国际学院负责实施，由厦门大学国际学院和都柏林商学院共同承担教学培养和管理任务。该项目毕业证书上注明"厦门大学与爱尔兰都柏林商学院中外合作办学项目"。有关课程设置、师资组成、学位授予等事项详见《厦门大学与爱尔兰都柏林商学院中外合作办学项目 2014 年招生简章》。我校国际学院网址：http://liuxue.xmu.edu.cn/。

第三十三条　按照艺术类专业招生办法录取的考生，入学后不得转入其他专业学习。我校录取的由外国语中学推荐的外国语言文学类专业保送生，入学后不得转入其他非外国语言文学类专业学习。所有录取在国际学院金融学专业和会计学专业(厦门大学与爱尔兰都柏林商学院合作举办)的考生，入学后不得转入其他专业学习。所有录取在临床医学、中医学、护理学、公共卫生与预防医学类等四个专业的考生，入学后不得转入其他专业学习。

第六章　收费标准

第三十四条　学费标准

1.人文学院、新闻传播学院、外文学院、法学院、公共事务学院、国际关系学院、经济学院、管理学院、数学科学学院、物理与机电工程学院(除飞行器动力工程外)、化学化工学院、材料学院、生命科学学院、海洋与地球学院、环境与生态学院、信息科学与技术学院(除集成电路设计与集成系统专业外)、能源学院、建筑与土木工程学院、药学院所属各专业及公共卫生学院医学检验技术专业，每人每学年 5460 元；

2.飞行器动力工程专业每人每学年 6760 元；

3.艺术学院各专业每人每学年 9360 元；

4.软件学院和信息科学与技术学院集成电路设计与集成系统专业一、二年级每人每学年 5460 元，三、四年级按学分收费，每人每学分 400 元，每学年约为 40 学分；

5.国际学院金融学专业和会计学专业(厦门大学与爱尔兰都柏林商学院合作举办)，每人每学年 45000 元，如第四年选择到爱尔兰都柏林商学院学习则该年学费按都柏林商学院的收费标准收取，约人民币 14 万～18 万元；

6.录取在临床医学、中医学、护理学、公共卫生与预防医学类 4 个专业的学生免学费。其中，录取在公共卫生与预防医学类的学生，三年级分流到预防医学专业的学生继续免学费，分流到医学检验技术专业的学生按学校规定的标准收取学费。

第三十五条　住宿费标准

学生公寓住宿费为每人每学年 800～1200 元，4～6 人/间。我校将根据实际住宿房间按物价部门批准的收费标准收取。

第七章　奖励资助政策

第三十六条　绿色通道

为切实保证家庭经济困难学生顺利入学，学校建立"绿色通道"制度，即对家庭经济困难新生一律先办理入学手续，学校再根据核实后的情况，分别采取不同办法予以资助。绿色通道办理方式及所需材料可登录厦门大学学生资助管理中心网站(网址：http://xszz.xmu.edu.cn)相关栏目查询。

第三十七条　国家奖、助政策

国家设立了国家奖学金、国家励志奖学金奖励品学兼优的学生；同时还设立了国家助学金，并提供国家助学贷款，用于资助家庭经济困难学生顺利完成学业。

第三十八条　学校奖、助体系

为奖励品学兼优的学生，学校设立了"文庆奖学金"、"本栋奖学金"、"亚南奖学金"和"优秀学生奖学金”等多项校级和院(系)级奖学金;学校还设立了包括困难补助、勤工助学、减免学费等多种资助在内的完整的资助体系,免除家庭经济困难学生的后顾之忧。

第八章　就业情况

第三十九条　我校近三年本科毕业生就业率分别为:2013 届 93.3%,2012 届 94.5%,2011 届 94.3%。毕业生就业率位居全国高校前列。2013 届毕业生就业主要单位性质依次为:企业、升学、出国出境、金融单位等。就业主要地区依次为厦门、福建(不含厦门)、广东(不含深圳)、深圳、上海、江苏、浙江、北京等省市。

第九章　附　则

第四十条　本章程自公布之日起生效。本章程公布后,如遇部分省份高考招生政策调整,则我校将根据当地相关政策制定相应的录取政策,并另行公布。

第四十一条　本章程由厦门大学招生办公室负责解释。

厦门大学招生办公室联系方式:

电话:0592-2188888(共 5～8 线)　传真:0592-2180256

网址:http://zs.xmu.edu.cn

——本文摘录自《厦门大学 2014 年本科招生章程》,档号 2019-XZ30-002

厦门大学 2014 年国际学生(硕士)招生简章

(2014 年 1 月)

厦门大学由著名爱国华侨领袖陈嘉庚先生于 1921 年创建,是中国近代教育史上第一所华侨创办的大学,也是我国唯一地处经济特区、教育部直属的国家"211 工程"、"985 工程"重点建设的高水平大学。厦门大学在中国 2000 多所高校中综合排名位居前 20 名之列,是一所学科门类齐全、师资力量雄厚、国内一流、国际上有广泛影响的综合性大学。学校有思明校区、漳州校区和翔安校区共三个校区,校园依山傍海,风景秀丽,已成为公认的环境最优美的中国大学校园之一。

一、申请条件

应届本科毕业生、大学本科以上学历,身体健康,持外国有效普通护照的非中国籍公民。

二、申请时间:2014 年 2 月 1 日—7 月 1 日

三、申请程序

1.网上报名:登录厦门大学国际学生网上报名系统报名。

报名网址:http://admissions.xmu.edu.cn/application

注:网上报名为申请的必要程序。若无网上报名,我校不受理纸质申请材料。

纸质材料提交:

请务必在 7 月 1 日前将网上报名成功后自动生成的《厦门大学国际学生入学申请表》连同其他申请材料寄(送)达中国厦门大学招生办公室(邮编:361005,联系电话:+86-(0)592-2184792)。

★我校逾期不再受理申请。申请者应保持电话或手机畅通并定期查收邮箱信件,我办将根据实际情况与申请者保持联系。

★详细申请流程图:

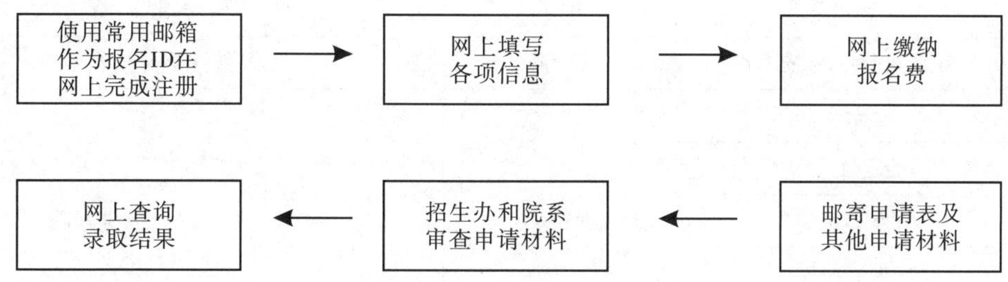

四、申请材料

申请人必须如实填写和提交以下申请材料:

1.《厦门大学国际学生入学申请表》(网上报名自动生成),用中文或英文填写。

2.本科毕业证书(中文或英文公证件)。如申请人为在校学生,需提交本人就读学校出具的预毕业证明(中文或英文)。

注:凭预毕业证明申请入学者,须在我校报到注册日(2014 年 9 月中旬)前向我校招生办提交本科毕业证书,否则将被取消入学资格。

3.本科阶段学习成绩单(中文或英文公证件)。

4.来华学习和研究计划(不少于 1000 字),用中文或英文书写。

5.两名教授或副教授的推荐信,用中文或英文书写。

6.汉语水平考试(HSK)证书或英语水平证书或大学阶段授课语言证明。

7.有效普通护照复印件。

8.《外国人体格检查记录》复印件(原件请自行保留),须用中文或英文填写。

9.《国际学生经济担保书》:提供足以支付在中国留学的学、宿、生活费的担保证明。同时提交经费担保人的工作或收入证明及护照复印件。

★请申请者将上述所有申请材料按以上顺序整理后一并寄来。申请材料不完整者,我校不予受理。不论录取与否,以上材料一律不予退还。

五、招生专业

1.中文授课专业:

我校大部分硕士专业采用中文授课。详细专业信息,请查看国际学生招生网的“硕士专业”。

汉语水平要求:人文社科类(含经管法类与中医学)专业需达到汉语水平考试新 HSK5 级(HSK6 级)或以上;理工医类专业需达到汉语水平考试新 HSK4 级(HSK3 级)或以上。本科阶段以汉语为教学语言的,可以免交 HSK 证书,但须提交中文教学语言证明。

2 英文授课专业:

为推进我校国际化办学进程,我校开设多个全英文授课国际硕士专业,招收优秀国际学生。国际硕士专业所有课程以英语授课,学制两年,旨在培养既具有良好的专业基础,又了解中国社会与文化的高层次国际专业人才。

序号	专业	硕士学位授予	所在学院
1	中国哲学	哲学	人文学院
2	民商法	法学	法学院
3	国际关系	法学	国际关系学院
4	国际贸易学	经济学	经济学院
5	海洋事务	理学	海洋与海岸带发展研究院
6	化学工程	工学	化学化工学院
7	物理化学	理学	化学化工学院
8	计算机科学与技术	工学	信息科学与技术学院
9	金融学	经济学	王亚南经济研究院
10	金融工程		
11	西方经济学		
12	数量经济学		
13	管理经济学		
14	财务学	管理学	财务管理与会计研究院
15	会计学		

注:1.学分设置:在规定的在学年限之内,修满 24～32 个学分。核心课程 4 门共 12 学分;选修课程 4～6 门共 8～12 学分;公共必修课程包括“中国概况”和“汉语入门”共 4 学分。

2.详细项目介绍和项目联系人信息,请查看国际学生招生网“英文授课项目”。

英语水平要求:申请者的英语水平要求为新托福 80 分或以上,雅思 6.0 分或以上,或提供达到相当英语水平的证书。来自英语国家或以英语为官方语的申请者免英语水平证书;本科阶段授课语言为英语的申请者可免英语水平证书，但须提交英文教学语言证明。

六、录取

我校国际学生录取实行与国际接轨的“申请审核制”。我校招生办公室将会同相关院系导师专家组对申请材料进行认真审核，综合申请者的学业成绩、学术能力、科研成果和导师意见等择优选拔，报学校审批录取。毕业于世界知名大学、获得资深教授或专家推荐的申请者将被优先考虑。根据院系导师和专业要求，需要面试（或笔试）的将提前通知申请者。

我校将于申请材料寄达的 1 个月内在国际学生网上报名系统公布录取结果，并于录取结果公布后尽快寄出录取通知书和外国留学人员来华签证申请表。请申请者届时及时登录网上报名系统（http://admissions.xmu.edu.cn/application）查询录取结果以及录取通知书寄送详情。

七、学制

在学年限及学位授予

硕士研究生学制：3 年，在学年限（含休学、保留学籍）：3～5 年；

国际硕士项目、汉语国际教育硕士、工商管理硕士（MBA）学制：2 年，在学年限（含休学、保留学籍）：2～5 年；

学生在规定的在学年限之内，修满教学计划规定的学分，完成毕业论文并顺利通过答辩，达到毕业要求的准予毕业，颁发硕士毕业证书，符合硕士学位条件的授予硕士学位。

八、报名费：400 元人民币（网上报名时缴纳，报名费不予退回）

九、学费（按学年收费，以人民币收取，不含教材费）

1）中文授课硕士专业

人文社科类：20000 元/年，全程 60000 元；

理工医类、经管法类、艺术类：24000 元/年，全程 72000 元；

工商管理硕士（MBA）：55000 元/年，全程 110000 元；

汉语国际教育硕士：30000 元/年，全程 60000 元 。

2）英文授课硕士专业

36000 元/年，全程 72000 元（中国哲学 30000 元/年，全程 60000 元）。

注：以上学费标准若有调整，最终以物价部门核准的收费标准为准。

十、住宿生活费

1.住宿费：

①思明校区校内住宿：思明校区校内住宿优先提供给免住宿费的奖学金生。在有空余的情况下，向自费学生开放。公寓环境优美、安静宜人，楼内提供现代化的住宿设施。硕士生住双人间，住宿费约 900 元人民币/月。校内留学生公寓楼　联系电话：南光四、五海外学生楼（Tel：0086-592-2184905）　蔡清洁楼（Tel：0086-592-2180501）

②思明校区校外住宿：自费学历生和厦门大学新生奖学金生在来校报到前须自行联系好校外附近的住宿地点。校外住宿便于国际学生与厦门市民交流沟通，进一步了解中国文化与风俗，也有利于提高国际学生的汉语水平。每月花费大约 2000 元人民币就可租到一套舒适宽畅的房间，它可以为国际学生读书学习提供更安静的场所。国际学生也可以考虑与同学合租，既安全又不孤单。

③翔安校区校内住宿：生命科学学院、医学院、药学院、公共卫生学院、海洋与地球学院、环境与生态学院、海洋与海岸带发展研究院、能源学院和海外教育学院的国际学生住宿翔安校区。校区学生公寓设施俱全，环境优美。每个套间内（一个套间内有四个独立房间、一个客厅）配有独立卫生间、网络、空调、热水器、保险柜等。非海外教育学院硕士生住两人间，住宿费 1600 元人民币/人/年；海外教育学院硕士生住两人间，房间内另配有床垫，住宿费 2000 元人民币/人/年，押金 1000 元。

2.生活费：每月餐费约 750 元人民币。

3.保险费：600 元人民币/年。

十一、奖学金申请

中国政府奖学金

中国政府奖学金分为全额奖学金和部分奖学金。全额奖学金全程学费全免,并享受生活费、住宿费、医疗费和保险费等待遇。部分奖学金为全额奖学金的一项或几项内容。

中国政府奖学金—高校研究生项目(全额奖学金)

厦门大学作为中国政府奖学金的招生院校,面向全球招收该项目的奖学金研究生(包括硕士和博士)并报国家留学基金委审批。学生直接向我校招生办提出申请。

中国政府海洋奖学金(全额奖学金)

面向南海、印度洋、太平洋周边及岛屿国家以及非洲发展中国家的国际学生,申请来华攻读与海洋相关的硕士和博士学位。从事海洋及相关行业人员优先考虑。学生直接向我校招生办提出申请。

中国政府国别奖学金(全额奖学金)

符合"中国政府国别奖学金"申请条件的申请人,可向本国留学生派遣部门或中国驻所在国大使领(总领事馆)教育处提出申请,申请时间一般为每年1月—4月初,各个国家申请截止时间不同,请注意提前查询。国家留学基金委具体负责中国政府来华留学生招生和管理工作。

中国政府奖学金报名

网址:http://www.csc.edu.cn/laihua/scholarshipdetail.aspx? cid=93&id=1024 厦门大学招生代码:10384。相关申请办法请登录我校招生办网站(http://admissions.xmu.edu.cn)和国家留学基金委网(http://www.csc.edu.cn)。

孔子学院奖学金—中国语言文化项目(全额奖学金)

由中国孔子学院总部设立,旨在资助外国学生、学者和汉语教师到中国攻读汉语国际教育专业硕士学位,或学习汉语言文学、中国历史、中国哲学、中医学等专业。孔子学院奖学金全程学费全免,并享受生活费、住宿费、医疗费和保险费等待遇。学生联系我校海外共建孔子学院或所在国孔子学院取得推荐,并登陆国家汉办网址申请,填报厦门大学。报名网址:http://cis.chinese.cn/

福建省政府外国留学生奖学金(部分奖学金)

为促进福建省国际交流合作,推动福建省来华留学教育事业蓬勃发展,福建省政府自2012年起设立外国留学生奖学金项目。其中,高校自主招收外国留学生项目面向本科、硕士、博士生开放,奖学金包括学费、宿舍费、教材费等。学生可向我校招生办提出申请。

厦门大学国际学生新生奖学金(部分奖学金)

我校每年从被录取的新生中遴选优秀的博士生、硕士生、本科生若干名,给予免学费的奖励(博士生3年,硕士生2~3年,本科生4~5年),并对优秀的硕博国际生参照政府奖学金标准提供生活费。学生直接向我校招生办提出申请。

注:1.关于奖学金申请的详细信息,请登录我校国际学生招生网"奖学金栏目"了解。

2.我校将参照中国政府奖学金评审办法对所有奖学金获得者进行年度考核,符合条件的可继续享受下一学年的奖学金,否则将取消其资格。

十二、联系方式

地址:中国福建省厦门市思明南路422号,邮编:361005

★ 厦门大学招生办公室(负责国际学生招生和录取)

联系电话:+86(0)592 2184792 2188375 传真:+86(0)592 2180256

网址:http://admissions.xmu.edu.cn E-mail:admissions@xmu.edu.cn

★ 厦门大学海外教育学院(受理汉语言本科和进修申请)

联系电话:+86(0)592 2186211 传真:+86(0)592 2093346

网址:http://oec.xmu.edu.cn;E-mail:oec@xmu.edu.cn

★ 厦门大学国际处海外学生事务科(负责国际学生入学注册和管理)
联系电话:+86(0)592 2183606　传真:+86(0)592 2183663
网址:http://ice.xmu.edu.cn　Email:osao@xmu.edu.cn
★ 汉语水平考试(HSK)厦门大学考点
联系电话:+86(0)592 2181012,2187478　传真:+86(0)592 2093346
更多汉语水平考试信息,请见 http://www.hanban.edu.cn/node_7486.htm.

厦门大学招生办公室

2014 年 1 月

——本文摘录自《厦门大学 2014 年国际学生(硕士)招生简章)招生简章》,档号 2019-XZ30-004

厦门大学2014年国际学生(博士)招生简章

(2014年1月)

厦门大学由著名爱国华侨领袖陈嘉庚先生于1921年创建,是中国近代教育史上第一所华侨创办的大学,也是我国唯一地处经济特区、教育部直属的国家"211工程"、"985工程"重点建设的高水平大学。厦门大学在中国2000多所高校中综合排名位居前20名之列,是一所学科门类齐全、师资力量雄厚、国内一流、国际上有广泛影响的综合性大学。学校有思明校区、漳州校区和翔安校区共三个校区,校园依山傍海,风景秀丽,已成为公认的环境最优美的中国大学校园之一。

一、申请条件

应届硕士毕业生、硕士以上学历,身体健康,持外国有效普通护照的非中国籍公民。

二、申请时间:2014年2月1日—7月1日

三、申请程序

1.网上报名:登录厦门大学国际学生网上报名系统报名。

报名网址:http://admissions.xmu.edu.cn/application

注:网上报名为申请的必要程序。若无网上报名,我校不受理纸质申请材料。

2.纸质材料提交:

请务必在7月1日前将网上报名成功后自动生成的《厦门大学国际学生入学申请表》连同其他申请材料寄(送)达中国厦门大学招生办公室(邮编:361005,联系电话:0592-2184792)。

★我校逾期不再受理申请。申请者应保持电话或手机畅通并定期查收邮箱信件,我办将根据实际情况与申请者保持联系。

★ 详细申请流程图:

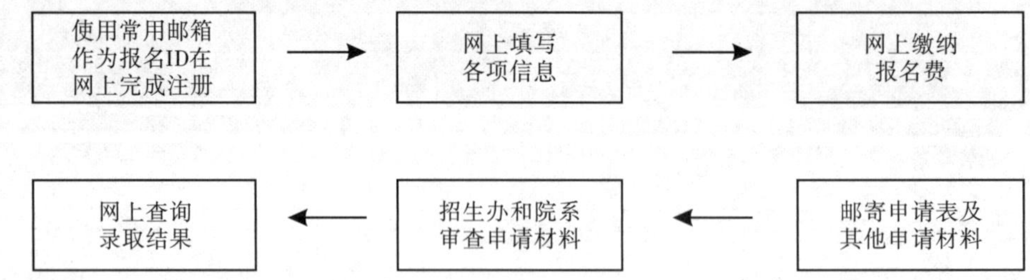

四、申请材料

申请人必须如实填写和提交以下申请材料:

1.《厦门大学国际学生入学申请表》(网上报名自动生成),用中文或英文填写。

2.硕士毕业证书(中文或英文公证件)。如申请人为在校学生,需提交本人就读学校出具的预毕业证明(中文或英文)。

注:凭预毕业证明申请入学者,须在我校报到注册日前(2014年9月中旬)向我校招生办提交硕士毕业证书,否则入学资格将被取消。

3.硕士阶段学习成绩单(中文或英文公证件)。

4.来华学习和研究计划(不少于1000字),用中文或英文书写。

5.两名教授或副教授的推荐信，用中文或英文书写。

6.汉语水平考试(HSK)证书或英语水平证书或授课语言证明。

7.有效普通护照复印件。

8.《外国人体格检查表》复印件(原件请自行保留)，须用中文或英文填写。

9.《国际学生经济担保书》提供足以支付在中国留学的学、宿、生活费的担保证明。同时提交经费担保人的工作或收入证明及护照复印件。

注：请申请者将上述所有申请材料按以上顺序整理后一并寄来。申请材料不完整者，我校不予受理。不论录取与否，以上材料一律不予退还。

五、招生专业

1.中文授课专业：

我校大部分博士专业采用中文授课。详细专业信息，请查看国际学生招生网的“博士专业”。

汉语水平要求：人文社科类(含经管法类)专业需达到汉语水平考试新HSK5级(HSK6级)或以上；理工医类专业需达到汉语水平考试新HSK4级(HSK3级)或以上。硕士阶段以汉语为教学语言的，可以免交HSK证书，但须提交中文教学语言证明。

2.英文授课专业：

我校拥有一支高水平的师资队伍，相当一部分专任教师在海外取得博士学位，可以用英语指导博士生。目前我校有60多个博士专业的博士生导师可以用英文指导学生。

学院	专业
人文学院	考古学、中国史、世界史、人类学、中国哲学
管理学院	会计学、财务学、企业管理、技术经济及管理、管理科学与工程、市场营销学
经济学院	统计学、世界经济、国际贸易、能源经济学
王亚南经济研究院	西方经济学、金融学、数量经济学、统计学、劳动经济学、区域经济学
法学院	国际法学
知识产权研究院	知识产权法学
外文学院	英语语言文学
物理与机电工程学院	机械电子工程、凝聚态物理、无线电物理、电磁场与微波技术
数学科学学院	基础数学、计算数学、概率论与数理统计
化学化工学院	化学工程、化学工艺、生物化工、工业催化、应用化学、分析化学、有机化学、物理化学、高分子化学与物理
材料学院	材料物理与化学
生命科学学院	动物学、生物化学与分子生物学、水生生物学、细胞生物学、遗传学
海洋与地球学院	物理海洋学、海洋生物学、海洋化学、海洋物理、海洋地质、海洋生物技术
环境与生态学院	环境科学、环境工程、生态学、环境管理
国际关系学院/南洋研究院	世界经济、政治学理论、国际关系、世界史
教育研究院	高等教育学、教育经济与管理
药学院	化学生物学
财务管理与会计研究院	会计学、财务学
信息科学与技术学院	计算机科学与技术、通信与信息系统

注：1. 博士研究生在学期间应至少修满12～14个学分。英文授课博士生除学习本专业课程外，可在导师指导下选修全校英语授课的研究生课程取得相应的学分。

2. 各专业导师信息以及各学院联系人信息，请查看国际学生招生网“英文授课项目”。

英语水平要求：申请者的英语水平要求为新托福80分或以上，雅思6.0分或以上，或提供达到相当英语水平的证书。来自英语国家或以英语为官方语的申请者免英语水平证书；硕士阶段授课语言为英语的申请者可免英语水平证书，但须提交英文教学语言证明。

六、录取

我校国际学生录取实行与国际接轨的“申请审核制”。我校招生办公室将会同相关院系导师专家组对申请材料进行认真审核,综合申请者的学业成绩、学术能力、科研成果和导师意见等择优选拔,报学校审批录取。毕业于世界知名大学、获得资深教授或专家推荐的申请者将被优先考虑。根据院系导师和专业要求,需要面试(或笔试)的将提前通知申请者。

我校将于申请材料寄达的一个月内在国际学生网上报名系统公布录取结果,并于录取结果公布后尽快寄出录取通知书和外国留学人员来华签证申请表。请申请者届时及时登录网上报名系统(http://admissions.xmu.edu.cn/application)查询录取结果以及录取通知书寄送详情。

七、学制、在学年限及学位授予

博士研究生学制:4 年,在学年限(含休学、保留学籍):4～7 年;

学生在规定的在学年限之内,修满教学计划规定的学分,完成毕业论文并顺利通过答辩,达到毕业要求的准予毕业,颁发博士毕业证书,符合博士学位条件的授予博士学位。

八、报名费:400 元人民币(网上报名时缴纳,报名费不予退回)

九、学费(按学年收费,以人民币收取,不含教材费)

1)中文授课博士专业

人文社科类:24000 元/年,全程 72000 元;

理工医类、经管法类、艺术类:32000 元/年,全程 96000 元。

2)英文授课博士专业

人文社科类:32000 元/年,全程 96000 元;

理工医类、经管法类、艺术类:42000 元/年,全程 126000 元。

注:以上学费标准若有调整,最终以物价部门核准的收费标准为准。

十、住宿生活费

1.住宿费:

①思明校区校内住宿:思明校区校内住宿优先提供给免住宿费的奖学金生。在有空余的情况下,向自费学生开放。公寓环境优美、安静宜人,楼内提供现代化的住宿设施。博士生住单人间,住宿费约 1500 元人民币/月。校内留学生公寓楼　联系电话:南光四、五海外学生楼(Tel:0086-592-2184905)　蔡清洁楼(Tel:0086-592-2180501)

②思明校区校外住宿:自费学历生和厦门大学新生奖学金生在来校报到前须自行联系好校外附近的住宿地点。校外住宿便于国际学生与厦门市民交流沟通,进一步了解中国文化与风俗,也有利于提高国际学生的汉语水平。每月花费大约 2000 元人民币就可租到一套舒适宽畅的房间,它可以为国际学生读书学习提供更安静的场所。国际学生也可以考虑与同学合租,既安全又不孤单。

③翔安校区校内住宿:生命科学学院、医学院、药学院、公共卫生学院、海洋与地球学院、环境与生态学院、海洋与海岸带发展研究院、能源学院和海外教育学院的国际学生住宿翔安校区。校区学生公寓设施俱全,环境优美。每个套间内(一个套间内有四个独立房间、一个客厅)配有独立卫生间、网络、空调、热水器、保险柜等。非海外教育学院博士生住单人间,住宿费 2400 元人民币/人/年;海外教育学院博士生住单人间,房间内另配有床垫,住宿费 4000 元人民币/人/年,押金 1000 元。

2.生活费:每月餐费约 750 元人民币。

3.保险费:600 元人民币/年。

十一、奖学金申请

中国政府奖学金

中国政府奖学金分为全额奖学金和部分奖学金。全额奖学金全程学费全免,并享受生活费、住宿费、医疗费和保险费等待遇。部分奖学金为全额奖学金的一项或几项内容。

1.中国政府奖学金—高校研究生项目(全额奖学金)

厦门大学作为中国政府奖学金的招生院校,面向全球招收该项目的奖学金研究生(包括硕士和博士)并报国家留学基金委审批。学生直接向我校招生办提出申请。

2.中国政府海洋奖学金(全额奖学金)

面向南海、印度洋、太平洋周边及岛屿国家以及非洲发展中国家的国际学生,申请来华攻读与海洋相关的硕士和博士学位。从事海洋及相关行业人员优先考虑。学生直接向我校招生办提出申请。

3.中国政府国别奖学金(全额奖学金)

符合"中国政府国别奖学金"申请条件的申请人,可向本国留学生派遣部门或中国驻所在国大使领(总领事馆)教育处提出申请,申请时间一般为每年1月—4月初,各个国家申请截止时间不同,请注意提前查询。国家留学基金委具体负责中国政府来华留学生招生和管理工作。

中国政府奖学金报名网址:

http://www.csc.edu.cn/laihua/scholarshipdetail.aspx? cid=93&id=1024 厦门大学招生代码:10384

相关申请办法请登录我校招生办网站(http://admissions.xmu.edu.cn)和国家留学基金委网(http://www.csc.edu.cn)。

"孔子新汉学计划"博士生奖学金(全额奖学金)

该计划旨在培养世界各国高层次青年汉学家和中国问题研究专家,以中外合作培养博士项目、来华攻读博士学位项目、"理解中国"访问学者项目、青年领袖项目、国际会议项目和出版资助项目6个项目为支撑。项目主要通过课题研究等方式资助,专业领域为人文学科和社会科学。这是目前我国招收来华留学生资助标准最高的奖学金。

学生联系我校海外共建孔子学院或所在国孔子学院取得推荐,并登陆国家汉办网址申请,填报厦门大学。报名网址:http://ccsp.chinese.cn/(申请截至2014年2月28日)

福建省政府外国留学生奖学金(部分奖学金)

为促进福建省国际交流合作,推动福建省来华留学教育事业蓬勃发展,福建省政府自2012年起设立外国留学生奖学金项目。其中,高校自主招收外国留学生项目面向本科、硕士、博士生开放,奖学金包括学费、宿舍费、教材费等。学生可向我校招生办提出申请。

厦门大学国际学生新生奖学金(部分奖学金)

我校每年从被录取的新生中遴选优秀的博士生、硕士生、本科生若干名,给予免学费的奖励(博士生4年,硕士生2～3年,本科生4～5年),并对优秀的硕博国际生参照政府奖学金标准提供生活费。学生可向我校招生办提出申请。

注:1.关于奖学金申请的详细信息,请登录我校国际学生招生网"奖学金"栏目了解。

2.我校将参照中国政府奖学金评审办法对所有奖学金获得者进行年度考核,符合条件的可继续享受下一学年的奖学金,否则将取消其资格。

十二、联系方式

地址:中国福建省厦门市思明南路422号,邮编:361005

★ 厦门大学招生办公室(负责国际学生招生和录取)

联系电话:+86(0)592 2184792 2188375　传真:+86(0)592 2180256

网址:http://admissions.xmu.edu.cn　E-mail:admissions@xmu.edu.cn

★ 厦门大学海外教育学院(受理汉语言本科和进修申请)

联系电话:+86(0)592 2186211　传真:+86(0)592 2093346

网址:http://oec.xmu.edu.cn　E-mail:oec@xmu.edu.cn

★ 厦门大学国际处海外学生事务科(负责国际学生入学注册和管理)

联系电话:+86(0)592 2183606　传真:+86(0)592 2183663

网址:http://ice.xmu.edu.cn　Email:osao@xmu.edu.cn

★ 汉语水平考试(HSK)厦门大学考点

联系电话:+86(0)592 2181012,2187478　传真:+86(0)592 2093346

更多汉语水平考试信息,请见 http://www.hanban.edu.cn/node_7486.htm.

厦门大学招生办公室

2014 年 1 月

——本文摘录自《厦门大学 2014 年国际学生(博士)招生简章》,档号 2019-XZ30-004

厦门大学研究生暑期学校管理办法(试行)

(2014年1月13日)

厦门大学研究生暑期学校是我校研究生创新计划项目的重要组成部分。为加强和规范研究生暑期学校的实施与管理,保证项目质量,特制定本办法。

一、宗旨

促进研究生学术交流,拓宽视野,砥砺思想,激发热情,增强使命感和责任感,营造研究生教育创新氛围,提高研究生培养质量。

二、要求

1. 项目内容:在某一学科领域内,招收在学研究生和少量的青年教师作为学员,聘请海内外学术水平高、教学经验丰富的知名专家、学者担任主讲教师,开设若干门基础课程、选修课程和前沿学术报告等,介绍本学科领域的学术发展动态和最新研究成果。每门课程按照学时数,可计1~2学分。

2. 参加对象:研究生暑期学校主要面向本学科及相关学科研究生。同时,可邀请外校、科研单位相关学科研究生参加。暑期学校学员不少于40名,本校研究生学员所占比重不少于30%。

三、组织

1.厦门大学研究生暑期学校由厦门大学研究生院主办,相关院系承办。

2.按一级学科或更宽口径分专题每年举办若干个暑期学校,举办时间为1~3周。

3.每个暑期学校设立组织委员会,成员由主办方、承办院(系)相关人员组成,负责暑期学校举办工作的组织协调。组委会下设学术委员会、执行委员会,学术委员会由国内外专家组成,负责基础课程、前沿课程的讲授;执行委员会以在读博士研究生为主,积极发挥研究生在暑期学校组织活动中的主体作用,提供实践锻炼机会。

4.暑期学校组委会可印制、颁发厦门大学博士研究生暑期学校“结业证书”和“优秀学员证书”。

四、申报办法

每年度的各暑期学校承办由相关院(系)提出申请,研究生院组织有关专家遴选确定并公布。申请承办单位须符合以下条件:

1. 申请承办院(系)牵头承办学科为博士学位授权学科,学科学术水平和研究生培养质量较高,在国内具有较高的学术地位和影响;

2. 暑期学校组织方案严密、科学,可操作性强;

3. 承办院(系)能够在人力、财力、物力上提供必要的支持,保证各项活动的开展;

4. 申请承办院(系)须填写并向研究生院提交《厦门大学博士研究生暑期学校承办申请书》。

五、经费

暑期学校项目的组织、管理纳入夏季学期研究生教学活动中,活动经费由研究生院与相关学院(研究院)共同承担。研究生院按照以下标准资助:校内参会学生25元/(人·天)、国内参会学生100元/(人·天)、港澳台地区参会学生200元/(人·天)、国外参会学生200元/(人·天);专家资助标准按照夏季学期研究生教学活动课时标准执行。原则上,资助经费额度理工医类最高不超过30万元,人文社科类最高不超过15万元。经费的使用范围为:正式学员的校外研究生、专家的食宿费、授课资料费、课酬、优秀学员奖励等。

一经发现有虚假信息,研究生院将收回已下拨经费。

六、总结

组委会须在暑期学校结束一个月内向研究生院培养办公室提交总结材料,包括:

1. 暑期学校总结一份,含暑期学校概况、取得成效、各方反映、意见建议等;

2. 研究生学习小结集一册;

3. 暑期学校活动相关图片、课程资料等;

4. 国(境)外学员、专家的护照复印件。

七、本办法由研究生院负责解释和修改。

——本文摘录自《关于印发〈厦门大学研究生暑期学校管理办法(试行)〉的通知》,(2014)厦大研2号,档号2014-XZ28-6

厦门大学鼓励研究生积极参加高水平学术竞赛活动资助管理办法(试行)

(2014 年 1 月 13 日)

为进一步鼓励我校研究生积极参加高水平学科、学术竞赛,激发广大研究生参加学术竞赛的积极性和主动性,培养研究生团队协作能力、创新思维和实践能力,营造研究生教育创新氛围,规范对研究生学术竞赛资助管理,以促进我校研究生参加高水平学科竞赛资助工作的规范化和制度化,健全激励机制,特制定本办法。

一、要求

本管理办法所规定的研究生学术竞赛,是指研究生参加由权威机构、企业、行业、学校组织的,经我校认定的国际级、国家级、省级、区域、行业、校级的学术竞赛。

二、资助对象

我校普通全日制在读研究生。

三、经费

1. 学术竞赛经费由研究生院与相关学院(研究院)共同承担。经费以项目形式申报,按参加人数、竞赛级别(校级、区域、行业、海峡两岸、国家、国际)、竞赛投入(报名费、差旅费等)、成果等具体情况,研究生院审核资助,专款专用。

2. 依据学校有关的经费使用和管理办法报销。

3. 根据竞赛主办方的层次、竞赛的影响力,以及研究生在学术竞赛中取得的成绩,对指导老师、参赛研究生给予一定的补助。

4. 研究生院将对同意资助项目实施情况进行检查、监督;一经发现有虚假信息,研究生院将收回已下拨经费。

四、总结

学术竞赛指导委员会须在学术竞赛结束一个月内向研究生院培养办公室提交总结材料,包括:

1. 学术竞赛总结一份,含学术竞赛概况、取得成效、各方反映、意见建议等;

2. 研究生参赛学习小结集一册;

3. 学术竞赛活动相关图片;

4. 获奖证书、护照复印件等。

五、本办法由研究生院负责解释和修改。

——本文摘录自《关于印发〈厦门大学鼓励研究生积极参加高水平学术竞赛活动资助管理办法(试行)〉的通知》,(2014)厦大研 3 号,档号 2014-XZ28-6

厦门大学基础创新科研基金(研究生项目)管理办法(试行)

(2014年1月13日)

第一条　为加强在校研究生科研创新意识、创新精神和创新能力的培养,鼓励研究生积极主动地参加各种创新活动,引导研究生选择创新性强的基础研究和应用研究课题,形成具有前瞻性、创新性、学术水平高的原创性成果,特设立"厦门大学基础创新科研基金(研究生项目)"(以下简称"创新基金")。为规范创新基金的使用和管理,保证创新基金良好运作,结合我校实际,特制定《厦门大学基础创新科研基金(研究生项目)管理办法(试行)》。

第二条　创新基金资助项目的评选工作遵循"科学公正、注重创新、严格筛选、专款专用"的原则。创新基金的管理机构设在研究生院。研究生院负责基金资助项目的立项审查、中期检查等工作。

第三条　基金项目申请者必须符合以下条件:

(一)创新基金的申请对象为厦门大学在读研究生。原则上不考虑已进入最后一年学习的研究生;研究生在学期间原则上只能获得一次资助。

(二)每名学生一次只能申请或参与一个项目,鼓励以项目组名义进行申报。若以项目组的名义进行申请时,申请人必须是项目负责人。

(三)每个申报项目必须有相关学科领域内至少一名副教授以上或相当于副教授的专家学者推荐;必须有指导教师。

(四)申请者必须具备申请项目的前期研究基础。

(五)申请者获资助项目如未结项,不得参加下一项目的申请。

第四条　基金项目评审程序。创新基金采取研究生本人申报,各学院学位评定分委员会审议推荐,研究生院评审的方式进行。创新基金的申报及评审工作一般每学年(5—6月)组织一次。申请人可根据需要自行提出申请资助金额,由研究生院组织专家审核并确定资助金额。其具体评审程序如下:

(一)根据学校下发的有关基金项目申报工作的具体安排,研究生院发布申报指南,由项目申报人根据申报指南填写"厦门大学基础创新科研基金(研究生项目)申报表",并向所在院、系、中心、研究院提出申请;

(二)所在院、系、中心、研究院学位评定分委员会对申报项目进行预审后,签署审议结果和推荐意见,并将所要推荐的"厦门大学基础创新科研基金(研究生项目)申报表"及电子版报送研究生院培养与管理办;

(三)研究生培养与管理办对申请人资格、申报项目的有关内容是否符合基金资助范围及指南要求等进行审查,符合条件的项目由研究生院组织评审,确定资助的项目及资助额度;

(四)研究生院评审工作结束后,由研究生院及时公布结果。

第五条　基金资助项目评审标准。

(一)选题须为本学科前沿,在理论或方法上新颖、创新,有较重要的理论意义或应用价值;

(二)研究方法和技术路线具有可行性和创新性,能够达到国内或国际同类学科先进水平,具有较好的社会效益或应用前景;

(三)论证充分,推理严密,逻辑性强,格式规范,文字表达准确、流畅;

(四)有望取得突破性成果;

（五）在社会实践或学术竞赛中已取得一定成绩。

第六条 项目管理与实施。项目进行过程中，项目申报人应填写“厦门大学基础创新科研基金（研究生项目）中期检查表”，并提供项目阶段性成果，经研究生院审核合格后，方可核拨下一阶段经费；如没有提供中期检查报告或中期检查不合格者，则停拨经费。“厦门大学基础创新科研基金（研究生项目）中期检查表”内容包括项目研究进展情况、下一阶段研究计划等。

第七条 项目的整个研究工作进度主要由项目负责人负责安排。原则上在整个项目研究期间不得更换项目负责人。

第八条 项目如因特殊原因不能继续进行时，该项目负责人应在研究任务实质停止前一个月向研究生院申请项目提前中止。项目负责人如故意隐瞒情况，一经查出，则作为故意隐瞒处理。

第九条 创新基金一经立项，项目申报人应严格按照项目申报表列明的研究内容、项目期限、成果形式等开展研究工作；项目研究过程中，确需调整项目计划、研究内容、研究周期的，应及时提出书面申请并报研究生院，经批准后方能做出相应调整。若未经报批，擅自对资助项目进行更改，研究生院将取消对该项目的资助，收回已拨经费。

第十条 项目完成后，项目负责人应及时填写“厦门大学基础创新科研基金（研究生项目）结项审核表”，并连同最终研究成果以及基金经费使用情况的详细说明，一并报送研究生院申请项目结项。

第十一条 项目最终成果形式为公开发表的论文、研究报告或专利技术等。发表时必须注明“本课题由厦门大学基础创新科研基金（研究生项目）资助”字样（Supported by the Fundamental Research Funds for Xiamen University）。

第十二条 在基金的申请、立项、鉴定等过程中，项目申报人均应实事求是，不得弄虚作假。如发现有学术不端行为等，研究生院除取消对该项目的资助外，还将建议有关部门按学校有关规定处理。

第十三条 创新基金核拨经费由学校财务处设立专门账户管理。经费分两次下拨，第一次下拨经费的60%，第二次下拨经费的40%。资助经费直接划拨至申请人名下，申请人可凭创新基金项目研究工作所需经费支出的票据，依据学校有关的财务管理办法报销。研究生院鼓励各院、系、中心、研究院等对立项项目提供必要的配套资金和条件保证。

第十四条 凡创新基金资助的项目，其研究成果的知识产权归学校和项目研究本人共同所有。

第十五条 本办法由研究生院负责解释和修改。

——本文摘录自《关于印发〈厦门大学基础创新科研基金（研究生项目）管理办法（试行）〉的通知》，(2014)厦大研4号，档号2014-XZ28-6

厦门大学博士研究生学术论坛、会议管理办法(试行)

(2014 年 1 月 20 日)

厦门大学博士研究生学术论坛、会议是我校研究生创新计划项目的重要组成部分。为加强和规范博士研究生学术论坛、会议的实施与管理,保证项目质量,特制定本办法。

一、宗旨

促进研究生学术交流,拓宽视野,砥砺思想,激发热情,增强使命感和责任感,营造研究生教育创新氛围,提高研究生培养质量。

二、要求

1. 论坛、会议内容:以博士生为主开展学习交流、论文交流和研讨为主要形式,通过论文形式面向全国选拔优秀博士生进行学术论文的集中交流。可适当邀请国内外著名专家学者做点评和做专题学术报告,就本学科领域及其相关领域发展前沿热点和有关重大问题,进行深入、广泛、自由的学术交流。

2. 参加对象:每个论坛、会议主要面向本学科及相关学科研究生。同时,可邀请外校、科研单位相关学科研究生参加。论坛、会议参会学生不少于 40 名,其中,本校参会学生所占比例不少于 30%。如果是海峡两岸会议,港澳台地区参会学生占 1/3;如果是国际会议,国外参会学生占 1/3。

三、组织

1.厦门大学博士研究生学术论坛、会议由厦门大学研究生院主办,相关院(系)承办。

2.按一级学科或更宽口径分专题每年举办若干个专题论坛、会议,会期一般为 1～2 天。

3.每个论坛、会议设立论坛、会议组织委员会,成员由主办方、承办院(系)相关人员组成,负责论坛、会议举办工作的组织协调。组委会下设学术委员会、执行委员会,学术委员会由相关院(系)专家组成,负责论文的遴选、评审及博士生论文报告的点评工作;执行委员会以在读博士研究生为主,积极发挥研究生在论坛、会议组织活动中的主体作用,提供实践锻炼机会。

4.论坛、会议组委会可印制、颁发厦门大学博士研究生学术论坛、会议"优秀论文证书"和"入选论文证书"。

四、申报办法

每年度 3—4 月份由承办单位提出申请,研究生院组织有关专家遴选、确定并公布。申请承办单位须符合以下条件:

1. 申请承办院(系)牵头承办学科为博士学位授权学科,学科学术水平和研究生培养质量较高,在国内具有较高的学术地位和影响;

2. 论坛、会议组织方案严密、科学,可操作性强;

3. 承办院(系)能够在人力、财力 、物力上提供必要的支持,保证各项活动的开展;

4. 申请承办院(系)须填写并向研究生院提交《厦门大学博士研究生学术论坛、会议承办申请书》。

五、经费

论坛、会议活动经费由研究生院与相关院(系)共同承担。研究生院按照以下标准资助:校内参会学生 200 元/人、国内参会学生 500 元/人、港澳台地区参会学生 800 元/人、国外参会学生 1500 元/人;每位国内专家 5000 元、港澳台地区专家 6000 元、国外专家 10000 元。原则上,资助经费额度最高不超过 10 万元。经费的使用范围为:正式参加论坛、会议的校外博士研究生的食宿费、会议资料费、优秀论文奖励、著名学者评阅论文及讲课酬金等。

一经发现有虚假信息，研究生院将收回已下拨经费。

六、总结

组委会须在论坛、会议结束一个月内向研究生院培养办公室提交总结材料，包括：

1. 论坛、会议总结一份，含论坛、会议概况、取得成效、各方反映、意见建议等；

2. 研究生学习小结、论文集各一册；

3. 论坛、会议活动相关图片、课程资料等；

4. 国(境)外参会学生、专家的护照复印件。

七、本办法由研究生院负责解释和修改。

——本文摘录自《关于印发〈厦门大学博士研究生学术论坛、会议管理办法(试行)〉的通知》，(2014)厦大研 5 号，档号 2014-XZ28-6

2014年厦门大学联合招收华侨、港澳地区及台湾地区学生简章

（2014年2月）

一、报名

1.报名资格

具有高中毕业文化程度(相当于中学六年级)并符合下列报名条件之一的,方可报名:

① 港澳地区考生,持香港或澳门永久性居民身份证和《港澳居民来往内地通行证》。

② 港澳地区考生,持香港或澳门非永久性居民身份证和《港澳居民来往内地通行证》。

③ 台湾地区考生,持《台湾居民来往大陆通行证》;

④ 华侨考生必须是取得外国长期或永久居留权,且最近四年(截止报名时间结束止)之内有在国外实际居住2年以上的记录(一年中实际在国外居住满9个月可按一年计算。出国留学和因公出国工作不能视为定居)。报名时考生本人须持我驻外使(领)馆出具的取得在外国长期或永久居留权的公证书或认证书以及中华人民共和国护照参加报名。华侨考生须在上海、福建或广州报考点报名考试,北京和港澳地区报考点不受理华侨考生报考。

考生所持证件必须在有效期限之内。

考生须认真阅读招生学校(专业)对考生身体条件的要求。考生可在《2013年中华人民共和国普通高等学校联合招收华侨、港澳地区及台湾地区学生专业目录》中查知相关内容。

2.报名时间

3月1日至3月31日(周六、日除外),其中3月1日至3月15日为网上预报名时间,3月16日至3月31日为现场正式确认时间,具体工作时间安排以各报名点公告为准。

3.报名地点

北京:

北京市高校招生办公室(北京市海淀区志新东路9号,邮政编码:100083,电话:(010)82837212)。

上海:

上海市高校招生办公室(上海市钦州南路500号,邮政编码:200235,电话:(021)64946010,(021)64511200)。

福建:

① 福建教育考试院(福州市北环中路59号,邮政编码:350003,电话:(0591)87819345,传真:(0591)87841550);

② 福建厦门市招生考试办公室(厦门市火炬二路269号,邮政编码:361006,电话:(0592)5703107,传真(0592)5703106)。

广州:

暨南大学华文学院(广州市天河区广园东瘦狗岭路377号,邮政编码:510610,电话(020)87205925,

传真:(020)87206598)。

香港:

① 香港考试及评核局新蒲岗办事处(香港九龙新蒲岗爵禄街 17 号,电话:3628 8787/3628 8711)

② 中国旅行社下列各区分社

湾仔分社:香港轩尼诗道 138 号修顿中心地下 1 号(电话:2832 3888)

北角分社:香港渣华道 196—202 号嘉富大厦地下(电话:2565 0370)

筲箕湾分社:香港筲箕湾南康街 18 号天悦广场 2 楼 2003 铺(电话:2535 6726)

旺角分社:九龙旺角洗衣街 62—72 号得宝大厦 2 楼(电话:2998 7888)

尖沙咀分社:九龙尖沙咀弥敦道 27—33 号良士大厦 1 字楼(电话:2315 7171)

将军澳分社:九龙将军澳东港城商场二楼 209 号铺(电话:2628 6118)

观塘分社:九龙观塘牛头角道 300—302 号裕民中心商场地下(电话:2343 8243)

荃湾分社:新界荃湾青山公路(荃湾段)189 号地下(电话:2499 1433)

元朗分社:新界元朗教育路 31—41 号(电话:2475 5367)

沙田分社:新界沙田连城广场七楼 717—718 号铺(电话:2692 7773)

大埔分社:新界大埔广福道 128—130 号地下(电话:2657 2883)

屯门分社:新界屯门青山公路(新墟段)11—17 号嘉华大厦 1/F A 铺(电话:2618 8188)

③ 京港学术交流中心(香港北角英皇道 83 号联合出版大厦 1404—05 室,电话:2893 6355)

④ 中国教育留学交流(香港)中心有限公司(香港德辅道中 272—284 号兴业商业中心 2305 室,电话:2542 4811)

澳门:

澳门特别行政区政府高等教育辅助办公室(澳门罗理基博士大马路 614A—640 号(入口位于果亚街 105 号)龙成大厦 7 楼,电话:(853)83969345)

各报名地点备有《普通高等学校联合招收华侨、港澳台地区学生考试大纲》,考生可径往索购。

4.报名方式

2014 年联合招生报名采用网上预报名和现场正式确认相结合的方式。考生登录联招办网站(网址:http://www.ecogd.edu.cn)进行预报名。预报名时,考生需按要求输入报考基本信息(含姓名、性别、出生年月、报考地点、报考科类、报考学校等)。预报名后,考生需记住自己的密码,并按规定时间到有关报名地点办理正式报名确认手续。如因特殊情况未能亲自前往到报名点现场确认的考生,经报名点同意后,可以委托亲属代为正式报名,代报者凭考生身份证件、本人身份证件、考生亲笔签署的委托书、考生电子相片文件以及其他报名数据到报名点现场办理相关手续,而且每个代报者只能代一名考生办理确认手续。办理正式报名确认手续时,考生或代报者须缴本人高中毕业证书副本(应届高中毕业生可由就读学校开具学历证明)、高中各学年学习成绩单正本(应届高中毕业生可在报到时补缴高中毕业证书及最后一学期的成绩单)、身份证件副本(以上数据同时带备正本用以核对,其中学历证明和成绩单要收取正本,一经报名,所有收取的报名数据一律不再退还),并缴付报名考试费人民币 550 元(在香港、澳门各报名地点报名缴付港币 550 元)。持外国毕业证书(学历证明)和成绩单的考生,须将证书(证明)和成绩单翻译成中文并作公证。

报名后因未能通过公安部门身份验证而不准考试者或未参加考试者,恕不退还报名考试费。

5.填报志愿

考生在报名时同时填报志愿。

① 联合招生录取工作分第一批本科、第二批本科、第一批预科和第二批预科进行。考生按录取批次填报学校志愿,其中每个本科批次填报 2 所学校志愿,每个预科批次填报 1 所学校志愿,每所学校填报 4 个系科或专业志愿。厦门大学在第一批本科和第一批预科批次进行录取。

② 专业志愿详见《厦门大学 2014 年本科招生专业大类(专业)一览表》(近期将于我办网站公布,请

考生届时关注。)

二、考试

1.考试科目类别

文史类各专业的考试科目:中文、数学、英语、历史、地理

理工农医类各专业的考试科目:中文、数学、英语、物理、化学

各科满分均为150分,各科目类别满分为750分。

考试内容和要求参见教育部制定的《普通高等学校联合招收华侨、港澳台地区学生考试大纲》(2005年版)。

2.考试时间

5月24日至25日进行考试。考试时间和科目为:

日 期	时 间	科 目
5月24日 (星期六)	9:00—11:30	中文
	13:30—15:30	英语
5月25日 (星期日)	9:00—11:00	数学
	13:00—15:00	物理、历史
	16:00—18:00	化学、地理

3.考试地点

北京　由北京市高校招生办公室安排;

上海　由上海市高校招生办公室安排;

福州　由福建教育考试院安排;

广州　由中华人民共和国普通高等学校联合招收华侨、港澳地区及台湾地区学生办公室(以下简称联招办)安排;

香港　由香港考试及评核局安排;

澳门　由澳门高等教育辅助办公室安排。

4.答题方式

2014年联合招生考试实行计算机网上辅助评卷,考生在考试时必须按规定在专用的答题卡上作答,各科的选择题和非选择题都在同一张(套)答题卡各题目指定的区域内作答。为确保评卷顺利进行,考生在考试时必须严格按规定作答,以免影响考试成绩。

三、录取

6月中下旬开始录取工作,由联招办组织,实行网上录取。录取批次按照第一批本科、第二批本科、第一批预科和第二批预科的顺序进行,我校在最低录取控制线之上根据考生志愿、考试成绩及各专业的不同要求,择优录取新生。

被录取就读预科的学生经过一年学习并经学校考试合格后方可进入本科阶段学习。

四、入学与身体检查

新生持加盖学校公章的《新生入学通知书》报到,入学报到时间及相关要求以《新生入学通知书》上的

规定为准。

新生入学后，由学校进行身体检查，不符合要求的，取消入学资格；仅专业受限者，可以商转其他专业。学生在校期间，学校按教育部发布的《关于普通高等学校招收和培养香港特别行政区、澳门地区及台湾地区学生的暂行规定》进行管理，并可申请免修政治理论课。

五、其　他

被普通高等学校录取的华侨、港澳地区及台湾地区学生入学注册时，应缴纳学费和杂费，收费标准与内地（祖国大陆）学生相同。

学生在寒暑假期间，可以自行离境探亲访友。

学生修业期满，考试成绩合格者，由学校颁发毕业证书。

毕业生符合《中华人民共和国学位条例》规定的，将授予其学士学位。

学生毕业后，原则上应返回原居住地。

新生入学报到时，所持出入境证件的有效期应与学习期限相适应至少有效期一年。

考生可在联招办网站（网址：http://www.ecogd.edu.cn）上查询成绩、录取情况，还可在“内地（祖国大陆）高校面向港澳台地区招生信息网”（网址：http://www.gatzs.com.cn）上查询有关招生政策和招生办法及高校信息，该网站同时向考生提供招生信息咨询服务。

六、联系方式

厦门大学招生办公室
电话：+86(0)592-2188888　传真：+86 592 (0)592-2180256
网址：http://zs.xmu.edu.cn　邮箱：nzsb@xmu.edu.cn

厦门大学招生办公室
二〇一四年二月

——本文摘录自《2014 年厦门大学联合招收华侨、港澳地区及台湾地区学生简章》，档号 2019-XZ30-004

厦门大学2014年硕士研究生复试录取工作意见

(2014年3月)

根据教育部《关于加强硕士研究生招生复试工作的指导意见》(教学〔2006〕4号)文件精神及我校的实际情况,现对我校2014年硕士研究生复试和录取工作提出如下意见:

一、指导思想和原则

坚持公开、公平、公正和科学选拔的原则,德智体全面衡量,择优选拔,确保质量,按需招生,宁缺毋滥;坚持选拔具有突出创新能力及潜力、具有特殊学术专长及潜力的人才的原则;坚持在复试录取过程中,切实做到以人为本,尊重考生,服务考生的原则。

提高认识,服从大局,加强宣传,继续做好专业学位硕士(双证)研究生的招生录取工作,推动硕士研究生教育从以培养学术型人才为主的模式向以培养应用型人才为主的模式转变。

二、组织管理

学校招生工作领导小组负责全面指导全校研究生的复试录取工作。同时,成立学院(研究院)研究生复试录取工作领导小组,具体负责研究生复试和录取的各项工作。学院的复试及录取领导小组由分管研究生教育的院长、各系分管研究生教育的主任、学院党委(总支)负责纪检工作的领导以及院系相关领导组成。由分管研究生教育的院长任组长,负责纪检工作的院领导任副组长。复试录取工作领导小组负责组织成立若干复试小组和复试巡视小组。复试小组具体实施对每位考生的复试考核。每个复试小组应由不少于5名办事公正和责任心强的教师(研究生导师一般不少于3人)组成,并设立组长一名。复试巡视小组负责检查监督本院内的复试录取工作,设立组长一名。

各学院复试录取工作领导小组应加强对参与复试录取工作教师的培训与管理。要对参与人员进行政策、业务、纪律等方面的培训,使其明确工作纪律和工作程序、评判规则和评判标准;要强化参与工作教师的公平意识、责任意识、业务意识和保密意识。

三、复试的要求与程序

所有被录取考生均须参加复试考核。推免生和往年保留录取资格生若已经复试过且所在院系同意不再复试的考生可予免试;如果尚未参加复试或参加过复试但所在院系认为有必要再次复试的考生由院系通知参加复试。

(一)复试的基本分数线划定和实施细则要求

厦门大学2014年硕士研究生招生复试基本分数要求已由学校招生工作领导小组研究确定,请见附件。

各学院(研究院)须召开本单位复试录取工作领导小组会议,制定本单位的复试录取工作实施细则,并在不低于(单科和总分皆不能低)学校相应学科复试基本分数线的原则下,进一步确定本单位各专业(或方向)的复试分数线。我校全面实施差额复试。原则上各院系的复试比例控制在1∶1.2～1∶1.5之间,部分院系可根据学科特点、专业需要及上线考生情况适度调整复试比例,但最高不得超过1∶2的复试比例。

各学院(研究院)复试录取工作实施细则、各专业(或方向)复试分数线及复试比例经校招生办审核后在各自的网页上公布。

(二)复试资格审查

各院系应在复试前对考生进行资格审查。考生复试时须携带本人以下材料到各院系接受检查：

1. 填写完整并密封完好的“厦门大学2014年硕士研究生政治表现情况审查表”(该表可在厦门大学招生办网页:http://zs.xmu.edu.cn 下载)；

2.毕业证书、学位证书原件(应届生携学生证)及复印件；

3. 大学期间成绩单(加盖教务部门或档案单位红色/蓝色公章)；

4. 身份证原件及复印件；

5. 准考证(遗失者可免交)；

6. 一张近期1寸免冠彩照,用于体检；

7. 考生自述(主要包括考生本人的政治表现、外语水平、业务和科研能力、研究计划等方面内容)；

8. 体检表(须在厦门大学医院体检,可在复试后补交)。

同等学力考生还需提供大专毕业证书原件及复印件、英语水平证书原件及复印件和6门及以上本科专业课程成绩证明。注意：凡未进行资格审查或资格审查未通过的考生一律不予录取。

注:政审表一般由考生档案所在单位填写、签字并盖章;若考生档案由工作单位寄挂在人才市场,则由考生工作单位填写、签字并盖章。

(三)复试内容和复试方式

复试内容主要包括：

(1)专业素质和能力测试。主要考查内容包括:创新精神和能力,本专业的发展潜力以及对本学科发展动态的了解,考生运用本学科知识发现、分析和解决问题的能力。

(2)综合素质及能力测试。主要考查内容包括:思想政治素质和道德品质,本学科以外的学习、科研、社会实践或实际工作表现等方面的情况,事业心、责任感、纪律性(遵纪守法)、协作性和心理健康情况,人文素养,行为举止、表达和礼仪等。

(3)外语测试。含外语听力测试、外语口语测试和专业外语测试等方面。

对专业学位硕士(双证)研究生的复试,要突出对专业知识的应用和专业能力倾向的考查,加强对考生实践经验和科研动手能力等方面的考查。

复试方式主要分为：

(1)笔试。主要为专业课测试。

(2)实践(实验)能力考核。主要测试实验和操作技能,或解决实际问题的能力。

(3)面试。具体要求:每生面试时间一般不少于20分钟,每个面试小组成员不少于5人,参加复试的教师须独立评分,须对每位考生的复试进行记录和录音。

各招生单位还可根据各自学科专业的特点增加其他的复试方式。

(4)复试成绩的比例

复试成绩满分为100分。各单位可根据本专业的特点确定专业素质、综合素质、外语能力等部分的成绩比例。复试成绩的权重占总成绩的30%～50%。

(四)复试要求

1. 复试(含笔试和面试)要有试题,并做好记录和录音(录音机、磁带或其他录音设备由各院系自备)。复试考核小组须填写每位考生的评语和给出评定的成绩。复试完毕后复试试卷、考试提纲、录音资料以及复试记录在各院(系、所)保存三年(未录取者保留一年)。

根据教育部文件精神,复试试题及其标准答案均系国家机密材料,请各单位采取切实有效措施,做好安全保密工作。各招生单位应建立复试试题题库。

2. 对同等学力考生,除统一规定的复试内容之外,还需加试两门专业课[工商管理硕士、公共管理硕士、法律硕士(非法学)可予免试]。加试科目为所报考专业的两门本科主干课程,且不得与初试科目相同。加试的方式为笔试。考试时间为每门3小时,每门课程满分为100分。加试课程成绩不计入总成绩,但任何一门加试科目成绩达不到 60 分者,视为整个复试不及格。

3. 复试工作结束后,各院(系、所)应将复试成绩及结果在三个工作日内报招生办审核。

4.复试信息必须公开:各学院(研究院)的复试考生名单、考生的初试成绩(含单科和总分)、分专业招生计划和复试录取工作实施细则经校招生办审核后必须在各院系的网页上公示。

四、体检

所有取得复试资格的考生都应在复试期间到厦大医院参加体检。保留录取资格生不管是否已经体检,都必须参加此次体检。

五、调剂

1. 调剂复试的基本要求

(1)生源有缺口的专业应优先从校内相同或相近专业的考生中调剂。

(2)校内调剂考生必须符合我校相应专业基本复试线,校外调剂至我校考生必须同时达到相应专业国家复试线和我校基本复试线(注意:调剂考生必须同时达到原报考专业相对应的分数线和调入专业所对应的分数线)。调剂原则上应在同一个一级学科里进行,原则上要求有一门相同的专业考试科目。国家线一般在 3 月底 4 月初公布。

(3)从校外调剂到我校全日制研究生(含学术型和专业学位)的考生原则上本科毕业院校必须是国家"985"或"211"或教育部 75 所直属高校。

(4)在职专业学位生的调剂除符合我校相应专业基本分数线外,还需符合工作年限的要求。

(5)不接收同等学力考生为调剂生。

(6)调剂生与第一志愿报考我校的考生持同一标准进行复试。

2. 调剂程序

第一步　符合我校调剂要求的考生请到我校招生办网页下载我校统一的调剂申请表,填妥后交送至或邮寄至或传真至我校相关院系;

第二步　院系对材料进行初审;

第三步　招生办复审;

第四步　相关院系通知通过复审的考生参加复试;

第五步　考生到教育部网上调剂平台(网址:http://yz.chsi.com.cn/tjxx/)上补填调剂申请,以便我校通过调剂网履行复试和录取的相关网上程序。

六、录取

1. 根据各专业(或各方向)的招生计划和考生总成绩[总成绩=初试成绩÷5(或 3)×权重+复试成绩(百分制)×权重],并结合考生思想政治表现、业务素质以及身体健康状况等因素,择优确定拟录取名单。

2.各院系可以院或系为单位,根据考生总成绩的高低,将候补录取考生按先后顺序排列,并在备注中注明"候补 1""候补 2""候补 3"……字样,以便在拟录取名单里的考生放弃拟录取资格或争取到追加计划的情况下能按序补录。(注意:请广大考生自愿和慎重地持有候补录取资格!候补录取具有很大的不确定性,到最后很可能出现候补不上的局面。因为考生选择等候候补录取名额而导致丧失调剂机会的后果,由考生本人负责。同时,在候补录取过程中,如若排序靠前的候补考生已调剂至其他学校,我校将跳过该生顺次候补录取紧随其后的候补考生。)

3.复试成绩不及格(60 分以下)者不予录取。政审不合格或体检不合格者不予录取。同等学力任一门加试科目不及格(60 分以下)者不予录取。

4.各院系应在复试工作完成后三个工作日之内,召开复试录取工作领导小组会议确定拟录取名单,并将名单报送至招生办审核。并为每位考生填写"录取审批表"报送至校招生办。

5.研究生拟录取名单经校研究生招生领导小组审核确定,并报省招生办和教育部审批最终确定。

6.录取信息必须公示:拟录取考生名单、拟录取考生的初试总分、复试成绩和总成绩等拟录取信息必须上网公示。

七、奖学金

我校 2014 年将继续实行全日制专业学位硕士与学术型硕士完全相同的奖学金待遇的政策。同时，我校正在制订新的奖学金方案，将对原有奖学金方案进行调整，形成一个更能吸引优秀考生、更加科学、更加以学生为本的奖学金方案。具体方案我校将尽快出台。

八、复试录取的监督与复议

1. 厦门大学纪委、监审处全程监督我校 2014 年硕士研究生复试录取工作的各个环节。监督电话：0592-2186219。

2. 实行校、院二级复试巡视制度。校领导、纪委、监察处、研究生院、招生办和考试中心等单位组成若干校巡视小组。各学院(研究院)成立由负责纪检工作的院领导任组长和相关领导、教师组成的院巡视小组，负责本单位的复试巡视工作。在复试过程中，校、院巡视小组将深入各院系复试现场，在不干扰正常复试工作的前提下，采取随机走进考场和实验室、旁听面试等措施以了解、监督复试工作。

3. 实行责任制度和责任追究制度。所有参与复试录取工作的人员都要认真负责，严格保密，切实维护复试录取工作的公平公正，对徇私舞弊的工作人员要追究责任。

4. 实行信息公开制度。复试基本分数线、复试工作办法、复试结果等信息应及时公布。

5. 实行回避制度。本年度有亲属参加硕士生入学考试的教师和工作人员应主动回避，不得参加硕士生的复试工作。

6. 实行复议制度。要保证投诉、申诉和监督渠道的畅通。受理投诉和申诉应规定时限。对投诉和申诉问题经调查属实的，由各学院(研究院)研究生复试录取工作领导小组责成复试小组进行复议。

九、复试录取工作日程安排

3 月 14 日 (星期五)前，各院系制定出复试录取工作实施细则，确定复试比例、复试考生名单、复试日期和调剂信息，并报招生办审核同意后尽快在各院系网上公布。

3 月 20 日—3 月 31 日 (星期一)前，各院系开展并完成复试(含校内调剂复试)工作，其间考生进行体检。各院系原则上应在复试工作完成后三个工作日内，召开招生领导小组会议确定拟录取名单，并将拟录取名单报送至招生办。

最终录取名单以校招生领导小组确定并报教育部审核通过的结果为准。录取通知书将于 6 月中旬左右寄发。

十、本复试录取工作意见由厦门大学招生办公室负责解释。

厦门大学招生工作领导小组
二〇一四年三月

附件：

1. 厦门大学 2014 硕士复试录取相关工作信息报送表；

2. 厦门大学 2014 年硕士研究生复试基本分数线；

3. 厦门大学 2014 年硕士复试名单报送表；

4. 厦门大学 2014 年硕士研究生录取审批表。

(附件略——编者)

——本文摘录自《厦门大学 2014 年硕士研究生复试录取工作意见》，档号 2016-XZ30-006

厦门大学 2014 年博士研究生入学考试复试工作办法

(2014 年 3 月)

我校 2014 年博士研究生入学考试初试工作即将开始,复试及录取工作随之展开。根据教育部相关文件精神和我校 2014 年博士研究生招生考试政策的改革要求,为做好复试工作,严格按照公开、公平、公正、择优的原则选拔人才,现对复试工作做出如下安排。

一、厦门大学博士研究生招生考试制度改革

为了更加科学地选拔优秀人才,进一步提高博士研究生培养质量,我校 2013 年已经在化学化工学院等六个理工科类学院的国家一级重点学科和国家二级重点学科所属的一级学科试行博士研究生招生"申请—考核制"选拔方式。在学校领导的高度重视和大力支持下,博士研究生"申请—考核制"试点工作取得圆满成功。试点学科生源数量大幅增加,生源质量显著提升。因此,根据教育部、发改委、财政部 2013 年 3 月 29 日《关于深化研究生教育改革的意见》"改革招生选拔机制,建立博士研究生选拔申请—审核机制,发挥专家组审核作用,强化对科研创新能力和专业学术潜力的考察"精神,我校决定在 2014 年继续对博士研究生招考方式进行改革:在所有的理工医类学院全面实行博士研究生招生"申请—考核制"选拔方式,并选择部分文科类学院试行博士研究生招生"申请—考核制"选拔方式。

对于其他学院,我校继续实行博士研究生招生考试制度改革。在入学考试阶段,初试主要考查考生的基本素质,复试全面考查考生的专业素质,包括专业知识、科研能力、创新能力和实践操作能力等。在录取阶段,提高复试在总成绩中所占权重,扩大院系在博士选拔中的自主权,公平公正地选拔出具有科研能力和创新潜质的高层次人才。同时,改革导师招生培养模式,考生在报考阶段不需要确定导师,被录取后由导师组负责指导培养。

实行"申请—考核制"招考选拔方式的院系,具体复试工作办法参见《厦门大学 2014 年博士研究生"申请—考核制"招考工作指导意见》。对于实行普通招考入学考试的院系,初试仅考查考生基本素质,复试主要考查考生的专业知识,同时将复试在总成绩中的权重提高到 60%。因此,各院系应制定更为详细、规范和科学的复试工作细则。

二、复试工作的原则

坚持公开、公平、公正和科学选拔的原则;坚持选拔具有创新能力及潜力、具有特殊学术专长及潜力的人才,将考生的科研能力和已获得的学术成果作为选拔的重要依据;在复试过程中,切实做到以人为本,尊重考生,服务考生。

三、组织管理

成立学校和学院两级研究生复试录取工作领导小组,全面负责研究生复试和录取的各项工作。学院的复试录取工作领导小组由分管研究生教育的院长、各系分管研究生教育的主任、学院党委(总支)负责纪检工作的领导组成。分管研究生教育的院长任组长。复试录取工作领导小组负责本单位若干复试考核小组的组织和复试的审核工作。每个复试考核小组应由 5 名及以上本专业的具有正高以上职称或具有博士生导师资格的教师担任。参加考核的教师应以高度的责任心和公正公平的态度来完成复试工作。

各学院复试录取工作领导小组应制定本单位的复试工作实施细则;同时,应加强对参与复试录取工作的教师和行政人员的培训与管理,要对参与人员进行政策、业务、纪律等方面的培训,使其明确工作纪律和工作程序、评判规则和评判标准;要强化参与工作教师的公平意识、责任意识、业务意识和保密意识。

四、复试

1.复试时间：分为初试完即行复试和等初试成绩出来后再复试两种时间。各院系和专业的复试时间已经在招生办网页公布，各位考生可登录查询(http://zs.xmu.edu.cn)。

2.复试资格审查

各院系应在复试前对考生进行资格审查。考生复试时须携带本人以下材料到各院系接受检查：

(1)填写完整并密封完好的“厦门大学2014年硕士研究生政治表现情况审查表”(该表可在厦门大学招生办网页：http://zs.xmu.edu.cn下载)；

(2)毕业证书、学位证书原件(应届生携学生证)及复印件；

(3)大学期间成绩单(加盖教务部门或档案单位红色/蓝色公章)；

(4)身份证原件及复印件；

(5)准考证(遗失者可免交)；

(6)一张近期1寸免冠彩照，用于体检；

(7)考生自述(主要包括考生本人的政治表现、外语水平、业务和科研能力、研究计划等方面内容)；

(8)体检表(须在厦门大学医院体检，可在复试后补交)。

同等学力考生还需提供大专毕业证书原件及复印件、英语水平证书原件及复印件和6门及以上本科专业课程成绩证明。注意：凡未进行资格审查或资格审查未通过的考生一律不予录取。

注：政审表一般由考生档案所在单位填写、签字并盖章；若考生档案由工作单位寄挂在人才市场，则由考生工作单位填写、签字并盖章。

3.复试内容：由对已获得的学术成果及科研能力的评价、专业考试、综合素质及创新能力测试、外语听力、口语及专业外语测试等各部分组成，各院系可对各部分的要求做出进一步的规定，并根据不同专业的特点确定各部分的成绩比例。复试成绩满分为100分。各专业复试成绩的权重统一为：占总成绩的60%。

4.复试方式：主要分为笔试、面试和实践(实验)能力考核等几种方式。各招生单位还可根据各自专业的特点，适当增加其他的复试方式。

5.复试要求：笔试要有试题，面试要有详细考试提纲，要做好记录和录音(记录本和录音设备由各单位自备)，并给考生评语和评定成绩(评定成绩采用招生办统一印制的“录取审批表”)。复试完毕后，考试试题、考试提纲、录音磁带及复试记录本在各招生单位保存三年(未录取者保留一年)。

五、对同等学力考生的加试

除统一规定的复试内容外，各单位还要对同等学力考生加试两门硕士生课程。加试科目为所报考专业的两门主干课程，且不得与初试科目相同。加试方式为笔试，考试时间每门为3个小时，每门课程满分为100分。加试的两门主干课程不计入总成绩，但任何一门加试科目成绩不到60分者，则被视为整个复试不及格。

六、硕博连读生的复试

已选拔的硕博连读生要参加复试，与统考生同一复试标准公平竞争。

七、复试成绩具有否决权

复试不及格(成绩低于60分)的考生将不予录取。

八、复试录取的监督与复议

1.厦门大学监察处全程监督我校2014年博士生复试录取工作。监督电话：0592-2186219。

2.实行校、院二级复试巡视制度。校领导、纪委、监察处、研究生院、招生办和考试中心等单位组成若干校巡视小组。各学院(研究院)成立由负责纪检工作的院领导任组长和相关领导、教师组成的院巡视小组，负责本单位的复试巡视工作。在复试过程中，校、院巡视小组将深入各院系复试现场，在不干扰正常复试工作的前提下，采取随机走进考场和实验室、旁听面试等措施，以了解、监督复试工作。

3.实行责任制度和责任追究制度。各招生单位的研究生复试录取工作领导小组对复试过程的公平、公正和复试结果全面负责,要完善对复试工作过程的监督,严肃处理违纪违规事件。

4.实行回避制度。本年度有亲属参加博士生入学考试的博士生导师和工作人员应主动回避,不得参加博士生的复试工作。

5.实行信息公布制度。复试基本分数线、复试工作办法、复试结果等信息应及时公布。

6.实行复议制度。要保证投诉、申诉和监督渠道的畅通。受理投诉和申诉应规定时限。对投诉和申诉问题经调查属实的,由各学院(研究院)研究生复试录取工作领导小组责成复试小组进行复议。

九、本复试工作办法由厦门大学招生办公室负责解释。

厦门大学招生办公室

2014年3月

——本文摘录自《厦门大学2014年博士研究生入学考试复试工作办法》,档号2016-XZ30-006

厦门大学 2014 年博士研究生“申请—考核制”招考工作指导意见

（2014 年 3 月 4 日）

为了更加科学地选拔优秀人才，进一步提高博士研究生培养质量，我校 2013 年已经在化学化工学院等六个理工科类学院的国家一级重点学科和国家二级重点学科所属的一级学科试行博士研究生招生“申请—考核制”选拔方式。在学校领导的高度重视和大力支持下，博士研究生“申请—考核制”试点工作取得圆满成功。试点学科生源数量大幅增加，生源质量显著提升。因此，根据教育部、发改委、财政部 2013 年 3 月 29 日《关于深化研究生教育改革的意见》改革招生选拔机制，“建立博士研究生选拔申请—审核机制，发挥专家组审核作用，强化对科研创新能力和专业学术潜力的考察”精神，我校招生领导小组研究决定，在 2014 年继续对博士研究生招考方式进行改革：在所有的理工医类学院全面实行博士研究生招生“申请—考核制”选拔方式，并选择部分文科类学院试行博士研究生招生“申请—考核制”选拔方式。

全面实行博士研究生招生“申请—考核制”选拔方式的学院如下：物理与机电工程学院、电磁声学研究院、萨本栋微纳米研究院、数学科学学院、化学化工学院、材料学院、信息科学与技术学院、软件学院、生命科学学院、海洋与地球学院、环境与生态学院、海洋与海岸带发展研究院、医学院、药学院、公共卫生学院、能源学院、教育研究院（专业博士）。此外，经济学院、王亚南经济研究院将拿出部分名额进行“申请—考核制”选拔，其余名额以普通招考方式选拔，报名普通招考的考生须参加博士研究生入学考试（特别说明的是：“申请—考核制”招考方式和普通招考方式不能兼报，考生只能选择其一）。

一、指导原则

1.坚持全面考核、科学选拔的原则。对考生进行德智体全面考核，重点考查考生的创新精神、创新能力、科研潜质等综合素质。同时，积极探索具有特殊学术专长和突出创新能力人才的选拔机制。

2.突出专家组在博士生招录选拔中的积极作用。同时，加强专家组的自约自律机制建设，抵制不正之风，维护学术道德和规范。

3.坚持公平、公正、公开原则。做到政策透明、程序公开、结果公开，监督机制健全，维护考生的合法权益，坚持择优录取、宁缺毋滥。

二、组织管理

1.校招生工作领导小组负责对全校博士生招生工作的领导和协调，指导全校博士生的招生录取工作，审批各院博士生的招生工作办法。

2.各院成立研究生招生工作领导小组，由院主管领导任组长。领导小组负责本单位博士招生工作的领导、组织、协调和管理，并根据学校关于招生工作的相关政策，制订切实可行的具体考核方案、内容、程序和办法等。

3.各院成立专家考核组，专家考核组可按一级学科或者二级学科组成。学院可根据需要设立一个或者同时设立多个平行专家考核组，每个组一般应由不少于五位责任心强、为人公正、教学科研经验丰富、学术水平较高的教授或副教授专家组成，组长由学科负责人担任。专家考核组应严格按照网上公布的各院“申请—考核制”实施办法进行考核，公平、公正、科学、合理地给考生评分。

4.各院提前向招生办公室报送各专家考核组专家名单、考核办法、考核程序和要求等。考核办法、考核程序和要求应在本单位网页上公布。

5.学校成立考核工作巡视检查组。校领导、招生办会同相关单位组成若干巡视小组,在考核过程中,各巡视小组将深入各院考核现场,在不干扰正常考核工作的前提下,采取适当方式了解、监督考核工作的开展情况。

三、初审选拔

1.基本资格审核

由研究生秘书或工作人员或指定教师审核是否符合各院系实施细则所规定的申请基本条件。如果不符合院系设定的基本申请条件者,终止申请程序。

2.专家组审查

通过学院资格审查后的申请材料,将送至学院的专家组进行审核。各院应事先制定初审选拔办法,由专家组根据院初审选拔办法,对每个申请者的材料再进行认真评审并评分,以评分方式按一定比例和择优推荐原则,确定入围面试名单。

3.学院复审

学院研究生招生领导小组对专家组提出的推荐人选进行最终复审,并形成按照一定比例(不超过1∶2)择优选拔进入考核的名单(3月10日前上报招生办),网上公示。

四、考核选拔

1.考核程序

各学院应根据《厦门大学2014年博士研究生“申请—考核制”招考工作指导意见》制定本院《2014年博士招生“申请—考核制”选拔办法》,并于2013年11月20日前报学校招生办公室审核后公布于招生办和各学院网站。

2.考核内容及形式

2013年我校博士招生“申请—考核制”选拔方式不要求考生参加今年3月份学校统一组织的博士生入学考试,根据教育部有关文件要求,需要参加各院组织的考核,进行专业测试以及面试等考核。各院可根据学科特点,制定本单位的具体考核办法,并需报经学校招生工作领导小组审批后实行。

(1)考核时间

3月中旬—3月底

(2)考核主要内容

(2.1)专业素质和能力考核:主要考核考生的专业基础、知识结构和实际动手能力等。

(2.2)综合素质和能力考核:重点考查考生攻读博士学位的目的、科研兴趣和态度,科研工作背景和学术研究经历,重点考查考生以往科研成果,以及考核考生的外语实际应用能力,综合评价考生的科学素养、个人品性、创新能力和培养潜力等。

(3)考核主要形式

(3.1)笔试

各院、学科可以选择是否组织专业基础知识笔试测试。笔试成绩可作为面试时的参考。

(3.2)面试

考查考生的知识结构、学习动机、科研背景和学术研究经历,考核学生的外语听力、口语能力和专业外文阅读水平等,综合评价考生的科学素养、个人品性、创新能力和培养潜力等,每生面试时间一般不少于30分钟,每个面试小组成员不少于5人。主要内容包括:

知识背景:本科、硕士阶段学习成绩、知识结构等;

科研能力:科研工作、论文发表、获奖等情况、科研潜力;

外语水平:听力、口语及专业外语水平;

综合能力:政治思想、创新、表达、合作精神、身体心理状况、特长、专家推荐意见等。

(3.3) 实践(实验)能力考核

考察实验和操作技能,或解决实际问题的能力。

各院、学科也可以根据各自学科专业特点和自身人才选拔特点,自定具体考核形式。

(3.4)专家组综合评价

专家组可根据考生分专业测试以及面试考核结果(也可对考生进行全面考察),判断其从事科研的能力和培养前途等综合素质,并给出书面的综合评价。

五、硕博连读生的复试

已选拔的硕博连读生要参加复试,与普通考生同一考核标准公平竞争。

六、录取原则

1.各院在完成考核工作后,应根据考生的考核最终结果和招生计划,充分征求相关专家组的意见,召开学院研究生招生领导小组会议,按专家组本年度博士招生指标名额,根据择优录取的原则,研究确定本单位拟录取名单,并将该名单于考核结束后一周内报送至学校招生办公室,经学校招生办公室审核后即于所在学院网上公示。

2.下列情况之一者,不予录取:考核不合格者,政审不合格者,体检不合格者。

3.采用"申请—考核制"方式院的生源不能调剂至采用公开招考方式院;采用"申请—考核制"院间的生源可以相互调剂,但调剂应由接受调剂院报招生办公室审批同意后方可进行。

七、复试录取的监督与复议

1.厦门大学纪委、监察处全程监督我校博士生"申请—考核制"招考工作。监督电话:0592-2186219。

2.实行校院两级巡视监察制度。学校相关单位组成若干巡视监察小组,考核过程中各巡视小组将深入各院考核现场,在不干扰正常考核工作的前提下,采取随机进入考场和实验室、旁听面试等方式了解、监督考核工作的开展情况。各院巡视监察组长由学院分管纪检工作的院领导担任,具体负责本院博士生招录考核巡视监察工作。

3.实行责任制度和责任追究制度。所有参与考核录取工作的人员都要认真负责,切实维护考核录取工作的公平公正,对徇私舞弊的工作人员要追究责任。

4.实行复议制度,确保信访和监督渠道的畅通。对经调查属实的信访问题,由相关单位的研究生招生工作领导小组责成考核工作小组进行复议。

5.实行回避制度。凡亲属报考本单位的导师和工作人员,不得参加本单位和当年度的博士生考核录取工作。

八、本招生工作办法由厦门大学招生办公室负责解释。

厦门大学招生办公室

2014 年 3 月 4 日

——本文摘录自《厦门大学 2014 年博士研究生"申请—考核制"招考工作指导意见》,档号 2016-XZ30-006

厦门大学学生集体课外活动组织管理办法

(2014 年 3 月 7 日)

为规范我校学生开展集体课外活动管理,保障学生正常的学习、生活秩序,提升学生课外活动的质量和效果,制定本办法。

一、适用范围

本办法所指学生集体课外活动(以下简称"课外活动")包括各种典礼仪式、讲座报告、文艺演出、体育竞赛、宣传活动和座谈调研等,所指学生包括在籍的全日制本科生、研究生。

二、管理原则

(一)组织各类课外活动要根据实际需要控制规模,不得影响学校正常教学秩序,不得影响学生正常学习生活秩序,不得影响学生身心健康;

(二)课外活动的内容、形式设计,要坚持正确的政治导向,切实以学生为本,符合学生兴趣,有益学生成长成才,杜绝形式主义;

(三)课外活动"谁组织、谁负责、谁实施",组织单位负责多渠道多形式宣传活动主题、内容及意义,主动吸引学生自愿参加,原则上不强制安排学生参加。

三、审批程序

(一)任何单位组织学生参加校级课外活动一般应提前 2 周报批,需由组织单位填写"厦门大学组织学生课外活动审批表",经本单位负责人签字确定,加盖单位公章,并由主管学生工作校领导签字同意后,方可实施;

(二)院级学生课外活动,由各学院、研究院自行审批;

(三)确需学生参加的校级课外活动项目经审批通过后应到学生处教育科登记备案,并由学生处教育科统一组织动员学生参加。

附表:厦门大学组织学生课外活动审批表

(附表略——编者)

——本文摘录自《关于印发〈厦门大学学生集体课外活动组织管理办法〉的通知》,厦大学〔2014〕25 号,档号 2014-XZ11-1

厦门大学硕士研究生公共外语课程免修与成绩管理办法

（2014年3月19日）

为提高研究生公共外语课程的教学水平和效果，进一步体现外语教学因材施教、自主学习和差异化教学的特点，结合我校实际，制定本办法。

一、免修条件

符合以下条件之一的非英语专业的硕士研究生(外籍硕士生除外)，可申请免修公共外语课程：

1.当年入学统一考试英语成绩排名前30%(含)的统考硕士生；

2.通过国家英语六级考试的推免生；

3.持有英语或其他小语种本科毕业证书或学位证书者；

4.持有专业英语八级、日语能力一级等相当水平的外语水平或资格证书者；

5.在以相关外语为母语的国家学习并获毕业证书或学位证书者。

二、申请程序

1.符合免修条件1和2的硕士生应在入学后2个月内，登录研究生信息化管理平台，网上提交免修申请。

2.符合免修条件3～5的硕士生应在入学后2个月内，提供“厦门大学研究生课程免修申请表”及相关证明材料复印件，并携原件至研究生院办理免修手续。

三、成绩登记

1.符合条件1获准免修的硕士生，其公共外语成绩将按入学考试英语成绩乘以1.2登记，但最高不超过95分，同时注明为“免修”。

2.符合条件2获准免修的硕士生，其公共外语成绩将按六级成绩折算成百分制后乘以1.2登记，但最高不超过95分，同时注明为“免修”。各学院(研究院)研究生教学秘书负责审核推免生六级成绩证明原件。不能提供六级成绩证明的，成绩仅登记为“免修”。

3.符合条件3～5获准免修的硕士生，其公共外语成绩将登记为免修。

四、其他规定

1.逾期申请的，研究生院将不予受理。

2.本办法自公布之日起实施，原《厦门大学非英语专业研究生英语课程成绩登记管理办法》[(2007)厦大研字6号]同时废止。

3.本办法由研究生院负责解释。

——本文摘录自《关于印发〈厦门大学硕士研究生公共外语课程免修与成绩管理办法〉的通知》,(2014)厦大研10号,档号2014-XZ28-6

厦门大学 2014 年普通招考类博士研究生复试录取工作意见

（2014 年 4 月）

为了更加科学地选拔优秀人才，进一步提高博士研究生培养质量，我校 2013 年已经在化学化工学院等六个理工科类学院的国家一级重点学科和国家二级重点学科所属的一级学科试行博士研究生招生“申请—考核制”选拔方式。在学校领导的高度重视和大力支持下，博士研究生“申请—考核制”试点工作取得圆满成功。试点学科生源数量大幅增加，生源质量显著提升。因此，根据教育部、发改委、财政部 2013 年 3 月 29 日《关于深化研究生教育改革的意见》“改革招生选拔机制，建立博士研究生选拔申请—审核机制，发挥专家组审核作用，强化对科研创新能力和专业学术潜力的考察”精神，我校决定在 2014 年继续对博士研究生招考方式进行改革：在所有的理工医类学院全面实行博士研究生招生“申请—考核制”选拔方式，并选择部分文科类学院试行博士研究生招生“申请—考核制”选拔方式。

对于其他学院，我校继续实行博士研究生招生考试制度改革。在入学考试阶段，初试主要考查考生的基本素质，复试全面考查考生的专业素质，包括专业知识、科研能力、创新能力和实践操作能力等。在录取阶段，提高复试在总成绩中所占权重，扩大院系在博士研究生选拔中的自主权，公平公正地选拔出具有科研能力和创新潜质的高层次人才。同时，改革导师招生培养模式，考生在报考阶段不需要确定导师，被录取后由导师组负责指导培养。

根据教育部相关文件精神，经校招生领导小组研究，现就我校今年普通招考类博士生复试录取工作提出如下意见：

一、指导思想

坚持公平、公正、公开和科学选拔的原则，做到德、智、体全面衡量，择优录取，保证质量，宁缺毋滥。落实科学发展观，给予院系和导师更多的博士生选拔自主权。

各院系应将对考生科研能力的考核和已获得的学术成果的评价作为复试选拔的重要内容。注重选拔具有突出创新能力和科研潜力、具有特殊学术专长的优秀创新人才，以提高博士生培养质量。

二、组织管理

成立学校和学院（研究院）两级博士生复试录取工作领导小组，负责普通招考类博士生复试和录取的各项工作。学院（研究院）复试录取工作领导小组由分管研究生教育的院长任组长、院负责纪检工作的领导任副组长，各分管研究生教育的系主任参加，负责本单位的普通招考类博士生复试与录取工作。各院应尽快展开复试录取工作领导小组会议，讨论安排相关工作。

三、学校基本分数要求和院系复试分数线

1.我校普通招考类博士复试基本分数要求已由学校招生工作领导小组确定，详见下表[不含“申请—考核制”院系（专业）]：

学科门类	外语	业务课 1	业务课 2	总分
文科	60	60	60	200
少民骨干(文科)	60	60	60	200
对口支援专项计划(文科)	60	60	60	200

注:1."少民骨干"全称:少数民族高层次骨干人才专项计划。

2.统计学(071400)实行以上同一分数线。

2.为扩大院系在博士生选拔中的自主权,各院招生领导小组可根据本单位学科、专业特点和招生计划,在学校复试基本分数线基础上,按照不高于 1∶2 的复试比例,并在征求各导师组的意见后,进一步确定各自专业的复试分数线。各院系各自专业的复试分数线、复试内容所占比例,复试工作细则于 4 月 25 日前报送校招生办审核后在网上公布。

四、复试工作要求

1.部分院系已在初试的同时进行了复试,目前已完成复试的院系请于 4 月 25 日之前将拟录取名单报送至招生办,经招办审核后即在学院网上公示。

2.尚未开始复试工作的院系请根据《厦门大学 2014 年博士研究生入学考试复试工作办法》于 5 月 5 日前完成复试工作。特别强调,由于复试权重提高至 60%,各院系应科学制定本单位复试工作实施细则,规范有序公平公正地开展复试工作。

3.招生单位应组织一般不少于五人的本学科副教授职称(含)或相当专业技术职务以上专家组成复试小组,对参加复试的考生进行学术水平考查。

4.各院系对前来参加复试的考生,要认真进行复试前的验证审核,笔试和面试现场都要对考生的身份进行认真查验。

5.复试信息必须公开:各学院(研究院)的复试考生名单、考生的初试成绩(含单科和总分)、分专业招生计划和复试录取工作实施细则经校招生办审核后必须在各院系的网页上公示。

6.复试笔试要有试题(要求做好安全保密工作),面试要有详细考试提纲,要做好记录和录音(记录本和录音设备由各单位自备),并给考生评语和评定成绩(评定成绩采用招生办统一印制的"录取审批表")。复试完毕后,考试试题、考试提纲、录音磁带及复试记录本在各招生单位保存三年(未录取者保留一年)。

五、计划分配原则

学校招生领导小组根据各学院(研究院)学科、博导、科研以及博士人才培养的社会需求等因素,已安排了各院系的博士招生计划,并根据报考情况和学科发展需求进行了调整。各院系应合理安排招生计划。应对有院士、国家重大项目"973"首席科学家等导师的重要团队,及有重点学科、创新群体、人文基地的导师组和科研经费多的团队适当倾斜。

六、调剂原则

根据教育部文件规定,博士调剂只能在本校内进行,不能进行跨校调剂。我校个别线上生源不足的专业可跨专业进行调剂。(普通招考线上生源不足的专业只能从实行普通招考的专业调剂考生)跨专业调剂,须学科相近,须经接受调剂的学院(研究院)招生领导小组同意后方可进行,并在报送招生办拟录取名单上备注说明。

七、奖学金确定原则

我校正在制订新的奖学金方案,将对原有奖学金方案进行调整,形成一个更能吸引优秀考生、更加科学、更加以学生为本的奖学金方案。具体方案我校将尽快出台。

八、录取原则

1.各院招生领导小组应根据考生的总成绩,综合评估考生各方面的表现、科研能力及已获得的学术成果,按各院系安排的分专业计划择优录取,宁缺毋滥。

2.下列情况之一者，不予录取：复试不及格者(60 分以下)，同等学力考生任何一门加试科目不及格者(60 分以下)，政审不合格者，体检不合格者。

3.为推行我校博士招考改革，确保博士研究生培养质量，经我校招生领导小组研究决定，我校 2014 年继续实行不招收在职攻读博士学位研究生政策(教育博士专业学位和"少数民族高层次骨干人才计划""对口支援专项计划"等除外)。在职考生如以社会考生报考我校并被我校录取，须辞去原单位工作，并根据我校寄发的预录取通知，在 5 月 30 日前将人事档案转入我校，进行全日制学习，我校方寄发正式录取通知书。

九、拟录取名单和正式录取名单的确定

各院系在完成复试工作后，应根据考生的最终形成的专业总成绩、确定的录取原则和安排的招生计划，充分征求相关导师组的意见，召开学院招生领导小组会议，研究确定本单位拟录取名单。前期已完成复试工作的院系请于 4 月 25 日之前将拟录取的名单报送至校招生办，经招办审核后即在所在学院网上公示；将开始复试工作的院系请在复试工作完成后，于 5 月 8 日之前将拟录取名单报送至招生办，经招办审核后即在学院网上公示。

博士生拟录取名单经校招生领导小组审核同意、福建省高招办和教育部录检审核通过后形成正式录取名单。

学校将在教育部录检通过后寄发录取通知书，时间约在 6 月底。

十、关于破格

根据我校确定的 2014 年博士生复试基本分数要求，各文科类院系符合基本分数线的生源基本充足，学校和各院系原则上都不接受博士破格复试申请。

十一、复试录取的监督与复议

1.厦门大学纪委、监察处全程监督我校 2014 年博士生复试录取工作。监督电话：0592-2186219。

2.实行校院两级巡视监察制度。学校相关单位组成若干巡视监察小组，在复试过程中，各巡视小组将深入各院系复试现场，在不干扰正常复试工作的前提下，采取随机进入考场和实验室、旁听面试等方式了解、监督复试工作的开展情况。各院巡视监察组长由学院或研究院分管纪检工作的院领导担任，具体负责本院博士复试巡视监察工作。

3.实行责任制度和责任追究制度。所有参与复试录取工作的人员都要认真负责，切实维护复试录取工作的公平公正，对徇私舞弊的工作人员要追究责任。

4.实行复议制度，确保信访和监督渠道的畅通。对经调查属实的信访问题，由相关单位的博士生招生工作领导小组责成复试工作小组进行复议。

5.实行回避制度。凡亲属报考本单位的导师和工作人员，不得参加本单位和当年度的博士生复试录取工作。

十二、本复试录取工作意见由厦门大学招生办公室负责解释。

厦门大学招生办公室

2014 年 4 月

——本文摘录自《厦门大学 2014 年普通招考类博士研究生复试录取工作意见》，档号 2016-XZ30-006

厦门大学博士生指导教师资格遴选和确认工作实施细则(试行)

(2014年4月9日)

为规范我校博士生指导教师遴选与确认工作，根据国务院学位委员会《关于改革博士生指导教师审核办法的通知》(学位〔1995〕20号)和《关于进一步下放博士生指导教师审批权的通知》(学位〔1999〕9号)文件精神，结合我校研究生培养机制改革方案，特制定本细则。

第一条　申请博士生指导教师资格应当具备的基本条件

(一)热爱研究生教育事业，熟悉国家有关研究生教育的政策法规，能教书育人，为人师表，具有高尚的科学道德和严谨的治学态度。

(二)一般应具有博士学位。

(三)应当是我校博士学位授予学科、专业范围内的教授(含兼职、讲座或客座教授)、副教授或者相当专业技术职务的教师。

(四)年龄一般不超过55周岁，身体健康，能担负起实际指导博士生的职责。如因学科建设等特殊需要，申请者的年龄可以适当放宽，但原则上不超过57周岁。

(五)已完整培养过一届硕士生，或者参加过博士生指导小组工作并协助培养过一届博士生，培养质量良好，能胜任博士研究生的教学和培养任务。

(六)有较高的学术造诣和丰富的科研工作经验，所从事的研究方向有重要的理论意义或者实际应用价值，学术水平应当居国内本学科的前列。

(七)已获得显著的教学和科研成果，并主持过相当水平的科研项目且经费充足。

第二条　博士生指导教师应当具备的科研课题及科研成果要求

(一)最近5年科研课题要求

1.理工医类：主持过国家级科研课题，或主持过省部级重点以上科研课题，且累计到校各类科研经费150万元以上(数学学科75万元以上)；或主持过科研课题且累计到校各类科研经费250万元以上(数学学科125万元以上)。

2.人文类：主持过国家级科研课题，或主持过省级重点或部级一般以上科研课题，且累计到校各类科研经费30万元以上(外文学院招生学科20万元以上)；或主持过科研课题且累计到校各类科研经费60万元以上(外文学院招生学科40万元以上)。

3.社科类：主持过国家级科研课题，或主持过省级重点或部级一般以上科研课题，且累计到校各类科研经费50万元以上；或主持过科研课题且累计到校各类科研经费100万元以上。

(二)最近5年科研成果要求

近5年，至少获得以下7篇(项)成果。在厦门大学工作3年以上的，必须有1篇为通讯作者且以厦门大学为署名单位的学术论文。

1.理学：独立完成或以第一作者或通讯作者署名在本学科或相关学科学术刊物上发表被SCI、EI收录的学术论文(不含会议论文)；或取得同等水平的其他学术成果(含以第一排名获得省部级二等奖以上科研成果奖，或以第一排名获发明专利)。其中，至少以通讯作者署名在JCR二区以上学术刊物上发表2篇学术论文。

2.工学:独立完成或以第一作者或通讯作者署名在本学科或相关学科学术刊物上发表被 SCI、EI 收录的学术论文(不含会议论文);或取得同等水平的其他学术成果(含以第一排名获得省部级二等奖以上科研成果奖,或以第一排名获发明专利)。其中,至少以通讯作者署名在学术期刊上发表 3 篇被 SCI 、EI 收录的学术论文(不含会议论文)。

3.医学:独立完成或以第一作者或通讯作者署名在本学科或相关学科一类核心学术刊物以上发表学术论文;或取得同等水平的其他学术成果(含以第一排名获得省部级二等奖以上科研成果奖,或以第一排名获发明专利)。其中,至少以通讯作者署名在学术期刊上发表 3 篇被 SCI 、EI 收录的学术论文(不含会议论文)。

4.人文类(文学、历史学、哲学、教育学、艺术学):独立完成或以第一作者或通讯作者署名在本学科或相关学科一类核心学术刊物以上发表学术论文;或取得同等水平的其他学术成果(含以第一排名获得省部级二等奖以上科研成果奖,或以第一排名出版高水平学术专著),其中至少有 3 篇发表在最优刊物上的学术论文或 2 篇被 SSCI("社会科学引文索引")收录的学术论文。

5.社会科学类(经济学、管理学、法学):独立完成或以第一作者或通讯作者署名在本学科或相关学科一类核心学术刊物以上发表学术论文;或取得同等水平的其他学术成果(含以第一排名获得省部级二等奖以上科研成果奖,或以第一排名出版高水平学术专著),其中至少有 3 篇发表在最优刊物上的学术论文或 2 篇被 SSCI("社会科学引文索引")收录的学术论文。

(三)在 *Nature* 子刊、*Science* 子刊、*Cell* 子刊及 JCR 一区发表学术论文的,1 篇论文按照 2 篇 JCR 二区计。

第三条 博士生指导教师资格遴选

(一)遴选的基本原则

1.有利于培养国家经济建设、科技进步和社会发展所需要的高层次创新型专门人才,有利于高水平科研成果产出,有利于学科建设。

2.尊重学位评定分委员会审核意见,充分发挥校学位评定委员会的作用,在具体的申请和评审工作中应当遵循诚信原则和严格执行自我约束制度。

3.坚持标准,严格要求,保证质量,公正合理。

4.凡申请博士生指导教师资格的人员,不得参与涉及本人及本人同批申报的其他申请人的评议、审批及有关的组织领导工作。校学位评定委员会和分委员会的成员要自觉遵守回避制度,不得参与与自己或者亲属有关的评议或审批工作。

(二)遴选程序

1.学位评定分委员会资格初审

(1)申请人向申请学科所在的学位评定分委员会提出申请,填报"博士生指导教师资格申请表"等表格,并提交相关证明材料。

(2)学位评定分委员会对申请人员进行基本条件审核,并将申请人的申请材料公示一周。

通过基本条件审核、公示的申请人,须向学位评定分委员会报告近五年的主要教学科研成果及当前从事的科研工作和培养研究生等方面的情况,并回答学位评定分委员会委员的质询。

(3)学位评定分委员会召开会议,表决通过博士生导师候选人,并向校学位评定委员会推荐候选人。会议采取无记名投票的方式进行表决,经出席会议委员的三分之二以上且超过全体委员半数以上同意,方为通过。

2.校学位评定委员会审定

研究生院对各学位评定分委员会推荐候选人的申报材料进行审核,汇总后提交校学位评定委员会审定。

校学位评定委员会采取无记名投票的方式对推荐候选人的资格进行表决。经出席会议委员的三分之二以上且超过全体委员半数以上同意,方为通过。

3.名单公示

经表决通过,获得厦门大学博士生指导教师资格的人员名单由研究生院在校内进行为期一周的公示。

(三)遴选时间安排

博士生指导教师资格的遴选工作一般每年一次,由校学位评定委员会统一安排,研究生院具体组织实施。

第四条　博士生指导教师资格确认

在国内外高水平院校已具有博士生指导教师资格的引进人才(含兼职、讲座、客座教授),可以直接申请确认我校博士生指导教师资格。

(一)个人申请

申请人向所在学科的学位评定分委员会提出申请,并填写"厦门大学博士生指导教师资格确认表",并附申请人与我校人事关系证明、在外校担任博士生指导教师的证明、代表性成果的证明及有关科研课题的证明等材料。

(二)学位评定分委员会审议

学位评定分委员会审议并投票表决,表决采取无记名投票的方式进行,经出席会议委员的三分之二以上且超过全体委员半数以上同意,方为通过。

(三)研究生院审查

学位评定分委员会应当于每年的六月、九月、十二月的第一周将学位评定分委员会的申请报告、投票结果、申请人员的资格确认表及相关证明材料报送研究生院,经审查批准后,提请校学位评定委员会审议。

(四)校学位评定委员会审定

校学位评定委员会对申请人员名单进行审议,采取无记名投票方式进行表决。经出席会议委员的三分之二以上且超过全体委员半数以上同意,方为通过。

第五条　博士生指导教师资格的取消

博士生指导教师任职期间,如有下列情况之一者,经校学位评定委员会审议可取消其博士生指导教师资格:

(一)违反我国法律,并受到刑事处罚者;

(二)严重违反教师职业道德者;

(三)由于其他特殊原因,经校学位评定委员会审议,做出取消决定的。

校学位评定委员会做出取消博士生指导教师资格的决定后,应当将决定送达当事人。

第六条　申请人必须正确对待博士生指导教师遴选和确认工作,实事求是地填报有关材料。各院(系、所)和学位评定分委员会(学位评定工作小组)对申请人的材料负有审核责任,必须认真审核有关材料和数据。

如发现申请材料造假等违规行为,学校将对当事人和相关单位进行严肃处理。情节严重者,将取消申请人今后三年的申请资格并对相关单位进行通报批评。

第七条　研究生院负责受理博士生指导教师申请和确认的相关异议,异议应当以书面形式具名提出。研究生院对相关异议进行调查核实后,报校学位评定委员会裁定。

第八条　本细则所称"以上"均包含本数。

第九条　本细则由校学位评定委员会负责解释。

第十条　本细则自公布之日起施行,原《厦门大学博士生指导教师遴选和确认工作实施细则》(厦大研〔2009〕26号)同时废止。

附件：

厦门大学博士生指导教师资格遴选科研课题及科研成果指标

<table>
<tr><th>学科类别</th><th>学科门类</th><th>科研课题指标</th><th>科研成果指标</th></tr>
<tr><td rowspan="3">理工医类</td><td>理学</td><td rowspan="3">近5年，主持过国家级科研课题，或主持过省部级重点以上科研课题，且累计到校各类科研经费150万元以上(数学学科75万元以上)；
或主持过科研课题且累计到校各类科研经费250万元以上(数学学科125万元以上)。</td><td>近5年，至少获得7篇(项)成果。其中至少以通讯作者署名在JCR二区以上学术刊物上发表2篇学术论文(不含会议论文)。在厦门大学工作3年以上的，必须有1篇为通讯作者且以厦门大学为署名单位的学术论文。
1.独立完成或以第一作者或通讯作者署名在本学科或相关学科学术刊物上发表被SCI、EI收录的学术论文(不含会议论文)；
2.取得同等水平的其他学术成果(含以第一排名获得省部级二等奖以上科研成果奖，或以第一排名获发明专利)。</td></tr>
<tr><td>工学</td><td>近5年，至少获得7篇(项)成果。其中至少以通讯作者署名在学术期刊上发表3篇被SCI、EI收录的学术论文(不含会议论文)。在厦门大学工作3年以上的，必须有1篇为通讯作者且以厦门大学为署名单位的学术论文。
1.独立完成或以第一作者或通讯作者署名在本学科或相关学科学术刊物上发表被SCI、EI收录的学术论文(不含会议论文)；
2.取得同等水平的其他学术成果(含以第一排名获得省部级二等奖以上科研成果奖，或以第一排名获发明专利)。</td></tr>
<tr><td>医学</td><td>近5年，至少获得7篇(项)成果。其中至少以通讯作者署名在学术期刊上发表3篇被SCI、EI收录的学术论文(不含会议论文)。在厦门大学工作3年以上的，必须有1篇为通讯作者且以厦门大学为署名单位的学术论文。
1.独立完成或以第一作者或通讯作者署名在本学科或相关学科一类核心学术刊物以上发表学术论文(不含会议论文)；
2.取得同等水平的其他学术成果(含以第一排名获得省部级二等奖以上科研成果奖，或以第一排名获发明专利)。</td></tr>
<tr><td>人文类</td><td>文史哲教艺</td><td>近5年，主持过国家级科研课题，或主持过省级重点或部级一般以上科研课题，且累计到校各类科研经费30万元以上(外文学科20万元以上)；
或主持过科研课题且累计到校各类科研经费60万元以上(外文学科40万元以上)。</td><td>近5年，至少获得7篇(项)成果。其中至少有3篇发表在最优刊物上的学术论文或2篇被SSCI(“社会科学引文索引”)收录的学术论文。
1.独立完成或以第一作者或通讯作者署名在本学科或相关学科一类核心学术刊物以上发表学术论文；
2.取得同等水平的其他学术成果(含以第一排名获得省部级二等奖以上科研成果奖，或以第一排名出版高水平学术专著)。</td></tr>
</table>

续表

学科类别	学科门类	科研课题指标	科研成果指标
社科类	经管法	近5年,主持过国家级科研课题,或主持过省级重点或部级一般以上科研课题,且累计到校各类科研经费50万元以上;或主持过科研课题且累计到校各类科研经费100万元以上。	近5年,至少获得7篇(项)成果。其中至少有3篇发表在最优刊物上的学术论文或2篇发表在国际二类以上刊物上的学术论文。 1.独立完成或以第一作者或通讯作者署名在本学科或相关学科一类核心学术刊物以上发表学术论文; 2.取得同等水平的其他学术成果(含以第一排名获得省部级二等奖以上科研成果奖,或以第一排名出版高水平学术专著)。

注:1.在 *Nature* 子刊、JCR 一区发表学术论文的,1篇论文按照2篇 JCR 二区计。

2.成果、科研项目及经费以校科研管理部门(科技处、社科处)审核结果为准。经费计算单位为人民币。

——本文摘录自《关于印发〈厦门大学博士生指导教师资格遴选和确认工作实施细则(试行)〉的通知》,厦大研〔2014〕14号,档号2014-XZ28-4

厦门大学专业学位专家委员会议事规则(修订稿)

(2014年4月17日)

第一条 根据国务院学位委员会《硕士、博士专业学位教育发展总体方案》和教育部、国家发展改革委员会及财政部《关于深化研究生教育改革的意见》,结合我校实际,制定本议事规则。

第二条 厦门大学专业学位专家委员会(以下简称专家委员会)由教育专家、管理专家、行业和实际部门专业人士共二十一至二十五人组成。专家委员会设主任委员一名,副主任委员两名。主任委员由主管研究生教育的副校长担任。副主任委员由全国专业学位教育指导委员会成员担任,其他委员由各专业学位授权点的分管院领导和研究生院领导担任。

专家委员会秘书处设在研究生院,秘书长由研究生院领导担任。秘书长负责专家委员会日常工作,并向专家委员会会议报告工作。

第三条 专家委员会的主要工作职责包括:

(一)审核各领域专家委员会名单,指导各领域专家委员会的工作;

(二)讨论、制定学校专业学位教育发展规划;

(三)组织学校专业学位教育的评估、检查工作;

(四)审议新增硕士专业学位授权点的申请;

(五)讨论、审议学校专业学位教育相关的其他重要事项。

第四条 专家委员会每年至少举行一次会议,有特殊需要时由主任委员决定举行专题会议。

第五条 专家委员会会议由主任委员召集并主持,必须有三分之二以上委员出席方可开会。

专家委员会举行会议时,委员除因疾病或其他确实不能参加的特殊原因请假以外,应当准时出席会议;不能出席会议的委员,可以提交书面意见;未能出席者若有书面委托其他委员表决则视为出席,每名出席会议委员仅能接受一份书面委托。

第六条 专家委员会会议议题必须事先报主任委员确定。

三名以上委员联名,可以提出相关议题,经主任委员同意后,可以列入专家委员会会议议题。

提交专家委员会审议的议题必须开展充分的调查和研究,必要时可以先征求有关部门、学院(研究院)的意见。

第七条 专家委员会举行会议,一般应当在会议召开前,将会议日期、会议讨论的主要议题通知专家委员会委员。

第八条 专家委员会举行会议时,可以根据需要,邀请有关部门、学院(研究院)负责人列席。

第九条 专家委员会审议问题实行民主集中制的原则,决议一般采取无记名投票、举手等方式表决。

在会议有效召开的情况下,以超过应到会全体委员半数同意为表决通过,表决结果由主任委员当场宣布。

如会议议题有重大问题需要进一步研究的,经专家委员会会议同意,可暂不做决定,待进一步调查研究后再提交下一次专家委员会会议决定。

第十条 专家委员会会议内容涉及保密事项时,与会人员要严格会议纪律,保守会议秘密。

第十一条 专家委员会会议要有详细的记录并形成会议纪要。会议纪要由主任委员或副主任委员签发。

第十二条　专家委员会闭会期间,由主任委员对日常的专家委员会工作做出决定。

第十三条　专家委员会的决议,由校相关职能部门、教学单位组织实施。

第十四条　本规则由专家委员会秘书处负责解释。

第十五条　本规则自公布之日起施行。各领域专家委员会参照实施。

——本文摘录自《关于印发〈厦门大学专业学位专家委员会议事规则(修订稿)〉的通知》,厦大研〔2014〕15号,档号2014-XZ28-4

厦门大学学生违纪处分规定

（2014 年修订）

（2014 年 4 月 22 日）

第一章　总　则

第一条　为推进依法治校，维护学校正常的教学、科研和公共管理秩序，保护学生合法权益，促进学生身心全面健康发展，根据《中华人民共和国教育法》《中华人民共和国高等教育法》和教育部《普通高等学校学生管理规定》及相关法律法规，结合我校实际，制定本规定。

第二条　本规定适用于在厦门大学接受普通高等学历教育的研究生和本科生（包括已经入学报到、尚处在学籍审查期的新生）的管理。

第三条　学校加强日常的法律、法规和纪律教育。对有违纪行为的学生，在处理时应当坚持以教育为主的原则。

第四条　给予学生纪律处分，应当坚持公开、公平、公正的原则，做到程序正当、证据充分、依据明确、定性准确、处分适当。学校尊重并保障学生陈述、申辩、申诉等权利。

第二章　纪律处分的种类和运用

第五条　纪律处分的种类如下：

（一）警告；

（二）严重警告；

（三）记过；

（四）留校察看；

（五）开除学籍。

第六条　留校察看期限一般为一年，从处分生效之日起计算，由学生所在学院（研究院、教学部）负责考察。

在察看期间表现良好者可按期解除察看；在察看期间有突出表现的，可申请提前解除察看，但察看期不得少于六个月；在留校察看期间又因违法、违规、违纪应当受到学校纪律处分的，给予开除学籍处分。

毕业班学生受到留校察看处分的，察看期不得少于六个月。

第七条　触犯国家法律，构成刑事犯罪，受到刑事处罚的，给予开除学籍处分；免于刑事处罚的，视情节轻重，给予留校察看以上处分。

触犯《中华人民共和国治安管理处罚法》，受到治安管理处罚的，视情节轻重，给予严重警告以上处分。

第八条　有下列情形之一的，应当从轻、减轻或者免予处分：

（一）情节轻微的；

（二）主动承认错误并及时改正的；

（三）主动配合学校相关部门开展调查工作的；

（四）受他人胁迫或诱骗的；

(五)在共同违纪中起次要或辅助作用的。

第九条　有下列情形之一的,应当从重或者加重处分:

(一)后果严重或性质恶劣的;

(二)拒不承认错误的;

(三)胁迫、诱骗他人或者教唆他人违纪的;

(四)在共同违纪中起主要作用的;

(五)勾结校外人员的;

(六)伪造、销毁、藏匿证据的;

(七)妨碍他人揭发、检举、提供证据或对检举人、证人打击报复的;

(八)屡犯不改的。

第十条　学生因违纪行为给国家、集体、他人造成财产损失、名誉损害,或给他人造成人身伤害的,应当赔礼道歉、恢复原状、赔偿损失。

第十一条　受纪律处分或有违纪行为经申请免予纪律处分的学生,自违纪行为之日起一年内,取消其参评奖学金或荣誉称号的资格,不得担任学生干部职务。

第三章　违纪行为及纪律处分

第一节　扰乱社会秩序的行为

第十二条　违反宪法,反对四项基本原则、破坏安定团结、扰乱社会秩序的,视情节轻重,给予记过以上处分。

第十三条　泄漏国家秘密的,视情节轻重,给予记过以上处分。

第十四条　违反国家法律、法规,组织、参加未经批准的集会、游行、示威,造成不良影响或后果的,视情节轻重,给予严重警告以上处分。

第十五条　组织、利用、参加会道门、邪教组织或利用迷信扰乱公共秩序的,视情节轻重,给予记过以上处分。

第十六条　组织、胁迫、诱骗他人参加传销或者变相传销活动的,视情节轻重,给予记过以上处分;参与传销或者变相传销活动,经告诫不改的,给予严重警告处分。

第十七条　有下列行为之一的,视情节轻重,给予留校察看以上处分:

(一)制作、运输、复制、出售、出租淫秽的书刊、图片、影片、音像制品等淫秽物品或者利用计算机信息网络、电话以及其他通信工具传播淫秽信息的;

(二)有卖淫、嫖娼等行为的;

(三)吸食、注射毒品的。

第二节　侵犯人身权利的行为

第十八条　故意伤害他人身体,未造成伤害后果的,给予严重警告以下处分;造成伤害后果的,视情节轻重,给予记过以上处分。

第十九条　过失伤害他人身体,尚未触犯法律的,视后果严重程度,给予记过以下处分。

第二十条　冒领、隐匿、毁弃或私自开拆他人通知单据、邮件等的,视情节轻重,给予记过以下处分。

第二十一条　以窃取、偷窥、偷拍等方式侵犯他人隐私的,视情节轻重,给予留校察看以下处分。

故意传播他人隐私的,视情节轻重,给予记过以上处分。其中,以营利为目的的,从重处分。

第二十二条　侮辱他人或捏造事实诽谤、诬告陷害他人,造成不良后果或性质恶劣的,视情节轻重,给予严重警告以上处分。

第二十三条　通过语言、文字、影像、图片、肢体行为等方式对他人进行性骚扰,造成不良后果或性质恶劣的,视情节轻重,给予严重警告以上处分。

第二十四条　通过写恐吓信或者以其他方法威胁他人安全或干扰他人正常生活的,造成不良后果或性质恶劣的,视情节轻重,给予严重警告以上处分。

第三节　侵犯公私财产的行为

第二十五条　盗窃公私财物,案值不足六百元的,视情节轻重,给予严重警告以下处分;案值在六百元以上不足三千元的,给予记过处分;案值在三千元以上的,视情节轻重,给予留校察看以上处分。

多次盗窃公私财物的,从重处分。

第二十六条　抢夺、敲诈勒索、诈骗公私财物的,视情节轻重,给予记过以上处分。其中,抢夺财物案值在一千元以上、敲诈勒索财物案值在两千元以上、诈骗财物案值在三千元以上的,视情节轻重,给予留校察看以上处分。

第二十七条　明知是赃物而窝藏、销毁、转移的,视情节轻重,给予严重警告以上处分。

第二十八条　侵吞或挪用公共款物,案值不足六百元的,给予严重警告以下处分;案值超过六百元的,视情节轻重,给予记过以上处分。

第二十九条　故意损坏公私财物,造成损失或性质恶劣的,视情节轻重,给予警告以上处分。

过失损坏公私财物,造成较大损失的,视情节轻重,给予记过以下处分。

第四节　扰乱学校教育教学秩序的行为

第三十条　一学期内旷课累计达三十学时的,给予警告处分;达四十学时的,给予严重警告处分;达五十学时的,给予记过处分。学时按教务部门规定的实际开课计划计算。

第三十一条　未经批准,一学期内连续离校天数达四天以上,经告诫不改的,视情节轻重,给予留校察看以下处分。

法定节假日和学校规定的假期不计入连续天数的计算。

第三十二条　在考试中作弊的,视情节轻重,给予记过以上处分。其中,由他人代替考试或代替他人考试、组织作弊、使用通信设备作弊及有其他严重作弊行为的,给予留校察看以上处分。

有其他违反考场纪律或扰乱考场和考试工作场所秩序行为的,视情节轻重,给予留校察看以下处分。

第三十三条　在学术活动中违背学术诚信、学术道德,有下列行为之一,情节较为严重的,给予严重警告以上处分。其中,涉及学位论文的从重处分;情节特别严重的,可以给予开除学籍处分:

(一)抄袭、剽窃、侵吞他人学术成果的;

(二)篡改他人学术成果的;

(三)伪造或者篡改数据、文献,捏造事实的;

(四)伪造注释的;

(五)未参加创作,在他人学术成果上署名的;

(六)未经他人许可,不当使用他人署名的;

(七)购买、出售论文或者组织论文买卖的;

(八)由他人代写、为他人代写或组织代写论文的;

(九)有其他违背学术诚信、学术道德行为的。

第三十四条　在校内外学术、文体等竞赛活动中有欺骗行为,造成不良影响或严重后果的,视情节轻重,给予严重警告以上处分。

第三十五条　违反教室、实验室、图书馆和计算机房等教学、科研、学习场所管理规定,经告诫不改,未造成严重后果的,给予警告处分;造成严重后果的,视情节轻重,给予严重警告以上处分。

违规将仪器设备、易燃易爆品、危险实验药品等带离实验室的,从重处分。

第五节　扰乱学校公共秩序的行为

第三十六条　有下列滋事、斗殴行为的,分别给予相应处分:

(一)引起事端或激化矛盾,造成打人、打群架等后果的肇事者,视情节轻重,给予记过以下处分。

(二)动手打人未伤他人的,视情节轻重,给予记过以下处分;致他人受伤的,视情节轻重,给予记过以上处分。

(三)故意为他人打架提供工具,未造成伤害的,给予严重警告处分;造成伤害的,视情节轻重,给予记过以上处分。

(四)教唆他人打架斗殴的,视情节轻重,给予严重警告以上处分。

(五)斗殴终止后又报复打人,扩大事态的,视情节轻重,给予记过以上处分。

组织、策划、领导打架斗殴或持械伤人的,从重处分。

第三十七条　组织、煽动罢课、闹事的,视情节轻重,给予记过以上处分。

第三十八条　组织、参与赌博的,视情节轻重,给予严重警告以上处分。

第三十九条　在校园内酗酒闹事、起哄、喧哗、摔砸物品的,视情节轻重,给予留校察看以下处分。

第四十条　违反学校学生住宿管理规定,在宿舍区有下列情形之一,经告诫不改的,视情节轻重,给予警告以上处分:

(一)按规定应集中住宿的学生未经批准夜不归宿或未履行相关管理手续在校外租房居住的;

(二)留宿校外人员的;

(三)违规占用床位或妨碍他人入住的;

(四)饲养或容留动物的;

(五)从事或协助他人从事营利性活动,扰乱宿舍区管理和生活秩序的;

(六)违反学校作息制度,扰乱他人正常生活秩序的;

(七)使用明火或焚烧物品的;

(八)高空抛物或引发高空坠物安全隐患的;

(九)存放易燃、易爆、有毒、强腐蚀性或强放射性等危险品的;

(十)违章接拉电线、使用大功率或发热元件外露电器、超负荷使用电器的;

(十一)有其他违反学校学生住宿管理规定行为的。

第四十一条　在宿舍区内有出租、出借宿舍、床位行为的,视情节轻重,给予警告以上处分。

第四十二条　在学生集体宿舍内留宿异性或在异性学生集体宿舍内留宿的,视情节轻重,给予记过或留校察看处分。

第四十三条　有下列行为之一的,视情节轻重,给予严重警告以上处分:

(一)非法入侵他人计算机信息系统,造成危害的;

(二)对他人计算机信息系统功能进行非法删除、修改、增加、干扰,造成计算机信息系统不能正常运行的;

(三)对他人计算机信息系统中存储、处理或者传输的数据和应用程序进行非法删除、修改、增加的;

(四)故意制作、传播计算机病毒等破坏性程序,影响他人计算机信息系统正常运行的;

(五)未经允许开设代理、文件传输协议、网页等网络应用服务,造成不良影响或严重后果的;

(六)未经允许使用他人、组织的账号、密码,造成不良影响或严重后果的;

(七)恶意传播系统漏洞知识,教唆他人攻击、入侵网站或信息系统的;

(八)有其他违反国家、学校计算机网络管理规定的行为,造成不良影响或严重后果的。

第四十四条　捏造、散布虚假、不良信息,造成不良影响或严重后果的,视情节轻重,给予严重警告以上留校察看以下处分。

第四十五条　违反学校学生团体管理规定,未经批准的学生团体或经批准成立的学生团体,从事违法、违规和违纪活动的，视情节轻重，给予严重警告以上处分；对其组织者、策划者从重处分。

第四十六条　制作或传播未获出版许可的报纸、期刊、图书、音像制品、电子出版物等，造成不良影响或严重后果的，视情节轻重，给予留校察看以下处分。

第四十七条　冒用学校或校内单位的名义从事各类活动，侵害学校利益，给学校造成不良影响或损失的，视情节轻重，给予严重警告以上留校察看以下处分。

第四十八条　伪造、变造、买卖或者非法取得学校公文、证件、证书、证明、成绩单、印章、保密文件材料和个人档案的，视情节轻重，给予严重警告以上留校察看以下处分。

第四十九条　违反学校管理规定，转借、转让、使用学校公文、证件、证书、证明、成绩单、印章、保密文件材料和个人档案，经告诫不改的，视情节轻重，给予留校察看以下处分；以营利为目的的，从重处分。

第五十条　妨碍学校管理人员依照学校规定执行公务的，视情节轻重，给予记过以下处分。

第五十一条　在学校内组织宗教活动或传教，经告诫不改的，视情节轻重，给予记过以下处分。

第五十二条　污损建筑物、公用设备，或违章张贴、悬挂条幅、攀折花木，经告诫不改的，给予警告处分。

第五十三条　在公共场所或学生宿舍内，观看带有淫秽内容的文字或音像制品，经告诫不改的，给予警告处分；对集体观看的组织者，视情节轻重，给予严重警告或记过处分。

第五十四条　与他人发生非婚性行为，造成不良影响或严重后果的，视情节轻重，给予严重警告以上处分。

第五十五条　在校园内违规驾驶机动车辆，视情节轻重，给予警告以上处分。其中，无证驾驶机动车辆或驾车伤人的，给予记过以上处分。

第五十六条　违反社会实践或实习单位所属行业职业道德，造成不良影响或后果的，视情节轻重，给予留校察看以下处分。

第五十七条　组织或参与其他违背社会公德的活动，造成不良影响或后果的，视情节轻重，给予留校察看以下处分。

第四章　纪律处分的程序

第五十八条　学院（研究院、教学部）发现学生违纪行为，由所在学院（研究院、教学部）学生工作组负责调查并核对事实，收集证据，经院务委员会或学生工作组会议研究，于十个工作日内提出初步处理意见，并将学生违纪处分材料送交学生工作处。

学校职能部门和相关单位在其管辖范围内发现学生违纪行为，应当及时收集现场证据，将相关证据材料移交相关学院（研究院、教学部）学生工作组，并协助做好其他调查取证工作，学院（研究院、教学部）按前款规定程序办理。

学生工作处、教务处、研究生院、保卫处在必要时，可直接组织调查学生违纪事件，收集证据，于十个工作日内提出初步处理意见。教务处、研究生院、保卫处须将学生违纪处分材料送交学生工作处。

第五十九条　学生违纪处分材料应包括以下内容：

（一）违纪事实的调查结果及处分意见材料；

（二）当事人询问笔录；

（三）其他证据材料（书证、物证、证人证言等）。

对当事人和证人的询问应当有两名以上工作人员在场，工作人员在询问前应当出示证明文件，并制作询问笔录。

第六十条　学生工作处接到学生违纪处分材料后，应当进行审查，必要时组织相关单位进行讨论审查，在五个工作日内提出拟处理意见并告知学生本人。

学生对拟处理意见有异议的，可由本人或其代理人提出陈述和申辩。陈述和申辩由学生工作处直接听取或委托学生所在学院（研究院、教学部）听取。

学生或其代理人的陈述和申辩,可以采用书面形式,也可以采用口头形式。采用口头形式的,应当有两名以上工作人员在场,并做好记录。

在听取陈述和申辩后,学生工作处提出处理意见,报分管校领导批准。对拟给予开除学籍处分的,应当提交校长办公会议研究决定。

第六十一条　学校做出处分决定后,应当出具处分决定书。处分决定书的内容应当包括处分的对象、事实、依据、结果和学生申诉的权利、期限。

第六十二条　处分决定书由学生所在学院(研究院、教学部)在十个工作日内送交学生本人,由学生本人签收,签收日期为送达日期。

学生本人拒绝签收处分决定书的,由学院(研究院、教学部)负责送达的工作人员邀请二名以上的教师或学生到场作为见证人,在送达回证上记明拒收事由和日期,由送达人、见证人签名,把处分决定书留置学生本人宿舍或其他经常居住地,即视为送达。

以上送达方式仍无法送达的,在学校公告栏公布处分决定。自公布之日起经过十五日,即视为送达。

处分决定自送达之日起生效。

第六十三条　处分决定在学校范围内公布,涉及个人隐私、国家秘密等情况的除外。开除学籍的处分决定书应当报福建省教育厅备案。

第六十四条　学生对学校的处分决定有异议的,可以在学校处分决定书送达之日起五个工作日内,向学校学生申诉处理委员会提出书面申诉。

学生的申诉按照《厦门大学学生申诉办法》处理。

学生申诉期间,不停止处分的执行。

第六十五条　被开除学籍的学生,由学校发给学习证明。学生按学校规定期限离校,档案、户口退回其家庭户籍所在地。

第六十六条　学生受到记过以上处分的,其处分材料真实完整地存入文书档案和人事档案;学生受到严重警告以下处分的,其处分材料真实完整地存入文书档案。

第五章　免予纪律处分的程序

第六十七条　初次违纪且情节较为轻微、按规定应给予严重警告以下处分的学生,如能正确认识自己的错误,可向学校申请免予纪律处分。

第六十八条　违纪学生在接到拟处理意见之日起五个工作日内,经所在学院(研究院、教学部)审查同意,可向学生工作处提出免予纪律处分的书面申请。

第六十九条　学生工作处对学生免予纪律处分的申请进行审查。符合免予纪律处分条件的,违纪处分决定暂不做出。

第七十条　学生免予纪律处分的申请经初审通过后,应按规定参加社区服务。社区服务工作应适合学生身心特点,具体形式由学生工作处指定。

社区服务时数按以下标准执行:拟给予警告处分的,学生须完成四十小时以上的社区服务;拟给予严重警告处分的,学生须完成六十小时以上的社区服务。

社区服务工作应分日实施,每日工作时间一般不超过四小时,应在两个月内执行完毕。

第七十一条　违纪学生在完成社区服务工作后,应及时提交书面汇报材料,并由执行监督部门签署鉴定意见。

第七十二条　学生工作处对违纪学生考核期内的表现情况进行考察。考察合格的,报分管校领导批准后,做出免予纪律处分的决定;考察不合格的,按纪律处分程序做出相应处分。

第六章　附　则

第七十三条　对接受成人高等学历教育的学生、接受非学历教育的学生、港澳台侨学生、留学生的违纪处分参照本规定实施。

第七十四条　本规定所称“以上”“以下”,包括本级、本数。

第七十五条　学校可依据本规定制定相关实施细则,学校其他规定与本规定相抵触的,以本规定为准。

第七十六条　本规定由学生工作处负责解释。

第七十七条　本规定自发文之日起施行。原《厦门大学学生违纪处分规定》(厦大学〔2005〕25 号)同时废止。

——本文摘录自《关于印发〈厦门大学学生违纪处分规定(2014 年修订)〉的通知》,厦大学〔2014〕34 号,档号 2014-XZ11-1

厦门大学福建省社会科学研究基地建设计划

(2014 年 4 月 30 日)

为贯彻落实党的十八大精神,贯彻落实《教育部　财政部关于印发〈高等学校哲学社会科学繁荣计划(2011—2020 年)〉的通知》《中共福建省委关于加强新形势下哲学社会科学工作的意见》《福建省"十二五"哲学社会科学研究专项规划》等文件精神,根据《福建省社会科学研究基地建设方案》,结合《厦门大学哲学社会科学繁荣计划(2011—2021 年)》,制订本计划。

一、总体目标

通过建设厦门大学福建省社会科学研究基地(以下简称省社科研究基地),整合资源,建立健全协同创新机制,全力推进厦门大学及福建省社会科学研究创新体系建设;把厦门大学省社科研究基地建设成为重大精品科研成果的培育基地,科研创新团队和专业人才的培养培训基地,学术交流和信息资料建设的前沿基地,国家和福建地方重大基础理论问题研究的理论基地,解决福建地方乃至国家重大实践问题和参与重大决策的"智库",教育部人文社科重点研究基地和"2011 协同创新中心"的孵化基地。

二、建设标准

通过 3～5 年以至更长时间的重点建设,力争打造一批以重大现实问题研究为重点的应用对策研究基地,以基础理论研究和理论前沿探索为重点的基础理论研究基地,以福建特色和区域优势研究为重点的特色文化研究基地,使每个省社科研究基地建设达到如下标准:

(一)科学研究:围绕中央和福建省委、省政府重大决策部署,针对学科前沿和重大理论与实践问题,组织开展重大项目研究,促进基础研究和应用研究协调发展,推出高水平具有原创性的科研成果,使其成为国内同类研究领域享有较高学术声誉、独具特色的研究基地。

(二)人才培养:通过科学研究,培养或引进高素质的一流学术带头人和中青年学术骨干,打造一支理论扎实、结构合理、团结协作的科研创新团队;吸纳研究生参加到研究团队,增强研究团队活力和发展后劲;为社会各界提供以知识更新为主要内容的培训,使其成为全国相同研究领域的专门人才库和人才培养培训基地。

(三)决策咨询服务:通过主动承担各级党委、政府委托的研究课题、吸纳实际部门工作人员参加课题组开展合作研究、鼓励专兼职研究人员担任实际工作部门顾问等措施,积极为各级党委、政府及社会各界提供咨询服务,提高解决重大实践问题和参与重大决策的能力,使其成为党和政府的"智库"。

(四)学术交流和信息资料建设:通过组织协调本研究领域相关地区或全国性科研活动、举办全国性或国际性学术会议、接收国内外访问学者、建立图书资料和情报信息网络等措施,使其成为福建省乃至全国相关学科和领域对外学术交流的窗口和信息资料的中心。

(五)深化科研体制改革:通过科研机制体制创新,形成机构开放、人员流动、内外联合、竞争有序、成果转化的运行机制,为推进福建省社科研究机构协同创新发挥引领和示范作用。

三、组织管理

1.厦门大学省社科研究基地建设按照《福建省社会科学研究基地管理办法》实施。

2.厦门大学省社科研究基地建设采取学校与依托学院(研究院)共同管理,以学校管理为主的方式进行。

3.学校由分管科研校领导负责,人文、社会科学学部审议并提出建议,学校社科处具体实施,主要职责是:(1)组织厦门大学省社科研究基地申报;(2)制订厦门大学省社科研究基地具体建设计划和实施细则;(3)负责厦门大学省社科研究基地日常管理;(4)为省社科研究基地建设提供相应条件和经费支持。

4.学院(研究院)是厦门大学省社科研究基地的重要依托力量,主要职责是:(1)为厦门大学省社科研究基地提供必要的人力资源和研究场所;(2)支持在厦门大学省社科研究基地工作的教师,协调他们的教学和研究生招生;(3)协助组织和支持厦门大学省社科研究基地的重大学术活动;(4)参与厦门大学省社科研究基地的日常管理。

四、经费投入

厦门大学省社科研究基地建设由福建省社科规划办公室、学校和学院(研究院)共同负责经费投入,学校在哲学社会科学繁荣计划基金中设立厦门大学省社科研究基地建设专项资金予以落实,学院(研究院)从自有资金中安排配套支持。

五、检查评估

根据《福建省社会科学研究基地管理办法》要求,学校社科处定期组织检查和指导,对建设成效显著的予以奖励;对建设成效不显著的,提出限期整改意见。

依托学院(研究院)要进行经常性检查,发现问题,及时解决。

——本文摘录自《关于印发〈厦门大学福建省社会科学研究基地建设计划〉的通知》,厦大社科〔2014〕7 号,档号 2015-XZ31-15

厦门大学优秀本科生暑期学校(夏令营)资助办法(试行)

(2014年5月6日)

为了进一步充实和完善短学期教学安排,推进我校与国内外高校的学术交流,提升学校国际化办学水平。鼓励各单位发挥学科专业的特色及优势,举办形式多样、丰富多彩的暑期学校,特制定本资助办法。

一、资助原则

1.列入资助的暑期学校应是短学期举办的、能够接纳优秀本科生参加且受益面较大、持续时间较长的暑期学校。

2.列入资助的暑期学校应具有较高的质量,能够充分体现我校的学科特色和水平。鼓励各学院跨学科或者与国内外高水平大学强强联合举办暑期学校,鼓励各学院暑期学校能够"本—研"打通、资源共享。

3.国际化教学改革试验计划、基础学科拔尖学生培养试验计划、卓越教育计划的实施单位,原则上都应在短学期举办暑期学校。

二、资助内容

资助经费主要用于聘请校内外高水平专家开设系列精品课程、学术讲座、举办学业竞赛、大学生科创活动、学术文化交流、校外实践参访等活动。

三、资助标准

凡在校内举办的暑期学校参照如下标准:校内参会学生100元/(人·天)、境外港澳台地区参会学生200元/(人·天)、国外参会学生200元/(人·天),境内非本校参会学生由各学院自筹。教务处每年根据各单位申报情况和经费预算总额,酌情增减资助标准。

暑期学校邀请校外专家开设课程或讲座,如已列入短学期聘请国内外知名专家学者讲学计划,不再重复资助。如未列入计划,可列入暑期学校经费预算。

四、资助要求

1.申请资助的暑期学校活动持续时间应不少于5天,校内本科生参加人数应不少于50人。

2.申请资助的暑期学校如果有合作单位,合作单位应是国内外高水平大学,其中国内大学原则上应是"985工程"高校。

3.申请资助暑期学校邀请的校内外专家学者应具有较高的学术水平,专业技术职务须有教授或相当于教授级别。

4.申请资助的暑期学校应提供详细的活动计划。包括暑期学校名称、活动课程(含明确学时数)、开展形式、日程安排、拟邀请校内外专家信息、参加学生对象及人数等。

5.各单位在暑期学校结束一个月内向教务处提交总结材料,包括:暑期学校总结一份、活动相关图片、课程资料、参加暑期学校的学员名单。

五、结业证明

参加暑期学校的本科生按要求完成规定的学习计划,经考核合格,可由教务处颁发“暑期学校结业证书”和相应的成绩证明。

厦门大学教务处

2014年5月4日

——本文摘录自《关于印发〈厦门大学优秀本科生暑期学校(夏令营)资助办法(试行)〉的通知》,(2014)厦大教40号,档号2015-XZ12-4

厦门大学本科生派出交流学习学分转换实施办法(修订)

(2014 年 5 月 7 日)

第一条　为鼓励优秀本科生积极参与派出交流学习,规范学分认定与转换程序,结合我校近年来本科生派出交流学习实际,现对《厦门大学本科生派出交流学习学分转换实施办法》进行修订。

第二条　本科生派往其他高校交流学习,须由学校或学院选派,前往与签订校际或院际合作交流协议的国内外高等学校。未经学校、学院统一选派,或未经学校、学院事先审批,或个人自行联系行为均不列入学分认定与转换范围。

第三条　纳入学分认定和转换的课程包括前往交流学校参加课程学习、毕业设计,或赴国际组织/企业/实验室实习。鼓励各单位选派学生前往教育、科技发达国家和地区的知名院校、科研院所、实验室、企业或具有一流学科专业的机构。

第四条　各学院应成立学分认定小组,集体讨论确定学生交流学习的课程学分认定及转换。分管教学院领导担任小组组长,成员由分管教学的院系领导组成,人数不少于 3 人。

第五条　为避免学生盲目外出交流学习,各学院应在学生派出前,对学生在外交流学习进行必要的指导,鼓励学生在完成必修课程、学有余力的前提下,选修对方高校开设的特色课程。

第六条　学生返校后,应在收到派往学校的课程成绩单之后两周内,填写"厦门大学本科交流生学分转换申请表"一式二份,连同成绩单原件一起报送学院教学秘书申请学分认定与转换。

第七条　教学秘书根据成绩单原件将学生在外校交流学习的所有课程成绩和学分如实登记到教务管理系统。同时将学生的学分认定与转换申请报送学分认定小组认定。

第八条　学分认定小组按照课程学习量对等原则(1 学分约等于 15 学时),把学生在外校修读的课程学分与本校专业教学计划要求修读的课程学分,按"一对一"、"多对一"或"一对多"进行确认转换。具体按如下方式操作:

1.凡与专业教学计划相近或相同的某门或某几门课程学分,可相应认定免修本专业教学计划中的某门或某几门课程学分,被认定免修的本校课程的成绩标记"免修"。

2.不能对应于本专业教学计划的外校课程学分可以相应减免本校教学计划中非专业的其他全校性选修课学分,由教学秘书在相应学期成绩栏登录免修课程类别及学分数。

3.学生免修课程学分一般不能超过专业教学计划规定应修总学分的 1/3(校际协议联合培养学生除外)。凡国家规定的必修课程不能申请学分转换。

4.经确认转换的课程,由学分认定小组参照我校本科课程学分绩点计算办法,给予相应的绩点。

第九条　教学秘书按照学分认定小组意见,在教务管理系统进行学分转换操作,并将结果告知学生。

第十条　未经学分认定小组确认的课程成绩和学分,只记载在学生的成绩大卡,但不纳入 GPA 计算和成绩排名,也不列入学生评奖、保研以及毕业资格审定范围。

第十一条　学生的学分转换申请表一份交所在学院存入学籍档案,一份由学生本人保存。学生在外交流的成绩单原件由学院暂存,学生毕业后连同申请表一并转交校档案馆保存。

第十二条　教务处对学分转换保留复审权。

第十三条　本办法由教务处负责解释。本办法自发布之日起实施,原《厦门大学本科生派出交流学习学分转换实施办法(试行)》[(2008)厦大教25号]同时废止。

——本文摘录自《关于印发〈厦门大学本科生派出交流学习学分转换实施办法(修订)〉的通知》,厦大教〔2014〕18号,档号2015-XZ12-1

厦门大学硕博连读研究生选拔工作办法

(2014 年 5 月 8 日)

为了激励在校硕士研究生,增加博士研究生优质生源,提高博士研究生培养质量,根据教育部相关文件精神,结合我校实际情况,特制定本办法。

一、基本原则

1.为保证硕博连读选拔工作公平、公正、公开,进行硕博连读选拔的培养单位应制定实施细则,内容应该包括选拔标准与程序、考核内容、方式与要求等。实施细则须向研究生公布,并报研究生院备案。

2.获得硕博连读资格的研究生须与公开招考的考生一起参加博士入学复试,各培养单位录取时,在硕博连读考生和公开招考考生之间,按复试成绩排序择优录取。

3.取得我校博士入学资格的硕博连读研究生,应按照我校博士研究生培养方案进行培养,学制与公开招考博士研究生一致。

二、选拔条件

硕博连读研究生的选拔条件为:

1.拥护中国共产党的领导,愿意为社会主义现代化建设服务,品德良好,遵纪守法。

2.身体健康状况符合培养单位规定的体检要求。

3.完成规定课程学习并且成绩优异、具有较强创新精神和科研能力(培养单位应在选拔工作实施细则中制定具体标准)的接受学历教育的在学硕士研究生。

4.单考生和专业学位研究生原则上不得申请硕博连读。

三、选拔程序

1.拟申请硕博连读的研究生须填写《硕博连读研究生资格申请书》中的有关个人基本信息,经招生专业的两名专家(其中一名为博士生导师)推荐,在规定时间提交培养单位进行考核。

2.各学院由主管领导和博士生导师组成考核小组,一般由 3～5 人组成。考核小组对申请人的思想政治品德(包括申请人的政治态度、思想表现、学习或工作态度、道德品质、遵纪守法等方面)、业务能力、科研潜能与综合素质进行考核。考核可以采取笔试与面试相结合的方式进行。

考核结果以外语水平、综合素质、专业知识分类量化,综合打分(以百分制评分,各部分比例由各学科自定)。综合考试成绩填入《硕博连读研究生资格申请书》。笔试试卷和面试录音要存档备查。

3.考核结束后,各培养单位将考核合格的研究生名单与相关材料报送研究生院。研究生院审核并确定获得硕博连读博士入学复试资格的研究生名单,并在研究生院主页公示一周。

4.公示结束后,研究生院正式公布获得博士入学复试资格的硕博连读研究生名单。

5.获得博士入学复试资格的硕博连读研究生须与通过公开招考的考生一起参加博士入学复试,按录取原则择优录取。

四、其他规定

1.硕博连读研究生不做硕士论文，不发给硕士毕业证书。

2.申请硕博连读的研究生在正式录取为博士研究生前有权放弃硕博连读资格，继续完成硕士学历教育。已录取为博士研究生的硕博连读研究生在博士研究生学习阶段若因各种原因无法完成学业，可转为硕士研究生培养。

3.硕博连读研究生在录取为博士研究生前按硕士研究生进行学籍管理，享受硕士研究生待遇；录取为博士研究生后按博士研究生进行学籍管理，享受博士研究生待遇。

4.学生有下列情形之一，一经查实，予以取消硕博连读资格：

(1)考核过程中有弄虚作假行为的；

(2)违反校纪校规，受纪律处分的。

本办法自公布之日起实施，原《厦门大学硕博连读研究生选拔工作办法》[(2010)厦大研字14号]作废。本办法由研究生院负责解释。

厦门大学研究生院

二〇一四年四月十一日

——本文摘录自《关于印发〈厦门大学硕博连读研究生选拔工作办法〉的通知》，(2014)厦大研16号，档号2014-XZ28-6

厦门大学关于加强省级社会科学研究基地建设实施细则

(2014年5月14日)

为切实提高我校人文社会科学研究水平,加强我校省级社会科学研究基地的建设和规范管理,为基地的有效运作和研究工作的顺利开展提供必要的保障,根据《福建省社会科学研究基地建设方案》和《福建省社会科学研究基地管理办法》,结合《厦门大学福建省社会科学研究基地建设计划》,特制定本实施细则。

一、保证研究基地实体性的措施

1.凡是列入福建省社会科学研究基地建设计划进行建设的研究机构(以下简称"研究基地"),一律作为学校直属的实体性研究机构进行建设和管理。

2.对每一研究基地给予不少于5名的固定科研人员编制、2名行政管理和资料人员编制。

3.研究基地实行中心主任负责制的领导体制。

二、支持研究基地人事制度改革的措施

1.赋予研究基地高度的人事自主权,校长聘任研究基地负责人。研究基地负责人有人员聘任、经费分配、人事管理等方面的自主权,可独立进行聘任考核、内部分配制度等改革试点。

2.研究基地聘任的校内人员,在研究基地工作期间,仍保留在原单位的编制和待遇,项目完成后仍回原单位工作。研究基地聘任的校外研究人员实行人事代理制,给予相应的科研待遇。

3.积极推进校内人事制度改革,为研究基地的人事改革创造配套条件。

4.在教师职务评聘、兼职教授聘任工作中给予研究基地一定程度的倾斜。

5.重点支持研究基地人才队伍建设,在各类人才计划中给予优先考虑。

三、支持研究基地分配制度改革的措施

1.赋予研究基地分配制度改革的自主权。研究基地在保证科研产出和质量,切实达到建设目标的前提下,可实行多种形式的分配制度。

2.对研究基地通过共建等渠道获得的进入校财务处账户的科研经费,由研究基地负责人或课题负责人支配,以扩大研究基地的分配自主权,促进分配制度改革。

四、保证研究基地经费投入的措施

1.学校保证按照福建省对入选基地建设计划的经费投入总额,予以1:1以上比例配套投入,每年安排30万元经费支持,经费从厦门大学哲学社会科学繁荣计划专项基金中列支,并专项用于研究基地的科

研活动和图书资料购置。

2.学校保证研究基地的日常办公经费、学术刊物经费的投入和校内研究人员的工资、福利发放。

3.学校根据专项经费的相关规定，为研究基地开设专门账户。

五、保证研究基地用房的措施

1.保证研究基地拥有固定的办公场所，办公用房面积不少于 100 平方米。在学校用房统一安排时，优先保证研究基地的用房。

2.对研究基地用房，及时进行改造和修缮，保证较高水平的用房条件。

六、保证研究基地图书资料使用的措施

1.加强研究基地的图书资料室建设，保证足够的面积并达到与研究基地相适应的功能。

2.学校图书馆优先采购研究基地所需的图书资料，特别是外文资料，并在各分馆建设和布局中，考虑研究基地的需要，提供重点服务和特色服务。

七、支持研究生培养的措施

1.在研究生招生计划上向研究基地适当倾斜。

2.支持研究基地进行研究生教育改革，并提供更好的培养条件。

3.选聘研究生导师优先考虑研究基地的需要，并适当考虑校外研究人员和共建单位的需要。

八、支持扩大对外学术交流的措施

1.对研究基地人员的出国访问、合作研究给予重点支持，以增强其开放性和国际影响。

2.对研究基地引进国外专家，举办国际学术交流活动给予优先支持。

九、加强科研管理和动态考核的措施

1.在科研规划和管理中，将研究基地建设纳入学校科研发展规划，并将其与学科建设、人才培养工作有机结合起来，在课题立项、研究经费、成果奖励等方面优先考虑。

2.积极支持研究基地在人事制度、分配制度和成果转化等方面机制体制创新。

3.学校委托社科处对研究基地的建设工作和科研工作定期进行检查、考核，若研究基地未能完成预定建设目标，社科处将要求其限期整改，若仍无改进，将向学校报告并由学校建议福建省社科规划办撤销该基地列入福建省社会科学研究基地建设计划的资格。

4.学校委托重点研究基地建设工作领导小组办公室（挂靠社科处），对以上具体措施的落实情况进行定期检查。若发现有关职能部门未能履行其职能，领导小组办公室有权向其提出建议并督促其尽快履行职责。

二〇一四年五月九日

——本文摘录自《关于印发〈厦门大学加强省级社会科学研究基地建设实施细则〉的通知》，厦大社科〔2014〕10 号，档号 2015-XZ31-15

关于改革科研项目经费资助博士研究生培养的意见

(2014 年 6 月 23 日)

全校各单位:

根据《教育部、国家发展改革委、财政部关于深化研究生教育改革的意见》(教研〔2013〕1 号)、《财政部、国家发展改革委、教育部关于完善研究生教育投入机制的意见》(财教〔2013〕19 号)的文件精神,为推动我校科研水平的进一步提升,推进博士生培养导师组建设,鼓励和调动导师对争取科研经费的积极性,加强博士研究生的培养与高水平科学研究相结合,进一步提高研究生科研创新能力,完善以科研为导向的研究生培养资助体系,加快推进世界知名高水平研究型大学建设,经 2014 年第 15 次校长办公会会议审议通过,现就科研项目经费资助博士研究生培养提出如下意见:

一、指导思想

以改革博士研究生资助办法为突破口,立足研究生教育的特点,遵循研究生成长成才规律,加强导师(组)责任制与资助制,深化依托科研项目的研究生培养体制改革,进一步建立健全研究生教育投入机制。

二、总体要求

深化科研导向的研究生培养过程体系建设,着力体现科学研究在研究生培养过程中的主导作用,将研究生招生资源分配与研究生导师承担的研究项目相关联,努力构建研究生特别是博士研究生与导师联合的学校创新的主体,为国家社会培养更多高层次创新型人才。

三、改革举措

对于 2014 级博士研究生(不含港澳台地区博士研究生、外国来华留学博士研究生),博士生导师(含兼职博士生导师)须按照如下标准缴纳导师配套经费:

(单位:万元/全程)

招收博士生专业所属学科门类	第一名	第二名	第三名及以上
文史哲艺	2.9	2.9	2.9
经管法教	4.5	4.5	4.5
理工医(不含数学一级学科)	7.7	7.7	7.7
数学(一级学科)	4.5	4.5	4.5

注:专业学位博士研究生、少数民族高层次人才培养计划博士研究生、对口支援西部地区高校定向培养研究生计划博士研究生按照相应学科门类标准的一半收取。

从 2015 级博士研究生(不含港澳台地区博士研究生、外国来华留学博士研究生)起,博士生导师(含兼职博士生导师)须按照如下标准缴纳导师配套经费：

(单位:万元/全程)

招收博士生专业所属学科门类	第一名	第二名	第三名及以上
文史哲艺	2.9	2.9	5.8
经管法教	4.5	4.5	9
理工医(不含数学一级学科)	7.7	7.7	15.4
数学(一级学科)	4.5	4.5	9

注:专业学位博士研究生、少数民族高层次人才培养计划博士研究生、对口支援西部地区高校定向培养研究生计划博士研究生按照相应学科门类标准的一半收取。

四、工作程序

1.各学院按拟录取博士研究生情况计算导师配套经费金额,由导师(或分担经费的导师组成员)签字确认,报研究生院审核后送财务处办理。

2.财务处根据学院提交导师配套经费信息在相关导师科研经费助研津贴额度内将相关经费划转至学校研究生奖助学金专用账户,并将缴交情况反馈招生办。

3.招生办根据财务处反馈情况核准博士研究生录取名单并发出录取通知书。

4.研究生院每月5号前将上月发生的博士研究生学籍异动的情况报送财务处和学生处,并通知财务处应退金额退回原卡。

五、其他相关规定

1.所有招收博士生的导师,均须有科研项目和经费。

2.导师配套经费来源于导师科研经费助研津贴,无法提供导师配套经费的导师当年不得招生。2014级博士研究生导师配套经费分2014年7月和2015年6月两次收取,2015级起博士研究生导师配套经费在博士生录取时一次性收取。

3.导师所提供的支付配套经费的科研项目经费账户应是科技处或社科处认定的从校外争取的科研项目在财务处开设的账户。对于新聘教师(含引进人才),允许其自入职报到起二年内,从其科研启动经费账户支付。

4.对于学校战略建设、学科发展、人才建设急需的导师可申请并由研究生培养机制领导小组讨论研究对其招收博士生的导师配套经费进行减免。

5.连续三年因无科研项目及经费无法提供导师配套经费而导致未招收博士生的博士生导师,校学位评定委员会可视情况取消其博士生指导教师资格和相应的津贴。

6.鼓励研究生导师以导师组的形式联合培养博士研究生,但导师组成员均须要有科研项目和经费。

7.2014级以前的博士研究生导师配套经费管理继续按照《厦门大学研究生招生与导师配套经费管理办法》等文件执行。

厦门大学

2014年6月23日

——本文摘录自《关于改革科研项目经费资助博士研究生培养的意见》,厦大研〔2014〕21号,档号2014-XZ28-4

厦门大学博士、硕士学位论文抽检办法

(2014年6月13日经第九届校学位评定委员会第四次全体会议审定)

(2014年7月4日)

为保证学位授予质量,根据《国务院学位委员会　教育部关于加强学位与研究生教育质量保证和监督体系建设的意见》(学位〔2014〕3号)和《国务院学位委员会　教育部关于印发〈博士硕士学位论文抽检办法〉的通知》(学位〔2014〕5号)精神,特制定本办法。

一、学位论文抽检范围及比例

抽检范围为我校上一学年度授予博士、硕士学位的论文。博士学位论文的抽检比例为100%,硕士学位论文的抽检比例为10%左右。

二、学位论文抽取方式

抽检学位论文由研究生院采取随机采样的方式进行抽取。

三、学位论文评估标准

以《中华人民共和国学位条例》及其暂行实施办法的规定为原则标准,按照学术学位和专业学位分别制定博士学位论文评议要素和硕士学位论文评议要素。主要以被评估论文体现的学位申请人的创新能力和知识结构为重心,对学位论文的选题、综述及成果的创新性等方面进行综合评估。

四、学位论文抽检的组织

1.研究生院随机抽取上一学年度授予博士、硕士学位的论文,提交至教育部学位中心论文评审系统,由教育部学位中心统一送审。

2.每篇抽检的学位论文送校外3位同行专家进行评议。专家按照不同学位类型的要求对论文提出评议意见。

3.学院(研究院)须根据随机抽取的情况向研究生院提供被抽检的学位论文电子版。

五、学位论文抽检结果的认定

1. 3位专家中有2位以上(含2位)专家评议意见为"不合格"的学位论文,将认定为"存在问题学位论文"。

2. 3位专家中有1位以上专家评议意见为"不合格"的学位论文,将再送2位同行专家认定复评。2位复评专家中有1位以上(含1位)专家评议意见为"不合格"的学位论文,将认定为"存在问题学位论文"。

六、学位论文抽检结果的处理

1.抽检结果由研究生院向校学位评定委员会通报。研究生院同时将抽检结果反馈至相关学院(研究院)。学位论文抽检结果将以适当的方式并在一定范围内公开。

2.对于"存在问题学位论文"的学院(研究院),学校将在学科点评估和考核中予以列明,供校学位评定委员会和专家参考。

3.对于"存在问题学位论文"的学院(研究院),研究生院将敦促其进行整改。对连续2年均有"存在问题学位论文",且比例较高或者篇数较多的学院(研究院),研究生院将对学院(研究院)相关领导进行质量约谈;同时将适当调整相关学科的研究生招生计划,重新审核相关导师的研究生招生资格。

4. 校学位评定委员会可根据具体抽检结果做出相关处理决定。对发现学位论文有抄袭、剽窃、作假、雷同等问题者，情节严重者将撤销其学位。

七、本办法于 2014 年 6 月 13 日经校学位评定委员会全体会议审定，自公布之日起执行。原《厦门大学硕士、博士学位论文质量抽查评估办法》[(2009)厦大研字 12 号]同时废止。其他相关规定有与本办法相抵触的，以本办法为准。

八、本办法由校学位评定委员会负责解释。

——本文摘录自《关于印发〈厦门大学博士、硕士学位论文抽检办法〉的通知》，厦大研〔2014〕25 号，档号 2014-XZ28-4

厦门大学博士、硕士学位论文匿名评阅办法

(2014年6月13日经第九届校学位评定委员会第四次全体会议审定)

(2014年7月4日)

为进一步加强研究生质量保证和监督机制,提高研究生培养质量,根据《国务院学位委员会 教育部关于加强学位与研究生教育质量保证和监督体系建设的意见》(学位〔2014〕3号)、《国务院学位委员会 教育部关于印发〈博士硕士学位论文抽检办法〉的通知》(学位〔2014〕5号)和《厦门大学博士学位和硕士学位授予工作细则》(厦大研〔2014〕29号)的精神,特制定本办法。

一、学位论文匿名评阅的类别及确定办法

学位论文匿名评阅包括单向匿名评阅和双向匿名评阅。单向匿名评阅即不对评审专家隐去作者及导师的姓名,仅对作者及导师隐去评审者的姓名;双向匿名评审即不仅对评审专家隐去作者及导师的姓名,而且对作者及导师隐去评审者的姓名。

各学位评定分委员会可自行确定本学院(研究院)的学位论文匿名评阅的类别。学位评定小组经所属学位评定分委员会批准,也可自行确定本学院(研究院)的学位论文匿名评阅的类别。

二、学位论文匿名评阅抽查比例

1.博士学位论文原则上100%;

2.学术型硕士学位论文原则上不低于50%;

3.专业学位硕士学位论文原则上不低于40%;

4.在职人员以同等学力申请博士、硕士学位的学位论文100%。

三、学位论文匿名评阅具体办法

1.学位论文匿名评阅抽查工作由各学院(研究院)组织,按系、所进行抽查。相关材料由学院(研究院)指定专人保管和办理。

2.各学院(研究院)在每年3月份,一次性对当年拟参加答辩的所有博士、硕士研究生,按类型按专业及学号组织随机抽查。被抽中的学位论文,须送到省外同类高校或科研院所进行匿名评阅。

3.被抽查的博士学位论文须送3位省外同类高校或科研院所同专业博士生导师评阅,以同等学力申请博士学位的论文每篇送5位省外同类高校或科研院所(不能为申请人所在单位)同专业博士生导师评阅;硕士学位论文须送2位省外同类高校或科研院所具有高级技术职称的同行专家评阅,以同等学力申请硕士学位的学位论文须送3位省外同类高校或科研院所(不能为申请人所在单位)具有高级技术职称的同行专家评阅。

4.论文送审要求。

实行单向匿名评阅的学院(研究院),在送审期间不对评审专家隐去作者及导师的姓名,仅对作者及导师隐去评审者的姓名。

实行双向匿名各学院(研究院),在送审期间不仅应对作者及导师隐去评审者的姓名,而且应将学位论文中的作者、导师姓名及有关反映作者和导师的相关信息隐去。

送审的论文评阅书仍用我校博士、硕士论文评阅书。但应在论文评阅书封面及研究生基本信息栏中隐去对应的研究生姓名、学号、指导教师姓名,栏内只填上相应的编号。

5.评阅专家的选择。

各学位评定分委员会应建立学科专家数据库,并根据学位论文工作所属学科领域和专业随机选择评阅专家。论文指导导师可于事先提出3名要求回避的评阅专家名单。

对于涉密的学位论文,具体管理办法见《厦门大学研究生涉密学位论文管理暂行规定》(厦大研〔2006〕31号)。

6.评阅时间要求。

硕士学位论文应在论文答辩日期30天以前,博士学位论文应在论文答辩日期45天以前,同等学力申请硕士学位的论文应在论文答辩日期60天以前,同等学力申请博士学位的论文应在论文答辩日期90天以前,按有关规定格式打印装订,由各院将学位论文直接送交评阅人。申请人未按规定时间及时提交学位论文双盲评审材料,由此造成学位论文答辩延期的后果由申请人承担。

7.论文评阅书由评阅专家用专用信封封存后直接返回各学院(研究院)。

8.评阅意见返回后,由各学院(研究院)主管领导指定专人拆封并做隐名和保密处理,以保证评阅人的隐名权益,同时向学位论文作者及导师反馈评阅结果,但不得出现评阅专家的单位和姓名。

四、其他说明事项

学位论文匿名评阅坚决排除非学术因素的干扰,任何单位和个人不得以任何方式干扰匿名评阅工作的正常进行。若有违反,将根据《厦门大学博士学位和硕士学位授予工作细则》(厦大研〔2014〕29号)予以处理。

五、本办法于2014年6月13日经校学位评定委员会全体会议审定,自公布之日起执行。原《厦门大学博士、硕士学位论文"双盲"评审工作细则》(厦大研〔2006〕36号)同时废止。其他相关规定有与本办法相抵触的,以本办法为准。

六、本办法由校学位评定委员会负责解释。

——本文摘录自《关于公布〈厦门大学博士、硕士学位论文匿名评阅办法〉的通知》,厦大研〔2014〕27号,档号2014-XZ28-4

厦门大学学位评定委员会章程

(2014 年 6 月 13 日经第九届校学位评定委员会第四次全体会议审定)

(2014 年 7 月 5 日)

第一章 总 则

第一条 为进一步规范我校学位评定委员会的工作职责和程序,根据《中华人民共和国学位条例》和《中华人民共和国学位条例暂行实施办法》,结合我校的实际情况,制定本章程。

第二章 组织机构

第二条 学校设置两级学位评定委员会,分别为校学位评定委员会和学院(研究院)学位评定分委员会。在未设立学位评定分委员会的学院(研究院)可根据工作需要申请设立学位评定工作小组。

第三条 校学位评定委员会由学校主要负责人和教授(研究员)共二十五人组成,任期三年。校学位评定委员会设主席一名,副主席一至两名。校长为校学位评定委员会当然主席。校学位评定委员会委员名单经研究生院提名,校长办公会议审议通过,报教育部和国务院学位委员会备案。

校学位评定委员会设秘书处,秘书处负责处理校学位评定委员会日常事务。校学位评定委员会秘书长由研究生院分管学位与学科建设工作的副院长兼任,副秘书长分别由学生处、教务处和研究生院相关负责人兼任。

第四条 学位评定分委员会协助校学位评定委员会工作。学位评定分委员会原则上按一级学科设立,同时兼顾校院两级管理体制的运作。学位评定分委员会由七人至十五人组成,应有一定数量的、符合条件的中青年教学、科研骨干参加。学位评定分委员会一般设主席一名,副主席一至两名。主席由校学位评定委员会委员或该学科的学术带头人担任,委员以教授为主。学位评定分委员会委员任期三年。

学位评定分委员会的成立由学院(研究院)提出,报校学位评定委员会审批。学位评定分委员会的组成由所在学院(研究院)提名,报校学位评定委员会主席批准。

第五条 在未设立学位评定分委员会的学院(研究院)可根据工作需要申请设立学位评定工作小组。学位评定工作小组一般由五至七人组成,设组长、副组长各一名,成员以教授为主。学位评定工作小组成员任期三年。

学位评定工作小组成立由学院(研究院)提出,经所涉及学科的学位评定分委员会批准后,报校学位评定委员会审批。学位评定工作小组的组成由所在学院(研究院)提名,经所涉及学科的学位评定分委员会批准后,报校学位评定委员会主席批准。

第三章 工作职责

第六条 校学位评定委员会履行以下职责:

(一)做出授予博士学位、硕士学位和学士学位的决定;

(二)通过授予名誉博士学位的人员名单;

(三)做出撤销违反规定而授予学位的决定;

(四)遴选博士生指导教师,确认引进人才博士生指导教师资格,取消博士研究生指导教师资格;

(五)审批申请博士学位人员免除部分或全部课程考试的名单；

(六)研究审议厦门大学研究生专业和学科发展规划；

(七)审批自审博士、硕士学位授予权的学科、专业名单；

(八)审批博士学位授权一级学科范围内自主设置学科、专业名单；

(九)研究和处理授予学位的争议和其他事项；

(十)审议制定厦门大学学位管理与研究生教育方针和相关文件规定；

(十一)完成国务院学位委员会交给的其他任务。

第七条　学位评定分委员会履行以下职责：

(一)确定本学科、专业的硕士学位和博士学位的考试科目以及基础理论课和专业课的考试范围，审批主考人和考试委员会成员名单。

(二)根据校学位评定委员会的相关要求，研究制定本学科、专业的研究生申请学位发表学术论文的规定。

(三)审查接受本学科、专业的博士学位和硕士学位的申请，审批本学科、专业的硕士学位和博士学位答辩委员会成员名单，审查本学科、专业的硕士学位论文答辩和博士学位论文答辩送审材料并批准举行答辩，审核本学科、专业的答辩委员会的决议，审核本学科、专业的硕士、博士学位申请者提交的相关科研成果。

(四)审核授予本学科、专业的硕士学位和博士学位人员名单，并提交校学位评定委员会审批；建议提请授予本学科、专业的名誉博士人员名单。

(五)制定本学科、专业的研究生指导教师招生资格确认的标准，初审本学科、专业的博士生指导教师资格遴选和确认申请，确认本学科、专业研究生指导教师招生资格名单，建议取消本学科、专业博士生指导教师资格。

(六)研究制定研究生专业和学位发展规划，提出本学科、专业的增列博士、硕士学位授予权的学科、专业名单，提出本学科、专业的博士学位授予权一级学科范围内自主设置学科、专业名单。

(七)协助校学位评定委员会处理授予学位的争议和其他相关事务。

(八)完成校学位评定委员会交给的其他任务。

第八条　学位评定工作小组履行以下职责：

(一)确定本单位相关学科、专业的硕士学位和博士学位考试科目以及基础理论课和专业课的考试范围，审批主考人和考试委员会成员名单。

(二)根据学校学位评定委员会的相关要求，提出本单位研究生申请学位发表学术论文的要求。

(三)审查接受本单位相关学科、专业的硕士学位和博士学位申请，审批本单位硕士学位和博士学位答辩委员会成员名单，审查本单位硕士学位论文答辩和博士学位论文答辩送审材料并批准举行答辩，审核本单位硕士学位论文答辩和博士学位论文答辩委员会的决议，审核本单位硕士、博士学位申请者提交的相关科研成果。

(四)审核本单位相关学科、专业的授予硕士学位和博士学位人员名单，并提交校学位评定委员会审批。

(五)制定本单位的硕士研究生指导教师招生资格确认的标准；确认本单位硕士研究生指导教师招生资格名单。

(六)协助校学位评定委员会和学位评定分委员会处理授予学位的争议和其他相关事务。

(七)完成校学位评定委员会和学位评定分委员会授权的其他任务。

第九条　学位评定工作小组还应协助学位评定分委员完成如下工作，但权限仍属学位评定分委员会：

(一)初审本学科、专业的博士生指导教师资格遴选和确认申请，审核本学科、专业博士生指导教师招生资格确认名单，建议取消本学科、专业博士生指导教师资格。

(二)提出增列博士、硕士学位授予权的学科、专业名单。

(三)提出博士学位授权一级学科范围内自主设置学科、专业名单。

(四)校学位评定委员会交给的其他任务。

第四章　议事规则

第十条　校学位评定委员会会议实行例会制,每年举行三次全体会议,分别为六月、九月和十二月,由主席或主席委托的副主席主持。如遇特殊情况,由主席决定召开临时会议。

校学位评定委员会会议召开前,应先由主席对会议议程进行审核,通过后方可提交大会审议。

校学位评定委员会闭会期间,有关事项经主席或副主席提议,必要时可进行通信评议。

第十一条　校、院两级学位评定委员会举行会议,均须有全体成员的三分之二以上委员出席方为有效。会议决定应以不记名投票方式表决,经与会委员三分之二以上且全体委员半数以上通过方为有效。

第十二条　校学位评定委员会委员一般不得缺席学位评定委员会全体会议,因故不能出席者应向校学位评定委员会秘书处请假并说明缺席理由,由校学位评定委员会秘书处汇总后报请主席或副主席核准。

第十三条　校、院两级学位评定委员会的有效工作对保证学位授予质量至关重要。凡出国一年以上以及无力承担校或院学位评定委员会工作的成员应及时进行调整,调整程序按产生的程序进行。

第十四条　校学位评定委员会秘书处人员列席校学位评定委员会会议。凡因工作需要参加会议的列席人员,须经校学位评定委员会秘书长批准方可参加会议。列席人员可根据会议要求对有关议题情况做出说明。

第十五条　凡因工作需要参加学位评定分委员会会议的列席人员,须经学位评定分委员会主席或副主席批准方可参加会议。列席人员可根据会议要求对有关议题情况做出说明。

第十六条　凡在一个任期内累计 3 次不能参加会议的校学位评定委员会委员应予以调整,调整程序按照产生委员的正常程序进行。调整工作由校学位评定委员会秘书处负责办理。学位评定分委员会委员的调整办法参照校学位评定委员会执行。

第十七条　校学位评定委员会以及分委员会委员,应自觉维护学位评定委员会的权威和声誉,严格遵守保密制度,未经授权,不得泄露会议讨论的内容。

第十八条　校学位评定委员会以及分委员会委员,在参加会议讨论学位与研究生教育工作有关议题时,如议题涉及委员本人或直系亲属,应予回避。

第五章　附　则

第十九条　本章程于 2014 年 6 月 13 日经校学位评定委员会全体会议审定,自公布之日开始执行。其他相关规定如与本章程相抵触的,以本章程为准。

第二十条　本章程由校学位评定委员会负责解释。

——本文摘录自《关于印发〈厦门大学学位评定委员会章程〉的通知》,厦大研〔2014〕28 号,档号 2014-XZ28-5

厦门大学博士学位和硕士学位授予工作细则

（2014 年 6 月 13 日经第九届校学位评定委员会第四次全体会议审议修订）

（2014 年 7 月 8 日）

第一章　总　则

第一条　为进一步做好我校学位授予工作，根据《中华人民共和国学位条例》《中华人民共和国学位条例暂行实施办法》和国务院学位委员会《关于做好博士研究生学位授予工作的通知》，结合我校的实际情况，制定本工作细则。

第二条　我校授予博士、硕士学位的学科、专业必须是经国务院学位委员会批准授权的学科、专业。我校有权授予的博士、硕士学位包括哲学、经济学、法学、教育学、文学、历史学、理学、工学、医学、管理学、艺术学等十一个学科门类，以及经授权的专业学位类别。

第二章　申请人资格审核

第三条　凡是遵守中华人民共和国宪法、法律、法规的中国公民和外国公民，并具备以下条件者，均可按本细则的规定，向我校申请相应的学位。

1.按相关学科培养方案要求，修完全部课程，完成规定的培养环节，取得规定的学分；

2.导师或推荐人认为论文质量符合申请条件；

3.攻读学位期间的科研成果要求，由学院（研究院）根据学校规定制定具体要求。

第四条　申请学位者应在学校规定的期限内提交申请书和学位论文等材料。

第五条　学位申请人通过硕士或博士学位的课程考试和论文答辩，成绩合格，达到以下学术水平，方可授予学位。

（一）博士学位

1.掌握有关学科坚实宽广的基础理论和系统深入的专门知识；

2.具有独立从事科学研究的能力，在学术或专门技术上做出创造性的成绩。

（二）硕士学位

1.掌握有关学科坚实的基础理论和系统的专门知识；

2.具有从事科学研究或担负专门技术工作的能力。

第六条　同等学力人员申请学位，按国务院学位委员会正式公布的实施办法和《厦门大学授予具有研究生毕业同等学力人员硕士、博士学位的实施细则》办理。

第三章　学位论文的基本要求

第七条　学位论文应在导师指导下，由研究生本人独立完成。

第八条　博士论文的基本要求是：(1)基本论点、结论和建议应具有较大的理论意义和实际价值；(2)论文内容应能反映作者已掌握本学科坚实宽广的基础理论和系统深入的专业知识；(3)应能反映作者已独立掌握本研究课题的研究方法和技能，具有独立从事科学研究工作的能力；(4)有创造性的见解，取得一定的科研成果。

第九条　硕士论文的基本要求是:(1)基本论点、结论和建议应有理论意义或实际价值;(2)论文内容应能反映作者掌握本学科坚实的基础理论和系统的专业知识;(3)表明作者已掌握本研究课题的研究方法和技能,具有从事科学研究或担负专门技术工作的能力;(4)应有新的见解,取得一定的科研成果。

第十条　论文用中文撰写(特殊专业除外)。凡用非中文撰写的论文,必须同时提交中文译文。论文一般包括序言、实验与计算、事实与理论分析、总结、参考文献等部分,此外应附中文和外文摘要和关键词。科学论点要有理论论证或实验验证,对所用研究方法的可行性要加以严谨的说明。引用别人的资料要忠于原著原文,并以明确方式标明。利用合作研究成果时要加附注。词句力求精练通顺,条理分明,文字图表清晰整齐。硕士论文一般不少于三万字,博士论文一般不少于五万字。

第十一条　论文经学院(研究院)审查和同意推荐答辩后付印。导师对论文的评语和推荐意见,应密封传递,注意保密。

第四章　论文评阅

第十二条　答辩前两个月,由系(所)提名,经学位评定分委员会同意后,由所在学院(研究院)聘请相关学科的专家评阅论文,指导教师不得作为学位论文评阅人。论文原则上实行盲审,具体办法见《厦门大学博士、硕士学位论文匿名评阅办法》(厦大研〔2014〕27 号)。

博士学位论文评阅人一般应为博士生导师,或为实务部门的教授级专家,或为参与指导过博士生的教授级专家。博士学位论文评阅人不少于三名,其中校外的评阅人至少二名。评阅人应是责任心强,学风正派,学术造诣较深,近年来在相关领域的科学研究中有成绩的专家。

硕士学位论文评阅人应具有高级职称或硕士生导师资格。硕士学位论文评阅人不少于两名,其中校外的教授或副教授至少一名。

第十三条　评阅人应对论文写出详细的学术评语,并按百分制评定分数,供答辩委员会参考。评阅人可参照下列几个方面审查论文质量:(1)研究成果的理论意义和实际价值;(2)论文的观点、结论是否正确,论据是否充分、可靠;(3)论文的学术水平和创造性;(4)论文的主要优点(包括研究方法、写作技艺和逻辑性等);(5)论文的不足之处。

论文评阅人的姓名和学术评语应对学位申请人保密,并密封传递。

第十四条　专家评阅意见处理:

1.三分之二以上评阅人认为论文已达到学位论文水平,且一半以上的评阅人同意答辩,可以直接组织论文答辩。

2.三分之二以上评阅人认为论文已达到学位论文水平,但不足一半的评阅人同意答辩,申请人须针对论文的不足,进行充实、修改,经导师审核同意后,方可组织论文答辩。答辩时间由学院根据实际情况做安排。

3.凡未达到以上评阅结果的学位论文,须重新修改或撰写论文,至少三个月后才能重新申请答辩。组织答辩前仍须进行论文评审,评审时间要求不变。

第五章　论文答辩委员会和答辩规则

第十五条　硕士学位论文答辩委员会由三至五位具有高级专业技术职务或硕士生导师资格的专家组成,其中至少有半数以上是研究生导师。指导教师不参加答辩委员会。委员会设秘书一人。新设和薄弱专业,硕士学位论文答辩必须请校外专家参加。

博士学位论文答辩委员会由五至七位具有高级职称的专家组成,其中博士生导师占半数以上,且至少有两位校外博士生导师或专家。指导教师不参加答辩委员会。论文答辩委员会主席一般由教授或相当职称的专家担任。委员会设秘书一人。

答辩工作由学位分委员会或学位评定工作小组组织进行。学位申请者在答辩前不得接触答辩委员。

第十六条　论文答辩前应先审阅论文评语,未收齐评阅意见书一般不得进行答辩。评阅结果符合规定条件方能答辩。

第十七条　答辩以公开方式进行(须保密除外)。论文答辩的程序一般是:(1)主席宣布开会;(2)导师(或答辩秘书)介绍研究生课程学习成绩和论文工作情况;(3)学位申请人报告论文的主要内容(博士学位论文答辩不低于 30 分钟);(4)委员提问(可休会 15~20 分钟让申请人准备,也可以不休息),申请人答辩;(5)休会,委员举行会议,由秘书宣读指导教师和评阅人的学术评语,商定评价论文的标准,并对论文做出评价,对是否通过论文答辩和建议授予学位进行表决;(6)主席当场宣布答辩委员会对论文的评语、评分等级和投票结果。

为保证有充分的时间进行论文答辩,博士学位论文答辩一般在一个单位时间(4 小时左右)只答辩一至二篇论文,硕士学位论文答辩一般在一个单位时间(4 小时左右)只答辩三至四篇论文。答辩时要详细记录或录音,博士论文答辩须有录音。

第十八条　答辩委员会必须坚持学术标准,坚持实事求是的科学态度。论文答辩委员会采取不记名投票方式,按百分制打分,并就是否通过论文答辩和建议授予学位进行表决。全体成员三分之二以上同意方为通过。

第十九条　硕士学位论文答辩不合格的,经答辩委员会半数以上委员同意,可做出在一年内修改论文、重新答辩一次的决议。博士学位论文答辩不合格的,经不记名投票,获半数以上委员同意,可做出在两年内修改论文、重新答辩一次的决议。

除答辩委员会做出决议外,校学位评定委员会及其授权机构之外的任何个人和组织无权同意重新组织答辩。

第二十条　硕士学位申请人的论文,如已达到博士学术水平,答辩委员会在做出授予硕士学位的决议的同时,还可推荐授予博士学位,并按本工作细则中有关博士学位的规定办理。

博士学位申请人的论文虽未达到博士学术水平,但已达到硕士学术水平,且申请人尚未获得该学科硕士学位的,答辩委员会可以做出建议授予硕士学位的决议。

第六章　学位授予

第二十一条　校学位评定委员会做出授予学位的决议后,发给学位获得者相应的学位证书。各级学位授予时间为校学位评定委员会会议批准授予学位之月 30 日。

校学位评定委员会在每年 6、9、12 月份召开授予学位的例会 3 次。博士学位证书在经过一个月争议期后颁发。

在争议期,如有异议者应通过书面形式,向研究生院学位与学科建设办公室反映。由研究生院学位与学科建设办公室提交校学位评定委员会或其授权机构进行处理。

第二十二条　研究生院学位与学科建设办公室每年将授予硕士学位和博士学位的名单及有关材料,报主管部门和国务院学位委员会办公室备案。

研究生院学位与学科建设办公室在校学位评定委员会做出决议后,应将授予硕士学位和博士学位的人员名单通过一定的方式公布,对于不授予学位的人员一般应将决议送达本人。

第二十三条　校学位评定委员会有权对因考试作弊或违反学术活动规范受到学校记过以下(含记过)处分的学位申请人做出暂缓一年授予学位的决定;有权对因考试作弊或违反学术活动规范而受到留校察看以上(含留校察看)处分的学位申请人做出不授予学位的决定;有权对因考试作弊或违反学术活动规范却由于客观情况而未受到留校察看以上(含留校察看)处分的学位申请人做出不授予学位的决定;有权对错授学位或严重舞弊作伪而未受到行政处分的情况,通过复议,做出撤销已授予学位人员学位的决定。

第七章　荣誉博士学位

第二十四条　对于国内外卓越的学者或著名的社会活动家,经校学位评定委员会提名,报国务院学位委员会批准,可以授予名誉博士学位。

第八章　其　他

第二十五条　在我校学习的外国留学生和台港澳地区学生申请学位,参照本细则办理。

第二十六条　全国专业学位研究生教育指导委员会对各类专业学位研究生申请学位另有规定的,依照其规定执行。

第二十七条　论文答辩结束后,各学院(研究院)应将学位申请书、课程成绩表、论文的全文和摘要、导师评语、论文评阅书、专家推荐书、答辩委员会决议和答辩记录、录音磁带、表决票,以及毕业研究生登记表(毕业鉴定或申请人所在单位党组织意见),博士论文的中、英文摘要和科研成果等有关材料整理立卷,送校档案馆存档。

学位申请者须将学位论文送学校图书馆存档(纸质版和电子版),并按规定数量将学位论文和相应的电子版提交研究生院学位与学科建设办公室,按规定报送有关机构。

第二十八条　涉及军工机密的学位论文的管理办法另行制定。涉及商业秘密的学位论文的管理办法由相关学院(研究院)学位分委员会根据学校相关条例制定,报研究生院学位与学科建设办公室备案。

第二十九条　本规定所称“以上”均含本数。

第三十条　本规定于 2014 年 6 月 13 日经校学位评定委员会全体会议审议修改,自公布之日起执行。其他相关规定有与本规定相抵触的,以本规定为准。

第三十一条　本规定由校学位评定委员会负责解释。

——本文摘录自《关于公布〈厦门大学博士学位和硕士学位授予工作细则(修订)〉的通知》,厦大研〔2014〕29 号,档号 2014-XZ28-5

厦门大学授予具有研究生毕业同等学力人员博士学位和硕士学位实施细则

（2014年6月13日经第九届校学位评定委员会第四次全体会议审议修订）

（2014年7月8日）

第一章　总　则

第一条　为了多渠道地促进我国高层次专门人才的成长，适应社会主义现代化建设的需要，做好授予具有研究生毕业同等学力人员硕士、博士学位的工作，根据《中华人民共和国学位条例》、《中华人民共和国学位条例暂行实施办法》、《国务院学位委员会关于授予具有研究生毕业同等学力人员硕士、博士学位的规定》和《厦门大学博士学位和硕士学位授予工作细则》(厦大研〔2014〕29号)，特制定本实施细则。

第二条　凡是拥护《中华人民共和国宪法》，遵守法律、法规，品行端正，在教学、科研、专门技术、管理等方面做出成绩，具有研究生毕业同等学力，学术水平或专门技术水平已达到学位授予标准的人员(以下简称同等学力人员)，均可按照本实施细则，向我校申请硕士、博士学位。

第三条　凡我校已授予毕业研究生学位的学科、专业，由学位评定分委员会申请，经校学位评定委员会同意，报国务院学位委员会办公室批准后，可接受同等学力人员申请本学科、专业的硕士学位或博士学位。

第二章　硕士学位的申请与授予

第四条　资格审查

(一)申请人必须已获得学士学位，并在获得学士学位后工作三年以上，或虽无学士学位但已获得硕士或博士学位者，在申请学位的专业或相近专业做出成绩。已获得的学士、硕士或博士学位为国(境)外学位的，其获得的国(境)外学位需经教育部留服中心认证。

(二)申请人应在我校通知规定的时间内，向研究生院学位与学科建设办公室提出申请，并提交以下材料：

1.学士学位证书(原件和复印件)；

2.最后学历证明(原件和复印件)；

3.在有正式刊号的学术刊物上(不含增刊和论文集)发表与申请学位专业相关的学术论文(第一作者且字数在3000字以上)或出版与申请学位专业相关的专著(个人完成字数在3万字以上)；

4.厦门大学在职人员以同等学力申请硕士学位资格审查表(一式两份)。

申请人不得同时向两个及以上学位授予单位提出申请。

(三)研究生院学位与学科建设办公室在收齐上述材料的两周内对申请人进行资格审查。对确定具有申请资格的申请人，按本规定第五条的要求进行同等学力水平的认定。

第五条　同等学力水平认定

从以下三个方面认定申请人是否具备硕士研究生毕业同等学力水平。

(一)对申请人在教学、科研、专门技术、管理等方面做出成绩的认定。

(二)对申请人专业知识结构及水平的认定。

1.我校组织的课程考试

学院(研究院)负责组织对已经资格审查合格的申请人,按我校相应专业硕士研究生培养方案规定的课程进行考试。考试应严格按相同专业在校研究生的考试要求和评卷标准进行。课程成绩需经学校一级学科研究生培养指导委员会认定方才有效。

2.国家组织的水平考试

(1)申请人应通过同等学力人员申请硕士学位外国语水平全国统一考试;

(2)申请人应通过同等学力人员申请硕士学位学科综合水平全国统一考试。

申请人自通过资格审查之日起,必须在四年内完成我校组织的全部课程考试和国家组织的水平考试,且成绩合格。四年内未通过课程考试和国家组织的水平考试者,本次申请无效。

(三)学位论文水平的认定。

学院(研究院)应指定指导教师对申请人的论文进行必要的指导。申请人应在通过全部考试后的一年内提交学位论文,并于我校第一、二学期开学的头两周内通过学院(研究院)向研究生院学位与学科建设办公室提出答辩申请,同时提交以下材料:

准备申请硕士学位的学位论文一式 15 份;

课程考试成绩单、全国统一考试成绩打印件。

研究生院学位与学科建设办公室在收齐上述材料后,对申请人进行审查。审查通过后,由学院(研究院)组织论文的评阅和答辩。论文答辩应在申请人提交论文后的半年内完成。

1.论文要求

申请人提交的论文应对所研究的课题有新见解,表明作者具有从事科学研究、管理工作或独立担负专门技术工作的能力。

申请人同他人合作完成的论文、著作或发明、发现等,对其中确属本人独立完成的部分,可以由本人整理为学位论文,并附送该项工作主持人签署的书面意见或共同发表论文、著作的其他作者的证明信,以及合作完成的论文、著作等。

论文用中文撰写,论文要有中文和外文摘要。

2.论文评阅

(1)论文评阅人:学院(研究院)应聘请三名具有高级专业技术职务的省外同类高校或科研院所(不能为申请人所在单位)同行专家为论文评阅人。论文评阅人应是责任心强,学风正派,在相应学科领域学术造诣较深,近年来在科学研究中有成绩的专家。

学位论文应在论文答辩日期二个月以前,由学院(研究院)送交论文评阅人。

(2)论文评阅:论文评阅人应根据学位论文要求对论文是否达到硕士学位水平进行认真、细致的评阅,提出评阅意见及对论文的修改要求。论文实行双向匿名评审,评阅意见应密封传递。

3.论文答辩

(1)论文答辩委员会组成:论文答辩委员会由不少于五名具有高级专业技术职务的专家组成,其中至少有三人是研究生导师,一人是我校和申请人所在单位以外的专家。申请人的导师不能聘为论文答辩委员会成员。论文答辩委员会的组成人选应先得到学位评定分委员会的认可。

学院(研究院)应在论文答辩日期半个月以前,将学位论文送交论文答辩委员会成员。

(2)论文答辩:论文答辩委员会根据答辩的情况,就是否建议授予硕士学位做出决议。决议采取不记名投票方式,经全体成员三分之二以上同意,方为通过。决议经论文答辩委员会主席签字后,报送学位评定分委员会审议。论文答辩应有详细的记录。论文答辩应公开举行。

(3)论文答辩未通过,本次申请无效。论文答辩未通过,但论文答辩委员会建议修改论文后再重新答辩者,可在半年后至一年内重新答辩一次,答辩仍未通过或逾期未申请者,本次申请无效。

申请人网上申报,资格审查通过后到各专业修课,至少一年后才可以向研究生院提交硕士学位答辩申请。

第六条　学位授予

申请人通过同等学力水平认定,经学位授予单位学位评定分委员会同意,报校学位评定委员会批准,授予硕士学位并颁发学位证书。

第三章　博士学位的申请与授予

第七条　资格审查

(一)申请人必须已获得硕士学位,并在获得硕士学位后工作五年以上。

(二)申请人应在教学、科研、专门技术领域做出突出成绩,近五年必须在国内外公开发行的学术刊物上发表十篇以上(含十篇)与学位论文有关的署名为独立完成或第一作者的学术论文。国内刊物必须为核心以上刊物,且理科至少有一篇在SCI刊物上发表(或独立撰写出版一本高水平专著或教材);文科至少有一篇在本学科权威刊物上发表(或独立撰写出版一本高水平专著或教材)。

(三)其科研成果必须至少获得一项省部级以上奖励,文科必须为独立完成或第一完成者(二等奖),或者为第二完成者以上(一等奖),理工科必须为第三完成者以上(二等奖)。

(四)具备上述基本条件的同等学力人员,应当在我校通知规定的时间内,通过学院(研究院)向研究生院学位与学科建设办公室提出申请,并提交以下材料:

1.硕士学位证书(原件和复印件);

2.最后学历证明(原件和复印件);

3.公开发表的有关学术论文,出版的专著,以及科研成果获奖的证明材料(原件及复印件);

4.申请人所在单位向学位授予单位介绍申请人的简历、思想政治表现、工作成绩、科研成果、业务能力、理论基础、专业知识和外语程度等方面情况的材料(加印密封);

5.两位教授或相当专业技术职务专家的推荐书(加印密封),其中至少有一名博士生指导教师。

申请人不得同时向两个及以上学位授予单位提出申请。

研究生院学位与学科建设办公室在收齐上述材料后,组织专家小组对申请人进行资格审查后,报校学位评定委员会审议通过,主席批准,方可受理申请。对已确定具有申请资格的申请人,由有关学位评定分委员会组织本专业或相关专业三名以上具有博士生导师资格的教授组成专家小组,按本规定第八条的要求进行同等学力水平的认定。

第八条　同等学力水平认定

我校从以下三个方面认定申请人是否具备博士研究生毕业同等学力水平。

(一)对申请人完成本职工作,在教学、科研、专门技术等方面做出成绩的认定。

(二)对申请人专业理论基础、知识结构及水平的认定。

学院(研究院)对已经资格审查合格的申请人,按博士研究生培养方案规定的课程组织考试,第一外国语考试由研究生院学位与学科建设办公室组织考试。申请人自通过资格审查之日起,必须一年内完成全部课程考试,且成绩合格。未通过课程考试者,本次申请无效。

课程成绩需经学校一级学科研究生培养指导委员会认定方才有效。

对于在科学或专门技术上有重要的论著、发明、发现或发展者,经两名以上本专业或相近专业具有博士生导师资格的教授推荐,学位评定分委员会同意,报研究生院批准,可以免除部分或全部课程考试。但国内申请者第一外国语不免考。

(三)学位论文水平的认定。

学位授予单位应指定博士生指导教师对申请人的论文进行必要的指导。申请人应在通过全部课程考试后的9个月之内向学院(研究院)提交学位论文并申请答辩。博士学位论文答辩应在申请人通过全部课程考试后的一年内完成。

1.论文要求及科研工作

(1)申请人提交的博士学位论文,应是在工作实践中由本人独立完成的成果,表明作者具有独立从事科学研究工作的能力,在科学或专门技术上做出创造性的成果。

(2)申请人同他人合作完成的论文、著作或发明、发现等,对其中确属本人独立完成的部分,可以由本人整理为学位论文提出申请,并附送该项工作主持人签署的书面意见和共同发表论文、著作的其他作者的证明材料,以及合作完成的论文、著作等。

(3)论文用中文撰写,论文要有中文和外文摘要。

(4)申请人必须到我校在学院(研究院)指定的博士生指导教师的指导下,参加为期不少于三个月的与论文相关的科学研究工作。申请人应在我校相应学科专业学位授权点报告其论文工作情况并接受质疑。

2.论文评阅

(1)论文评阅人:学院(研究院)应聘请五名省外同类高校或科研院所(不能为申请人所在单位)同专业博士生导师为论文评阅人。论文评阅人应是责任心强,学风正派,在相应学科领域学术造诣较深,近年来在科学研究中有突出成绩的专家。申请人的导师、推荐人不能聘为论文评阅人。

学位论文应在论文答辩日期三个月以前,由学院(研究院)送交论文评阅人。

(2)论文评阅:论文评阅人应根据学位论文要求对论文是否达到博士学位水平进行认真、细致的评阅,提出评阅意见及对论文的修改意见。论文实行双向匿名评审,评阅意见应密封传递。

3.论文答辩

(1)论文答辩委员会组成:论文答辩委员会由不少于七名具有高级专业技术职务的专家组成,其中至少有四人是博士生导师,二人是学位授予单位和申请人所在单位以外的专家。申请人的推荐人、导师不能聘为论文答辩委员会成员。论文答辩委员会的组成人选应先得到学位评定分委员会的认可。

学院(研究院)应在论文答辩日期一个月以前,将学位论文送交论文答辩委员会成员。

(2)论文答辩:论文答辩委员会根据答辩的情况,就是否建议授予博士学位做出决议。决议采取不记名投票方式,经全体成员三分之二以上同意,方为通过。决议经论文答辩委员会主席签字后,报送学位评定分委员会。论文答辩应有详细记录。论文答辩应公开举行。

(3)论文答辩未通过,本次申请无效。论文答辩未通过,但论文答辩委员会建议修改论文再重新答辩者,可在半年后至二年内重新答辩一次;答辩仍未通过或逾期未申请者,本次申请无效。

第九条　学位授予

申请人通过同等学力水平认定,经学位评定分委员会同意,报学位评定委员会批准,做出授予博士学位的决定;授予学位人员的姓名及其博士论文题目等应及时向社会或申请人所在单位公布,并经一个月的争议期后颁发学位证书。

第四章　组织和管理

第十条　各学位评定分委员会和学院(研究院)在审查同等学力人员申请硕士、博士学位过程中,应严格执行审批程序,认真履行职责。学院(研究院)应配备专职人员,处理日常工作。

第十一条　博士学位申请人应到我校参加为期不少于三个月的与论文有关的科学研究。

第十二条　我校向同等学力人员颁发学位证书和向有关单位送交学位论文,均按照国务院学位委员会的有关规定执行。学位证书需单独编号。

第十三条　在整个申请过程中,申请人一旦弄虚作假,其本次申请无效,已授予学位者,报校学位评定委员会撤销其学位。弄虚作假者从资格审查不通过之日起,需间隔两年后我校才受理其再次申请,前次申请中已获得的研究生课程成绩一律无效。申请人所提交的假证件,包含原件及复印件,一律不予退还,并通报所在单位或主管部门,若触犯法律者,移交司法机关处理。

第五章　附　则

第十四条　授予同等学力人员专业学位的办法，参照本实施细则另行制定。

第十五条　本细则经2014年6月13日校学位评定委员会全体会员审议修改，自公布之日起执行。原《厦门大学授予具有研究生毕业同等学力人员硕士、博士学位实施细则》（厦大研〔2006〕29号）同时废止。

第十六条　本细则由校学位评定委员会负责解释。

——本文摘录自《关于公布〈厦门大学授予具有研究生毕业同等学力人员博士学位和硕士学位实施细则（修订稿）〉的通知》，厦大研〔2014〕30号，档号2014-XZ28-5

厦门大学博士、硕士研究生申请学位发表学术论文的规定

(2014 年 6 月 13 日经第九届校学位评定委员会第四次全体会议审议修订)

(2014 年 7 月 8 日)

为进一步规范学位授予工作,配合博士四年制改革,在研究生培养中落实"2011 计划",培养创新型人才,为研究生特别是博士研究生寻找感兴趣领域的论文合作者创造宽松环境,现对申请我校博士、硕士学位所需科研成果要求做如下规定。

一、申请博士学位科研成果要求

1.我校人文社科类(含哲学、经济学、法学、教育学、文学、历史学、管理学、艺术学、教育博士等)博士研究生自入学起,在获得博士学位之前,必须在我校文科最优学术刊物或一类核心学术期刊(均不含增刊、专刊、专辑)上发表 1 篇学术论文;或在我校文科二类核心学术刊物上发表 3 篇学术论文。二类核心要求其中 1 篇可用与其学位论文相关的专著、教材或学术著作的译著(本人完成字数专著在 3 万字以上,教材和译著在 5 万字以上)来代替。

2.我校理学类博士研究生自入学起,在获得博士学位之前,必须发表 1 篇 JCR 二区以上的学术论文;或 2 篇其他 SCI 收录的学术论文。

3.我校工学类博士研究生自入学起,在获得博士学位之前,必须发表 1 篇 JCR 二区以上的学术论文;或 2 篇其他 SCI 收录的学术论文;或 1 篇其他 SCI 收录的学术论文和 1 篇 EI 收录的学术论文。

4.博士学位申请者申请学位发表的学术论文字数不少于 3000 字,内容应与其学位论文相关。"厦门大学"必须为第一署名单位,且申请者为通讯作者或第一作者(导师为第一作者的,研究生为第二作者视同第一作者)发表。被 SCI、SSCI、EI 收录的学术论文有录用函即可,其他学术论文在博士生申请学位时须提交正式出版物。其中,被 EI 收录的学术论文应是期刊论文。

博士研究生的学位论文工作成果获得国内外发明专利授权 1 项(研究生排序第一或导师排序第一研究生排序第二,且"厦门大学"为第一申请人),相当于发表 1 篇 JCR 四区学术论文。如一人获得多项发明专利,不予累计折算学术论文,只计 1 篇。

5.各学位评定分委员会(学位评定工作小组)应以此规定为基本,根据自身学科特点制定不低于此基本的博士研究生申请学位的科研成果要求,经研究生院审核通过后公布实施。

在我校学习的外国来华留学博士生、台港澳地区博士生申请学位所需科研成果要求,由各学位评定分委员会(学位评定工作小组)制定、公布实施,并报研究生院备案。原则上其申请学位发表学术论文的要求应与其他博士生要求一致。

6.博士研究生应在通过答辩后的六年内完成博士学位的申请,逾期视为自动放弃申请学位。

二、申请硕士学位科研成果要求

硕士研究生(含外国来华留学生、台港澳生)申请学位的科研成果要求由各学位评定分委员会(学位

评定工作小组)制定、公布实施。

硕士研究生应在通过答辩后的四年内完成硕士学位的申请，逾期视为自动放弃申请学位。

三、其他

1.研究生申请学位时，须满足其所在学位评定分委员会(学位评定工作小组)所公布的要求。

2.对于参加“军工保密项目”的博士、硕士研究生，申请学位所需科研成果要求可按照《厦门大学研究生涉密学位论文管理暂行规定》(厦大研〔2006〕31 号)执行。

3.在职人员以同等学力申请博士、硕士学位科研成果的要求另行规定。

4.核心刊物及 JCR 分区的认定以最新版《厦门大学核心学术刊物目录》及 JCR 分区为准，旧版在新版公布后的一年内仍有效。

理工科类学位评定分委员会可在 SCI 范围内提出本学科重要杂志刊物目录，经研究生院审批后此刊物目录可视同 JCR 二区。

5.本规定于 2014 年 6 月 13 日经校学位评定委员会全体会议审议修改，是《厦门大学硕士学位和博士学位授予工作细则》(厦大研〔2014〕29 号)的补充，自公布之日起执行。原《厦门大学博士、硕士研究生申请学位发表学位论文的规定》(厦大研〔2012〕3 号)同时废止。为保持政策的连续性，对 2013 级及之前入学的研究生，其科研成果要求采取就低不就高的原则。若各学位评定分委员会(学位评定工作小组)所制定的研究生申请学位科研成果文件与此文件有不相符的地方，以此文件为准。

——本文摘录自《关于印发〈厦门大学博士、硕士研究生申请学位发表学术论文的规定(修订)〉的通知》，厦大研〔2014〕31 号，档号 2014-XZ28-5

厦门大学研究生短学期教学和实践活动组织与管理办法

(2014年9月6日)

为深化研究生培养机制改革，提高研究生培养质量，充分发挥短学期及暑期优势，做好短学期研究生教学和实践活动组织与管理工作，特制定本办法。

一、目的和意义

三学期制度是我校完善教学运行体系、提高研究生培养质量的重要举措，对我校建立现代大学教学管理制度具有重要的意义。做好短学期研究生教学和实践活动的组织和管理工作有利于优化研究生课程体系，为学生提供更加丰富、优质的国内外课程资源和前沿讲座资源；有利于强化实践教学、田野调查和高水平研究，启发研究生创新思维，提高学生创新能力；有利于促进师生开展学术交流，拓展研究生学术视野。

二、基本要求

各学院(研究院)结合自身学科特点，积极组织和举办多种形式的短学期研究生教学和实践活动，并制订切实可行的实施方案和相关支持政策，保证活动的顺利实施。基本要求如下：

1.进一步开放教学资源，开设多层次、多类型、跨学科的短学期研究生课程；

2.邀请国内外知名专家，开设课程或讲座；

3.鼓励推免生提前修读研究生课程；

4.组织和指导研究生开展实习实践、田野调查和高水平研究；

5.学院和导师应根据研究生培养目标和学科特点，对研究生的培养计划做出适当的调整，并根据培养计划安排研究生短学期学习。

三、实施办法

(一)本校教师开设短学期研究生课程

1.短学期开设的研究生课程主要包括交叉学科课程、前沿专题课程和系列讲座、实习实践、学术规范课程、方法类课程、实验类课程及其他需集中授课的课程等。课程应有一定的受益面，达到开课的最低人数方能开课。

2.原则上博士生和硕士生在短学期应修读一定学分的课程，其中包括课程、讲座和实习实践学分。各院(系)可根据实际情况自行制定相关选课要求。

3.为避免因课程占用时间与学生参加其他学术活动相冲突，秋季、春季学期的专业课程原则上不允许延续至短学期。

4.短学期课程一般按照15学时为1学分的标准设置(实习实践除外),超过8学时不足15学时的可计0.5学分。每门课程一般不超过2学分。聘请校外专家授课的课程可集中时间开设。

(二)邀请外校专家开设课程或讲座

1.邀请外校专家开设课程和讲座应以国际前沿学术思想为方向,以世界一流大学同类专业课程授课内容为参照。课程和讲座的设置既要有一定的基础内容,又有前沿动态,有目的、有针对性地开设。授课形式为讲课与讨论相结合,使学生通过与国内外的知名专家直接沟通与讨论,激发研究生的学习热情和创新意识。

2.邀请的专家应为国内外知名学者或科研人员、高级管理人员、技术专家或业界精英等。

(三)鼓励推免生提前修读研究生课程

鼓励推免生在短学期修读研究生课程,提前进入实验室轮转,开展科研训练。推免生在短学期修读研究生课程获得的学分可认定为研究生阶段学分。

(四)组织研究生开展实习实践、田野调查和高水平研究

1.研究生实习实践和田野调查活动包含教学实习、基地实习、专业实习、企业实习、项目设计、科研训练、社会实践以及田野调查等。

2.集中组织的实习实践和田野调查活动,应尽量安排在短学期,或者在暑假的开始阶段或结束阶段完成,以便学生充分利用暑假时间安排其他活动。

3.研究生在短学期离校参加实习实践和田野调查活动须经所在学院(研究院)批准,未经批准的视为擅自离校。

4.各学院(研究院)应根据研究生实习实践和田野调查时长、表现或提交的实习实践报告计算学分。专业实习实践的学分计算标准由各单位自行制定。

四、管理要求

1.短学期研究生各项教学和实践活动都应纳入教学计划管理,并在研究生信息化平台系统中登记,以便作为学生学分认定与资助的依据。

2.各学院(研究院)应加强短学期的宣传,及时公布学校及本单位短学期教学计划及教学安排等,特别是讲座信息应张贴公布在校园学生活动较集中区域,以便师生充分了解、积极参与各项教学和实践活动。

3.各学院(研究院)应做好短学期研究生的教学管理工作,包括学生选课管理、考勤管理、课程考核与学分认定等。

4.短学期教学和实践活动结束后,各单位应认真做好经验总结以及活动资料收集工作。总结报告内容应包括:(1)活动组织、宣传与管理情况;(2)课程和讲座开设情况;(3)社会实践活动情况;(4)经验总结、改进建议以及下一年度工作计划;(5)图片资料等。

五、经费资助

1.研究生院将安排专项经费支持校内教师开设短学期课程、邀请校外专家开设课程和讲座、组织研究生参加实习实践活动。经费资助标准详见年度工作通知。

2.研究生院将根据各单位短学期教学和实践活动情况,按资助总金额的一定比例予以预拨。活动结束时,所有总结材料按要求交齐后,研究生院将根据经费资助标准以及各单位活动开展情况进行经费核

算和补足。未用完的预拨经费可于下一年度短学期使用。

3.已获教务处资助的课程和讲座研究生院将不再重复资助。

——本文摘录自《关于印发〈厦门大学研究生短学期教学和实践活动组织与管理办法〉的通知》,(2014)厦大研32号,档号2014-XZ28-7

厦门大学本科生选课管理暂行办法

（2014年9月10日）

第一章　选课原则

第一条　为进一步适应个性化人才培养，指导和规范本科生合理选课，加强学生选课过程管理，特制定办法。

第二条　本科生选课应遵循原则：

1.学生应按照教学计划安排课程顺序和学分要求选课。

2.学生应充分考虑自己的能力、兴趣、未来职业规划，在导师指导下合理选课。

3.学生应完成注册后才能选课，未经注册者不允许选课。

4.学生应通过教务管理系统选课，未通过系统选课者，选课结果无效。

5.学生应在规定时间内选课，未在规定时间内选课者，选课结果无效。

第二章　选课指导

第三条　各单位应在新生入学时，开展新生选课指导活动。详细介绍专业课程设置、教学计划安排和课程学分要求，指导本科生做好学习规划。

第四条　每学期选课前，各单位应对学生进行选课指导，引导学生熟悉教学计划及毕业学分要求，对照教学计划确认已修课程、未修课程以及需要重修课程，依照教学计划安排的顺序合理选课。

第五条　在选课时，各单位应当引导学生注意课程先后逻辑关系和先修课程要求。注意均衡各学期课程安排，避免选课过于集中某一学期。原则上，每学期选课学分最低不能少于8个学分，最高不超过25学分。

第六条　为便于学生选课，各单位在组织开课时，应要求教师认真填写课程基本信息，包括课程的教学目标、基本知识点要求、作业要求以及考核方式。

第三章　选课操作

第七条　学生须使用学校统一身份认证的用户名和密码登入选课系统。学生在选课前应认真阅读选课说明，熟悉选课系统，在规定时间内完成选课操作。

第八条　为避免错选或漏选课程，学生选课一般按照教务系统设计的模块依次选课。

第九条　具有辅修专业学籍的学生，还应进入“辅修选课”模块进行选课。重修学生进入“重修选课”模块确认课程。交流生进入“交流生选课”模块进行选课。

第十条　允许学生跨年级、跨专业选修与专业教学计划要求相符合的课程。如选择与教学计划不相符之课程，可记为任意选修课学分，但不能依此减免教学计划规定的学分。

第十一条　一般不允许学生跨校区修读课程。一般不允许选择时间冲突的课程。

第四章　选课时间

第十二条　选课一般分为预选和改（补）选两个阶段（具体时间以每学期选课通知为准）。

第十三条　预选阶段时间一般安排在每学期期末，分2～3轮进行。第1～2轮预选采用“随机方式”抽选。当预选人数小于或等于名额时，所有预选的同学都将成功选中该课。当预选人数超过名额，根据名额抽选，未抽中的同学即该课落选；预选阶段的最后一轮，采用“先到先得”，即按时间先后即选即得，直至名额选满为止。

第十四条　改(补)选阶段一般安排在新学期开学的第一、二周进行。筛选原则采用“先到先得”方式。在改(补)选阶段，学生可以试听课程，试听结束后可以选择退课或改选其他课程。学生如有漏选、错选等情况，也可以在该阶段改选或补选课程。小学期因教学周数少，在预选结束后，小学期不再安排改(补)选。

第十五条　重修和辅修选课一般安排在新学期的第一、二周，选课原则按“先到先得”确认。新生第一学期选课一般安排在军训结束后、正式上课前进行。

第五章　退课时间

第十六条　在规定的选课时间内，学生可以选择退课、改选或补选其他课程。

第十七条　在选课时间截止后一周内，学生还可以选择退课，但不能再进行选课操作。超过退课时间，学生不能再进行退课。

第十八条　学生一经选定课程，应参加规定的教学活动。凡一学期课程缺课超过1/3者(获准免听者除外)，或缺课程作业或实验报告超过三分之一者，取消其课程考试资格，课程成绩以“0”分或“F”登记。

第十九条　学生未在规定时间退课，但因疾病等不可抗拒等突发事件原因，无法参加正常考试，可以向任课教师提出“缓考”申请，经批准后，课程成绩以“缓考”登记。

第六章　课程调整

第二十条　一般情况下，全校性选修课选课人数不满20人不能开课，非全校性选修课(不含术科类技能课)选课人数不满15人不能开课。确因需要开课的，由学院提出书面申请报教务处备案。

第二十一条　在开学的第一周，所有课程不管是否满足上课人数要求，都应按照计划上课。开学第一周后，教务处公布因选课人数不满而取消开课的课程，已经选上课的学生应在规定时间内及时补选和改选课程。

第二十二条　退课时间截止后，课程人数如仍不满开课要求而被取消的，授课单位要妥善处理被取消课程的学生，帮助学生代选本单位的其他课程。

第二十三条　课程一经学生选定，任课教师和学院不能无故提出停课。确因出国、调动或者生病等不可抗拒原因不能完成教学任务的，学院应以书面形式提出申请，并妥善安排其他教师接替该门课程的后续教学工作。如确实无法安排他人接替课程教学，应安排其他课程接替该课程教学。

第七章　代选课

第二十四条　因故未能选上本专业教学计划要求的必修课程，可以在开学后两周内向学院教学秘书或教务处申请，教务员根据教学资源予以处理。

第二十五条　代选课时间通常安排在开学第一、二周内，根据实际情况集中安排2～3天时间。超过规定时间，不再受理代选课。

第二十六条　学业优秀、学习能力强的学生，经本人申请和学院批准，某些课程(政治课、体育课、实验课除外)可以向学院教学秘书或教务处申请“免听选课”(每学期不超过3门)。

第二十七条　申请免听者，应参加期中及单元考试，递交平时作业。免听课程考试不及格或未能加考试者，以“0”分或“F”登记。重修课程不能申请“免听选课”。

第八章　选课疑义处理

第二十八条　选课结束后,学生需要登录系统确认自己最终选课结果。如有疑问应在选课结束的一周内向教务处或院系教务管理员提出,超过时间将不再受理。

第九章　附　则

第二十九条　本办法自公布之日起执行。

第三十条　本办法由教务处负责解释。

——本文摘录自《关于印发〈厦门大学本科生选课管理暂行办法〉的通知》,(2014)厦大教80号,档号2015-XZ12-6

厦门大学“基础学科拔尖学生培养试验计划”学术活动资助管理办法

（2014年9月10日）

为进一步推进厦门大学“基础学科拔尖学生培养试验计划”(以下简称“拔尖计划”)，有效利用国(境)内外优质教育资源，鼓励入选“拔尖计划”的学生积极参加学术活动，增强学生的学术研究与交流能力，特制定本办法。

一、资助对象

入选“拔尖计划”的学生。

二、资助项目

1.国(境)内外学术会议。

2.国(境)内外暑期学校。

3.国(境)外短期科学研究或科研训练。

4.国(境)外短期访学(课程学习)。

5.其他经“拔尖计划”项目管理小组认定的重要学术活动。

三、资助原则

1.学生拟参加的学术会议主题应与相关学科领域紧密相关，且为相关研究领域的高水平学术会议。

2.学生拟参加的暑期学校应是高水平大学或相关专业方向一流学科举办的高水平暑期学校。

3.短期科学研究项目原则上应是依托国(境)外高水平大学或研究所与我校的合作研究项目，研究内容明确、可行，可取得阶段性研究成果。承担短期科研训练的实验室应是国(境)外高水平大学或研究所，或具有学科特色的一流国(境)外高水平实验室。

4.短期访学(课程学习)项目应是个性化培养方案中的课程，所选课程应经“拔尖计划”项目管理小组认定为高于我校教学水平或具有特色的课程，所选课程可认定学分。

四、资助额度与经费用途

1.资助参加国(境)外学术会议的往返旅费、会议注册费及相关费用、国内交通费(汽车/船/火车硬卧)，及会议期间住宿费。

2.全额资助参加国内会议的往返旅费、会议注册费与住宿费。

3.参照国家留学基金委标准资助出国(境)参加短期科学研究、科学训练、暑期学校等项目的生活费与其他各项资助。

4.资助短期访学(课程学习)或暑期学校的学费。

5.经费使用应符合学校财务规定。

6.申请项目若已获得国家、学校或其他属于国家财政经费来源的全额资助，本计划不再给予重复资助。申请项目若已获得国家、学校或其他属于国家财政经费来源的部分资助，本计划可给予差额部分的资助。

五、申请程序

学生向“拔尖计划”项目管理小组提出申请并提交相关材料，经专业导师及“拔尖计划”项目管理小组批准后给予资助。

六、本办法未尽事宜由教务处负责解释。

——本文摘录自《关于印发〈厦门大学"基础学科拔尖学生培养试验计划"学术活动资助管理办法〉的通知》,(2014)厦大教87号,档号2015-XZ12-6

厦门大学“基础学科拔尖学生培养试验计划”奖学金管理办法

(2014年9月10日)

为进一步推进厦门大学“基础学科拔尖学生培养试验计划”(以下简称“拔尖计划”),激励入选“拔尖计划”的学生勤奋学习、努力进取,学校设立“拔尖计划”优秀学生奖学金并制定本办法。

一、分类及奖励标准

“拔尖计划”奖学金分为优秀学生奖学金、单科成绩优秀奖学金和单项奖学金。优秀学生奖学金每人不超过5000元人民币;单科成绩优秀奖学金每人不超过1000元人民币;单项奖学金每项不超过1000元人民币。

二、基本条件

1.入选“拔尖计划”且已学习至少一学年的学生。

2.爱国爱校,品行端正,无违法违纪行为。

3.优秀学生奖学金颁发给学习成绩优异,创新科研能力、综合素质等方面特别突出的学生,应修课程(包括往年应当重修的课程和全校性选修课)全部合格;优秀学生奖学金人数不超过当学年入选“拔尖计划”学生数的30%。

4.单科成绩优秀奖学金颁发给在主干课和专业核心课中课程成绩前3名(含并列)的学生。

5.单项奖学金颁发给创新科研能力特别突出的学生,包括:在相关学科的高水平学术刊物发表高水平学术论文,或在学院认可的国际或全国性专业学科竞赛获得高水平奖项,或相关科研成果获省、部级奖励,或获得相关发明专利。

6.各试点学科可根据学科特点制定其他评审条件。

三、评审程序

1.遵循公开、公平、公正的原则。

2.优秀学生奖学金、单项奖学金每学年评审一次。单科成绩优秀奖学金每学期评审一次。

3.各试点学科发表奖学金评审通知,入选学生自行申报,“拔尖计划”项目管理小组审核后报学院评奖委员会批准,公示无异议后颁发奖学金,并将名单报教务处正式发文公布。

四、本办法未尽事宜由教务处负责解释。

——本文摘录自《关于印发〈厦门大学“基础学科拔尖学生培养试验计划”优秀学生奖学金管理办法〉的通知》,(2014)厦大教89号,档号2015-XZ12-6

厦门大学本科生课程免听实施办法

（2014 年 9 月 11 日）

根据《厦门大学本科生学籍管理规定》，现对本科生课程免听制定本办法：

一、免听申请条件

课程免听主要针对学业优秀、学习能力强的学生，对所选课程已有一定基础，可以申请某些课程部分或全部免听。申请免听学生必须具备如下条件：

1.学业优秀，入学以来所有课程 GPA 不低于 3.3。

2.经本科生导师和任课教师确认学生对课程已有一定基础，且自学能力特别强。

3.新生入学第一学期的课程不能申请免听。

4.政治课、体育课、实验课不能申请免听。

5.每学期免听门数不得超过 2 门。

二、免听申请时间

学生免听申请应在每学期开学两周内提出，逾期不予受理。

三、免听申请程序

1.学生申请免听须在开学两周内填写"厦门大学本科生课程免听申请表"（一式两份）。

2.在征得本科生导师同意后，学生凭免听申请表向任课教师申请。经任课教师确认后报学生所在学院分管教学领导同意。

3.免听课程应参加选课。申请人应在申请前登陆本科选课系统，查询该课程是否选上。如未选上，应在获准免听后 5 个工作日内及时向教师所在院（系）的教学秘书办理选课手续，逾期则免听申请无效。

4.被获准免听的学生应主动与任课教师保持联系，必须按教学要求完成课程作业和实验等实践教学，参加平时课程考试。免听考核予以如实记载。如课程未通过课程考核，课程必须重修，且不得再申请免听。

5.免听的课程不能申请退课。如在免听过程中认为应当随堂听课，可向任课教师申请随堂听课。

6.申请表一份送任课教师，一份学生自己留存。未申请、申请未获准擅自不参加课程学习的，或获批后未参加考试的，期末考试成绩按"0"分或"F"处理计入综合成绩，并由学生所在院（系）给予批评教育。

四、附则

1.本办法自公布之日起施行。原有免听的规定如与本办法冲突，以本办法为准。

2.本办法由教务处负责解释。

——本文摘录自《关于印发〈厦门大学本科生课程免听实施办法〉的通知》,(2014)厦大教84号,档号2015-XZ12-6

厦门大学教学委员会章程

（2014 年 9 月 18 日）

第一章　总　则

第一条　为加强对人才培养工作的指导与管理，推动教学改革、教学建设和教学管理，全面提升本科教育教学质量，并制定本章程。

第二条　教学委员会委员接受校领导聘请，担负对学校教学进行研究、咨询、指导、评估和服务等工作。

第二章　组　成

第三条　教学委员会由思想政治素质好、学术水平高、治学严谨、热爱教学工作、富有教学经验、教学成绩显著、办事公道、作风正派、身体健康的本科教学一线高职称教师和若干教学管理干部组成。

第四条　教学委员会委员由各本科教学单位推荐，报领导批准，并由校长聘任。原则上，每个学院有两名委员，其中一名必须是一线承担本科教学的教师。

第五条　教学委员会设主任委员 1 人，原则上由校长兼任；常务副主任 1 人，原则上由分管副校长兼任；副主任委员视情况设若干人。

第六条　教学委员会秘书处设在教务处，秘书长由教务处领导担任。秘书长负责教学委员会日常工作，并向教学委员会定期报告工作。

第七条　教学委员会委员每届任期四年，可以连任。任期内达到退休年龄的仍可担任委员，直至任期结束。

第八条　因工作调动、离职等原因导致长期无法参加教学委员会活动，或怠于履行职责，或有违法、违反教师职业道德或者学术不端行为的，学校可以免除其委员职务；个人可以申请辞去委员职务。任期内委员发生变动，由委员原所在单位按照第四条推荐递补。

第九条　教学委员会根据需要可下设若干学科分委员会或专门委员会，在教学委员会授权下独立开展工作，并分年度向教学委员会报告工作进展。

第三章　主要职责

第十条　教学委员会组织开展教学领域的理论与实践研究，为提高教学质量提出意见和建议。

第十一条　指导本科专业建设，审议学校本科专业发展规划，审议新增设本科专业申请。

第十二条　指导开展教学研究和教学改革，审议学校人才培养方案、重大教学改革方案和教学管理制度。

第十三条　指导学校的课程建设、教材建设、实训基地建设、实验室建设等工作，促进学校教学建设水平不断提高。

第十四条　指导学校建立教学质量标准，对本科教学质量进行监督和评估。

第十五条　审议各类教学奖评定标准和办法，评审各类教学奖。

第十六条　在教师晋升、聘任考核时,审议教师教学资格,实施教学“一票否决制”。提名推荐在本科教学工作特别突出的优秀教师晋升高一级职务。

第十七条　裁定教学事故或教学工作考核、教学评估、教学评奖等教学管理事务中的争议。

第十八条　受校长委托,开展专题调研,或讨论、审议学校本科教学工作的其他重要事项。

第四章　议事规则

第十九条　教学委员会会议由主任委员或常务副主任委员召集并主持,每年至少举行一次会议,有特殊需要时可由主任或常务副主任组织召集。

第二十条　教学委员会会议必须有三分之二以上委员出席方可开会。

教学委员会举行会议时,委员除因疾病或其他确实不能参加的特殊原因请假以外,应当准时出席会议;不能出席会议的委员,可以提交书面意见;未能出席者若有书面委托其他委员表决则视为出席,每名出席会议的委员仅能接受一份书面委托。

第二十一条　提交教学委员会审议的议题必须开展充分的调查和研究。必要时可以先征求有关部门、学院(研究院)的意见。

第二十二条　教学委员会举行会议时,可以根据需要,邀请有关部门、学院(研究院)负责人列席。

第二十三条　教学委员会讨论的议题与教学委员会委员本人、配偶或子女有直接利害关系,委员本人应自觉回避。

第二十四条　教学委员会审议问题实行民主集中制的原则,决议一般采取无记名投票、举手等方式表决。必要时可在规定时间内采取网络、通信审议方式进行。

在会议有效召开的情况下,以超过应到会全体委员半数同意为表决通过,表决结果一般由主任委员当场宣布。如采用网络、通信审议方式,可以通过通信方式宣布评议结果。

第二十五条　如会议议题有重大问题需要进一步研究的,经会议同意,可暂不做决定,待进一步调查研究后再提交下一次教学委员会会议决定。

第二十六条　教学委员会会议内容涉及保密事项时,与会人员要严格会议纪律,保守会议秘密。

第二十七条　教学委员会会议要有详细的记录并形成会议纪要。会议纪要由主任委员或副主任委员签发。

第二十八条　教学委员会形成的决议,报学校办公会批准后,由校相关职能部门、教学单位组织实施。

第五章　附　则

第二十九条　本章程由教学委员会秘书处负责解释。

第三十条　本章程经第四届教学委员会第一次会议讨论通过。

第三十一条　本章程自公布之日起执行。原《厦门大学教学委员会章程》(厦大教〔2001〕13 号)同时废止。

——本文摘录自《关于印发〈厦门大学教学委员会章程〉的通知》,厦大教〔2014〕39 号,档号 2015-XZ12-2

厦门大学"基础学科拔尖学生培养试验计划"管理办法

(2014 年 9 月 18 日)

为培养国际一流基础学科领域拔尖人才,促进基础科学研究水平提升,大力推进研究型大学拔尖人才培养模式创新,带动我校人才培养质量进一步提高,根据《教育部关于实施"实施基础学科拔尖学生培养试验计划"的意见》,结合我校基础学科人才培养的实际,特制定本办法。"基础学科拔尖学生培养试验计划"以下简称"拔尖计划"。

第一章 总 则

第一条 指导思想。遵循基础学科拔尖人才成长规律,充分利用国内外优质教育资源,借鉴世界一流大学拔尖创新人才培养成功经验,在生源、师资、氛围、培养模式、条件、制度和国际合作等方面,大胆创新,深入改革,开辟基础学科拔尖人才培养专门通道,促进拔尖人才脱颖而出。

第二条 主要目标。在基础科学领域选择若干学科,每年动态选拔特别优秀学生,配备一流的师资、提供一流的学习条件、创造一流的学术环境与氛围、创新培养方式、构筑基础科学拔尖人才培养的专门通道,努力使受计划支持的学生成长为相关基础科学领域的领军人物,并逐步跻身国际一流科学家队伍。

第三条 实施原则

1.坚持"少而精"原则。计划应遴选特别优秀的苗子,进行小班教学,实施精英教育。

2.坚持全面发展原则。计划应着重提高学生的综合素质,特别注重培养学生勇于献身科学的精神,为中华民族崛起的责任感和使命感,为人类做出贡献的伟大胸襟,以及坚忍不拔的毅力等优秀品质。

3.坚持动态开放原则。计划应坚持公平、公正、公开,面向所有学生择优选拔,动态进出。

4.坚持因材施教原则。对进入计划的学生应针对学生不同特点,进行个性化培养、一对一指导。

5.坚持专家管理原则。充分依托学科专家的积极性、主动性,在人才培养模式、课程体系以及教学运行机制等方面进行大胆的探索与创新。学校对人才培养实行特殊政策,给予专项经费支持。

第二章 组织机构

第四条 学校成立"拔尖计划"领导小组。由教务处、学生工作部(处)、发展规划办公室、财务处、人事处、国际合作与交流处、研究生院、实验室与设备管理办公室等单位组成"拔尖计划"领导小组,由主管教学副校长担任组长,教务处处长任副组长。领导小组下设办公室,挂靠在教务处,负责项目整体规划、实施、管理和检查等工作。

第五条 各试点学科成立由国内外著名专家组成"拔尖计划"专家组。专家组负责审定人才培养方案、审定教学质量标准、制订课程建设计划、遴选优秀学生、制定学生综合考评标准、制定课程教授聘任标准、选聘课程主讲教授、选聘导师等学术事宜。

第六条 各试点学科设立"拔尖计划"项目负责人和项目管理小组,全面负责拔尖计划的实施与日常管理。包括制订项目建设计划、组织计划实施、安排项目经费、组织项目年度总结报告和成果以及经验分析。

第七条 各试点学科建设内容、进度安排以及项目负责人不得随意调整。如确需调整的,须以书面形式提请“拔尖计划”领导小组批准。

第三章 学生遴选与管理

第八条 学生遴选遵循公平、公开、公正原则。

第九条 学生遴选应重点综合考察学生的综合能力、学术兴趣、发展潜质,兼顾学生心理素质和身体素质。

第十条 各试点学科应设立“拔尖计划”遴选委员会(成员至少包含5位本学科最高水平教授),制定遴选办法,将最优秀学生选入计划进行培养。

第十一条 各试点学科可以采用多次选拔、逐步到位的办法选拔学生。针对不同年级学生制定不同的遴选标准和学习要求,按照自由进出原则动态管理学生,将最优秀的学生选入“拔尖计划”培养。

第十二条 每个试点学科每年一般遴选一次,时间安排在新生入学的秋季学期末至次年春季学期初。入选“拔尖计划”的学生名单由各试点学科确认,公示后报教务处正式发文公布。退出“拔尖计划”的学生名单由各试点学科确认,报教务处备案。

第十三条 入选“拔尖计划”的学生不能申请转专业或参加辅修专业学习。

第十四条 完成“拔尖计划”学习、本科毕业并获得学位的学生名单由各试点学科确认后报教务处,由学校颁发荣誉学员证书。

第四章 培养模式

第十五条 各试点学科应聘请对项目计划有热心、肯投入、高水平老师担任班主任(或班级导师)。聘请国内外高水平专家、学者担任专业导师和授课教师。

第十六条 各试点学科应为进入“拔尖计划”的学生量身定制个性化培养方案。培养方案应在本科生导师的指导下制订,经专家委员会审定后执行,培养方案将作为学生毕业资格鉴定和学位授予的依据。

第十七条 学生个性化培养方案应包括课程学习、科研训练、学术交流学习等内容。除《厦门大学本科生学籍管理规定》规定的毕业要求外,试点学科对入选“拔尖计划”的学生原则上还应要求:

1.参与导师课题研究;

2.独立主持一项校级或以上大学生科研训练项目;

3.不少于一次境内外高水平大学学习交流;

4.参加相关学科要求的学术交流活动。

第十八条 个性化培养方案应突出因材施教。更加突出学生的科学研究兴趣、好奇心培养,更加突出学生批判性思维、想象力和独立思考能力培养,更加突出学生自主性、研究性和探索性学习能力培养。

第十九条 培养方案应遵循教育规律,强调厚积薄发、循序渐进,推进课程学习与科研活动相互渗透。低年级重在引导,激发学生对科学研究兴趣,二、三年级重在强化系统的知识学习和综合能力培养,高年级引导学生自主开展科研创新活动。

第二十条 进入“拔尖计划”的学生原则上要单独组班上课,列入“拔尖计划”的专业课全部要小班教学,低年级公共基础课可适当增加上课人数,但要区别拔尖学生和普通学生的不同要求,组织小班研讨。

第二十一条 各试点学科着力推进“新生研讨课”、“科研讨论课”以及核心课程小班授课改革。要鼓励和吸引一流老师组织或参与讨论课,创新教学模式,引导学生开展自主性、研究性学习。推动小组学习、团队学习等教学方式改革。

第二十二条 各试点学科应针对学生个性特点、兴趣,实施更加灵活的课程免修制度,具体办法另行规定。

第五章 导师配备

第二十三条 各试点学科应为入选“拔尖计划”的学生配备专业导师。导师由院士、长江学者、杰出青年基金获得者、闽江学者、校特聘教授等一流专家学者担任。

第二十四条　导师的配备实施双向选择。每个导师指导的学生原则上不超过2人。

第二十五条　被选聘为“拔尖计划”的导师应在思想上、学业上、生活上关心指导学生，平均每周不少于一次与学生进行交流。指导学生制订个性化培养方案、参与学术活动，为拔尖学生创造境外学习交流机会和提供国内外学术资源，引导学生提出研究课题并指导其实施、完成相关研究。

第六章　条件支持

第二十六条　学校设立专项经费，支持“拔尖计划”实施，具体办法另行规定。

第二十七条　学校支持入选“拔尖计划”的学生参加国(境)外高水平学术会议、国(境)外高水平暑期学校、国(境)外短期科学研究或科研训练、国(境)外短期访学(课程学习)以及其他经“拔尖计划”管理小组认定的重要学术活动。资助办法另行规定。

第二十八条　学校设立“拔尖计划”专项奖学金，奖励在课程学习和科学研究表现特别优秀的学生，奖励办法另行规定。

第二十九条　各类国家、教育部重点实验室、教学实验中心、实践教学基地等应免费为拔尖学生开展科研创新活动提供便利。各类科研创新平台、科研团队应有意识吸引学生参与科研创新活动。

第三十条　优化大型仪器设备、实验平台向拔尖学生开放制度，推进拔尖学生参与或进入重大科研攻关课题。

第七章　氛围营造

第三十一条　建立拔尖学生信息交流平台，加强各学科之间的交流与学习，组织跨学科社团活动，推动学生跨学科交流学习。

第三十二条　通过高质量通识课程、学术讲座、交流活动等形式，鼓励学生接触不同的学校、领域、文化和教师，使学生在多元、交叉和开放的环境下成长，拓宽学术视野，提高人文素养，培养综合素质和优秀品质。

第三十三条　每年定期组织一次“拔尖计划”学生学术论坛，由学生自主开展学生开展学术沙龙活动。每年定期在《厦门大学学报》组织一期刊物(增刊)，出版学生学术论文。

第三十四条　每年定期组织暑期学校、学业竞赛、社会实践等活动。每年定期开展拔尖学生课外素质拓展训练，培养学生交流沟通能力、团队合作精神。

第八章　考核要求

第三十五条　克服应试教育的弊端，实施多元化课程考核方式，注重学习过程考核，突出对学生综合能力的考察，突出拔尖和创新的目标。

第三十六条　入选“拔尖计划”的学生应按照个性化培养方案要求，完成相关学科规定的各学习环节。除此之外，在学期间应发表过具有创新性的科研成果。包括在学院认可的国际或全国性专业学术刊物发表过学术论文，或在学院认可的国际或全国性专业学科竞赛获得高水平奖项，或相关科研成果获省、部级奖励，或获得相关发明专利。

第三十七条　各试点学科应根据培养方案，制定考核标准，定期考核学生的学习情况。

第三十八条　建立学期报告制度。定期组织学生报告在课程学习、学术活动、科研训练中的思想进步、能力提升的情况及存在问题与建议。建立“成长档案袋”，跟踪学生成长情况。

第九章　附　则

第三十九条　本办法适用于学校立项的基础学科。各试点学科应根据本办法制定具体的实施细则并报教务处备案。

第四十条 本办法由学校拔尖计划领导小组办公室(教务处)负责解释。本办法自公布之日起施行。

——本文摘录自《关于印发〈厦门大学“基础学科拔尖学生培养试验计划”管理办法〉的通知》,厦大教〔2014〕40 号,档号 2015-XZ12-2

厦门大学研究生选课与成绩管理办法

（2014年9月19日）

为进一步规范研究生课程选课与成绩管理，现结合我校实际，制定本管理办法。

一、基本原则

1.根据研究生学科培养方案要求，研究生课程可分为必修课程（包括学位课程、核心课程等）和选修课程。

2.研究生须在导师指导下以本学科培养方案为依据进行选课。各学院研究生导师和研究生秘书应根据研究生所在学科培养方案及研究生个人的实际情况，对研究生进行选课指导。

3.全校性公共课程原则上由研究生院统一安排选课，专业必修课程应在本学科培养方案中所列课程组内选择，选修课程可根据学科培养方案在本院系或外院系选择。

4.研究生每学期须在规定的选课时间内登录信息化管理平台进行网上选课。

二、选课管理

1.选课资格：根据学校财务处相关文件精神，在学研究生应在足额缴纳本年度应缴费用后方可办理注册手续，并获得选课资格。确因家庭经济困难不能按期足额缴纳应缴费用的研究生，可按照规定程序申请办理“绿色通道”，并凭“绿色通道”办理注册手续后，方能获得选课资格。

2.各学科的培养方案、课程设置以及各门课程信息，可从研究生信息化管理平台中查询。研究生应按照所在学科培养方案要求，根据课程信息进行选课。

3.博士研究生课程安排时间一般为0.5～1年，本直博研究生课程安排时间一般为1.5年，硕士研究生课程安排时间一般为1年。

4.选课时间安排。一般情况下，每学期前2周为选课周，具体时间以研究生院每学期公布的时间安排为准。研究生必须严格遵守时间安排，在规定时间内进行选课。

5.退课时间安排。一般情况下，每学期前4周内可退课，具体时间以研究生院每学期公布的时间安排为准。在退课截止时间之前，研究生可在网上自行操作进行退课。为了防止教学资源的浪费，在退课截止时间之后，研究生所选课程一律不予退选。

6.关于重修。必修课程（含公共必修课）不合格，必须重修。学生重修课程应在信息化管理平台中重新选课，参加课程学习并通过课程考核后，方为重修通过。如因课程设置调整无法重修同一门课程的，可修读同类或高一级课程代替。选修课程不合格的重修也可改选其他课程。

7.关于教学测评。教学测评是促进和提高研究生课程教学质量和水平的重要措施之一。研究生必须参与对所学课程的教学测评，在研究生信息化管理平台的成绩系统中完成测评工作后，方可查看所学课程成绩。

三、考核方式及要求

1.课程考核分为考试和考查两种。必修课程(含公共必修课)考核原则上采用考试方式。选修课程、社会调查、实践课程、专题研讨课及实验课,可以采用考查方式。

2.考试方式有笔试、口试或口笔试结合。笔试可以开卷和闭卷。任课教师可以根据课程特点确定考试方式。

3.课程考核一般安排在课程教学结束后进行。公共课程考试安排由研究生院在研究生院网站上公布;其他课程考核安排由开课院(系、所)确定,但须提前将考核安排(含电子版)报研究生院备案。

4.研究生公共课程考核必须按照研究生院安排的时间、地点进行,其他时间、地点考核的成绩一律无效。

四、成绩管理

1.所有研究生课程考核成绩按百分制评定。百分制与四级制的换算标准是:85～100 分为优秀;70～84 分为良好;60～69 分为及格;未达 60 分为不及格。

必修课程(含公共必修课)70 分为合格,其他课程 60 分为合格,达到合格要求的方可获得学分。

2.关于旷课与缺考。研究生应按所选修课程的教学计划,参加教学活动,完成学习任务,并按时参加课程考试。一门课程缺课累计达课程时数 1/3 或无故缺考者,该课程考核成绩以零分计。

3.关于缓考。研究生因故不能参加考试者,须事先办理缓考申请,填写“厦门大学研究生课程缓考申请表”,经任课教师同意,学院主管领导批准后(研究生公共课须经研究生院批准),方可缓考。缓考获批后只能参加该课程下一轮次的考试,不能提前或单独考试。

4.关于跨校修课。研究生修读校外课程,需本人提出申请,经导师及学院主管领导同意,并报学院审批(公共课报研究生院审批)。

校外课程修读完成后,应根据对方学校出具的课程成绩单、原始试卷、课程大纲等,办理课程认定手续。校外修读外语、政治类公共课程由研究生院进行认定并存档。其他课程由一级学科研究生培养指导委员会或学院主管领导参照学科培养方案进行认定并存档。修读校外课程的有效学分原则上不超过各学科培养方案中规定的课程总学分的 30%。

5.关于跨学科选修。学校鼓励跨学科选修研究生课程或高年级本科课程。研究生跨学科修习高年级本科课程的成绩须经一级学科研究生培养指导委员会或学院主管领导认定并存档,有效学分原则上不超过各学科培养方案中规定的选修课程总学分的 30%。

6.在学本科生选修研究生课程,课程考试合格后,可以作为研究生阶段成绩与学分认定。

7.研究生课程进修班学习成绩与学分不能作为研究生阶段成绩与学分认定。

8.同等学力或跨专业考入的硕士研究生,应由导师根据研究生实际情况确定补修某些本专业的本科生主干课程,所修课程可录入研究生个人学籍档案,但不计学分。

9.研究生发生考试违规行为的,该课程考核成绩无效,并按《厦门大学考试纪律及违规处理办法》给予纪律处分。

本办法自公布之日起施行,由研究生院负责解释。《厦门大学研究生选课与成绩管理办法》[(2009)厦大研字 9 号]同时废止。

——本文摘录自《关于印发〈厦门大学研究生选课与成绩管理办法〉的通知》,(2014)厦大研 34 号,档号 2014-XZ28-7

厦门大学研究生课程教学基本规范

(2014 年 9 月 22 日)

一、总　则

第一条　为优化课程体系，规范研究生课程管理，进一步提高研究生培养质量，特制定《厦门大学研究生课程教学基本规范》。

二、教师任课的基本条件

第二条　研究生课程的任课教师必须是教学、科研经验较丰富的高级职称人员、行业实务专家或具有博士学位的优秀讲师。

第三条　对连续两年研究生反映教学水平低、质量不高的教师，学院必须停止安排其担任研究生课程主讲教师。

三、课程设置要求

第四条　学院或研究院(下同)应根据各学科研究生培养目标的要求，推进在一级学科范围内设置研究生课程，拓宽研究生的培养口径；突出课程设置的基础性、系统性及前瞻性；优化课程体系，体现学科水平与我校特色。

研究生课程设置与教学内容安排应在兼顾不同教育层次(本科、硕士、博士)教学衔接性的同时，体现不同教育层次的特点与要求。

第五条　研究生课程的设置，须经一级学科研究生培养指导委员会审核通过。每门研究生课程的详细信息都必须录入研究生信息化管理平台。

四、教学大纲与教学计划的制订和管理

第六条　研究生课程必须按照学科培养方案制订相对稳定和较为详细、系统的中英文教学大纲与教学计划。教学大纲与教学计划由任课教师在研究生信息化管理平台中提交。

第七条　教学大纲(中英文)内容应包括：1.课程名称；2.开课对象；3.课程目标；4.章节内容提要；5.教材及主要参考书；6.授课周学时、总学时、课程学分；7.先修课程或预备知识要求。

教学计划(中英文)内容应包括：1.课程名称；2.开课时间；3.授课周学时、总学时、学分；4.教学方式、考核方式；5.教学进度。

第八条　任课教师应按教学大纲与教学计划开展教学活动。在执行过程中，允许教师根据教学情况适当调整，但需报学院分管研究生教学的领导批准。

五、教材、主要参考书与选读文献

第九条　任课教师应结合不同层次、不同类型研究生教学的特点，以研究生为教学主体，更多地采用启发式、研讨式或其他有利于研究生主动参与的教学方式。不仅要注重传授知识和技能，更要注重研究生科研基本素质和创新能力的培养。

鼓励教师创造性地借鉴、引进、吸收国内外先进的教学理念、教学模式、教学内容和方法。

第十条　研究生课程必须有相应的教材。选用的教材应是高水平、有特色的，有利于研究生掌握坚实的基础理论、系统的专门知识，接触该学科的发展前沿，充分了解国内外最新研究成果，训练科学思维，培养创新能力。

研究生课程的教材可以是正式出版的教材，也可以是最新文献资料选编的胶印本或文印本。文献选读应选用国内外一流的学术期刊的原文。

鼓励教师采用国际通行教材、教育部推荐的全国研究生教学用书。

第十一条　鼓励教师编写和出版反映学科发展水平和学校特色的教材。

第十二条　任何单位或个人不得以各种名义强制研究生购买自编教材。

六、考勤要求和管理

第十三条　任课教师必须按照教学大纲、教学计划及课程表认真组织教学，保证正常教学秩序和教学进度。不得无故停课、缺课，或增减课时。

第十四条　如因故确实需要请假调课时，任课教师必须提前提出书面申请，请假一次报学院研究生秘书备案并由研究生秘书及时通知研究生；一次以上须经院系分管领导批准；全校研究生公共课若遇特殊情况，需要调课或代课时，须报研究生院审批。因调课所缺课时任课教师应当为研究生及时补上。

第十五条　任课教师应当掌握研究生的考勤情况。对于缺勤率超过 1/3 的研究生，不得准予参加课程考试。

七、课程考核

第十六条　研究生每一门课程都必须进行考核。考核分为考试和考查两种。必修课程(含公共必修课)考核原则上采用考试方式。选修课程、社会调查、实践课程、专题研讨课及实验课，可以采用考查方式。

第十七条　考试方式有笔试、口试或口笔试结合。笔试可以开卷和闭卷。任课教师可以根据课程特点确定考试方式。

第十八条　研究生课程的笔试必须采用统一答卷纸格式。

第十九条　任课教师在课程的笔试考试时应按“监考教师守则”的要求严格执行考场纪律，并及时报送监考报告。在课程考核结束后应及时批改考卷和评定成绩，成绩评定时应当实事求是和公正合理。

第二十条　课程成绩应当根据课程结束时的考试结果和平时成绩综合评定。平时成绩包括作业、课堂讨论、文献选读报告、实验报告、课程论文与课程学术报告等。

第二十一条　所有研究生课程考核成绩按百分制评定。必修课程(含公共必修课)70 分为合格，其他课程 60 分为合格，达到合格要求的方可获得学分。

第二十二条　任课教师应在新学期开学一周内(第二学期研究生课程成绩任课教师可在第三学期第三周内)，通过研究生信息化管理平台系统录入成绩，并将成绩单打印签名后交本单位研究生秘书备案(公共课程成绩单由研究生院负责备案)。

第二十三条　研究生考试试卷应由任课教师交学院安排保存至研究生毕业后三年。

八、教学质量评价

第二十四条　任课教师应不断总结教学经验，改进教学工作，同时应积极配合学院和学校进行教学质量的检查和评估。

第二十五条　任课教师应认真做好必修课程的考试分析与教学总结。内容包括研究生课程成绩构成及比例、成绩分布情况及教学总结。

第二十六条　各学院（研究院）应建立课程教学质量评价与反馈制度。每学期应当组织随堂听课、召开任课教师和研究生座谈会及组织研究生进行课程教学质量测评，掌握各门课程的教学情况。各学院（研究院）应将质量评价信息反馈给相关任课教师，并帮助教学质量评价不高的教师改进教学工作。

第二十七条　学校聘请一批有丰富教学经验和较高水平的教师组成研究生教育指导小组，对研究生课程教学情况进行调研、督导、指导，各学院应予以积极配合。

第二十八条　各学院应将各类教学评价结果作为任课教师岗位聘任和岗位津贴的评定依据。

对于教学工作出色、教学成果显著的教师，可优先推荐参评优秀教学成果奖等奖项。

第二十九条　任课教师在教学活动中因直接或间接责任导致影响正常教学秩序和教学质量的，研究生院将取消研究生课程任课教师与研究生指导教师资格。

九、教学档案管理

第三十条　任课教师应积极配合本单位研究生秘书做好研究生课程教学档案的收集与归档工作。研究生课程教学档案主要包括：1.学科培养方案；2.主要教学用书及资料；3.研究生开课计划、课程表；4.课程教学大纲、教学计划；5.课程试题样卷；6.课程学生成绩登记表；7.课程考试分析与教学总结；8.教学检查材料、听课记录及课程教学质量测评结果；9.反映课程改革与建设的典型性经验总结材料、教学研究论文、获奖材料复印件；10.课程相关课件与多媒体资料；11.课程建设材料；12.实验课程建设相关材料与实验室管理相关文件。

第三十一条　研究生公共课程教学档案由课程主要任课教师负责收集、归档，教学档案材料保存在承担研究生公共课程教学单位；研究生专业课程教学档案由课程任课教师负责收集、归档，教学档案材料由学院研究生秘书负责保存在学院。

十、附　则

第三十二条　本规范自公布之日起施行，《厦门大学研究生课程教学基本规范》（厦大研字〔2005〕30号）同时废止。

——本文摘录自《关于印发〈厦门大学研究生课程教学基本规范〉的通知》，(2014)厦大研 35 号，档号 2014-XZ28-7

厦门大学学术型研究生培养方案修订基本要求

(2014 年 9 月 22 日)

为贯彻落实教育部、国家发展改革委、财政部《关于深化研究生教育改革的意见》,适应建设创新型国家和人力资源强国的需要,加大研究生教育改革与创新力度,进一步提高研究生的培养质量,现对我校学术型博士、硕士研究生的培养方案修订做如下要求。

一、指导思想

培养方案应明确培养目标、课程体系及培养环节,要遵循研究生教育规律,创新培养模式,要体现学科特色和学术前沿,突出个性化培养,要参照国际和国内一流学科的培养方案,并依据高水平原则、硕博贯通原则、一级学科原则、资源共享原则、学科交叉原则进行制订和修订。

培养方案的制订和修订应以提高研究生创新能力为目标,统筹安排硕士和博士培养阶段,加强学习和科学研究的有机结合,强化创新能力培养,探索形成各具特色的培养模式。应重视对研究生进行系统性的科研训练,要求并支持研究生更多参与高水平、前沿性的科研工作,以高水平科学研究支撑高水平研究生培养。鼓励多学科交叉培养,支持研究生更多参与学术交流和国际合作,拓宽学术视野,激发创新思维。

二、基本原则

1.高水平原则。以高水平、国际化为理念,各学科应当进行科学系统论证,大胆吸收、借鉴国内外先进的研究生培养经验和管理模式,优化和规范研究生培养过程;跟踪国际和国内各 3～5 个一流学科的研究生培养方案,进一步优化本学科的培养方案。

2.硕、博贯通原则。各学科应当在硕士(博士)不同培养阶段进行准确定位的基础上,体现贯通式培养。通盘统筹安排、科学衔接硕士(博士)不同教育层次课程设置、教学内容与培养的各个环节,避免重复或简单的延伸。研究生在硕士阶段已修读的课程在博士阶段可免修。

3.一级学科原则。本次培养方案修订原则上各学科应当在一级学科或二级学科范围内统筹考虑,提倡按照一级学科制订培养方案。

4.资源共享原则。培养方案的修订应切实体现学科整体实力在研究生培养过程中的作用,让研究生能更广泛地接触到本学科最优秀的师资,让研究生共享本学科的各种优质课程教学条件和实验室资源,必须打破学院内部系与系的封闭状态,在一级学科和学院级别统筹安排研究生各项资源。学校将加大力度鼓励一级学科和学院之间师资、教学资源和实验室资源的共享。

5.跨学科培养原则。鼓励多学科交叉培养,拓宽研究生学术视野,激发创新思维。尤其是对于交叉学科项目,在课程体系建设、培养过程、导师指导等方面应当切实体现学科交叉融合的优势。

三、主要内容及相关要求

(一)培养目标

各学科应根据自身的特点和学科发展水准,确定与本学科相适应的培养目标。

1.学术型硕士研究生的基本目标:

(1)掌握一定的基础理论和专业知识;

(2)具有一定的从事科学研究和解决实际问题的能力;

(3)具有应用外语开展学术研究和学术交流的基本能力。

2.学术型博士研究生的基本目标:

(1)掌握坚实宽广的基础理论和系统深入的专门知识;

(2)基本具有独立性地、创造性地从事科学研究工作的能力;

(3)具有一定的国际视野,能较为熟练地进行国际学术交流。

以上硕士、博士研究生的基本目标主要参照国家学位条例,并与时俱进。

(二)学制及在校年限

学术型博士生(含硕博连读博士阶段)学制为4年,本直博学制为5年。学术型硕士生学制为2~3年。

博士生在校年限最长不超过7年,本直博在校年限最长不超过8年,硕士生在校年限最长不超过5年。

对提前完成培养计划,学位论文符合申请答辩要求的研究生,经过规定的审批程序可以提前答辩、毕业并申请学位。具体标准由各学科制定。

(三)研究方向

每个研究方向应有相对稳定的研究领域,有学术带头人和结构较为合理的学术梯队,有较好的科研基础和相关的科研成果,能开出本研究方向的相关课程,有充足研究经费和相应的物质条件。

(四)培养方式

硕士生的培养采取课程学习和论文研究工作相结合的方式。通过课程学习和论文研究工作,系统掌握所在学科领域的理论知识,培养学生分析问题和解决问题的能力。硕士生的培养采用导师个别指导或导师组集体培养相结合的方式。

在博士研究生培养过程中,应合理安排课程学习、社会实践、科学研究、学术交流等各个环节,应着重培养博士研究生的优良学风、探索精神、独立从事科学研究的能力和创新能力。鼓励博士研究生的培养实行导师组制度,促进我校研究生教育整体水平的提高。

鼓励学院和学科根据学科特点,借鉴国外一流大学经验,立足国内不断探索,采取灵活多样、行之有效的培养方法,提高研究生的培养质量,更好地满足社会经济发展对高层次人才的需求。

(五)课程设置

各学科要建立科学、系统的硕士—博士层次相互贯通的课程体系,课程总数量应合理控制。研究生在硕士阶段已修读的课程在博士阶段可免修,具体要求由各学科制定。

研究生的课程分为必修课和选修课。必修课程一般为学校或学院通修课程、核心课程和一级学科课程等。其中公共必修课包括政治和外语类课程,为必选。

硕士研究生的课程设置要体现培养目标所要求的本学科基础理论、专业知识和相关技能方法。硕士研究生的课程安排时间一般为1年。

博士研究生的课程设置应体现宽广、深入的培养目标。博士研究生的课程安排时间一般为0.5～1年。本直博的课程安排时间一般为1.5年。

(六)其他培养环节

其他培养环节是指研究生培养过程中必须完成的学术行为规范网上测试、实践、学术讲座、文献综述与科研报告、开题报告、中期考核及预答辩等环节。

1.各学院(研究院)在学院层面统一设置其他培养环节要求。

2.实验室安全教育、科学道德教育、科技论文阅读与论文写作、英文论文写作等统一作为课程开设,不作为其他培养环节。

3.学术讲座(可含 seminar 等)设为博士生和硕士生的必修环节。原则上研究生在读期间应至少听满10场次学术讲座。原则上听少于10场次的讲座不计学分;听多于10场次少于20场次的讲座可计0.5学分;听满20场次讲座可计1学分。各单位对研究生听学术讲座和学术报告的场次数可提出更高要求。本环节学分原则上不超过2学分。

4.中期考核(含资格考试、综合考试等)设为博士生的必修环节,计1学分。

5.文献综述与科研报告(含工作坊、workshop、研讨会等),各单位可自行规定是否设置为必修环节,是否设置学分。开题报告可与中期考核结合,各单位可自行规定是否设置为必修环节,是否设置学分。

6.预答辩培养环节,各单位可自行规定是否设置为必修环节,是否设置学分。

7.社会实践(含社会调研、田野调查、志愿服务等)作为人文社科类博士的必修环节,应至少设置1学分,实践时间不得少于3周。本环节学分原则上不超过2学分。

(七)学分要求

课程学分的计算方法为:每学期课内16～18学时为1学分,夏季学期15学时为1学分。

学术型硕士研究生(不含外籍生):理工医科硕士应修满不少于22～24学分,人文社科硕士应修满不少于26～28学分,其中公共必修课4学分,其他培养环节至少2学分。

<table>
<tr><th colspan="2">类别</th><th colspan="2">课程</th><th>备注</th><th>学分</th></tr>
<tr><td rowspan="5">必修课</td><td rowspan="4">公共课</td><td rowspan="3">政治</td><td>中国特色社会主义理论与实践研究</td><td>必选</td><td>1</td></tr>
<tr><td>自然辩证法概论</td><td rowspan="2">二选一,必选</td><td rowspan="2">1</td></tr>
<tr><td>马克思主义与社会科学方法论</td></tr>
<tr><td>外语</td><td>一般为英语,入学考试为其他语种的修读相应语种的课程</td><td>必选</td><td>2</td></tr>
<tr><td>专业课</td><td colspan="3">由各学科设定具体要求</td><td></td></tr>
<tr><td colspan="2">选修课</td><td colspan="3">由各学科设定具体要求</td><td></td></tr>
<tr><td colspan="2" rowspan="7">其他培养环节</td><td colspan="2">学术讲座</td><td>必选</td><td rowspan="7">由各学科设定具体要求,至少2学分。</td></tr>
<tr><td colspan="2">中期考核</td><td></td></tr>
<tr><td colspan="2">文献综述与科研报告</td><td></td></tr>
<tr><td colspan="2">开题报告</td><td></td></tr>
<tr><td colspan="2">社会实践</td><td></td></tr>
<tr><td colspan="2">预答辩</td><td></td></tr>
<tr><td colspan="2">校外(或国外、境外)学习、交流经历</td><td></td></tr>
</table>

博士研究生：应修满不少于 12 学分，其中公共必修课 2 学分，其他培养环节至少 2 学分。

<table>
<tr><th colspan="2">类 别</th><th colspan="2">课 程</th><th>备注</th><th>学分</th></tr>
<tr><td rowspan="2">必修课</td><td>公共课</td><td>政治</td><td>中国马克思主义与当代</td><td>必选</td><td>2</td></tr>
<tr><td>专业课</td><td colspan="3">由各学科设定具体要求</td><td></td></tr>
<tr><td colspan="2">选修课</td><td colspan="3">由各学科设定具体要求</td><td></td></tr>
<tr><td colspan="2" rowspan="8">其他培养环节</td><td colspan="2">中期考核</td><td>必选</td><td>1</td></tr>
<tr><td colspan="2">社会实践</td><td>文科必选</td><td>1</td></tr>
<tr><td colspan="2">学术讲座</td><td>必选</td><td rowspan="6">由各学科设定是否必选及具体要求。</td></tr>
<tr><td colspan="2">文献综述与科研报告</td><td></td></tr>
<tr><td colspan="2">开题报告</td><td></td></tr>
<tr><td colspan="2">预答辩</td><td></td></tr>
<tr><td colspan="2">教学实践</td><td></td></tr>
<tr><td colspan="2">校外(或国外、境外)学习、交流经历</td><td></td></tr>
</table>

本直博研究生应修满不少于 28 学分，其中公共必修课 5 学分，其他培养环节至少 2 学分。公共必修课包括中国马克思主义与当代(2 学分)、自然辩证法概论(1 学分)和外语课程(2 学分)。

硕博连读研究生博士阶段总学分、课程要求与普通博士一致，不需修读博士政治课程，所缺学分由选修其他课程补上。

英文授课硕士和博士项目可根据学科实际情况单独制订培养方案。英文授课硕士应修满不少于 22 学分，其中公共必修课程 4 学分。英文授课博士应修满不少于 12 学分，其中公共必修课程 4 学分。公共必修课包括汉语(2 学分)和中国概况(2 学分)两门课程，由研究生院统一开设。各单位可自行规定是否设置其他培养环节学分。

(八)论文工作

学位论文是研究生培养的重要环节，是培养研究生从事科研工作能力的主要途径。研究生应在导师指导下独立完成学位论文。学位论文应能充分反映研究生已全面达到“培养目标”所规定的各项要求。

研究生在学期间发表学术论文的要求，由各学院(研究院)学位评定分委员会根据《厦门大学博士、硕士研究生申请学位发表学术论文的规定》及各学科具体情况制定，并列入培养方案。鼓励学院(研究院)对研究生发表学术论文提出更高要求。

由一级学科研究生培养指导委员会提出对研究生从事科学研究过程的要求。

——本文摘录自《关于印发〈厦门大学学术型研究生培养方案修订基本要求〉的通知》，(2014)厦大研 36 号，档号 2014-XZ28-7

厦门大学推荐优秀应届本科毕业生
免试攻读硕士学位研究生工作实施办法(修订)

(2014 年 9 月 23 日)

第一章　总　则

第一条　为提高推荐优秀应届本科毕业生免试攻读硕士学位研究生(以下简称“推免生”)工作的科学化水平,更好地选拔和培养优秀人才,鼓励本科生勤奋学习,根据教育部《全国普通高等学校推荐优秀应届本科毕业生免试攻读硕士学位研究生工作管理办法(试行)》(教学〔2006〕14 号)、《教育部办公厅关于进一步完善推荐优秀应届本科毕业生免试攻读研究生工作办法的通知》(教学厅〔2014〕5 号)的精神,结合我校本科教学的实际情况,制定本实施办法。

第二条　本办法所称免试,是指我校应届本科毕业生(以入学时招生计划与注册年限计算,下同)不经过全国硕士研究生入学统一考试的初试,直接进入复试;本办法所称推荐,是指我校按照规定对本校优秀应届本科毕业生进行遴选,确认其推免生资格并向招生单位推荐。

第二章　推免生工作组织领导

第三条　学校成立推免生工作领导小组,由主管本科教学的校领导担任组长,领导小组成员由学校监察处、教务处、研究生院、学生处、招生办、考试中心和团委等部门负责人组成。推免生工作领导小组办公室设在教务处。

第四条　各学院应成立推免生工作小组,全面负责本学院的推免生工作。小组成员名单及联系方式报教务处备案。

第五条　各学院根据本办法制定推免生工作的操作细则。学院自定的细则应在本学院内公布并加盖公章报教务处审核、备案,未经教务处审核的细则无效。

第三章　推免生名额分配

第六条　全校推免生总名额由教育部每年度下达,学校推免生工作领导小组负责统筹,将名额分配至当前推免年度具有应届本科毕业生的学院。

第七条　国家人才培养基地的推免生名额不超过基地班规模学生数的 50%,基地班规模以 60 人为限,不足 60 人的,按实际学生数计算。

第八条　学校在分配推免生名额时,将综合考察以下方面的因素:

1.各学院应届本科毕业生数以及年度的研究生招生指标;

2.各学院上一年度完成学校下达推免生指标的实际情况;

3. 各学院重点学科、交叉学科的数量和水平,以及本科教学质量的情况。

第九条　参加“青年志愿者扶贫接力计划研究生支教团”的推免指标由国家计划单列,参照国家相关文件执行。在名额分配时,由学校统筹安排,不直接下达到具体学院。

第四章 推免生条件

第十条 所有参加推免的学生应具备以下条件:

1.拥护党的领导,遵纪守法、积极向上、身心健康、学习成绩良好的应届本科毕业生,经学院初审,在预定学制年限能正常毕业,在参加推免当年(截止为推免工作报名时)没有需要重修的课程。

2.学习勤奋、刻苦,专业基础扎实。

3.外语水平优秀。

4.本科毕业后无出国留学或参加就业的计划。

第十一条 申请推免的学生,应参加学院的综合排名。综合排名成绩由学业成绩(含外校单位修习、经学院认定可转换学分之课程成绩,占80%)和考核成绩(含学业竞赛、科研成果、面试得分等,占20%)组成。即综合排名成绩=学业成绩×80%+考核成绩×20%。学业成绩排名统一采用我校学分绩点计算方法,考核成绩的组成及比例由学院制定操作细则时确定。

学业成绩的具体要求:专业排名为前40%(基地班为前70%)。外语水平的具体要求:全国大学英语四级(含网考)成绩≥500分,或六级(含网考)成绩≥425分,或TOEFL成绩≥600分(托福网考≥90分,两年有效),或GRE成绩≥1100分(五年有效),或雅思≥6.0分(两年有效)。艺术类考生要求英语四级成绩≥425分。第一外语为其他语种的,需提供等同全国大学外语四、六级考试的成绩证明。

第十二条 参加过国(境)内、外校际交流项目的学生在交流期间的成绩如在推免生工作开始前完成学分转换的,统一纳入专业排名范畴,未在推免生工作开始前完成学分转换的,不纳入专业排名范畴。各学院应结合本院实际情况对学生在外校交流所获得的成绩、学分进行合理认定,以体现学生综合素质。

第十三条 对有特殊学术专长或具有突出的培养潜质而未达到本办法第十一条规定的推免生条件者,如满足以下条件之一,并由三名以上本专业教授联名推荐,经学院推免生工作小组提出初步意见、学校推免生工作领导小组审查认定,可以不受综合排名限制,专业排名可放宽至前70%,但学生有关说明材料和教授推荐信应进行公示。

1.文科类学生,本科在读期间以第一作者身份在一类核心期刊发表文章1篇及以上或二类核心期刊发表文章2篇及以上(发表时间截至推免当年8月31日,核心期刊名单以学校科研管理部门公布的文件为准)。理工类学生,本科在读期间以第一作者或通讯作者发表1篇及以上文章于JCR 1区或JCR2区,或发表2篇及以上文章于JCR3区(发表时间截至推免当年8月31日)。

2.本科在读期间以第一作者身份获得国家级发明专利一项及以上(截至推免当年8月31日)。

3.满足学校认定的国际级竞赛二等奖及以上或国家级竞赛一等奖及以上。团体竞赛项目至多有3名核心团队成员可获得推免生资格。该部分学生由学院依序公示,学校依序推荐。

第十四条 在涉及成绩排名计算时,重修通过的成绩按60分(百分制)计算。

第五章 推免生工作要求

第十五条 推免生工作要按学校统一的工作安排、工作程序和规定时间进行。学校根据教育部及福建省教育考试院有关文件发布年度推荐工作安排,学院应根据学校的工作安排开展推免生工作。

第十六条 各学院推荐的推免生名单和综合排名应在院内公示,公示期不得少于3天;未经公示的推免生名单无效。

第十七条 各学院的推免生名单按推荐顺序排序后报送推免生工作领导小组审定推免生资格。学校将审定通过的名单进行全校范围的公示,公示期满无异议或异议不成立的,确定为学校推荐名单,报福建省教育考试院并组织被推荐学生履行相关手续。

第十八条 推免生工作全程接受学校纪检与监察部门监督。学校推免生工作领导小组和各学院推免生工作小组应将推免生工作中学生的申诉,纳入校内申诉渠道,确保推免生工作公开、公平、公正地进行。凡发现有违反相关规定的行为,学校将按有关纪律进行处理,并追究有关工作人员的责任。

第十九条　获得推免生资格的学生，在正式入学前，有以下情况之一者，学校将取消其推免生资格：

1.不能按时完成本科阶段学业并取得学士学位者；

2.受到法律、行政处罚或学校纪律处分者；

3.凡在申请推免生过程中弄虚作假的学生，一经查实，即取消推免生资格，并按学校相关管理规定进行追究处理。

第六章　附　则

第二十条　本办法由教务处负责解释。

第二十一条　本办法自颁布之日起施行，如国家政策发生调整时，以国家政策为准。原厦大教〔2009〕29 号、厦大教〔2014〕27 号文同时废止。

——本文摘录自《关于印发〈厦门大学推荐优秀应届本科毕业生免试攻读硕士学位研究生工作实施办法(修订)〉的通知》，厦大教〔2014〕41 号，档号 2015-XZ12-2

厦门大学研究生奖助工作实施办法

（2014 年 11 月 2 日）

第一章 总 则

第一条 为进一步完善研究生奖助体系，加大研究生奖助学金投入，提高研究生培养质量，促进研究生教育持续健康发展，根据财政部、国家发展改革委、教育部《关于完善研究生教育投入机制的意见》（财教〔2013〕19 号），《关于加强研究生教育学费标准管理及有关问题的通知》（发改价格〔2013〕887 号），《研究生国家奖学金管理暂行办法》（财教〔2012〕342 号），财政部、教育部《研究生学业奖学金管理暂行办法》（财教〔2013〕219 号）和《研究生国家助学金管理暂行办法》（财教〔2013〕220 号）等文件精神，结合我校实际，制定本办法。

第二条 我校研究生奖助体系包括国家奖学金、学业奖学金、校级奖学金、励学奖励计划、国家助学金、国家助学贷款、校长助学金和勤工助学。

第三条 提前攻博研究生、硕博连读研究生在注册为博士研究生之前，按照硕士研究生身份进行评定；注册为博士研究生之后，按照博士研究生身份进行评定；直博生全程按博士研究生身份进行评定。

第四条 研究生奖助学金经费来源包括国家财政拨款、学校预算安排经费、导师配套经费以及社会企事业单位或个人的捐赠资金。

第二章 研究生奖助学金设置

第五条 国家奖学金

研究生国家奖学金由中央财政拨款设立，用于奖励学业成绩优异、科研成果显著的在校全日制非定向就业研究生（全脱产学习）。其中，博士研究生国家奖学金奖励标准为 3 万元，硕士研究生国家奖学金奖励标准为 2 万元。研究生国家奖学金于每年 9 月份评定，名额指标以教育部当年实际下达计划为准。

第六条 学业奖学金

研究生学业奖学金由中央财政拨款和学校自筹经费共同设立，旨在全面实行研究生教育收费制度的情况下更好地支持研究生顺利完成学业，资助对象为取得厦门大学学籍且在基本学制年限内的全日制非定向就业研究生（含少数民族骨干计划非在职定向就业研究生，在职或有固定工资收入的除外）。博士研究生学业奖学金的标准为 1.3 万元/年，硕士研究生学业奖学金的标准为 1.1 万元/年。

第七条 校级奖学金

研究生校级奖学金由学校自筹经费或社会各界捐资设立，用于奖励品学兼优、综合素质突出的研究生，奖励对象为取得正式学籍、已注册的全日制研究生。每年于校庆期间（3—4 月份）和下半年（9 月份）进行评选，奖励名额和标准以学校当年度实际公布的数据为准。

第八条 励学奖励计划

研究生励学奖励计划由研究生院设立，旨在加大对高水平科研成果的奖励力度，鼓励研究生全面发展。分别针对在科研、学术活动竞赛及其他方面有突出表现者予以奖励。原则上所有在校注册研究生都可以申请，奖励名额和标准以研究生院当年实际公布的数据为准。

第九条　国家助学金

研究生国家助学金由中央财政拨款设立,用于补助研究生基本生活支出,覆盖我校全体在籍且无固定收入的全日制非定向就业研究生。博士研究生国家助学金的标准为1.2万元/年,硕士研究生国家助学金的标准为0.6万元/年。

第十条　国家助学贷款

研究生国家助学贷款按照国家和学校相关文件规定执行。

第十一条　校长助学金

研究生校长助学金由学校设立,用于提高研究生生活补助标准,覆盖我校全体在籍且无固定收入的全日制非定向就业研究生。博士研究生校长助学金的标准为1.8万元/年,硕士研究生校长助学金的标准为0.12万元/年。

第十二条　勤工助学补助

学校设立勤工助学岗位,鼓励研究生从事"助教、助研、助管"工作,并给予一定补助。补助标准参照当年厦门市政府制定的最低工资标准或居民最低生活保障标准进行动态调整。

第三章　研究生奖助学金管理

第十三条　学校研究生培养机制改革领导小组统筹研究生奖助体系改革的全面工作,研究重要事项,指导检查研究生奖助学金的落实。

第十四条　研究生院的职责为:

(一)审核各学院、研究院、教学部制定的实施细则;

(二)审核各学院、研究院、教学部提交的评奖申报材料;

(三)及时公布各类奖学金的名额分配方案;

(四)及时向学生工作处提供学生异动信息。

第十五条　学生工作处的职责为:

(一)及时发布评定各类奖助学金的通知;

(二)指导各学院、研究院、教学部的评定工作;

(三)审核各学院、研究院、教学部报送的评定材料;

(四)受理奖助学金评定过程中学生提出的各类异议;

(五)审核各学院、研究院、教学部每月停发和补发的名单,并及时报送财务处。

第十六条　财务处的职责为:

(一)负责研究生奖助学金的名单核对和发放工作;

(二)负责研究生奖助学金的经费划拨。

第十七条　学院、研究院、教学部的职责为:

(一)成立研究生奖助学金评定委员会;

(二)负责根据学校文件制定本单位研究生奖助学金实施细则;

(三)组织本单位研究生奖助学金评定工作;

(四)受理本单位奖助学金评定过程中学生提出的各类异议;

(五)及时报送本单位每月研究生助学金停发和补发方案;

(六)确定本单位研究生奖助学金一支笔,并报财务处备案。

第四章　附　则

第十八条　本办法由学生工作处负责解释。

第十九条　本办法自发文之日开始实施，原《厦门大学研究生奖学金评定与发放暂行管理办法》(厦大学〔2011〕43 号)同时废止。

——本文摘录自《关于印发〈厦门大学研究生奖助工作实施办法〉的通知》，厦大学〔2014〕69 号，档号 2014-XZ11-2

厦门大学研究生学业奖学金管理暂行办法

(2014年11月2日)

第一章 总 则

第一条 为激励研究生勤奋学习、潜心科研、勇于创新、积极进取,在全面实行研究生教育收费制度的情况下更好地支持研究生顺利完成学业,根据《财政部 国家发展改革委 教育部关于完善研究生教育投入机制的意见》(财教〔2013〕19号)、《财政部 教育部关于印发〈研究生学业奖学金管理暂行办法〉的通知》(财教〔2013〕219号),从2014年秋季学期起,设立研究生学业奖学金。为做好学业奖学金管理工作,特制定本办法。

第二条 学业奖学金用于资助取得厦门大学学籍且在基本学制年限内的全日制非定向就业研究生(含少数民族骨干计划非在职定向就业研究生,有固定工资收入的除外)。获得资助的研究生须具有中华人民共和国国籍。

第二章 标准和条件

第三条 资助标准

硕士研究生学业奖学金的资助标准为1.1万元/年,博士研究生的资助标准为1.3万元/年。

第四条 学业奖学金基本申请条件:

(一)热爱社会主义祖国,拥护中国共产党的领导;

(二)遵守宪法和法律,遵守高等学校规章制度;

(三)品学兼优,上一学年无不合格课程(课程范围由学院在细则中明确规定);

(四)积极参与科学研究和社会实践;

(五)符合所在培养单位相关实施细则中规定的其他条件。

第五条 硕博连读研究生在注册为博士研究生之前,按照硕士研究生身份申请学业奖学金;注册为博士研究生后,按照博士研究生身份申请学业奖学金。

第六条 研究生(除直博研究生)享受学业奖学金资助的年限最多为三年,直博研究生享受博士学业奖学金资助的年限最多为五年。

第七条 研究生出现以下情况的,学业奖学金进行相应调整:

(一)硕博连读研究生退出硕博连读的,在学期间按照硕士研究生的奖助标准执行,退还超出硕士标准的学业奖学金。

(二)研究生在休学或者保留学籍期间(公派出国的学生除外),暂不发放学业奖学金。

(三)更改培养方式的研究生,自批准之日起不予发放学业奖学金,并退还研究生阶段已发放全部学业奖学金。

(四)研究生因故退学、转学(转出)或其他原因终止学业者,分以下情况进行调整:

1.报到注册后不参与正常教学活动,被勒令退学者,需退还获得学业奖学金的90%额度;

2.报到注册后一个月之内终止学业者,需退还获得学业奖学金的80%额度;

3.报到注册后一个学期之内终止学业者,需退还获得学业奖学金的50%额度。

第八条　研究生有以下情况，不得参与下一学年的学业奖学金的申请：

（一）违反国家法律和校规校纪受到处分者；

（二）课程成绩不合格者。

第九条　署名（不论署名次序）公开发表论文有剽窃、伪造实验数据或有其他严重违背学术道德行为的研究生，在校期间不再具有申请学业奖学金的资格。

第十条　获得学业奖学金资助的研究生，可以同时获得国家奖学金、国家助学金等其他国家奖助政策以及校内其他研究生奖助政策资助。

第三章　管理与发放

第十一条　学校研究生培养机制改革领导小组统筹领导学业奖学金的全面工作，研究制定学业奖学金相关政策，指导检查学业奖学金评定工作的落实。

第十二条　学生工作处为领导小组秘书单位，负责学业奖学金管理办法及方案的制订，实施部署具体工作、申诉受理以及与研究生学业奖学金有关的日常管理工作。

第十三条　各研究生培养单位负责组织本单位学业奖学金的评审工作：

（一）应结合本单位实际，制定相关实施细则，明确规定学业奖学金的申请条件、评定程序及候选人产生办法。

（二）应成立研究生学业奖学金评审委员会，由本单位主要领导任主任委员，研究生导师、行政管理人员、学生代表任委员，负责本单位研究生学业奖学金的申请组织、评审等工作。

（三）研究生学业奖学金评审委员会确定本单位获奖学生名单后，应在本单位内进行不少于 3 个工作日的公示。公示无异议后，提交学校研究生学业奖学金评审领导小组审定。

第十四条　领导小组秘书单位将审定结果在全校范围内进行不少于 2 个工作日的公示，并于每年 11 月 30 日之前将奖金一次性发放给获奖研究生。

第十五条　对研究生学业奖学金评审结果有异议的，可在培养单位公示阶段向所在单位评审委员会提出申诉，评审委员会应及时研究并予以答复。如申诉人对培养单位做出的答复仍存在异议，可在学校公示阶段向研究生学业奖学金评审领导小组提请裁决。

第四章　附　则

第十六条　本办法由学生工作部负责解释。

第十七条　本办法自发文之日起施行。

——本文摘录自《关于印发〈厦门大学研究生学业奖学金管理暂行办法〉的通知》，厦大学〔2014〕70 号，档号 2014-XZ11-2

厦门大学研究生国家助学金管理暂行办法

(2014 年 11 月 2 日)

第一章　总　则

第一条　为健全研究生奖助体系,提高研究生待遇水平,根据《财政部　国家发展改革委　教育部关于完善研究生教育投入机制的意见》(财教〔2013〕19 号)、《财政部　教育部关于印发〈研究生国家助学金管理暂行办法〉的通知》(财教〔2013〕2220 号),从 2014 年秋季学期起,设立研究生国家助学金。为做好国家助学金管理工作,制定本办法。

第二条　国家助学金用于资助取得厦门大学学籍且在基本学制年限内的全日制非定向就业研究生(含少数民族骨干计划非在职定向就业研究生,有固定工资收入的除外),补助研究生基本生活支出。获得资助的研究生须具有中华人民共和国国籍。

第二章　标准与条件

第三条　资助标准

博士研究生的资助标准为 1.2 万元/年,硕士研究生的资助标准为 0.6 万元/年。

第四条　硕博连读研究生在注册为博士研究生之前,按照硕士研究生身份发放国家助学金;注册为博士研究生后,按照博士研究生身份发放国家助学金。

第五条　研究生(除直博研究生)享受国家助学金资助的年限最多为三年,直博研究生享受国家助学金资助的年限最多为五年。

第三章　管理与发放

第六条　学校研究生培养机制改革领导小组统筹国家助学金的全面工作,研究制定国家助学金相关政策,指导检查国家助学金发放工作的落实。

第七条　研究生培养单位应做好本单位国家助学金发放的资格审查工作:

(一)每年 9 月 20 日之前完成本学年发放名单的材料审核,并提交学生工作处复核备案;

(二)每月及时收集本单位研究生的异动信息,并按时报送至学生工作处。

第八条　学生工作处将复核后的发放名单交送学校财务处,由财务处审核后统一按月发放。

第九条　出国(境)学习学生的国家助学金发放根据以下情况进行调整:

(一)出国(境)学习三个月(含三个月)以内的,国家助学金照发。

(二)公派出国(境)学习三个月以上的,国家助学金自离校手续办理完成日的下一发放批次起暂停发放,回校后自报到手续办理完成日的下一发放批次起恢复发放,并一次性补发离校期间停发的国家助学金。

(三)因私出国(境)学习三个月以上的,国家助学金自离校手续办理完成日的下一发放批次起停止发放,回校后自报到手续办理完成日的下一发放批次起恢复发放,离校期间停发的国家助学金不再补发。

第十条　其他类型学籍异动的国家助学金发放根据以下情况进行调整:

(一)申请休学的,停发国家助学金,未发部分待学生复学后转作当学年的国家助学金;

(二)提前毕业研究生按照实际在校时间进行发放；

(三)中途退学的，自退学之日起停发国家助学金；

(四)硕博连读研究生退出硕博连读的，在学期间按照硕士研究生的奖助标准执行，退还超出硕士标准的国家助学金；

(五)更改培养方式的研究生，自批准之日起停止发放国家助学金，并退还研究生阶段已发放全部国家助学金。

第十一条　具有工作经历的非定向就业研究生所转档案不符合学校要求的，不发放国家助学金，自全部档案材料按要求补齐并转入学校之后开始发放。

第十二条　其他特殊情形国家助学金的发放办法由学校研究确定。

第十三条　采取伪造档案及相关材料等弄虚作假手段骗取国家助学金的研究生，一经查实，立即停止发放国家助学金，并追缴已经发放的国家助学金，且按有关规定给予处理。

第四章　附　则

第十四条　本办法由学生工作处负责解释。

第十五条　本办法自发文之日起施行。

——本文摘录自《关于印发〈厦门大学研究生国家助学金管理暂行办法〉的通知》，厦大学〔2014〕71号，档号2014-XZ11-2

厦门大学学生公寓文化"开放式"项目支持方案

(2014年11月26日)

学生公寓是校园的重要组成部分,是学生进行学习、社会交往和生活体验的重要场所,我们鼓励每一位住宿生在学生公寓里扮演一个积极的角色,致力于生活与学习同行,文明与清洁并举,自我约束与自我管理并进,遵守与尊重他人的权利与需求并重。为增强学生公寓的亲切感、生活气息,创造安全、舒适、愉快和宽松的住宿生活环境和学习环境,帮助您们把学生宿舍和公寓营造成为一个舒适的家,从2014年起,学生公寓学生工作办公室(以下简称"公寓办")将大力推进学生公寓文化"开放式"项目支持方案。

一、项目类型

(一)住宿学生项目

1.在学生公寓社区里,为您提供独特机会让您通过自己策划或共同策划与住宿生活相关的"学习、社会交往和生活体验"项目,让宿舍成员或宿舍间睦邻群体住宿成员、楼层或楼栋团体住宿成员等参与您的项目,也可以寻找与您兴趣、爱好等相同的住宿成员与您一起策划项目活动,或参与您的项目活动。我们也期待班级、团支部、党支部在学生公寓区扮演积极的角色,策划项目活动。您或您们的项目将会获得我们资金支持。

2.您或您们策划的项目活动,可以由您或您们商议自由拟定,体育、健身、沙龙、学术、学习、交流、讨论、生活、休闲、卫生、社会和娱乐等等主题都可以,发挥您们的聪明才智和智慧,让您和参与您项目的人认识不同的人并和他们建立新的友谊的住宿生活体验,让住宿生活更美好、更有味道、更有情操,学生公寓更有亲切感、生活气息。

3.项目活动组织方便,能表达住宿生活体验,我们更希望您组织小型的项目化方案,且对于参与的每一个人都是宽松自由、积极与愉快的活动。

4."十佳项目"评选。每年度,公寓办将从所申报的项目活动中评选"十佳项目",颁发奖状和奖金。

(二)学院(研究院)项目

1.在学生公寓社区里,倡导学院(研究院)扮演指导者、支持者、保障者的角色,号召本单位学生宿舍管理组织自主策划和开展与住宿生活相关的"学习、社会交往和生活体验"项目活动,让本单位住宿生参与本单位策划的项目,也可以在学生公寓园区里,联合其他单位共同策划项目活动,或参与本单位策划的项目活动。您或您们的项目将会获得我们资金支持。

2.策划和共同策划的项目活动,可以自由拟定,适合住宿学生参加、与住宿生活相关的学术、文化、社会和娱乐等主题都可以,发挥各单位住宿学生管理组织聪明才智和智慧,营造一个安全、舒适生活和住宿环境,帮助住宿学生个人成长与发展教育。

3.项目活动组织方便,能表达活动体验,我们更希望项目对于参与的每一个人都是宽松自由、积极与愉快的活动。

4."十佳项目"评选。每年度,公寓办将从所申报的项目活动中评选"十佳项目",颁发奖牌和奖金。

(三)"魅力寝室"项目

1.也许从现在开始可以让您们的宿舍尝试一下改变一些东西,以您们自己的想法拥有独一无二的宿舍,为您们的宿舍取一个亲奇的名字,设计一个特色的舍标、舍徽,让您们的宿舍能仰望星空,或是植物世界、梦幻花园,或是书香世家、温馨小家或是典雅可亲……也可以有您们的宿舍情感信箱,彰显您们宿舍的魅力和个性,然后经过您们策划方案以及共同的努力实现它,并通过您们的方式维护和保持它,直到您们毕业,并用您们喜欢的方式传递给每年即将入住你们寝室的学弟学妹们。您们也可以通过易班、微信等公众平台上发布与您们宿舍魅力相关的文字、图片、视频内容等,运用您们的魅力和实力,提高您们寝室的人气指数。您或您们的项目将会获得我们资金支持。

2.我们倡导自制,不提倡购买成品装饰品或墙壁贴画,您们可以利用废品制作手工艺品,宿舍设计简约、文明,内容积极健康,装饰遵守宿舍管理的相关规范,请不在墙壁上涂鸦。

3."十佳魅力寝室"评选。每年度,公寓办将从所申报的项目活动中评选"十佳魅力寝室",颁发门牌、奖状和奖金。

(四)"文化项目"征集

1.在这个公寓园区里,每个人都希望学校提供更好的住宿学习和生活环境,获得有助于个人成长和发展教育的独特机会。我们希望生活在这里的每个人都能扮演一个积极的角色,为你住宿生活园区文化项目的开展提出建议和一些建设性的反馈,可以是活动空间、项目、内容、方式、资金等等,发挥您的聪明才智提出您的想法,让更多的人享受您提出的一项或几项很有意义的住宿园区生活体验。您或您们的项目将会获得我们资金支持。

2.每月,公寓办会根据您提出的公寓文化项目进行评比,并评出"十佳文化征集项目",并给予物质奖励。从每月"十佳文化征集项目"中评出年度"十佳文化征集项目",并给予更丰厚的物质奖励。如果您提出年度"十佳文化征集项目"在下一年度被采纳开展,我们将为您颁发奖金。

3.您可以将您想到的文化项目,标注主题为"文化项目征集"并发送公寓办邮箱 gyxgb@xmu.edu.cn。我们将会及时安排公寓办助理把奖励的生活用品送到您的寝室,您只要签字就行。

(五)"卫生展堂"项目

1.无论您是老生还是新生,创造和维护整洁寝室卫生和寝室个人卫生,会是一项很有意义的校园生活体验项目,它表达了您在不为人知时候真正的道德水平、生活品位和精神面貌。您或您们可以策划一个如何让寝室整洁的项目,让寝室成员一起努力并保持它直到您毕业那年,并用您们喜欢的方式传递给每年即将入住你们寝室的学弟学妹们。您或您们的项目可以由您们自由商议形成,您们的项目将会得到我们的资金支持。

2.每周都会有公寓办的学生助理到各楼栋、宿舍抽查,查看、了解您们寝室的卫生状况并记录,我们将在"卫生展堂"展示您们寝室卫生状况,包括房号、所属学院、宿舍成员姓名。当然,如果您们的宿舍卫生很糟糕,或您们拒绝开门或有其他不配合的行为发生,也将会一同在"卫生展堂"上展示,可能是描述性,也可能是照片展示,您们的寝室也可能会随时被重复抽查。

3."十佳寝室"和"十差寝室"评选。每年度,公寓办将从所抽查的寝室中,评选出"十佳寝室"和"十差寝室",对"十佳寝室",颁发门牌和奖金,对于"十差寝室"在全校给予通报。

(六)"生活服务"项目

1.您们或许时常临时需要一些与你日常住宿生活相关的细小但又很实用的工具,公寓办会为每个园区置办工具箱、针线袋、打气筒等日常便利工具一套,24 小时免费提供住宿生临时借用,方便同学日常生活。我们也欢迎有热心的且已购买了工具的同学,可以为住宿同学提供免费借用,可以用您们喜欢的方式告知其他同学。您或您们提供的服务项目将会获得我们资金支持。

2.便利工具放在园区保安值班室,只要您有需要借用,经园区保安核查后便可使用。您只要出示本人校园一卡通登记,可以使用便利工具 1 小时。使用后及时归还,以方便其他住宿生的使用。如果是晚上 11:00 借用,必须在第二天早上 8:30 之前归还到本园区保安岗亭。

3.在休息时间借用并使用工具,您应当意识到不必要的噪音会回荡在整个建筑,会影响到其他住宿学生,应尽量避免。

二、项目申请

厦门大学学生宿舍文化“开放式”项目申请表,请到学生处网站“下载专区”下载。下载填写后,直接将申请表发送公寓办邮箱 gyxgb@xmu.edu.cn,标注主题为“宿舍文化项目”。

三、资金支持

1.只要向公寓办提出申请并获批准,申请的项目将会获得资金支持。

2.每周二上午,公寓办召开会议讨论提交的申请项目,审定资金支持额度,并通过您留下的有效“E-mail”地址通知您。

3.每周二下午,公寓办在易班、公寓办网站和 BBS(鼓浪听涛)上公布所支持项目。已公布的项目,策划者可以如期实施。

四、经费报销

1.经费报销时,按照公寓办审定的资金支持额度报销。项目负责人需要向公寓办提供活动总结,总结形式可以是视频、简报、文字、照片、文章等。

2.报销流程。活动结束后三天内,由项目负责人提供有效发票到公寓办办理。自接到报销发票三天内,公寓办完成到学校财务处办结转账手续。转账后,我们将用短信通知项目负责人。按财务管理规定,报销或颁发奖金不发放现金,直接转入负责人指定的银行卡号或校园卡。

附件:厦门大学学生公寓文化“开放式”项目支持方案申请表
(附件略——编者)

——本文摘录自《关于开展“学生公寓文化‘开放式’项目申请”的通知》,(2014)厦大学 9 号,档号 2014-XZ11-3

厦门大学本科生课程缓考暂行办法

（2014 年 12 月 22 日）

根据《厦门大学本科生学籍管理规定》，对本科生申请缓考做如下规定：

一、缓考申请条件

学生因患急病、患大病或突遇意外伤残导致无法参加考试，或因其他变故等不可抗拒因素导致无法参加考试，可以向学生所在院（系）申请缓考。

申请缓考的课程不适用校选课。

二、缓考申请时间

申请缓考学生一般应在考试前办理手续，因突患急病或遇突发事故应在考试后一周内补办缓考申请手续。未经批准缓考的学生擅自不参加考试，期末考试成绩按“0”分或“F”处理计入综合成绩，并由学生所在院（系）给予批评教育。

三、缓考申请程序

1.学生申请缓考须在规定时间内填写“厦门大学本科生缓考登记表”（一式三份）。缓考登记表须附申请理由的相关证明材料，因病申请缓考者须提供二级甲等以上医院或厦门大学医院的病历证明。

2.申请材料交由学生所在院（系）教学秘书核实、经学生所在学院分管教学领导同意后，交任课教师所在学院办理。

3.获准缓考的课程暂以“缓考”标记，且不纳入 GPA 计算以及成绩排名。

4.缓考获批后一份交任课教师所在学院教学秘书，一份交任课教师，一份学生留存并凭此表参加缓考。

四、缓考考试组织

1.缓考一般安排在下一学期开学初，由任课教师所在院（系）确认时间和地点后通知学生。

2.获准缓考学生凭“缓考登记表”参加考试，缓考课程成绩由任课教师按照原有课程成绩评定标准如实记载。缓考缺考者，期末缓考成绩以“0”分或“F”计。

3.任课教师将载有缓考成绩的“缓考登记表”交学院教学秘书存档。教学秘书根据“缓考登记表”登记的成绩向教务处申请将原有“缓考”标志修改为实际成绩。

五、附　则

1.本办法自公布之日起执行。

2.本办法由教务处负责解释。

——本文摘录自《关于印发〈厦门大学本科生课程缓考暂行办法〉的通知》,(2014)厦大教112号,档号2015-XZ12-7

厦门大学外国来华留学研究生培养管理与学位授予工作细则

（2014 年 12 月 24 日）

第一章　总　则

第一条　为促进我校的国际交流与合作，维护学校正常的教育教学秩序，保证外国来华留学研究生（以下简称“外国留学研究生”）的培养质量，根据教育部、外交部、公安部《高等学校接受外国留学生管理规定》、国务院学位委员会《关于普通高等学校授予来华留学生我国学位试行办法》及有关法律、法规，结合我校实际，制定本细则。

第二条　外国留学研究生在学期间必须遵守中华人民共和国的法律和法规，遵守我校的规章制度与纪律，执行我校学位与研究生教育的有关规定，遵守学术道德规范。

第二章　研究生培养

第三条　外国来华留学博士研究生（以下简称“外国留学博士生”）的学制为 4 年，在校年限 3～7 年。外国来华留学硕士研究生（以下简称“外国留学硕士生”）的学制为 2～3 年，在校年限 2～5 年。

第四条　各学科可参照同学科、专业的培养方案并根据学科的具体情况拟订专门的外国留学研究生培养方案，经一级学科研究生培养指导委员会审定后，报研究生院备案。

外国留学研究生须按培养方案的要求取得规定的学分后，方可进行学位论文答辩。

第五条　我校培养外国留学研究生，原则上应采取脱产培养的方式，即整个培养过程均在我校完成。确因需要，经指导教师同意，所在学院及研究生院批准，外国留学研究生可以利用部分时间回国撰写论文，但在我校进行论文工作的时间不得少于半年。外国留学研究生的论文答辩工作须在我校进行。

第六条　在他国已经修习相应学科、专业硕士必修课程的外国留学硕士生申请攻读我校硕士学位时，经专家组审查或考核，可以免修相应的课程。

免修申请人应提供在他国修学的课程名称、成绩单以及两名专家（相当于副教授及其以上人员）的推荐信等材料。审核专家组由三至五名副教授及以上的同行专家组成。

第七条　外国留学研究生应修读汉语和中国概况两门公共必修课程。公共必修课程由研究生院组织开设。符合免修条件的，学生可提供相关材料证明，向研究生院申请免修。

第八条　外国留学研究生是否安排社会实践活动，可由各学科根据专业需要确定。

第三章　学位授予

第九条　外国留学研究生的学位申请要求和申请办法按照《厦门大学博士学位和硕士学位授予工作细则》第二章“申请人资格审核”的相关规定执行。

第十条　根据《厦门大学博士、硕士研究生申请学位发表学术论文的规定》，在我校学习的外国留学博士生申请学位所需科研成果要求，原则上应与其他博士生一致，具体细则由各学位评定分委员会（学位评定工作小组）制定、公布实施，并报研究生院备案。

外国留学硕士生申请学位的科研成果要求由各学位评定分委员会（学位评定工作小组）制定、公布实施。

第十一条　外国留学博士生撰写的博士学位论文,应能反映作者具有独立从事科学研究工作的能力,并在科学或专门技术上做出创造性成果。工程技术、临床医学以及其他应用学科、专业毕业的外国留学博士生提交的博士学位论文,应具有重要的实际价值,同时表明作者具有独立从事科学研究工作或从事专门技术工作的能力。

外国留学硕士生申请硕士学位,必须撰写学位论文。我校各有关学科、专业可根据具体情况对学位论文提出不同的要求。学位论文可以是学术研究或科学技术报告,也可以是专题调研、工程设计、案例分析等报告,其报告应能反映学位申请者从事科学研究工作或综合运用基础理论和专门知识解决实际问题的能力。

学位论文应在导师指导下,由外国留学研究生独立完成。

论文经学院(研究院)审查和同意推荐答辩后付印。导师对论文的评语和推荐意见,应密封传递,注意保密。

第十二条　外国留学研究生的学位论文评阅按照《厦门大学博士学位和硕士学位授予工作细则》第四章"论文评阅"的相关规定执行。

外国留学研究生学位论文的匿名评阅,由各学院学位评定分委员会建立相应的评审专家库,并在此库中随机选择评阅专家。

第十三条　外国留学研究生的学位论文答辩和学位授予按照《厦门大学博士学位和硕士学位授予工作细则》第五章"论文答辩委员会和答辩规则"、第六章"学位授予"的相关规定执行。

第十四条　在我校攻读博士、硕士学位的外国留学研究生,其学位论文可以用汉语或英语撰写和答辩(语言文学类研究生可以选用所修语言进行论文撰写和答辩),论文摘要须同时提交汉语和英语文本。论文撰写格式应严格按照《厦门大学研究生学位论文规范》的相关规定执行。

第四章　附　则

第十五条　我校为外国留学研究生颁发汉语印制、书写的博士、硕士毕业证书和学位证书,同时提供用英语印制、书写的学位证书译文副本。两种版本具有同等效力。

第十六条　他国具有研究生毕业同等学力的有关人员申请我校博士、硕士学位,可参照《厦门大学授予具有研究生毕业同等学力人员博士学位和硕士学位实施细则》的有关规定办理。

第十七条　本细则未尽事宜参照我校同类研究生的相关规定执行。

第十八条　本细则自公布之日起施行。原《厦门大学外国来华留学研究生培养管理与学位授予工作细则(试行)》(厦大研〔2008〕45号)同时废止。为保持政策的连续性,对2014级及之前入学的外国留学研究生,其申请学位的科研成果要求采取就低不就高的原则。

第十九条　本细则由校学位评定委员会负责解释。

——本文摘录自《关于印发〈厦门大学外国来华留学研究生培养管理与学位授予工作细则〉的通知》,厦大研〔2014〕43号,档号2014-XZ28-5

厦门大学研究生励学奖励计划管理办法

（2014年12月修订）

（2014年12月29日）

第一章 总 则

厦门大学研究生励学奖励计划旨在激励研究生在创新研究、综合素质及社会影响等方面取得突出成绩，全面提高研究生培养质量。

第二章 科研成果奖励

第一条 评定条件

（一）基本条件

1.爱国爱校，品行端正，具有团队合作精神，且无违法违纪行为。

2.科研成果突出，创新能力强。

3.厦门大学在校注册研究生均可申报科研成果奖励，研究生毕业之后一年内如有突出科研成果者仍可申报。本校教职工在职攻读研究生者，纳入教师评奖体系，不再申报此项奖励。

（二）具体评定条件（满足1项即可）

1.文科类在一类核心刊物上发表论文或者理工类在JCR2区及以上刊物发表论文；

2.获得国家发明专利授权。

以上成果要求为评奖前一自然年度正式发表、以厦门大学为第一署名单位，学生为通讯作者或第一作者/第一排名（导师排名第一不算在内）。

第二条 主要评审程序如下：

（一）由研究生院发布评奖通知和分配名额。

（二）研究生个人按规定时间向学院、研究院提交申请，不申请者不予评选。

（三）以学院、研究院为单位进行资格审查，核实申请者的基本资格和科研成果，按规定名额进行预评，面向本单位公示候选人。公示3个工作日以后将材料报送至研究生院。学院、研究院对学生的申请材料负有审核责任。研究生院对学院、研究院的资格审查工作进行抽查，并对抽查结果进行通报。

（四）研究生院负责对数据进行汇总，院务会进行评审，如有科研成果特别突出者，由研究生院院务会集体讨论推荐为“科研成果特别奖”，报分管副校长审批，通过后全校发文奖励并颁奖。

（五）特别奖指导教师也予以相关奖励，具体奖励金额视情况由研究生院院务会评审通过后报分管副校长审批，通过后在全校范围内发文奖励并颁奖。

第三章 科研成果获奖和学术活动竞赛获奖配套奖励

第三条 在校注册研究生凡科研成果获奖或者参加学术活动竞赛并取得突出成绩者都予以配套奖励。

第四条 配套奖励类别

（一）获得省部级及以上科研成果奖（以加盖国徽章为准）；

(二)获得国家一级学会优秀博士论文奖;

(三)参加国家级及以上学术活动竞赛并取得突出成绩者。

第五条　配套奖励程序

(一)各学院、研究院对研究生科研成果获奖或参加学术活动竞赛并取得突出成绩的情况进行审核,确定配套奖励人员名单并进行公示,公示时间不得少于3个工作日;

(二)各学院、研究院向研究生院提交研究生科研成果获奖和参加学术活动竞赛并取得突出成绩的相关证明材料;

(三)研究生院对学院上报情况进行复核,院务会进行评审,如有重大影响力者,由研究生院院务会集体讨论给予特别奖励,报分管副校长审批,通过后全校发文奖励并颁奖;

(四)特别奖指导教师也予以相关配套奖励,具体配套奖励金额视情况由研究生院院务会评审通过后报分管副校长审批,通过后全校发文奖励并颁奖。

第六条　所有学术活动竞赛和国家一级学会名单均须研究生院备案。

第七条　多人合作的科研成果获奖或者学术活动竞赛取得突出成绩,研究生人数至少达到总人数的一半。

第四章　其　他

第八条　研究生在其他方面获得的能够产生重大社会影响、对社会有重大贡献的特殊荣誉可以经过各学院、研究院认定后向研究生院提出申请。研究生院将根据具体情况给予特别荣誉奖励。

第五章　附　则

第九条　对奖励结果有异议的学生,可在学院公示阶段向所在学院评审委员会提出申诉,评审委员会应及时研究并予以答复。

第十条　有下列行为之一者,取消其获奖资格:

(一)有学术不端行为者;

(二)违反校纪校规并被学校处分者;

(三)在评审过程中有弄虚作假行为者。

第十一条　核心刊物目录及JCR刊物目录以研究生院公布的为准。

第十二条　本办法由研究生院负责解释。

第十三条　本办法自颁布之日起施行,《厦门大学研究生励学奖励计划》(厦大研〔2013〕23号)同时废止。

研究生院

2014年12月18日

——本文摘录自《关于印发〈厦门大学研究生励学奖励计划管理办法〉的通知》,厦大研〔2014〕47号,档号2014-XZ28-5

关于《厦门大学"基础学科拔尖学生培养试验计划"奖学金管理办法》的补充通知

（2014 年 12 月 30 日）

各单位：

为进一步推进"基础学科拔尖学生培养试验计划"（以下简称"拔尖试验计划"），激励入选"拔尖试验计划"的学生勤奋学习、努力进取，现对《厦门大学"基础学科拔尖学生培养试验计划"奖学金管理办法》补充通知如下：

一、增设"拔尖试验计划"基本奖学金，每人不超过 3000 元人民币。

二、评审条件

1.入选"拔尖试验计划"且已学习至少一学年的学生。

2.爱国爱校，品行端正，无违法违纪行为。

3.达到年度考核要求，应修课程（包括往年应当重修的课程和全校性选修课）全部合格的学生。

4.同一年度获得优秀学生奖学金的学生不能同时获得基本奖学金。

5.试点学科要求的其他条件。

教务处

2014 年 12 月 30 日

——本文摘录自《关于〈厦门大学"基础学科拔尖学生培养试验计划"奖学金管理办法〉的补充通知》，(2014)厦大教 115 号，档号 2015-XZ12-7

厦门大学本科生转专业工作管理规定

(2014年12月31日)

第一条　为维护正常的本科教学秩序，保障学生的合法权益，有利于学生个性发展和特长的发挥，有利于学生自身发展，根据《普通高等学校学生管理规定》(教育部令第21号)、《福建省教育厅关于规范普通高等学校学生转专业工作的指导意见》(闽教学〔2014〕13号)，结合我校本科教学的实际情况，对我校本科生转专业工作制定本管理规定。

第二条　教育部基础学科拔尖学生培养试验计划(简称拔尖计划)、卓越工程师教育培养计划(简称卓越计划)，以及国际化试验班等涉及跨专业选拔学生的，除另行规定外，遵从本规定。

第三条　各学院应加强对学生的学习生涯规划和专业学习指导，增强学生对本专业学习的适应性和稳定性，避免盲目从众心理，理性选择转专业。

第四条　符合下列条件之一者，经本人申请、学校审核合格的可以转专业：

(一)入学后因患某种疾病或确有特殊困难，不能在原专业学习，但仍能在其他专业学习，能提供学校指定的二级甲等以上医院诊断的原始病历或足以说明情况材料的；

(二)确有专长、有相关成果，转专业更能发挥其专长，能提供相关成果或专家证明的；

(三)社会对人才需求情况发生变化，或学校专业发生合并、撤销等，学校征得学生同意，可以适当调整学生所学专业；

(四)其他符合转专业有关规定的。

第五条　录取时为单列招生院校代码专业的学生，只能转入相同招生院校代码类的专业。

第六条　在校生应征入伍退役后复学的，可在原系列根据个人志愿优先选择专业。

第七条　学生属于下列情形之一者，学校不予转专业：

(一)未在学校报到入学、注册和学习未满一学期的；

(二)学生入学当年招生章程明确规定的不允许转专业的，含外国语保送生、定向生、国防生、艺术类学生、体育类学生等；

(三)应予退学或受到开除学籍处分的；

(四)二次以上(含二次)转专业的；

(五)保留入学资格、保留学籍、休学期间的；

(六)处于毕业学年的。

第八条　学生转入新专业后，按转入专业的收费标准收取学费，以实际就读年限计算。

第九条　学生转入新专业学习前，应学满一学年原专业的课程。

第十条　学生转入新专业后，须完成转入专业的教学计划规定的课程和学分，方可毕业和获得学士学位。在原专业学习所取得的课程成绩及学分，由转入专业所在院系进行认定。其中：

(一)学分数、学习要求高于转入专业的课程，可以相抵，不必重修；

(二)学分数、学习要求低于转入专业的课程，应当重修，但可根据本人对课程的掌握程度且符合《厦门大学本科生课程免听实施办法》申请免听条件的，可申请部分免听；

(三)其余的作为任选课载入学生的成绩总登记表。

第十一条　转专业工作流程：

(一)计划。根据学校年度转专业工作的安排，各学院基于自身的办学条件、师资力量、专业发展规划等，向学校报送转专业接收计划数，经学校批准后向全校公布。

为保持各专业发展的稳定性，原则上工学学科门类的相关专业跨专业转出人数不超过当年该专业实际招生数的10%；经济类、管理类、政法类等相关专业跨专业转入人数不超过当年该专业实际招生数的5%；其他专业转出和转入人数原则上控制在当年该专业实际招生数的15%以内。

(二)报名。申请转专业的学生，应通过教务管理系统进行网络报名。未经报名及未在规定时间内申请报名的无效。

(三)审核。转出学院对申请转出的学生进行资格审核，并报教务处复审。审核通过的学生即取得转专业考试资格。

(四)初试。申请转专业的学生必须参加学校统一组织的转专业考试。转入专业为文科类(含医科)的考试科目为“大学英语”和“大学语文”，转入专业为理工科类、经管类的考试科目为“大学英语”和“高等数学”。

(五)复试。学校公布各专业复试分数线，各接收学院根据实际情况，组织进入复试分数线范围的学生进行复试或面试，并将拟录取结果报送教务处。

(六)公示。教务处对拟录取结果进行公示。公示期满或公示无异议的，报主管校领导批准后，正式录取。

第十二条　教务处对转专业的学生统一进行学籍变更手续，并不再接受学生转回原专业的申请。

第十三条　本规定自2015年3月1日起执行，凡与本办法内容不相符的，按本办法执行。

第十四条　本规定由教务处负责解释。

——本文摘录自《关于印发〈厦门大学本科生转专业工作管理规定〉的通知》，厦大教〔2014〕58号，档号2015-XZ12-2

·管理与服务工作·

厦门大学漳州校区党工委、管委会印章使用规定

(2014年)

一、为规范工作,加强印章管理,特制定本规定。

二、目前漳州校区党工委、管委会有印章三枚:中国共产党厦门大学漳州校区工作委员会、厦门大学漳州校区管理委员会、厦门大学漳州校区办公室。上述印章由漳州校区办公室管理。

1.印章设专人管理,监印人要坚持原则,遵守保密规定,严格照章用印,做好用印登记,做好安全保卫工作。

2.印章存放地点必须安全保险,严禁携带印章离开用印办公地点。

三、印章的使用必须由用印单位或个人提出申请,报校区分管领导审批或由校区办公室主任在校区领导授权范围内审批,具体要求如下:

1.校区党工委印章:监印人凭党工委书记或副书记,或经授权的校区办公室主任签字,经确认无误,加盖印章。

2.校区管委会印章:监印人凭管委会主任、副主任,或经授权的校区办公室主任签字,经确认无误,加盖印章。

3.校区办公室印章:监印人凭校区办公室主任或副主任签字,经确认无误,加盖印章。

四、监印人有权审核用印件的内容,如用印件内容确实不宜监印人审核,可报请校区办公室主任或副主任审核后用印。

五、校区党工委、管委会的各类专用证件、证明、介绍信等,由校区办公室审核出具印章。

六、各类协议、合同书必须由校区相关部门负责人审核签名,报校区分管领导审批,方可用校区印章。

七、校区公章一律不得盖发空白便函、空白介绍信、空白证明、空白奖状。

八、附则

1.本规定自2014年4月1日起施行。2003年发布施行的《厦门大学漳州校区印章使用规定》同时作废。

2.本规定解释权在厦门大学漳州校区办公室。

——本文摘录自《厦门大学漳州校区党工委、管委会印章使用规定》,档号2015-XZ36-002

厦门大学第一次可移动文物普查实施方案

（2014 年 1 月 28 日）

第一次全国可移动文物普查是继第三次全国文物普查（不可移动文物部分）之后在文化遗产领域开展的又一重大国情国力调查，是一项旨在全面掌握我国文物资源、加强文物保护、建设文化遗产强国的国家工程。根据国务院《关于开展第一次全国可移动文物普查的通知》（国发〔2012〕54 号）、《福建省人民政府转发国务院关于开展第一次全国可移动文物普查的通知》（闽政文〔2013〕125 号），为了规范、有序、高质量地开展厦门大学第一次可移动文物普查工作，顺利完成普查任务，结合我校实际情况，制订本实施方案。

一、普查的目的及意义

我校建校历史悠久，所有可移动文物数量众多、种类丰富、特色鲜明、价值珍贵，是文化遗产资源的重要组成部分。通过对全校可移动文物科学、规范、全面的调查、认定和登记，全面摸清、掌握全校可移动文物现状，既有利于科学评价我校的可移动文物资源状况和价值，深化对中华民族重要文化资源宝库的校情认识，又有利于为科学制定文物保护政策和规划提供依据，进一步加大文物保护力度，健全文物保护体系，促进文物资源整合利用，丰富公共文化服务内容，有效发挥文物在经济社会发展中的积极作用。

二、普查的目标及任务

通过普查，全面掌握我校现存国有可移动文物的数量分布、保存状况、保管权属和使用管理等情况；对全校国有可移动文物保护现状和发展趋势进行总体评价，为科学制定保护政策和规划提供依据；建立、完善可移动文物认定体系；建立、完善可移动文物档案和可移动文物名录；建立、完善基于现代信息技术的可移动文物信息管理平台，为标准化、动态化管理创造基础条件；建立可移动文物信息的知识产权保护制度，实现文物信息资源的整合与合理利用。

三、普查的范围及内容

（一）普查的范围

本次普查的范围是我校各学院、各级机关所收藏保管的可移动文物，包括普查前已经认定和在普查中新认定的国有可移动文物。普查不改变文物权属现状。

普查的文物包括：1949 年（含）以前，历史上各时代珍贵的艺术品、工艺美术品；历史上各时代重要文献资料以及具有历史、艺术、科学价值的手稿和图书资料等；反映历史上各时代、各民族社会制度、社会生产、社会生活的代表性实物。由博物馆、纪念馆收藏登记的 1949 年后的藏品。列入国家文物局公布的 1949 年后已故著名书画家作品限制出境鉴定标准范围的作品。具有科学价值的古脊椎动物化石和古人类化石。

(二)普查的内容

本次普查包括可移动文物信息和收藏单位主要信息。

1.可移动文物信息包括文物名称、类别、级别、年代、质地、外形尺寸、质量、完残程度、保存状态、包含数量、来源方式、入藏时间、藏品编号、收藏单位名称等 14 项基本指标项,以及文物描述、来源信息、考古发掘情况、流传经历、著录信息、鉴定信息、保管信息、损坏记录、修复记录、移动记录、展出信息等 11 类附录信息以及照片影像资料。

2.收藏单位主要信息包括单位概况(单位名称、单位性质、通信地址、邮政编码、负责人姓名及职务、联系电话和单位网址等内容)、藏品情况(藏品总数、已定级文物数量、未定级文物数量等)、建档情况和保管情况。

四、普查的时间与安排

(一)普查的时间和标准时点

第一次可移动文物普查从 2013 年 9 月开始,2016 年 12 月结束。

普查的标准时点是 2013 年 12 月 31 日。

(二)普查的实施步骤

普查分为工作准备、普查实施和验收汇总三个阶段。

第一阶段:工作准备阶段(2013 年 9 月至 2013 年 12 月)

主要任务是成立机构、制订方案、组建队伍、开展培训等。

1.成立校普查领导小组,领导小组下设普查工作小组,编制普查实施方案和年度工作计划;

2.编制并落实经费预算,积极争取市、区财政支持,将普查经费列入年度预算;

3.制订普查宣传方案,开展普查宣传,组织普查培训。

第二阶段:普查实施阶段(2014 年 4 月至 2015 年 12 月)

主要任务是以各机关、各学院为单元,开展调查、文物认定、信息采集和审核报送等工作。

1.普查机构开展收藏、保管文物情况摸底排查。有关单位开展文物清库、完善相关档案记录,按要求登记申报。

2.普查机构对各单位文物申报信息进行核查认定,经认定收藏有文物的单位列入登记范围。

3.收藏有文物的单位根据国家统一规范和技术标准,开展文物测量、拍摄、信息数据资料采集和登记,将文物信息通过全国可移动文物信息登录平台联网上报。也可以纸质或离线电子数据方式将文物信息报送校普查工作小组,由校普查工作小组统一录入上报。

4.校普查工作小组组织专家对普查机构上报的文物信息进行网上审核和现场复核。

第三阶段:验收总结阶段(2016 年 1 月至 12 月)

主要任务是整理汇总普查数据、建立文物名单和数据库,公布普查成果、编写普查报告等。

1.完善可移动文物数据库,进行数据整理汇总、统计分析、存储备份、运行维护和数据管理;

2.公布国有移动文物名录和可移动文物收藏单位名录;

3.建立国有可移动文物编码系统及可移动文物收藏单位编码系统;

4.建立可移动文物信息管理系统;

5.编制可移动文物普查档案;

6.编制可移动文物普查工作报告。

五、普查的组织

根据全校统一领导、单位分工协作、各方共同参与的原则确定普查的组织方式。

(一)校级组织机构

成立厦门大学第一次全国可移动文物普查领导小组，负责普查工作的组织和领导，协调解决重大问题。领导小组下设办公室，承担领导小组日常工作，负责实际推进可移动文物普查工作的进行。

1.组建普查队伍，根据市、区普查工作小组发布的实施方案、标准规范及有关规定，制订全校普查工作方案和相关制度并开展宣传报道；

2.负责全校范围内各单位文物调查、普查登录和全校普查数据的汇总、审核、上报；

3.编制并提交辖区可移动文物普查工作报告、可移动文物普查名录，公布普查成果。

(二)单位、部门职责

在校普查领导小组的领导下，各学院、机关各司其职、各负其责、通力协作、密切配合，共同做好普查工作。

1.积极动员、组织本部门本系统做好普查工作；

2.依据厦门大学第一次全国可移动文物普查实施方案，明确具体措施，落实工作人员；

3.协助文物部门研究解决普查中涉及本系统的重要问题；

4.积极提供本系统管辖范围内的文物线索，配合普查机构进行调查登记和登录工作；

5.负责普查经费的安排、使用与管理；

6.统计部门指导做好普查数据的统计和分析，与文物部门共同组织普查数据的审定和发布。

六、普查宣传

1.普查宣传要根据上级工作统一安排，由校普查领导小组办公室制订方案，组织实施。

2.普查宣传根据普查的不同阶段分别确定相应的重点内容。第一阶段，重点宣传开展普查的目的意义、对象范围、内容方法、程序步骤等。第二阶段，集中宣传与普查有关的法律法规、普查标准规范、普查工作进展、普查先进事迹等。第三阶段，追踪宣传普查数据处理进展情况，发布普查成果，报道文物事业在增强文化软实力、构建和谐社会、推动社会经济发展方面的积极作用。

普查宣传覆盖厦门大学报纸、广播、电视、网络、移动传媒等各类媒体。

七、普查工作总结

普查工作总结阶段，校普查领导小组办公室将对普查组织、前期调研、业务培训、单位排查、文物调查与认定、数据登录、成果整合等工作进行全面总结，根据规范要求编写《厦门大学普查工作报告》。

八、普查要求

1.凡收藏保管有可移动文物的各学院、各单位，都必须按照有关规范和标准，如实、准确地填报普查信息，确保基础数据的完整性、真实性和准确性。

2.普查中登记的国有可移动文物受《文物保护法》的保护，任何部门、单位和个人不得做出有损文物安全的行为。各单位要严格按照相关操作规程进行文物信息的提取，并做好各项安全预防措施，防止在普查登记中造成文物损坏。普查中涉及国家秘密的,必须履行保密义务。

3.普查数据和资料,由各学院、单位调查、采集,汇总之后在文物普查信息登录系统平台上登录;普查数据需报经校普查工作小组同意后正式公布。

4.本次普查制定专门经费管理办法,普查经费列入相应年度的财政预算,按时拨付使用。校普查领导小组及办公室要按照财政制度规定,加强经费管理,专款专用,厉行节约,反对浪费,确保资金使用的规范、安全、有效;同时,加强普查设备的登记、使用与管理,防止国有资产流失。

——本文摘录自《关于印发〈厦门大学第一次可移动文物普查实施方案〉的通知》,厦大资产〔2014〕6号,档号 2014-XZ27-1

厦门大学哲学社会科学繁荣计划专项资金管理办法(暂行)

(2014年3月10日)

第一章 总 则

第一条 为推动《厦门大学哲学社会科学繁荣计划(2011—2021年)》(简称"繁荣计划")的组织实施,规范"繁荣计划"专项资金管理,提高资金使用效益,特制定本办法。

第二条 "繁荣计划"分两期实施,第一期的专项资金每年安排1亿元人民币,资金来源主要包括"211工程"专项资金、"985工程"专项资金、"2011计划"专项资金、中央高校基本科研业务费以及学校安排的其他专项资金等。

第三条 "繁荣计划"专项资金由学校统一管理,集中核算,专款专用,任何部门和单位不得挤占、截留和挪用。使用"211工程"、"985工程"和"2011计划"专项资金的,还必须符合"211工程"、"985工程"和"2011计划"专项资金管理办法等相关规定。

第四条 "繁荣计划"专项资金的管理实行项目负责人负责制,项目负责人由专项资金资助项目所在学院(研究院)院长担任。各项目按照建设内容设立子项目,子项目负责人对项目负责人负责。经费开支由子项目负责人和项目负责人(院长)双签。项目负责人(含子项目负责人,下同)需严格执行审定的项目预算,确保按计划、按规定使用专项资金。项目负责人对资金使用的真实性、合法性、效益性负责,并主动接受相关部门的监管。

第五条 "繁荣计划"专项资金遵循绩效考评原则。

第六条 使用"繁荣计划"专项资金形成的资产均属国有资产,应按照国有资产相关管理规定执行。

第二章 预算管理

第七条 "繁荣计划"专项资金按年度编制建设任务和经费预算。年度资金额度由各项目根据建设需求和进度提出申请,年度资金额度累计不超过项目总资金控制数。建设任务和经费预算经学院(研究院)教授委员会或学院(研究院)项目建设领导小组集体研究通过后,报学校社科处汇总。社科处、发展规划办和财务处共同审核年度建设任务和经费预算方案,报学校校长办公会审定。

第八条 "繁荣计划"专项资金预算必须严格遵守国家及学校有关预算执行的管理办法,按照"额度+进度"原则执行。

第九条 "繁荣计划"专项资金预算一经确定,须严格执行,一般不做调整。确有需要调整的,调整方案应经学院(研究院)教授委员会或学院(研究院)项目建设领导小组集体研究通过并报学校社科处审核。年度预算执行不好、资金使用绩效不突出、效益不高的,学校有权予以调整。

第三章 支出管理

第十条 "繁荣计划"专项资金支出包括人员经费、业务费、设备购置费、维修费和绩效奖励等。

(一)人员经费。指在"繁荣计划"项目中,用于引进、聘任一流科学家、学科领军人才、紧缺人才和优秀群体所发生的支出。不得用于本校有工资性收入的教职工的工资支出。

(二)业务费。指为完成“繁荣计划”项目任务而必须开支的办公费、印刷费、交通费、国内外差旅费、会议费、培训费、劳务费、租赁费等专项业务的支出。不得用于本校有工资性收入的教职工的津贴、补贴、奖金等支出,用于研究生科研补贴的比例不得超过项目经费的5%。

(三)设备购置费。指在“繁荣计划”项目中,为完成学科体系建设、拔尖创新人才培养、队伍建设等任务而购置的必要教学、科研仪器设备等发生的支出。仪器设备的使用年限不得低于5年,鼓励购置符合人文社会科学科研发展特点的数据库等。

(四)维修费。指用于与“繁荣计划”项目相关的教学、科研仪器和实验设备、教学科研用房和附属设施的修理、维护以及提供条件支撑的教学科研基础设施改造所发生的支出。不得用于超标的设施改造(装修)费。

(五)绩效奖励。指对出色完成“繁荣计划”项目任务的学院(研究院)或科研团队实施奖励所发生的支出。在专项资金的预留部分予以列支。

第十一条　年末,项目承担单位按照预算执行情况、资金使用效益情况、资金管理情况、存在的问题和建议等方面形成资金使用年度总结报告,报学校社科处汇总形成学校“繁荣计划”专项资金使用年度总报告。

第十二条　项目承担单位应加强管理,严格遵守学校有关规定,确保“繁荣计划”项目建设进度和预算执行进度。年末,未列支的专项资金按规定收回。

第四章　监督检查和绩效考评

第十三条　“繁荣计划”专项资金实行使用情况公示制度。项目须严格执行国家和学校财务规章制度,切实提高资金使用效益。项目经费支出情况要公开透明,适时予以公示,接受各方面的监督。

第十四条　学校定期对各项目的预算执行、资金管理和资金使用效益等情况进行检查。对出现问题的项目做出暂停后续拨款处理,并限期整改;经核查确已改正的,可恢复或适当调整拨款,否则将停止项目运行并终止拨款;对情节严重的,将按国家有关规定追究项目负责人责任。

第十五条　学校审计部门定期对“繁荣计划”专项资金的管理和使用情况进行审计。

第十六条　与“繁荣计划”专项资金使用有关的所有人员,要自觉遵守和维护国家财经纪律,同时接受上级主管部门和学校相关部门的监督和检查。

第十七条　学校每年根据项目建设进展情况、项目预算执行情况、专项资金使用效益进行绩效考评。有关绩效考评办法另行制定。

第五章　附　则

第十八条　本办法自公布之日起执行。

第十九条　本办法如与国家有关部门出台的文件规定不一致,以国家规定为准。

第二十条　本办法由学校社科处、发展规划办和财务处负责解释。

——本文摘录自《关于印发〈厦门大学哲学社会科学繁荣计划专项资金管理办法(暂行)〉的通知》,厦大社科〔2014〕3号,档号2015-XZ31-15

厦门大学实验室危险废物处置管理暂行办法

（2014 年 4 月 3 日）

第一条　为防止实验室危险废物污染和危害环境，保障广大师生员工的身体健康，实现实验室危险废物处置管理的制度化、规范化，根据《中华人民共和国环境保护法》《中华人民共和国固体废物污染环境防治法》《废弃危险化学品污染环境防治办法》等相关法律法规，结合我校实际，特制定本办法。

第二条　本办法中所称的实验室危险废物，是指实验室在教学、科研等过程中产生的危害人体健康、污染环境或存在安全隐患的物质，包括实验室废弃化学品，各类反应残留物，有机、无机、含金属废液，实验动物尸体等，以及其他列入《国家危险废物名录》或根据国家规定的危险废物鉴别标准和鉴别方法认定的具有危险废物特性的废物。

第三条　资产与后勤事务管理处（以下简称"资产后勤处"）为全校实验室危险废物处置管理主管部门，负责监督学校危险废物日常收集、管理工作，并负责联系委托专业公司统一清运处置我校各类危险废物。各单位为本部门危险废物处置管理的第一责任人，负责本部门危险废物的日常收集、集中安全贮存等管理工作。

第四条　实验室应以危废源头减量化为原则进行危险废物回收管理工作，尽量减少危废排放，对自身有能力处理的危险废物可先进行无害化处理，减轻危险废物处置压力。

第五条　实验室废液、废化学药品、动物尸体及生物病源标本等危险废物的产生及收集应遵守以下规定，由各单位回收后集中贮存，建立危险废物台账，交由资产后勤处统一处置，严禁乱排、乱倒：

1.实验中产生的酸、碱废液必须经中和处理达到国家安全排放标准后才能排放；未经处理的酸、碱废液及实验中产生的有害、有毒废液须分类收集于专门的废液收集容器中，严禁直接倒入水池排入下水道；禁止将易发生化学反应的废液混装在同一收集容器内；含重金属的废液，不论浓度高低，必须全部回收。

2.实验中产生、弃用的有毒有害固态物质以及危险物品的空器皿、包装物等有毒有害固体废物须放入专门的收集容器中，不得随意掩埋、丢弃。

3.过期药品、浓度高的废试剂、剧毒物品、麻醉品等必须保持原标签完好、清晰，由原器皿盛装暂存，不得随意掩埋或倒入收集容器内。

4.剧毒品包装及弃用工具必须统一存放、处理，不得挪作他用或乱扔乱放。

5.放射性废物和感染性废物必须收集密封，明显标示其名称、主要成分、性质和数量，并予以屏蔽和隔离。

6.教学和科研实验所产生的正常死亡或处死的动物尸体及其废弃物用统一的塑料袋密封，放置冰柜冷藏保存。不得随意丢弃实验动物尸体，严禁食用和出售。

7.教学和科研实验所产生的生物病源标本废物应及时收集，并按照类别分别置于防渗漏、防锐器穿透等符合国家有关环境保护要求的专用包装物、容器内，并按国家规定要求设置明显的危险废物警示标识和说明。

第六条　各单位须设立符合安全与环保要求的专门暂存危险废物的库房，安排专门人员负责本单位危险废物的收集管理工作并将管理人员信息上报资产后勤处。各实验室应按危险废物类别配备符合相关技术规范要求的暂时收集容器或者其他设施、设备。危险废物应严格分类收集、贮存，严禁与生活垃圾混装。

1.专门暂存危险废物的库房应保持通风,避免高温、日晒、雨淋,远离火源及生活垃圾,并建立相应的防护设施,防止被盗或意外泄漏而造成危害。库房外部应醒目张贴危险废物标志、库房内张贴危险废物管理制度、危险废物意外事故防范措施和应急预案等。

2.各单位的危险废物专门管理人员应具备一定的危险废物分类和收集知识,制定本单位危险废物收集及贮存工作细则,明确各环节的工作流程,并负责与资产后勤处的沟通协调,及时组织对本单位的危险废物进行清运。

3.各单位需根据自身需要,常备一定的危险废物收集和贮存容器及工具,容器上需明确标识危险废物的名称、数量、类别以及注意事项等。

4.凡存放动物尸体的单位应认真做好登记记录,包括存放人姓名、存放时间、动物种类、数量以及是否被污染、污染物类型等,并在存放冰柜的显著位置标示"实验动物尸体及废弃物专用"警示标志并摆放"动物尸体及废弃物存放登记表",冰柜内不得放置其他物品。

第七条　各单位应配合学校主管部门定期开展危险废物检查及环保宣传工作。各实验室对进入实验室从事教学、科研活动的人员,须进行实验室危险废物收集、处置等知识和制度培训,监督贯彻执行相关规定。

第八条　各单位分类收集的未达国家排放标准的危险废物,由学校联系有资质的专业公司统一处理。资产后勤处负责相关行政报批手续办理,各使用单位负责具体移交工作。移交时各单位须提供危险废物的名称、主要成分及数量信息。各单位不得私自处置,对于违反规定的人员,学校将按有关规定处理,直至追究法律责任。

第九条　本办法自发布之日起执行,由资产后勤处负责解释。

——本文摘录自《关于印发〈厦门大学实验室危险废物处置管理暂行办法〉的通知》,厦大资产〔2014〕19号,档号2014-XZ27-1

厦门大学校级科研机构建设管理办法

（2014 年 4 月 4 日）

为进一步加强和规范我校校级科研机构建设管理，充分发挥校级科研机构在凝练研究方向、团队攻关、人才培养和社会服务等方面的作用，为校级科研机构积极申报省部级及以上科研平台或基地创造条件，提升我校科研实力和创新能力，特制定本办法。

第一章　总　则

第一条　校级科研机构是指由厦门大学校长办公会议决议通过，冠以“厦门大学××实验室、厦门大学××研究所、厦门大学××研究中心”等名称，原则上不列级别、不增编制、学校不投入专项运行经费、挂靠在机构负责人所在单位的科研机构。

第二条　校级科研机构建设的指导思想是立足学术前沿，鼓励多学科和跨学科交叉，针对重大学术问题或重大社会需求，凝练研究方向、组建研究团队、培养优秀人才、服务社会发展、推进学术交流与成果转化、产出标志性成果，形成有特色、有优势的研究方向或新的学科增长点。

第三条　校级科研机构不具法人资格，但可在遵守学校有关规章制度的前提下，以机构为平台加强研究团队建设，独立承担科研项目，对外洽谈合作或共建事项，开展科研活动等。

第四条　校级科研机构采取动态管理，定期考核评估，实行退出机制。

第二章　管理职责

第五条　校级科研机构的归口管理部门为学校科技处和社科处（以下简称科研管理部门），实行机构负责人负责制和挂靠单位监督管理制。

第六条　科研管理部门的主要职责：

（一）负责制定和修订机构管理办法和实施细则。

（二）负责受理机构的申报、调整和撤销等事项，负责机构印章的管理。

（三）支持和指导机构的建设和运行管理，组织开展考核和评估等。

第七条　校级科研机构负责人所在学院（研究院）为机构挂靠单位，其主要职责：

（一）根据学院科研发展需要，负责指导并协助组建机构，对机构成立可行性进行初审。

（二）提供机构建设人、财、物等方面必要的配套条件和后勤保障，在分配学术资源时应尽可能向机构倾斜，积极鼓励和支持机构开展科研活动。

（三）履行监督和管理职能，协调解决机构发展中的重大问题，配合科研管理部门做好机构的考核和评估等。

第八条　校级科研机构的主要职责：

（一）负责规划和实施机构建设方案，积极筹措科研经费，培养人才队伍，开展科研活动，完成机构设定的建设任务，提高机构的学术影响力。

（二）建立健全机构运行机制与管理制度建设，严格遵守国家有关政策和保密规定，不断增强科研队伍的凝聚力和创新活力。

(三)负责向挂靠单位、学校科研管理部门汇报机构年度建设情况、人员聘任情况及重大活动等事项,接受科研管理部门和挂靠单位的检查、指导和考核。

(四)机构负责人对机构成员的科研行为负有管理和监督职责。

第三章 申报与审批

第九条 校级科研机构成立须具备的条件:

(一)方向明确

拟成立的机构应围绕学校的总体办学思路,以形成有特色、有优势的研究方向或新的学科增长点为目标,根据学科发展规律和社会发展重大需求,提出明确的研究方向、研究重点和研究特色。研究方向及研究重点原则上不得与校内现有各级各类科研机构重复。

(二)建设条件

1.机构负责人:机构负责人必须是学校在编教师,年龄原则上不超过63周岁,在专业领域具有较大的学术影响,有开拓创新精神和较强的组织协调能力,未担任其他校级科研机构负责人。

2.研究团队:拟成立的机构须围绕设定的研究方向,组织至少3位校内专职教师为其核心成员,核心成员原则上不超过10人,其中教授或副教授不少于3人;机构研究团队学科布局和年龄结构应科学合理,保证机构正常运行和可持续发展。

机构负责人可围绕研究方向自行聘任校内在编教师进入机构,但同一在编教师不得同时作为三个以上校级科研机构的团队核心成员。

聘任校外人员为机构团队成员的,拟聘任的人员原则上应具有博士学位或高级职称,或至少须获得学士学位且具有至少5年相关行业工作经验。机构负责人须附上拟聘任校外人员的个人简介及有关证明材料,报送挂靠单位和学校科研管理部门审批后方可以机构名义聘任校外人员。机构聘任的校外人员不得以厦门大学××校级科研机构人员名义从事与该机构无关的活动。

3.拟成立的机构须围绕研究方向在科研项目、科研成果、科研获奖、人才培养及学术交流等方面有较好的学术基础,每年争取到位的科研经费,原则上理工医类不少于500万元,人文社科类不少于100万元。

4.拟成立的机构要有明确的工作场所、必要的仪器设备等基础条件。

第十条 校级科研机构的审批程序:

(一)学校在编教师填写《厦门大学校级科研机构申请书》,报所在学院(研究院)学术委员会审议,由所在学院(研究院)审批是否可行和是否同意挂靠。

(二)学院(研究院)初审通过并同意挂靠后,报学校科研管理部门。

(三)学校科研管理部门对所申报的材料进行审核,通过组织专家论证和约谈机构核心成员等方式对拟成立的机构进行整体评估。

(四)学校科研管理部门将审核通过的材料转学校人事处对机构的设立提出意见和建议。

(五)学校人事处审阅通过后,由学校科研管理部门报送分管科研副校长审阅,并由分管科研副校长提请校长办公会议讨论决定。

(六)校长办公会议讨论通过后,由学校人事处发文公布机构正式成立。

第四章 运行与管理

第十一条 校级科研机构应成立学术委员会,其主要职责是为机构的建设目标、研究方向、发展规划、年度工作计划和重大活动提供指导和建议。

学术委员会实行年度例会制,每年至少实地或远程召开一次学术委员会会议,每次人数不少于三分之二。

第十二条 鼓励校级科研机构与校外(含境外)学术机构、企事业单位等开展合作研究或共建,机构负责人须全面了解拟开展合作研究或共建的校外单位的资质和信誉，严格执行双方合作或共建的合同约定；共建单位资质、运行情况等发生重大变化时，机构负责人应及时向科研管理部门汇报，重新研究合作或共建的合同约定，维护学校知识产权、名称权等方面的利益。

第十三条　校级科研机构开展活动应严格履行审批手续，遵守学校规章制度，机构的经费、资产、科研成果推广应用和转化转让等必须全部纳入学校统一管理，严禁私设小金库，严禁体外循环。

第十四条　校级科研机构可以刻制印章，需刻制印章的，由机构负责人向挂靠单位和学校人事处申请刻制；印章统一归口科研管理部门管理，科研管理部门与机构共同做好印章使用的审核和登记工作。

第五章　考核与评估

第十五条　校级科研机构实行年度考核及三年一次评估相结合的制度，实现以评促建、有进有出的动态管理模式。

第十六条　机构负责人每年3月1日前须向挂靠单位和学校科研管理部门如实报送“厦门大学校级科研机构年度考核表”，每三年必须定期向挂靠单位和学校科研管理部门如实报送“厦门大学校级科研机构考核评估表”。

第十七条　校级科研机构实行机构负责人自我考核评估、挂靠单位组织专家考核评估和学校审定相结合的方式，考核评估主要针对机构到位科研经费、科研成果、科研获奖、人才培养、社会服务、学术交流、运行管理等内容展开。考核评估结果设优秀、良好、合格和不合格四个等级。

第六章　奖励与责任

第十八条　考核评估结果为优秀的校级科研机构，学校将给予表彰，并在政策、经费、项目上给予倾斜支持。

第十九条　升格成为省部级及以上科研平台或基地的校级科研机构，学校将根据相关政策给予支持。

第二十条　年度考核不合格的校级科研机构，挂靠单位须根据实际情况提出整改意见或提出更换机构负责人、调整研究方向等处理方案；评估不合格、连续两次年度考核不合格或无正当理由不参与考核评估的，学校科研管理部门将提出撤销该机构的申请，呈报校长办公会议审议。

第二十一条　被撤销机构的负责人三年内不得重新申请成立机构。

第七章　附　则

第二十二条　本办法自颁布之日起实施，原有《厦门大学加强校内各类科研机构建设管理条例》(厦大综〔2004〕33号)同时废止。

第二十三条　本办法由学校科技处和社科处负责解释。

——本文摘录自《关于印发〈厦门大学校级科研机构建设管理办法〉的通知》，厦大科〔2014〕10号，档号2015-XZ13-12

厦门大学关于加强形势报告会和哲学社会科学报告会、研讨会、讲座、论坛管理的暂行办法

(2014年4月9日)

为进一步加强和改进我校形势报告会和哲学社会科学报告会、研讨会、讲座、论坛管理,根据上级有关文件精神,结合我校的具体情况,特制定本办法。

第一章　总体要求

第一条　举办形势报告会和哲学社会科学报告会、研讨会、讲座、论坛,必须坚持马克思主义在意识形态领域的主导地位,坚持把社会主义核心价值体系贯穿于教育教学改革全过程,深化理论研究,加强阵地管理,增强思想共识,培养优秀人才,维护和谐稳定。

第二条　举办形势报告会和哲学社会科学报告会、研讨会、讲座、论坛,要坚持"二为"方向和"双百"方针,要坚持"研究无禁区、宣传有纪律",正确区分学术问题、思想认识问题和政治问题,正确处理学术研究和课堂教学的关系,尊重和鼓励专家学者在遵守国家法律法规和党的路线方针前提下,开展积极的理论探索和健康的学术争鸣,努力营造宽松和谐的学术环境。

第三条　加强形势报告会和哲学社会科学报告会、研讨会、讲座、论坛管理,要强化政治责任和领导责任,增强阵地意识,做到守土有责、守土负责、守土尽责。在事关政治原则和大是大非问题上,要旗帜鲜明、态度坚定,坚决抵制各种错误政治观点和有害思潮的传播,牢牢掌握意识形态工作的领导权、管理权、话语权。

第二章　审批程序

第四条　举办形势报告会和哲学社会科学报告会、研讨会、讲座、论坛,实行"一会一报制",由校党委统一管理。由主办单位提出申请,社会科学研究处负责审核,党委宣传部负责审批。

第五条　主办单位要严格按照审批程序申报,根据活动名称、主题、内容、时间、地点、参加对象与人数规模、主持人和主要报告人基本信息等内容,如实填写"厦门大学形势报告会和哲学社会科学报告会、研讨会、讲座、论坛审批表"(附后,以下简称"审批表"),通过办公自动化(OA)提交社会科学研究处。

1.机关各部门,各学院、研究院及下属单位(包括院系内团学组织及班级)的"审批表",须经各基层党委(党总支)正职负责人签署意见后报送。

2.全校性学生组织和社团的"审批表",须由校团委正职负责人签署意见后报送。

第六条　邀请境外人员担任形势报告会和哲学社会科学报告会、研讨会、讲座、论坛报告人或参加在我校举行的国际会议,要严格按照《中共中央办公厅、国务院办公厅印发〈关于在华举办国际会议的管理办法〉的通知》(中办〔2006〕10号)的精神和《教育部关于印发〈关于在华举办国际会议管理办法的实施细则(试行)〉的通知》(教外际〔2006〕105号)的规定执行,除经以上审批程序外,还需提前报国际交流与合作处(台港澳事务办公室)批准。

第七条　社会科学研究处负责审核"审批表",并提交党委宣传部审批。规模较大、议题敏感的会议,须报校分管领导审批。

第八条　主办单位须在发布会议通知之前完成全部审批程序。未经审批,一律不得举办。

第三章 管理责任

第九条 主办单位要对会议内容严格把关。申报时须对拟邀请报告人的有关情况和报告内容进行认真了解,如有必要,可事先书面征得拟邀请报告人所在单位党组织同意。活动举办时,会上不得传播政治谣言和政治性错误观点,一旦发现要采取措施制止并及时上报党委宣传部。

第十条 主办单位凭按规定程序审批的批件方可在校内符合规定的场所及校园网上发布与申报内容一致的活动宣传信息,方可正式办理所需场地的租借手续。

第十一条 校园内所有场所不得正式出借给未经审批的申请单位,之前只能登记预借。校园内所有场所原则上不租借给校外其他单位举办哲学社会科学报告会、研讨会、讲座、论坛,如确实有需要的,须由校内联系(承办或协办)单位从严把关,并按照规定程序办理审批程序。

第十二条 各单位要建立宣传信息工作通报制度,及时、准确、有效地掌握本单位举办的形势报告会和哲学社会科学报告会、研讨会、讲座、论坛等活动中反映的思想倾向和社会反响,及时与主管部门沟通、报告,确保正确的政治导向。对因管理失责造成不良影响的,应追究主办单位的责任。

第十三条 全校各单位在校园网上举办形势报告会和哲学社会科学报告会、研讨会、讲座、论坛纳入本办法管理范围。

第十四条 本管理暂行办法自印发之日起施行。此前有关规定凡与本管理暂行办法不一致的,以本办法为准。

附件:厦门大学形势报告会和哲学社会科学报告会、研讨会、讲座、论坛审批表

(附件略——编者)

——本文摘录自《关于印发〈厦门大学关于加强形势报告会和哲学社会科学报告会、研讨会、讲座、论坛管理的暂行办法〉的通知》,厦大委综〔2014〕7 号,档号 2015-XZ09-23

厦门大学防范应对校园暴恐袭击工作方案

(2014年5月27日)

近期以来,国内不时发生暴力恐怖袭击事件,手段极其残忍,严重威胁人民群众生命财产安全。为了全力维护校园稳定,有针对性地做好校园防范应对砍杀冲撞焚烧爆炸等暴恐袭击工作,确保校园安全稳定,特制订本工作方案。

一、组织领导

成立厦门大学防范应对校园暴恐袭击工作领导小组(以下简称领导小组),由分管安全工作的校领导任组长,学校办公室、保卫部(处)、宣传部、学生工作部(处)、资产后勤处、基建处、实验室与设备管理办公室、信息与网络中心、校团委、后勤集团、漳州校区管委会、翔安校区管委会、嘉庚学院、大学路派出所负责人为成员。领导小组负责全校防范应对校园暴恐袭击工作的组织、协调、情况汇总及上传下达等工作,督查各项工作措施的落实。

二、工作重点

1.严防重点人员。严防与“东伊运”“东突”恐怖组织和“疆独”“藏独”等激进组织有联系的人员,严防“法轮功”等邪教顽固分子,严防来自重点国家、地区有恐怖嫌疑的可疑人员,严防可能铤而走险报复社会的人员。

2.严控重点区域。重点加强对学生宿舍、学生食堂、教学楼、图书馆、实验室、学生活动场所、会议场所等人员密集场所的防控。

3.严管危险物品。加强对易燃、易爆、剧毒、放射性等危险物品的管控;对各类危险源要进行调查、登记、风险评估,定期进行检查、监控;防范危险品遗失、被盗、被抢,严防危险品流入暴恐分子手中。

4.严守要害部位。加强对水、电、油、气、热、通信等基础设施(设备)的防控,确保安全运行。

三、工作措施

(一)强化情报信息工作

加强情报信息搜集,严密掌握暴恐袭击动态和规律。一要着力提升获取内幕性、行动性、预警性情报信息能力,强化预警预防;二要健全网络监控体系,坚持24小时网络值班制度,完善联防联控、快速反应的网络舆情工作机制;三要积极与省、市公安、国安等部门加强联系沟通,加强联动,实现资源共享,健全情报信息研判预警机制;四要进一步做好信息报送工作,严格执行情报信息工作纪律,对收集的情报信息及时上报,特别是重大紧急情况和暴力恐怖活动线索要即时即报。

(二)提高自救互救能力

充分利用校园宣传载体,广泛开展师生反恐防恐宣传教育。一要深入开展防范暴恐袭击要点和自救常识的宣传,重点介绍应急避险、疏散等常识和措施;二要广泛开展应急演练,不断提高师生自防协防、自救互救的意识和能力;三要加强全校安防人员培训,切实提升安防人员素质,提高应急能力;四要想方设法,把学生反恐防恐教育落实到班级、落实到个人。

(三)严密组织巡逻防控

一要严格学校门卫管理,加强外来人员查控,各校区各个校门都要加大盘查力度,特别留意可疑人员和车辆;二要严格执行值班备勤和领导带班制度,加大校园安全巡逻力度,实现全天候、全覆盖的校园巡逻防控;三要确保敏感期政治稳定,在敏感期,除严格值班备勤制度之外,保卫部门必须采取强有力的加强措施,确保校园政治稳定;四要确保集体活动安全,各项集体活动都必须按规定报备审批并制订落实安保方案,配备充足安保力量,确保安全。

(四)扎实筑牢反恐防线

一要适应当前反恐形势需要,针对学校实际和特点,添置必要物资设备;二要全面检查维修监控设备,确保监控系统正常运行;三要积极与省、市公安部门联系沟通,加强联动,完善报警、支援机制;四要切实做好抵御宗教极端思想向校园渗透工作,坚决防止恐怖主义思想、宗教极端思想对学生产生毒害。

(五)全面落实工作责任

全校各单位主要负责同志要切实肩负起反恐防恐工作的“第一责任”,亲自抓组织,亲自促落实,细化职责分工,明确责任要求,将反恐防恐责任层层落实到人。对因工作不落实或措施不得力而造成严重后果的,要坚决实行责任追查,严肃追究当事人和相关领导的责任。

四、工作要求

(一)提高思想认识,精心组织部署

暴恐分子宗教极端思想浓厚,袭击手段极其残忍,全校师生员工要充分认识反恐斗争严峻形势和防范应对工作中存在的薄弱环节,坚决摈弃反恐与己无关或者“无恐可防”的麻痹消极思想,切实增强忧患意识和紧迫感、责任感。全校各单位要立即行动,扎扎实实抓好各项工作的落实。各单位要成立本单位的防范应对校园暴恐袭击工作领导小组;根据本方案的要求,紧密结合实际,制订本单位具体的工作预案。

(二)讲究方法策略,提高工作实效

全校各单位在进行排查、清查和防控工作时,要注意把握政策,掌握技巧,改进工作方法,避免发生不必要的矛盾和冲突。要对全体工作人员进行处置暴恐袭击的形势教育、政策教育。全体工作人员都要以大局为重,团结协作,密切配合,坚决杜绝校园暴恐袭击事件的发生。

(三)加强值班备勤,确保快速反应

全校各单位要结合工作实际,立即进行部署,即刻进入实战状态,认真落实值班备勤和领导带班制度,确保遇有紧急情况能够快速出动,果断处置。

(四)全面收集信息,及时反馈汇报

全校各单位要设立本单位反恐联络员,确保能够全天候实现应急联络,并接受指挥调度。要严格落实报告制度,畅通信息上报渠道,遇有重大紧急情况或获得暴力恐怖活动线索要迅速上报,坚决杜绝迟报、漏报甚至瞒报重大信息等情况发生。

——本文摘录自《关于印发〈厦门大学防范应对校园暴恐袭击工作方案〉的通知》,厦大综〔2014〕22号,档号2015-XZ09-26

厦门大学建设工程项目派遣人员管理办法(试行)

(2014 年 6 月 9 日)

第一章　总　则

第一条　为规范派遣人员用工,保障用工单位和劳动者的合法权益,根据《劳动合同法》等法律法规并结合建设工程管理部门实际,制定本办法。

第二条　本办法所称的建设工程管理部门,是指负责学校基建、修缮的职能部门,具体指基建处、资产与后勤管理事务处。

第三条　本办法所称的派遣人员,是指因工作需要,通过人才派遣公司派遣至我校建设工程管理部门的工作人员。

上述派遣人员薪酬待遇来源于工程建设管理费。

第四条　建设工程管理部门是派遣人员的管理部门,负责本部门派遣人员的选任、日常工作管理、考核等工作。

第五条　财务处负责根据派遣协议的相关约定,按期发放派遣人员的工资、补贴等各项待遇。

第二章　派遣人员的选任与录用

第六条　建设工程管理部门根据建设需要选任派遣人员。

选任派遣人员坚持公开、平等、竞争、择优的原则,由建设工程管理部门组织考核,经建设工程管理部门分管校领导批准后择优录用。

第七条　录用派遣人员应同时具备以下基本条件:

(一)遵守国家法律、法规;

(二)符合用工岗位所需的资格条件和履行岗位职责的能力,原则上要求具有本科以上学历或持有中级职称以上证书;

(三)达到岗位要求的身体条件;

(四)满足岗位所需的其他条件。

第八条　选任与录用工作的基本程序:

(一)发布招聘信息;

(二)资格审核;

(三)用工单位组织笔试及面试;

(四)确定拟录用人选;

(五)报分管校领导审批;

(六)办理录用手续。

第三章　派遣关系的建立

第九条　建设工程管理部门和人才派遣公司签订《劳务派遣协议》,由人才派遣公司与派遣人员签订《劳动合同》,建设工程管理部门向派遣人员发出《用工通知书》。

第四章　派遣人员的待遇

第十条　派遣人员的各项待遇在《劳动合同》及《聘用通知书》中明确约定。

第十一条　派遣人员的薪酬

(一)派遣人员薪酬由基本工资、绩效工资和各项补贴构成。

基本工资由建设工程管理部门与派遣人员协商确定,标准参考学校事业编制同级别人员的工资标准,有职称的参考职称标准,无职称的参考学历标准,特殊需求人员的工资标准由建设工程管理部门根据与派遣人员的协商情况报建设工程分管校领导审批确定。

绩效工资:绩效工资主要考虑派遣人员的岗位职责、工作业绩和实际贡献等因素,标准参考学校事业编制同级别人员的绩效工资标准,由科室或项目组考核确认并报处领导批准后发放。

各项补贴:补贴包含生活补贴、通信补贴、午餐补贴、劳动保护费、防暑降温费、加班补贴等,补贴由科室或项目组考核确认并由处领导批准后发放。

(二)年度考核结果为基本合格及以上的可参照学校标准发放年终一次性奖金及物价补贴等。

(三)如学校工资标准进行调整,经建设工程管理部门分管校领导审批同意,派遣人员可参照学校同类岗位人员的标准进行相应调整。

第十二条　派遣人员在派遣期内按照规定享受“五险一金”(养老保险、医疗保险、失业保险、工伤保险、生育保险和住房公积金)和工会经费等待遇,并按规定比例分别由用工单位和个人承担。

第十三条　派遣人员不享受学校工作人员所特有的寒暑假。

第五章　派遣人员的日常管理与考核

第十四条　派遣人员应严格遵守学校和部门的各项规章制度,认真履行岗位职责。各科室应加强对派遣人员的工作指导、培训、考核及日常管理。

第十五条　派遣人员的出勤管理。

(一)派遣人员因病、因事需要请假的,应履行请假手续,需要续假时,应在假期未满前办理续假手续,经批准后方有效。不履行请假手续、请假未被批准擅离工作岗位或逾期不续假者,一律按旷工对待。

(二)派遣人员因病请假 3 天以下的,本人提出申请,由所在科室批准;请假 3 天及以上的由工程管理部门处领导审批。

(三)事假 3 天以内(含 3 天)者,病假在 7 天以内(含 7 天)者,当月工资全额发放。

超过规定天数的,事假根据实际请假天数扣发工资和补贴。病假一个月内 7 天以上的,按照工资、补贴的 90%发放;病假超过一个月者,从第二个月起按照基本工资、补贴的 60%发放;从第三个月起工资停发。

第十六条　派遣人员的考核管理。

(一)派遣人员实行平时考核和年度考核制度。考核坚持公平、公正、注重实绩的原则,实行领导考核与群众评议相结合、平时考核与年度考核相结合的办法。

(二)考核内容应当与岗位要求相结合,主要包括个人品德、能力、业绩、纪律等方面,重点考核工作业绩。

(三)年度考核结果分为优秀、合格、基本合格和不合格四个等次。

(四)考核结果的使用。

考核结果作为对派遣人员发放补贴、年终奖金及物价补贴、继续用工或退回的主要依据。派遣期限到期后,仍存在岗位需求的情况下,派遣人员自录用以来每年年底考核均合格的,可优先考虑继续用工。对考核结果为基本合格的派遣人员,当年不计算为累计工作年限;如两年连续被确定为基本合格等次的,当年考核可直接确定为不合格等次。经考核不合格的人员按规定退回。

第六章　派遣关系的变更与解除

第十七条　经建设工程管理部门、人才派遣公司以及派遣人员协商一致，可以变更或解除派遣关系。

第十八条　有下列情形之一的，建设工程管理部门可以将派遣人员退回人才派遣公司：

(一)派遣人员考核结果被确定为不合格等次的；

(二)用工单位存在劳动合同法第四十条第三项、第四十一条规定情形的；

(三)劳务派遣协议期满终止的。

第七章　附　则

第十九条　建设工程管理部门选任、录用已依法领取退休金或享受养老保险待遇人员为派遣人员的，除社会保险待遇外，其他事项参照本规定执行。

第二十条　有关部门(如审计处、财务处)与建设工程相关的派遣人员参照本办法执行，聘用费用列入工程建设管理费。

第二十一条　本规定由厦门大学基建处负责解释，自发布之日起实施。

——本文摘录自《关于印发〈厦门大学建设工程项目派遣人员管理办法(试行)〉的通知》，厦大人〔2014〕77号，档号2014-XZ10-2

厦门大学校内道路、园林绿地管理办法

(2014年修订)

(2014年6月16日)

第一章　总　则

第一条　为加强厦门大学校内道路、园林绿地的管理,营造清洁、优美、文明的校园学习、工作、生活环境,根据国家有关法律、法规和规章规定,结合我校实际,制定本办法。

第二条　凡在学校范围内规划、建设、养护、维修、管理或使用校内道路、园林绿地的单位、个人必须遵守本办法。

第三条　本办法所称校内道路,包括车行道、人行道、隧道、涵洞、公共广场、公共停车场、校内空地、路肩及其附属设施和校园规划确定的校内道路预留地等供车辆、行人通行的地方。

本办法所称园林绿地,包括校内公共绿地(含各单位自管区域内绿地)、校内公园、住宅绿地及其他块状带状绿地等。

第四条　学校分别委托资产与后勤事务管理处、翔安校区管委会、嘉庚学院主管思明校区、翔安校区、漳州校区校内道路、园林绿地的规划、建设、养护、维修和管理等工作(上述单位以下简称为"主管单位")。

第五条　校内道路、园林绿地实行统一规划、配套建设、建设与养护管理并重的原则。

第六条　学校各单位和个人应珍惜、合理使用校内道路、园林绿地,不得擅自设立摊点、广告牌、指示牌和横幅等,对损害相关设施的行为应积极进行制止、检举和投诉。厦门市城市管理行政执法局厦门大学行政执法大队依法行使行政执法职权。

第二章　校内道路、园林绿地的建设

第七条　校内道路、园林绿地应严格依照国家有关标准、规范进行勘察、设计、施工和工程监理。

依附于校内道路的各类管线必须遵循先地下后地上、压力管让非压力管的施工原则和技术规范,与校内道路同时设计、同时施工、同时验收交付使用。校内道路建设实行保修制度,保修期限按照有关法律、法规规定执行。

园林绿地规划设计应当充分利用自然与人文条件,借鉴国内外先进经验,符合校园整体规划,体现民族风格和学校特色。

第八条　承担校内道路、园林绿地勘察、设计、施工或工程监理的单位应当具有相应的资质等级,并按照资质等级承担相应的勘察、设计、施工、工程监理任务。

第九条　校内道路、园林绿地施工实行工程质量监督管理制度。工程竣工后经所在校区主管单位组织验收合格的,方可交付使用。

第三章　校内道路、园林绿地的养护与维修

第十条　各校区主管单位管理的校内道路、园林绿地,由其委托或招标确定的专业养护、维修单位负责养护、维修。

第十一条　承担校内道路、园林绿地养护、维修任务的单位，应严格执行相关养护、维修的技术规范，根据要求定期进行养护、维修，确保养护、维修工程的质量。各校区主管单位应做好对养护、维修工程质量的监督、检查工作。

第十二条　设置在校园范围内的各类管线的井（孔）、井盖、标志，由各校区主管单位参照城市道路的技术规范、标准进行设置和维护。

第十三条　禁止偷取和破坏设置在校园范围内的各类管线的井盖。禁止任何单位和个人在校内非法收购各类管线井盖及其他工程设施器材。

第十四条　校内道路、园林绿地养护、维修的专用车辆执行紧急抢修任务时，在保证交通安全畅通的前提下，不受行驶路线、行驶方向和停靠地点的限制。

第四章　校内道路的管理

第十五条　各校区主管单位应加强对校内道路的管理和养护，保持道路设施完好。

第十六条　在校内道路范围内禁止以下行为：

（一）在路面上直接搅拌水泥砂浆和随意堆放物料；

（二）擅自拆除、动迁、遮挡、更改校内道路工程设施和设备；

（三）擅自在隧道、涵洞范围内进行各种工程施工作业、堆放物料、挖沙、采石、取土等；

（四）侵占、堵塞涵洞、隧道，或进行其他影响桥涵、隧道安全和正常使用的活动；

（五）其他损害、侵占校内道路及其附属设施的行为。

第十七条　履带车、铁轮车或者超重、超高、超长、超宽车辆需要在校内道路上行驶的，应经保卫处批准并按指定的时间、路线行驶。

第十八条　任何单位和个人不得擅自占用校内道路。因特殊情况需要临时占用校内道路的，必须向所在校区主管单位提出申请，并经校交通管理部门会审同意后核准。

经批准临时占用校内道路的，应严格按照批准的面积、期限、用途占用。临时占用期满，应及时清理占用现场，恢复校内道路原状，损坏校内道路的，由校内道路养护维修单位进行修复，修复费用由占用者承担。

第十九条　需临时占用校内道路作公共停车场（点）、集贸市场的，须经所在校区主管单位、校交通管理部门审核同意后，报分管校领导或校区管委会领导批准。

第二十条　任何单位和个人不得擅自挖掘校内道路。因特殊情况需要挖掘的，必须向所在校区主管单位提出申请，经审核并报分管校领导批准后，预交校内道路挖掘修复押金，由所在校区主管单位核发校内道路挖掘许可证。挖掘校内主次干道的车行道，还须经校交通管理部门会审同意。

经批准挖掘校内道路的，应严格按照批准的位置、面积和期限进行挖掘，在施工现场设置明显的交通安全标志、防护围栏设施，并公示校内道路挖掘许可证的主要内容，完工后应立即清理场地、恢复原状。所在校区主管单位应及时组织验收，验收合格后退回押金。

第二十一条　校内道路地下管线发生突发事故时，管线管理单位可以先行破路抢修，但应及时通知所在校区主管单位和校交通管理部门，并在破路后二十四小时内按规定补办校内道路挖掘审批手续。

第五章　校内园林绿地的管理

第二十二条　任何单位和个人不得擅自改变已建成或者规划已确定的校内园林绿地的使用性质。因特殊情况需要改变的，必须向所在校区主管单位提出申请，经审核并报分管校领导批准后进行。

第二十三条　任何单位和个人不得擅自占用校内园林绿地。因特殊情况需要临时使用的，须经所在校区主管单位审批后，缴纳校内园林绿地修复押金，并按有关规定办理临时用地手续。临时占用期满，应及时清理占用现场，经所在校区主管单位验收合格后退回押金。

第二十四条　任何单位和个人不得擅自砍伐、移植校内树木。因特殊情况确需砍伐、移植或进行非正常修剪的,应报所在校区主管单位审核,并由其按照有关规定协助报送政府相关部门审批。

第二十五条　严禁擅自修剪古树名木。因特殊情况必须修剪的,应报所在校区主管单位审核,并由其按照有关规定协助报送政府相关部门审批。

第二十六条　在古树名木树冠边缘外四米范围内,禁止堆放有毒有害物料,禁止建造构筑物、建筑物或铺设各种管线,禁止打桩、挖坑、取土或倾倒污水污物等一切有害古树名木的行为。

第二十七条　严禁下列损害校内园林绿地的行为:

(一)在树干上倚靠重物,利用树木搭盖,擅自牵绳挂物、架设电线(缆)和照明设施等;

(二)在树上钉挂、刻画、缠绕铁丝,剥、削树皮和挖树根等恶意伤害树木的行为;

(三)随意攀树折枝、采摘花果,剪、采枝条等,造成花草树木损害;

(四)在校内园林绿地内,擅自搭建建筑物、构筑物,圈围树木和绿地,随意停放车辆,倾倒垃圾、污水,堆放废弃物;

(五)损毁园林建筑和小品等设施;

(六)其他损害校内园林绿地的行为。

第六章　附　则

第二十八条　任何单位和个人违反本办法规定,损害学校利益的,学校将依法追究其行政或法律责任。

第二十九条　校内电力工程设施、网络设施、给排水设施、防洪防海潮设施的建设、养护、维修和管理参照本办法执行。

第三十条　本办法由所在校区主管单位负责解释。

第三十一条　本办法自公布之日起施行。

——本文摘录自《关于印发〈厦门大学校内道路、园林绿地管理办法(修订)〉的通知》,厦大资产〔2014〕29 号,档号 2014-XZ27-1

厦门大学职员任职条件补充规定

（2014 年 7 月 3 日）

为进一步调动职员的积极性，提高党政人员管理水平和服务质量，建立更加科学合理的职员制度，现对职员任职条件补充规定如下：

一、本科以下学历的中初级职员同时符合下列条件时，可申请于退休（法定退休年龄）当年高聘一级职员：

1.年度考核结果均为合格及以上；

2.现事业职员职务任满四年及以上；

3.除学历外均符合其他高聘一级职员基本条件。

二、党政职务任职年限计算办法

1.六级职员高聘五级职员时，副处级职务任职年限可以计入正科级职务任职年限；

2.七级职员高聘六级职员时，正科级职务任职年限可以计入副科级职务任职年限，科级七级职员任职年限可以计入科员级七级职员任职年限。

三、年度考核结果为基本合格或不合格的，在 5 年内不能高聘。

四、本补充规定从发布之日起执行。

五、本补充规定由人事处负责解释。

——本文摘录自《关于印发〈厦门大学职员任职条件补充规定〉的通知》，厦大人〔2014〕95 号，档号 2014-XZ10-3

厦门大学贯彻实施
《行政事业单位内部控制规范(试行)》工作方案

(2014年7月24日)

为切实做好贯彻实施《行政事业单位内部控制规范(试行)》(财会〔2012〕21号)(以下简称《内控规范》)工作,根据《教育部关于做好〈行政事业单位内部控制规范(试行)〉实施工作的通知》(教财函〔2013〕42号)要求,结合我校实际,特制订本方案。

一、实施意义

内部控制是指学校为实现控制目标,通过制定制度、实施措施和执行程序,对学校内部的部门管理、职责分工、业务流程、经济活动等方面的风险进行相互制约、相互监督的防范和管控。它既是学校的一项重要管理活动,也是学校的一项重要机制建设;既是学校管理的一项系统工程,也是学校治理的重要基石。

二、指导思想

为了实现学校"两个百年"的奋斗目标,坚持以预算管理为主线,以资金管控为核心,以科学的风险评估为基础,以流程梳理与机制建设为重点,遵循"全面性原则、重要性原则、制衡性原则、适应性原则",依托信息化手段,将制衡机制嵌入内部管理制度之中,夯实学校各项基础工作,保证经济活动合法合规、资产安全和使用有效、财务信息真实完整,进一步推进学校各项业务规范化、精细化、信息化,有效防范舞弊和预防腐败,提高学校内部管理水平。

三、组织领导

成立工作领导小组,负责组织制订学校贯彻实施《内控规范》工作方案、协调解决重大事项、监督指导工作开展。

(领导小组成员名单略——编者)

四、主要任务及目标

(一)工作任务

根据《内控规范》要求,从单位层面和业务层面两个方面加强内部控制。一是建立并组织实施适合学校实际情况的内部控制体系,包括学校经济活动的决策、执行和监督相互分离;建立健全内部控制关键岗位责任制,确保不相容岗位相互分离、相互制约和相互监督;充分运用现代科学技术手段,加强内部控制等。二是梳理学校各类经济活动的业务流程,明确业务环节,系统分析经济活动风险,确定风险点,选择风险应对策略;在此基础上,根据国家有关规定,建立健全学校各项内部管理制度,并督促相关工作人员认真执行。

(二)任务分工

学校贯彻实施《内控规范》工作领导小组,负责对学校内部控制工作的组织情况、内部控制机制的建设情况、内部管理制度的完善情况、内部控制关键岗位工作人员的管理情况、财务信息的编报情况等进行综合评价并提出完善意见;各相关职能部门对具体经济业务活动进行全面梳理,查找存在的风险,提出完善意见,制定具体制度,经学校审批后组织实施。

具体经济业务活动主要包括预算业务管理、收支业务管理、票据管理、政府采购业务管理、资产管理、建设项目管理、合同管理及内部监督管理等。财务处负责预算业务管理、收支业务管理、票据管理等相关业务;资产与后勤事务管理处负责政府采购业务管理、固定资产管理、水电管理、修缮管理及与其相关的合同管理等相关业务;基建处负责建设项目管理及与其相关的合同管理等相关业务;科技处与社科处负责职责范围内的合同管理等相关业务;法律事务办负责制订各类合同范本、实现各类合同的归口管理;纪委、监察处负责内部监督管理等相关业务;审计处负责内部审计等相关业务;其他职能部门按照工作职责分工及《内控规范》要求,负责分管领域业务活动控制的归口管理;全校各类单位按照《内控规范》和工作方案要求,认真开展内控机制建设,切实履行内部控制职责。

(三)工作目标

通过贯彻实施《内控规范》,将内部控制理念深入人心,形成人人注重风险防范、处处强化责任意识的良好氛围;各类经济活动的规章制度及其业务流程得到细致梳理,经济活动的决策、执行、监督实现有效分离,议事决策机制、岗位责任制、内部监督等内控机制更加完善;内部控制牵头部门及其工作职责得到进一步明确,各单位在内部控制中的沟通、联动机制更加顺畅、高效,形成管控合力;内部控制关键岗位工作人员的培训、评价、轮岗等机制得到建立健全;账务处理及财务信息编报水平明显提高;内控信息化手段建设长足发展,风险评估和内部控制方法更加科学规范;以预算管理、收支管理、政府采购管理、资产管理、建设项目管理、合同管理等业务层面内部控制制度为主要内容,汇编形成学校《内部控制工作手册》;学校《内控规范》落实工作进入常态化、规范化轨道,内部控制工作成效全面显现。

五、工作步骤

(一)宣传培训学习阶段(2014 年 7 月)

相关职能部门积极组织开展校内的宣传、培训和学习活动,使全校相关人员全面了解实施《内控规范》的意义、原则、内容和方法,在校内形成“人人学内控,人人懂内控,人人参与内控,人人执行内控”的良好局面。

(二)梳理工作流程阶段(2014 年 7 月至 8 月)

按照内控规范要求,在全面学习基础上,各单位要对单位层面和业务层面现有的工作制度和业务内容进行全面梳理,查找风险点,制定风险防范应对措施。

(三)健全内控制度阶段(2014 年 8 月至 9 月)

在全面梳理现有的工作制度和业务内容基础上,各单位要按照科学、民主、规范、严谨原则,根据工作实际和业务特点,修改工作程序,利用文字、图表等形式完善业务流程,建立单位内部控制制度的基本框架;充分利用信息化系统,固化工作流程。

(四)编制内控手册阶段(2014 年 9 月至 10 月)

在内部控制制度基本框架基础上，各单位要继续补充完善，使各项制度规范化、系统化、流程化、信息化，做到各项制度相对完整，进而形成本单位的《内部控制工作手册》；在此基础上，汇编学校的《内部控制工作手册》，将制衡机制嵌入内部管理制度中，进一步提升学校管控效能，有序推动各项工作开展。

(五)检查指导、督促整改阶段(2014 年 10 月至 11 月)

学校贯彻实施《内控规范》工作领导小组对各单位内控制度建设和落实情况进行检查指导，对发现的问题进行督促整改，切实提高贯彻实施《内控规范》的工作效率和效果。

六、工作要求

(一)高度重视，精心组织

贯彻实施《内控规范》，涉及单位层面、业务层面、评价监督等多方面工作，时间要求紧，工作任务重。各单位要站在促进学校事业健康发展的高度，充分认识贯彻实施《内控规范》的重要意义，并将其作为当前及今后的一项重要基础性、常态化工作来抓，加强宣传、培训和学习，精心组织落实，做到边学习、边梳理、边完善、边规范、边执行，逐步建立权责明确、运行有效、执行有力、管理科学的内控体系。

(二)细化职责，落实责任

各单位要成立相应工作机构，加强对贯彻实施《内控规范》工作的组织协调，细化工作方案，明确工作职责，落实工作责任。各单位负责人作为内控实施的第一责任人，要高度重视、全力支持，切实担负起领导责任，带头组织推动内控实施。工作任务要落实到具体岗位和专人，做到任务到岗、责任到人、一级抓一级、层层抓落实。

(三)部门带头，齐抓共管

《内控规范》的贯彻实施，不仅是一项全员参与的“系统性工程”，更是一项单位负责人带头执行的“一把手工程”。各职能部门、各单位要加强沟通、相互协调、齐抓共管。各职能部门既是分管领域内控实施的组织者，也是内控工作的实施者，要把执行《内控规范》作为提升管理水平的基础工作和重要抓手，积极带头开展工作，履行宣传培训、示范引导、督促检查等职责。各单位作为《内控规范》实施的主体，要按照学校统一部署，主动开展工作，全面提升风险防控和内部管理水平。

厦门大学

2014 年 7 月

——本文摘录自《关于印发〈厦门大学贯彻实施《行政事业单位内部控制规范(试行)》工作方案〉的通知》，厦大综〔2014〕33 号，档号 2015-XZ09-26

厦门大学仪器设备论证实施细则

（2014 年 7 月 27 日）

为统筹优化学校仪器设备资源配置，提高投资效益和贵重仪器设备使用率，避免低水平的重复购置，适应绩效管理的要求，制定本实施细则。

一、单价 10 万元人民币以上（含）的贵重仪器设备（单台套金额）或同类批量总值超过 40 万元的仪器设备，购置前均应进行可行性论证。

二、贵重仪器设备可行性论证分阶段要求

1.申购单位提出计划（必要性）

凡申购单位使用学校重点建设专项经费来源购置贵重仪器设备的，均应在立项时进行必要性论证。

申购单位组织本单位相关专家（三人以上）进行论证，项目和单位负责人审批。单位负责人应根据本单位的仪器布局及科研需求严格把关，避免小而全、低效率的重复购置。其中单价 40 万元以上（含）100 万元以下（不含）的，申购单位教授委员会应对拟购置仪器的必要性进行论证；单价 100 万元以上（含）的，申购单位所在学部委员会应对拟购置仪器的必要性进行论证。

2.校级专家论证（科学性、合理性）

（1）申购单位从实验室与设备管理办公室主页下载《厦门大学购置贵重仪器设备可行性论证报告》表格，逐项按要求填写（一式二份）。

（2）对单价 40 万元以上（含）的仪器设备，实验室与设备管理办公室组织相关的校内外仪器专家小组对各单位提出的仪器设备计划书“分类、分批”进行可行性论证，校级专家主要对仪器设备配置的科学性和合理性进行论证。其中单价 100 万元以上（含）的，还须聘请 1～2 位校外专家参与论证。

（3）实验室与设备管理办公室根据专家论证意见，签署是否同意采购的意见并报分管校领导审批。

三、贵重仪器设备需委托厂商加工的，则论证报告应充分填写委托加工的原因，包括现有成品仪器设备技术指标不能满足科研或教学需要以及价格方面等理由，同时还需阐述该仪器设备委托加工的厂家的背景、现状及在国内外同类仪器的行业地位。除了要有严格的验收标准外，还应在风险分析方面充分调研，以达到仪器设备的预期购置目标。

四、各单位在进行贵重仪器设备论证时，应把仪器设备的管理是否纳入学校贵重仪器设备共享信息平台，实行开放运行、资源共享作为论证的重要条件。

五、购置仪器设备时应要求仪器厂商提供贵重仪器设备维修手册和维护手册（如电器原理图）。

六、单价 40 万元以上（含）的仪器设备论证时，论证报告主要内容包括：

1.申购仪器设备前期市场调研情况，包括至少两种同类型仪器的性能、价格、主要技术指标相比较；

2.所申购仪器设备对本校、本地区工作任务的必要性及工作量预测分析（属于更新的仪器设备要提供原仪器设备发挥效益的情况说明）；

3.所购仪器设备的先进性和适用性，包括仪器设备适用学科范围，所选品牌、档次、规格、性能、价格（包括运费、保险费、代理费等其他费用）及技术指标的合理性；

4.欲购仪器设备、附件、零配件、软件的经费来源及经费卡号，以及购置后每年所需的运行维修费的落实情况；

5.该仪器设备的用途及购置的必要性、效益预测及风险分析情况；

6.本校和本地区同类仪器的分布及使用情况,能否利用现有仪器开展科研和教学工作;

7.该仪器设备的管理方式,是否纳入学校贵重仪器设备共享信息平台;

8.仪器的使用条件,包括仪器设备管理人员配置、安装场所、水电用量、环境保护状况、仪器设备的维修及售后服务、零配件来源等。

——本文摘录自《关于印发〈厦门大学仪器设备论证实施细则〉的通知》,厦大设备〔2014〕2 号,档号 2019-XZ38-005

厦门大学行政办公用房及办公设备配置标准暂行规定

（2014 年 10 月 9 日）

为规范学校行政办公用房、办公设备及家具配置，提高资源使用效率，降低行政办公成本，建设节约型校园，参照《中央国家机关办公设备和办公家具配置标准（试行）》，根据学校实际情况，制定本规定。

第一条　本规定适用于学校各机关部处、学院及直属单位等行政办公机构办公用房及办公设备的购置。

第二条　本规定所称办公用房，是指各级行政办公人员独立或共用的办公室，不包括会议室、档案室及资料室、文印室等具有公共服务功能的用房。

第三条　本规定所称办公设备及家具，是指满足行政办公基本需要的设备、家具，不含特殊需要的专业类办公设备家具。对未列入本通知附件的其他通用办公设备家具，应当按照履行职能需要相适应的原则，从严控制购置。

第四条　附件中所称实物量标准是在兼顾各种需要情况下，配置的办公用房、办公设备、家具的最高数量限制标准，不是必须达到的标准。

第五条　附件中所称价格上限标准是购置办公设备、家具的价格上限，应当在通用办公设备家具功能满足使用要求的前提下努力节约经费开支。

第六条　各单位购置通用办公设备、家具按《厦门大学物资采购管理办法》相关规定执行。

第七条　办公设备使用年限按《厦门大学仪器设备报废报失管理办法》相关规定执行。家具使用年限不得低于 5 年。

第八条　各单位购置办公设备及家具必须采购节能产品目录内及具有环保标识的产品，优先采购国产品牌，鼓励采购中小企业产品。

第九条　本规定由资产与后勤事务管理处负责解释，资产与后勤事务管理处将视经济社会发展水平、市场价格变化等因素，适时更新和调整本标准。

第十条　本规定自发布之日起施行。

附件一：办公用房配置标准

行政级别	办公用房配置标准（使用面积）
正校级	42 米^2/人
副校级	30 米^2/人
正处级	24 米^2/人
副处级	18 米^2/人
处级以下	9 米^2/人

附件二:办公设备配置标准

项目	实物量标准		价格上限
台式电脑	1台/人	单位内台式电脑最多不超过本单位人员的120%	5000元/台
笔记本电脑	按需配置	如增加笔记本数量,应减少相应的台式电脑	10000元/台
普通复印机	1台/单位		10000元/台
中速复印机			28000元/台
高速复印机			40000元/台
碎纸机	根据工作需要配置		1500元/台
A4激光打印机	根据工作需要配置		2000元/台
传真机	根据工作需要配置		2000元/台
针式打印机	根据工作需要配置		3000元/台
扫描仪	根据工作需要配置		2000元/台
照相机	根据工作需要配置		3000元/台
摄像机	根据工作需要配置		6000元/台
投影机	根据工作需要配置		10000元/台

确因工作需要购置使用单位须说明理由,经审批后配置。配有带有打印机、扫描、传真的一体机应减少相应的打印机、扫描仪数量。配有网络打印、扫描功能的复印机的单位,原则上不得再购置打印机、扫描仪。

附件三:办公家具配置限额

品名	级次	单位	价格上限(元)
班台、办公桌、屏风	校级	套	6000
	处级	套	3000
	其他人员	套	2000
办公椅	校级	张	2000
	处级	张	1500
	其他人员	张	600
三门书柜		个	3000
普通文件柜		个	1200
沙发	校级	套	8000
	处(科)室	套	4000
	接待室	套	4000
桌前椅		张	600
长茶几		张	600

续表

品名	级次	单位	价格上限(元)
方茶几		张	600
电视柜		个	600
折叠椅		张	150
会议桌	小会议室	张	2000
	中会议室	张	7800
会议桌椅		位	600
会议椅	小会议室	张	600
	中会议室	张	600
简易会议椅		张	400
茶水柜	小会议室	个	700
	中会议室	个	800
	大会议室	个	1000
	接待室	个	900

附件四:办公家具配置实物量标准

1.校级:2.4 m班台1套/人,中班椅1把/人,3+1+1位沙发1件/人,班前椅2张/人,长茶几1张/人,方茶几2张/人,书柜按需配置;

2.处级:1.8 m班台1套/人,中班椅1把/人,三人位沙发1件/人,班前椅2张/人,长茶几1张/人,方茶几1张/人,书柜按需配置;

3.其他人员:1.4 m办公桌1张/人或屏风工作位1位/人,办公椅1把/人。文件柜按空间、实际需求配给。

——本文摘录自《关于印发〈厦门大学行政办公用房及办公设备配置标准暂行规定〉的通知》,厦大资产〔2014〕56号,档号2014-XZ27-1

厦门大学实验动物管理办法(试行)

(2014 年 11 月 7 日)

第一章 总 则

第一条 为贯彻落实中华人民共和国《实验动物管理条例》(国科委〔1988〕2 号、国务院〔2011〕588 号令、国务院〔2013〕638 号令、国发〔2013〕19 号)、《实验动物许可证管理办法(试行)》(国科发财字〔2001〕545 号)、《关于善待实验动物的指导性意见》(国科发财字〔2006〕398 号)、《实验动物设施建筑技术规范》(GB 50447-2008)、《实验动物国家标准》(GB 14923-2010)、《生物安全实验室建筑技术规范》(GB 50346-2011)和福建省《实验动物许可证管理办法(试行)》等相关文件的有关规定,适应教学、科研的需要,加强实验动物的管理,保证实验动物和动物实验的质量,特制定本办法。

第二条 本办法所称的实验动物,是指经人工培育,对其携带的微生物和寄生虫实行控制,遗传背景明确或者来源清楚的,用于科学研究、教学、生产、检定以及其他科学实验的动物,包括大鼠、小鼠、地鼠、豚鼠、犬、猴、猫、兔、小型猪、鸡等列入国家标准的实验动物。

第三条 本办法适用于我校从事与实验动物工作有关的学院、研究院(中心)、实验室和个人。国家法律、法规另有规定的,按照有关规定执行。

第四条 学校成立实验动物管理与伦理委员会(简称"动管会",下设办公室)和实验动物中心,动管会是我校实验动物和动物实验的主管机构,实验动物中心负责实验动物的保种、饲育、供应、质量监控、岗前培训、技术服务等工作。

第五条 动管会办公室主要职责如下:

(一)根据国家有关法律、法规及福建省相关规定,负责我校实验动物和动物实验的管理与监督工作。

(二)负责实验动物许可证申报、年检、使用和管理工作。

(三)负责维护动物福利,保障生物安全,防止环境污染,对动物实验进行伦理审查并出具伦理审查报告。

第六条 各学院、研究院(中心)、实验室等相关单位应加强实验动物安全管理,防范实验动物安全事故发生;一旦突发实验动物安全事件时,应立即启动《厦门大学实验动物突发事件处理应急预案》,并做好详细记录。

第七条 各学院、研究院(中心)、实验室等相关单位应严格遵守国家标准管理部门制定的实验动物国家标准或行业标准;严格执行福建省实验动物许可证管理制度,包括实验动物生产许可证、实验动物使用许可证和动物实验从业人员的岗位证书。

第八条 实验动物中心应制定严格的操作规程和规章制度,包括实验动物和仪器设备的操作规程、动物检疫检测制度、环境卫生定期消毒制度、实验人员培训制度、实验动物福利制度、工作人员福利保障制度、实验室废弃物无害化处理制度等,保证实验动物质量和动物实验的支撑条件。

第二章 实验动物的饲育管理

第九条 实验动物的饲育应按照现行的国家标准(GB 14923-2010),取得实验动物生产许可证和实验动物使用许可证,实行分级、分类管理。无证部门不得开展实验动物生产和进行动物实验。

第十条　实验动物中心应根据遗传学、微生物学、营养学、饲育环境方面的国家标准和要求，定期对实验动物进行质量检测，并准确、完整记录各项操作和监控过程的数据，同时建立统计汇报制度，保证实验动物符合相关等级。

第十一条　实验动物必须根据来源、品种或品系、质量等级和实验目的的不同，分开饲养。实验动物的饲育室、动物实验室应设在不同区域并进行严格隔离。

第十二条　实验动物等级和饲养环境要求：普通级动物饲养在普通环境，清洁级、无特定病原体(SPF)级动物饲养在屏障环境，悉生动物和无菌动物饲养在隔离环境。大鼠、小鼠没有普通级，鸡只有SPF级。

第十三条　实验动物饲料、垫料、笼器具、饮用水等应符合国家标准和有关规定；实验动物饲育环境及仪器设备等物品必须符合国家标准及相应的技术规范的要求。

第三章　实验动物的质量与防疫

第十四条　实验动物种子必须来源于国家实验动物种子中心或国家许可的种源单位，并持有效的质量检测报告和引种证明材料。

第十五条　从国内其他单位引入的实验动物，应附有饲养单位签发的质量合格证书和当地政府相关部门出具的运输检疫报告，经隔离检疫合格后，方可接收；从国外进口实验动物，应按照《中华人民共和国进境动植物检疫审批管理办法》的相关规定进行申报、隔离、检疫等程序办理；不得从疫区引进动物。

第十六条　从国内外引入需作为SPF级种源饲养的遗传修饰动物和各类模式动物必须经过生物净化检测合格后方可使用。

第十七条　引进野生动物，应遵守《中华人民共和国野生动物保护法》，由引进单位在原地进行检疫，确认无人畜共患病并取得当地卫生防疫部门的证明后方可引进。实验前应向当地野生动物管理部门申请，批准后方可实施。

第十八条　对必须进行预防接种的实验动物，应当根据实验要求或《中华人民共和国动物防疫法》的有关规定，进行预防接种或获得预防接种证明。

第十九条　动物实验室必须配备急救卫生箱，箱内应装有紧急救济所需要的基本物品，以备应急需要；当人员发生较严重伤害时应及时向相关专科医师报告，送往最近医疗机构诊治。

第二十条　实验动物发生传染性疾病时，应立即采取有效措施进行隔离，查明原因，妥善处理，防止疫情蔓延，并立即报告上级主管部门。如系人畜共患病时，应尽快对有关人员进行严格的隔离和预防治疗，并立即向上级主管部门及当地卫生和兽医防疫部门报告疫情。如属重大动物疫情，应当按照国家规定立即启动突发重大动物疫情应急预案。

第四章　实验动物的使用

第二十一条　使用实验动物时应当根据实验目的选用合格的实验动物，实验动物必须来源于具有实验动物生产许可证的单位，每批实验动物必须提供质量合格证明，同时应当标明实验动物名称、规格、性别、等级、数量、近期质量检测报告、购买单位名称、出售日期、许可证号等，由提供单位负责人签名并加盖公章。

第二十二条　使用实验动物的场所必须具有实验动物使用许可证，严禁在非动物实验场所进行动物实验。不同等级的实验动物必须在相应等级的设施中进行饲养；从屏障环境拿出的实验动物，不得返回屏障环境。如确有教学和科研工作的特殊需求，必须由个人向所在学院、研究院(中心)、实验室等单位申请，分管领导签署意见，送实验动物中心进行可行性论证。当实验动物中心无法提供条件时方可在各单位洁净观察室进行饲养和实验，同时将实验项目上报学校“动管会”和实验室与设备管理办公室备案。

第二十三条　使用实验动物时应提前填写“动物实验登记表”和“实验动物订购单”，由实验动物中心负责审批和安排实验，各课题组负责人和联系人签字并加盖单位公章。

第二十四条　进行动物实验时,应严格遵守实验室的规章制度和操作规程。进入动物实验室或相关设施,实验人员应服从管理人员的安排和管理,与实验无关人员不得进入动物实验室。临时需要使用或陪同实验的人员必须书面申请并获得批准后方可进入动物实验室。

第二十五条　教学实验使用的动物,各学院教学部门应填写"厦门大学教学实验动物使用计划表",至少提前一个月提交给实验动物中心确认,并根据实验上课时间专车运送到各教学楼下,确保实验正常进行。不属于实验动物范畴的教学动物由各学院、研究院(中心)、实验室等单位自行采购和负责质量管理。教学所使用的实验动物和场所以保证公共卫生安全为前提条件,不得滥用来源不明的动物。

第二十六条　科研人员在申报科研项目前应填写"厦门大学研究、教学、测试用动物申请使用表",上报动管会办公室予以伦理审查和批准。科研课题申报、科研成果鉴定、从事科学实验和以实验动物为材料的制品生产时,必须具备第二十一条、第二十二条的条件,对不具备条件者,其实验结果和生产制品将被视为无效。

第二十七条　实验动物中心的开放时间为8:00至19:00,若由于实验的特殊性需在规定时间外使用实验动物的单位和个人,需提前向实验动物中心申请并预约。

第二十八条　从事动物实验的单位和个人应在48小时内将实验动物送回实验动物中心。若由于实验的特殊性无法在规定时间内送回的,应注明实验动物数量、品种、实验周期和防护措施等,递交本单位分管领导审批,由实验动物中心核实、报校实验室与设备管理办公室备案,并转由项目所属单位监督管理,随时接受校"动管办"的检查。

第五章　实验动物的运输与检疫

第二十九条　实验动物的运输应使用与实验动物质量标准相符合的工具及笼具器,并备足动物饮水和饲料,不得将不同品种、品系或者不同等级的实验动物混合装运,保证运输过程中实验动物的质量及健康要求。

第三十条　外购动物运输到实验室时应及时开包检查,放置不同等级的动物实验室隔离检疫观察。检疫期过后方可进行相关实验操作。

第三十一条　进出口及运输实验动物的检疫工作按照国家有关检验检疫法规文件办理。进口动物运抵厦门后必须在厦门出入境检验检疫局或相关单位认可的隔离检疫场所进行隔离,并尽快通知出入境检验检疫局到动物隔离场所进行检验检疫,待检验检疫完毕取得准入之后,方可进行实验动物的净化、繁殖或实验工作。从外地进口单位引进的动物也应提供当地出入境检验检疫局盖章的检疫报告,以及国外单位签名盖章的进口动物品系名称、数量和健康证明等。

第六章　实验动物的福利

第三十二条　从事实验动物工作的人员应善待实验动物,不得戏弄、虐待实验动物,应尽量防止和缓解在实验时所致的动物疼痛和不适。在不影响实验结果判定的情况下,应选择"仁慈终点",避免延长动物承受痛苦的时间。实验结束后,需处死实验动物时,应按照人道主义原则进行安死术。处死现场,不宜有其他动物在场。确认动物死亡后,方可妥善处置尸体。

第三十三条　在符合科学原则的条件下,实验人员应积极开展"3R"原则即替代、减少和优化,尽可能用别的方法或低等动物代替,优化实验方案。

第三十四条　在动物实验前,实验人员必须明确和证明该实验的意义和必要性。在科学设计和操作中,尽可能减少实验动物使用数量,坚决避免没有必要的动物实验。

第七章　生物安全

第三十五条　从事实验动物饲养、研究和应用的单位和个人,应当按照国家《中华人民共和国动物防疫法》等有关规定,建立健全安全管理制度,预防和控制实验室感染,防止可能危及人体健康、公共卫生安全和环境安全的实验动物逃逸及病原体扩散。病原体感染、化学染毒和放射性动物实验，应当符合国家《病原微生物实验室生物安全管理条例》等法律法规和国家标准对实验室生物安全、放射卫生防护及环境保护的要求，防范安全事故的发生。

第三十六条　各类从事实验动物基因工程技术研究和应用基因修饰实验动物进行科学研究的组织和个人，应当按照国家《基因工程安全管理办法》相关规定执行，进行生物安全性评价，制定相应的安全控制方法和措施。

第三十七条　从事基因修饰实验动物研究、饲育和应用的组织和个人需要严格遵照国家有关规定进行申报，批准后方可开展工作。饲育基因修饰实验动物的设施应单独设置，实行严格的人员和物品进出管理，严防野生动物进入和基因修饰实验动物的逃逸。

第三十八条　凡用于病原体感染(包括病毒、细菌、寄生虫)、放射性物质和有害化学物质染毒诱发研究等的动物实验，均应饲养在符合《生物安全实验室国家标准》(GB 19489-2008)的实验动物设施或特定设备内，并严格执行动物生物安全实验室等级以及国家对特殊实验的有关规定进行分类分级管理。

第八章　实验动物废弃物无害化处理

第三十九条　依据《中华人民共和国环境保护法》，实验动物设施内产生的废弃物需经无害化处理后，方可排出。动物实验完毕后的尸体必须交由实验动物中心集中贮存，再进行无害化焚烧处理。

第四十条　实验动物尸体及相关废弃物由实验动物中心统一管理，学校有关部门予以协助。

第四十一条　各课题组在实验动物中心领取动物时，应说明进行动物实验后的尸体是否需要特殊处理，是否有潜在危害等。若需要特殊处理时应用专用塑料袋及包装用品贮存。

第四十二条　无潜在危害的实验动物尸体、脏器和废弃物，必须用专用塑料袋包装，由实验动物中心指定位置集中贮存，专人管理，及时进行无害化处理。

第四十三条　有潜在危害及感染性的动物尸体、脏器和废弃物，消毒后用专用塑料袋严格包装，交实验动物中心专人管理，填写有关表格，说明其危害及处理要求，放置实验动物中心专门标记的冰柜；由持有许可证的动物尸体和废弃物处置机构运走，及时进行无害化处理。

第四十四条　实验动物尸体严禁食用和出售；实验完成后的动物尸体必须交实验动物中心分类集中处理，否则一切后果由使用者自行负责。

第九章　从事实验动物工作的人员

第四十五条　从事实验动物生产和使用的单位，必须配备相应的经过专业培训的实验人员，上述人员必须遵守实验动物饲育管理的各项规章制度、参加培训并熟练掌握操作规程，持证上岗。

第四十六条　从事实验动物工作的人员，每年必须参加由单位组织的定期身体健康检查。对患有传染性疾病者或不适宜承担实验动物工作的人员，应及时调换工作岗位。

第四十七条　从事实验动物工作的人员应具有享受学校专业职称晋升、专业技术等级评定和特殊行业劳动防护福利的待遇。

第十章　监督检查

第四十八条　学校“动管会”对本校从事实验动物生产与应用的单位和个人实行监督检查制度，向受检单位和个人通报检查结果，并将检查结果予以公示。

第四十九条　从事实验动物饲养、研究和应用的单位和个人应当接受并配合实验动物主管部门进行的监督和检测。

第五十条　鼓励全校师生员工向学校“动管会”举报实验动物管理与使用中的违规行为。

第十一章　奖励与处罚

第五十一条　对在实验动物管理工作中做出突出贡献的单位和个人,学校主管部门给予表彰或奖励。

第五十二条 对违反本办法的单位和个人,由校“动管会”视情节轻重,给予批评教育;严重者上报学校主管部门给予行政处分;违法者移交司法机关处理。

第十二章　附　则

第五十三条　本办法由厦门大学实验动物管理与伦理委员会制定并负责解释。

第五十四条　本办法自颁布之日起施行。

——本文摘录自《厦门大学实验动物管理办法(试行)》,(2014)厦大实1号,档号2019-XZ38-005

厦门大学加强学生宿舍卫生管理方案

（2014 年 11 月 25 日）

为使学生养成良好的生活卫生习惯，自觉维护和营造整洁、舒适宿舍住宿环境，根据我校生活园区实际情况，特制订本方案。

一、学校学生宿舍卫生检查和督导

1.宿舍卫生日。每月 7 日确定为厦门大学学生宿舍“卫生日”，全校住宿学生统一开展宿舍卫生大扫除活动，由各学院（研究院）负责组织实施，寒暑假除外。

2.抽查和监督。每月 7 日，学生处（公寓办）抽查和监督各学院（研究院）落实住宿生卫生大扫除开展情况。

3.通报和整改。将各单位开展情况在学校 OA 公告栏进行全校通报，要求受通报单位即时整改，并将整改结果报送分管学生工作的领导。

4.季度评估。根据每月抽查情况和整改情况，对各单位的学生宿舍卫生建设工作开展基本评估，在学校 OA 发布“厦门大学各学院（研究院）学生宿舍卫生建设情况白皮书”。

5.总结推广会。每年度，学校召开一次学生宿舍卫生建设成果总结推广会，表彰先进，总结经验。

二、学院（研究院）学生宿舍卫生管理和建设

（一）建立学生宿舍卫生检查制度

1.建章立制。各单位应结合本单位实际，建立本单位学生宿舍卫生检查制度，明确检查时间、检查人员、检查规则、检查细则、检查结果张榜公布、检查结果运用、申诉制度，规范学生宿舍卫生管理，认真组织学生开展卫生大扫除，指导学生做好卫生值日和日常维护，引导住宿生养成良好的卫生习惯，营造良好的住宿生活和学习环境。

2.制度入室。各单位应将学生宿舍卫生检查制度入楼、入室，各学生宿舍要有由每个学生住宿成员商议制定的宿舍公约。

（二）成立学生宿舍学生自我管理组织

1.成立组织。各学院（研究院）应成立“××学院（研究院）学生宿舍管理委员会”[简称“××学院（研究院）宿委会”]，制定宿委会章程，负责本单位住宿学生卫生管理。各单位都应建立楼长、层长、宿舍长制度，负责本单位学生住宿楼栋、楼层、宿舍卫生管理。

2.开展创建。学院（研究院）学工组指导宿委会按照本单位制定的宿舍卫生检查制度，定期或不定期开展本单位住宿生的宿舍卫生检查评比工作。楼长、层长、宿舍长负责本楼栋、楼层、宿舍的卫生检查和创建工作。

3.按时换届。每年度，学院（研究院）学工组指导宿委会应按时组织民主换届，产生新一届宿委会，保

证工作推进的持续性。

(三)学生宿舍环境主题活动组织

1.活动策划。每年度,各学院(研究院)学工组应指导宿委会开展一次学生公寓和学生宿舍环境主题的文化建设活动,推进本单位学生宿舍生活环境的变化和发展。

2.总结表彰。各单位对于环境主题宿舍文化表现优秀的,应在本单位由宿委会召开总结表彰会。

三、相关要求

1.材料报送。各单位请将《××学院(研究院)宿舍管理委员会名单》《××学院(研究院)宿舍管理委员会章程》《××学院(研究院)学生宿舍卫生检查制度》《××学院(研究院)学生宿舍环境主题文化建设活动方案》,以电子邮件方式报送公寓办邮箱 gyxgb@xmu.edu.cn,主题标注为"××学院学生宿舍卫生管理材料"。

2.月通报制度。学生处定期向学校综合治理领导小组汇报各单位材料报送情况及开展情况,并予全校公布。每月7日,请各单位及时将材料和活动开展情况,以电子邮件方式报送公寓办。

3."卫生日"实施。从2014年12月开始,执行学生宿舍"卫生日"活动制度,请各单位在本月做好相关安排,由公寓办按照本方案开始实施抽查和督导等相关工作,不再另行通知。

4.辅导员入室检查。每月7日,各单位应积极落实"卫生日"制度,各单位政工干部应深入学生宿舍,检查本单位学生宿舍卫生大扫除情况,并将检查结果当日报送公寓办。

5.氛围营造。各单位要努力营造良好的舆论环境和政策环境,充分调动广大学生参加文明宿舍创建活动的积极性。各院部要加强对学生党员和学生干部的教育,充分发挥他们在宿舍卫生示范、带头作用和氛围营造的先锋作用。

——本文摘录自《关于印发〈厦门大学加强学生宿舍卫生管理方案〉的通知》,(2014)厦大学8号,档号 2014-XZ11-3